Restaurant & Foodservice Management :
Principles and Practices

외식 산업 경영

박기용

도서출판 청람

| 머리말 |

사람에게 먹는 행위는 과거에도 중요했고 현재, 그리고 미래에도 가장 중요한 활동일 것이다. 사람의 먹는 행위와 관련된 외식산업은 식사를 통한 사람들 간의 친목과 화합, 단란, 의사소통, 기분전환, 레저 등 우리에게 유익한 생활을 제공하고 있다. 만일 외식산업이 존재하지 않았다면 오랜 기간 집을 떠나 있을 수 없고, 일상활동에도 많은 제약을 받을 수밖에 없다. 오늘날 외식산업은 식생활 향상, 식문화 수출에 따른 외화획득, 고용인구 창출, 농수축산물 수요증대, 관광활성화 등 국가경제를 이끄는 성장동력으로서 중요한 역할을 맡고 있다.

외식산업이 본격적으로 성장하던 1990년대만 해도 정보통신이 이끌던 3차 산업시대였다. 그러나 지금은 빅데이터, 인공지능(AI), 사물인터넷(IoT), 블록체인, 로봇 등의 핵심기술로 대표되는 4차 산업혁명시대의 소용돌이 속에 있다. 3차 산업시대 이후 지금까지의 시간 흐름을 말하지 않더라도, 4차 산업혁명기술은 우리의 일상과 산업 전반에 엄청난 변혁을 일으키고 있다. 더구나 예기치 않던 코로나19 팬데믹은 경제, 사회, 문화 등 전 영역에 걸쳐 큰 영향을 미치며 세계를 바꾸어 놓았다.

외식산업 역시 새로운 환경을 맞고 있다. 4차 산업혁명기술과 코로나19는 식생활, 유통채널, 소비행태 전반에 걸쳐 전례 없는 변혁을 재촉하고 있다. 온 · 오프시장의 경계가 불명확해지고, 산업의 고유영역이 파괴되는 등 무한경쟁시대에 돌입하였다. 예측컨대 포스트 코로나시대에는 이전과는 전혀 다른 패러다임으로의 변화가 가속화될 것으로 보인다.

외식산업은 타산업과 비교해 많은 부분에서 다른 성격을 가지고 있다. 제조, 즉 조리과정을 필수로 하고 인적 · 물적 서비스가 상품의 가치를 더하며, 최종소비자를 고객으로 하기 때문에 제조업, 서비스업, 소매업의 기능을 동시에 가지고 있다. 이러한 특성으로 인해 외식산업의 경영활동을 파악하고 이해하는 것은 쉽지 않다. 외식산업을 성공적으로 운영하기 위해서는 경영학이론은 물론 외식산업 고유의 특성에 대해 잘 알아야 한다. 이러한 점에서 본서는 경영학의 기본 골격에 외식산업 고유의 특성을 적용한 '외식산업 경영시스템'에 기반하여 외식산업경영을 체계적으로 이해하고 학습할 수 있도록 하였다. 이것이 다른 외식산업경영 관련 책들과 본서의 차이이다.

본서는 전체적으로 4개의 주요 부분으로 구성되어 있다. 본문의 내용을 이해하는 데 도움을 주기 위해 각 장마다 도입사례, 학습목표, 토의문제를 제시하였다. 제1부는 외식과 외식산업이 무엇인지에 대해 서술하였고, 외식산업의 분류와 국내 외식산업의 성장과 발전과정에 대해 살펴보았다. 제2부는 외식산업 경영환경과 소비자에 대해 서술하였다. 제3부는 마케팅계획과 전략, 제품개발, 가격결정, 유통 및 촉진전략, 생산운영관리, 서비스경영, 원가관리와 재무분석, 인적자원관리 등 외식산업 경영관리 전반에 관해 서술하였다. 그리고 마지막 제4부는 외식사업 창업개발과 프랜차이징에 대하여 서술하였다.

그동안 강의와 연구를 해오면서 오랫동안 원고를 준비해 왔지만 출간이 조심스럽다. 저자의 부족한 역량을 숨길 수 없기 때문이다. 단지 한눈팔지 않고 오직 외식산업 한 분야만 연구해 온 사람으로서 가지는 책임감을 핑계로 용기를 냈다. 외식산업의 발전과 외식경영연구에 조금이라도 도움이 된다면 나름 위로가 될 것이다. 향후 많은 연구자들이 본서의 부족함을 채워 줄 것으로 기대한다.

끝으로 촉박한 일정에도 불구하고 흔쾌히 출간에 애써주신 도서출판 청람의 이수영 대표와 편집진 여러분께 감사의 마음을 전한다. 또한 집필과정 동안 아내 정영주 박사와 많은 시간을 함께하지 못했다. 아내의 넓은 이해에 고마움과 사랑의 마음을 전하고 싶다. 그리고 하늘에 계신 아버님, 이제는 제 얼굴과 목소리를 가끔씩만 기억하시는 어머님, 두 분의 사랑과 은혜에 감사드린다.

2022년 6월

시간을 기억하게 되는 시점에서…

박기용

| 차 례 |

Part 01 외식산업의 이해

Chapter 07

제품개발

Chapter 08
가격결정

Chapter 09
유통 및 촉진전략

Part 04 창업과 체인경영

Chapter 14
외식사업 창업개발

Chapter 15
프랜차이징

Part 01

외식산업의 이해

Chapter 01

외식이란?

도입사례

반(半)외식과 가정간편식의 확대

이마트의 가정간편식 브랜드 '피코크'는 가정에서 조리해 먹는 집밥보다 더 나은 맛의 프리미엄 상품을 추구하고 있다.

배달음식에 대한 인식변화

반(半)외식은 마트나 편의점에서 조리된 음식을 사오거나, 배달시키거나, 레스토랑에서 포장해 온 음식을 먹는 것을 말한다. 마치 나만의 레스토랑을 즐기듯 외식 메뉴를 집에서 편하게 먹는 방식이다. 내식과 외식의 중간 영역으로서 중식이라고도 한다. 최근 배달 앱의 발달로 메뉴가 다양해지고 음식배달이 확대되면서 반외식을 즐기는 현상이 뚜렷하게 증가하고 있다. 농림축산식품부 조사에 따르면, 방문 외식은 2017년 9.9회, 2018년 8.9회, 2019년 7.8회로 계속해서 감소하고 있다. 반면 배달 및 포장 외식은 2017년 4.9회, 2018년 5.1회, 2019년 5.2회로 증가하고 있다.

그 누구보다 맞벌이 주부들이 반외식 트렌드를 반기는 분위기이다. 배달음식의 경우 예전에는 치킨, 피자, 자장면 등 고열량 식품밖에 없었는데, 요즘은 태국음식, 한식, 일식 등 종류가 다양해졌기 때문이다. 배달음식의 가성비 또한 날로 좋아지면서 이젠 바깥 음식으로 밥 차린다고 불량주부 소리 들을 일도 없어졌다. 점차 박

학습목표

❶ 삶을 영위하기 위한 필수적 행위이자 외식산업의 출발점이 되는 식사에 대해 이해한다.

❷ 식사의 대상이 되는 음식물의 조건과 음식물의 가치판단을 이해한다.

❸ 식사가 성립되기 위한 요건과 외식산업 측면에서 식사의 기능을 이해한다.

❹ 내식과 외식으로 구분되던 식생활의 경계가 점차 불명확해지는 현상을 이해한다.

❺ 조리주체, 조리장소, 취식장소에 따른 내식 · 중식 · 외식의 정의와 범위에 대해 살펴본다.

에서 사먹는 음식은 해롭다는 고정관념이 없어지고 있는 것이다. 무엇보다 최근의 코로나19로 방문외식이 비대면 외식, 즉 반외식이 크게 증가하였으며, 코로나19 종식 이후에도 증가현상은 지속될 것으로 예측된다.

1인 가구의 증가로 가정간편식 시장 확대

배달음식과 더불어 간편성을 중시하는 소비 트렌드에 힘입어 가정간편식(HMR: Home Meal Replacement) 시장이 유례없는 성장세를 기록하고 있다. 가정간편식 시장의 규모는 2015년 1조 7,000억 원, 2018년 3조 2,000억 원으로 커졌으며, 2022년에는 약 5조 원에 이를 것으로 전망된다.

가정간편식 시장이 커진 가장 큰 이유는 1인 가구와 맞벌이 가구의 증가를 꼽을 수 있다. 통계청에 따르면, 2020년 1인 가구는 전체 가구의 31.7%인 664만 3,000가구로 가장 큰 비중을 차지했다. 열 가구 중 세 가구는 1인 가구인 셈이다. 맞벌이 가구 역시 2020년 559만 3,000 가구로 전체 가구의 46%를 차지하고 있다. 과거에 비해 소비자들의 외부 음식에 대한 거부감이 크게 줄어든 것 역시 가정간편식이 성장하는 데 영향을 미쳤다.

바쁜 현대인의 일상생활에서 빠르게 한끼를 완성하는 도구인 동시에 맛과 영양까지 갖춘 식품으로 소비자들에게 인식되고 있으며, 외식 자체보다 저렴한 점도 시장성장에 한몫을 했다. 가정간편식 시장은 코로나19 상황으로 시장 성장세가 더욱 커지고 있으며, 시장규모 확대의 기폭제로 작용하였다. 메뉴도 갈비탕, 부대찌개, 볶음밥, 곤드레밥, 닭강정, 도시락 등으로 선택의 폭이 넓어지고 있다.

유통 · 식품 · 외식기업의 가정간편식 시장 진출

유통기업들은 발빠르게 가정간편식 시장 잡기에 나섰다. 이마트 전용 브랜드였던 '피코크'는 소셜커머스 같은 기타 유통채널에도 진출하였다. 홈플러스는 자체 간편식 브랜드 '싱글즈 프라이드,' 롯데마트는 '요리하다'로 간편식 시장에 도전장을 내밀었다. 식품기업과 외식기업 역시 가정간편식 시장에 적극 진출하고 있다. CJ제일제당은 국내 가정간편식 시장을 개척하며, 국민 식생활을 바꾼 대표 제품인 '햇반'과 '햇반컵반,' 한식 대표 브랜드 '비비고,' 프리미엄 서구식 브랜드 '고메' 등 HMR 주력 브랜드들이 고루 성장하는 쾌거를 거두었다. 간편식의 원조격인 '3분요리'를 보유한 오뚜기 역시 제품군을 늘리고 있다. 한편 '본죽'을 운영하는 외식기업 본아이에프는 편의점과 홈쇼핑을 공략해 '아침엔 본죽'과 '아침엔 SOUP'를 판매하고 있다. 한식 프랜차이즈 놀부와 국내 최고 설렁탕 프랜차이즈 한촌설렁탕은 편의점을 통해 '부대찌개 라면'과 '한촌설렁탕집 설렁탕'을 판매하고 있다.

코로나19 종식 후 반외식 고착화 가능성

기존 반외식과 가정간편식 시장의 증가추세에 최근 코로나 19의 발생은 국내 외식산업구조를 크게 바꿔 놓고 있다. 무엇보다 전통적 개념의 외식이 줄어들고, 그 대신 주로 가정 내에서 배달, 테이크아웃, 밀키트, HMR, 신선식품 등을 통한 식사가 고착화할 수 있다는 전망이다. 코로나19로 비대면 소비에 익숙해진 소비자들이 비대면 외식이 경제적이고, 안전하고, 편리한 것으로 체험했기 때문이다.

외식기업들이 간편식 시장에 뛰어들고 있다. 본죽은 편의점 CU와 콜라보레이션하여 냉장죽을 출시하였고, 한촌설렁탕도 육개장, 도가니탕, 설렁탕 등을 마트, 편의점, 온라인 몰에서 판매하고 있다.

자료: biz.chosun.com, 2016.11.28./농림축산식품부, '2019 가공식품 세분시장 현황 보고서'/한국농수산식품유통공사, 미리보는 2020 외식트렌드/식품음료신문, 2020.01.06./한국농어민신문, 2021.02.04.

식생활은 전통적으로 집 안에서 음식을 만들어 먹는 내식(eating in)과 집 밖에서 사서 먹는 외식(eating out)으로 구분된다. 그러나 경제 · 사회 · 문화적 환경의 변화로 내식소비는 줄어든 반면 외식소비가 크게 증가하였다. 특히 1인 가구와 맞벌이 가구가 증가하고, 간편하게 한끼를 해결하려는 라이프스타일 변화에 따라 배달, 테이크아웃, 가정간편식을 통한 식생활이 점차 확대되고 있다. 그 결과 오늘날은 현대인의 식생활을 내식과 외식으로 명확하게 선을 그어 구분 짓기가 어려워졌다. 이는 본래 의미로서의 내식과 외식의 고유성과 경계가 점차 사라지고 외식산업의 범위가 넓어지고 있음을 의미한다.

본 장에서는 외식산업을 이해하는 데 기초가 되는 내식 · 중식 · 외식의 개념에 대해 살펴보고자 한다. 외식산업은 사람이 일상생활을 영위하기 위한 기본적 행위인 식사와 직접 관련되어 있다. 따라서 식사의 개념과 음식물의 조건 및 가치판단에 대해 살펴보고, 식사가 이루어지기 위한 요건과 식사의 기능에 대해 살펴본다. 그리고 음식물의 제공요건을 기준으로 내식 · 중식 · 외식의 정의와 범위에 대해서도 살펴본다.

1-1 식사의 개념

외식(eating out)은 사람의 먹는 행위인 식사의 한 형태이고, 외식산업(foodservice industry)은 사람의 먹는 행위와 직 · 간접적으로 관련된 경제활동조직이다. 따라서 외식과 외식산업을 이해하기 위해서는 먼저 식사의 개념에 대해 살펴봐야 한다.

1. 식사란?

사람이 살아가는 데 있어 가장 기초가 되는 세 가지 활동은 의(clothes), 식(eating), 주(housing)일 것이다. 주거는 몸을 쉴 수 있는 공간이고 의복은 몸을 감싸는 것이지만 먹는 것은 몸의 일부가 되어 여러 가지 활동의 에너지원이 된다. 이들 중에서 어느 한 가지라도 없으면 안 되겠지만 역시 가장 중요한 것은 먹는 것, 즉 음식과 관련된 식(食,

eating)의 활동이다. 옷은 입지 않더라도 먹지 않고는 살 수 없기 때문이다.

식사(meal)란 사람이 식물(food)을 먹고, 음료(drink)를 마시는 행위, 즉 음식물을 먹는 행위이다. 사람은 기본적으로 생명, 영양, 성장, 건강 등을 확보하기 위해 먹는다. 또한 개인의 맛에 대한 취향과 심리적 만족을 위해서도 먹는다. 개인 차원을 넘어 가족, 친구, 동료 간의 화합과 친목, 개성의 표현, 유행, 레저활동, 정신적 기호충족을 위해 먹기도 한다. 이처럼 먹는 행위는 생명의 유지와 성장을 위한 인간의 원초적 활동은 물론 삶에 즐거움을 주는 활동이다.

식사는 음식물을 먹는 행위이다. 사람은 식사를 통해 생명 유지와 성장에 필요한 에너지를 공급받고 삶의 즐거움을 얻는다.

식사는 인간생활의 뿌리에 기초를 두고 있는 행위로 국가, 민족, 지역에 따라 각기 다르게 나타난다. 설령 같은 지역이라 할지라도 시대에 따라 다르고 식사의 구성이나 표현방법 역시 다르다. 식사는 음식물에 대한 각기 다른 태도와 가치체계를 형성하는 데 영향을 미치고 오랜 시간 전래되어 고유의 식문화(food culture)를 창조한다. 이러한 이유로 식사를 사회와 문화를 반영하는 거울이라고 한다.

2. 음식물

1) 음식물과 식품

식사는 음식물을 먹는 행위이다. 그렇다면 식사의 대상이 되는 음식물(food and drink)

이란 무엇인가? 학자에 따라서는 물건(thing)이라는 차원에서 음식물과 식품을 동일한 것으로 보기도 한다. 예를 들어, 레스토랑에서 만든 피자와 식품회사에서 대량으로 생산한 냉동피자를 상품이라는 차원에서 서로 동일한 것으로 보는 것이다. 그러나 많은 경우 음식물과 식품은 분명하게 구별된다.

식사의 대상이 되는 음식물이 되기 위해서는 [그림 1-1]에서와 같이 몇 단계 과정을 거친다. 먼저 동물, 식물, 어류 등을 사육하거나 재배, 채집하여 기본적인 손질을 하면 식재료가 준비된다. 손질된 식재료를 일부 곧바로 먹기도 하지만 대부분 가공하여 식품으로 만든다. 가공(processing)은 식재료를 식품으로 만들기 위해 건조, 조미, 가열하거나 식품을 다음 단계의 식품으로 만들기 위해 처리하는 과정을 말한다.

그림 1-1 | 음식물과 식품의 과정

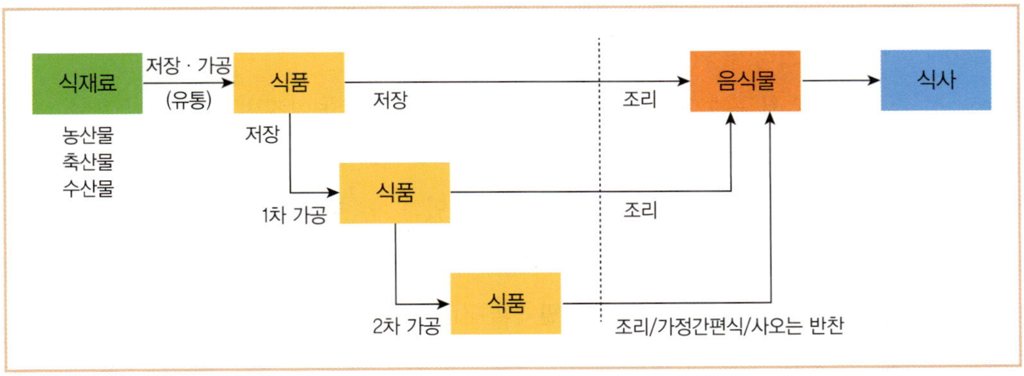

그러나 가공을 했다고 해서 최종단계의 음식물이 되는 것은 아니다. 가공된 식품이 조리라는 과정을 거칠 때 비로소 사람이 바로 먹을 수 있는 음식물이 된다. 조리(cooking)는 가공된 식품에 물리적 · 화학적 조작을 가하여 사람이 즉시 먹을 수 있도록 최종적으로 처리하는 과정을 말한다. 요약하면, 식품은 조리라는 과정을 거쳐야 음식물이 되는 음식물의 원재료(raw materials)이고, 음식물은 사람이 바로 먹을 수 있도록 조리된 것이라는 점에서 음식물과 식품은 구별된다.

2) 가공과 조리의 구분

식품가공 및 저장기술의 발전으로 가공과 조리의 경계를 구분 짓는 것이 어려워지고 있다. 예를 들면, 식품회사에서 대량으로 생산한 냉동피자와 레스토랑에서 손으로 직접 만든 피자가 맛과 품질에서 서로 큰 차이가 나지 않는다. 이러한 변화는 가공과 조리가 서로 유사한 처리과정이 되었음을 보여준다. 이렇듯 가공과 조리의 구분이 어려워지기는 했지만 양자는 분명히 다르다. 식품회사는 생산, 포장, 유통과정을 통해 언제 어디서나 불특정 다수의 사람들이 구매할 수 있는 피자를 만든다. 품질관리 속에 효율성이나 실용성을 중요하게 여긴다. 반면 레스토랑은 개성과 기술을 가진 조리사가 점포를 방문한 특정 고객을 위해 피자를 만들어 현장에서 곧바로 제공한다. 창조적 · 예술적 · 미적 감각을 강조하는 부분이 많다. 결국 가공과 조리는 처리과정 그 자체보다 어떤 장소에서 처리가 실행되느냐에 따라 구분된다. 즉 똑같은 피자라도 식품회사에서 만들면 가공이 되고, 레스토랑에서 만들면 조리가 되는 것이다.

먹이를 찾는 것은 지구에 있는 모든 동물들의 공통된 활동이지만 식재료를 저장, 가공, 조리하는 행위는 오직 사람만이 가지고 있는 지혜이다. 다시 말해 사람과 동물의 구분은 음식물을 만드는 행위를 하느냐 못하느냐에 있다. 현재도 생명을 보존하고 일상의 즐거움을 위해 식재료를 생산하고 가공하며 조리하는 행위를 계속하고 있다. 음식물을 만드는 행위가 오랜 시간 이어져 오면서 민족과 지역에 따른 고유의 식문화가 형성된다.

식품가공기술의 발전으로 가공과 조리의 구분이 어려워졌지만 어디에서 작업이 이루어지느냐로 판단할 수 있다.

3) 음식물의 조건

식사는 기본적으로 음식물을 섭취하는 행위이다. 그러나 외식산업에서는 단순히 사람이 먹을 수 있다는 것만으로 음식물이라고 말하기에는 충분하지 않다. 음식물은 레스토랑이 고객에게 제공하는 여러 요소들 중에서 가장 중요한 제품이기 때문이다. 고객의 욕구를 충족시키는 음식물로 존재하기 위해서는 기본적 조건, 제한적 조건, 부가기치적 조건을 필요로 한다.

(1) 기본적 조건

음식물은 생명유지, 성장발육, 건강증진을 위해 섭취하기에 안전해야 하고, 신체에 유익한 영양소를 함유해야 한다. 아울러 식욕을 자극하는 독특한 맛과 향미로 기분을 돋우어 섭취할 수 있는 것이어야 한다. 이러한 조건들 중에서도 가장 중요한 것은 안전성(safety)이다. 안전한 음식물은 집에서도 중요하지만 외식산업에서 안전성보다 앞서는 그 어떤 조건도 있을 수 없다. 즉 외식산업에서는 맛과 서비스보다 음식물의 안전성이 가장 중요한 조건이 된다. 안전한 음식물은 아무리 강조해도 지나치지 않다.

음식물로 존재하기 위해 가장 중요한 조건은 안전성이다.
안전한 음식의 제공은 아무리 강조해도 결코 지나치지 않다.

(2) 제한적 조건

음식물은 조리와 관련하여 몇 가지 조건이 따른다. 조리에 투입되는 비용과 시간이 많이 소비되지 않아야 한다. 또한 조리하기가 너무 어렵거나 복잡하지 않아야 한다. 이러한 조건들은 식재료 구매와 원가관리에 직접적으로 관련되어 있고, 외식사업을 성공적으로 운영하는 데 핵심이 되는 조건이기도 하다.

(3) 부가가치적 조건

음식물은 기본적 조건과 제한적 조건 외에 오락, 교양, 유행, 건강지향, 행사, 단란 등의 부가가치적 조건이 요구된다. 음식물을 선택하고 먹는 행위는 가족, 친구, 사회집단에 속해 있는 구성원 간의 화합과 친목을 위한 중요한 활동이다. 예를 들어, 생일이나 크리스마스 때의 음식물은 단순히 배고픔만을 채우기 위한 것은 아니다. 따라서 경쟁이 치열한 외식산업시장에서 외식기업이나 레스토랑이 경쟁력을 확보하기 위해서는 고객의 이용목적에 맞는 특징을 강조하고 고객의 욕구에 부합하는 부가가치를 제공하는 음식물이어야 한다.

4) 음식물의 가치판단

음식물이라고 해서 모두 동일한 가치를 가지고 있는 것은 아니다. 음식물의 가치는 본질적으로 혼합되어 있고, 판단기준에 따라 다르기 때문에 어느 한쪽의 기준만으로 판단할 수 없다. 음식물의 가치는 사람에 필요한 영양소를 기준으로 판단하거나 음식물 전체를 기준으로 판단한다. 전자를 인류 공통문화에 의한 가치판단, 후자를 개별문화에 의한 가치판단이라고 한다.

(1) 인류 공통문화 가치판단

인류 공통문화 가치판단은 음식물이 가지는 본질, 즉 생명유지, 성장발육, 건강증진에 필요한 영양소를 기준으로 판단하는 것이다. 자연과학적 기준으로 볼 때 영양소는 성장을 촉진하고 생리적 과정에 필요한 에너지를 공급하는 중요한 성분으로 세계 어느 곳에서나 동일하게 인정된다. 예를 들어, 닭고기는 돼지고기나 쇠고기와 비교해도 영양분의 차이가 별로 없다. 지방이 적고 소화흡수율이 좋으며, 양질의 단백질과 필수 아미노산이 풍부하여 남녀노소 누구나 혐오감을 가지지 않는 음식물이다. 이런 이유로 닭고기는 전 세계 대부분의 사람들이 공통적으로 부담 없이 섭취할 수 있는 가치를 지닌 좋은 음식물로 인정받고 있다.

음식물의 가치는 민족, 지역, 전통 등에 따라 다르게 판단된다. 인도 McDonald's에서는 종교적 이유로 쇠고기 대신 닭고기 패티의 햄버거를 판매하고 있다.

(2) 전승된 개별문화 가치판단

전승된 개별문화 가치판단은 음식물이 가지는 영양소가 아니라 민족, 지역, 전통에 따라 개별적으로 창조되어 전승된 생활문화에 근거하여 판단하는 것이다. 단순하게 영양소만으로 음식물의 가치를 판단하는 것이 아니라 다른 관점에서 판단하는 것이다. 예를 들어, 김치의 경우 우리 나라 사람들이 맛있고 건강에도 좋아 즐겨 먹는 음식물이라고 해도 다른 나라 사람들은 좋아하지 않을 수 있다. 이는 각국의 개별문화에 따라 전승되어 온 식생활 차이로 음식물의 가치를 다르게 판단하기 때문이다. 이슬람교를 믿는 무슬림들은 율법에 따라 돼지고기를 먹지 않으며, 힌두교인들은 소를 신성한 동물로 여겨 쇠고기를 먹지 않는 관습이 오랫동안 전승되어 왔다. 힌두교를 믿는 인도에서 McDonald's는 쇠고기를 사용한 빅맥(Big Mac) 대신에 닭고기나 양고기 패티를 사용한 마하라자 맥(Maharaja Mac)을 판매하고 있다.

3. 식사의 성립요건

사람이 음식에 대한 욕구를 충족시키기 위해서는 집에서든 레스토랑에서든 식사라는 행위가 있어야 한다. 식사가 이루어지기 위해서는 섭취의 대상이 되는 음식물, 음식물을 섭취하는 사람, 음식물을 섭취하는 장소 등 세 가지 요건이 확정되어야 한다. 아울러 세 가지 요건이 개별적으로 존재하는 것이 아니라 동시에 존재해야 한다.

식사가 이루어지기 위해서는 음식물, 취식자, 취식장소가 동시에 존재해야 한다.

1) 음식물

사람이 섭취하는 음식물로 존재하기 위해서는 음식물이 되기 위한 조건을 가지고 있어야 한다. 즉 음식물은 안전성, 영양성, 기호성 등의 기본적 조건, 조리작업의 경제성, 간편성, 기능성 등의 제한적 조건 그리고 오락, 교양, 유행, 단란, 행사, 건강지향 등의 부가가치적 조건을 가지고 있어야 한다.

2) 취식자

취식자는 음식물을 먹는 사람을 말한다. 취식자는 음식물을 어떻게 취득하느냐에 따라 세 가지 형태로 구분된다. 먼저 가족의 일원으로서 음식물이 무상으로 제공되는 경우, 스스로의 부담으로 음식물을 취득하는 경우, 다른 사람이 부담하여 스스로는 어떠한 부담도 하지 않는 경우로 구분된다. 여기서 중요한 것은 취식자는 생리적으로 요구되는 범위 내에서 소량의 음식물을 소비하는 최종소비자라는 것이다.

3) 취식장소

취식장소는 취식자가 음식물을 먹는 곳을 말한다. 취식장소가 가정 내에 존재하는 경우와 가정 외에 존재하는 경우가 있다. 가정 내이든 가정 외이든 취식장소에는 기본적으로 먹는 데 필요한 시설과 음식물을 제공하는 데 필요한 시설이 갖춰져 있어야 한다.

4. 식사의 기능

사람은 왜 먹는가? 사람은 생명을 유지하고 성장하며, 활동에 필요한 영양소를 섭취하기 위해 식사를 한다. 가족 또는 사람과 사람 간의 즐거움, 친목을 위해 식사를 하기도 한다. 이렇듯 식사의 기능은 식사를 하는 목적에 따라 생리적 기능, 감각적 · 심리적 기능, 사회적 · 문화적 기능 등으로 구분된다.

1) 생리적 기능

식사는 사람의 생명, 신체의 발육과 성장, 건강, 일상생활을 유지하는 데 필요한 영양소를 공급한다. 식사를 제공하는 외식산업에서는 배고픔의 생리적 욕구충족은 물론, 신체건강에 유익한 영양소를 공급해 주는 메뉴개발에 힘써야 한다. 그러나 식사에서 무엇보다 중요한 것은 안전한 음식을 제공하는 것이다. 따라서 식재료의 구매, 유통, 저장, 조리 등의 과정에 있어 엄격한 위생관리가 요구된다. 식사장소 또한 쾌적한 식사환경을 제공할 수 있도록 항상 청결한 상태를 유지해야 한다.

2) 감각적 · 심리적 기능

식사는 미각, 후각, 시각, 촉각을 통해 개인의 기호를 충족시키고 감각적 · 심리적으로 만족감을 제공한다. 똑같은 음식이라도 맛, 색깔, 배열, 냄새, 분위기의 차이에 따라 느끼는 감각적 · 심리적 반응은 모두 다르다. 테마 레스토랑, 캐주얼 다이닝, 패밀리 레스토랑과 같이 다양한 콘셉트의 레스토랑이 존재하는 이유는 사람마다 선호하는 감각적 · 심리적 반응이 각기 다르기 때문이다. 따라서 외식산

식사는 생명유지, 신체발육 등의 생리적 기능은 물론 커뮤니케이션 도구로서의 사회적 기능과 레저활동으로서의 문화적 기능을 가진다.

업에서는 목표고객의 감각적 · 심리적 욕구를 만족시키는 맛과 양, 메뉴구성, 식기, 조리법, 서비스방법, 테이블 세팅, 분위기 등의 유 · 무형적 요소들을 조화롭게 설계하여야 한다. 특히 식사 분위기는 고객의 감각적 · 심리적 반응을 종합적으로 나타내는 중요한 요소인 만큼 타깃고객에 맞는 물리적 환경을 연출해야 한다.

3) 사회적 · 문화적 기능

식사는 음식을 함께 먹는 행위로서 가족, 친구, 기타 사회적 집단 간 친목을 깊게 하고 신뢰관계를 높여주는 커뮤니케이션 도구로 활용된다. 또한 단순히 배고픔을 충족시키고 미식만을 추구하는 것이 아니라 취미, 오락, 단란 등 정신적인 넉넉함을 얻을 수 있는 레저활동으로서의 기능도 가진다. 한때 패밀리 레스토랑이 대중에게 인기를 끌었던 이유도 현대인의 변화하는 외식 욕구와 라이프스타일에 부합하는 사회적 · 문화적 기능을 제공하였기 때문이다.

1-2 식사의 형태와 범위

1. 식사의 형태

식생활은 기본적으로 내식과 외식으로 구분된다. 그러나 경제 · 사회 · 문화적 환경의 변화로 가정에서의 식사를 외부에 맡기는 식사의 외부화현상이 커짐에 따라 오늘날은 내식과 외식의 중간 개념인 중식 또는 반외식의 식사가 보편화되고 있다. 식사가 이루어지기 위해서는 식사의 대상이 되는 음식물이 특정 장소에 존재해야 하며, 이를 위해서는 조리주체, 조리장소, 취식장소 등 음식물의 제공요건이 확정되어야 한다. 음식물의 제공요건을 바탕으로 식생활을 내식, 외식, 중식으로 구분한다.

1) 내식

내식(eating in)은 조리주체가 세대 내의 사람으로 조리장소와 취식장소가 원칙적으로 가정 내에서 이루어지는 식사를 말한다. 시장, 대형마트, 슈퍼마켓, 식품전문점에서 식재료를 구입하여 가정 내에 있는 사람의 가사노동, 즉 조리라는 작업과정을 거쳐 집안에서 먹는 식사형태이다. 그러나 사회 · 경제 · 문화적 환경의 변화로 식사준비를 외부에 의존하면서 가정 내에서 조리하고 식사하는 완전한 내식의 빈도는 줄어든 반면 집 밖에서의 식사, 즉 외식이 일상화되었다. 이러한 변화는 순수한 의미의 내식은 줄어들고 외식으로만 식생활을 해결하는 시대가 멀지 않았음을 예고한다. 그렇게 되면 가까운 미래에는 집에 주방은 물론 칼과 도마가 사라지고, 가정에서 음식물을 만드는 조리라는 단어의 뜻도 바뀔 수 있을 것으로 보인다.

2) 중식

(1) 중식이란?

중식(中食, food-to-go)은 조리주체가 세대 외의 사람으로 조리장소는 원칙적으로 가정 외에 있고 취식장소는 가정 내에 있는 식사를 말한다. 전통적으로 식생활은 크게 두 가지 패턴으로 분류된다. 가정 내의 식생활은 내식, 가정 외의 식생활은 외식으로 정의된다. 그러나 현실적으로는 [그림 1-2]에서와 같이 내식과 외식 중 어느 한쪽으로 판

그림 1-2 | 내식과 외식의 중간영역

단하기 어려운 식사형태가 존재한다. 예를 들면, 레스토랑에서 조리된 음식을 테이크아웃(take-out) 또는 배달시켜 집에서 먹거나, 대형마트나 편의점에서 바로 먹을 수 있도록 준비된 가정간편식(HMR: Home Meal Replacement)을 구매하여 집에서 먹는 식사가 대표적이다. 이처럼 내식과 외식이 혼합된 식사형태를 중식 또는 식사하는 장소가 레스토랑에 한정되지 않은 까닭에 반(半)외식이라고도 부른다.

중식은 외식산업이 집 안의 가사노동을 대체하는 식사형태, 즉 가정에서의 식사준비를 외부에 맡기는 식사의 외부화현상을 나타낸다. 예를 들면, 한끼 식사를 위해 재료를 구입, 손질, 조리하고 치우는 시간과 비용을 절감하려는 식사형태라고 할 수 있다.

(2) 중식의 성장배경

중식은 오늘날 우리의 식생활을 나타내는 대표적인 식사형태라고 해도 과언이 아니다. 중식의 성장배경은 외식산업의 수요자 측면과 공급자 측면에서 살펴볼 수 있다.

수요자 측면에서 핵가족화, 인구의 고령화, 1인 가구 및 맞벌이 가구의 증가 등과 같은 가족구조의 변화가 중식 성장에 영향을 미쳤다. 여성의 사회진출 확대, 식사준비의 서투름, 시간절약, 내식활동의 비경제성, 외부음식에 대한 거부감 감소 등에 따라 경제적이고 간편한 소비에 대한 선호도가 증가한 것 역시 영향을 주었다. 특히 1인 가구와 맞벌이 가구의 증가로 집에서 식사를 준비하는 것보다 테이크아웃이나 배달, 가정간편식을 구매하여 해결하는 것이 보다 편리하고 경제적·효율적이라는 라이프스타일 및 가치관의 변화가 중식 성장에 영향을 주었다.

언제, 어느 곳에서든 스마트폰 앱을 통해 편리하게 음식을 주문하고 즐기는 식사가 일상화되었다.

공급자 측면에서 식품의 가공 및 저장기술, 유통시스템, 정보기술(IT)의 발전이 중식 성장에 영향을 주었다. 예를 들어, 음식 및 식품배달 애플리케이션의 발전으로 어느 곳에서나 스마트폰을 통해 간편하게 나만의 레스토랑을 즐길 수 있게 되었다. 또한 식품회사가 다양한 가정간편식을 대형마트, 편의점, 온라인을 통해 유통시킴으로써 소비자들이 손쉽게 구매하여 먹을 수 있게 된 환경 역시 중식 성장에 영향을 미쳤다.

3) 외식

내식과 외식의 구분은 간단해 보이지만 실제로는 그렇지 않다. 외식을 단순하게 가정 외에서의 식사라고 하기에는 사람들의 외식행태가 복잡하고 다양해졌기 때문이다. 이는 앞의 중식에서 살펴본 바와 같이 식사의 외부화현상으로 잘 설명된다. 최근에는 본래 의미로서의 내식을 제외한 모든 식사형태를 외식으로 넓게 보고 있다.

(1) 외식이란?

외식(eating out)은 조리주체가 세대 외의 사람으로 조리장소는 원칙적으로 가정 외에 있고 취식장소도 가정 외에 있는 식사를 말한다. 외식이란 말을 국어사전에서 찾아보면 "가정이 아닌 밖에 나가서 음식을 사서 먹는 것"이라고 풀이되어 있다. 미국 롱맨(Long Man)사전에서는 "집을 대신해서 레스토랑에서 먹는 것," 영국 브리티쉬(British) 사전에서는 "집을 떠나 밖에서 먹는 것"으로 설명하고 있다. 그러나 식생활 소비 트렌드가 빠르게 변화하고 사람들의 외식 욕구와 동기가 다양해지면서 외식을 사전적 의미만으로 설명하기에는 부족하다.

외식을 어떻게 파악하느냐 하는 것은 외식산업의 특징과 성격, 나아가 업종 및 업태의 결정을 위해서도 중요하지만 무엇보다 외식산업을 이해하는 출발점이 된다는 점에서 중요하다. 우리 나라 외식산업 진흥법에서는 외식을 "가정에서 취사(炊事)를 통하

외식은 가정 내에서 이루어지는 식사와 대비된 말로 가정 외에서 이루어지는 식사로 정의하는 것이 일반적이다.

여 음식물을 마련하지 아니하고 음식점 등에서 음식물을 사서 이루어지는 식사형태"라고 정의하고 있다. 한편 야마구치 기구오(山口貴久男)와 고야마 슈우상(小山久三)은 사람의 식생활을 가정 내 식생활과 가정 외 식생활로 구분하였다. 그리고 외식이 대중화 · 일상화되고 있는 이유를 가정 외에서의 식생활 비중이 높아지고 있기 때문이며, 간접적 표현이기는 하지만 외식을 가정 외의 식생활이라고 하였다. 시오다 죠애이(鹽田長英)는 음식물은 그 목적, 장소, 음식물의 내용, 공급자, 소비자 등 여러 가지 요인에 따라 정리할 수 있다고 하면서, 그중에서 장소에 의한 구분으로서 가정 내와 가정 외를 구분하여 가정 외의 음식물을 외식이라고 하였다.

일본의 외식산업문제연구회(外食産業問題研究會)는 음식물을 만드는 행위를 중심으로 가정 내에서 음식물을 만드는 가정 내의 식생활과 가정 외에서 음식물을 만드는 가정 외의 식생활로 구분하였다. 전자를 내식, 후자를 외식으로서 내식과 외식을 대비하여 설명하였다. 한편 하라 쓰토무(原勉)와 이나가키 쓰토무(稻垣勉)는 식생활을 가정 내와 가정 외의 두 가지로 구별하여 전자를 내식, 후자를 외식이라고 하였다. 그리고 사람들의 식사형태는 외식과 내식으로 대별된다고 하면서, 전자는 가정 이외의 장소에 대한 식사, 후자는 가정 내에서의 식사라고 하였다. 이들은 식생활과 식사형태라는 용어를 사용했지만 양자 모두 가정 이외의 장소에서의 식사를 외식이라고 하였다.

도이토시오(土井利雄)는 외식을 가정 내에서 이루어지는 식사인 내식과 대비된 말로서 가정 외에서 이루어지는 식사뿐 아니라 가정 외에서 가져온 음식물을 가정 내에서 먹는 식사행위도 외식에 포함시켜야 한다고 하였다. 여기서 가져온 음식물이란 가정에서 전혀 가공을 하지 않거나 또는 일부 가공은 하더라도 기본적인 맛의 변경이나 귀찮은 조리를 필요로 하지 않는 것을 말한다. 이는 외식을 설명하는 데 있어 식사의 장소와 조리의 성격도 고려해야 함을 의미한다.

이상과 같이 외식에 대한 견해는 사전 또는 학자들마다 다르지만 대부분 식생활, 식사, 음식물, 식사형태 등을 중심으로 이들이 실행되는 장소가 가정 내인가, 가정 외인가에 따라 내식 또는 외식으로 정의하고 있음을 알 수 있다.

(2) 외식의 확장

식사는 원래 가정 내의 행위였지만 경제 · 사회 · 문화적 환경의 변화로 점차 가정 외의 식사, 즉 외식으로 확대되었다. 또한 가정 내의 식사에서도 밖에서 조리된 음식물의 반입이 많아졌다. 결국 가정 내에서의 조리작업이 감소하고 외부의 주방(kitchen)이 그 자리를 대신하게 되었다. 예를 들면, 가정 외에서 가공 및 조리된 것을 가정 내 · 외를 불문하고 먹거나, 외식산업에서 제공하는 식사를 집에서 먹거나, 집에서 먹을 식사를 마트나 편의점, 식품점 등에서 제공하는 것에 의존하는 것 등이 대표적이다. 그렇다면 이처럼 내식과 외식이 혼합된 식사형태를 외식과 내식 중 어떤 범위로 받아들일 것인가? 이 문제를 해결하는 것은 외식의 범위, 나아가 외식산업의 범위를 결정하는 것과 같다.

내식과 외식이 혼합된 식생활은 외식의 내식화와 내식의 외식화로 설명할 수 있다. 외식의 내식화(内食化)는 레스토랑에서 제공하는 식사를 집에서 먹는 것을 말한다. 예를 들면, 치킨, 햄버거, 피자를 레스토랑에서 테이크아웃하거나 배달시켜 집에서 먹는 행위가 여기에 해당한다. 내식의 외식화(外食化)는 집에서 먹는 식사를 외부에서 제공하는 것에 의존하는 것을 말한다. 예를 들면, 대형마트, 슈퍼마켓, 편의점, 온라인 마켓에서 주식 또는 간식 개념으로 즉시 먹을 수 있도록 준비된 설렁탕, 육개장 등의 가정간편식과 반찬 같은 조리식품을 구입하여 먹는 행위가 여기에 해당한다.

오늘날은 외식의 내식화와 내식의 외식화가 혼합되어 식생활 패턴이 복잡해지고 있는데, 이러한 현상을 내식과 외식의 불명확화라고 한다. 이 같은 식생활은 내식과 외식이 완전히 분리된 개념이 아니라 중간영역, 즉 중식이 존재한다는 것을 의미한다. 최근에는 식생활이 표준화, 다양화, 간편화, 외부화되면서 중식이 내식과 외식을 대체하는 지위로까지 성장함에 따라 중식도 외식의 범위에 포함하여 외식을 보다 넓게 정의하는 것이 타당할 것이다.

1인 가구의 증가로 간편식 시장이 크게 성장하고 있다. CJ제일제당은 국내 최초로 가정간편식 전문매장인 'CJ올리브마켓'을 열었다.

그림 1-3 | 식사의 형태와 정의

- **내식(內食)** → 조리주체가 세대 내의 사람, 조리장소와 취식장소가 원칙적으로 가정 내에 있는 식사

- **중식(中食)** → 조리주체가 세대 외의 사람, 조리장소는 원칙적으로 가정 외, 취식장소가 가정 내에 있는 식사

- **외식(外食)** → 조리주체가 세대 외의 사람, 조리장소는 원칙적으로 가정 외, 취식장소도 가정 외에 있는 식사

2. 내식 · 중식 · 외식의 범위

누가 조리를 하고 어디서 조리를 하느냐에 따라 음식의 성격과 특징이 달라진다. 취식장소 역시 최종소비자로서 취식자의 선택과 행동에 관련되어 있다. 따라서 조리주체, 조리장소, 취식장소 등 음식물의 제공요건을 사용하여 내식 · 중식 · 외식의 범위를 살펴볼 수 있다.

〈표 1-1〉에서와 같이 음식물을 제공하는 사람이 상업적이거나 비상업적인 경우가 있고, 음식물의 조리주체가 세대 내의 사람이거나 세대 외의 사람인 경우가 있다. 조리장소는 세대 내의 사람이 가정 내 또는 가정 외에서 조리하거나 세대 외의 사람이 가정 내 또는 가정 외에서 조리하는 경우가 있다. 취식장소 역시 세대 내의 사람이 가정 내 또는 가정 외에서 먹거나, 세대 외의 사람이 가정 내 또는 가정 외에서 먹는 경우로 구분한다.

편의상 조리주체가 세대 내에 있을 때를 내식적(內食的), 취식장소가 가정 내에 있을 때를 내식이라고 표현한다. 그리고 조리주체가 세대 외에 있을 때를 외식적(外食的), 취식장소가 가정 외에 있을 때를 외식이라고 표현한다. 예를 들어, 조리의 주체가 세대 내에 있고 취식장소가 가정 외에 있을 때, 이를 내식적 외식이라고 한다. 이를 정리하면 〈표 1-1〉과 같다. 제1유형은 내식적 내식(❶, ❷), 제2유형은 내식적 외식(❺, ❻), 제3

| 표 1-1 | 내식 · 중식 · 외식의 범위

구분		비상업적 음식물제공				상업적 음식물제공			
조리주체		세대 내의 사람		세대 외의 사람		세대 내의 사람		세대 외의 사람	
조리장소		가정 내	가정 외	가정 내	가정 외	가정 내	가정 외	가정 내	가정 외
취식장소	가정 내	❶ 내식적 내식 내식	❷ 내식적 내식 내식	❸ 외식적 내식 중식	❹ 외식적 내식 중식	–	–	❾ 외식적 내식 중식	❿ 외식적 내식 중식
	가정 외	❺ 내식적 외식 내식	❻ 내식적 외식 내식	❼ 외식적 외식 외식	❽ 외식적 외식 외식	–	–	⓫ 외식적 외식 외식	⓬ 외식적 외식 외식

자료: 岩渕道生(1996), 外食産業論, 農林統計協會, 수정 보완.

유형은 외식적 내식(❸, ❹, ❾, ❿), 제4유형은 외식적 외식(❼, ❽, ⓫, ⓬)으로 구분한다.

1) 내식

제1유형인 내식적 내식의 ❶은 조리주체, 조리장소, 취식장소 어느 것이나 세대 내 또는 가정 내에 있는 경우로 전형적인 내식으로 대표된다. 예를 들면, 세대 내의 사람인 주부가 세대 내의 가족을 위해 자기 집 주방에서 조리한 음식물을 가정 내에서 먹는 식사가 여기에 해당한다. 또한 내식적 내식의 ❷는 조리주체, 조리장소, 취식장소 중에서 조리장소만이 가정 외에 있는 경우로 세대 내의 가족이 가정 외의 요리강습회 등에서 조리한 음식물을 가정 내에서 먹는 식사가 여기에 해당한다.

제2유형인 내식적 외식의 ❺는 조리주체는 세대 내에 있고, 취식장소는 가정 외에 있는 경우로 주부가 가족을 위해 자기 집에서 조리한 도시락을 회사나 학교 등에서 먹는 식사가 여기에 해당한다. 또한 내식적 외식의 ❻은 조리주체는 세대 내에 있고, 조리장소와 취식장소는 가정 외에 있는 경우로 주부가 가족을 위해 캠프장 등에서 조리한 식물을 그 장소에서 먹는 식사가 여기에 해당한다. 제1유형의 ❷와 제2유형의 ❺, ❻은 조리주체가 세대 내에 있는 것으로 내식의 범위에 해당한다. 따라서 제1유형과 제2유형은 내식으로 구분한다.

2) 중식

제3유형인 외식적 내식은 조리장소가 가정 내 또는 가정 외에 있는 경우도 있지만, 공통적으로 조리주체가 세대 외에 있고, 취식장소가 가정 내에 있는 경우로 이를 중식으로 구분한다. 외식적 내식 ❸의 예로는 친척 또는 친구 등 세대 외의 사람이 방문하여 세대 내의 사람을 위해 가정 내에서 조리한 음식물을 가정 내에서 먹는 식사, 그리고 ❹의 예로는 세대 외의 이웃집으로부터 얻은 음식물을 자기 집에서 먹는 식사가 여기에 해당한다.

한편 외식적 내식 ❾의 예로는 세대 외의 사람인 출장요리 전문조리사가 가정 내의 취식자 집 주방에서 음식물을 조리하고, 이것을 취식자가 자기 집에서 먹는 식사가 여기에 해당한다. 또한 ❿의 예로는 대형마트 반찬매장에 근무하는 세대 외의 사람인 조리사가 주방에서 조리한 음식물을 세대 내의 사람인 취식자가 구매하여 자기 집에서 먹는 식사가 여기에 해당한다. 간혹 대형마트 반찬매장에서 전문조리사가 직접 반찬을 만들지 않고 반찬제조업자가 만든 것을 사들여 판매할 경우 음식물의 조리장소와 제공하는 장소가 분리되기도 한다.

레스토랑에서의 식사는 조리주체와 취식장소 모두 세대 외에 있는 경우로 전적으로 외식의 범위에 해당한다.

3) 외식

제4유형인 외식적 외식의 ❽과 ⓬는 조리주체, 조리장소, 취식장소 어느 것이나 세대 외와 가정 외에 있는 경우로 외식의 개념 그 자체이기 때문에 외식의 범위로 보는 데 특별한 문제가 없다. ❽의 예로는 학교급식이나 복리후생 차원의 단체급식 등에서의 식사,

⓬의 예로는 가정 외의 레스토랑에서 세대 외의 사람인 조리사가 조리한 음식물을 레스토랑에서 먹는 식사가 여기에 해당한다.

한편 제4유형인 외식적 외식의 ❼과 ⓫은 조리주체, 조리장소, 취식장소 중 조리장소만이 가정 내에 있지만, 조리주체와 취식장소가 세대 외에 있어 외식의 범위에 있다고 할 수 있다. ❼의 예로는 세대 외의 사람으로 출장요리 전문조리사가 세대 내의 사람을 위해 조리한 음식물을 야외 등 가정 외에서 먹는 식사, ⓫의 예로는 레스토랑 조리사 등 세대 외의 사람이 가정 내의 주방에서 조리한 음식물을 야외 등 가정 외에서 먹는 식사가 여기에 해당한다. 따라서 제4유형인 ❽과 ⓬, ❼과 ⓫은 조리주체와 취식장소가 모두 세대 외에 있기 때문에 외식으로 구분한다.

토 의 문 제

01 음식물과 식품의 차이를 알기 위해서는 가공과 조리를 이해해야 한다. 가공과 조리의 차이점에 대해 설명하고, 식품가공 및 저장기술의 발전이 조리에 미친 영향에 대해 토의하시오.

02 식사는 음식물을 먹는 행위이지만 먹는다고 해서 모두 음식물이 되지는 않는다. 외식산업에서 음식물로 존재하기 위해서는 기본적 조건, 제한적 조건, 부가가치적 조건을 갖춰야 한다. 세 가지 조건들 중 부가가치적 조건의 중요성에 대해 토의하시오.

03 식사의 기능은 식사를 통해 얻고자 하는 목적에 따라 생리적 기능, 감각적 · 심리적 기능, 사회적 · 문화적 기능으로 구분된다. 패밀리 레스토랑이 제공하는 식사의 사회적 · 문화적 기능에 대해 토의하시오.

04 중식은 간편한 식생활을 찾는 소비자 욕구, 식품가공 및 저장기술, 유통시스템이 발전하면서 나타난 식사의 외부화현상으로 오늘날 현대인의 식사형태를 가장 잘 나타내고 있다. 중식이 성장하게 된 배경에 대해 토의하시오.

05 외식의 내식화와 내식의 외식화는 내식과 외식의 불명확화현상으로서 중식이라는 식생활이 존재함을 나타낸다. 내식과 외식으로 구분되는 전통적인 식생활에서 중식을 어느 범위로까지 결정하는 것이 적절한지에 대해 토의하시오.

참 고 문 헌

- 김광지 · 박기용(2007), "외식범위 설정과 표준산업분류에 의한 외식산업분류기준에 관한 연구," 관광레저연구, Vol.19(2), pp.389-406.
- 박기용(2018), 외식산업경영학, 대왕사.
- 신재영 · 박기용(1998), "식사의 성립요건과 외식의 범위에 관한 이론적 고찰," 외식경영연구, Vol.1(1), pp.179-197.
- Andrew Dornenburg & Karen Page(1995), *Becoming a Chef*, VNR.
- Andrew Dornenburg & Karen Page(1998), *Dining Out*, John Wiley & Sons.
- Bill Hansen(1995), *Off-Premise Catering Management*, John Wiley & Sons.
- Casper Carol(1997), "Some Place Like Home," *Restaurant Business*, Aug.
- John R. Walker(2008), *The Restaurant: From Concept to Operation*, John Wiley & Sons.
- Paul Moomaw(1996), Home Meal Replacement Finds its Place at the Table, Restaurant USA, Nov.
- 杉田活一 編集(1999), 講座 食の文化: 調理とたべもの, 味の素食の文化センター.
- 岩渕道生(1996), 外食産業論, 農林統計協會.
- 塩田長英(1983), 外食産業の虚像と實像, 日本經濟新聞社.
- 川端晶子(1993), 食生活論, 建帛社.
- 土井利雄(1987), 外食, 日本經濟新聞社.

Chapter 02

외식산업이란?

도입사례

덴뿌라 요리를 산업화한 'Tenya'와 'In-N-Out'의 단순화전략

Tenya는 전통적 일본음식인 덴뿌라 요리를 패스트푸드화로 변화시켜 성장가도를 달리고 있다.

전통 덴뿌라 요리를 패스트푸드화한 Tenya

하루가 다르게 가격이 내려가고 서비스와 할인판매가 연중 행사로 굳어 버린 일본 외식시장에서도 무한경쟁에 휩쓸리지 않은 채 고성장가도를 달리는 업체가 주목을 받고 있다. 덴뿌라 덮밥 체인점 'Tenya'를 경영하는 덴 코포레이션이다. Tenya의 최대 강점은 일본전통음식의 하나인 덴뿌라 요리를 패스트푸드처럼 변형시켜 누구나 적은 돈만 내고도 쉽게 사먹을 수 있도록 만든 것이다. 소문난 덴뿌라 집이면 1인분 한 그릇에 최소 1,000엔 이상을 주어야 먹을 수 있다. 이런 덴뿌라 요리를 Tenya는 패스트푸드 스타일의 장사기법을 통해 값을 크게 떨어뜨리고 서민들의 사랑을 받는 음식으로 재탄생시켰다. 주력 메뉴가격은 540엔, 비싸도 700엔을 넘는 것이 거의 없다. 정식이라고 해도 910엔 정도이다. 그렇다고 맛이 뒤질 것이라는 선입견을 가지면 오산이다. 재료도 신선한 것을 골라 쓴다. 때문에 점포마다 매장이 온종일 붐빈다. 고

| 학습목표 |

1. 사람의 먹는 행위와 직 · 간접적으로 관련된 경제활동조직인 외식산업의 정의를 이해한다.
2. 외식산업과 음식장사의 상호 비교를 통해 외식산업을 이해한다.
3. 외식산업의 역할과 중요성을 이해하고, 외식산업과 연계된 타산업들에 대해 살펴본다.
4. 외식산업이 여타 산업과는 다른 사업적 성격을 이해한다.
5. 제조업, 소매업, 서비스업의 기능을 복합적으로 가지고 있지만 고유의 산업인 외식산업의 특성을 이해한다.

객의 연령층도 젊은 여성과 청소년에서 노인, 중년남성들에 이르기까지 다른 어느 업종보다 넓다.

자동화와 원가절감으로 저가격 실현

Tenya의 가격경쟁력을 뒷받침하는 핵심비결은 완벽한 자동화와 원료조달과정에서의 코스트 다운 두 가지로 요약된다. 첫째, 독자적으로 만든 튀김기는 사람의 일손이 거의 필요 없다. 새우, 생선, 야채 등 덴뿌라 재료에 밀가루옷을 입힌 후 튀김기름에 집어 넣는 일만 사람이 해주면 된다. 튀김기 안에 있는 금속 컨베이어 벨트가 움직이면서 다 익은 튀김을 밖으로 끌어내준다. 주방 안에는 음식점의 필수도구인 식칼과 도마가 없다. 매뉴얼에 적힌 대로 따라 하기만 하면 누구나 튀김의 달인이 될 수 있게 되어 있다. 둘째, 원료조달과정이 원가절감에 초점이 맞춰져 있다. 새우는 베트남과 인도네시아에서 양식해 잡은 것을 현지에서 냉동 · 수입해 쓴다. 오징어, 생선 등도 값싼 동남아와 중국산을 마루베니상사 등 대형 수입업체와 손잡고 대량구매해 사용한다. 튀김에 빼놓을 수 없는 식용유는 닛싱제유의 것을 장기계약해 저렴하게 조달하고 있다.

복잡성 줄이고 단순함 유지하는 In-N-Out

미국 샌프란시스코 피셔맨스워프(Fisherman's Wharf)에 있는 패스트푸드점 'In-N-Out 버거' 매장에 들어서면 '4'라는 숫자가 쉽게 눈에 띈다. 우선 제품군(群)이 버거, 프렌치 프라이, 쉐이크, 소다 등 4종류로 단순하다. 경쟁업체인 Wendy's가 버거, 치킨, 콤보, 프렌치 프라이, 샐러드, 음료 등 10여 가지의 제품군을 운영하는 것과 대조적이다. 점포 인테리어 색깔도 빨강, 노랑, 회색, 흰색 등 4색을 쓰며, 매장직원

In–N–Out은 복잡성을 줄이는 단순화전략으로 효율성을 높여 수익과 매출을 동시에 늘리는 데 성공했다.

4명, 계산대 4개를 원칙으로 하고 있다. 물론 규모가 큰 곳은 매장직원이나 계산대의 숫자가 늘어나기도 하지만 표준매장기준으로 4가 기본이다. 4라는 수는 In–N–Out이 복잡성(complexity)을 최대한 줄이고 단순함을 유지하겠다는 의지의 표상이다.

단순화는 효율성 높여

회사 근처의 대박 레스토랑일수록 메뉴수가 적은 현상은 익히 경험하였을 것이다. 메뉴가 많다고 고객수가 늘어나거나 수익성이 개선되는 것이 아니다. In–N–Out처럼 기업경영을 단순화하면 효율성을 높일 수 있다. 재료구매, 제품제작, 고객서비스 등 각 부문의 역할이 훨씬 명확해질 뿐 아니라, 표준화의 장점을 살려 구매나 관리비용이 저렴해지기 때문이다. McDonald's, Burger King 등 경쟁업체들이 하루가 멀다 하고 신메뉴를 출시하고 매장 인테리어의 변화를 추구하는 데 비해, In–N–Out은 단순화전략으로 수익성과 매출을 동시에 늘리는 데 성공했다. 1948년 설립되어 California, Arizona, Nevada, Oregon, Texas, Utah 등 6개 주에만 약 347개 점포가 있으며, 매출성장률이 업계평균의 2배, 영업이익률이 무려 20%에 이르는 것으로 알려져 있다.

자료: 한경Business, 2002.05.13./조선일보, 2007.06.23./매거진 한경, 2021.02.04.에서 요약정리

사람의 먹는 행위는 과거에도 중요했고 현재, 미래에도 중요한 활동일 것이다. 외식산업은 사람의 먹는 행위와 관련된 경제활동조직으로 우리의 일상생활과 밀접해 있는 산업 영역이다. 만일 외식산업이 존재하지 않았다면, 우리의 일상적 활동은 많은 부분에서 제약을 받을 수밖에 없다. 먹을 음식을 직접 싸가지고 다녀야 하고, 오랜 기간 집을 떠나 있을 수도 없다.

외식산업은 인적 의존도가 높고 생산, 판매, 소비가 동시에 이루어지는 등 여타 사업과는 다른 성격을 가지고 있다. 식재료를 가공 · 조리한다는 점에서는 제조업, 최종소비자에게 판매한다는 점에서는 소매업, 음식과 함께 서비스가 제공된다는 점에서는 서비스업 등의 특성을 복합적으로 가지고 있다.

본 장에서는 외식산업의 개념과 특성에 대해 전반적으로 살펴보고자 한다. 외식산업을 정의하고, 음식장사와의 비교를 통해 외식산업의 개념을 살펴본다. 또한 외식산업의 역할과 기능, 타산업과 다른 외식산업 고유의 특성, 그리고 기능적 특성에 대해서도 살펴본다.

2-1 외식산업의 개념

1. 외식산업이란?

외식산업(foodservice industry)은 식음료와 유 · 무형적 서비스로 이루어진 상품을 영리 또는 비영리를 목적으로 생산 · 유통 · 판매하는 조직들의 집합으로 정의된다. 사람의 생리적 욕구 및 기호의 충족은 물론 호스피탈리티(hospitality), 즉 환대를 함께 제공한다는 점에서 외식서비스산업으로도 불린다. 우리나라 외식산업진흥법에서는 외식상품의 기획 · 개발 · 생산 · 유통 · 소비 · 수출 · 수입 · 가맹사업 및 이에 관련된 서비스를 행하는 산업으로 정의하고 있다.

외식산업은 인류의 역사와 함께 시작된 가장 오래된 산업이다. 오늘날 외식산업으로 불리는 역사의 시작은 1950~1960년대 미국에서부터이다. 급속한 경제발전으로 식생활

1990년대 초 TGIFriday's(TGIF)를 비롯 해외 브랜드 패밀리 레스토랑이 국내시장에 대거 진출하면서 외식산업이라는 용어가 널리 사용되기 시작하였다.

패턴이 크게 변화하였고, 외식활동이 일상적 생활로 정착하기 시작하였다. 패스트푸드가 본격적으로 성장하고 외식활동과 관련된 시장규모가 산업으로 일컬을 정도로 커지면서 푸드서비스 산업(foodservice industry)이라고 불렀다. 한편 일본은 1970년대 McDonald's, KFC 등 미국 패스트푸드 기업들이 일본시장에 진출하자 매스컴에서 새로운 업태의 레스토랑이 등장했다고 하면서, 외식활동과 직·간접적으로 관련된 사업들을 총칭하여 '外食產業'이라고 하였다.

우리 나라는 오래 전부터 음식의 생산 및 판매와 관련된 사업을 밥장사, 먹는 장사, 요식업, 식당업, 음식업 등 여러 가지 말로 불렀다. 그러다가 1990년대 자본력, 과학적 생산과 운영시스템, 체계적 교육훈련, 선진화된 마케팅활동을 내세운 해외 외식기업들이 대거 국내시장에 진출하고, 외식활동이 대중화되면서 외식시장이 급속하게 성장하자 '외식산업'이라는 용어를 널리 사용하기 시작하였다.

2. 음식장사와 외식산업은 다른가?

오늘날 성공한 글로벌 외식기업들도 처음에는 동네 한 모퉁이에서 적은 자본과 직원, 개인경험과 노하우를 가지고 사업을 시작하였다. 초기에는 경쟁자가 많지 않았고, 공급보다 수요가 많아 별다른 노력 없이도 경영에 큰 문제가 없었다. 그러나 시장이 성숙되자 소비자 욕구가 시시각각 변하고 수요보다 공급이 많아지면서, 점차 과거의 방법으로는 소비자와 시장에 대응하기가 어려워졌다. 사업을 지속적으로 성장시키고 시장에서 경쟁우위를 가지기 위해서는 기존과 다른 비즈니스 개념이 필요해졌다.

〈표 2-1〉에서 같이 외식산업과 음식장사 모두 자본이나 규모에 관계없이 음식과 서비스를 제공하는 사업이라는 점에서 동일한 의미를 가진다. 그러나 음식장사는 경영자 개인이 현장경험에서 쌓은 지식과 기술, 노하우를 바탕으로 사업을 한다는 개념이다. 반면 외식산업은 경영마인드를 가지고 효율성(efficiency)과 효과성(effectiveness)을 추구하면서 전략적으로 사업을 한다는 개념이다. 그러나 알아야 할 것은 이 같은 비교가 어느 한쪽의 개념이 우수 또는 우월하다는 것을 의미하지는 않는다는 것이다. 단지 시장에 진출할 때 사업의 성격과 목표, 경영자의 목표에 따라 산업의 개념이 적합한지 아니면 장사의 개념이 적합한지 선택할 뿐이다.

최근에는 대부분의 외식사업이 산업의 개념을 적용하고는 있지만 장사의 개념이 적합한 시장도 존재한다. 또한 산업의 개념과 장사의 개념을 혼합하여 적용한 시장도 존재하기 마련이다. 결론적으로 외식산업시장에는 장사와 산업이라는 두 가지 개념이 공존하고 있는 것이다. 그러나 복잡하고 다양하게 변하는 소비자 욕구를 충족시키고 사업을 성장시키기 위해서는 장사의 개념보다 산업의 개념으로의 변화를 피할 수 없는 시대를 맞고 있음은 분명하다.

표 2-1 | 음식장사와 외식산업

구분	음식장사	외식산업
식재료	가능한 원재료	1차 가공한 식재료
생산방법	경영자 및 조리사의 경험과 숙련도	자동화, 표준화, 대량생산
경영방침	전통, 개성, 창조성, 독립성	경제성, 효율성, 단순화
교육	경험자에 의한 현장교육	체계적 교육훈련, 매뉴얼 적용
상권	지역적 상권	광역적 상권

3. 외식산업의 역할과 기능

1) 외식산업의 역할

(1) 국가의 기간산업

외식산업은 국가경제에 기여하는 기간산업의 역할을 한다. 관련 산업에 자본을 모이게 하고 식문화 수출을 통한 외화획득, 고용창출, 전후방산업의 수출증대, 관광산업 발전 등 높은 부가가치를 지닌 산업으로서 국가발전에 큰 파급효과를 가져다준다. 특히 외식산업은 농수축산, 식품, 유통, 정보통신, 관광 등 주요 산업들과 유기적 관계를 이루면서 서로의 성장과 발전을 지원한다.

(2) 레저 · 문화산업

외식산업은 단순히 음식을 제공하는 차원에서 벗어나 일상생활 또는 근로생활로 인한 육체적 · 정신적 피로를 풀어주고 기분전환과 휴식의 기회를 제공하는 레저산업의 역할을 한다. 한편 삶의 질을 높이고 생활을 윤택하게 하는 문화산업으로서의 역할도 한다. 이런 까닭에 오늘날 사람들의 레저 · 문화생활을 가늠하는 지표로 외식소비행태가 널리 활용되고 있다.

(3) 호스피탈리티산업

호스피탈리티산업(hospitality industry)은 자기 주소지로부터 멀리 떨어져 있는 사람에게 유 · 무형적 상품을 제공하는 호텔, 레스토랑, 철도, 항공, 크루즈, 테마마크, 카지노, 컨벤션 등과 같이 환대(hospitality)정신을 필요로 하는 산업을 말한다. 집을 떠난 사람에게 식음료와 호스피탈리티를 함께 제공하며, 사회 · 문화적으로 유대관계를 맺어 준다는 점에서 외식산업은 호스피탈리티산업들 중에서도 중심이 된다. 외식산업이 존재하지 않았다면 사람들은 먹을 음식을 직접 싸가지고 다녀야 하고 오랜 동안 집을 떠나 있을 수 없다.

외식산업은 국가의 주요 산업들과 유기적 관계를 가지고 상호 발전을 지원한다.

2) 외식산업의 기능

외식산업은 주거지, 근무지, 출장지, 여행지 등의 주변에 레스토랑이나 커피전문점을 위치시켜 식음료, 서비스, 분위기, 오락, 그 외 고객이 바라는 각종 편익(benefit)을 제공하는 수많은 사업들로 구성되어 있다. 외식산업은 고객의 외식 욕구를 해결하기 위해 식사를 제공하는 만큼 본래 식사가 가지고 있는 생리적 기능, 감각적 · 심리적 기능, 사회적 · 문화적 기능을 식음료와 인적 · 물적서비스를 복합화 · 일체화하여 상품으로 제공한다.

2-2 외식산업의 특성

1. 일반적 특성

외식산업은 일반적으로 [그림 2-1]과 같은 사업특성을 가지고 있다.

그림 2-1 | 외식산업의 일반적 특성

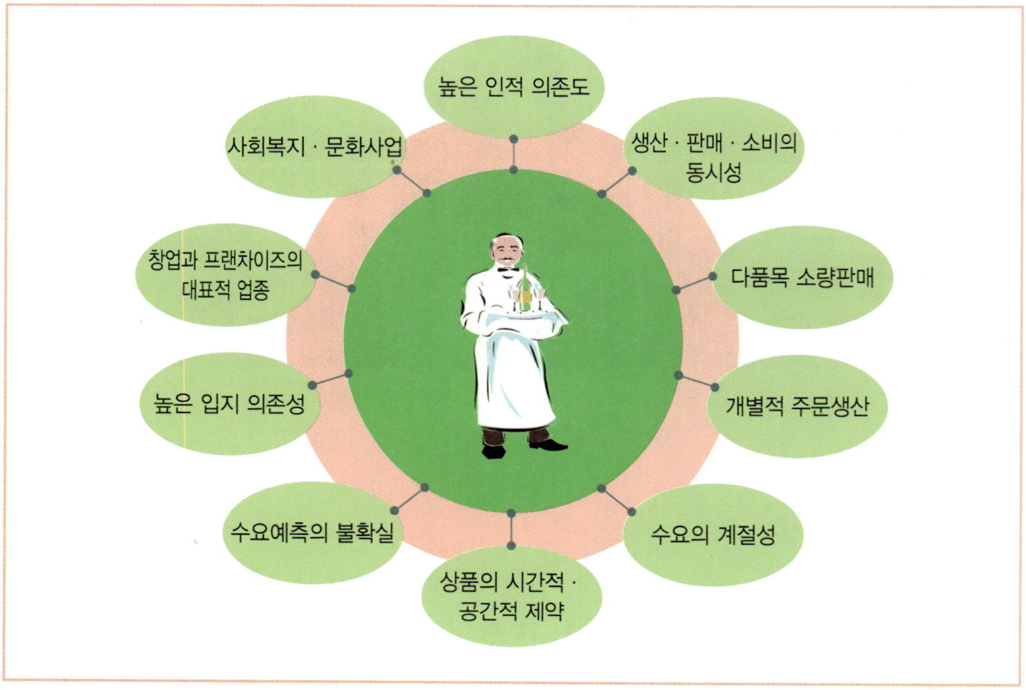

1) 높은 인적 의존도

제조산업이 기술 · 자본집약적인 데 비해 외식산업은 노동집약적이다. 사람에 의존하는 정도가 높아 인적사업(people business)으로 부르기도 한다. 대부분의 작업이 사람의 손에 의해 이루어지고 낮은 가격으로 판매되는 까닭에 타산업에 비해 노동생산성(labor productivity)이 낮다. 높은 인적 의존도는 인건비 부담으로 운영을 어렵게 하는 원인이 된다. 따라서 생산의 자동화 · 기계화, 식재료 아웃소싱, 셀프서비스, 무인주문 키오스크(kiosk) 등을 통해 생산성을 높이고 인건비 절감을 위한 노력이 요구된다.

2) 생산 · 판매 · 소비의 동시성

제조업은 원재료를 제조 및 가공하여 생산된 제품이 도매업, 소매업이라는 유통과정을 거쳐 최종적으로 소비자에게 제공된다. 즉 생산, 판매, 소비가 각각의 분리된 과정에서 이루어진다. 이와 달리 외식산업은 완성품 재고라는 개념이 없다. 일부 업종을 제외하고 대부분 생산, 판매, 소비의 과정이 같은 장소에서 동시에 이루어진다. 생산, 판매, 소비의 동시성은 직원들의 팀워크와 직무의 집중력을 요구한다. 따라서 생산의 자동화 · 기계화, 셀프서비스 등을 통해 생산, 판매, 소비의 동시성으로 인한 정신적 · 육체적 어려움을 줄일 필요가 있다. 근로조건과 작업환경을 개선하고 향상시키는 데도 지속적인 관심을 가져야 한다.

3) 다품목 소량판매

외식산업은 동일한 생산 시설을 이용하여 다수의 품목을 소량씩 생산하고 판매하는 다품목 소량판매의 특성이 강하다. 소수의 전문화된 메뉴를 생산하는 곳도 있지만, 대부분 다수의 메뉴를 고객의 개별적 주문에 따라 그때그때 생산하고 판매한다. 다품목 생산은 자동화 · 기계화되어 있지 않으면 품질의 일관성 유지가 어렵고, 인건비 지출을 높이는 원인이 된다. 동시에 많은 주문이 발생하는 경우 생산능력에 한계가 있을 수 있다. 소비자 욕구의 변화에 따라 메뉴의 구색을 갖춰야 하지만, 품목이 늘면 그만큼 식재료관리가 어려워진다. 최근에는 고객을 세분화하여 한두 가지 메뉴를 전문화하거나 생산량을 한정하는 점포가 늘고 있다.

다품목 소량의 메뉴판매는 식재료관리와 음식생산을 어렵게 한다.

4) 개별적 주문생산

제조업은 표준화 · 규격화를 통해 제품의 대량생산이 가능하지만 외식산업은 고객의 개별적 주문에 따라 그때그때 생산한다. 개별적 주문생산은 고객의 요구에 맞게 수정할 수 있는 고객화(customization)를 가능하게 하여 고객만족, 경쟁력 창출의 기회를 제공한다는 장점이 있다. 반면 주문마다 약간의 차이가 있고, 주문 전까지 생산예측이 어려워 경험과 기술이 없으면 생산과 운영통제가 어려워진다.

5) 수요의 계절성

외식산업은 계절성(seasonality)이 강하다. 날씨, 요일, 시간에 따라 외식수요의 변동, 즉 매출변화가 크다. 전통적으로 외식산업은 점심과 저녁, 주중보다는 주말, 그리고 여름보다는 가을과 겨울에 더 많은 수요가 발생한다. 성수기와 비수기에 따라 수요의 기복이 크기 때문에 어떻게 계절성을 극복하고, 비수기 때 어떻게 수익을 창출하느냐가 중요한 과제가 된다.

계절성을 극복하기 위해서는 먼저 계절적 변동을 식별하고 그때의 외식수요를 측정해야 한다. 그리고 특정 기간에 변동하는 외식수요에 맞춰 노동력과 제품재고를 늘리거나 줄인다. 아울러 수요가 적은 시간대의 매출을 극복하도록 하는 마케팅 노력도 필요하다. 예를 들면, 고객이 많지 않은 스윙타임(swing time) 때 가격을 할인해 주거나 재방문 때 사용할 수 있는 쿠폰을 제공하며, 수요를 조절할 수 있다. 외부로 캐이터링(catering) 서비스를 제공하는 방안도 비수기 때 매출에 도움이 된다.

6) 상품의 시간적 · 공간적 제약

외식산업은 제조업이나 소매업과 달리 주된 영업시간이 하루 두세 번의 식사시간대로 제약되고, 영업장 역시 공간적 제약으로 좌석수가 한정되어 있다. 이러한 특성은 외식산업이 타산업에 비해 인력 및 공간관리가 어려운 사업임을 의미한다. 상품의 시간적 · 공간적 제약을 극복하기 위해서는 식사시간 이외의 시간에 판매촉진프로그램을 활용해야 한다. 또한 고객이 집중되는 시간에 빈 좌석이 남지 않도록 테이블 형태를 디자인하고 적절하게 배치하도록 한다. 대기하는 고객이 많은 경우 고객이 이탈하지 않도록 적절한 대기관리도 중요하다.

7) 수요예측의 불확실

외식산업은 날씨, 계절, 사회적 · 경제적 상황에 따른 수요의 변화로 인해가 상품의 수요예측이 어렵다. 수요예측의 불확실성은 비용부분에서 높은 비율을 차지하는 식재료관리를 어렵게 한다. 제조업의 원자재는 보관이 쉽고 완성품의 장기간 보존도 가능하지만, 식재료는 보존방법 및 기간이 짧고 까다로워 관리가 어렵다. 일정기간이 지나면 부패의 위험성이 높고, 관리에 소홀하면 품질, 색, 맛, 모양, 영양성분 등이 변하여 상품가치가 소멸되고 만다. 훼손된 식재료는 추가적 비용지출을 초래한다. 간혹 부패한 식재료 사용에 따른 위생사고는 경제적 손실은 물론, 장래 이미지 실추로 더 큰 손실을 입힐 수 있다. 상품 보관이 어렵고 짧은 시간 내에 판매해야 하므로 데이터의 수집과 분석, 주기적인 점검과 조사를 통해 예측 가능한 생산시스템을 구축하는 것이 중요하다.

8) 높은 입지 의존성

외식산업은 첫째도 입지(location), 둘째도 입지, 셋째도 입지라고 할 정도로 입지에 대한 의존성이 높다. 특정 장소에서 제품을 생산하기도 하지만 최종소비자에게 직접 판매하는 소매업의 성격도 가지고 있어 입지의 영향력이 크다. 그래서 외식사업을 입지사업이라고도 한다. 그러나 입지는 사업의 출발점으로서 많은 자본이 투자되고 한 번 결정되면 변경이 어려워 신중한 의사결정이 요구된다. 최근에는 라이프스타일의 변화와 모바일 주문을 통한 배달시장이 커지면서 외식산업 입지에 대한 전통적인 인식과 평가에 많은 변화가 나타나고 있다.

9) 창업과 프랜차이즈의 대표적 업종

외식산업은 시장범위가 넓고 독점기업의 시장지배가 불가능하다. 특별한 노하우 없이 소자본으로 창업이 가능한 것으로 알려져 예비창업자들에게 최우선 창업 업종으로 인기가 높다. 고객의 현금지불률이 높고, 운영자금의 회전

외식산업은 창업의 최우선 업종으로 손꼽히며, 프랜차이즈시장에서 가장 높은 비율을 차지하고 있다.

속도가 빨라 대기업 역시 신규사업이나 사업의 다각화 차원에서 외식산업에 진출하고 있다. 그러나 시장진입이 낮아 경쟁이 치열하고, 자본력이 약한 임대사업자들이 많아 실패율이 높은 편이다.

프랜차이즈는 빠른 시간에 사업을 확대할 수 있는 최적의 비즈니스 모델로 인정받고 있으며, 세계적으로 모든 업종에 걸쳐 널리 적용되고 있는 비즈니스 모델이다. 가맹본부의 검증된 아이템과 노하우를 지원받기 때문에 예비창업자 입장에서는 비교적 쉽고 안정적으로 사업을 영위할 수 있다. 외식산업은 프랜차이즈 방식으로 사업하기 좋은 최적의 업종으로 국내 · 외 프랜차이즈시장에서 가장 높은 비율을 차지하고 있다.

10) 사회복지 · 문화사업

외식산업은 기본적으로 레스토랑이 위치한 지역에 거주하고 있는 사람을 타깃으로 한다. 따라서 사업이 지속성을 가지기 위해서는 영리만을 추구하는 것이 아니라 지역사회 구성원으로서 이웃에게 휴식과 커뮤니티 공간을 제공한다는 사회적 책임이 따른다. 그리고 원재료의 특성상 식품위생법의 규제를 받고 있는 만큼 고객의 생명과 건강을 책임지고 있다는 사명감도 요구된다. 결국 외식사업은 도덕적 책임을 회피하고 단순히 수익만을 목적으로 해서는 성공할 수 없는 사회복지지향적 사업이다.

외식산업의 핵심상품은 음식이고, 음식은 곧 문화를 대변한다. 따라서 외식산업은 단순히 음식을 판매하는 사업이 아니라 문화를 전파하는 사업이다. 외식활동이 단순한 소비행위가 아닌 레저 · 문화생활로 정착하면서 오늘날 외식산업은 문화를 창출하고 선도하는 문화사업이 되었다.

2. 외식산업의 기능적 특성

외식산업은 가공 및 조리과정을 필수로 하고, 최종소비자에게 직접 제품을 판매하며, 서비스 또는 분위기가 판매에 영향을 미치는 등 제조업, 소매업, 서비스업의 기능을 복합적으로 가지고 있다.

그림 2-2 | 외식산업의 기능적 특성

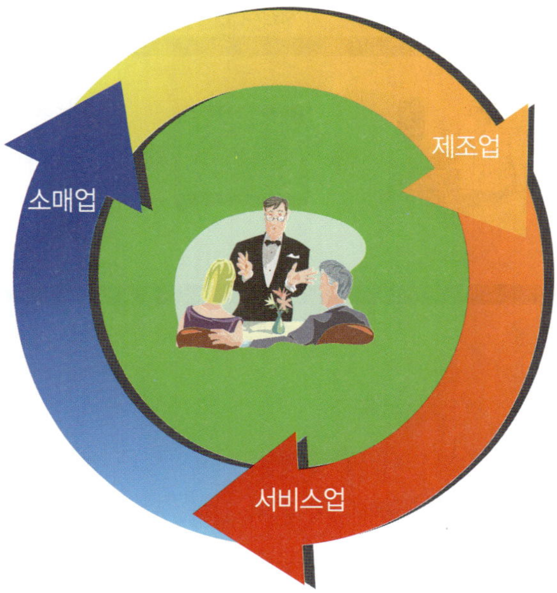

1) 제조업으로서의 외식산업

외식산업은 원재료를 가공, 처리하여 새로운 제품을 만든다는 점에서 제조업의 기능과 유사하다. 제조업으로서 외식산업의 성격과 특성은 조리시스템에 잘 나타나 있다. 조리시스템은 메뉴, 서비스, 입지조건, 점포 확대 등과 연계되어 외식산업의 기본적 성격을 결정한다. 제조업으로서 외식산업이 가지는 조리시스템은 완성형 조리시스템과 개방형 조리시스템으로 구분한다.

(1) 완성형 조리시스템

① 완성형 조리시스템이란?

완성형 조리시스템은 조리, 제공, 소비가 동일한 공간 및 시설에서 시간적 · 순차적으로 진행되는 시스템을 말한다. [그림 2-3]과 같이 전처리과정, 주조리과정, 음식을 담는 과정이 동일한 공간 및 시설에서 시간적 · 순차적으로 실행되고 제공된 음식은 고객에 의

그림 2-3 | 완성형 조리시스템

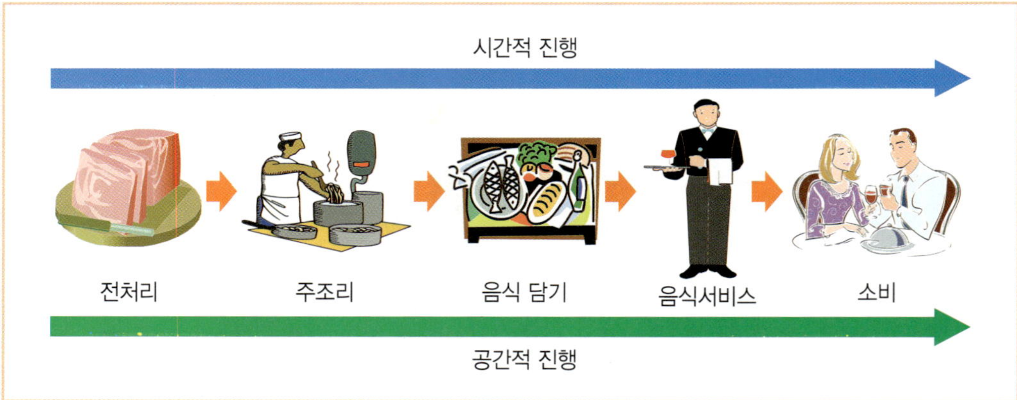

해 즉시 소비되는 조리시스템이다. 완성형 조리시스템은 메뉴의 희소성, 다품목 소량생산, 기술집약적 · 전통적 조리기술과 결부되어 있다.

조리는 본래 특정 개인의 맛에 대한 욕구충족을 대상으로 한다. 고객의 욕구를 충족시킬 수 있는 메뉴제공은 조리사의 개인적 경험에 의존할 수밖에 없다. 이런 경우 전통적으로 조리사에게 계승되어 내려오는 조리기술이 중점이 되기 때문에 완성형 조리시스템을 적용하는 것이 필수 또는 합리적이다.

② 완성형 조리시스템의 특징

완성형 조리시스템은 조리과정과 음식제공이 시간적 · 순차적으로 진행되고, 다른 주방과의 분업 및 협업은 원칙적으로 성립되지 않는다. 특정인의 인격과 분리될 수 없는 전통적 숙련기술 및 기능으로 음식을 생산하기 때문에 노동집약적 · 기술집약적 성격이 강하다. 식재료 선택에서부터 식기 선정에 이르기까지 거의 모든 과정을 한 사람의 감독자가 일관되게 진행할 수 있어, 음식과 조화를 이루는 분위기 연출이 가능하다.

전통적 숙련기능과 기술에 의존하므로 교육 · 훈련에 많은 노력과 투자가 필요하고 일정수준에 도달할 때까지는 임금수준이 낮다. 노동집약적 기능이 중심이 되므로 작업효율성 · 노동생산성이 향상되지 않고 인건비 부담이 크다. 조리과정에서 각자의 독립성이 약해 특정 부분에서의 기술개발과 혁신을 통한 성과 도입이 어렵다. 특히 조리사의 우월한 기술이 경영을 앞지르기 때문에 새로운 운영방법의 적용과 합리화가 지연될 수 있다.

(2) 개방형 조리시스템

① 개방형 조리시스템이란?

외식산업이 성장하면서 조리시스템에도 변화가 나타났다. 식품가공 및 저장기술, 주방기기, 유통, 조리기술 등의 발전은 기존의 완성형 조리시스템에서 탈피한 개방형 조리시스템의 등장을 가능하게 하였다. 개방형 조리시스템은 [그림 2-4]와 같이 전처리, 조리, 담기 등 음식의 생산과정이 시간적 · 공간적으로 분리 및 독립된 조리시스템을 말한다. 각각의 조리과정은 다른 조리과정의 제약을 받지 않고 독립적으로 작업을 진행한다. 조리공학 또는 조리조작의 시스템화이론에 기초하여, 주어진 조건에서 표준화 · 규격화된 제품을 대량으로 조리하기 위한 시스템이다. 오늘날과 같이 식사의 대상이 집단화 · 대량화 · 일상화될수록 소비자의 동질화지향이 뚜렷하게 나타난다. 이러한 상황에서 개방형 조리시스템은 외식의 대중화에 따른 외식수요에 대응하기 위해 규격화, 표준화, 안전성에 중점을 둔 대량생산에 적합한 조리시스템이다.

그림 2-4 | 개방형 조리시스템

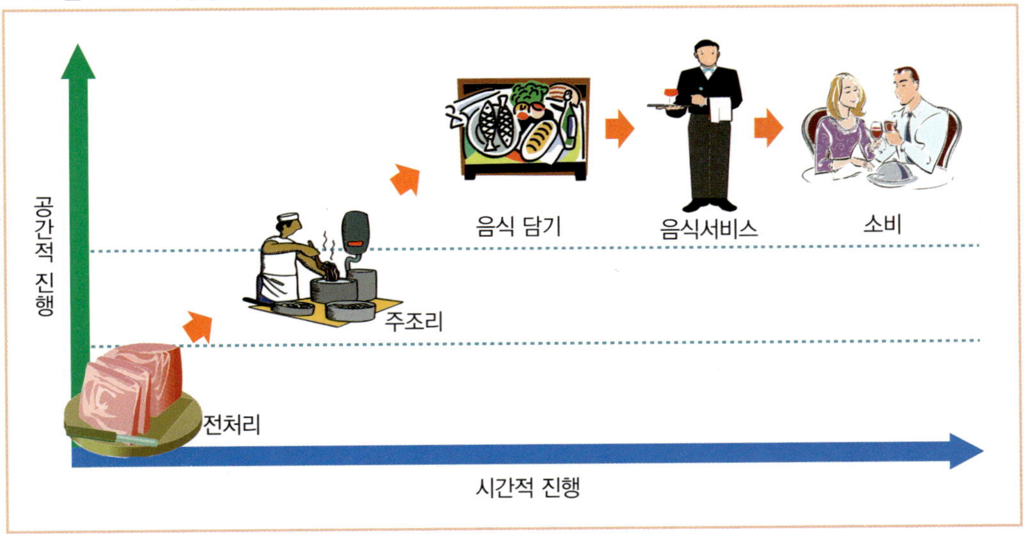

② 개방형 조리시스템의 특징

개방형 조리시스템은 조리과정이 시간적 · 공간적 제약을 받지 않고, 각자의 과정이 독립되어 있다. 따라서 다른 조리과정과의 분업과 협업은 물론 다른 레스토랑들과의 협업과 분업도 가능하다. 각 조리과정에서 조리기술의 단순화 · 전문화 · 표준화, 그리고 이들을 매뉴얼화하는 것이 가능하다. 이에 따라 장기적 훈련을 필요로 하지 않는 직원의 업무배치가 가능하고 산업화된 대량생산기술의 도입이 가능해진다. 특히 각 조리과정에서의 전문화 · 표준화는 식재료의 균질화에 따른 제공하는 음식의 균질화를 달성하게 한다.

개방형 조리시스템의 확립은 음식의 균질화, 대량생산, 계획적 생산을 가능하게 하여, 매장수를 확대하거나 체인경영의 기술적 토대를 제공한다. 예를 들어, 본사가 중앙공급식 주방(central kitchen)에서 전처리와 주조리 후 매장에 음식을 배송하면, 숙련된 조리사를 매장에 파견할 필요가 없기 때문에 인건비를 줄일 수 있다. 그 대신 조리사를 본사에 집중시켜 조리기술과 메뉴개발에 전력할 수 있게 된다. 매장에서는 전처리와 조리에 소비되는 시간이 없기 때문에 작업량이 줄어들고, 음식제공시간을 단축할 수 있다. 따라서 매장에서는 최종단계인 음식 담기, 테이블서비스 등과 같은 중요한 기능에 인력을 집중할 수 있게 된다.

개방형 조리시스템은 조리사의 권한이 경영자로 이전되는 등 새로운 경영기술의 적용을 가능하게 한다. 즉 기능에 대한 경영의 우월성을 확립하는 기초가 된다. 그러나 이를 위해서는 각 과정의 조리기술이 조화를 이루어야 한다. 각 과정을 결합하는 저장 및 배송기술의 개발과 지원, 분업과 협업을 위한 경영관리능력이 확립되지 않으면 개방형 조리시스템은 성립할 수 없다.

2) 소매업으로서의 외식산업

외식산업은 제조 · 생산된 제품이 최종소비자에게 판매되고 상권 확대에 제약이 있으며, 인적요인에 따른 고객의 특수한 선호가 존재한다는 점에서 소매업의 특성을 가지고 있다. 그러나 소매업과 달리 제품의 차별화가 가능한 다른 점도 있다. 소매업으로서 외식산업의 특성은 다음과 같이 살펴볼 수 있다.

(1) 최종소비자

소매업은 제품을 판매하기 위해 최종소비자와 직접 접촉한다. 소매업과 마찬가지로 외식산업도 제조 · 생산된 제품을 제공 및 판매하기 위해 최종소비자와 직접 접촉한다. 소매업이 제품구색을 갖추어 놓고 소비자로 하여금 선택할 수 있도록 하는 것과 마찬가지로 외식산업 역시 고객이 직접 메뉴를 살펴보고 선택 · 구매한다.

외식산업 소비자는 생리적으로 1회 음식물 섭취량에 한계가 있고, 사회적 · 관습적으로 식사 횟수, 한정된 소비시간대 등에서 소매업 소비자와는 다른 특성이 있다. 그리고 소매업 소비자가 점포에서 제품을 구매하기 위해 머무는 시간에 비해 외식산업 소비자가 점포에서 식사를 즐기면서 서비스를 제공받는 체류시간이 더 길다.

(2) 특별한 인적 선호의 존재

외식산업은 특별한 인적자원이 존재하는 경우 별다른 비용을 지출하지 않고도 고객에 대한 독점적 입장의 확보가 가능하다.

소매업은 경영자 또는 직원의 품성, 서비스태도 등 인적 요소 이외에 점포의 구조와 분위기, 제품의 디스플레이 등 물리적 환경도 경쟁우위요소가 된다. 이러한 요소들은 외식산업에서도 마찬가지이다. 그러나 외식산업은 독특한 음식맛을 보유하고 있는 경우 고객에게 특별한 비용을 지출하지 않고도 고객 확보가 가능하다. 즉 음식 솜씨가 좋은 조리사를 보유하고 있으면 고객을 확보하는 데 훨씬 더 유리하다. 그러나 이러한 강력한 입장도 고객의 기호가 변하거나 조리사가 교체되는 경우 독점적 우위가 곧바로 사라지는 위험성이 있다.

(3) 상권

외식산업과 소매업은 고객의 지역적 분포, 고객과 점포 간 지리적 거리 등이 중요한 의미를 가진다. 외식산업과 소매업 모두 제품의 판매가 가능한 지역적 범위, 즉 상권이 협소하다. 소매업은 운반과 시간을 포함한 운송비의 존재가 상권 확대를 제약한다. 반면 외식산업은 당장의 배고픔을 해결해야 하는 생리적 욕구, 사회적 관습 또는 직장의 근무 규칙에 따른 특정한 시간 내에 식사를 해야 하는 등의 상황들이 상권 확대를 제약한다.

이처럼 외식산업과 소매업 모두 상권 확대를 제약하는 요소들로 인해 시장범위가 비교적 협소하다. 그러나 프랜차이즈시스템을 도입하여 한정된 상권범위를 벗어나 점포수를 확대하기도 한다.

외식산업은 소매업과 달리 사업의 성격에 따라 고객과 점포 간의 거리에 대한 중요성이 달라진다. 예를 들어, 일상적 외식을 즐기는 고객을 타깃으로 하는 패스트푸드점의 경우 점포와 고객 간의 거리는 중요하다. 그러나 비일상적 외식을 즐기는 고객을 타깃으로 하는 고급 레스토랑의 경우 점포와 고객 간의 거리는 상대적으로 중요하지 않다. 물론 방문을 위해 사용되는 교통수단, 도로상황, 주차장 보유 유무에 따라 고객과 점포 간의 거리에 대한 중요성은 달라진다. 즉 조금 멀더라도 도로상황이 좋아 이동속도가 빠르거나 주차가 편하고 용이하면 거리에 따른 제약은 약해진다.

(4) 제품차별화

소매업에서 판매하는 제품은 각 점포에서 제공하는 서비스를 제외하고, 동일한 기업에서 생산된 제품을 구매하여 판매하기 때문에 모든 점포가 똑같은 품질을 가지고 있다. 반면 외식산업에서는 각각의 점포에서 음식의 직접 제조 · 생산은 물론, 고객이 특별하게 원하는 니즈에 맞춰 제공할 수 있기 때문에 얼마든지 제품차별화가 가능하다. 그러나 많은 부분에서 제품의 모방이 비교적 쉽고, 고객의 욕구변화, 조리사나 서비스직원이 바뀌는 경우 강력한 제품의 독점적 입장이 사라질 수 있다.

3) 서비스업으로서의 외식산업

서비스업은 일반적으로 수리를 위한 부품 교환 등 이외에는 유형재를 제공하지 않는다. 반면 외식산업은 유형재인 식음료와 더불어 인적 · 물적서비스가 함께 제공되어야 제품이 완성되고 고객만족을 실현할 수 있기 때문에 서비스업의 특성이 강하게 나타난다. 서비스업으로서 외식산업의 특성과 관련하여 다음과 같은 문제들을 살펴볼 수 있다.

(1) 생산과 수요의 동시성

서비스업으로서의 외식산업을 이해하기 위해서는 서비스의 특성에 대해 알아야 한다.

서비스는 제품과 비교하여 본질적으로 무형성, 비분리성, 이질성, 소멸성 등의 특성을 가지고 있다. 서비스의 특성에 대해서는 '제11장 서비스경영'에서 자세히 설명되어 있다. 서비스의 특성 중 비분리성은 생산과 수요가 분리되지 않는다는 것이다. 이렇듯 서비스는 생산과 소비가 분리되지 않고 동시에 이루어지기 때문에 서비스 현장에 고객과 서비스제공자가 존재한다. 이는 서비스는 생산과 수요 간의 시간적 엇갈림이 없기 때문에 수요에 따라 생산이 결정된다는 것을 의미한다. 서비스의 생산과 수요의 비분리성은 특정 시간대의 일시적인 서비스의 과잉수요와 그 외 시간대의 과잉공급을 발생시키는 원인이 된다. 서비스의 과잉수요는 서비스의 효율적 공급을 방해하고 고용형태에 영향을 미친다는 점에서 중요하다.

외식산업 역시 생산과 수요 간의 시간적 차이가 존재하지 않기 때문에 음식생산은 그 때의 고객수요에 따라 결정된다. 즉 고객수요의 시간적 변동이 크면 생산의 시간적 변동도 커지게 된다. 특히 외식산업은 식사행위가 생리적 또는 관습적 이유로 점심과 저녁의 특정 시간대, 주말과 같은 특정 요일에 집중됨으로써 일시적인 과잉수요와 특정 시간대 이외 시간대에서의 과잉공급이 발생한다. 이 같은 수요의 시간적 변동은 인건비, 근무시간 배치, 고용형태 등에 영향을 미치기 때문에 적절한 대응이 요구된다. 예를 들면, 호텔에서 계절할인 혹은 성수기 때 특정 요금을 설정하듯이 레스토랑에서도 스윙타임 때 가격인하, 간식메뉴 등을 활용하는 판매전략을 구사하고 있다.

외식산업은 고객수요의 시간적 변동이 크기 때문에 고객수요가 적은 때의 매출전략이 중요하다.

(2) 서비스제공시간

서비스는 서비스 공급자와 수요자가 분리되어 존재할 수 없는 불가분의 관계에 있다. 이에 따라 서비스의 직접 제공이라고 하는 원칙이 생기고, 인적 서비스의 경우 생산과 소비의 동시성이 이루어진다. 외식의 목적과 동기에 따라 다르기는 하지만, 소매점에서 제품을 구매하는 시간보다 레스토랑에서 음식을 구매하고 소비하는 시간이 훨씬 길다. 외식산업은 서비스업의 성격을 가지고 있기 때문에 고객이 머무는 동안 계속해서 서비스를 제공해야 한다. 그리고 식사행위와 분위기 그 자체를 즐기는 일도 많아 실내장식, 음악, 설비 등과 같은 물적서비스뿐만 아니라 직원의 태도, 성격, 복장 등의 인적서비스도 중요하다.

(3) 서비스의 차별화

소매업과 달리 외식산업은 음식과 함께 서비스도 판매되기 때문에 서비스의 차별화가 중요하다. 고객은 단순히 식사만 하는 것이 아니라 서비스, 분위기도 함께 즐긴다. 따라서 외식산업에서의 차별화전략은 메뉴뿐 아니라 인적 · 물적서비스도 그 대상이 된다. 인적서비스의 차별화요소에는 직원의 태도, 언행, 말씨, 유니폼, 청결 등이 있다. 인테리어, 의자와 테이블, 그림, 음악, 점포 안과 밖의 환경을 포함한 물적서비스 모두가 차별화대상이다. 그 외 소매업에서와 마찬가지로 정보제공, 단골고객할인 및 쿠폰제공, 주차장 등도 차별화 대상이 된다. 그러나 서비스는 제품과 달리 모방이 쉬워 경쟁자와의 차별화를 어렵게 한다.

(4) 입지

서비스업의 입지는 소비자로부터의 거리가 결정적으로 중요하기 때문에 거래비용(transaction cost)을 줄이기 위해서는 소비자와 가깝게 위치해 있는 것이 유리하다. 서비스는 특성상 서비스 주체와 분리되어 존재할 수 없기 때문에 서비스업의 유통전략은 직영점, 가맹점, 대리점 등으로 다점포화 · 체인화를 활용하는 경우가 많다. 그리고 산재해 있는 수요를 흡수하거나 또는 실제로 서비스를 제공하기 위해 각종 생산설비의 지리적 분산배치를 강화하기도 한다. 이는 서비스업이 입지산업 또는 지역산업으로 일컫는 요인이 되며, 소매업과 외식산업이 공통적으로 가지는 특성이다.

토의문제

01 외식산업진흥법에서는 외식상품의 기획, 개발, 생산, 유통, 소비, 수출, 수입, 가맹사업 및 이에 관련된 서비스를 행하는 산업으로 외식산업을 정의하고 있다. 이러한 정의에서 나타난 외식산업과 타산업과의 연계에 대해 토의하시오.

02 대부분의 외식사업이 산업의 개념을 적용하고는 있지만 사업목표에 따라서는 장사의 개념도 존재한다. 음식장사와 달리 외식사업이 산업으로서 가지는 중요성에 대해 토의하시오.

03 제조업으로서 외식산업의 성격은 조리시스템에 잘 나타나 있다. 조리시스템은 목표고객, 메뉴, 서비스방법, 입지조건 등과 연계되어 사업의 성격을 결정짓는 중요한 요소가 된다. 완성형 조리시스템과 개방형 조리시스템의 특성과 차이점에 대해 토의하시오.

04 외식산업은 타산업과는 다른 고유의 사업적 특성을 가지고 있다. 외식산업의 사업적 특성들 가운데 생산 · 판매 · 소비의 동시성과 다품목 소량판매에 따른 외식업체의 대응방안에 대해 토의하시오.

05 외식산업은 최종소비자에게 제품이 판매되고 상권 확대에 제약이 있으며, 특별한 인적요인에 따른 고객의 선호가 존재한다는 점에서 소매업의 특성을 가지고 있다. 특별한 인적 선호의 존재가 외식사업 운영에 미치는 영향에 대해 토의하시오.

06 외식산업은 유형재인 식음료와 함께 서비스가 제공되어야 제품이 완성되는 만큼 서비스업으로서의 성격도 가지고 있다. 서비스업으로서 외식산업의 특성과 관련하여 생산과 소비의 동시성에 따른 마케팅전략과 효율적인 인력관리방안에 대해 토의하시오.

참 고 문 헌

- 박기용(2018), 외식산업경영학, 대왕사.
- John R. Walker(2008), *The Restaurant: From Concept to Operation*, John Wiley & Sons.
- 岩渕道生(1996), 外食産業論, 農林統計協會.

Chapter 03

외식산업의 분류와 성장

도입사례

'패스트 캐주얼' 외식산업의 변화를 이끈다

건강식 패스트 캐주얼의 등장

미국인들의 입맛이 바뀌는 것일까. 미국음식의 대명사가 된 햄버거, 피자 등 패스트푸드의 인기가 한풀 꺾이고 있는 틈을 타서 이른바 퀵 캐주얼(quick casual) 또는 패스트 캐주얼(fast casual) 체인들이 등장하고 있다. 패스트 캐주얼은 패스트푸드 레스토랑과 캐주얼 다이닝의 중간 콘셉트로 주문방식과 서비스 속도는 패스트푸드와 유사하고, 음식은 캐주얼 다이닝 수준의 품질을 제공하는 새로운 개념의 레스토랑

Chipotle는 건강하고 신선한 로컬 식재료를 사용하며 주문 시 조리를 시작한다. 패스트푸드보다 높은 가격이지만 캐주얼 다이닝 수준의 음식품질을 제공한다.

| 학습목표 |

1. 외식업소를 정의하고 서비스형태, 국가, 명칭에 따른 외식업소의 종류에 대해 살펴본다.
2. 외식산업의 업종과 업태를 이해하고, 업태의 세분화과정에 대해 살펴본다.
3. 시장지향적 외식사업과 비용지향적 외식사업을 구분하고, 각각의 사업적 특성을 이해한다.
4. 우리나라 외식산업분류에 대해 살펴보고, 다른 국가들의 외식산업분류와 특징을 이해한다.
5. 국내 외식산업의 성장과 발전과정을 살펴본다.

이다. 비만으로 인한 심장병, 뇌출혈, 당뇨 등이 심각한 사회적 위협으로 부상하면서, 패스트푸드를 피하고 웰빙음식을 선호하는 소비자 욕구에 부응한 변화이다.

가격 높아도 고객에게 인기

초창기 패스트 캐주얼의 대표주자는 1993년 설립된 멕시칸 그릴 Chipotle이다. Chipotle는 부리토, 타코, 보울, 샐러드 단 4종류의 메뉴만 제공하고, 건강하고 신선한 로컬 식재료를 사용하며, 주문 시 조리를 시작한다. 가격은 패스트푸드보다 약간 높지만, 음식품질을 높여 고객으로부터 인기를 얻고 있다. 패스트 캐주얼 고객들이 한끼에 소비하는 금액은 평균 6.8달러로 패스트푸드점의 3.6달러보다 훨씬 높은 편이다. 그럼에도 식물성 위주의 건강식품을 판매하는 패스트 캐주얼은 패스트푸드 체인 고객의 절반 가량이 찾고 있다. Chipotle 외 베이커리전문점 Panera Bread, 멕시칸 요리 Baja Fresh 등도 빠른 성장세를 보이고 있다. 한편 영국의 샌드위치 체인 Pret A Manger는 '패스트푸드=몸에 해로운 음식'이란 일반적인 인식을 거꾸로 활용해 성공하였다. 빠르고 간편하다는 장점을 최대한 살리되 일반 패스트푸드와는 완전히 다른 웰빙 음식으로 차별화하였다. 미국 경제전문지 '*Fortune*'은 Pret A Manger를 '비틀스 이후 최고의 영국산 수출품'이라고 평가했다. Five Guys, Shake Shack 등도 소비자가 원하는 재료를 첨가하고 만들 수 있는 고객화를 강점으로 내세워, 주요 소비층인 밀레니엄 세대의 좋은 반응을 얻고 있다.

맥 못 추는 패스트푸드

퀵 캐주얼 체인들이 빠른 속도로 성장하면서 패스트푸드 레스토랑들도 자구책 마련에 애쓰고 있다. 전통적인 패스트푸드업체들이 맥을 못추는 이유는 비만에 대한 관심이 급증하고 있고, 패스트푸드가 비만의 주원인으로 부상하고 있기 때문이다. 고칼로리로 비만의 주요인 중 하나로 공격받아 오던 McDonald's, Burger King 등 기존 패스트푸드 레스토랑들은 웰빙메뉴 도입을 서두르고 있다. 세계 최대 패스트푸드 체인 McDonald's의 몸부림을 보면 위기감이 어느 정도인지 알 수 있다. McDonald's는 최근 고객들에게 더욱 따뜻한 음식을 서비스하기 위해 레스토랑 구조를 바꿨고, 점포 내 서비스를 개선하기 위해 회사 내 암행어사제도를 도입하기도 했다. 그리고 소비자들의 입맛변화를 따라잡기 위해 치킨샌드위치, 바나나쉐이크 같은 40여 종의 새로운 메뉴를 개발했다. 비장의 카드인 가격전쟁도 선포했다. 패스트푸드업체들이 처절한 전쟁을 벌이고 있지만 소비자들의 반응은 냉담하다.

패스트 캐주얼 시장의 확대: 프리미엄시장의 확대

국내 업계에서도 패스트 캐주얼을 염두에 두고 변신을 시도하고 있다. 한국 Pizza Hut은 가족단위 고객들의 발걸음이 늘어나지 않는 일반 Pizza Hut 레스토랑 분위기를 쇄신하기 위해 패스트 캐주얼 개념으로 신규 매장을 열고 있다. 서울 광화문에 위치한 수제버거 레스토랑 Bas Burger의 경우 버거가격이 1만 원이 넘는다. 뉴욕에서 날아온 Shake Shack 버거 열풍 이후로 햄버거는 더 이상 간편하게 한끼 때우는 저렴한 음식이 아니다. 음식재료부터 비싼 값어치를 한다. 직송으로 배달 온 싱싱한 채소와 국내산 돼지고기, 이탈리아에서 직접 공수해온 허브까지 고급 레스토랑 못지않은 고급 재료를 사용한다. 서민적인 음식으로 여겨지던 어묵도 고래사어묵, 삼진어묵, 삼호어묵 등 프리미엄 어묵을 찾는 사람이 많아지고 있다.

혼자 살수록 건강하게 먹어야 한다는 소비자가 증가하면서 국내 외식산업시장에도 간단한 음식 하나도 영양과 맛에 신경 쓴 패스트 프리미엄(fast premium)시장이 확대되고 있다. 외식산업 관계자들은 건강한 음식과 합리적인 가격대를 찾는 소비 트렌드가 더해져 앞으로도 패스트 프리미엄 레스토랑이 인기를 끌며 기존 레스토랑을 대체하게 될 것으로 내다보고 있다.

영국 샌드위치전문점 'Pret A Manger'는 철저한 홈메이드 원칙으로 그날 아침 배달되는 신선한 재료로 각 매장에서 직접 만드는 샌드위치의 혁명을 불러일으켰다.

자료: 한경Business, 2002.12.02./한국경제, 2011.09.29./조선비즈, 2016.11.28./초이스경제, 2016.07.05./동아일보, 2016.08.25./이데일리, 2017.09.26.

외식업소는 음식을 제공하는 곳 또는 시설로 사람들의 배고픔을 채워주고 맛, 휴식, 사교, 즐거움 등의 경험을 제공한다. 외식산업이 성숙하지 않았던 때는 외식업소보다 소비자가 더 많아 큰 노력을 기울이지 않아도 고객이 방문해 주었다. 그러나 시장이 커지고 성숙해지면서 소비자 욕구와 외식활동에 변화가 나타났고, 이에 대응하기 위해 다양한 형태의 외식업소들이 출현하였다. 오늘날은 사업을 명확하게 구분 짓기 어려울 정도로 새로운 형태의 외식업소들이 출현했다가 사라지며 진화를 계속해 오고 있다.

본 장에서는 집을 떠나 있는 사람에게 식사의 편리성을 제공해 주는 외식업소, 그리고 외식산업의 분류와 성장에 대해 살펴보고자 한다. 외식업소의 정의와 기능, 레스토랑의 분류, 업종과 업태에 대해 살펴본다. 그리고 시장에서 사업을 영위하고 있는 외식사업들을 어떻게 분류하였는지에 대해 살펴보고, 국내 외식산업의 성장과 발전과정에 대해서도 살펴본다.

3-1 외식업소

1. 외식업소란?

외식업소를 대표하는 용어로 널리 사용되고 있는 레스토랑(restaurant)이라는 말의 어원은 프랑스어에서 비롯되었다. 1760년 루이 15세(Louis XV) 때 몽 블랑제(Mon Boulanger)라는 사람이 일종의 원기회복제로서 양(sheep)의 다리를 원료로 한 수프를 만들어 판매하였는데, 그 수프를 'Restaurer,'

소비자는 단지 한끼의 식사가 아닌 즐거운 식사경험을 위해 외식업소를 방문한다.

판매하던 장소를 'Restorante'라고 부른 것에서 유래된 것으로 전해진다.

외식은 조리주체, 조리장소, 취식장소가 모두 가정 외에 있는 식사형태이다. 외식의 주체가 되는 고객에게 음식을 제공하기 위해서는, 첫째 음식물을 조리하는 주체, 둘째 조리의 장소가 되는 주방, 셋째 음식을 소비하는 장소인 영업장(dining area)이 있어야 한다. 이 같은 음식의 제공요건 세 가지를 바탕으로 외식업소 또는 레스토랑을 정의하면 '식재료 조달기능, 조리기능, 취식장소 제공기능을 가지고 영리 또는 비영리를 목적으로 사업을 영위하기 위해 시스템화된 시설'이 된다.

각국의 사전에서는 외식업소 또는 레스토랑을 다음과 같이 정의하고 있다.

우리나라 국어대사전에는 식당이란 '① 식사를 하게 설비되어 있는 방, ② 간단한 음식물을 만들어 파는 가게'로 설명되어 있다. 프랑스 20세기 라루스(Larousse du XXe Siècle) 대백과사전에서는 레스토랑의 어원을 '기력을 회복시킨다'(de Restaurer)라는 의미로 '사람들에게 음식물을 제공하는 공중시설, 정가판매점, 일품요리점'(éstablishment public où l'on peut manger; restaurant á prix fixe; restaurant á la carte)이라고 설명하고 있다. 미국 웹스터(Webster) 사전에서는 '대중들이 간단한 음식물 또는 식사를 할 수 있는 시설'(an establishment where refreshments or meals may be procured by the public: a public eating house), 영국 옥스퍼드(Oxford) 사전에서는 '간단한 음식물 또는 식사를 얻을 수 있는 시설'(an establishment where refreshments or meals may be obtained)로 설명하고 있다. 일본어 대사전에서는 식당(食堂)이란 '① 식사를 제공해서 영업을 하는 외식업소, ② 식사를 하기 위해 시설된 방'으로 설명하고 있다.

2. 외식업소의 기능

외식업소를 단순히 식사를 제공하는 곳 또는 시설이라는 사전적 정의로는 설명이 부족하다. 과거의 외식업소가 단순히 식음료를 제공하는 곳이었다면, 오늘날은 오락, 단란, 친목, 레저 · 문화생활의 공간으로 변하였다. '워싱턴 포스트'(*Washington Post*) 신문의 푸드비평가 필리스 리치맨(Phyllis Richman)은 "레스토랑은 우리의 신체에 영양분을 공급하는 가장 기본적인 도구 중 하나이고 사회생활에 커다란 부분을 차지하고 있으며, 우리는 그 곳에서 돈을 소비하고 세상에 대해 많은 것을 배우고 사업을 진행시킨다"라고 하였다. 이는 외식업소의 기능을 함축적으로 잘 나타낸 말이라 하겠다.

외식업소는 본래 식사가 가지고 있는 생리적 · 심리적 · 사회적 기능을 제공한다. 그렇지만 외식의 목적과 동기에 따라 외식업소의 기능은 달라진다. 예를 들어, 분식점처럼 방문빈도가 비교적 높은 일상적 외식고객을 타깃으로 하는 외식업소와 호텔 레스토랑처럼 방문빈도가 낮은 비일상적 외식고객을 타깃으로 하는 외식업소의 기능은 서로 다르다. 비일상적 외식은 일상적 외식에 비해 부가가치적 요소가 더 강하게 나타난다. 그렇기 때문에 식음료 이외에 인테리어, 가구, 장식품, 미술품, 음악, 분위기, 직원 등의 유 · 무형적 서비스를 제공하는 기능이 중요하다.

3. 레스토랑의 분류

레스토랑의 분류는 다양해서 하나로 정의되어 구분하고 있지 않다. 왜냐하면 외식사업은 계속 진화해 나가는 사업이기 때문이다. 레스토랑은 [그림 3-1]에서와 같이 서비스형태, 국가 및 지역, 명칭에 따라 분류해 볼 수 있다.

그림 3-1 | 레스토랑의 분류

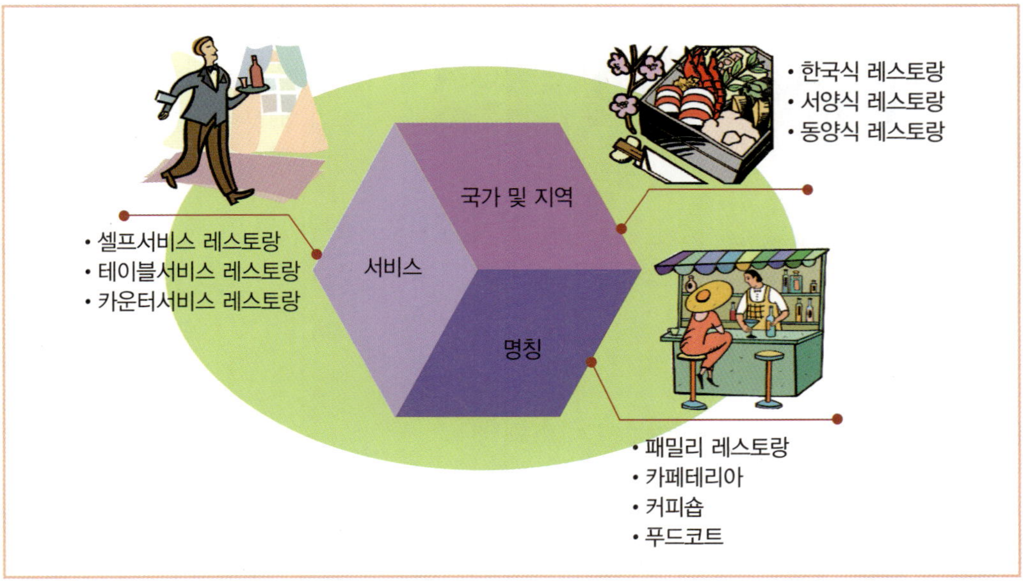

1) 서비스형태에 따른 분류

셀프서비스, 테이블서비스, 카운터서비스 등 제공하는 서비스형태에 따라 레스토랑을 구분할 수 있다. 어떤 형태의 서비스를 제공하느냐에 따라 가격, 메뉴, 분위기 등이 대부분 결정된다.

(1) 셀프서비스(self service) 레스토랑

고객이 직접 음식을 선택 · 주문하고 운반하며, 식사 후 남은 음식도 스스로 처리하는 형태의 레스토랑이다. 셀프서비스형태에는 테이크아웃서비스, 카페테리아(cafeteria)서비스, 뷔페서비스, 픽업(pick up)서비스 등이 있다. 셀프서비스 레스토랑은 고객이 쉽게 접근하고, 짧은 시간에 식사를 제공할 수 있는 간편한 메뉴로 한정되어 있다. 가격이 낮고 식사시간이 짧아 좌석회전율(seat turnover rate)이 높다. 고객 스스로 서비스에 직접 참여하고, 직원을 최소화함으로써 인건비를 절감할 수 있다. 전문적 기술을 가진 조리사 없이 매뉴얼에 따라 작업이 진행되고, 단순화 · 자동화 · 표준화에 의한 대량의 효율적 생산이 가능해진다. 기본적인 식사의 필요성과 편리함을 찾는 고객의 욕구를 만족시켜 주는 데 있기 때문에 음식의 질, 서비스, 분위기보다는 시간, 가격, 편의성이 구매결정에 영향을 준다.

셀프서비스 레스토랑은 메뉴가 한정되고 식사시간이 짧아 좌석 회전율이 높다.

(2) 테이블서비스(table service) 레스토랑

고객과 서비스직원이 메뉴에 대해 커뮤니케이션하고, 고객으로부터 서비스직원이 직접 주문받고 음식을 제공하는 형태의 레스토랑이다. 테이블서비스형태에는 단순하고 부수적인 서비스만을 제공하는 한정적 서비스(limited service)와 품격 있는 분위기 연출, 정성스런 서비스를 제공하는 풀서비스(full service)가 있다. 테이블서비스 레스토랑은 숙련된 전문조리사와 일정수의 조리사가 필요하고, 직원에 의한 직접적 서비스가 제공되는 만큼 인건비 지출이 높다. 다양하고 전문화된 메뉴 제공으로 노동력에 지출되는 비용이 많아 식사가격이 높다. 코스요리의 경우 식사시간이 길고 정중한 서비스가 제공되기 때문에 좌석회전율이 낮다. 맛있는 음식, 즐거운 분위기, 레저 · 문화활동을 필요로 하는 고객의 욕구를 만족시켜 주는 데 있기 때문에 음식의 질, 메뉴, 서비스, 분위기가 구매결정에 영향을 준다.

(3) 카운터서비스(counter service) 레스토랑

주방이 개방되어 고객이 일련의 조리과정을 직접 볼 수 있고, 테이블 기능을 대신한 카운터에서 조리사로부터 직접 음식을 제공받는 형태의 레스토랑이다. 회전초밥집, 스낵바, 데판야끼전문점 등이 여기에 해당한다. 고객이 조리사의 동작을 볼 수 있고, 고객과 교류가 가능하여 음식에 대한 흥미를 유도할 수 있다. 조리사가 고객과 대면하면서 조리하기 때문에 품질, 청결 및 위생에 신뢰감을 제공할 수 있다. 조리사와 고객과의 커뮤니케이션으로 정보의 공간이 생기고 친밀감이 형성되며, 체류시간이 길어져 객단가(average check)가 올라간다. 고객이 조리과정을 지켜보기 때문에 전문성, 엔터테인먼트, 분위기, 위생 및 청결, 물리적 시설이 구매결정에 영향을 준다.

카운터서비스 레스토랑은 음식을 만드는 조리사의 동작을 볼 수 있어 흥미를 유도한다.

2) 국가 및 지역에 따른 분류

국가마다 고유의 조리법과 기술이 존재하고 사용하는 식재료가 달라 한국식, 서양식,

동양식 등의 레스토랑으로 구분된다. 서양식 레스토랑에는 미국, 프랑스, 이탈리아, 스페인 등, 동양식에는 중국, 일본, 베트남, 태국 등의 레스토랑이 있다. 한편 지역에 따라서는 북경요리, 사천요리, 도쿄요리, 오사카요리 등의 레스토랑이 있다.

3) 명칭에 따른 분류

명칭에 따른 레스토랑으로는 다이너(diner), 스페셜티(specialty) 레스토랑, 패밀리 레스토랑, 카페테리아(cafeteria), 그릴(grill), 테마(theme) 레스토랑, 런치 카운터(lunch counter), 다이닝 카(dining car), 푸드 코트(food court), 델리카트슨(delicatessen), 드라이브 스루(drive through), 컨세션(concession), 스테이크 하우스, 비스트로(bistro), 테이크 어웨이(take away), 스탠드(stand), 키오스크(kiosks) 등이 있다.

3-2 업종과 업태의 이해

외식산업시장이 커지고 성숙해지면서 외식산업의 종류와 형태가 다양하고 복잡해지고 있다. 외식산업시장의 변화는 소비 트렌드에 따라 새로운 형태의 비즈니스가 출현하고 사라지는 현상이 반복되는 진화의 과정으로 업종과 업태에 관련되어 있다. 업종과 업태에 대한 이해는 사업콘셉트와 전략수립에 있어 중요한 의미를 가진다.

1. 업종

업종(type of business)은 판매하는 제품에 따라 분류한 것으로 영업의 종류를 말한다. 피자를 팔면 피자점, 햄버거를 팔면 햄버거점 등과 같이 제공하는 음식의 종류, 즉 메뉴의 1차적 구분을 뜻한다. 외식산업이 성숙하지 않았고 수요에 비해 공급이 부족했던 때는 경쟁자가 많지 않고, 음식 또한 다양하지 않았다. 따라서 이때의 소비자는 “무엇을 먹을 것인가"만으로 레스토랑을 선택할 수밖에 없고, 레스토랑은 "무엇을 판매할 것인가"만을 결정하면 되었다. 레스토랑은 메뉴만 명확히 하고 맛있게 만들면 고객은 별 불만 없이 방문해 주었다. 다시 말해 업종만으로도 사업이 가능했다. 그 결과 레스토랑은 경영에 큰 노력을 기울이지 않았고, 마케팅의 필요성 역시 인식하지 못했다.

그림 3-2 | 업종

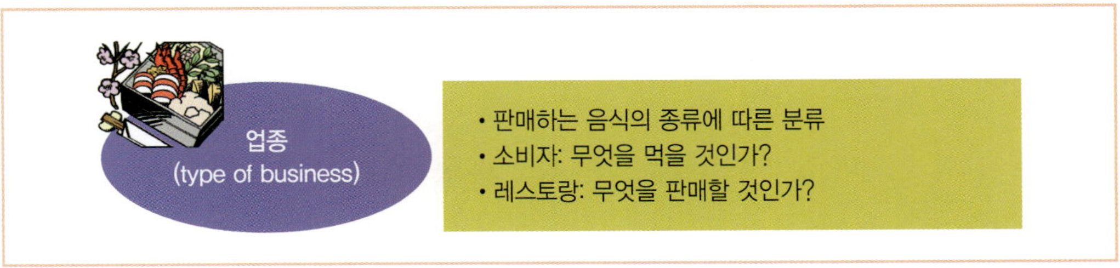

2. 업태

1) 업태란?

업태(type of service)는 하나의 업종이 외식의 목적과 동기에 따라 세분화된 영업형태를 말한다. 경제발전과 소득증대로 외식산업이 성숙되고, 질적으로 발전하면서 레스토랑을 선택하는 소비자의 구매행동에 변화가 나타났다. "무엇을 먹을 것인가"라는 메뉴의 1차적 선택에서 벗어나 "어떻게 먹을 것인가"라는 2차적 선택을 생각하게 되었다. 즉 소비자 욕구가 다양화 · 개별화됨에 따라 똑같은 햄버거를 먹더라도 시간, 장소, 목적에 따라 어떤 가격, 어떤 서비스, 어떤 분위기의 레스토랑에서 먹을 것인가를 찾게 되었다.

이렇듯 소비자 욕구의 변화에 따른 외식의 목적과 동기에 대응하기 위해 등장한 것이 업태이다. 예를 들어, 바쁜 고객에게는 기다리지 않도록 하고, 여유롭게 즐기고 싶은 고객에게는 아늑하고 편안함을 제공하는 등 각기 다른 외식의 목적과 동기에 대응하기 위한 세분화된 영업형태가 업태이다. 소비자 입장에서 업태는 각기 다른 개성과 특징을 가진 레스토랑의 등장을 의미하고, 레스토랑 입장에서 업태는 "어떻게 판매할 것인가"의 문제로서 외식의 목적과 동기에 따른 판매방법의 차이이다.

그림 3-3 | 업태

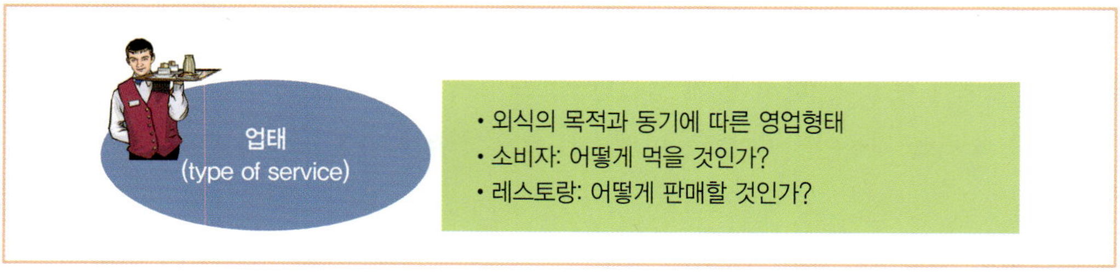

2) 업태의 구성요소

업태는 [그림 3-4]와 같이 주력메뉴, 이용목적 및 동기, 주고객층, 영업시간, 입지, 판매방법, 가격 등의 요소들로 구성된다. 그리고 구성요소들 각각의 차이로 업태가 구분된다. 예를 들면, 복합적인 메뉴구성인지, 한 가지만의 전문메뉴인지, 가격대를 어느 정도에 설정할 것인지, 음식제공방법 및 특징은 무엇인지, 영업시간은 적합한지, 방문동기를 촉진하는 메뉴인지 등을 타깃시장에 맞게 설계하는 것으로 업태가 확실해진다. 업태의 구성요소를 레스토랑이 타깃으로 하는 시장에 맞도록 설계하지 못하거나 차별화시키지

그림 3-4 | 업태의 주요 구성요소

What(무엇을)	주력상품
Why(무엇을 위해)	고객의 이용동기
Who(누구에게)	주고객층
When(언제)	영업시간
Where(어디에서)	레스토랑 개점입지
How(어떻게)	판매 스타일
How Much(얼마에)	가격설정

못하면 경쟁력을 가지기 어렵다.

미국 레스토랑협회(NRA: National Restaurant Association)에서는 [그림 3-5]에서와 같이 메뉴의 특성, 서비스방법, 객단가, 주류의 판매 여부 및 범위, 결제방법 등 업태의 구성요소에 따라 퀵서비스 레스토랑(quick service restaurant), 패밀리 레스토랑(family restaurant), 캐주얼 디너(casual dinner), 파인 다이닝(fine dining)으로 구분하고 있다.

그림 3-5 | 미국 레스토랑협회(NRA)의 레스토랑 구분

구분	특성
퀵서비스 레스토랑 (quick service restaurant)	• 패스트푸드(fast food) • 한정된 서비스(limited service) • 특정화된 메뉴품목 • 객단가 5달러 이하
패밀리 레스토랑 (midscale/family)	• 완전한 패스트푸드가 아닌 음식 • 테이블서비스 또는 카운터서비스 • 퀵서비스 레스토랑보다 넓은 메뉴품목 • 크레딧카드 결제가 잘 안됨 • 한정적 또는 전혀 알코올서비스를 하지 않음 • 저녁식사 객단가 3~7달러
캐주얼 디너 (casual dinner/ moderate upscale)	• 풀서비스(full service) • 테이블서비스(table service) • 폭넓은 알코올서비스 • 넓고 다양한 메뉴품목 • 편안한 분위기와 복장 • 통상적으로 크레딧카드 결제 가능 • 저녁식사 객단가 16달러 이하
파인 다이닝 (fine dining/higher check up scale)	• 풀테이블서비스(full table service) • 맥주, 와인 그리고 양주의 제공 • 보다 정성스런 식사준비 • 크레딧카드 결제 • 복장에 대한 규정(dress code)이 요구될 수 있음 • 저녁식사 객단가 16달러 이상

3) 업태와 전략

업태는 "어떻게 판매할 것인가" 하는 관점에서 소비자의 외식동기와 목적을 탐색하여, "어떻게 하면 고객을 만족시킬 수 있을까"를 설계한 사업 콘셉트이다. 즉 차별화된 제품과 서비스를 개발하고 발전시키기 위한 영업형태이다. 그러므로 업태가 결정되면 전략의 방향도 결정되는 것이나 다름없다.

[그림 3-6]에서와 같이 Pizza Hut과 같은 패스트푸드 레스토랑이 Four Seasons과 같은 파인 다이닝으로 업태가 바뀌면 객단가는 높아진다. 패스트푸드 레스토랑이 낮은 객단가로 매출을 높이기 위해서는 고객수를 증가시키는 전략이 요구된다. 반면 파인 다이닝은 높은 객단가를 표방하는 만큼 고객에게 지지받을 만한 우수한 품질의 제품과 서비

그림 3-6 | 업태의 구성요소에 따른 레스토랑의 종류

자료: Peter Jones(1994), *The Management of Foodservice Operations*, Cengage Learning EMEA.

스를 제공하는 전략이 요구된다.

4) 업태의 세분화

어느 특정한 업종이 성장하다가 성숙단계에 이르거나 경쟁이 치열해지면 업태로 세분화되어 발전한다. [그림 3-7]에서 보듯 업종 A가 고객의 욕구변화 또는 경쟁에 대응하기 위해 차별화된 새로운 영업형태로 업태 1 패스트푸드 레스토랑이 등장하였다. 그러나 업태 1 패스트푸드 레스토랑도 시간이 흘러 성숙단계에 이르면, 변화된 시장에 대응하기 위해 새로운 업태 2 패밀리 레스토랑이 등장한다. 이후 업태 3 캐주얼 다이닝, 업태 4 파인 다이닝 등 새로운 영업형태가 계속해서 등장한다. 이 같은 업태의 세분화과정은 업종 B, 업종 C, 업종 D 등 외식산업 전반에 걸쳐 나타나면서 발전한다.

그림 3-7 | 업태의 세분화과정

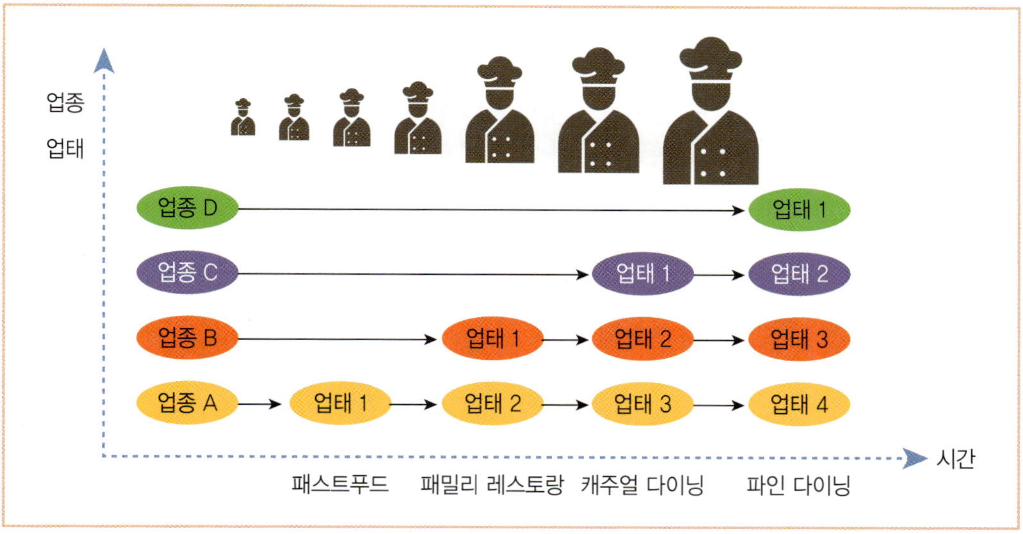

최근 외식산업시장에 패스트 캐주얼(fast casual) 레스토랑이 등장하게 된 사례를 보면, 업태의 세분화과정을 이해할 수 있다. 2000년대 초반 미국에서 소비자 건강을 해치는 주된 원인이 패스트푸드라는 부정적 인식이 높아진 틈을 타 고급 샌드위치전문점과 건강식을 판매하는 멕시칸 레스토랑을 중심으로 패스트 캐주얼 또는 퀵 캐주얼(quick

영국의 패스트 캐주얼 레스토랑 Pret A Manger는 철저한 홈메이드를 원칙으로 한다. 그날 아침 배달되는 신선한 재료로 각 매장에서 직접 샌드위치를 만든다.

casual)이라는 새로운 업태가 등장하였다. Chipotle, Panera Bread, Baja Fresh, Pret A Manger 등이 대표적인 패스트 캐주얼 레스토랑이다. 패스트 캐주얼은 패스트푸드 레스토랑과 캐주얼 다이닝 각각의 장점을 접목시킨 새로운 업태로서 캐주얼 다이닝 수준에서 사용하는 유기농 야채, 신선하고 품질 좋은 과일, 생선 등의 식재료와 패스트푸드 레스토랑의 편리성, 속도를 합친 개념이다. 패스트 캐주얼의 등장은 건강에 대한 높은 관심과 웰빙 추구에 따른 가치 소비를 지향하는 소비자 욕구에 부응한 업태의 변화라고 할 수 있다. 이러한 사회적 분위기 탓으로 한때 경영위기를 느꼈던 McDonald's, Wendy's, Yum's Brands, Jack-In-The-Box 등의 패스트푸드 외식기업들은 인수 · 합병을 통해 패스트 캐주얼시장에 진출하기도 하였다.

3-3 외식산업의 분류

산업분류는 그 산업에 대한 각종 정보나 경영지표 등 경영에 유용한 통계자료를 제공한다는 점에서 중요한 의미를 가진다. 외식산업은 시장규모와 범위가 크고 넓으며, 끊임없이 새로운 형태의 비즈니스가 출현하고 소멸하면서 계속해서 성장하기 때문에 통일된 분류가 존재하지 않는다. 우리나라의 경우 정부 산하기관 또는 단체 등에서 각자의 목적과 편의에 따라 외식산업을 분류하여 사용하고 있다.

1. 분류의 기본적 이해

1) 외식산업의 여러 분야

음식을 판매하고 공급하는 여러 형태의 외식사업을 사업성격, 판매시장, 사업목적, 소유형태 등에 따라 다음과 같이 나누어 볼 수 있다.

- 영리를 목적으로 하는 상업적 외식사업과 국가나 공공단체로부터 보조를 받아 비영리를 목적으로 하는 비상업적 외식사업
- 불특정 다수의 일반대중을 타깃으로 하는 일반적 외식사업과 고속도로 휴게소, 출장연회 등에서와 같이 한정된 장소의 고객을 타깃으로 하는 제한적 외식사업
- 음식을 판매하는 행위가 주요 활동이 되는 외식사업과 기차 · 항공기 기내식, 학교급식 등과 같이 음식을 판매하는 행위가 보조활동이 되는 외식사업
- 공공소유형태의 외식사업과 개인소유형태의 외식사업

위와 같은 구분은 어느 정도 타당성이 있다. 예를 들면, 정부로부터 보조를 받는 비상업적 외식사업은 공공소유형태로서 음식제공은 보조활동이 된다. 반면 상업적 외식사업은 개인소유이고 일반대중을 타깃으로 하며, 음식판매가 주요 활동이 된다. 그러나 외식산업의 범위가 넓고 복잡하며, 끊임없이 변화하기 때문에 몇 가지 기준을 가지고 구분하는 것은 한계가 있다. 다만 사실로 인정되는 것은 비상업적 외식사업은 일반대중을 타깃으로 하지 않고, 공공소유형태의 외식사업은 음식판매가 주요 활동이 아닌 보조활동이며, 제한된 고객을 타깃으로 한다는 것 등이다. 이들 외에는 예외가 너무 많아 정확한 분류라고 하기에는 한계가 있다. 그렇지만 이러한 기준을 가지고 [그림 3-8]과 같이 개략적으로 분류해 보는 것은 가능하다.

그림 3-8 | 외식산업의 여러 분야

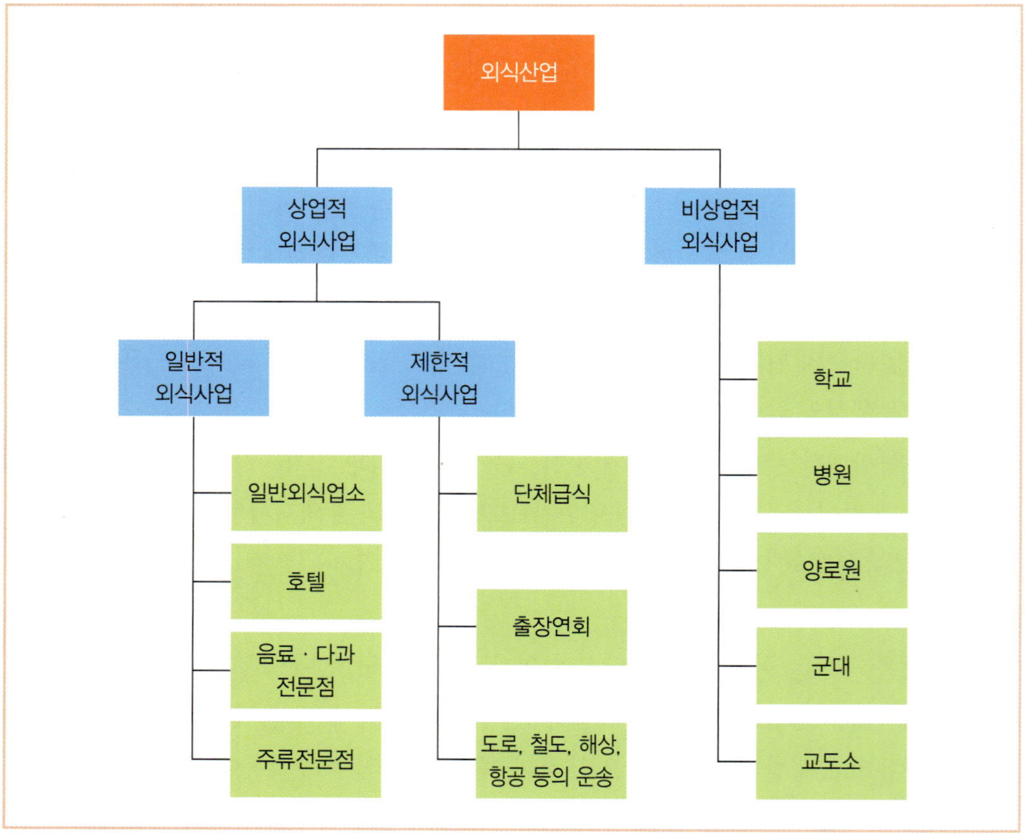

2) 상업적 외식사업

상업적 외식사업은 영리를 목적으로 음식을 판매한다. 대부분이 개인 또는 주식회사형태로 운영되지만 국가나 공공기관에서 영리를 목적으로 운영하기도 한다. 판매시장의 범위에 따라 일반적 외식사업과 제한적 외식사업으로 구분된다.

(1) 일반적 외식사업

일반적 외식사업은 불특정 다수의 일반대중을 타깃으로 한다. 일반외식업소, 호텔식음료업장, 음료 및 다과점, 주류전문점 등이 여기에 해당한다. 일반외식업소에는 한 · 양식 패밀리 레스토랑, 패스트푸드 레스토랑, 동양식 레스토랑, 분식점 등이 있다. 업태에 따라서는 테이크아웃과 배달전문점, 기업형 패밀리 레스토랑, 캐주얼 다이닝, 스페셜티 레스토랑, 파인 다이닝, 카페테리아 등이 있다. 호텔 식음료업장에는 레스토랑, 바, 커피숍, 뷔페 레스토랑, 룸서비스, 연회장(banquet) 등이 있다. 음료 및 다과전문점에는 커피, 차, 아이스크림, 제과제빵 등이 있다. 주류전문점에는 바, 호프, 단란주점, 유흥주점 등이 있다.

(2) 제한적 외식사업

제한적 외식사업은 한정된 장소의 고객을 타깃으로 한다. 단체급식, 출장연회, 고속도로 휴게소, 철도 · 항공기 · 크루즈의 기내식 등과 같이 제한된 장소에서 음식을 판매한다. 식재료의 저장 및 설비관리, 음식판매에 소요되는 부가비용, 공간의 제약성과 안전성 등에서 일반적 외식사업과는 다른 특성이 있다. 단체급식은 특정 단체의 시설 및 장비를 이용하여 구성원 또는 단체와 특별한 관계에 있는 특정인을 상대로 음식을 판매한다. 출장연회는 약속된 시간과 장소에 참석한 사람들에게 음식을 판매한다. 각종 사교모임, 비즈니스모임 등 장소를 구분하지 않고 서비스한다. 자동차, 철도, 항공기, 크루즈에서는 출장업무나 여행을 목적으로 이동하는 사람을 타깃으로 음식을 판매한다. 입지가 격리되어 있기 때문에 고정고객보다는 일시적 방문객들이 대부분이다. 목적지 이동에 따른 시간적 제약으로 서비스에 한계가 있다.

3) 비상업적 외식사업

비상업적 외식사업은 학교, 병원, 양로원, 군대, 교도소 등에서 비영리를 목적으로 음식을 제공한다. 우리나라는 초 · 중 · 고등학생들에게 무료로 음식을 제공하고 있다. 비상업적 외식사업에 속해 있는 사업들은 다른 곳으로 이동이 어렵고 선택의 여지가 없는 사람을 대상으로 하기 때문에 시장이 극히 제한되어 있다.

2. 시장지향적 · 비용지향적 외식사업

앞에서 설명한 분류가 타당성은 있지만, 경계를 구분 짓기 어렵거나 중복되는 사업이

그림 3-9 | 외식산업의 기본적 분류

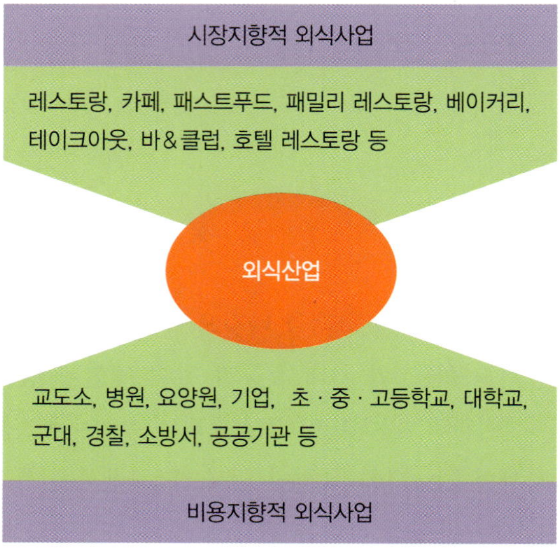

발생한다는 문제가 있다. 이러한 문제를 해결할 수 있는 방법 중 하나가 [그림 3-9]에서와 같이 사업의 성격이 시장지향적인가 또는 비용지향적인가로 구분하는 것이다. 이 방법에 따르면 외식사업을 광범위하게 포함할 수 있고, 사업의 경계가 모호하거나 중복되는 문제를 최대한 반영할 수 있다는 장점이 있다.

시장지향적 성격은 주로 이익창출을 목적으로 하며, 비용지향적 성격은 이익보다는 사회복지 실현을 목적으로 한다. 한편 두 가지 영역으로 구분되지 않는 외식사업도 있는데, 이런 경우 두 가지 성격을 모두 가지고 있다고 할 수 있다.

1) 시장지향적 외식사업

임대료, 이자, 임금, 보험료, 건물 및 설비의 감가상각비 등과 같이 판매량에 관계없이 지출되는 고정비(fixed cost)의 지출이 높다. 대부분의 외식사업이 여기에 해당한다. 시장지향적 외식사업은 비용을 줄이기보다는 매출을 높이는 데 치중하여 이익을 높이는 것에 중점을 둔다. 이는 사업의 수익성을 높이기 위해 비용을 줄이기보다 판매를 증가시키는 데 중점을 두고 있음을 의미한다. 예를 들면, 객단가를 높이거나 아니면 고객수를 늘리거나 하는 것이다. 제품에 대한 수요가 불안정하기 때문에 다양한 형태의 판촉전략이 요구된다. 그리고 고객, 경쟁자, 마케팅활동에 따라 제품의 가격변동이 심하다.

대부분의 외식사업은 시장지향적 성격을 가지고 있다. 고정비 지출이 높으며, 비용을 줄이기보다 매출을 높이고자 한다.

2) 비용지향적 외식사업

식재료비, 수도 · 광열비, 가스료 등과 같이 판매량에 따라 지출되는 변동비(variable cost)가 고정비보다 높다. 예를 들어, 직원 또는 학생을 위한 단체급식은 대부분 고정비보다 변동비의 지출이 높은 대표적인 비용지향적 외식사업이다. 사전에 책정된 예산범위 내에서 운영되는 경우가 많아 이익을 높이고 판매량을 증가시키기보다는 비용을 줄이는 것에 중점을 둔다. 따라서 식재료를 구매하고, 1인분의 양을 정하고, 직원수를 결정하는 등 모든 업무영역에서 전체 비용을 줄이는 노력을 통해 성과를 올리려 한다. 시장지향적 외식사업에 비해 제품에 대한 시장수요가 비교적 안정되어 있고, 제품의 가격변동이 심하지 않다.

3. 우리 나라의 외식산업분류

외식산업진흥법에서 외식산업을 정의하고는 있지만, 아직 통일된 외식산업분류는 없다. 정부 산하기관 또는 단체 등에서 각자의 목적에 따라 외식산업을 분류하여 활용해오고 있다. 향후 외식산업의 지속적 발전을 위한 유용한 정보제공 및 활용의 측면에서 외식산업 특성이 반영된 분류가 요구된다.

1) 한국표준산업분류

산업을 분류하기 위해서는 농업, 수산업, 소매업과 같이 본질적으로 같은 경제활동단위를 하나로 묶어야 한다. 이런 방식으로 경제활동을 묶는 것을 산업분류라고 한다. 여기서 산업은 단지 채취하고 생산하는 활동에만 국한되지 않고, 모든 종류의 재화와 용역을 제공하는 것까지 포함한다. 이렇게 해서 크게 묶여진 산업은 다시 더 작은 묶음으로 세분화되면서 산업분류표가 만들어진다.

[그림 3-10]에서와 같이 한국표준산업분류에서 외식산업은 대분류의 숙박 및 음식점업에 포함되어 있다. 그 하위 개념인 중분류에서 음식점업은 음식점 및 주점업, 소분류에서 음식점업과 주점 및 비알코올 음료점업으로 분류, 다시 세분류에서 한식 음식점업,

그림 3-10 | 한국표준산업분류에서의 외식산업

대분류	중분류	소분류	세분류	세세분류
I. 숙박 및 음식점업	56 음식점 및 주점업	561 음식점업	5611 한식 음식점업	56111 한식 일반 음식점업
				56112 한식 면 요리 전문점
				56113 한식 육류 요리 전문점
				56114 한식 해산물 요리 전문점
			5612 외국식 음식점업	56121 중식 음식점업
				56122 일식 음식점업
				56123 서양식 음식점업
				56129 기타 외국식 음식점업
			5613 기관 구내식당업	56130 기관 구내식당업
			5614 출장 및 이동 음식점업	56141 출장 음식 서비스업
				56142 이동 음식점업
			5619 기타 간이 음식점업	56191 제과점업
				56192 피자, 햄버거, 샌드위치 및 유사 음식점업
				56193 치킨전문점
				56194 김밥 및 기타 간이 음식점업
				59199 간이 음식 포장판매전문점
		562 주점 및 비알코올 음료점업	5621 주점업	56211 일반 유흥 주점업
				56212 무도 유흥 주점업
				56213 생맥주전문점
				56219 기타 주점업
			5622 비알코올음료점업	56221 커피 전문점
				56229 기타 비알코올 음료점업
	숙박업			

외국식 음식점업, 기관 구내식당업, 출장 및 이동 음식점업, 기타 간이 음식점업, 그리고 주점업, 비알코올 음료점업으로 분류하고 있으며, 그 다음 세세분류로 나눠지고 있다.

한국표준산업분류에서는 음식점업을 구내에서 직접 소비할 수 있도록 접객시설을 갖추고, 조리된 음식을 제공하는 식당, 음식점, 간이식당, 카페, 다과점, 주점 및 음료점 등을 운영하는 활동과 독립적인 식당차를 운영하는 산업활동으로 정의하고 있다. 여기에는 접객시설을 갖추지 않고, 고객이 주문한 특정 음식물을 조리하여 즉시 소비할 수 있는 상태로 주문자에게 직접 배달(제공)하거나 고객이 원하는 장소에 가서 직접 조리하여 음식물을 제공하는 경우도 포함한다.

2) 식품위생법

식품위생법 시행령 제21조의 8호에서 식품접객업이라는 용어로 외식사업의 종류 및 영업범위를 명시하고 있다. 식품접객업은 〈표 3-1〉에서와 같이 음식류 또는 주류 등을 조리 · 판매하는 영업으로서 음식점영업과 주점영업으로 구분하고 있으며, 세부적으로는

| 표 3-1 | 식품위생법에서의 외식산업분류

구분	영업내용	행정절차
휴게음식점	주로 다류, 아이스크림류 등을 조리 · 판매하거나 패스트푸드점, 분식점형태의 영업 등 음식류를 조리 · 판매하는 영업으로서 음주행위가 허용되지 아니하는 영업(편의점, 슈퍼마켓, 휴게소, 그 밖에 음식류를 판매하는 장소에서 컵라면, 1회용 다류 또는 그 밖의 음식류에 뜨거운 물을 부어 주는 경우는 제외)	신고
일반음식점	음식류를 조리 · 판매하는 영업으로서 식사와 함께 부수적으로 음주행위가 허용되는 영업	신고
단란주점	주로 주류를 조리 · 판매하는 영업으로서 손님이 노래를 부르는 행위가 허용되는 영업	허가
유흥주점	주로 주류를 조리 · 판매하는 영업으로서 유흥종사자를 두거나 유흥시설을 설치할 수 있고 손님이 노래를 부르거나 춤을 추는 행위가 허용되는 영업	허가
위탁급식	집단급식소를 설치 · 운영하는 자와의 계약에 따라 그 집단급식소 내에서 음식류를 조리하여 제공하는 영업	신고
제과점	주로 빵, 떡, 과자 등을 제조 · 판매하는 영업으로서 음주행위가 허용되지 아니하는 영업	신고

휴게음식점영업, 일반음식점영업, 단란주점영업, 유흥주점영업, 위탁급식영업, 제과점영업으로 분류하고 있다. 식품위생법에서의 분류는 주된 판매상품, 주류의 판매 여부, 유흥시설 및 가무의 허용 여부 등을 기준으로 하였기 때문에 변화하는 외식산업의 범위와 특성이 반영되어 있지 않다.

3) 관광진흥법

관광진흥법에서는 〈표 3-2〉에서와 같이 관광사업의 종류 중 관광객 이용시설업과 관광편의시설업에서 외식사업을 구분하고 있다. 관광객 이용시설업에서는 식품위생법상 음식점시설에 해당하는 휴게음식점, 일반음식점, 제과점으로 구분하고 있다. 관광편의시설업에서는 식품위생법상 유흥주점에 해당하는 관광유흥음식점, 외국인전용 유흥음식점, 관광극장 유흥업, 그리고 일반음식점에 해당하는 관광식당업으로 구분하고 있다.

표 3-2 | 관광진흥법에서의 외식산업분류

관광진흥법상 업종	식품위생법상 영업허가	구분	분류기준	관광진흥법상 관리형태
관광객 이용시설업	음식점시설	휴게 음식점	[표] 식품위생법에서의 외식산업분류 참고	시·도지사·군수·구청장에게 등록
		일반 음식점	[표] 식품위생법에서의 외식산업분류 참고	
		제과점	[표] 식품위생법에서의 외식산업분류 참고	
관광 편의시설업	유흥주점	관광유흥 음식점업	식품위생 법령에 따른 유흥주점 영업의 허가를 받은 자가 관광객이 이용하기 적합한 한국 전통 분위기의 시설을 갖추어 그 시설을 이용하는 자에게 음식을 제공하고 노래와 춤을 감상하게 하거나 춤을 추게 하는 업	시·도지사·군수·구청장에게 등록
		관광극장 유흥업	식품위생 법령에 따른 유흥주점 영업의 허가를 받은 자가 관광객이 이용하기 적합한 무도시설을 갖추어 그 시설을 이용하는 자에게 음식을 제공하고 노래와 춤을 감상하게 하거나 춤을 추게 하는 업	

	외국인전용 유흥 음식점업	식품위생 법령에 따른 유흥주점 영업의 허가를 받은 자가 외국인이 이용하기 적합한 시설을 갖추어 외국인만을 대상으로 주류나 그 밖의 음식을 제공하고 노래와 춤을 감상하게 하거나 춤을 추게 하는 업	
일반음식점	**관광식당업**	식품위생 법령에 따른 일반음식점 영업의 허가를 받은 자가 관광객이 이용하기 적합한 음식 제공시설을 갖추고 관광객에게 특정 국가의 음식을 전문적으로 제공하는 업	지역별 관광협회

4. 미국의 외식산업분류

1) 북미산업분류체계에 의한 분류

미국은 북미산업분류체계(NAICS: North American Industry Classification System)에 따라 〈표 3-3〉에서와 같이 대분류의 숙박 및 음식점(accommodation and food services), 중분류의 음식점 및 주점업(food services and drinking places), 그리고 소분류의 스페셜 푸드서비스(special food services), 주점업(drinking places), 일반음식점 및 기타 주점업(restaurants and other drinking places)으로 구분하고 있다. 특히 미국은 외식산업을 풀서비스(full service)와 한정적 서비스(limited services) 등 서비스 종류와 수준에 따라 분류하였으며, 호텔 및 모텔 등의 숙박시설, 이동 푸드서비스 등도 독립된 사업영역으로 구분하고 있다.

| 표 3-3 | 북미산업분류체계의 외식산업분류

대분류	중분류	소분류	세분류	세세분류
72 숙박 및 음식점 (Accommodation and Food Services)	722 음식점 및 주점업 (Food Services and Drinking places)	7223 스페셜 음식점업(Special Food Services)	72231 계약급식(Food Service Contractors)	722310 계약급식(Food Service Contractors)
			72232 출장연회(Caterers)	722320 출장연회(Caterers)
			72233 이동음식점(Mobile Food Services)	722330 이동음식점(Mobile Food Services)
		7224 주점업(Drinking Places)	72241 주점업(Drinking Places: Alcoholic Beverage)	722410 주점업(Drinking Places: Alcoholic Beverage)
		7225 일반음식점 및 기타 음식점업(Restaurants and Other Eating Places)	72251 일반음식점 및 기타 음식점업(Restaurants and Other Eating Places)	722511 풀서비스 레스토랑(Full-Service Restaurants)
				722513 한정적 서비스 레스토랑(Limited-Service Restaurants)
				722514 카페테리아, 그릴뷔페, 뷔페(Cafeteria, Grill Buffets, and Buffets)
				722515 스낵, 비알코올음료바(Snack and Nonalcoholic Beverage Bars)

2) 미국 레스토랑협회(NRA)에 의한 분류

미국 레스토랑협회(NRA)에서는 [그림 3-11]에서와 같이 외식산업을 영리를 목적으로 하는 상업적 외식사업과 비영리를 목적으로 하는 비상업적 외식사업, 그리고 군대 외식사업으로 대분류하였다.

상업적 외식사업(commercial restaurant services)은 대중적으로 레스토랑의 역할을

그림 3-11 | 미국 레스토랑협회(NRA)의 외식산업분류

구분	세부 분류	업태
Group I 상업적 외식사업 (commercial restaurant services)	일반외식사업 (eating places)	• 풀서비스 레스토랑(full service restaurants) • 한정적 서비스 레스토랑(limited service restaurants) • 상업적 카페테리아(commercial cafeteria) • 사회적 음식조달업(social caterers) • 아이스크림, 프로즌 커스터드 전문점(Ice cream, frozen custard stands) • 바와 선술집(bars and taverns)
	계약외식사업 (food contractors)	• 풀서비스 레스토랑(full service restaurants) • 한정적 서비스 레스토랑(limited-service(fast-food) restaurants) • 상업적 카페테리아(commercial cafeteria) • 사회적 음식조달업(social caterers) • 아이스크림, 프로즌 커스터드 전문점(Ice cream, frozen custard stands) • 바와 선술집(bars and taverns)
	숙박외식사업 (lodging places)	• 호텔 레스토랑(hotel restaurants) • 모터-호텔 레스토랑(motor-hotel restaurants) • 모텔 레스토랑(motel restaurants)
Group II 비상업적 외식사업 (non-commercial restaurant services)		• 직원 레스토랑(employee restaurant services) • 공립 · 지방 초 · 중등학교(public & parochial elementary, secondary schools) • 대학 · 대학교(colleges & universities) • 교통(transportation) • 병원(hospitals) • 양로원, 고아원, 정신 · 신체장애자(nursing homes, homes for aged, blind, orphans, mentaly & physicaly disabled) • 클럽, 스포츠 · 레크리에이션캠프(clubs, sporting & recreational camps) • 지역공동체센터(community centers)
Group III 군대외식사업 (military restaurant services)		• 장교 · 하사관클럽(officers & non-commissioned officers clubs) • 일반군인급식(food service-military exchanges)

하는 대부분의 외식업소들을 포함하는 일반외식사업(eating places), 학교, 기업, 병원 등과 일정조건의 계약을 맺고 식음료서비스를 하는 계약외식사업(food contractors), 호텔 또는 모텔에서 커피숍, 연회장, 레스토랑, 바 등을 운영하면서 숙박고객에게 식음료

를 제공하는 숙박외식사업(lodging places), 그리고 편의점, 이동음식점, 자동판매 등을 포함하는 기타 외식사업으로 구분하고 있다.

비상업적 외식사업(non-commercial restaurant services)은 조직 또는 단체 구성원들의 복리증진과 업무효율을 위해 비영리를 목적으로 운영되는 외식사업으로 학교, 회사, 병원, 양로원, 고아원, 클럽, 커뮤니티센터 등으로 구분하고 있다. 한편 군대 외식사업(military restaurant services)은 일반군인을 대상으로 하는 셀프서비스 카페테리아에서부터 장교, 하사관 등 고위직을 위한 고급 레스토랑, 크고 작은 연회나 파티, 기타 사교모임을 할 수 있는 클럽도 운영하고 있다.

5. 일본의 외식산업분류

1) 일본 표준산업분류

〈표 3-4〉에서와 같이 일본 표준산업분류에서 외식산업은 대분류의 숙박업 · 음식서비스업에 포함되어 있다. 일본은 일찍부터 중식시장이 큰 범위를 차지하고 있는 특징으로 중분류에 음식점과 테이크아웃 · 배달음식서비스업을 포함하고 있다. 테이크아웃 · 배달음식서비스업은 손님의 주문에 따라 그 자리에서 조리한 음식료품을 제공하는 사업소 중 그 장소에서 식사하는 것을 주된 목적으로 하며, 시설을 갖추지 않은 사업소를 말한다. 소분류에서는 소바 및 우동, 초밥 등 일본 대표메뉴로 분류한 것이 특징이다. 또한 소분류에서 관리, 보조적 경제활동을 하는 사업소는 음식점 경영활동을 위해 조직의 관리 및 감독업무 등의 업무를 총괄적으로 수행하는 본사, 본점, 지점, 출장소 등의 사업소와 음식점 경영활동을 촉진하기 위해 청소, 수리, 정비, 보완 등의 지원업무를 수행하는 사업소로 분류하였다.

표 3-4 | 일본 표준산업분류에서의 외식산업분류

대분류	중분류	소분류	세분류
M 숙박업 · 음식 서비스업	76 음식점	760 관리, 보조적 경제활동을 하는 사업소	7600 주로 관리업무를 수행하는 본사 등
			7609 기타 관리, 보조적 경제활동을 하는 사업소
		761 식당, 레스토랑(전문요리점 제외)	7611 식당, 레스토랑(전문요리점 제외)
		762 전문요리점	7621 일본 요리점
			7622 요정(일정식)
			7623 중국음식점
			7624 라멘전문점
			7625 야끼니꾸전문점
			7629 기타 전문요리점
		763 소바 및 우동점	7631 소바 및 우동점
		764 초밥점	7641 초밥점
		765 주점 및 호프집	7651 주점 및 호프집
		766 바, 카바레, 나이트클럽	7661 바, 카바레, 나이트클럽
		767 다방	7671 다방
		769 기타 음식점	7691 햄버거점
			7692 오코노미야키, 야키소바, 타코야끼점
			7699 기타 음식점
	77 테이크아웃 · 배달음식 서비스업	770 관리, 보조적 경제활동을 하는 사업소	7700 주로 관리업무를 수행하는 본사 등
			7709 기타 관리, 보조적 경제활동을 하는 사업소
		771 테이크아웃 음식서비스업	7711 테이크아웃 음식서비스업
		772 배달음식서비스업	7721 배달음식서비스업

자료: 일본 통계청.

2) 일본 외식산업총합조사연구센터의 분류

일본의 외식산업총합연구센터는 [그림 3-12]에서와 같이 음식이 주가 되는 급식주체부문, 음료가 주가 되는 요식주체부문, 그리고 요리품 소매업으로 분류한 것이 특징이다. 요리품 소매업은 일종의 중식시장으로서 도시락판매점과 백화점, 슈퍼마켓, 시장 등의 반찬전문점을 말한다. 한편 급식주체부문은 다시 영업급식과 집단급식으로 분류하였다. 음식점에서 구분하고 있는 기타 음식점은 패스트푸드 햄버거, 한국식 분식 등의 음식점을 말한다. 일본의 외식산업시장 관련 자료는 대부분 일본 외식산업총합조사연구센터의 분류에 따라 조사된 데이터를 활용하고 있다.

그림 3-12 | 일본 외식산업총합조사연구센터의 외식산업분류

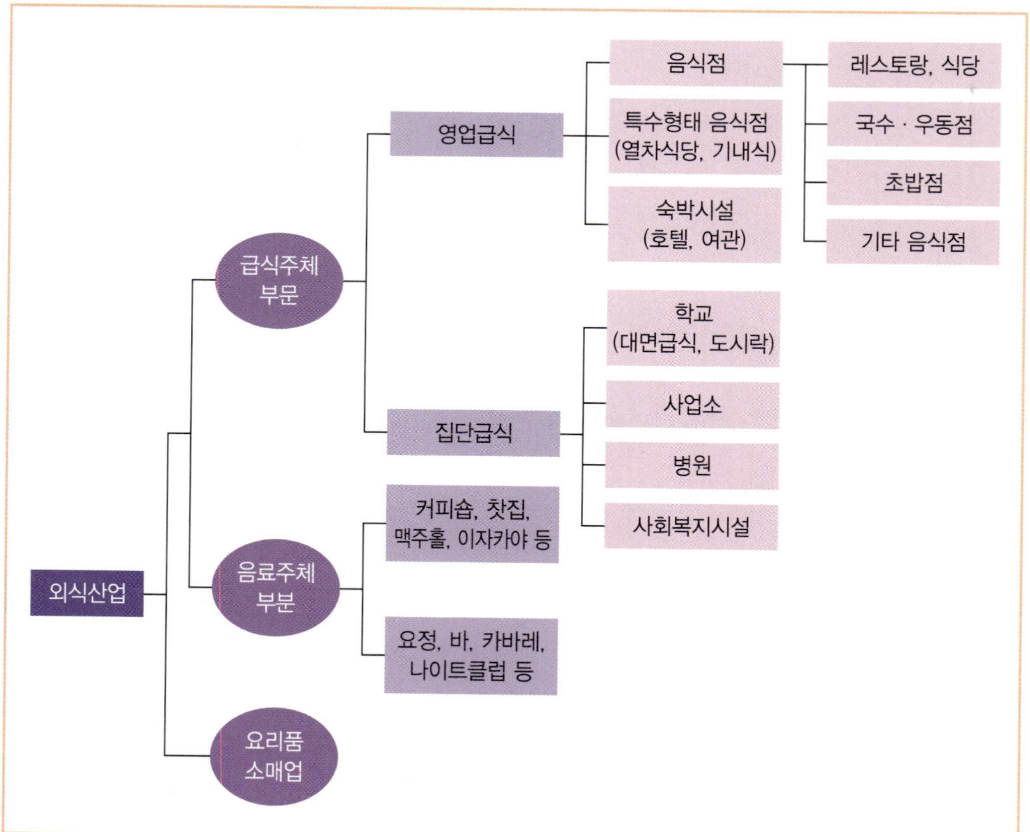

자료: 일본 외식산업총합조사연구센터.

3-4 국내 외식산업의 성장과 발전

1. 국내 외식산업의 성장요인

국내 외식산업은 경제발전, 소득증대 등의 경제적 요인과 핵가족화, 여성의 사회진출 등의 사회적 요인, 삶의 질 추구, 레저활동으로서의 외식에 대한 인식변화, 인터넷 환경 등의 문화적 요인, 그리고 주방기기의 자동화, 식품가공 및 유통시스템 발전 등의 기술적 요인이 성장의 배경이 된다.

1) 경제적 요인

경제발전으로 인한 소득수준의 향상은 외식비 지출을 증가시켰고 외식활동의 대중화를 이끌었다. 사람들의 경제적 여유는 외식활동의 질적 소비를 불러왔고, 외식 욕구의 다양화와 세분화를 촉진하면서 외식산업을 성장시키는 원동력이 되었다. 한편 국내시장의 개방과 수입자유화는 해외 브랜드 외식기업들의 시장진출을 촉진시켰고, 자본력을 갖춘 국내기업들의 외식산업시장으로의 참여를 유도하였다.

2) 사회적 요인

도시화와 산업화로 외식활동이 많아졌다. 핵가족화, 1인 가구의 증가 등과 같이 가족구조가 변화하고 여성의 사회참여 증가, 맞벌이 가구의 증가 등으로 외식활동이 보편화되었다. 새로운 사고와 가치관을 가진 신세대가 소비의 주역으로 떠오르면서, 식생활 패턴과 가치관이 크게 변하였다. 주5일제 근무, 근로시간 단축으로 여가시간이 많아지면서 가족단위의 외식이 증가하였고, 외식활동이 레저 및 취미생활로 인식되었다. 소비능력을 갖춘 노령인구의 증가 역시 외식산업 성장에 영향을 미쳤다.

■ 그림 3-13 | 외식산업의 성장요인

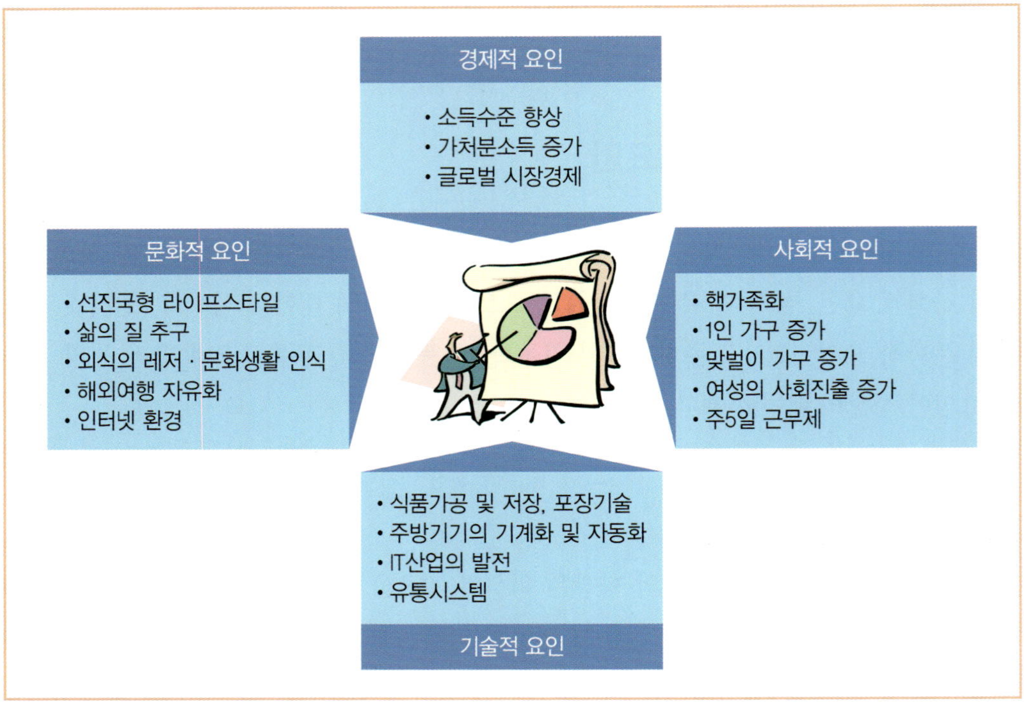

3) 문화적 요인

외식활동을 소비지향적 활동이 아닌 레저와 문화생활의 한 방편으로 인식하게 되었다. 한끼를 때운다는 기존 외식의 개념이 삶의 질 추구로 크게 바뀌었고 다양한 먹거리에 관심이 높아졌다. 선진국형 라이프스타일이 보편화되면서 외식소비가 증가하였다. 해외여행자유화와 인터넷 환경의 발달로 글로벌 음식문화를 자유롭게 경험하고, 국내에서도 글로벌 음식을 소비할 수 있는 시장이 형성되었다. 국내시장의 글로벌 환경으로의 변화는 다른 국가의 식문화 수용력을 증대시켰다. 또한 자국의 식문화와 음식에 대한 관심을 고취시켰으며, 전통음식의 상품화에 영향을 미쳤다.

4) 기술적 요인

외식산업과 연관된 식품가공, 식품저장, 식품포장 등의 기술발전은 생산과 소비의 시간적 · 공간적 분리를 가능하게 하여 외식산업의 범위를 넓혔다. 주방기기의 기계화와 자동화로 제조와 생산능력이 향상되었으며, 전산화와 과학화된 컴퓨터 시스템은 점포의 효율적 운영 및 관리를 가능하게 하였다. 유통시스템은 외식산업과 연계되어 프랜차이즈시스템을 통한 사업 확대를 가져왔다. 국내에 진출한 해외 유명 브랜드들의 선진경영기법은 국내 외식기업들에게 자극제가 되었다.

외식산업과 연관된 식품가공, 식품저장, 포장기술 등의 발전은 외식산업의 범위를 넓히는 데 영향을 미쳤다.

2. 국내 외식산업의 성장과 발전

국내 외식산업은 1970년대까지 가족생계 및 자영업중심이었다. 1979년 Lotteria의 등장으로 외식산업의 태동을 알렸다. 1980년대 해외 브랜드 패스트푸드, 1990년대 해외 브랜드 패밀리 레스토랑이 국내시장에 진출하면서 외식활동이 대중화시대를 맞이하게 되었고 본격적인 성장이 시작되었다. 2000년대 이후 다양한 업태로 세분화하며 질적 성장을 계속해 오고 있다.

그림 3-14 | 국내 외식산업의 성장과정

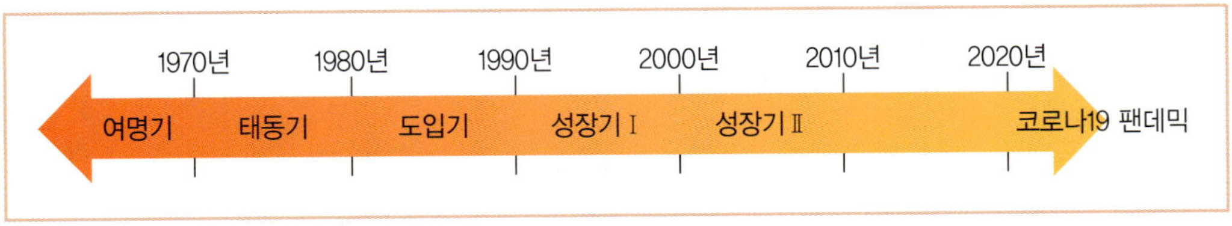

1) 여명기

1900년대는 음식점이 존재하기는 했지만 외식의 개념은 없던 시대였다. 주로 가정에서 식사를 하는 가내 주도형 식생활 시기로, 오늘날과 같은 모습을 갖춘 음식점은 거의 없었다. 1907년 국내에서 가장 오래된 음식점으로 알려진 서울의 '이문설농탕'이 문을 열었다. 1930년대는 용금옥, 한일관, 청진옥, 조선옥 등이 대중을 상대로 음식점을 열었고, 1940년대는 안동장, 남포면옥, 하동관, 고려당, 뉴욕제과 등이 사업을 시작하였다.

해방과 한국전쟁 이후 1960년대는 가난과 굶주림에 먹는 것을 해결하는 생활이 우선이었다. 1963년 소비지출 중 식료품비가 60%, 문화비가 10.1%를 차지할 정도로 여가나 문화생활의 개념은 없었다. 전쟁 후 식량사정이 어려워 미국의 원조물자에 의존하는 등 식생활이 궁핍하였다. 식량난을 해결하고자 식생활 개선책으로 분식을 장려하였다. 어려운 경제적 여건 때문에 외식활동이 활발하지는 못했지만, 이때 비로소 음식을 판매하는 외식사업이 싹을 트기 시작하였다. 1960년 최초의 전기구이 통닭전문점 '영양센타'가 문을 열었다. 이후 전기구이 통닭집이 우후죽순 생기는 열풍이 불었으며, 그 인기는 1970년대까지 이어졌다.

국내에서 가장 오래된 음식점으로 알려진 서울 종로의 이문설농탕은 1907년 개업했다.

2) 태동기

1970년대는 식량난에서 벗어나기 시작한 시기이다. 경제개발계획으로 급속한 경제성장이 이루어지고 산업화가 추진되면서, 외식산업이 태동하는 발판이 마련되었다. 산업화는 국가산업의 여러 분야에 영향을 주었는데, 특히 식품산업의 발전으로 등장한 즉석식품은 식생활은 물론 외식산업에도 영향을 주었다. 소규모 영세한 음식점들이 대부분이던 상황에서 쫄면의 원조로 알려진 1971년 신포우리만두, 1977년 국내 최초의 치킨 체인점 림스치킨, 그리고 1979년 원두커피 체인점 난다랑이 지금과 같은 프랜차이즈시스템은 아니지만 다점포화를 시도하였다.

국내 외식산업의 태동기를 알린 것은 1979년 패스트푸드점 Lotteria의 등장이다. 일본 Lotteria의 기술지원을 받은 Lotteria는 이전의 음식점들과는 달리 일원화된 물류시스템, 로열티 기반의 수익구조 등 프랜차이즈시스템의 특성을 갖춘 최초의 기업형 외식사업이었다. Lotteria는 외식산업이 소자본의 단순한 먹는 장사에서 벗어나 차별화 · 시스템화된 미래형 산업으로서의 모습을 보여주었다. 이렇듯 Lotteria는 국내 외식산업의 시작은 물론 프랜차이즈산업의 시작을 동시에 알린 외식기업이기도 하다. Lotteria의 등장은 요식업, 식당업, 음식업으로 불리던 말들이 외식산업이라는 용어로 바뀌게 되는 계기가 되었다. 이후 롯따리아, 맥가이버, 반도리아 등 유사 모방 브랜드가 쏟아져 햄버거 전성시대가 잠시 있었지만, 아류 브랜드의 생명력은 오래가지 못했다. 우리 나라 산업화의 역사가 짧았음에도 불구하고, 프랜차이즈산업의 태동이 빨랐던 것은 상당히 이례적인 일이다. 1949년 미국에서 맥도날드(McDonald) 형제가 점포를 열고 햄버거를 상품화한 지 30년 만에 비슷한 형태의 Lotteria가 나타났기 때문이다. Lotteria가 국내에서 사업을 시작할 때 일본에서는 McDonald's, KFC 등 글로벌 프랜차이즈들이 경쟁적으로 진출하고 있었다.

1979년 Lotteria의 소공동 1호점 오픈은 국내 외식산업의 태동기를 알리는 출발점이 된다

3) 도입기

(1) 해외 패스트푸드 기업의 국내진출

1980년대는 식생활에 커다란 변화가 나타난 시기이다. 국내시장에 햄버거로 대표되는 패스트푸드 문화가 등장하였다. 패스트푸드는 젊은층의 입맛을 서구화된 식생활 패턴으로 바꾸어 놓았다. 신속함과 간편함을 추구하는 현대인의 라이프스타일에 가장 적합한 메뉴로 인기를 끌었으며, 하나의 고급 외식으로 받아들여졌다. 패스트푸드는 세련된 이미지와 유행을 선도하는 젊은 감각의 음식으로 1980년대 최고의 문화 코드였다.

1984년 외자도입법의 개정으로 기업들은 해외 패스트푸드 기업들과 손잡고 외식산업 시장에 진출하였다. 1981년 Winchell's Donut을 시작으로, 1984년 두산그룹은 KFC와 Burger King을 도입하였다. 이후 Wendy's, Burger Jack, Pizza Hut, Pizza Inn, Shakey's Pizza, Baskin Robbins 등이 시장에 진출하였다. 1988년에는 McDonald's가 압구정동에 1호점을 열었으며, Hardees, Chicago Pizza, Domino's Pizza, Mr. Pizza, Lound Table Pizza, 일본 커피전문점 Doutor 등 여러 업종의 해외 브랜드들이 시장에 진출하였다.

미국의 3대 햄버거 중 하나인 Wendy's가 국내시장에 진출했지만 IMF 이후 철수하였다.

해외 패스트푸드 기업의 국내진출은 소자본업종으로 인식되던 국내시장에 기업형 외식사업의 등장을 알렸다. 이들은 선진화된 경영기법과 기술로 효율성 · 생산성에서 새로운 표준을 제시하였다. 혁신적인 서비스, 과학적인 마케팅활동, 체계적 인사관리, 운영 및 관리의 능률을 높여주는 전산시스템 등 다양한 방면에 걸쳐 선진 노하우를 전파하면서 미래형 산업으로서의 모습을 보여주었다. 한편 초기단계이기는 하지만 해외 브랜드 틈바구니 속에서 미국 Bigboy와 기술제휴를 맺은 아메리카나를 비롯 달라스, 훼미리, 엉클조, 빅웨이 등의 토종 햄버거들이 사업을 시작하였다.

(2) 국내 브랜드 외식기업

해외 패스트푸드 기업들의 진출 속에서 국내 브랜드들도 사업을 확대하였다. 국수전문점 다림방, 장터국수, 신라명과, 크라운베이커리, 쟈뎅, 그리고 1987년 놀부보쌈 등 여러 업종에 걸쳐 토종 브랜드들이 등장하였다. 한편 1984년 LG유통(현, 아워홈)이 기업형 단체급식을 시작하였고, 중소기업규모의 서울캐터링이 단체급식시장에 진출하면서 급식 시장규모가 커졌다.

(3) 패밀리 레스토랑의 시작

1984년 국내 브랜드 Tomorrow Tiger가 가족단위 고객을 타깃으로 패밀리 레스토랑을 표방하며 사업을 시작하였다. 그러나 국내 최초의 패밀리 레스토랑은 1988년 미도파 백화점이 일본으로부터 도입한 Coco's로 본다. Coco's는 1948년 미국 캘리포니아에서 시작된 레스토랑 체인으로, 그 당시 우리 나라에는 없던 인테리어와 메뉴로 사람들의 시선을 끌었다. 미국 Coco's를 그대로 재현해 놓은 외관 및 내부 인테리어와 서양식 메뉴가 젊은층으로부터 선풍적 인기를 끌었다. 한때 전국에 40개가 넘는 매장을 운영할 만큼 호황을 누렸지만, 외환위기를 겪으며 사라졌다. Coco's의 등장은 외식산업을 대중에게 널리 알리고, 외식활동을 레저 · 문화생활로 인식시키는 데 한 몫을 하였다. 한편 1989년 미원(현, 대상)은 국내 자체 브랜드 Niceday를 열고 패밀리 레스토랑 시장에 뛰어들었다.

1988년 국내 최초 해외 브랜드 패밀리 레스토랑으로 불리는 Coco's가 강남 신사동에 1호점을 열었다.

4) 성장기 I

(1) 해외 패밀리 레스토랑의 국내진출

1990년대는 해외 패밀리 레스토랑이 국내시장에 대거 진출하면서 외식산업이 본격적인 성장을 맞이한 시기이다. 1992년 TGIF가 국내시장에 진출하자 패밀리 레스토랑에 대한 관심이 고조되었다. TGIF는 호텔수준의 맛과 서비스, 개성 있는 분위기로 일대 혁신을 일으키면서 패밀리 레스토랑의 대명사로 불렸다. 이후 Ponderosa, Denny's가 진출하였으며, Sizzler는 기존 패밀리 레스토랑들과는 다르게 스테이크전문점을 내세우며 샐러드바를 갖춘 차별화된 콘셉트로 관심을 끌었다.

이후 Bennigan's, Tony Roma's, Marché, Uno, Chili's, Outback Steakhouse 등이 속속 진출하였다. 제일제당(현, CJ푸드빌)은 일본의 대표적 패밀리 레스토랑 Skylark과 기술제휴로 시장에 참여하였으며, 닭고기 가공업체 영육농산은 일본의 Tomato & Onions, 신세계푸드는 일본의 고기뷔페 전문점 Carnestation을 도입하였다. 몇몇 기업들은 해외 브랜드들의 난립 속에 그들을 모방 또는 개선하면서 독자적으로 토종 브랜드를 개발하여 시장에 진출하기도 하였다. 1998년 CJ푸드빌은 토종 패밀리 레스토랑 VIPS를 런칭하였고, 1999년 JK푸드테크의 우리들의 이야기는 한식에 서양식 패밀리 레스토랑을 접목한 콘셉트로 신선한 바람을 일으켰다.

1990년대 국내기업들이 TGIF, Bennigan's 등의 해외 브랜드 패밀리 레스토랑과 손잡고 시장에 진출하면서 국내 외식산업은 본격적인 성장기를 맞이하였다.

소비자 취향이 다양해지면서 음식 이외 특정한 테마로 볼거리를 제공하는 전략을 구사하는 테마 레스토랑도 등장하였다. LA Palms는 매장 안에 당구대, 다트게임, 미니 농구대를 설치한 스포츠 테마 레스토랑으로 관심을 끌었다. Planet Hollywood는 영화를 테마로 주목을 받았으며, Hard Rock Cafe는 락음악을 주제로 젊은 고객들로부터 인기를 끌었다. 이렇듯 1990년대는 해외 패밀리 레스토랑이 국내 외식산업시장을 주도하였다.

(2) 대기업의 외식산업진출

국내에 진출한 대부분의 패밀리 레스토랑은 대기업이 해외로부터 도입한 브랜드들이다. 기업들은 사업의 다각화 차원에서 패밀리 레스토랑을 21세기 가장 비전 있는 유망업종으로 평가하고, 외식산업시장에 관심을 가졌다. 물론 패밀리 레스토랑시장이 매력적인 사업분야로 평가되기도 했지만, 한편으로는 기업경영의 노하우, 현금회전이라는 실제적인 부가이익창출, 부동산을 통한 합법적 투자가 가능했다는 점이 외식산업 시장진출에 영향을 미쳤다. 특히 패밀리 레스토랑은 부동산, 유통, 식품산업과 연결되는 계열화의 필요성으로 대규모 투자가 요구되며, 3~4년 정도의 장기 자본회수기간으로 자본력을 갖춘 기업이 아니면 할 수 없는 사업이다. 대기업의 시장참여로 비로소 외식사업이 기업형태의 모습을 갖추기 시작하였다. 식품, 유통, 호텔을 운영하던 기업들도 합작 또는 단독으로 외식산업시장에 진출하였다.

기업형 외식사업이 시장에 미친 영향은 크다. 대규모 투자와 체계적인 경영시스템을 갖춘 브랜드 간의 경쟁으로 음식문화수준이 향상된 것은 긍정적인 부분이다. 원재료가격이 안정되어 있지 않더라도 고객에게 일정한 품질을 고정적으로 제공할 수 있는 장기투자가 가능한 것은 대기업이 경영하지 않고서는 어렵기 때문이다. 반면 해외 브랜드를 경쟁적으로 도입함으로써 외국문화가 무분별하게 유입되고, 막대한 로열티 지출에 따른 외화낭비 등은 부정적 측면이다. 그러나 패밀리 레스토랑의 과학적 시스템과 경영 노하우가 국내에 도입되면서 외식산업시장에 활기를 주었으며, 소비자의 외식소비수준 향상은 물론 식문화 발전에도 크게 공헌한 사실은 부인할 수 없다.

(3) 퓨전푸드

1990년대 말 퓨전푸드(fusion food)가 외식산업시장에 이슈로 등장하였다. 퓨전푸드는 패스트푸드와 패밀리 레스토랑으로 양분되던 시장에서 커다란 반향을 일으켰다. 퓨전푸드의 등장은 외식산업의 성숙화단계에서 순차적으로 나타난 외식문화 확산의 한 부분이었다. 소비자 욕구와 문화의 다양성이 반영된 식문화의 글로벌화과정이었다. 서울 청담동의 Xian은 프렌치-아시안 큐진(French-Asian Cuisine)을 표방한 레스토랑으로 국내 최초로 동서양 퓨전음식을 제공하였다. 한편 파스타전문점 Pietro가 일본에서 도입되었으며, 국내 브랜드로는 썬앳푸드의 스파게띠아, 베트남음식전문점 Pho Hoa와 Pho Tai, 신라호텔의 Top Cloud 등이 퓨전음식문화를 주도하였다.

(4) IMF시대

1997년 국제통화기금(IMF)의 영향으로 외식산업은 어려움에 직면하였다. 소비심리 침체로 외식활동이 크게 감소하였고, 식재료비 폭등이 이어지면서 경영난을 겪었다. 중산층 한 달 외식비는 6만 7,500원으로 전년 대비 39.5%나 감소하였다. 외식업소 증가율도 매년 10% 이상 늘어났지만 IMF 이후 2%대로 크게 감소하였다. 반면 IMF로 인한 명예퇴직자들을 중심으로 창업시장이 활기를 띠면서 외식산업 프랜차이즈시장이 크게 확대되었다. 특히 치킨 프랜차이즈는 가파른 성장세를 나타냈다. 1998년 토종 치킨 브랜드 BBQ가 업계 최초로 1천호점을 돌파하였다.

2000년 들어 외식기업들의 프랜차이즈사업이 본격화되었다. 프랜차이즈시장이 커지면서 가맹본부와 가맹점 간 분쟁이 끊이질 않고 피해사례가 발생하였으며, 사회적 문제로까지 비화되었다. 2001년 공정거래위원회는 프랜차이즈사업의 공정한 거래질서를 확립하고 가맹본부와 가맹점사업자가 대등한 지위에서 상호 보완적으로 발전할 수 있도록 가맹본부의 투명한 정보공개와 불공정거래 해결방안 등을 규정한 가맹사업거래의 공정화에 관한 법률(가맹사업법)을 제정하였다.

BBQ치킨은 사업 시작 4년 만인 1999년 1,000호점을 돌파하며, 국내 치킨시장을 선도하는 외식기업이 되었다.

5) 성장기 Ⅱ

(1) 초기(2000년대 초반)

① 업태의 다양화

해외 브랜드들의 국내시장진출이 계속되었다. 국내시장에서 경쟁력이 있다고 판단했기 때문이다. 섹시 콘셉트를 내세운 Hooter's를 시작으로 일본식 뷔페 Minado, Mister Donut, California Pizza, Caribou Coffee, On the Border 등 각기 다른 업종의 외식기업들의 시장진출이 계속되었다. 기존 패밀리 레스토랑보다 오락적 요소가 한층 더 강조된 테마 레스토랑도 등장하였다. 만화 캐릭터를 주제로 한 Snoopy Place, 프렌치 캐주얼 레스토랑 Hippu Tamus, 열대 분위기와 파티바(bar)를 내세운 Kahunaville 등이 대표적이다. 패밀리 레스토랑 Ruby Tuesday, 파인다이닝 개념의 중식 레스토랑 Mr. Chow도 진출하였다.

테이크아웃, 배달, 가정간편식 등으로 외식의 범위가 넓어지면서 편리하고 신속하며, 효율적인 외식소비를 추구하는 현상이 나타났다. 패밀리 레스토랑 Marché를 운영했던 덕우산업의 Amoje, 조선호텔의 CD1, CJ푸드빌의 Delcucina 등이 테이크아웃시장에 진출하였다. 사보이호텔은 기존의 패스트푸드와 패밀리 레스토랑의 장점만을 통합한 신개념의 테이크아웃 레스토랑을 표방하는 Howard & Mario를 자체적으로 개발하였으며, 삼양사는 패스트푸드 레스토랑과 베이커리의 특징들을 모은 Cafe Mix & Bake로 베이커리시장에 진출하였다.

일본으로부터 즉석 햄버거전문점 Freshness Burger와 패스트푸드형 스테이크전문점 Pepper Lunch가 국내시장에 도

On the Border는 신선한 재료와 홈메이드 방식을 추구하는 멕시칸 레스토랑으로 차별화된 맛과 서비스로 국내 멕시칸 레스토랑시장을 선도하고 있다.

입되었고, 미국의 베이커리 카페 Au Bon Pain과 피자배달전문점 Papa John's, 국내 최초의 단독 베이글전문 브랜드인 캐나다의 Bagel Street Cafe 등이 진출하면서 시장의 다변화가 촉진되었다.

② 새로운 음료문화

와인 소비량이 증가하고, 고급화된 커피가 확산되는 등 음료문화에 뚜렷한 변화가 나타났다. 식사 위주의 시장에서 칵테일 또는 와인을 전문적으로 판매하는 다양한 형태의 바(bar)와 커피전문점이 확산되었다. 음료시장에서 가장 두드러진 분야는 에스프레소 커피시장이다. 이전 1990년대는 인스턴트 커피에서 원두커피로 이동하면서 커피제조기계 수입판매업체 또는 인테리어업체들이 원두커피시장에 진출하였다. 그러나 점포 과열경쟁, 셀프서비스 적용의 실패, 소비자 입맛의 변화, 지속적 메뉴개발 소홀 등으로 경쟁력을 잃고 말았다. 이후 2000년대 들어서는 원두커피시장에 테이크아웃과 테이블 숍(table shop) 영업을 함께 하면서 에스프레소 커피를 취급하는 커피전문점들이 속속 등장하였다.

1999년 신세계그룹은 인스턴트 커피로 대변되던 커피시장에 Starbucks를 도입하여 에스프레소 커피시장의 문을 열었다. Starbucks가 국내시장에 진출하기 전까지만 해도 에스프레소 커피는 일부 마니아들만의 몫이었다. 기존 중소업체들이 생업을 위해 원두를 판매하거나 프랜차이즈를 전개하였던 것과는 달리 Starbucks의 진출 이후에는 재무구조가 튼튼한 기업들이 커피시장에 참여하면서 시장이 확대되고 새로운 커피문화가 형성되었다.

Starbucks는 1999년 1호점인 이화여대점이 문을 연 이후 국내 커피문화를 주도해 오고 있다.

국내 대형 커피기업들과 더불어 롯데, 샤니, 두산이 Java Coffee, Segafredo, NESCAFE 등의 해외 커피 브랜드를 도입하였다. 또한 Doutor, Seattle Best,

Coffee Bean & Tea Leaf, Coffee Beanery, Pascucci, Lavazza, Illy, Java City, Tully's, Caffe Artigiano 등의 해외 브랜드들이 커피시장을 형성하였다. 국내 브랜드로는 1998년 HOLLYS를 시작으로 TOM N TOMS, Angel-in-us, A Twosome Place, EDIYA, Caffe Bene 등이 커피시장에 진출하였다. 한편 태평양의 오설록 티 하우스는 녹차뿐 아니라 스무디 같은 퓨전음료, 녹차 케이크 같은 간단한 식사대용품을 제공함으로써 젊은 여성들에게 인기를 끌었다.

③ 웰빙과 슬로푸드

웰빙(well-being)을 추구하는 사회적 분위기로 입맛이 고급화되고, 건강을 중시하는 경향이 강해지면서 외식활동에서도 건강식에 대한 관심이 높아졌다. 빠르고 값싼 햄버거, 피자 등이 오랫동안 인기를 얻었지만, 패스트푸드의 유해성 논란으로 수제버거의 인기가 시작되었다. 또한 좋은 음식을 먹겠다는 소비심리가 확산되면서 슬로푸드(slow food)로의 회귀현상이 나타났고, 메뉴에도 변화의 바람이 불었다. 2003년 미국 최대의 건강과일음료전문점 Smoothie King, 유기농 재료를 사용한 아이스크림전문점 Mackie's 등은 다이어트와 미용에 높은 관심을 보이는 젊은 여성층을 주된 타깃으로 하였고, 건강에 관심 많은 중 · 장년층까지 고객을 확대하였다.

육류가 주류를 이루던 시장에서 건강과 다이어트 중심의 식생활은 소비자들을 씨푸드(seafood)시장으로 옮겨 놓았다. 씨푸드는 뷔페 레스토랑을 중심으로 확산되었다. 기존 뷔페 레스토랑들은 소비자의 변화에 맞춰 씨푸드를 접목하여 씨푸드 뷔페 레스토랑으로 방향을 바꿨다. 또한 기존 외식기업들도 씨푸드시장에 가세하였다. 2003년 국내 최초의 씨푸드 뷔페 레스토랑 Viking's를 시작으로 Muscus, 미국에서 들어

건강에 대한 소비자 관심이 높아지면서 대표적 건강 먹거리로 꼽히는 해산물의 높은 인기로 씨푸드 뷔페 레스토랑들이 등장하였다.

온 Todai, 그리고 CJ푸드빌의 Seafood Ocean, 신세계푸드의 Bono Bono, 제너시스의 Ocean Star, 이야기가 있는 외식공간의 Marisco 등의 씨푸드 뷔페 레스토랑들이 출현하였다.

(2) 글로벌 금융위기(2008~2010년)

한류 드라마와 K-POP에 따른 국가 브랜드 인지도 향상에 힘입어 불고기브라더스, Mad for Garlic, 파리바게뜨, A Twosome Place, 교촌치킨, 스쿨푸드, BBQ 등의 해외 활동이 두드러졌다. 한식의 우수성 홍보, 해외한식당 인증 등 민간 전문성이 필요한 분야를 중심으로 한식 세계화사업이 전개되었다.

국내 최초 버블티전문점 아마스빈은 생생하고 건강한 맛과 경험을 제공한다는 사명을 가지고 버블티 열풍을 몰고 왔다.

1990년대 도입된 해외 브랜드 패밀리 레스토랑의 하향 추세가 뚜렷하게 나타났다. Bennigan's가 사업을 종료하였고, Outback Steakhouse와 TGIF는 매장수를 줄였다. 반면 CJ의 계절밥상, 이랜드의 자연별곡, 신세계푸드의 올반, 그리고 풀잎채 등의 한식뷔페가 웰빙푸드에 힘입어 인기를 얻었다. 한때 눈꽃빙수가 핫아이템으로 떠오르면서 설빙 등 눈꽃빙수전문점들이 우후죽순 생겨났다. 경기침체에도 불구하고 커피시장은 꾸준히 성장하였으며, Starbucks와 EDIYA는 매장수를 크게 늘려나갔다. 디저트시장 역시 해마다 2~3배가량 성장하였다. 2008년 국내 최초의 버블티 프랜차이즈 아마스빈이 국내시장에 본격적으로 버블티 열풍을 몰고 왔다.

외식산업이 현금흐름이 원활하고 단기간에 큰 수익을 낼 수 있다는 장점 때문에 사모펀드의 주요 투자처로 인식되면서 국 · 내외 외식기업들의 인수합병(M&A)이 진행되었다. 2011년 국내 최대 한식 프랜차이즈기업 놀부NBG가 사모투자전문회사에 매각되면서 한식을 판매하는 외국계 기업이 되었다. 그 외 Burger King, KFC, bhc치킨, HOLLYS 등이 해외투자전문회사들에게 지분투자를 받거나 인수 또는 매각되었다. 한편 외식산업이 장기적 저성장기에 접어들면서 실속형 소비자를 위한 가성비가 트렌드로 떠올랐다. 그 가운데 2011년 외식산업을 체계적이고 종합적으로 육성, 지원할 수 있는 외식산업진흥법 시행령이 제정되었다.

(3) 중기(2011년~현재)

핵가족화, 1인 가구 증가, 여성의 사회진출 증가 등과 같은 사회구조적 변화에 따라 빠르고 편리하며, 경제적으로 가정에서의 식사를 대체하는 중식활동이 보편화되었다. 이에 따라 테이크아웃, 배달, 가정간편식, 도시락 등의 중식시장이 주목받았다. 테이크아웃은 Starbucks, Coffee Bean, Pascucci 등의 커피전문점들이 시장을 주도하였다. 패스트푸드 3대 시장인 햄버거, 치킨, 피자는 물론 패밀리 레스토랑들도 테이크아웃서비스를 강화하였다. 포장메뉴를 취급하는 도시락, 죽, 반찬 등의 전문점들이 인기를 끌면서 한솥도시락, 본죽, 진이찬방 등 테이크아웃전문점들이 상승세를 탔다. 한편 외식기업들은 점포 내에서의 판매뿐만 아니라 배달서비스를 통한 매출 확대를 위해 노력하였다. 배달서비스는 피자와 치킨시장에서 시작되었지만 거의 모든 업종에서 활성화되었다. 특히 배달의 민족, 요기요, 배달통 등 배달 앱을 통한 음식배달이 증가하면서 배달시장이 크게 성장하였다.

마트, 편의점, 슈퍼마켓 등에서 1차 조리가 끝난 식품을 구매하여 간단하게 조리하여 먹을 수 있는 가정간편식이 인기를 끌었다. 가정간편식의 인기는 조리의 간편성, 시간절약, 경제성 등 가치소비 추구와 식품가공기술의 발전, 먹방과 쿡방이 유행하는 방송 트렌드가 맞물리면서, 간편조리에 대한 관심이 크게 증가한 때문이다. 간편식 시장이 급속하게 성장하면서 외식기업과 식품기업들이 속속 시장에 진출하였다. 이마트, 롯데마트, 홈플러스 등의 유통업체와 CJ, 오뚜기, 대상 같은 기존의 전통적인 식품기업뿐 아니라 본아이에프, 놀부NBG 등도 다양한 가정간편식 상품을 내놓았다. 메뉴도 갈비탕, 부대찌개, 볶음밥, 곤드레밥, 닭강정 등 선택의 폭을 넓혔다.

24시간 접근이 가능하고 가성비 트렌드에 힘입어 편의점 도시락 열풍이 불었다. 편의점 도시락은 혼밥의 인기와 비례하는데, 제조기술과 유통이 향상되면서 외식업소와 비교할 수준에 이르렀다. CU, GS25, 세븐일레븐 등은 혼밥족을 타깃으로 자체 브랜드 도시

편의점 도시락이 인기를 끌자 편의점들은 신제품개발에 역량을 기울이고 있다. 편의점 CU는 백종원 도시락으로 매출을 크게 높였다.

락을 출시하였다. 도시락의 이용횟수가 많아지면서 편의점이 동일상권 내에 위치한 외식산산업의 새로운 경쟁자로 등장하였다.

2020년 시작된 코로나19 팬데믹은 외식산업환경을 크게 바꾸어 놓았다. 간편식 시장의 성장, 배달 플랫폼시장의 급성장, 서비스 디지털화 등 코로나19 이전부터 예측된 트렌드의 빠른 변화를 재촉하였다. 전통적으로 고정된 입지에서 고객과 대면을 통해 이루어지던 외식소비가 배달 앱, 테이크아웃, 매장 내 키오스크, 테이크아웃 등의 비대면(untact) 소비로 확대되었다. 밀키트, 신선식품 등 온라인을 통한 식품소비가 증가하고, 유명 레스토랑들이 자신의 이름을 내건 가정간편식 제품을 내놓으면서, 제조업 특성보다는 소매업 특성이 더 강화되는 현상이 나타났다. 코로나19 종식 이후에도 비대면 소비 트렌드는 지속될 전망으로 간편식, 밀키트 등의 성장 역시 꾸준할 것으로 보이고, 특히 온라인시장은 더욱 탄력을 받을 것으로 예상된다.

코로나19로 비대면 수요가 커지면서 배달음식시장이 크게 성장하였다.

토 의 문 제

01 외식업소는 식사가 본래 가지고 있는 생리적 기능, 감각적 · 심리적 기능, 사회적 · 문화적 기능을 고객에게 제공한다. 외식업소의 사회 · 문화적 기능에 대해 사례를 들어 설명하시오.

02 셀프서비스, 테이블서비스, 카운터서비스 등 제공하는 서비스형태에 따라 레스토랑을 구분할 수 있다. 어떤 형태의 서비스를 제공하느냐에 따라 가격, 메뉴, 분위기 등이 대부분 결정되는데, 서비스형태에 따라 구분된 레스토랑들의 구매결정요인에 대해 설명하시오.

03 외식산업시장에서 사업을 영위하고 있는 다양한 형태의 외식사업들을 분류하고 파악하는 데 기본이 되는 업종과 업태에 대해 설명하시오.

04 미국 레스토랑협회(NRA)는 서비스방법, 가격, 주류 판매 유무 등을 기준으로 퀵서비스 레스토랑, 패밀리 레스토랑, 캐주얼 디너, 파인 다이닝으로 분류하고 있다. 최근 등장한 패스트캐주얼이라는 새로운 업태의 특징에 대해 토의하시오.

05 외식산업시장은 소비 트렌드의 변화에 따라 새로운 업태가 출현하고 사라지는 과정을 반복하면서 발전해 왔다. 국내 커피시장의 업태 세분화과정에 대해 토의하시오.

06 우리나라 식품위생법에서는 식품접객업이라는 용어로 외식사업을 휴게음식점, 일반음식점, 단란주점, 유흥주점, 위탁급식, 제과점으로 분류하고 있다. 각 음식점들의 영업범위와 특성을 비교하고, 토의하시오.

07 외식산업은 시장규모와 범위가 크고 넓으며, 끊임없이 새로운 형태의 비즈니스가 출현하고 소멸하는 까닭에 통일된 기준으로 산업을 분류하기 어렵다. 한국, 미국, 일본의 표준산업분류에 나타난 외식산업분류의 특징을 비교하고, 토의하시오.

08 외식산업 성장을 주도했던 해외 브랜드 패밀리 레스토랑이 점차 쇠퇴하면서 국내시장에서 철수하거나 점포수를 크게 줄이고 있다. 국내 패밀리 레스토랑시장의 현황에 대해 조사하고, 침체에 빠지게 된 이유에 대해 토의하시오.

참 고 문 헌

- 김광지 · 박기용(2007), "외식 범위 설정과 표준산업분류에 의한 외식산업 분류기준에 관한 연구," 관광레저연구, Vol.19(2), pp.389-406.
- 농림축산식품부 · 한국농수산식품유통공사, 2019년 국내 외식트렌드 조사.
- 박기용(2018), 외식산업경영학, 대왕사.
- 外食産業總合調査研究會(2001), 外食産業統計資料集.
- Bernard Davis, Andrew Lockwood, Peter Alcott and Ioannis Pantelidis(2018), *Food and Beverage Management*, Routledge.
- Peter Jones(1994), *The Management of Foodservice Operations*, Cengage Learning EMEA.

Part 02

외식산업 경영환경과 소비자

Chapter 04

외식산업 경영환경

도입사례

1인 가구, 솔로 이코노미를 일으키다

1인 가구, 소비시장 '큰손' 부상

전통적으로 우리나라 가구구조는 대가족형태였다. 2000년 전후만 해도 부부와 자녀로 이뤄진 4인 가구가 일반적이었다. 그러나 불과 20년

코로나19로 혼자 밥먹는 '혼밥'이 대세이다. 여기에 1인 가구가 꾸준히 증가하면서 하나의 문화로 자리잡고 있다.

도 안 돼 저출산, 고령화 등의 영향으로 가구형태가 완전히 바뀌었다. 이제는 1, 2인 가구가 대세로 변했다. 행정안전부 주민등록 인구통계에 따르면, 2020년 12월 기준 전국 1인 가구는 906만 3,362가구로 900만 명을 넘어섰다. 전체 세대 2,309만 3,108가구에서 차지하는 비중도 1인 가구가 39.24%로 가장 높다. 2인 가구도 540만 4,332가구(23.4%)로 1~2인 가구가 전체 세대의 62.6%에 이른다. 1인 가구 증가에 따른 소비패턴의 변화는 외식과 식품분야에서 가장 두드러진다.

1인 가구 타깃 간편식 출시

유통 및 식품업계에서는 1인 가구들을 겨냥한 간편식 출시에 집중하고 있다. 이마트는 피코크를 통해 가정간편식 시장을 겨냥하고 있다. CJ 제일제당은 비비고 브랜드를 통해 혼자서도 쉽

학습목표

1. 외식산업 경영환경이 무엇이고, 왜 중요한지를 이해한다.
2. 외식산업의 내부환경과 외부환경을 정의하고, 각 환경의 중요한 구성요소들을 이해한다.
3. 외식산업 일반환경의 중요한 구성요소들을 살펴보고, 어떻게 기업에 영향을 미치는지 이해한다.
4. 외식산업 과업환경의 중요한 구성요소들을 살펴보고, 어떻게 기업에 영향을 미치는지 이해한다.
5. 외식산업 내부환경의 중요한 구성요소들을 살펴보고, 어떻게 기업에 영향을 미치는지 이해한다.

게 조리할 수 있는 사골곰탕, 두부김치찌개 등을 내놨다. 롯데백화점은 아예 유명 셰프의 요리를 손쉽게 따라 할 수 있는 고가 프리미엄 간편식을 선보이기도 했다. 1인 가구 시대에 가장 떠오르는 업계는 편의점이다. 대형마트가 대용량 상품과 보너스 상품 등을 앞세워 유통업계 대세로 자리잡았지만, 최근에는 편의점이 1인 가구를 겨냥한 소포장, 간편식을 내세우며 경쟁에 나서고 있다.

1인 가구 맞춤 메뉴 선보여

외식업계는 혼자서는 먹기 힘들다고 생각했던 메뉴들을 1인용으로 선보이거나 1인 전용 매장을 운영하는 등 1인 고객 유치에 적극적이다. Pizza Hut은 소비자의 니즈에 맞춰 1인 전용 메뉴를 확대하고, 1~2인석 위주로 리뉴얼된 '패스트 캐주얼 다이닝 매장'을 운영하고 있다. 본아이에프의 본설렁탕은 1인 곱창전골 양곱창뚝배기를 내놨다. 보통 3~4인 메뉴로 판매되는 여느 곱창전골과 달리 1인 가구나 혼밥 · 내식 수요를 반영해 혼자서도 푸짐하게 즐길 수 있는 점이 특징이다. bhc치킨도 1인 가구도 부담 없이 즐길 수 있도록 치킨을 반 마리로 즐길 수 있는 혼치킨 세트를 선보였다. 식품업계 관계자는 "코로나19로 식문화가 뒤바뀌었다"라며 "혼자서 무엇을 한다는 게 이상한 것이 아니라 자연스럽게 받아들여졌다"고 말했다.

마케팅의 변화

1인 가구의 등장은 단순히 가구 구성원수 변화만을 의미하지 않는다. 기업들이 1인 가구에 주목하는 이유는 가구수도 무시할 수 없지만, 이들의 소비액이 더 크기 때문이다. 1인 가구가 새로운 소비주체로 부상하면서 솔로 이코노미(solo economy)가 주목을 받게 되자 기업들의 마케팅방식도 변했다. 1인 가구의 취약점으로 꼽히는 '외롭다'는 성향은 오히려 마케팅접점으로 부상했다. 산업 트렌드에 가장 민감한 광고에서부터 변화가 나타났다. Lotteria가 최근 제작한 클래식 버거 광고에서는 "혼자서도 잘 먹지"라는 문구가 나온다. 이는 과거에는 1인 가구가 그저 외롭고 처량한 존재였지만, 최근에는 하나의 트렌드로 부각되기 시작하고 있음을 의미한다.

1인 가구 증가에 따른 소비패턴의 변화는 외식과 식품분야에서 가장 두드러진다.

자료: 국민일보, 2016.12.23./도시경제신문, 2020.06.29./이코노미스트, 2019.09.16.(1501호)/1코노미뉴스, 2021.10.25.

사람과 마찬가지로 기업도 환경의 영향을 받는다. 그리고 그 어느 기업도 환경으로부터 자유로울 수 없다. 외식산업은 진입장벽이 낮고 신규참여가 쉬워 타산업에 비해 경쟁이 치열하다. 소비자의 외식 욕구가 복잡하고 다양하며, 외식소비 트렌드 역시 변화가 빠르다. 이처럼 복잡하고 불안정한 외식산업시장에서 기회의 이점을 획득하고 위협에 대응하기 위해서는 무엇보다 먼저 경영환경에 대해 잘 알아야 한다. 자신이 직면하고 있는 환경의 특성을 제대로 파악하고, 적절하게 대응하면 성공의 기회가 있지만 그렇지 못하면 실패한다.

본 장에서는 기업의 목적을 달성하려는 기업의 능력에 영향을 미치는 경영환경에 대해 살펴보고자 한다. 외부환경과 내부환경의 중요한 요소들에 대해 살펴보고, 어떻게 기업에 영향을 미치는지에 대해서도 살펴본다.

4-1 경영환경

경영환경(business environment)은 기업을 둘러싼 여러 환경요소와 상황 또는 조건으로 기업의 내부 및 외부의 기업이나 기업활동에 영향을 미치는 모든 영역을 말한다. [그림 4-1]에서와 같이 기업은 두 가지 환경, 즉 외부환경과 내부환경의 영향을 받는다. 따라서 기업은 외부환경을 분석하여 기회와 위협을 찾고, 내부환경을 분석하여 강점과 약점을 찾으려 하는데, 이는 전략개발의 중요한 과정이 된다.

외부환경(external environment)은 기업의 목적을 달성하려는 기업의 능력에 영향을 미치는 기업 밖의 모든 요소들로 구성되어 있다. 외부환경은 일반환경과 과업환경으로 구분된다. 일반환경(general environment)은 과업환경에 미치는 영향을 통해서 간접적으로 기업에 영향을 미치는 요소들이다. 이는 기업이 통제할 수 없는 요소들로 경제, 사회 · 문화, 정치 · 법률, 기술, 글로벌 등이 여기에 포함된다. 과업환경(task environment)은 기업이 경영활동에 직접적으로 영향을 미치는 요소들로서 기업이 직면하고 있는 가장 관심이 높은 환경이다. 여기에는 경쟁자, 공급자, 고객, 지역사회, 공중 등이 포함된다. 이 같은 과업환경은 일반환경 안에 포함된다. 한편 내부환경(internal environment)은

그림 4-1 | 경영환경

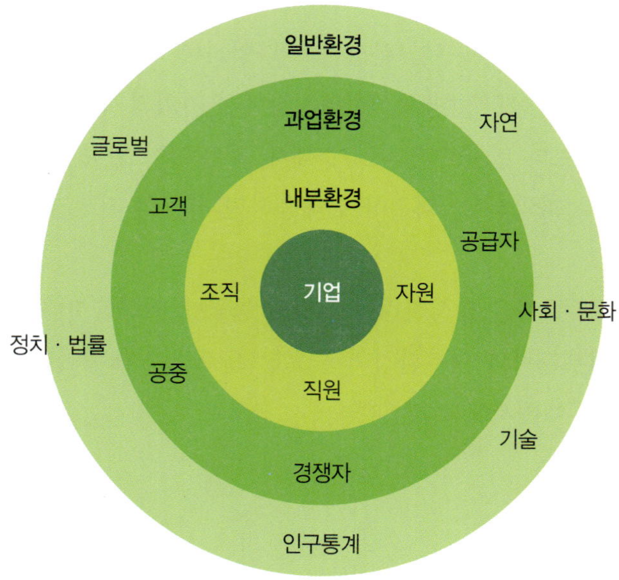

기업의 활동과 전략을 수행하는 경영자의 능력에 영향을 미치는 기업 내의 모든 요소들이다. 여기에는 자원, 조직, 직원 등이 포함된다.

4-2 외부환경

외부환경은 기업의 외부에서 경영활동에 영향을 주는 요소로서 일반환경과 과업환경으로 구분된다.

1. 일반환경

일반환경(general environment)은 과업환경에 미치는 영향을 통해서 간접적으로 기업에 영향을 미치는 요소들이다. 경제적 환경, 인구통계적 환경, 사회적 · 문화적 환경, 정치적 · 법률적 환경, 기술적 환경, 글로벌 환경이 여기에 포함된다. 일반환경은 기업이 통제할 수 없는 영역으로 과업환경에 미치는 영향을 통해서 간접적으로 기업에 영향을 미친다.

1) 경제적 환경

국가 또는 지역의 경제적 환경은 기업의 수익성에 영향을 미친다. 경제적 환경에는 경제성장, 가처분소득, 인플레이션, 이자율, 경기상황, 주식상황 등의 요소들이 있다.

(1) 경제성장

경제성장은 외식산업뿐 아니라 모든 산업의 성장을 의미한다. 경제성장에 따른 소득증가는 외식의 기회를 증가시켰고, 외식행위에 관한 가치관에도 영향을 미쳤다. 소득이 낮을 때는 먹는 것 그 자체에 관심을 가지지만, 소득이 증대하면 먹는 것을 생리적 욕구 이상의 차원으로 끌어 올리려는 경향이 나타난다. 가정에서 식사에 소비되는 시간과 정신적 부담에서 벗어나 외식활동으로 얻게 되는 정신적 휴식의 부가가치를 더 선호하게 만들었다. 또한 외식활동을 레저 · 문화생활의 한 방편으로 인식하게 되었다.

(2) 가처분소득

경제성장은 소득증가를 이끌고 가처분소득(disposal income)의 증가를 가져온다. 가처분소득의 증가로 삶의 질에 대한 관심이 높아지면, 외식활동을 포함한 문화생활에 대한 소비 역시 증가한다. 소비지출 중에서 식료품비가 차지하는 비율을 나타내는 엥겔계수(Engel coefficient)는 소득이 늘어날수록 식료품비의 비중이 점차 감소하는 것을 의미하는데, 우리 나라는 선진국 수준에 거의 접근하고 있다. 한편 식료품비가 감소하는 것과는 반대로 식료품비 중에서 외식비의 비중은 계속해서 증가하고 있다.

(3) 인플레이션

인플레이션(inflation)은 경제성장을 느리게 하고 이자율을 높여 경제를 불안정하게 한다. 인플레이션이 계속되면 기업은 미래의 투자를 꺼리게 되고, 낮은 투자로 인해 경제활동이 압박받으며, 향후에는 경기침체에 빠질 수 있다. 결국 높은 인플레이션은 기업에 위험이 된다.

(4) 경기상황

외식산업은 타산업에 비해 경기상황에 민감하다. 호황기에는 생산, 소비, 투자, 고용이 이루어지고, 소비자의 지출을 이끌기 때문에 경쟁으로 인한 압박은 줄어든다. 그 결과 기업은 사업을 확대하고 더 많은 수익을 창출하게 된다. 반면 불황기에는 생산, 소비, 투자, 고용이 감소하고 이윤도 감소한다. 소비자 지출이 감소하기 때문에 경쟁으로 인한 압박이 증가하고 기업 간 가격전쟁이 발생하는 원인이 되기도 한다. 소비자는 경기가 좋지 않을 때 가시적인 가계절약방법으로 외식비를 먼저 줄인다. 설령 외식활동을 하더라도 최상의 소비가치를 획득할 수 있는 레스토랑을 선택한다.

2) 인구통계적 환경

인구통계적 환경은 가족구조, 성별, 연령, 직업 등 인구특성의 변화가 미치는 요소들이다.

(1) 핵가족화

산업화, 도시화, 서구화 등으로 사회가 빠르게 변하면서, 전통적인 대가족중심의 가족구조가 1가족 1자녀 또는 자녀가 없는 핵가족이 대표적인 가족형태가 되었다. 가구원수별 소비지출구조를 살펴보면, 가족구성원수에 따라 식사형태와 외식비 지출은 다르게 나타난다. 가족구성원이 적을수록 외식비 지출이 높은 것으로 나타나고 있다. 이는 핵가족화가 외식활동을 촉진시키고 있음을 반영하는 결과이다.

핵가족화는 총인구 중에서 어린이 인구(0~14세)가 차지하는 비율의 감소로 시작된다. 어린이 인구의 감소는 가족사회가 가장중심에서 자녀중심으로 변하고 있음을 보여준다. 맞벌이 가구의 경우 외식 또는 집에서 식사 준비 때 평소 함께 시간을 보내지 못한 보상차원에서 레스토랑과 메뉴의 선택권을 자녀에게 주는 경향이 있다. 핵가족화시대에 어린이 고객의 중요성은 단기적 매출보다는 미래의 성인잠재고객이라는 차원에서 중요하다. 어린 시절 형성된 브랜드 인식은 오랜 기간 동안 기업에게 보답을 한다. 따라서 적극적인 키즈 마케팅(kid's marketing)을 통해 잠재적 평생 소비자로 만드는 노력이 요구된다.

오늘날 McDonald's가 성공하는 데 공헌한 고객은 어린이들이다.

패스트푸드 레스토랑을 선택하는 데 있어 자녀들의 의견이 크게 영향을 미치는 것으로 밝혀짐에 따라 McDonald's의 광고와 홍보는 직접 자녀들을 타깃으로 하고 있다. McDonald's를 미국 어린이 10명 중 1명이 찾을 정도로 세계적인 외식기업으로 만든 사람은 최대 고객인 어린이들이다. 광고를 토요일 오전 만화프로그램에 삽입하고, 장난감이 들어 있는 해피밀(happy meal)과 어린이 놀이방 플레이랜드(play land) 운영을 통해 어릴 때부터 McDonald's라는 브랜드를 마음 속에 심어 놓음으로써 성인이 되어서도 잊지 않도록 하였다. 그러나 키즈 마케팅은 윤리적 관심이 내포되어 있기 때문에 아이들과 부모의 욕구충족은 물론 책임감 있고 교육적인 프로그램으로 설계되어야 한다.

(2) 1인 및 맞벌이 가구

1인 가구는 600만을 넘어 전체 가구의 약 30%로 가구 유형 중에서 가장 높은 비중을 차지하고 있다. 이는 1인 가구를 대표하는 싱글 소비자들이 가장 큰 소비세력으로 부상했음을 나타낸다. 혼자 밥을 먹고, 영화를 보고, 쇼핑하는 모습이 더 이상 낯설지 않다. 1인 소비자가 증가하면서 1인용 샤브샤브, 1인용 피자, 1인용 삼겹살전문점, 1인용 치킨 배달 등 혼밥족들이 부담 없이 즐길 수 있는 메뉴가 개발되고, 1인 맞춤형 외식사업이 잇따라 등장하고 있다.

여성의 사회진출 기회가 늘어나면서 맞벌이 가구 역시 증가하고 있다. 맞벌이 가구의

1인 가구와 맞벌이 가구가 증가하면서 배달음식 및 가정간편식 시장이 크게 증가하였다.

증가는 1인 가구와 더불어 소비패턴에 변화를 가져왔다. 맞벌이 가구는 비맞벌이 가구보다 소득이 높은 만큼 소비성향 또한 높아 외식비 지출 역시 높다. 이들은 집에서 요리해 먹기보다 외식이나 배달, 테이크아웃, 도시락, 그리고 식료품을 사더라도 가정간편식이나 밀키트(meal kit)를 선호하는 경향이 강하다.

1인 및 맞벌이 가구가 증가하면서 음식배달시장이 크게 성장하고 있다. 외식업체는 배달시장 증가에 따른 적절한 제품전략을 세워야 한다. 매장에서는 서비스나 분위기 등 여러 가지 요소들이 고객의 외식경험에 영향을 미치지만, 배달의 경우 고객의 평가는 오직 음식에 한정되기 때문에 식재료, 맛, 포장지 디자인, 반찬 등에 신경을 써야 한다.

(3) MZ세대

MZ세대는 1980년대 초반부터 1994년 사이에 태어난 밀레니얼 세대(millennial generation)와 1995년 이후 태어난 Z세대를 합쳐 일컫는 말이다. 전체 인구의 약 34%를 차지하고 있다. 생산과 소비능력이 가장 좋은 세대로 모든 서비스와 재화의 주요 이용 주체이고, 소비 파워가 크기 때문에 중요한 소비 타깃층으로 구분된다. 베이붐세대나 X세대와 달리 개인의 개성과 취향을 중시하고, 자신이 좋아하는 것에 투입하는 돈이나 시간을 아끼지 않는 성향을 가지고 있다. MZ세대는 유년시절부터 디지털 환경과 문화를 직접 경험하고 자라서 신기술에 민감하고 소비활동에도 이를 적극적으로 활용한다. 이들은 항상 온라인 세상에 있으며, 유튜브(yutube), 페이스북(Facebook), 인스타그램(instargram), 카카오, 틱톡 등 소셜미디어(social media)를 통해 다른 사람들과 공유하고 의사소통하는 것에 익숙하다.

MZ세대는 이전세대들과는 확실히 구분되는 특성을 지닌 만큼 이들에게 접근하기 위해서는 전혀 다른 마케팅이 요구된다. TV, 라디오, 신문, 잡지 등과 같은 전통적인 마케팅미디어보다 소셜미디어를 통한 커뮤니케이션전략이 효과적이다. 예를 들면, 소셜미디어에 대한 높은 선호도는 많은 팔로워(follower)를 보유한 인플루언서(influencer)에 대한 신뢰로 이어지기 때문에 인플루언서를 활용하여 제품과 서비스, 브랜드 호감도를 높이는 마케팅을 펼치는 것이다.

MZ세대는 실시간 소통에 익숙하다. 파리바게뜨와 베스킨라빈스는 MZ세대를 겨냥해 라이브 커머스를 활용하는 마케팅을 전개하고 있다.

(4) 인구의 고령화

생활수준의 향상과 보건 · 의료기술의 발달로 평균수명이 늘어나면서 고령층 인구가 빠르게 증가하고 있다. 우리나라는 이미 2000년에 65세 이상 인구가 7%를 차지하는 고령화사회가 되었고, 2017년에는 14%를 넘어 고령사회가 되었다. 2026년에는 20%에 달해 초고령사회로 진입할 것으로 전망된다. 이는 세계적으로도 유례가 없는 빠른 고령화 속도이다.

인구의 고령화는 시니어(senior) 마켓이라는 새로운 비즈니스 기회를 제공할 것으로 예측된다. 오늘날 시니어는 연금제도, 노후생활을 위한 저축 등으로 나름의 경제력을 가지

실버세대는 MZ세대보다 경제력과 소비력을 더 많이 가진 소비자로 4차산업시장에서도 중요한 소비층이 될 것으로 예측된다.

고 있다. 새로운 일자리에 도전하고 시간적으로 여유가 있어 활발하게 여가생활을 즐기고, 인터넷이나 신기술을 잘 활용하는 등 새로운 노년문화를 형성하고 있다. 이를 나타내듯 이전 세대 시니어와 달리 오늘날 시니어는 외식비 지출이 높은 편이다.

시니어 삶에서 식사는 아주 큰 부분을 차지한다. 삶의 질을 높인다는 차원에서 레저·문화생활로서의 외식활동에 대한 시니어 욕구, 식문화, 라이프스타일, 구매행동을 잘 이해해야 한다. McDonald's는 노년층 소비자들에게 소구하기 위해 노인들을 직원으로 채용하고 광고 모델로 등장시키기도 하였다. 우리나라보다 앞서 초고령사회에 진입한 일본에서는 퇴직한 노인들이 차를 마시면서 담소를 즐기거나 친구를 사귈 수 있도록 회원제로 운영하는 카페들도 많다. 실버푸드시장이 성장하면서 아워홈, CJ프레시웨이, 현대그린푸드, 매일유업 등은 고령층을 대상으로 식감뿐 아니라 맛, 영양, 모양, 편의성까지 고려한 식품을 개발하여 판매하고 있다. 일본에서는 고령층을 위한 도시락 배달사업이 급성장하고 있다.

대다수 소비자는 외식 메뉴 선택 시 웰빙을 중요하게 생각하고 있다. 바르다 김선생 김밥은 좋은 식재료를 사용한 프리미엄 김밥을 표방하고 있다.

3) 사회 · 문화적 환경

외식산업은 사회·문화생활과 밀접하게 관련되어 있다. 문화, 가치관, 라이프스타일 등의 사회적·문화적 환경은 소비자의 소비행태를 변화시키면서 외식기업의 경영활동에 중요한 영향을 미친다.

(1) 웰빙

소득수준이 높아지면서 웰빙(well-being)에 대한 관심과 수요가 증가하고 있다. 먹는 행위 역시 양적 욕구에서 질적 욕구로 변하면서, 잘 먹는 것이 삶을 즐기는 중요한 활동이 되었다. 그 결과 외식을 할 때 소비자는 음식의 건강적 요소에 더 많은 가치를 두게 되었다. 이에 따라 외식기업들은 웰빙 트렌드에 맞춰 평소에 접하기 어려운 천연재료로 만든 메뉴를 선보이거나 음료나 디저트 등에 건강한 원재료를 더해 새로운 메뉴를 내놓고 있다. 건강에 위협을 주는 염분과 화학조미료를 줄이는 노력도 하고 있다. CJ프레시웨이는 염분 과다섭취를 줄이기 위해 전국의 급식점포에서 소금의 양을 줄이면서 맛을 낸 식단을 제공하고 있다. 원할머니보쌈도 화학조미료를 첨가하지 않은 보쌈류, 족발을 제공하고 있다.

(2) 나홀로 문화

1 · 2인 가구 비중이 늘어나자 편의점 업계는 가심비전략을 앞세워 혼밥족 공략에 집중하고 있다.

혼밥, 혼술, 혼행, 혼영 등 나홀로 문화가 하나의 트렌드로 자리잡고 있다. 1인 가구의 증가, 개인주의 확산, 결혼이 필수가 아닌 선택 등의 사회현상과 무관하지 않다. 소셜미디어가 확산되면서 자신만의 시간을 즐기는 경향이 강해진 탓도 있다. 특히 홀로 식사하는 문화는 세계적 추세가 되었다. 일본은 오래전부터 업종 · 업태에 관계없이 혼자서도 편안하게 식사할 수 있도록 설계된 레스토랑들이 많다.

나홀로족이 소비 트렌드의 주도적 계층으로 떠오르면서 그들의 라이프스타일과 소비패턴을 분석하는 것이 중요해졌다. 국내 편의점들은 자체 브랜드를 통해 솔로를 겨냥한 제품을 공격적으로 출시하고 있다. 대형마트 역시 가정간편식 제품과 더불어 소포장 식재료 상품을 늘려가고 있다. 다른 사람 눈치 보지 않고 샤브샤브, 칼국수, 육고기, 덮밥, 보쌈, 초밥 등의 메뉴를 마음껏 즐길 수 있는 외식업소들도 늘고 있다.

4) 자연적 환경

환경문제는 개인과 기업뿐 아니라 국가경영에서도 중요한 영역이다. 얼마 전만 해도 기업들은 환경문제에 소극적이고 환경규제를 회피하려고만 하였다. 그러나 환경오염이 세계적인 이슈가 되면서 환경보호에 대한 관심과 책임이 기업의 경쟁력으로까지 부상하고 있다. 최근의 소비자는 구매하려는 제품이 어떤 기능을 가졌는지, 얼마인지 따지기 전에 어떻게 만들어졌는가에 높은 관심을 가지게 되면서 환경문제에 주의를 기울이지 않으면 안 되게 되었다. 이제 품질은 기본이 되었고, 브랜드 이미지와 고객충성도가 기업 가치를 좌우하는 시대가 되면서 기업의 환경문제에 대한 관심은 경쟁력 강화와 가치를 높이는 중요한 경영활동이 되었다. 체인 레스토랑 Ted's Montana Grill은 환경친화(eco-friendly)를 경영이념으로 내세우며, 모든 비품을 플라스틱으로부터 99% 해방되는 것을 목표로 하고 있다. 컵은 옥수수녹말로, 빨대는 미생물에 의해 분해되는 종이로 만들었다. 음식포장용기도 같은 재질의 종이이며, 메뉴판은 100% 재생지를 사용하고 있다.

웰빙과 더불어 건강은 물론 환경, 사회정의 및 지속가능한 소비에 높은 가치를 두고 생활하는 라이프스타일을 뜻하는 로하스(LOHAS: Lifestyle Of Health And Sustainability) 개념이 확산되고 있다. 로하스는 개인의 정신적 · 육체적 건강을 비롯해 친환경 제품, 지구환경과 관련된 제품을 구매하는 등 환경까지 신경 쓰는 특성을 가진 것으로 웰빙과는 차별화된다. 로하스족은 가격이 상대적으로 비싸더라도 친환경적인 제품을 선택하고 환경보호에 적극적이며, 재활용이 가능한 제품을 선호하고 있다. Starbucks, 도시락전문점 한솥 등은 플라스틱을 줄이고 친환경 용기를 개발하는 등 로하스를 추구하는 소비자들의 관심에 맞추고 있다.

건강과 더불어 환경에 대한 소비자들의 관심도 높아지고 있다. EDIYA는 환경보호에 대한 중요성을 알리고 캠페인 동참 유도를 위한 활동을 하고 있다.

우리나라는 푸짐한 상차림과 국물을 선호하는 음식문화 때문에 많은 양의 음식물쓰레기가 발생하고 있다. 전체 쓰레기 발생량의 28% 이상을 음식물이 차지하고, 음식물쓰레기의 70%가 외식산업과 가정에서 버린 것이다. 음식물쓰레기는 처리과정에서 막대한 경제적 손실을 일으키며, 생활환경을 더럽히고 각종 질병을 발생시키는 위험을 내포하고 있다. 각종 식재료의 생산과 수입, 유통, 가공, 조리단계에서 폐기물이 발생하고, 에너지 소모로 온실가스를 배출시켜 환경오염도 유발시킨다. 따라서 음식물쓰레기는 외식산업이 지역사회와 국가의 자연환경을 위해 해결해야 할 과제이다. 정부는 일정규모 이상의 외식업소와 집단급식소에 음식물쓰레기 감량화시설을 의무화하도록 하고 있다. 음식물쓰레기를 줄이는 좋은 식단제를 적극 실천하는 외식업소에 대해 시설개보수자금 융자, 수도료 감면, 쓰레기봉투 무료공급 등의 혜택을 주고 있다. 한편 생산 · 유통 · 판매 · 소비과정에서 발생한 여분의 음식을 기탁받아 어려운 이웃에게 지원하는 푸드뱅크(food bank)는 음식자원의 낭비를 줄이는 역할을 한다.

5) 정치 · 법률적 환경

기업은 금융정책, 세금부과, 노조활동 등에 대한 정부의 규제나 간섭, 구속력 있는 형태로 구체화된 법률 및 법규 등에 영향을 받는다. 이러한 요소들은 불공정한 경쟁으로부터 기업을 지키기 위한 측면도 있지만, 부당한 사업행위로부터 소비자를 보호하는 측면도 있다. 정부의 규제와 강제는 향후에도 계속 증가할 것이기 때문에 주요 법률에 대해 잘 이해하고 있어야 한다.

근로기준법 개정에 따른 근로시간 단축은 근로자의 여가시간 증가로 외식의 기회가 많아져 시장이 확대되는 긍정적 측면도 있지만, 근로시간 단축과 휴무일 증가에 따른 임금 인상 등의 부정적 측면도 있다. 최저임금제 역시 직원의 생활을 안정시키고 사기를 올려 노동생산성이 향상되는 긍정적 측면도 있지만, 인상폭이 높은 경우 인건비 상승으로 경영에 부담이 되는 부정적 측면도 있다. 외식산업은 고용규모가 작은 업체가 많고, 저임금 노동자 위주의 영세 소규모 업체 비중이 높아 최저임금 인상의 영향은 상대적으로 크다. 최저임금 인상에 의한 비용 상승의 영향을 상쇄하기 위해 모바일 앱, 키오스크, AI 등의 기술 도입을 통한 생산, 주문, 결제 등 다양한 영역에서의 무인화 · 자동화가 인건비 절감과 생산성 향상 방안으로 실행되고 있다.

외식산업은 국민건강을 책임지는 사회복지적 성격을 지니고 있어 법적 규제가 강화되고 있다. 식품위생법에서는 국민건강예방과 위해(危害)방지를 목적으로 외식산업과 관련된 규제사항들을 명시하고 있다. 그렇더라도 기업들은 적극적인 자율규제를 통해 정부개입을 최소화시키는 노력을 하기도 한다. 예를 들어, 한국외식업중앙회와 같은 단체는 올바른 거래행위가 이루어지도록 정부를 대신하여 위생교육, 농수산물 원산지표시지도, 음식문화개선 등의 활동을 통해 외식업소를 지원하고 있다.

제조물 책임법(product liability)의 시행은 기업으로 하여금 제품의 결함으로 발생한 손해에 대해 소비자에게 배상할 책임을 지게 하였다. 따라서 기업은 제조물 책임법이 미치는 영향력의 부정적 요인을 제거하고, 예방 및 방어할 수 있는 전략을 수립해야 한다. 예를 들어, 식중독사고를 예방하기 위해서라면 식재료의 구매, 음식의 생산에서부터 제공준비, 서비스에 이르기까지 안전한 프로세스를 매뉴얼화하여 소비자의 제품에 대한 안전도 및 만족도를 높이는 노력을 해야 한다.

미국은 식품의약국(FDA)이 건강에 해로운 트랜스지방을 식품원료로 사용하지 못하게 규제함에 따라 모든 레스토랑에서 트랜스지방이 들어간 마가린, 쇼트닝 등 튀김용 기름을 사용하지 못하게 되었다. 트랜스지방(trans fats) 규제법안에 따라 McDonald's는 트랜스지방을 완전히 제거한 새로운 튀김용 기름을 개발하였고, 경쟁사인 Wendy's 역시 트랜스지방을 제거한 감자튀김용 기름을 개발하였다. KFC는 트랜스지방이 함유된 기름 사용을 중단하였다. 우리나라는 트랜스지방의 금지가 아닌 함량표시를 의무화하고 있다. 국민적 사랑을 받고 있는 프라이드 치킨은 기름의 문제가 심각하다. 자주 기름을 바꿔줘야 하는 것은 물론 좋은 기름을 사용해야 하고, 소비자 건강을 위해 트랜스지방을 최소한으로 사용해야 한다.

외식산업은 우수한 고용창출효과, 관광객 견인, 농산물 소비활성화, 해외진출 등 경제적 낙수효과가 뛰어나 국가적으로 육성해야 하는 산업이다. 외식산업진흥법의 제정으로 외식산업의 육성 및 지원에 필요한 사항을 규정하게 되어 외식산업진흥의 기반을 조성하고 경쟁력을 강화할 수 있게 되었다. 세제혜택, 카드수수료 인하, 외국인 고용 완화, 간이과세 한도 확대, 임대료 상한제, 식재료 유통구조 개선 등 제도와 법의 개선이 필요하다.

6) 기술적 환경

기술적 환경은 조직, 생산, 마케팅, 재무 등 기업의 경영활동에 변화를 주는 여러 가지

기술적 요소들을 말한다. 외식산업은 제조업, 소매업, 서비스업의 기능을 동시에 가지고 있는 만큼 여러 산업의 기술발전과 변화에 영향을 받을 수밖에 없다. 특히 최근 4차산업 혁명 관련 기술은 외식산업 경영환경을 크게 바꿔 놓고 있다.

(1) 식품가공

식품가공기술은 외식산업을 가장 크게 변화시키는 환경요소이다. 외식산업은 식품산업으로부터 가공된 완제품 및 반제품을 공급받음으로써 메뉴개발이 쉬워지고, 원가를 절감할 수 있게 되었다. 프랜차이즈의 경우 제조된 식품을 아웃소싱(out sourcing)하면 생산라인에 대한 투자부담을 줄일 수 있게 되어, 가공식품의 활용도가 매우 높다. 이렇듯 식품가공기술은 생산성을 높이고 생산비용을 줄이는 데 많은 영향을 주고 있다.

푸드테크의 발전은 식재료개발에 영향을 주고 있다. Lotteria는 국내 최초로 식물성 패티를 사용한 햄버거인 미라클버거를 출시하였다.

식품가공기술은 소비자에게 새로운 식품의 공급을 통해 새로운 음식을 즐길 수 있는 경험도 제공해 준다. 시간을 절약하면서 간편하게 조리할 수 있는 레토르트식품, 가정간편식, 밀키트 등의 편의식품 역시 식품가공기술의 결과이다. 그러나 다양한 편의식품들이 마트나 편의점에서 가정에서의 식사나 외식을 대체할 수 있는 상품으로 판매되면서 마트나 편의점이 외식산업의 경쟁자로 부상하게 되었다.

식품(food)에 기술(technology)을 접목한 푸드테크(food tech)의 발전으로 실제 동물을 사용하지 않고 콩이나 호박 등 채소에서 추출한 단백질로 만든 식물성 고기를 활용한 제품이 개발되고 있다. 푸드테크는 기존의 고정관념을 깨는 기술로 발전하면서 소비자의 욕구에 부응하는 제품개발에 도움을 주고 있다. Lotteria는 국내 최초로 식물성 햄버거인 미라클버거, 미국 McDonald's는 고기는 물론 동물성 재료를 사용하지 않은 맥비건

(McVegan), Burger King은 식물성 고기를 넣어 만든 임파서블 와퍼(Impossible Whopper)를 판매하고 있다. 고기의 맛과 식감을 내는 식물성 식품을 뜻하는 대체육(alternative meat)은 친환경 소비를 식문화에 접목한 대표적인 식재료로 채식주의자, 환경과 건강을 생각하는 소비자들로부터 큰 호응을 얻고 있다.

(2) 유통

외식사업은 동일한 장소에서 제품과 서비스가 생산되고 소비되는 특성으로 인해 고객이 쉽게 접근할 수 있는 입지 확보가 중요하다. 그래서 외식사업을 입지사업으로 부르기도 한다. 그러나 과거와 달리 최근에는 전통적 입지에 대한 중요성이 크게 줄어들고 있다. 그 이유는 좋은 상권에 위치해 있지 않더라도 온라인을 통해 위치에 대한 정보를 습득할 수 있고, 구매 또한 가능해졌기 때문이다.

고객을 직접 마주했던 오프라인 매장과 달리 공간과 시설 없이 여러 주방들이 모여 있는 공유주방이 외식산업의 새로운 유통채널로 등장하였다.

유통시스템의 변화에 가장 크게 영향을 미친 것은 배달 앱이다. 배달의 민족, 요기요, 배달통 등과 같은 배달 앱은 직접 점포를 방문해서 식사를 즐기는 전통적 방문외식을 배달 앱을 통한 배달외식으로 바꾸어 놓고 있다. 배달 앱으로 기존의 배달음식뿐 아니라 스테이크, 파스타 등과 같이 레스토랑에서나 맛볼 수 있던 고급 음식과 햄버거, 아이스크림 등의 간편식도 점포를 방문하지 않고, 원하는 시간에 집에서 편안하게 즐길 수 있게 되었다. 최근의 코로나19 팬데믹은 사람 간의 접촉을 최소화하는 비대면 소비를 확산시키며, 유통시스템의 많은 영역을 온라인 기반의 서비스로 바꾸어 놓았다. 그 결과 공간과 시설 없이 여러 사업자가 주방을 공유하며 사업할 수 있는 공유주방(shared kitchen) 창업이 주목받고 있다.

외식산업 프랜차이즈가 성장하는 데 식품가공기술이 영향을 미쳤지만, 유통시스템의 발전도 크게 영향을 미쳤다. 센트럴 키친(central kitchen)에서 1차 가공 및 반조리한 식재료를 물류시스템을 통해 공급함으로써 지역에 제한받지 않고 여러 점포를 운영할 수 있는 프랜차이즈사업이 가능하게 되었다. 한편으로는 외식산업이 성장함에 따라 전방산업인 식자재 유통시장이 커지고, 식자재를 전문적으로 유통하는 기업이 출현하면서 외식산업 생산성이 높아졌다.

(3) 전자기계

가스, 전자렌지, 냉동 · 냉장고, 주방설비, 주방기기 등과 같은 전자기계 및 기기의 발전은 외식산업 운영 및 생산기술에 크게 영향을 미친다. 전자기계의 발전으로 식품을 저장하고, 데우고, 재조리하기가 쉬워지면서 여러 편의식품들이 개발되었으며, 식생활에도 변화를 가져왔다. 음식을 포장하는 기술을 높여 테이크아웃과 배달시장이 확대되는 데도 영향을 미쳤다. McDonald's를 비롯한 많은 외식기업들이 표준화와 조립 라인식 방법으로 음식을 대량생산할 수 있게 된 것도 전자기계의 발전에 따른 결과이다. 한편 POS (point of sale)시스템은 매장관리를 효율적이고 편리하게 만들었다. 당일 판매된 품목의 매출과 이익의 계산, 재고량과 당일 판매량을 비교한 식재료의 변동상황, 메뉴 및 원가관리가 편리해졌다. 프랜차이즈 레스토랑에서는 모든 점포의 운영상황을 실시간으로 파악할 수 있어 업무 효율성이 높아졌다.

미국 Taco Bell은 한때 위기상황을 벗어나기 위해 주방이 없는 레스토랑이라는 뜻의 K-minus 프로젝트를 실행하였다. K-minus는 음식을 최종적으로 조합하고 데우는 작업을 제외한 나머지 과정은 모두 본사로 옮겨 점포에서의 지루하고 복잡한 조리과정을 생략한 전

Taco Bell은 일찍부터 로봇을 이용해 음식을 생산하면서 주방을 없애고 고객공간을 늘렸다.

략이다. 그 결과 본사는 식재료 구매에서 규모의 경제를 실현하고 낭비를 줄였으며, 점포는 낮은 가격에 신속하게 음식을 제공할 수 있게 되었다. 음식생산에 로봇을 이용하고, 타코 플렉스테이션(Taco Flex-Station)을 도입하여 1시간에 900개의 타코를 생산하였다. 점포에 주방이 사라지면서 고객을 위한 공간이 30~70% 늘어났고, 서비스품질도 높일 수 있었다. 또한 주방을 없앰으로써 점포 크기를 줄일 수 있게 되어, 쇼핑센터, 슈퍼마켓, 공항, 영화관 등으로도 점포를 확대할 수 있게 되었다.

외식산업은 인력수급의 어려움과 인건비 절감을 위해 인적자원의 기계화에 관심을 가질 수밖에 없다. 기술적인 변화와 발전에 따른 환경변화에 적응하고 수용하면서 소비자 욕구에 부응하는 높은 기술력을 가진 기업은 경쟁자들로 하여금 쉽게 시장에 들어오지 못하게 하는 경쟁우위를 가지게 된다.

(4) 정보통신기술

외식산업은 물론 모든 산업에 걸쳐 기술적 환경의 가장 큰 변화는 정보통신기술(ICT)의 발전이다. 최근에는 인공지능(AI: Artificial Intelligence), 사물인터넷(IoT: Internet of Things), 빅데이터(big data) 등의 4차산업기술이 외식산업 가치사슬의 모든 영역에 적용되면서 외식산업은 구조적 변혁의 시기를 맞고 있다.

모바일 플랫폼을 이용한 키오스크(kiosk), 셀프계산대, 전자식권은 정보통신기술로서 기존의 주문과 배달업무를 맡던 인적자원의 필요성을 감소시키고 있다. McDonald's는 고객이 직접 주문하고 결제까지 가능한 디지털 키오스크를 전 세계 매장에 도입하고 있다. AI기술의 발달로 로봇기술이 도입되면서 조리공정이 자동화되고, 서비스를 위한 인적 노동

No Brand 역삼점에서는 고객이 키오스크에서 메뉴를 주문하고 픽업 존에서 서빙 로봇이 제공하는 음식을 가져가면 된다.

력 대체가 가능해지는 등 음식생산과 서비스형태에 변화가 시작되었다. 로봇기술은 기존 매장의 서비스공간, 조리공간의 개념을 변화시켰고, 고객이 느끼는 서비스경험에 혁신을 불러왔다. 로봇 바리스타, 서빙 로봇, 로봇 셰프 등의 활용으로 단순작업에 투입되는 인적자원을 줄임으로써 수익성을 개선할 수 있게 되었다. 이렇듯 외식산업과 정보통신기술이 접목되면서 운영 및 생산관리가 스마트해지고, 소비자 이용 또한 편리해지고 있다.

정보통신기술은 개별 고객의 신상정보와 구매경력 등을 데이터베이스화하여 효율적인 고객관리를 가능하게 하였다. 과학적인 방법으로 데이터의 수집, 처리, 분석기술을 통해 소비자의 구매패턴, 선호메뉴, 요구사항 등을 파악하여 마케팅에 활용하고 있다. Starbucks는 모바일 주문 및 결제시스템 사이렌 오더(siren order)에 축적된 구매 이력, 주문시간대, 매장정보, 기온 등의 빅데이터를 활용해 소비자 맞춤형 제품을 제공하고 있다. 영국의 배달 앱 Deliveroo는 데이터분석을 통해 음식별로 최적의 배달시간을 계산해 신속하게 제공함으로써 고객들에게 인기를 끌고 있다.

정보통신기술을 통해 기업은 소비자에게 쉽게 도달할 수 있고, 그들이 원하는 제품과 서비스에 대해 상호 교류할 수 있게 되었다. 인터넷과 소셜미디어는 기업과 제품의 정보를 알리는 일뿐만 아니라 쌍방향 커뮤니케이션을 통해 고객의 욕구를 분석하고, 소비 트렌드를 예측하는 중요한 마케팅장소가 되었다. 4차산업기술은 외식산업의 효율화를 위해 수용이 불가피한 기술로 다가서고 있으며, 코로나19 팬데믹을 기점으로 4차산업기술과 외식산업의 접목이 빠르게 진행될 것으로 예측되고 있다.

7) 글로벌환경

글로벌환경(global environment)은 국가 간 무역장벽이 사라지고 시장이 개방되면서 기업에 영향을 미치는 요소이다. 외식산업에서 제공하는 음식에는 국내에서 재배 및 가공되지 않는 농산물과 식품이 포함되어 있다. 따라서 국내환경뿐 아니라 글로벌환경 또한 포함시켜 경영환경을 이해해야 한다. 여기에는 세계경제상황, 국가 간 무역구조, 교통 및 수송, 정보통신수단, 환경문제, 문화차이, 국가의 정치 및 법률적 상황 등이 있다.

세계경제상황은 모든 산업, 모든 기업에 크고 작은 영향을 준다. 사스(SARS)나 메르스(MERS), 광우병(MCD), 돼지열병(ASF) 등의 전염병은 몇몇 국가에 국한된 지역적 문제였다. 그러나 최근 코로나19(COVID-19)의 경우 세계적 전염병으로 유행되면서 각국의

코로나19의 세계적 대유행은 글로벌 외식산업시장에 큰 타격을 주었다.

엄격한 통제로 세계경제가 침체되고, 그 여파는 국내 경제침체로 이어져 외식산업도 크게 타격받았다.

우루과이라운드(UR), 자유무역협정(FTA), 북미자유무역협정(NAFTA) 등과 같은 특정 국가와의 무역구조도 중요한 영향을 미친다. 우리나라의 경우 자유무역협정으로 무역장벽이 제거되어 농산물시장과 가공식품산업에서는 어려움이 있지만, 장기적 측면에서는 농산물 및 식품유통시스템의 선진화에 노력하고 경쟁력을 높이면 국내 외식기업이 해외에 진출하는 토대를 쌓을 수 있는 기회를 가질 수 있다.

국내시장이 글로벌시장으로 변하면서 국내시장에서의 경쟁이 세계화되고 있다. 국가 간 진입장벽이 낮아지면서 국내기업의 해외진출과 외국기업의 국내진입이 쉬워졌다. 또한 외국기업이 국내기업과의 협력관계에서 벗어나 직접 국내시장에 진출하는 사례가 늘면서, 국내기업들은 그들과 경쟁하지 않을 수 없게 되었다. 한편 시장개방으로 지역적 폐쇄성이 없어지고 인터넷, SNS와 같은 정보통신기술의 발전과 빠른 교통수단으로 지리적 · 문화적 차이가 좁아지면서 글로벌 고객(global customer)이 등장하였다. 이에 따라 최근의 경쟁환경은 국내뿐 아니라 세계적 경쟁 또한 포함시킬 수밖에 없게 되었다. 국내시장에만 의존하면 글로벌 경쟁에서 뒤질 가능성이 크다. 국내시장에서 탈피하여 세계시장에서 통할 수 있는 경쟁력을 가져야 생존과 성장이 가능해지고 있다.

오늘날은 어느 특정 국가나 지역의 문제가 더 이상 별개의 사건이 아니고, 자국 또는 기업에도 영향을 미친다. 지구환경문제를 해결하기 위한 기후변화협약(UNFCCC), 생물다양성협약(CBD), 사막화방지협약(UNCCD) 등의 국제환경협약이 그 좋은 예이다. 각국은 협약에 따라 환경파괴적 제품에 대해 규제 강도를 높이고 있으며, 수입업체에게 폐기물처리를 책임지도록 하는 제도를 도입하고 있다. 세계적으로 강화되는 환경규제에 대응하여 생산과 유통을 환경친화적 체제로 전환하지 않으면 경쟁력을 상실할 수 있다. 독일의 환경보호자들은 McDonald's의 스티로폼 포장재질을 다른 것으로 바꿀 것을 촉구하였다.

글로벌환경은 기업에 더 많은 제품과 서비스를 판매할 수도 있고, 더 낮은 가격에 더 나은 제품을 공급받을 수도 있다. 그렇지만 글로벌화의 부정적 시각도 존재한다. 글로벌화에 반대하는 몇몇 사건들이 1990년대 후반에 해외에서 발생하기도 했다. 인도에서는 KFC에 반대하는 사람들이 매장을 부수는가 하면, 프랑스 농부들은 McDonald's 매장을 파손하여 구속되기도 하였다.

2. 과업환경

과업환경(task environment)은 기업이 경영활동에 직접적으로 영향을 미치는 요소들로 실제적이고 잠재적인 경쟁자, 고객, 공급자, 공중 등이 여기에 해당한다.

1) 경쟁자

오늘날은 경쟁의 범위를 넓혀 이해해야 한다. 편의점 식사를 즐기는 '편도족'이 증가하면서 편의점이 외식산업의 경쟁자로 부상하였다.

경쟁자는 동일 또는 유사한 제품을 가지고 경쟁관계에 있는 집단이나 조직이다. 경쟁이 치열한 동일시장에서 경쟁자는 가장 비중이 높은 환경요인이다. 외식산업 시장은 진입장벽이 낮고 독점기업의 시장지배가 불가능하기 때문에 경쟁이 치열하다. 이러한 시장에서 경쟁우위를 가지기 위해서는 경쟁자를 올바르게 인식하는 것이 중요하다.

오늘날 경영환경에서는 경쟁자

를 동일한 제품뿐 아니라 유사한 제품이나 대체품을 판매하는 곳까지 경쟁범위를 넓혀 이해해야 한다. 예를 들면, 커피가 차(tea)나 주스(juce)와 마찬가지로 음료라는 차원에서 찻집이나 주스전문점이 커피전문점의 경쟁자가 될 수 있다. 즉 음료시장에서 찻집, 주스전문점 등과 같은 대체품의 존재는 커피전문점으로 하여금 가격책정을 제한시키는 것은 물론 수익성에도 위협을 미치는 경쟁자가 된다. 만일 차나 주스에 비해 커피가격이 상대적으로 많이 오르면, 커피전문점을 찾던 소비자는 대체품인 찻집이나 주스전문점, 심지어는 편의점을 찾을 수도 있다. 반면 대체품이 존재하지 않는다면, 커피전문점은 어렵지 않게 가격을 인상할 수 있고, 추가적인 수익도 얻을 수 있는 기회를 가지게 된다.

경쟁의 범위를 더 넓히면 캔으로 포장된 커피, 콜라, 주스 등을 판매하는 편의점이나 할인마트도 커피전문점의 경쟁자가 된다. 결국 기업은 여러 차원으로 경쟁자를 이해하고, 그에 따른 전략수립을 모색해야 한다.

2) 고객

고객은 잠재적으로 구매 욕구와 능력을 가진 사람으로 기업활동의 출발점이 된다. 시간이 흘러도 변치 않는 사실은 외식을 즐기려는 사람은 항상 존재한다는 것이다. 따라서 레스토랑이 성공하기 위해서는 존재하는 고객들 중 목표로 하는 고객을 찾아내고, 그들의 욕구를 충족시켜 주어야 한다. 그러나 라이프스타일과 소비 트렌드에 따라 고객의 욕구가 모두 다르고, 또한 변하기 때문에 고객을 만족시키는 것은 쉽지 않다. 새로운 형태의 레스토랑들이 계속해서 시장에 출현하는 이유는 고객의 변화에 따른 외식산업의 대응이라고 할 수 있다.

고객은 자신이 가치를 두는 제품과 서비스를 원하기 마련이다. 만일 고객이 저비용에 가치를 두고 있다면, 고객은 가격이 저렴하기를 원한다. 반면 편리하고 신속한 것에 가치를 두고 있다면, 더 쉽고 빠른 구매방법을 원한다. 간혹 가격이 비싸더라도 높은 품질과 서비스로 자신만이 유일한 고객이라는 느낌을 주기 바라는 고객도 있다. 이처럼 고객은 기업에게 각기 다른 독특한 가치를 요구한다. 따라서 고객이 원하는 가치를 충족시켜 주는 제품과 서비스를 계획하는 것이 중요하다.

그렇다고 모든 사람에게 모든 것을 제공하려는 기업은 성공하기 어렵다. 한정된 자원을 가지고 있기 때문에 전체시장 고객보다는 세분시장 고객에 집중하는 것이 효과적이다. 또한 신규고객을 창출하는 것도 중요하지만, 현재고객과의 긴밀하고 장기적인 상호이익관계를 구축하여 고객평생가치(customer lifetime value)를 창출하는 것도 중요하다. 한 연구결과에서와 같이 고객이탈률을 5% 줄이면 25%에서부터 85%까지 이익을 향상시킬 수 있다는 사실은 고객유지의 중요성을 시사한다.

3) 공급자

레스토랑을 운영하기 위해서는 필요한 식재료, 설비, 노동력, 에너지를 외부로부터 공급받아야 한다. 공급자(supplier)는 기업이 제품과 서비스를 창출하는 데 필요한 자원을 제공하는 기업 또는 개인을 말한다. 믿을 수 있는 공급자는 사업상 귀중한 자산이다. 사업은 경쟁이므로 공급자로부터 일정하게 공급받을 수 있는 최선의 거래를 찾아야 한다.

공급자의 일방적 관계가 존재하기는 어렵지만 공급자가 소수이고 시장에서 독점적 지위를 유지하고 있으면, 공급자는 레스토랑에 대해 상당한 교섭력을 가진다. 이러한 경우 공급자가 가격을 인상하기 위해 교섭력을 사용하면 레스토랑은 위협을 받게 된다. 그렇게 되면 레스토랑은 위협상황을 줄이기 위해 대안 공급자들을 찾는 노력을 해야 한다. 레스토랑이 공급자로부터 대량구매를 하거나, 다수의 공급자들을 선택하거나, 공급자 전환비용이 낮거나, 특정 공급자에게 의존적이지 않는 경우 공급자에 대해 상당한 교섭력을 가질 수 있다.

식재료가 부족 또는 공급이 지연되거나 가격이 인상되면, 비용이 증가하고 고객에게 부정적 영향을 미친다. 식재료의 정확한 납품과 가격은 마케팅계획에 영향을 미치기 때문에 식재료의 이용 가능성을 세심하게 고려해야 한다. 외식산업은 간혹 예측하지 못한 공급으로 인해 영업에 지장을 주는 상황이 일어나기도 한다. 미국 스테이크전문점 Steak & Ale는 가리비요리(scallop dish)를 메뉴에 추가하기 위해 6개월간 연구개발을 하였다. 그러나 개발기간 중에 식재료 가리비의 가격이 2배로 뛰어 처음 책정한 가격보다 인상하지 않을 수 없었고, 결국 이 계획은 파기되었다.

4) 공중

공중(public)은 기업이 목적을 달성하는 데 필요한 능력에 실질적 · 잠재적 이해관계를 가지고 있거나 영향을 미치는 집단을 말한다. 미디어, 금융기관, 소비자단체, 시민단체, 지역사회 등이 여기에 해당한다. 특정한 공중으로부터 호의적인 반응과 구전 및 금전적 지원을 받으려면 그 공중에게 충분히 매력적일 수 있는 것을 제공할 수 있도록 설계해야 한다. 즉 고객시장과 마찬가지로 공중에 대해서도 마케팅 노력을 해야 한다. 이를 위해서는 먼저 사업과 이해관계가 있는 공중과의 우호적인 관계유지가 중요하다. 예를 들면, 자금조달능력에 영향을 미치는 은행, 홍보수단이 되는 TV, 신문, 잡지 등과 평소부터 원활한 관계를 유지할 필요가 있다. 공중은 과거에 비해 점차 그 수가 증가하고 있고 영향력도 커지고 있다.

MADD(Mothers Against Drunk Driving)는 미국에서 음주운전으로 자동차 사고를 당한 자녀를 가진 어머니들이 모인 단체이다. MADD는 고객에게 알코올을 과도하게 제공하는 바(bar)에 무거운 책임을 지도록 하고 바텐더들이 적절한 교육을 받도록 하는 법규 제정에 영향을 미쳤다. 패스트푸드의 유해성에 반대하는 소비자단체 역시 기업의 경영활동에 영향을 미친다. 패스트푸드가 성인병, 비만, 암 등을 발병시킨다고 소비자단체들이 목소리를 높이자 Burger King은 인도적인 방식으로 사육된 육류를 사용하겠다고 선언하였다. 닭장 없이 사육된 닭이 낳은 달걀과 활동공간이 보장된 농가에서 사육한 돼지고기를 사용하고 전기 쇼크 대신 가스로 기절시켜 도살한 닭고기를 우선 구매하기로 정책을 바꾸었다.

Ben & Jerry's는 기업의 사회적 책임활동을 활발하게 한다. 수익의 일부를 지역사회에 환원하고 성장호르몬을 투여한 젖소의 우유를 쓰지 않는다.

외식산업의 주요 고객은 일차적으로 일정상권 내의 지역사람들이다. 따라서 기업이 지역사회에 관심을 가지고 있고, 공동체지향적인 노력을 하고 있다는 것을 소비자 마음 속에 심는 활동이 필요하다. McDonald's는 지역사회의 노인, 주부, 장애자들을 직원으로 채용함으로써 이웃을 사랑하는 우호적인 기업 이미지를 심어주고 있다. 아이스크림전문점 Ben & Jerry's는 이익의 7.5%를 사회 및 환경사업에 투자하고 Community Products라는 자회사를 설립하여, 자연에 기초한 브라질산 땅콩을 사용한 레인 포레스트 크런치(rain forest crunch)라는 제품판매를 통해 얻은 이익을 사회운동에 지원하고 있다. 이 같은 기업의 사회적 책임활동(corporate social responsibility)은 지역사회의 고용창출은 물론 좋은 유대관계를 유지함으로써 고객의 구매행동을 유도하고, 기업과 브랜드 이미지를 향상시키는 데 많은 도움을 준다.

4-3 내부환경

기업은 외부환경 이외에 자신의 내부환경에도 직면한다. 내부환경(internal environment)은 기업의 활동과 전략을 수행하는 경영자의 능력에 영향을 미치는 기업 내의 모든 요소들을 말한다. 기업이 보유하고 있는 자원, 조직, 직원이 여기에 해당한다. 기업은 내부환경을 분석하여 강점과 약점을 이해해야 한다.

1. 자원

자원(resource)은 기업의 성과를 높이기 위해 필요로 하는 자산으로 토지, 건물, 장비, 원재료 등의 유형자원(tangible resource), 그리고 평판, 특허권, 상표, 저작권 등의 무형자원(intangible resource)을 포함한다. 기업이 자원을 소유하고 있고, 그 자원이 매출을 증가시키고 제품차별화를 가능하게 하여 가치를 높여주거나 또는 경쟁자들이 자사의 자원과 동일한 자원을 보유, 모방, 대체하는 것이 어려우면 기업은 특별한 강점을 가진 것이다. 예를 들어, McDonald's 상표(trade mark)는 무형자산으로 McDonald's의 독점적인 재산이다. 상표는 자원으로서 McDonald's의 브랜드를 의미하고 소비자들의 생각을 나타내기 때문에 가치가 높다. 다른 기업과 McDonald's를 구별할 수 있게 하고, 독점적으로 소유한 지적재산이기 때문에 희귀한 자원이 된다. 결국 McDonald's의 상표는 아주

McDonald's는 강점이 되는 상표를 보호하기 위해 지속적인 마케팅 노력을 기울이고 있다.

특별한 강점이 되는 자원이 된다.

기업은 자원을 계속해서 보호해야 하고, 미래에 강점이 되는 자원의 원천을 유지해야 한다. McDonald's는 자사의 상표를 보호하기 위해서 브랜드 광고에 투자하고 있다. McDonald's 상표는 초기에 가치가 큰 것이 아니었다. 시간이 흐르면서 홍보 및 광고, 제품확장 등의 마케팅 노력과 다른 기업들이 상표를 모방하지 못하도록 법적 제도를 이용하면서 가치 있는 브랜드로 만들어진 것이다.

2. 조직

기업에 따라 일하기 좋은 조직(organization)일 수 있고, 일하기 어려운 조직일 수 있다. 또 어떤 조직은 숙련되고 역량 있는 관리자를 제대로 보상해 주고 생산성을 높이는 정책을 가지고 있지만, 그렇지 못한 조직도 있다. 기업이 경쟁우위와 성과의 극대화를 실현하기 위해서는 조직구조, 조직문화, 통제, 인센티브 등이 내부적으로 일관성을 유지하고, 기업의 전략과 운영에 부합해야 한다.

조직구조(organization structure)는 조직에서 업무를 분할하는 방식을 말한다. 업무의 책임이 누구에게 있는지, 조직을 이끄는 힘과 영향력이 어디에 있는지, 경영활동에서 누구의 지원이 가장 중요한지 등을 정의한다. 전략은 조직구조를 통해 부분적으로 실행되기 때문에 조직구조가 전략과 부합되지 않으면 좋은 성과를 거둘 수 없다. 기업이 전략의 성공적인 실행과 경쟁우위를 가지기 위해서는 조직구조가 올바르게 확립되어 있어야 한다.

조직문화(organizational culture)는 구성원의 행동방식에 영향을 주는 공유된 가치, 원칙, 전통, 사고방식을 말한다. 조직문화는 구성원들을 올바른 방향으로 이끌고 경영자와 직원들의 행동 및 의사결정의 기준이 된다. 경영자나 직원들이 자신의 업무를 제대로 수행하기 위해서는 조직문화를 잘 이해해야 한다. 조직문화가 얼마나 강한지 약한지에 따라 직원의 행동에 영향을 미친다. 연구에 따르면, 강한 조직문화를 가진 기업은 특정한 상황에서 성공할 가능성이 높은 것으로 나타나고 있다. 만일 조직문화가 전략이나 환경과 일치하지 않는다면 조직문화를 변화시켜야 한다.

통제(control)는 계획한 목표가 달성되고 있는지 확인하고, 차이가 있을 때 수정하는 전반적인 감독활동이다. 적절한 통제는 성과 차이에 대한 구체적 내용과 개선사항을 알려준다. 만일 통제가 제대로 이루어지지 않으면 운영이 잘되고 있는지 알 수 없고, 어떤 것이 효율적이고 그렇지 않은지 알 수 없다. 또한 직원이 중요한 기준을 지키지 않을 수도 있다. 이러한 상황들을 감독하고 목표를 달성하도록 각 활동들을 이끌기 위해서는 적합한 통제시스템을 도입해야 한다.

인센티브(incentive)는 직원의 적합한 행동을 보상하거나 장려하는 데 유용한 도구이다. 인센티브는 보통 직무수행 후 성과지표로 결정된다. 예를 들면, 목표이익을 설정하고 업무수행 후 달성된 목표에서 초과된 수익에 대해 분배받는다. 직원들은 보상수준을 높이기 위해 스스로의 행동을 규제하게 된다. 인센티브는 동기부여를 강화하는 데 사용되므로 직원들로 하여금 자기관리를 강화할 수 있도록 설계되어야 한다.

3. 직원

기업이 목표로 하는 고객만족을 통한 이익창출은 내부고객의 만족, 즉 직원만족에서 시작된다. 외식산업과 같은 서비스업에서는 서비스를 제공하는 인력이 품질에 결정적 영향을 미치기 때문에 직원의 역할이 중요하다. 외식산업을 인적사업이라 부르는 것도 바로 그런 이유에서이다. Outback Steakhouse는 경쟁이 치열한 외식산업시장에서 놀라운 성공을 거두었다. 1988년 플로리다 템파(Tempa)에서 호주풍의 편안한 라이프스타일 이미지를 설정하여 사업을 시작하였다. 현재 미국을 비롯 전 세계 1,100개의 레스토랑에서 65,000명의 직원이 일하고 있다. 호주풍이 성공의 시작이었지만 직원의 역량이 중요한 성공요인이다. 활력이 넘치는 직원을 채용하고, 뛰어난 서비스를 제공하도록 격려하는

Outback Steakhouse의 성공은 행복한 직원이 행복한 고객을 낳고 행복한 고객이 이익을 가져다준다는 직원-고객-이익 사슬모형에 기초한다.

문화를 창조하였다. 직원의 훌륭한 서비스는 고객을 행복하게 만들었고 재방문하도록 하였으며, 친구들에게 Outback Steakhouse를 추천하도록 만들었다. 이러한 직원만족을 통한 고객만족의 결과는 높은 매출과 이익으로 이어졌다. Outback Steakhouse는 경영자들이 직원이 행복할 때 고객이 더 행복할 수 있다고 믿는 기업들 중 하나이다.

최고의 성과를 거두고 있는 기업에서는 직원을 고용하고, 교육시키고, 멘토링하고, 보상하는 것에 가장 우선적인 순위를 둔다. 이러한 기업들은 인적자본을 자신의 경쟁우위로 간주한다. 역량 있는 직원을 채용하기 위해서는 조직 전체의 목표와 전략에 부합되는 인적자원계획을 수립하고, 실행해야 한다. 직원채용과정에서부터 서비스의 특성에 적합한 고객만족형 인적자원을 선발하는 것이 중요하다. 높은 성과와 효율을 달성할 수 있도록 교육훈련프로그램을 강화하고 동기부여를 위한 보상 프로그램과 업무환경, 복지제도 등도 필요하다.

토 의 문 제

01 기업이 직면하고 있는 환경을 이해하지 못한다면 결코 성공할 수 없을 것이다. 경영자와 관리자가 경영환경을 이해하는 것이 왜 중요한지에 대해 토의하시오.

02 과업환경은 기회와 위협을 제시하며 기업에게 중요한 영향을 미친다. 과업환경이 무엇이고, 왜 중요한지에 대해 설명하시오. 그리고 어떻게 기업에 영향을 주는지에 대해서도 토의하시오.

03 경영환경 중에서 일반환경은 기업이 통제하기가 어려운 환경요소이다. 그럼에도 기업이 일반환경에 대해 관심을 가져야 하는 이유에 대해 토의하시오.

04 외식산업은 끊임없이 변화하는 환경의 영향을 받는다. 1인 가구 및 맞벌이 가구의 증가와 같은 인구통계적 변화가 외식산업에 미치는 기회와 위협에 대해 조사하고, 토의하시오.

05 최초의 디지털세대인 MZ세대는 오늘날 외식산업에서 핵심적 소비활동을 하는 세대로 그 이전 세대와는 완전히 다른 특성을 가진 소비층이다. MZ세대의 외식소비행태에 대해 조사하고, 이들을 타깃으로 하는 마케팅 노력에 대해 토의하시오.

06 우리나라는 고령사회를 넘어 초고령사회를 눈앞에 두고 있다. 이에 따라 시니어 마켓이 점차 잠재성이 높은 시장으로 부상하고 있다. 시니어 고객을 타깃으로 한 외식기업들의 마케팅 사례에 대해 조사하고, 토의하시오.

07 미래에는 정보통신기술(ICT)의 변화에 어떻게 대응하느냐에 따라 기업의 성패가 결정될 것으로 전망된다. 외식산업에 4차산업기술의 접목이 예상되는 영역과 그 효과에 대해 조사하고, 토의하시오.

08 코로나19 팬데믹은 외식산업 패러다임의 구조적 변화를 요구할 정도로 경영환경에 많은 영향을 미쳤다. 코로나19 사태 이후 외식산업의 유통채널 변화에 대해 사례를 들어 토의하시오.

09 내부환경의 구성요소인 조직문화는 구성원의 행동방식에 영향을 주는 공유된 가치, 원칙, 전통, 사고방식 등을 말한다. 조직문화가 왜 중요한지, 어떻게 관리자들에게 영향을 주는지, 그리고 강한 조직문화는 무엇을 의미하는지에 대해 토의하시오.

10 오늘날 많은 기업들이 글로벌시장에 진출하고 있다. 국내 외식산업에 영향을 미치는 글로벌 환경요소에는 어떤 것들이 있는지 사례에 대해 조사하고, 토의하시오.

참고문헌

- 김기태 외(2009), 경영학원론, 경문사.
- 농림축산식품부 · 한국농수산식품유통공사, 2019년 국내 외식트렌드 조사.
- 박기용(2018), 외식산업경영학, 대왕사.
- 이훈영 · 박기용(2018), 외식산업 마케팅, 도서출판 청람.
- 한국외식업중앙회, 음식과 사람, 2020년 5월호(Vol.423)
- Philip Kotler, John Bowen and James Makens(2006), *Marketing for Hospitality and Tourism*, 4th ed., Prentice Hall.
- Philip Kotler, John Bowen and James Makens, Seyhmus Baloglu(2016), *Marketing for Hospitality and Tourism*, 8th ed., Pearson.

Chapter 05

외식산업시장과 소비자

도입사례

패밀리 레스토랑이 사라지고 있다

외식산업의 꽃으로 불렸던 패밀리 레스토랑

1986년 서울아시안게임과 1988년 서울올림픽을 거치며, 외식산업의 성장과 함께 국내에 상륙한 서양식 패밀리 레스토랑은 1988년 미도파백화점이 일본에서 도입한 COCO's를 원조로 꼽는다. 이후 1990년대부터 2000년대까지 TGIF, Sizzler, Outback Steakhouse, Bennigan's, Marché, Tony Roma's, Sky Lark, Sizzler, Chili's, Denny's, Uno, Kahunaville, Ponderosa, Planet Hollywood, LA Palms,

패밀리 레스토랑은 한때 국내 외식산업을 이끌었지만 최근 쇠락기에 접어든 추세이다.

| 학습목표 |

1. 외식산업시장의 정의와 특성을 이해하고, 외식산업시장의 분류에 대해 알아본다.
2. 외식산업 소비환경의 변화요인과 외식소비의 변화과정에 대해 살펴본다.
3. 외식산업 소비자의 행동특성을 이해한다.
4. 사람들이 외식을 하는 이유가 무엇인지, 외식경험에 영향을 미치는 요인에는 어떤 것들이 있는지 이해한다.
5. 소비자 구매행동모델을 이해하고, 소비자행동에 영향을 미치는 요인들을 이해한다.
6. 문제인식, 정보탐색, 대안평가, 구매결정, 구매 후 행동 등 구매의사결정과정 각 단계에서의 효과적인 전략에 대해 살펴본다.

Ruby Tuesday, Carnestation 등의 해외브랜드들이 대거 등장하였다. 여기에 VIPS 등 토종 브랜드까지 가세하며, 2000년대 중반까지 패밀리 레스토랑의 전성기가 펼쳐졌다.

사라지고 있는 패밀리 레스토랑 식문화

패밀리 레스토랑은 국내 외식산업의 고도 성장기에 외식시장을 주도하면서 외식산업의 꽃으로 불릴 만큼 외식산업을 대표하였다. 주말이면 데이트를 즐기는 젊은 연인들부터 어린 자녀를 둔 가족 고객까지 다양한 손님들로 매장은 북적였다. 하지만 전성기를 누렸던 패밀리 레스토랑들 상당수가 2000년대 중반부터 존재감마저 없을 정도로 급속한 추락의 길을 걷고 있다.

1995년 국내에 상륙한 Bennigan's는 2013년까지만 해도 전국에 21개 매장을 운영했지만 2016년 결국 한국에서 영업을 종료했다. 독특한 시장형태의 매장 운영으로 인기를 끌었던 Marché 역시 실적 부진에 시달리다 2013년 한국시장에서 철수했으며, Sizzler와 Tony Roma's도 각각 2013년과 2014년에 사업을 접었다. 업계 선두이던 Outback Steakhouse의 경우 전성기일 때 매장수가 108개에 달했으나, 실적 부진으로 영업난이 가중되면서 2013년 사모펀드에 매각됐고, 2020년 기준 매장수가 70여 개로 쪼그라들었다. 1세대 패밀리 레스토랑으로 인기를 끌었던 TGIF도 전성기 시절에는 매장수가 60여 개에 달했으나, 2009년 Lotteria로 매각되는 등의 우여곡절을 겪었으며, 2020년 현재 남아 있는 매장은 전국에 걸쳐 26곳이다.

이제 국내에 해외 브랜드는 Outback Steakhouse와 TGIF 2곳뿐으로 매장수나 인기 면에서 2000년대와는 비교할 수 없는 수준으로 떨어졌다. 이들 역시 최근 생존을 위해 부실 점포를 정리하는 등 과감한 구조조정에 나섰다. 한편 토종 브랜드로는 VIPS와 ASHLEY만이 건재한 상태이다. VIPS는 자리를 굳건히 지키고 있으며, 후발주자인 ASHLEY는 기존 1세대 브랜드들이 경쟁하는 동안 1만 원대의 런치 메뉴를 선보이며 조용히 나홀로 성장하고 있다.

시대의 변화에 따르지 못한 패밀리 레스토랑

전성기를 누리던 패밀리 레스토랑이 몰락한 이유는 장기간의 경기침체, 인구구조, 소비 트렌드의 변화 등 복합적이다. 그러나 무엇보다 빠른 환경변화에 적응하지 못하고 과거 호황 때의 경영전략을 그대로 유지하거나, 아니면 주어진 상황에 안주하려는 안일한 사고가 결국 사업 철수라는 결과를 만들었다. 소비자 욕구가 갈수록 까다로워지는 상황에서 근본적인 해결책을 찾지 못하고 저렴한 가격의 프로모션에만 매달린 탓도 있다. 2000년대 초반 이후 패밀리 레스토랑이 우후죽순처럼 늘어나면서 비싸면서도 레스토랑 간 메뉴의 차별화가 없었다는 것도 한 요인이다. 먹방이나 쿡방 등이 유행하면서 초창기 천편일률적이던 외식문화가 전문화되고 세분화된 맛집 탐방 위주로 변화한 것도 패밀리 레스토랑이 사양길로 접어든 원인으로 꼽힌다.

가족구조의 변화와 가정간편식

1~2인 가구 증가도 외식문화 변화에 크게 영향을 미쳤다. 1~2인 가구의 경우 특별한 기념일이 아니면 간편식이나 배달음식 등으로 간단히 끼니를 때우는 경우가 많아 패밀리 레스토랑을 찾는 경우가 많지 않다. 가정간편식(HMR) 열풍과 맛집을 찾아다니는 문화가 확산한 점도 패밀리 레스토랑의 퇴보를 가속화시켰다. 여기에 코로나19 사태로 여러 사람이 모여 함께 음식을 나눠먹는 패밀리 레스토랑의 식문화가 어려움을 가중시키고 있다. 이렇듯 패밀리 레스토랑은 30년간 전성기와 쇠락기 모두를 거치며 파란만장한 스토리를 남기고 있다.

토종 패밀리 레스토랑 VIPS와 ASHLEY는 시장이 위축되고 있는 상황에서 소비 트렌드에 맞춰 매장 콘셉트를 다양화해 차별화에 나서고 있다.

자료: 한국경제, 2020.05.04/연합뉴스, 2017.03.01./서울파이낸스, 2017.03.29./식품외식경제, 2016.01.29./스포츠조선, 2017.03.01./중앙일보, 2021.12.14.

외식기업과 레스토랑은 소비자가 무엇을 구매하기를 원하는지, 왜 구매하는지, 어떠한 경로를 통해 구매하는지, 어떠한 분위기와 시설을 중요하게 생각하는지 등을 파악하기 위해 많은 시간과 자금을 투자한다. 이러한 노력은 단순히 제품을 판매하기 위해서만이 아니다. 소비환경과 소비자를 이해하는 것은 새로운 가치창출과 사업전략을 위해서도 중요하다.

외식산업은 트렌드산업으로 불린다. 트렌드의 흐름에 따라 새로운 형태의 비즈니스가 출현했다 사라진다. 외식 소비 트렌드를 잘 파악하면 새로운 사업기회를 만들 수 있다. 그리고 소비자의 욕구와 경험에 맞는 제품과 서비스를 제공하고 차별성을 가질 수 있다.

본 장에서는 외식산업시장과 소비환경, 외식산업 소비자와 소비행동에 대해 살펴보고자 한다. 외식산업시장의 특성 및 분류에 대해 살펴보고, 외식산업 소비환경과 외식소비의 변화에 대해 살펴본다. 그리고 외식산업 소비자의 구매행동모델과 구매의사결정과정에 대해서도 살펴본다.

5-1 외식산업시장

1. 외식산업시장의 정의

전통적으로 시장(market)은 구매자와 판매자들이 제품을 구매하고 판매하기 위해 모인 물질적인 장소를 말한다. 전통적 시장의 개념으로 볼 때 외식산업시장(foodservice market)은 외식활동에 관련된 제품과 서비스를 거래하는 구매자와 판매자가 모인 곳으로 정의된다.

외식산업시장은 외식활동에 관련된 제품과 서비스를 거래하는 구매자와 판매자가 모인 곳이다.

외식산업시장에서 구매자는 생리적으로 1회 취식량에 한도가 있고, 생리적 · 개인적 · 사회적 습관에서도 하루에 먹는 횟수와 시간이 한정되어 있는 소비자이다. 각자 고유의 기호와 취미를 가지고 있고, 외식의 목적과 동기 역시 모두 다른 소비자이다. 그러나 간혹 외식활동의 범위가 비교적 협소하여 정확한 정보를 가지고 있지 않거나 충분히 이용하지 못하는 소비자이기도 하다. 한편 외식산업시장에서 판매자는 영리 또는 비영리목적을 달성하기 위한 수단으로 조리기능, 식재료 조달기능, 취식장소 제공기능을 시스템화한 시설을 운영하는 사업단위이다. 그리고 이러한 사업단위들의 집합을 외식산업이라고 한다.

2. 외식산업시장의 특성

1) 독점적 경쟁시장

외식산업시장은 완전경쟁시장과 독점시장의 특징이 혼합된 독점적 경쟁시장(monopolistic competition market)의 형태를 가진다. 독점적 경쟁시장은 다수의 기업이 존재하지만 각자 나름의 차별화된 제품과 서비스를 생산한다. 그렇기 때문에 각각의 기업은 해당 시장에서 어느 정도의 지배력을 가지고 있다. 예를 들어, 커피시장에 다수의 커피전문점들이 존재하지만 각자 나름의 차별화된 맛, 가격, 서비스, 분위기를 제공하고 있다. 따라서 각각의 커피전문점은 시장에서 일정한 지배력을 가지게 된다. 즉 A라는 커피전문점이 가격을 올리더라도 소비자는 맛이나 서비스, 분위기에 대한 매력 때문에 다른 커피전문점을 찾지 않는다.

2) 낮은 진입장벽

외식산업시장은 협소한 상권, 방문시간 제약 등으로 사업규모와 시장에 참여하는 비용이 작다. 특별한 기술이나 노하우를 크게 필요로 하지 않으며, 인적자원이나 행정규제가 특별한 장벽이 되지 않는다. 그 결과 신규개업률이 타산업에 비해 높고 퇴출이 자유롭다. 잠재경쟁자의 신규참여가 쉽고 소비자의 점포충성도가 높지 않기 때문에 외식기업이나 레스토랑은 불완전한 시장지배력을 가질 수밖에 없다. 신규참여를 방해하는 배타적 · 제압적 행동도 거의 하지 않는다.

3) 차별형 시장

외식산업시장은 제조업, 소매업, 서비스업의 기능을 가지고 있기 때문에 레스토랑 각자 차별화요소를 가지고 있는 차별형 시장이다. 차별화요소는 입지, 맛과 품질, 메뉴구성, 가격, 인적서비스, 분위기 등으로 복잡하고 다양하다. 중요한 것은 여러 가지 요소를 독창적인 방법으로 조합하여 고객이 호응하도록 만드는 것이다. 가격을 통한 경쟁보다 서비스, 디자인, 품질, 광고와 같은 비가격경쟁요소들을 동원하여 차별화를 시도함으로써 경쟁우위를 가지기도 한다. 제조업에 비해 규모의 경제를 발휘하기가 쉽지 않지만, 체인화하는 경우 규모의 경제, 자본력, 경영기술 등이 시장에 참여하는 장벽이 되기도 한다.

3. 외식산업시장의 분류

외식산업시장은 외식의 목적, 음식의 종류, 가격, 연령에 따라 분류할 수 있다.

1) 외식의 목적

일상적 외식을 타깃으로 하는가, 아니면 비일상적 외식을 타깃으로 하는가에 따라 일상적 외식산업시장과 비일상적 외식산업시장으로 구분된다. 일상적 시장(eating market)은 사람의 생리적·기본적 욕구를 충족시켜 주는 음식을 제공하는 시장을 말한다. 예를 들면, 패스트푸드, 분식, 테이크아웃, 배달과 같이 한끼 식사를 위해 비교적 자주 방문하는 외식업소들이 여기에 해당한다. 비일상적 시장(dining market)은 인간의 사회적 욕구를 충족시켜 주는 음식과 서비스, 분위기를 제공하는 시장을 말한다. 예를 들면, 파인 다이닝, 캐주얼 다이닝, 고급 한식점, 고급 일식점 등과 같이 특별한 목적과 동기 없이는 자주 방문하지 않는 외식업소들이 여기에 해당한다. [그림 5-1]은 생리적 욕구와 사회적 욕구에 따라 퀵서비스 레스토랑, 패밀리 레스토랑 등 각기 다른 형태의 외식산업시장을 보여준다.

그림 5-1 | 외식의 목적과 가격에 따른 외식산업시장

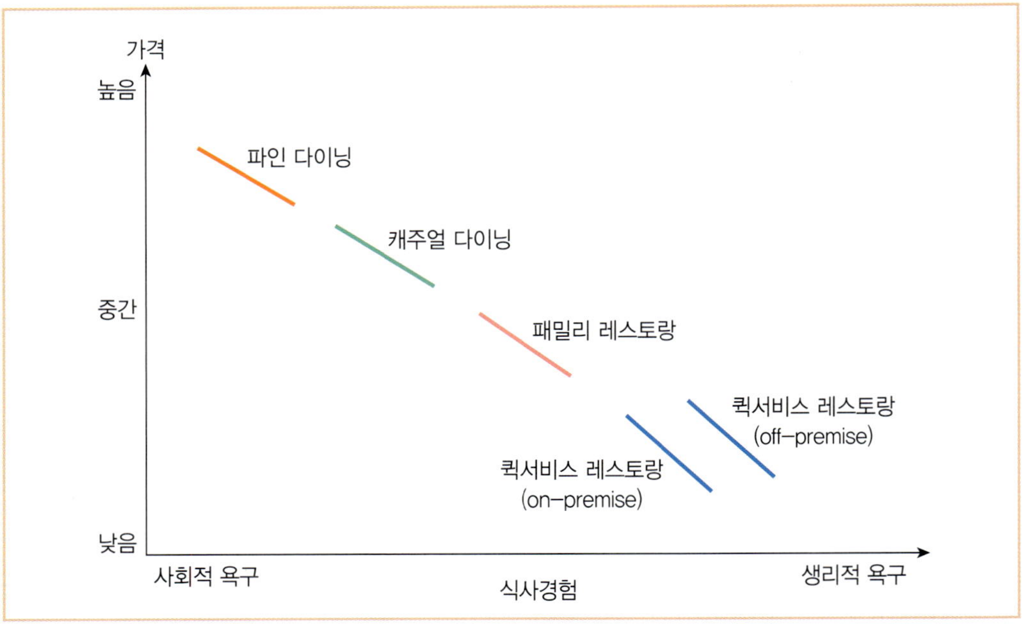

자료: Tom Powers & Clayton W. Barrows(1999), *Introduction to Management in the Hospitality Industry*, John Wiley & Sons.

2) 음식의 종류

제공하는 음식의 종류로 외식산업시장을 구분한다. 예를 들면, 햄버거, 치킨, 피자, 베이커리, 커피 등과 같이 사업에서 주력하는 음식에 따라 햄버거시장, 치킨시장, 커피시장 등으로 구분하는 것이다. 멕시칸요리, 중국요리, 프랑스요리, 이탈리아요리, 일본요리 등과 같이 제공하는 국가별 음식에 따라서도 시장을 구분할 수 있다.

3) 가격

소비자가 지불하는 가격으로 외식산업시장을 구분한다. 소비자의 소득과 경제적 여건에 따라 소비의 높고 낮음이 존재한다. 예를 들면, 낮은 소득의 소비자는 햄버거, 치킨을 제공하는 패스트푸드 레스토랑을 자주 방문한다. TGIF 같은 캐주얼 다이닝은 약간 높은 지출을 요구하고 젊은층을 타깃으로 한다. 호텔 레스토랑과 같은 파인 다이닝은 경제력을 가진 사업가나 식도락가를 타깃으로 높은 지출을 요구한다. [그림 5-1]은 가격에 따

라 퀵서비스 레스토랑, 패밀리 레스토랑, 캐주얼 다이닝, 파인 다이닝 등 각기 다른 업종의 외식산업시장을 보여준다.

4) 연령

연령으로 외식산업시장을 구분한다. 예를 들면, 햄버거시장은 어린이와 10대를 타깃으로 하는 젊은 패밀리 마켓으로 대표된다. 그러나 매출을 높이기 위한 전략으로 기존의 연령 타깃에 변화를 시도하면서 단순하게 연령으로 시장을 구분하는 것이 어려워졌다. McDonald's는 경영의 어려움을 극복하기 위해 기존의 연령 타깃 외에 성인과 노인층까지 타깃시장을 확대하는 판촉활동을 전개하였다. 경쟁자인 Wendy's와 Carl's Jr. 역시 햄버거시장에서 성인층에 소구하기 위해 매장 분위기를 커피전문점 이상으로 디자인하고, 의자도 편안하고 안락함을 주는 의자로 교체하는 등 타깃 연령층을 넓히려는 변화를 시도하고 있다.

햄버거 체인 레스토랑들은 어린이와 10대에서 벗어나 타깃 마켓을 넓히려는 변화를 시도하고 있다.

5-2 외식산업 소비환경과 외식소비의 변화

1. 외식산업 소비환경의 변화

외식산업 소비환경의 변화는 수요요인과 공급요인으로 구분하여 살펴볼 수 있다.

1) 수요요인

외식산업 소비환경의 변화는 수요요인, 즉 소비자 측면에서 찾을 수 있다. [그림 5-2]에서와 같이 경제 · 사회 · 문화적 환경의 변화로 인해 외식수요가 증가하였다. 무엇보다 경제성장에 따라 개인소득이 증가하고 외식활동이 많아지면서 외식산업의 시장규모가 커졌다. 자동차 보급이 확대되고, 이로 인한 이동의 편리성으로 가족단위의 외식활동이 대중화되었다. 핵가족화, 1인 가구 및 맞벌이 가구의 증가, 여성의 사회진출 확대로 내식보다는 외식을 통한 식생활이 증가하였다. 특별한 날 또는 행사 때만 외식을 하던 기존의 사회적 · 심리적 제약에서 벗어나 외식을 일상적 행위로서 가장 가깝고 경제적인 레저 · 문화활동으로 인식하게 되었다.

그림 5-2 | 수요요인

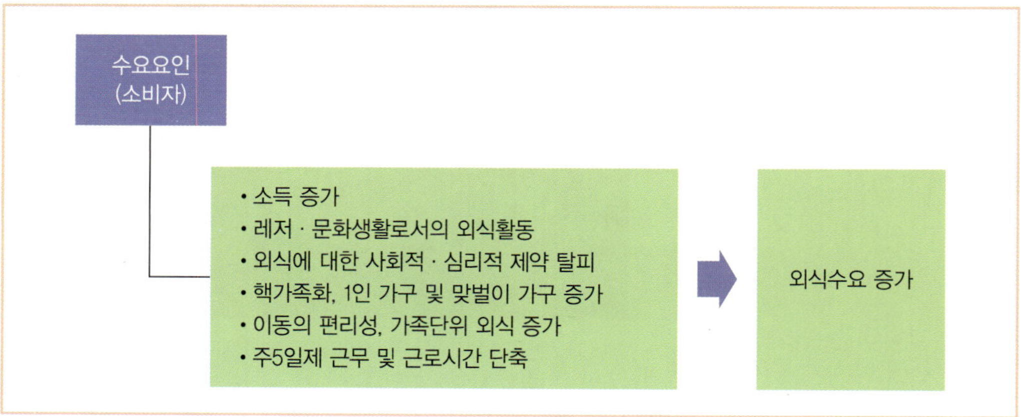

2) 공급요인

외식산업 소비환경의 변화는 수요요인과 그에 대응하는 공급요인, 즉 공급자 측면에서도 찾을 수 있다. 공급요인은 [그림 5-3]과 같다. 공급자는 외식산업의 주변산업들로서 수요요인의 변화에 영향을 받았다. 식생활, 라이프스타일, 외식소비패턴의 변화에 따라 외식 욕구가 다양해졌고, 이에 부응하는 업태가 계속해서 등장하였다. 국내 외식기업들은 해외 외식기업들로부터 경영 노하우와 새로운 마케팅기법을 도입하여 활용하였다. 또한 외식산업시장이 확대되면서 식재료제공과 관련된 식품산업은 물론 주방설비 및 기기,

그림 5-3 | 공급요인

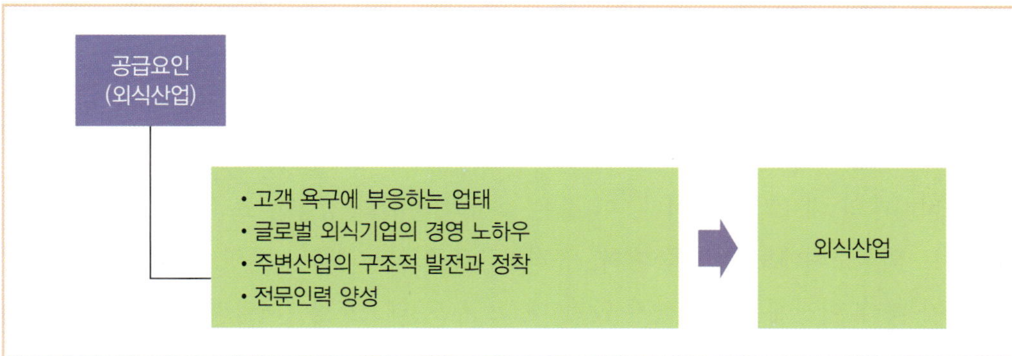

유통 등의 주변산업들이 발전하였다. 한편 증가하는 외식수요에 대응하기 위한 외식산업 전문인력이 양성되면서 우수한 인적자원들도 공급되었다.

2. 외식소비의 변화

[그림 5-4]와 같이 국내 외식산업 소비환경은 1980~90년대 대중소비시대와 2000년대 이후 성숙소비시대라는 시대적 환경변화를 거치면서 성장해 오고 있다. 대중소비시대에는 표준화된 외식소비로 소비가 동질화 · 대중화되었으며, 성숙소비시대에는 다양화 · 개성화를 추구하는 외식소비로 변화하면서 소비가 이질화되었다.

그림 5-4 | 외식소비의 변화과정

1) 대중소비시대

대중소비시대는 일정수준의 소득과 대중의 욕구충족에 필요한 제품을 표준화 · 규격화하여 대량생산 · 대량유통시키는 시스템을 전제로 형성된다. 타인과 똑같이 생활하려는 강한 사회적 동조성으로 인해 소비패턴의 균일화 · 평준화에 따른 소비의 동질화 경향이 대중소비시대의 대표적 특성이다. 이 같은 소비의 동질화 경향은 표준화된 소비재와 마찬가지로 외식소비에도 영향을 미쳐, 규격화 · 표준화된 제품과 운영시스템을 요구하였다. 이에 따라 이전에는 존재하지 않던 패스트푸드 레스토랑, 패밀리 레스토랑과 같은 새로운 업태가 크게 부상하였다. 이들은 체인시스템에 기반하여 균일한 맛, 매뉴얼화된 서비스, 청결, 분위기, 엔터테인먼트를 내세우며, 외식소비를 촉진시켰다. 외식소비의 동질화는 대량생산과 대량소비의 시대를 열면서 외식의 대중화를 이끌었고 외식산업시장이 크게 확대하는 데 영향을 미쳤다.

소비자의 개인적 소비행동특성은 시장을 변화시키는 중요한 요인이다. 대중소비시대 이전에는 외식활동이 특별하고 기념일에만 즐기는 식사행위로 여겼고, 특히 음식을 배달시켜 먹는 행위는 비위생적이고 게으르다는 생각이 지배적이었다. 그러나 대중소비시대로 접어들면서 외식활동에 대한 편견과 부정적 인식이 사라졌다. 외식이 경제적이고 생산적 활동이며, 문화 · 레저활동이라는 인식의 변화가 나타났다. 한끼 식사를 편리하게 해결한다는 점과 시간절약 및 에너지를 최소화하면서, 손쉽게 식사를 준비하여 경제적 효율을 높이려는 외적 욕구의 증가는 폭넓은 외식수요를 형성하는 데 영향을 미쳤다. 한편 일상적 공간과 삶에서 벗어나 새로운 분위기를 느끼고자 하는 내적 욕구의 증가는 외식활동을 통한 소비의욕을 촉진시켰다.

패스트푸드 및 패밀리 레스토랑 체인은 통일된 제품과 서비스로 고객의 신뢰를 받으면서 외식소비의 대중화를 이끌었다.

2) 성숙소비시대

소득상승, 여가시간 확대, 여성의 사회진출, 정보화 발전, 대량소비의 일반화 등과 같은 성숙된 사회지표들이 소비자에 침투하면서 소비환경이 크게 변하였다. 성숙된 사회지표들은 소비자 의식과 가치관, 소비패턴을 변화시켰다. 대중소비시대에는 타인과 똑같은 소비를 하려는 동질화 경향이 소비를 주도하였지만, 성숙소비시대에는 소비자의 다양화 및 개성화 경향, 즉 소비의 이질화가 핵심적 소비경향이 되었다.

성숙소비시대의 외식소비는 성숙시장에 대응하는 외식기업들의 전략을 통해 간접적으로 살펴볼 수 있다. 생산 및 운영, 서비스, 마케팅 등의 경영관리 측면에서는 본질적으로 대중소비사회와 큰 차이점은 없다. 그러나 소비자의 다양성 및 개성화 추구에 따른 서비스, 품질지향, 건강지향, 패션지향, 가치지향 등 변화된 외식수요에 초점을 맞추었다.

성숙소비시대의 외식기업은 소비자 욕구의 기본적인 변화에 대해 시스템이나 특정 시장을 확보하기 위한 경영전략의 본질적인 전환보다는 제공하는 메뉴를 다양화하고, 점포를 확대하는 데 집중하였다. 이질화된 전체시장에 모두 대응할 수 없기 때문에 시장을 세분화하여, 그에 맞는 업종과 업태를 개발하고 경쟁기업과의 철저한 차별화를 모색하였다.

5-3 외식산업 소비자

1. 외식을 하는 이유

사람들은 왜 식사를 하러 밖으로 나가는 것일까? 영화관이나 야구장을 가는 등 다른 즐거운 활동들이 있음에도 왜 집에서 멀리 떨어져 있는 레스토랑으로 식사를 하러 가는 것일까? 외식을 하기로 결정했다면 그것은 분명 다른 활동보다 외식을 더 선호하는 어떤 이유가 있기 때문이다.

1) 편리함

오직 음식만을 위해 외식을 하지 않는다. 단지 음식이 가장 가시적인 상품이기 때문에 그렇게 믿고 있을 뿐이다. 경제적 · 사회적 이유 또는 출장, 여행으로 부득이 집에서 멀리 떨어져 생활해야 하기 때문에 집에서 식사를 하지 못하는 경우가 많다. 이러한 상황에서 레스토랑은 사람이 살고 있는 공간 곳곳에 위치하여, 언제 어느 곳이든지 집에서 해결하지 못하는 식사를 편리하게 제공해 준다.

2) 다양성

배고픔만을 충족시키기 위해 외식을 하지 않는다. 매주 똑같은 영화를 보지 않는 것처럼 매번 다른 레스토랑을 방문하여 새롭고 다양한 음식을 맛보면서 자극받으려고 한다. 특히 기숙사, 훈련소 등과 같은 제한적 환경에서 생활하고 있는 사람들에게 다양한 경험은 외식활동의 중요한 이유가 된다.

3) 노동

다른 누군가가 식사를 제공하기 위해 식재료를 준비하고, 조리하고, 치우기까지 모든 일을 대신해 주기 바라는 욕망이 외식을 하는 데 영향을 미친다. 맞벌이부부처럼 식사를 준비할 시간이 부족하거나 식사준비에 소요되는 시간보다 다른 누군가의 노동력으로 대체하는 것이 더 가치 있는 소비라고 판단될 때 외식을 하기도 한다. 그 외 집에서의 식사준비에 소요되는 노동력을 대체하고자 하는 여러 이유들 때문에 외식이 많아지고 있다.

4) 위신

개인적 교제 또는 사업에서 상대방에게 좋은 인상을 심어 주기 위해 인기 있거나 품격 있는 레스토랑에서 식사를 한다. 개인 차원에서 외식은 사람들과 관계를 맺고 유지하기 위한 행위로서 자신을 표현하는 행동이기도 하다. 또한 세상의 많은 부분에서 사업과 관련된 식사는 성공적이고 원만한 거래를 유도하는 하나의 방법으로 인식되어 있다.

외식을 하는 대표적인 이유 중 하나는 식사의 편리함 때문이다.

5) 문화와 전통

가족, 직장, 사회단체와 같은 특정 집단에 속해 있는 구성원들의 외식활동은 그들 고유의 전통적 문화의 일부이자 공동체관계를 나타내는 행동이기도 하다. 오늘날은 국가와 지역을 막론하고 생일이나 기념일 같은 특별한 날을 축하하기 위해 외식을 하는 것이 문화와 전통으로 대중화되고 있다.

6) 충동

사람은 간혹 특별한 이유 없이 순간적인 충동으로 외식을 한다. 충동적 외식은 앞에서 설명한 외식을 하는 이유들 이외에 여러 상황에서 광범위하게 나타날 수 있다. 소매업에서 충동구매가 매우 중요한 것과 마찬가지로, 외식사업에서도 충동적 구매행동이 매출에 공헌한다는 사실은 의심할 여지가 없다

2. 외식경험에 영향을 미치는 요소들

사람들은 외식을 할 때 전문가적인 눈을 통해 레스토랑을 평가하려는 경향이 있다. 그리고 다시 그 레스토랑을 방문하지 않는 것으로 자신의 불만을 나타낸다. 무엇이 외식경험에 영향을 미칠까? [그림 5-5]는 외식경험의 라이프사이클을 보여준다. 고객의 외식

그림 5-5 | 외식경험의 라이프사이클

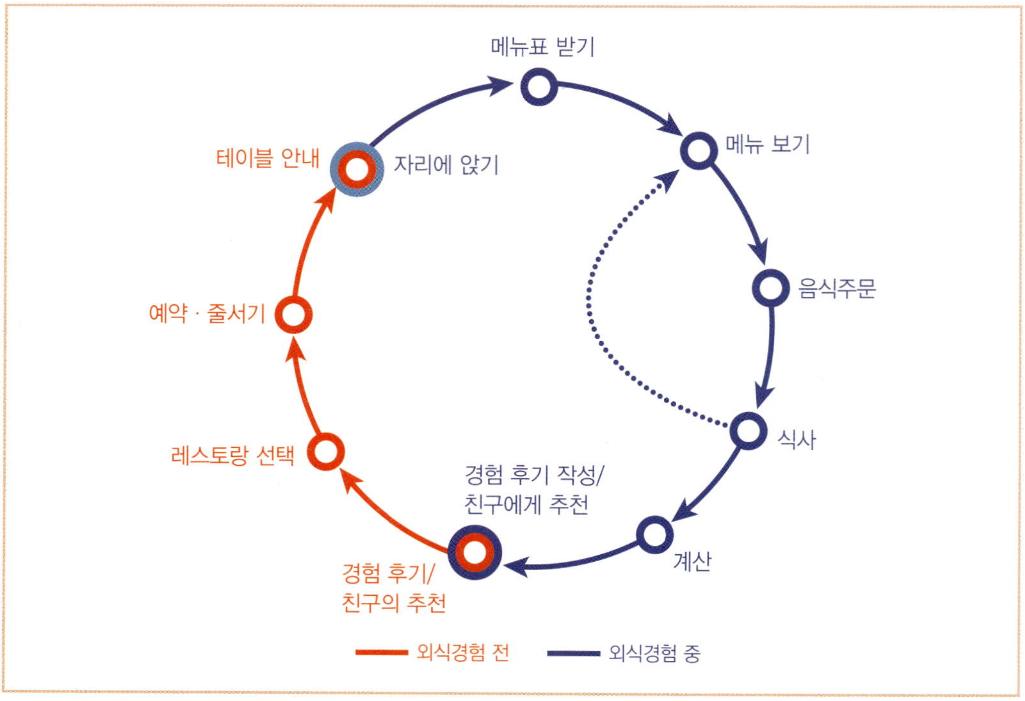

경험에 영향을 미치는 요소들을 이해하는 것은 고객에게 다시 방문하도록 자극하는 기회를 만들 수 있다는 점에서 중요하다.

1) 음식

음식이 외식경험에서 가장 중요한 요소는 아니다. 그렇더라도 음식이 외식경험의 모든 것이라고 할 수 있다. 사람은 매일 음식을 섭취하기 때문에 음식에 대해 모두가 전문가이다. 그리고 어떤 음식이 제공될 것인가를 알고 레스토랑을 방문하며, 여러 메뉴들 중에서도 가장 매력적인 음식을 선택한다. 사람은 일생 동안 냄새, 맛, 질감, 온도 등 여러 느낌들을 통해 미각적 경험을 완성하기 때문에 레스토랑은 소비자가 느끼는 음식의 미각적 요구에 부응할 수 있어야 한다. 소비자에게 최대한의 즐거움을 주기 위해 음식의 본질적 부분은 물론, 외형적 부분에서도 반응을 일으킬 수 있어야 한다. 맛을 감지하는 미각은 섬세한 악기와 같다.

2) 서비스

외식경험에서 서비스는 음식만큼 중요한 요소이다. 그러나 고객은 자신이 필요로 하는 이외의 서비스에 대해서는 그다지 관심을 갖지 않는다. 이는 고객이 레스토랑과 친해서도 아니고 그렇다고 제공되는 서비스를 소홀하게 생각해서도 아니다. 고객은 단지 자신이 기대하는 기준의 서비스 외에 다른 서비스에는 관심이 없기 때문이다. 만일 빨리 식사를 해야 한다면 음식이 빠르게 제공되는 패스트푸드 레스토랑에 갈 것이다. 반대로 시간적 여유도 있고 감동적인 서비스를 받으려면 파인 다이닝으로 갈 것이다. 때로는 고객의 특별한 요구에 맞추기 위한 맞춤형 서비스도 필요하다. 분명한 사실은 오늘날 소비자는 과거의 소비자보다 서비스에 대해 훨씬 더 많이 불평하는 경향이 있고, 또한 불평하는 것을 주저하지 않는다는 사실이다. 일반적으로 고객이 가장 불평을 많이 하는 서비스는 느리고 정성이 없는 서비스이다.

서비스는 음식과 더불어 고객경험에 영향을 미치는 중요한 요소이다.

3) 청결과 위생

레스토랑에 대해 위생적이고 안전한 음식과 시설을 기대하지만, 고객은 여전히 레스토랑의 청결과 위생에 깊은 신뢰를 가지고 있지는 않다. 즉 고객이 레스토랑에 대해 가장 취약하다고 생각하고 있는 부분은 청결과 위생이다. 많은 레스토랑들이 청결과 위생이 운영에 중요한 요소이고, 또한 최소한의 기준이라는 것을 알면서도 이를 깨닫거나 제대로 실천하지 못하고 있는 것이 현실이다.

레스토랑의 청결과 위생에 관련된 영역에는 기본적으로 직원, 설비, 환경 등 세 가지가 있다. 직원들이 입는 유니폼은 잘 다려져 있고 얼룩이 없어야 한다. 머리카락과 손톱은 청결하고 잘 다듬어져 있어야 한다. 몸에서 좋지 않은 냄새가 나지 않아야 하며, 그렇다고 향수를 지나치게 뿌려서는 안 된다. 한편 대부분의 레스토랑은 길거리에서 바로 접근할 수 있는 곳에 위치해 있고 안팎으로 언제나 사람들의 왕래가 많아 먼지가 많이 쌓인다. 따라서 바닥과 벽 표면은 물론 그림과 인쇄물, 조명 같은 부속품들도 깨끗하게 청소해야 한다. 비품이나 식기가 고객의 코앞에 놓여 있는 경우가 많기 때문에 깨끗하고 위생적이지 않으면 곧바로 들키고 만다. 때로는 매스미디어에서의 청결과 위생에 관련된 보도나 기사들도 외식경험에 영향을 미친다.

4) 장식

장식은 분위기를 표현하는 장치로서 식사경험에서 없어서는 안 될 중요한 요소이다. 그러나 장식에 대한 반응은 사람마다 다르기 때문에 어떤 것이 좋고 나쁜지 확정 짓기 어렵다. 만일 식사를 위해 큰 금액을 지불한다면 멋있고 화려한 장식을 기대할 것이고, 빠르고 값싼 식사를 원한다면 그럴듯한 장식보다는 기능적인 것을 기대할 것이다. 문제는 고객이 자신의 집에 있다는 느낌 없이 레스토랑 환경에서도 집에서와 같은 느낌을 원한다는 데 본질적인 모순이 있다. 장식은 기본적으로 긴장감을 주지 않고 아늑하고 편안한 느낌을 조성하고 경쟁자와는 차별화되어야 한다.

Hard Rock Cafe는 세계적으로 유명한 뮤지션 관련 수집품들로 실내를 장식하여 인기를 끌고 있다.

장식은 항상 고객의 안전문제를 고려해야 한다. 고객이 장식을 건드려 넘어지거나 하는 위험이 발생해서는 안 된다. 고객은 일반적으로 밝고 다양한 색으로 장식된 배경에서 음식을 먹는다. 빨간색, 형광 핑크색, 밝은 노란색 등과 같은 힘찬 색은 식욕을 돋우게 한다. 반면 짙은 초록색, 남색, 밤색, 회색, 검정색 등의 어두운 색은 식욕을 떨어뜨린다.

5) 조명

"조명은 마술이다"라는 말이 있다. 조명은 고객의 눈을 유혹한다. 조명은 실내장식과 관련하여 결정된다. 색깔이 사람의 감정에 영향을 미치듯이 밝기와 어둡기도 그럴 수 있다. 일반적으로 밝은 빛은 따뜻하고 사교적인 느낌을 높여 주는 반면, 어두운 빛은 그 반대이다. 만일 연인 고객을 매료시키는 데 목표를 두었다면, 파트너를 더 매력적으로 보이게 하고 편안한 느낌을 배가시키기 위해 어두운 조명을 설치하는 것이 좋다. 반면 여러 그룹의 사람들을 목표로 하는 레스토랑에서는 사교적 분위기를 돋우기 위해 조명을 밝게 한다.

조명은 적절한 분위기를 창출하여 매출에 기여할 수 있도록 설치해야 한다. 음식, 실내장식과 마찬가지로 조명 역시 심리적 상태를 거스르게 하는 효과를 내게 해서는 안 된다. 낮 또는 저녁 때 각기 다른 분위기에서 식사할 수 있도록 시간적 차이도 반영한다. 밤에는 다른 기분을 갖게 되는데, 밖이 어두울 때는 더 낮은 밝기의 부드러운 조명으로 조정해야 한다.

6) 공조장치

레스토랑은 출입하는 고객들과 바쁘게 왕래하는 직원들 때문에 실내온도를 일정하게 유지하기가 쉽지 않다. 실내에 앉아 있는 사람에게 가장 쾌적한 실내온도는 18℃ 전후이다. 외풍이 가장 센 곳은 문가 쪽이나 창가 쪽이다. 간혹 외풍이 있는 곳에 앉게 된 고객은 강한 불평을 제기하기도 한다. 이런 문제를 예방하기 위해 음식이 출입하는 문이나 입구의 차단막 설치는 외풍을 막는 데 도움이 된다. 창문은 가능한 이중유리를 사용해야 하며, 특히 동쪽이나 북쪽 방면은 더욱 그렇다. 한편 주방에서 가까운 좌석은 음식 냄새 때문에 불쾌해 하기 쉽지만, 반면 식욕을 자극하는 곳이기도 하다. 음식 냄새를 최소화하고 나쁜 냄새를 제거하며, 주위 공기를 청결하게 유지할 수 있도록 환기구를 설치한다.

7) 가구

테이블, 의자 같은 가구의 기능적 디자인은 식사의 즐거움을 북돋아 주고 친밀감과 안정감을 준다. 결과적으로 가구는 수익성에도 영향을 미친다. 물론 고객은 이러한 자세한 분석에는 관심이 없을 것이다. 고객의 유일한 관심은 편안하고 아늑함을 느끼는 것이다. 네 명이나 여섯 명이라면 직사각형 테이블보다는 개인적 접촉과 대화하기 쉬운 둥근 테이블에 앉기를 원한다. 연인들은 다른 사람들과 접촉 없이 서로 옆에 나란히 앉기를 좋아한다.

좌석에 대해서도 고객은 까다롭다. 대부분의 사람은 벽을 등지고 앉는 것에 더 안전함을 느끼는 것은 물론 벽을 쳐다보기보다는 다른 어떤 곳을 쳐다보는 것이 더 낫기 때문에 실내 쪽을 향한 좌석을 요구하기도 한다. 연구에 따르면 성별에 따라 좌석에 대한 선호가 다른 것으로 나타났다. 남성은 등을 기대고 푹 주저앉거나 편안한 자세로 팔꿈치를 기대는 것을 좋아하고, 여성은 불편함 없이 오랫동안 자세를 똑바로 해서 앉을 수 있다고 한다. 그렇다고 두 종류의 의자를 구비하는 것은 현실적이지 못하다.

8) 음향

레스토랑은 시끄러운 장소이다. 그럼에도 소음의 수준을 줄이는 것에 무관심하기도 하다. 받아들일 수 있는 소음의 수준은 사회적 지위보다는 연령층에 따라 다르다. 젊은층은 노년층에 비해 훨씬 더 높은 수준의 소음을 기꺼이 받아들인다. 소음을 제공하는 것들로는 말소리, 음식준비나 서비스과정에서 발생하는 소리와 음악이 있다.

고객 간 서로 대화하거나 또는 직원과 의사소통해야 할 상황이 종종 있으므로 소음의 수준이 일반적인 대화가 불가능할 정도가 되어서는 안 된다. 실내에 사람이 많을수록 소음도 많아지기 마련이다. 그렇다고 누군가가 다른 사람에게 조용하게 말하도록 요청하기는 어렵다. 따라서 소음을 발생시키는 다른 요소들의 소음수준을 감소시켜야 한다. 음식을 먹고 서비스하는 과정에서도 소음이 발생한다. 종이매트를 깐 테이블과 천을 깐 테이블에 각각 접시를 놓으면서 소음의 정도를 비교해 보면 확인할 수 있다. 한편 음식을 제공하면서 발생하는 소음과는 별개로 다른 움직임에 의해 발생하는 소음도 있다. 예를 들면, 카펫보다는 타일에서 더 많은 소음이 생긴다. 연구에 따르면 카펫과 커튼이 소음을 줄여주는 것으로 나타났다. 특수한 벽지를 사용하는 경우 옆방으로부터 나오는 소음을 90%까지 줄일 수 있다.

소리로 장식한다는 말이 있다. 사운드스케이프(soundscape)를 사용하여 콘셉트를 강조하거나 무드를 조성할 수 있다. 음악은 고객의 기분에 직접적이고 강한 영향을 미친다. 중요한 것은 음악을 좋아하든 아니든 무의식적으로 강요하고 있지는 않은가이다. 만약 음악을 좋아하지 않는다면 고객을 잃을 수 있다. 적절한 음악, 예를 들면, Hard Rock Cafe 같은 레스토랑에서는 락 음악을, 파인 다이닝에서는 귀족 스타일의 실내악을 들려 줌으로써 레스토랑의 특별한 이미지를 제고시킬 수 있다. 오래전부터 날씨가 흐리고 비가 오는 날에는 밝고 경쾌한 음악을 들려 주면 우울한 기분을 떨칠 수 있다고 알려져 있다.

Starbucks에서는 시간대별로 다른 음악이 흘러나온다. 고객의 기분을 띄워주거나 차분하게 해주기 위한 일종의 심리적 장치이다.

9) 넓이와 형태

색깔, 장식, 조명이 고객반응에 영향을 미치는 것처럼 영업장의 넓이와 형태는 레스토랑 전체 분위기에 영향을 미친다. 특별한 목적으로 세워지지 않은 한 천정이 너무 높거나 낮지는 않은지, 넓이가 너무 좁거나 작지는 않은지 등 레스토랑으로 적합한가에 대해 전문가의 도움을 받아야 한다. 예를 들어, 중심가에 위치한 대부분의 레스토랑들은 처음에 일반적인 상점을 염두에 두고 디자인된 장소이기 때문에 길고 좁은 경향이 있다. 기존의 상점을 레스토랑으로 사용하기 위해서는 실내가 넓어 보이도록 한쪽 벽에 거울을 설치하는 것도 한 방법이다.

10) 고객

외식경험은 다른 고객에 의해서도 영향을 받는다. 그러나 고객을 통제하는 것은 쉽지 않다.

외식경험에 영향을 미치는 요소들 중 통제하는 데 제한이 있는 유일한 요소는 고객이다. 식사하는 고객의 즐거움은 다른 고객에 의해서도 영향을 받는다. 같은 공간에서 식사하고 있는 고객들이 자신과 비슷한 연령대이고 비슷한 옷을 입고 있고 또 비슷한 방식으로 행동하고 있다면, 집에 있는 것처럼 편안함을 느끼고 안심할 것이다. 반면 다른 고객들이 너무 큰 소리로 말하고 행동하거나 자신은 격식에 맞는 옷차림을 하고 있는데, 다른 고객들이 민망한 옷차림을 하고 있다면 다소 어색함을 느낄 것이다. 예를 들면, 파인 다이닝에서 식사를 하는 고객은 비슷한 연령층의 다른 고객들과 예약된 자리에서 격식에 맞는 옷차림으로 식사하기를 기대한다.

11) 기대

식사를 하러 오는 고객은 레스토랑에 대해 특정한 기대를 가진다. 음식 맛, 자신이 받게 될 서비스, 지불하게 될 비용, 분위기 등에 대한 기대가 그렇다. 만일 음식 맛을 기대하고 방문한 고객을 맛으로 만족시켰다면, 다시 방문할 확률이 높다. 반대로 기대에 미치지 못했다면, 다시 방문하지 않을 것이다. 레스토랑은 타깃고객이 기대하는 것을 정확하게 파악하고 충족시켜 주어야 한다. 한편 식사의 성격에 따라서도 고객의 기대는 달라진다. 예를 들어, 사업목적의 식사모임 경우 고급요리가 제공되고 사업에 관한 이야기를 하기에 좋은 환경을 갖춘 레스토랑이 적합하겠지만 가족외식에는 그렇지 못하다.

12) 가격

외식경험에 영향을 미치는 요소들 중에서 가장 크게 영향을 미치는 것은 가격이다. 어느 레스토랑의 고객이 그곳을 자주 방문하는 이유가 음식이나 서비스 또는 분위기가 마음에 들었기 때문이기도 하지만, 가격만큼의 가치(value)가 있다고 생각하기 때문일 것이다. 여기서 가치는 고객이 레스토랑을 이용한 대가로 지불한 가격으로 얻게 되는 편익(benefit)을 말한다.

고객에게 적정한 가격으로 가치 있는 경험을 제공한다는 것은 쉽지 않다. 만일 고객이 외식경험에 대해 가치를 크게 느꼈다면, 가격에 대한 저항감은 낮아지고 만족감은 높아져 다시 방문할 가능성이 높아진다. 반면 가치를 작게 느꼈다면, 심리적으로 손해를 봤다는 기분으로 향후 다시 방문하는 것에 대해 고민한다. 고객이 느끼는 가치에 대한 인식과 레스토랑에서 목표로 하는 적정한 이익에서 균형을 찾을 수 있는 가격설정이 필요하지만, 무엇보다 고객의 다양한 기대와 욕구를 충족시키려는 노력이 중요하다.

3. 외식의 목적과 동기

사람의 여러 활동들 중에서도 외식은 중요하고도 즐거운 행위이다. 식사를 통한 상호간의 의사소통, 가족 또는 직원 간의 화합 등 일상에 유익한 생활을 제공해 준다. 외식이

그림 5-6 | 외식의 목적과 동기

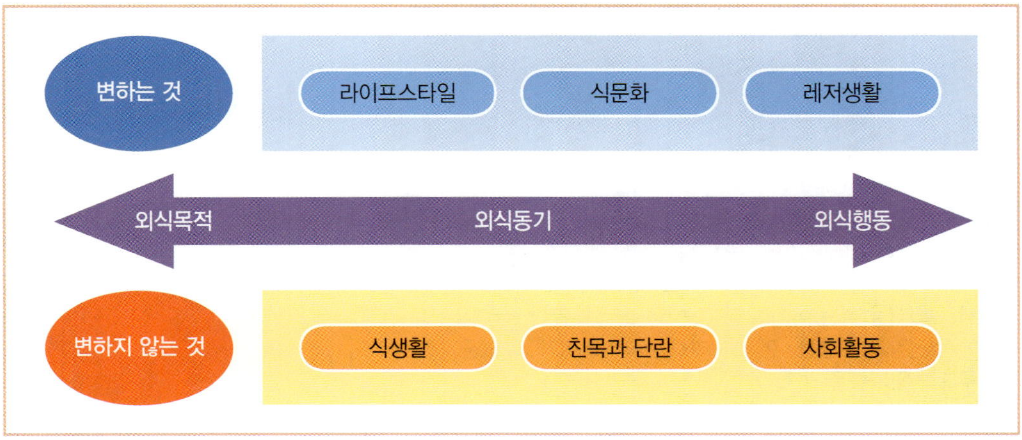

일상화되면서 소비자의 외식 욕구가 복잡하고 다양해지고 있다. 소비자의 외식 욕구를 충족시키고 적절하게 대응하기 위해서는 고객이 무슨 목적으로 자신의 점포를 방문하는지, 그들의 이용목적과 동기에 대한 이해가 필요하다.

외식의 목적과 동기에는 [그림 5-6]에서와 같이 변하는 것과 변하지 않는 것이 있다.

1) 변하는 것

새로운 콘셉트의 레스토랑이 끊임없이 등장하는 이유는 소비자의 외식 욕구와 외식 소비 트렌드가 계속해서 변하기 때문이다. 변하는 것을 잘 파악해야 소비자의 욕구와 일치하는 메뉴, 가격, 서비스를 개발할 수 있다.

(1) 라이프스타일

라이프스타일(lifestyle)은 사람이 살아가는 방식을 말한다. 개인의 독특한 활동(activity), 관심(interest), 의견(opinion)으로 표현되며, 연령, 성별, 소득, 직업에 따라 다르게 나타난다. 외식산업에서 타깃고객의 라이프스타일을 파악하는 것은 매우 중요하다. 예를 들어, 최근에는 건강한 식생활 추구와 환경문제에 적극적으로 참여하는 소비자를 중심으로 비건푸드(vegan food)가 주목을 받고 있다. 비건푸드 소비자의 라이프스타일에 맞춰 도시락, 배달, 배송, 식품포장에 친환경 소재를 사용하는 레스토랑들이 증가하고 있다.

소비자가 외식을 하는 목적과 동기는 라이프스타일에 따라 다르다. 젊은층에서 건강과 환경을 먼저 고려하는 외식소비가 크게 증가하면서 비건푸드가 인기를 끌고 있다.

(2) 식문화

식문화는 음식에 관한 관념이나 가치체계로서 현재 소비자의 음식이나 식사에 대한 태도를 보여준다. 따라서 시대에 따른 외식 욕구, 즉 외식소비 트렌드에 맞는 음식을 소비자에게 제공하는 것이 중요하다. 예를 들어, 1인 가구 증가에 따라 혼밥, 혼술 등과 같이 혼자 외식하는 소비자를 겨냥한 1인 세트, 가정간편식, 테이크아웃, 배달음식이 큰 호응을 얻고 있다. 물론 유행하지 않는 음식을 선호하는 소비자도 있다. 그러나 글로벌화 · 정보화사회에서는 새로운 메뉴, 새로운 콘셉트를 요구하는 경향이 크다.

(3) 레저생활

소득수준 및 소비수준의 향상은 레저생활으로의 소비 비중을 높여준다. 소득수준이 높아지면서 외식활동이 생리적 욕구충족의 차원에서 벗어나 레저생활의 한 방편으로 인식되고 있다. 즉 휴식, 오락, 체험 등과 같이 삶을 즐겁고 가치 있게 만드는 소비활동으로 정착되고 있다. 외식활동이 레저생활로 인식됨에 따라 맛있는 음식은 물론 외관, 주차, 조경, 설비 및 장비, 장식, 유니폼 등과 같은 물리적 환경요소들과 서비스를 효과적으로 사용하여 고객경험을 창출하는 것이 중요해졌다.

2) 변하지 않는 것

과거나 지금이나 식생활, 친목, 사회활동을 위해 외식활동을 하는 것은 변함이 없다.

(1) 식생활

식생활은 생명을 유지하고 성장에 필요한 영양소를 섭취하기 위한 인간의 필수적 활동이다. 따라서 내식이든 외식이든 식생활의 목적은 똑같다. 과거에는 내식이 식생활을 주도했지만, 오늘날은 방문외식, 배달외식, 포장외식 등 다양한 형태의 외식이 현대인의 식생활을 대표하고 있다.

(2) 친목과 단란

가족과의 식사가 주는 의미는 매우 크다. 가족식사는 단순히 음식을 먹는 행위가 아닌 구성원 간 유대감과 동질감, 정서적 안정감을 강화시켜 준다. 이러한 가족식사는 집에서도 이루어지지만 집밖에서의 식사를 통해서도 이루어진다. 결국 가족과 대화하며 단란함을 추구하는 인간이 존재하는 한 외식활동은 변함없이 지속될 것이다.

(3) 사회활동

인간은 혼자서는 존재할 수 없는 사회적 동물이다. 삶을 영위하기 위해서는 사회활동을 할 수밖에 없기 때문에 부득이 많은 시간을 가정 밖에서 활동하게 된다. 이때 생리적 욕구충족은 물론 회의, 사교, 교제, 만남 등과 같은 사회활동 상황에서 한끼를 해결해야 할 때, 외식은 편리하고 경제적인 활동이 된다. 또한 맛있는 음식을 선택해서 먹을 수 있는 기회도 제공한다. 이처럼 인간이 사회활동을 하는 한 외식은 필수불가결한 활동일 수밖에 없다.

4. 외식 소비 트렌드

외식산업은 트렌드(trend)산업이다. 소비자는 사회 · 경제 · 문화적 환경변화에 따라 다양하고 복합적인 요인들을 고려하여 소비한다. 외식 소비 트렌드를 잘 파악해야 적절한 대응이 가능해진다. 최근 국내 외식산업 트렌드를 다음과 같이 살펴볼 수 있다.

1) 편의성 추구

현대인의 바쁜 생활패턴으로 쉽고 편리하게 도와주는 제품이나 서비스를 찾는 소비자가 증가하고 있다. 이러한 추세는 도시인구의 집중화, 1~2인 가구의 증가, 최신기술에 대한 높은 수용력 등으로 가속화되고 있다. 외식 소비자 역시 편의성을 개선한 제품과 서비스에 대한 관심이 높다. 복잡하고 번거로운 식사보다 경제적이고 간편한 도시락, 가정간편식, 밀키트(meal kit), 배달음식 등으로 한끼를 해결하려는 소비자가 늘고 있다.

외식 소비자의 편의성 추구는 도시락, 가정간편식, 밀키트 등을 판매하고 있는 편의점, 대형마트, 슈퍼마켓 등이 레스토랑을 대체할 정도의 새로운 경쟁자로 등장하였다는 것을 의미한다. 편의점의 경우 집에서 가장 가까운 곳에 위치해 있고 또 어느 시간이든 편리하게 접근할 수 있어 강력한 경쟁자로 떠오르고 있다. 대형마트나 슈퍼마켓 역시 편의점만큼은 아니지만 주에 1~2번은 방문하기 때문에 외식산업의 경쟁자가 되고 있다.

음식을 만드는 것 자체가 무의미하거나 귀찮게 생각하고 먹고 싶은 음식을 구입하여 편한 시간에 먹으려는 소비자가 많아지고 있다.

빠르고 편리하게 식사를 해결할 수 있는 제품들이 맛은 물론 넓은 선택의 폭, 높은 가성비까지 갖추게 되면서 편의성을 추구하는 외식 소비 트렌드는 계속될 것으로 보인다. 특히 미래 외식산업의 주고객층이 되는 밀레니얼세대에게는 편리성을 추구하는 식생활이 일반화될 것으로 예상된다.

2) 식사의 개인화

가족구조가 대가족에서 핵가족으로 변하고 집에서 식사를 준비하던 여성들의 사회진출이 활발해지면서, 공동체 중심의 식사개념이 개인화된 식사로 변하고 있다. 전통적으로 집단주의 성향이 높았던 사회가 개인주의 성향으로 변한 것도 식사의 개인화에 영향을 미쳤다. 홀로 먹고 마시는 이유가 여러 가지 있겠지만, 자유롭고 편하게 혼자 먹으려는 개인주의 성향이 식사의 개인화라는 소비행태로 나타나고 있다.

핵가족화, 1인 가구의 증가, 개인주의 성향 등이 식사의 개인화에 영향을 미쳤으며, 1인 고객을 위한 메뉴와 외식업소들이 늘고 있다.

식사의 개인화를 촉진시킨 것은 무엇보다 1인 가구의 증가이다. 1인 가구 비율이 전체 가구의 30%를 넘으면서 모든 문화와 소비가 1인 가구를 중심으로 바뀌고 있다. 이들은 싱글 소비자로서 솔로 이코노미로 불리며, 소비의 주체이자 새로운 트렌드 리더로서 소비시장을 주도하고 있다. 싱글 소비자의 증가는 개인화되고 있는 사회의 단면을 잘 나타내는 지표로 가정간편식이나 배달음식으로 간편하게 식사를 해결하는 소비행태를 보인다.

혼밥, 즉 1인 1식은 식사의 개인화현상을 나타내는 가장 대표적인 식사형태이다. 혼밥은 개인의 삶에 대한 가치를 중요하게 생각하고 소비하는 식생활로서 현대사회의 보편적인 식사형태로 정착되고 있다. 이를 반영하듯 모르는 사람과 합석하거나 마주볼 필요 없이 편안하게 혼자서 식사를 즐길 수 있도록 일렬로 앉을 수 있는 좌석을 배치하고, 독서실처럼 칸막이를 설치한 1인 외식업소들이 늘고 있다. 1인 피자, 1인 정식, 1인 샤브샤브, 1인 삼겹살 등 다양한 1인 메뉴가 등장하였고, 1인 외식 소비자를 타깃으로 한 배달전문 프랜차이즈도 등장하였다.

3) 비대면 소비

정보통신기술과 4차산업기술이 발달하면서 새로운 서비스 패러다임으로 디지털 기반의 비대면(untact) 소비가 증가하고 있다. 특히 코로나19 팬데믹으로 안전과 안심에 민감해지면서 외식산업에서도 비대면 소비를 선호하는 소비자들이 빠르게 증가하고 있다. 소비자가 가장 많이 이용하고 있는 비대면 소비는 모바일 플랫폼을 이용한 음식배달이다. 모바일 플랫폼 비즈니스의 발달로 음식배달이 보편화되었으며, 소비자에게 플랫폼을 이용한 비대면 소비를 익숙하게 만들었다.

소비자 입장에서 키오스크의 이용은 구매시간을 단축하고 프라이버시를 지킬 수 있다.

소비자의 비대면 소비는 음식배달뿐 아니라 매장 내 키오스크, 태블릿, 스마트 메뉴판 등 모바일 기반 주문형 서비스로 점차 범위가 넓어지고 있다. 이에 따라 소비자가 원하는 것을 파악하여 필요한 기술을 적용함으로써 편리하고 쉬운 소비경험을 제공하는 것이 중요해졌다. 경영자 측면에서 비대면 소비는 인건비 등의 비용절감, 점포공간 외에서의 매출을 기대할 수 있다. 반면 소비자 측면에서 비대면 소비는 구매과정의 신속성, 편의성, 안정성을 제공받고 자신의 프라이버시를 지킬 수 있다.

4) 건강과 친환경

경제적으로 소득수준이 높아지면서 양적 욕구의 식사가 건강한 삶을 즐기는 질적 욕구의 식사로 변하였다. 잘 먹는 것이 삶을 즐기는 중요한 행위가 되면서 친환경적이고 신선한 식재료를 사용한 음식에 대한 수요가 증가하고 있다. 지역에서 생산한 신선한 먹거리를 그 지역에서 소비하는 로컬푸드(local food)가 자리를 잡아가고 있다. 또한 평균수명이 높아지고 고령인구가 늘어나면서 건강에 대한 관심이 높아져 친환경 식재료를 사용한 음식, 맞춤형 건강식 등에 대한 수요도 증가하고 있다.

건강과 더불어 사회 구성원으로서의 환경 이슈에 대한 관심과 참여가 높아지고 있다. 이제는 더 이상 외식 소비행태가 단순한 외식행위가 아닌 윤리적 · 사회적 신념이 담긴 소비행위로 변화하고 있다. 그 결과 친환경에 대한 관심과 관련 제품을 판매하는 등 친환경적인 운영을 하는 외식업체의 이용이 증가하고 있다. 소비자 자신의 건강은 물론 일회용 플라스틱 근절과 같은 사회의 지속적인 건강함에 큰 관심을 두는 로하스(LOHAS)족이 하나의 문화코드로 등장하였다. 또한 세계적으로 육류 소비가 환경파괴에 영향을 줄 수 있다는 주장이 제기되면서 식물성 고기와 같은 대체육 제품을 제공하는 비건(vegan) 소비가 증가하고, 유기농 식재료 사용이 많아지고 있다. 건강과 친환경에 대한 관심도가 높아지면서 신뢰할 수 있는 위생등급을 받은 외식업체를 찾는 소비자가 증가하고 있다.

Burger King은 햄버거를 건강하게 먹을 수 있고 환경까지 보호할 수 있는 식물성 패티를 사용한 임파서블 와퍼를 출시하였다.

5) 음식의 레저화

소득이 높아질수록 사람들의 식생활은 단순히 영양섭취라는 차원을 넘어 휴식, 기분전환, 즐거움 등 삶을 즐기는 활동으로 바뀐다. 이에 따라 외식을 집안에서의 식사를 편리하게 외부에 의존하는 단순한 행위가 아니라, 음식과 함께 재미를 추구하는 유희적 경험을 가지는 레저활동으로 인식하고 있다. 음식을 만드는 조리행위 역시 전업주부나 전문조리사만의 작업이 아니라, 남녀노소 누구나 즐거움을 만끽하고 싶어하는 엔터테인먼트 활동으로 자리잡았다. 또한 맛집 탐방, 먹방, 쿡방 등의 활동이 일상에서 벗어나 새로운 즐거움과 미식을 즐기는 라이프스타일이 반영된 레저 · 문화활동으로 널리 확대되고 있다.

5-4 외식산업 소비자행동

소비자는 개인의 특성과 상황에 따라 각기 다른 구매행동을 보인다. 소비자를 이해했다고 생각하지만 전혀 다른 행동을 하는 경우도 있다. 때로는 훌륭한 음식과 서비스, 분위기를 제공해도 이를 외면하기도 한다. 이렇듯 소비자의 구매행동은 단순하지 않다. 외식 소비자의 욕구를 효과적으로 충족시키기 위해서는 소비자행동을 이해하는 것이 필수적이다.

1. 외식산업 소비자 행동특성

외식산업 소비자는 다음과 같은 소비행동특성을 가지고 있다.

1) 거리

소비자가 레스토랑에 접근하는 데 있어 소요되는 시간, 즉 어느 정도의 거리에 위치해 있는지가 레스토랑 선택의 중요한 이유 또는 기준이 된다. 특히 일상적 외식의 경우 비일상적 외식에 비해 방문빈도가 높기 때문에 레스토랑까지의 거리가 선택의 중요한 요인이 된다. 그렇지만 이용 가능한 교통수단에 따라 거리의 제약 정도가 달라질 수 있다. 예를 들면, 자동차를 이용할 때는 이동거리가 보다 넓어져 레스토랑을 선택할 수 있는 범위 역시 넓어진다.

2) 맛의 기호성

외식산업 소비자는 이전에 제품을 구매한 경험이 있는 사용자로서 맛에 대한 고유의 기호성을 가지고 레스토랑을 방문한다. 물론 맛의 기호성은 성별, 연령, 지역은 물론 라이프스타일에 따라 모두 다르지만 대부분의 소비자는 레스토랑이 제공하는 고유한 맛의 기호성을 가지고 오랫동안 방문하는 단골소비자들이다. 그러나 조리사가 바뀌거나 식재료 품질의 변화 등으로 인해 음식 맛이 기존과 달라진 경우 레스토랑에 대한 충성도가 급격하게 또는 극단적으로 낮아질 수 있다.

3) 특정 시간대의 구매 및 소비

경영활동의 타깃이 되는 외식산업 소비자는 생리적으로 1회당 취식량에 한계가 있는 최종소비자이다. 또한 사회적 관습에 따라 식사행위를 하는 시간대와 식사횟수가 대부분 정해져 있기 때문에 외식소비활동도 그때 집중된다.

4) 구매 선택기준의 차이

방문빈도가 높은 일상적 외식과 방문빈도가 높지 않은 비일상적 외식에서의 레스토랑 선택기준은 서로 다르다. 일상적 외식에서는 합리적 가격, 거리, 편리성, 제공시간, 영양, 안전성 등이 레스토랑을 선택하는 요인이 된다. 반면 비일상적 외식에서는 맛, 서비스, 진귀함, 호화스러움, 엔터테인먼트, 분위기, 주차장 등이 일정수준의 가격과 함께 레스토랑을 선택하는 요인이 된다.

5) 내식과의 비교

가사노동에 의해 제공되는 내식과 달리 외식은 여러 가지 이유로 집에서의 식사를 외부에 의존하는 활동이다. 그러므로 소비자는 시간, 편의성, 음식의 질, 안전성 등에서 내식과 외식을 비교한다. 즉 외식을 할 때는 내식과 비교하여 외식으로 얻게 되는 편익의 정도를 고려하여 외식소비 여부를 결정한다.

2. 구매행동모델

소비자 구매행동에서의 핵심은 제품, 서비스, 가격, 광고, 판촉 등과 같은 레스토랑의 마케팅 자극에 소비자가 어떻게 반응하는가를 이해하는 것이다. 마케팅 자극에 소비자가 어떤 반응을 보이는지 파악하고 있다면, 경쟁자에 비해 유리한 위치에 있을 수 있다. 마케팅 자극과 소비자 반응 간의 관계를 잘 보여주는 것이 [그림 5-7]의 구매행동모델이다. 구매행동모델은 제품의 특성, 가격, 광고, 판매촉진 등의 마케팅 자극과 경제적 · 기술적 · 정치적 · 문화적 요소 등의 기타 자극이 어떻게 소비자의 블랙박스 속에서 작용하여 반응하는가를 설명한다. 마케팅 자극과 그 외의 자극은 구매자의 블랙박스에 들어가서 구매자의 반응, 즉 제품 선택, 브랜드 선택, 판매자 선택, 구매시기, 구매량 등으로 바뀐다.

소비자 구매행동을 이해하기 위해서는 블랙박스의 내용물은 물론, 자극이 어떻게 구매자의 블랙박스 속에서 작용하여 반응하는가를 알고 있어야 한다. 구매자의 블랙박스는 두 가지 요소로 이루어져 있다. 한 가지는 구매자의 특성으로서 자극을 지각하고 반응하는 방법에 관련된 것이다. 다른 한 가지는 결과에 영향을 미치는 구매의사결정과정이다. 먼저 구매행동에 영향을 미치는 구매자의 특성, 그 다음에 구매의사결정과정에 대해 살

그림 5-7 | 구매행동모델

자료: Philip Kotler, John Bowen, James Makens and Seyhmus Balouglu(2016), *Marketing for Hospitality and Tourism*, 8th ed., Pearson.

펴보기로 한다.

3. 소비자행동에 영향을 미치는 개인적 특성

소비자행동은 [그림 5-8]과 같이 문화적 요인, 사회적 요인, 개인적 요인, 심리적 요인 등에 영향을 받는다. 대부분은 통제가 불가능하지만, 이러한 요인들을 고려해야 소비자의 반응과 행동을 이해할 수 있다.

그림 5-8 | 소비자행동에 영향을 미치는 요인

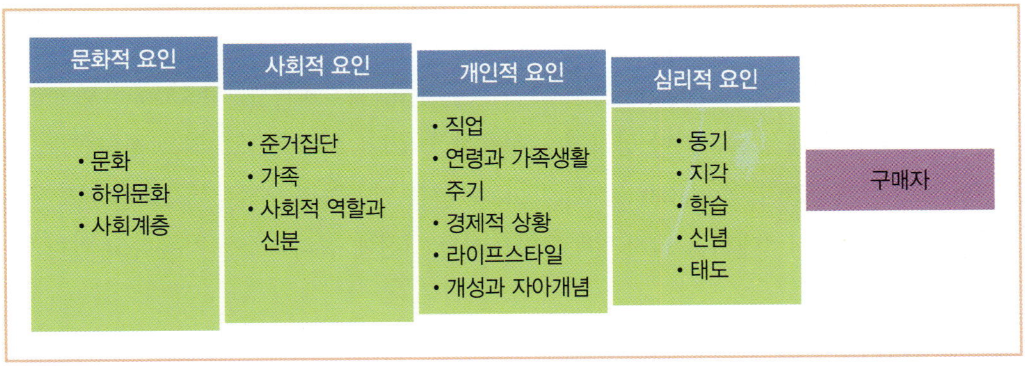

1) 문화적 요인

문화적 요인은 소비자행동에 광범위하게 영향을 미치는 것들로 문화, 하위문화, 사회계층 등이 있다.

(1) 문화

문화(culture)는 개인의 욕구와 행동을 지배하는 가장 기본적인 요소이다. 문화가 구매행동에 미치는 영향은 집단, 사회, 국가마다 다르다. 특히 특정 국가의 고유한 식문화는 메뉴, 시설, 분위기, 서비스 등에 영향을 미친다. 예를 들면, 건강식에 대한 높은 관심은 업종에 관계없이 그에 부응하는 메뉴개발을 촉진시킨다. 글로벌 외식기업들은 지역에 따라 사람들의 음식기호가 다르다는 것을 고려하여 이를 메뉴에 반영하고 있다. McDonald's는 현지문화에 적응하는 노력을 잘 보여준다. McDonald's는 홍콩에 처음 진출했을 때, 고객들이 아침식사는 햄버거류를 좋아하고, 그 외 시간에는 치킨이나 생선류를 좋아한다는 것을 발견하고 아침 메뉴를 바꾸었다. KFC는 한국인의 입맛을 고려한 매운 맛의 핫윙(hot wing)을 출시하여 성공하였지만, 홍콩에서는 튀긴 닭고기보다 삶거나 구운 닭고기를 좋아한다는 점을 발견하지 못해 초기 시장진입에 실패하였다.

(2) 하위문화

하위문화(subcultures)는 동일한 사회 내에서의 세분화된 이질문화를 말한다. 국적, 종교, 인종, 지역문화 등 여러 차원의 하위문화가 나타난다. 미국의 경우 흑인, 히스패닉, 아시아계 등이 중요한 하위문화를 가지고 있으며, 이들의 식습관은 마케팅활동에 영향을 미친다. 인도는 전 인구의 83%가 힌두교를 믿고 있기 때문에 McDonald's는 햄버거 패티에 쇠고기 대신 닭고기나 양고기를 사용하고 있다. McDonald's의 상징처럼 된 빅맥(Big Mc)은 마하라자 맥(Maharaja Mac)으로 이름을 바꾸었고, 모든 식재료는 인도산을 사용하고 있다. 멕시코에서는 햄버거에 토마토케첩 대신에 칠리소스를 사용하고 있다.

(3) 사회계층

사회계층(social class)에 따라 외식활동에서의 메뉴나 레스토랑 브랜드의 선호는 확연히 다르다. 예를 들어, 중국요리를 전문으로 하는 파인 다이닝 Mr. Chow는 상류계층의 고객을 타깃으로 하고 있으며, 작은 동네의 중식 레스토랑들은 저가의 간편한 음식을 원하는 고객을 타깃으로 하고 있다. 뉴욕 맨해튼 상부에 위치한 Four Seasons 레스토랑은 상류계층의 고객을 타깃으로 하고 있는 반면, 맨해튼 하부에 위치한 John's 커피숍은 하류계층을 타깃으로 하고 있다.

2) 사회적 요인

사회적 요인에는 준거집단, 가족, 사회적 역할과 신분 등이 있다.

(1) 준거집단

준거집단은 구성원들에게 그 집단의 규범과 가치에 순응하도록 영향을 미친다.

준거집단(reference groups)은 개인의 태도나 행동을 형성하는 데 직·간접적으로 비교·참고되는 기준을 제공하는 집단을 말한다. 가족, 친지, 학교, 교회, 동창회, 지역단체, 클럽 등이 여기에 해당한다. 소비자의 구매행위를 파악하기 위해서는 특정 제품에 대해 어느 준거집단의 구성원이 가장 크게 영향을 미치는지 파악하면 적합한 전략을 결정할 수 있다. 예를 들어, 와인 동호회에서 활동하고 있는 사람이 와인을 선택할 때는 동호회의 영향을 받게 된다.

특정한 집단에서 어느 레스토랑이 좋고 나쁘다는 특정 레스토랑에 대한 정보와 장·단점을 주위의 사람들에게 알림으로써 방문에 영향을 주는 사람을 의견선도자(opinion leader)라고 한다. 이들은 준거집단 전체의 행동에 중요한 역할을 한다. 레스토랑을 시작할 때 여론선도자들을 먼저 초대하여 무료로 시식할 수 있는 기회를 제공하는 것이 좋다.

(2) 가족

가족(family)의 구성원, 즉 남편과 부인, 자식의 역할과 상대적 영향력에 따라 구매행동이 변한다. 예를 들어, 어린이는 가족의 외식활동에서 레스토랑과 메뉴 선택에 강한 영향력을 행사할 수 있는 존재이다. Outback Steakhouse는 점포 주변에 위치한 유치원 어린이들을 대상으로 점포견학을 실시하여, 주말에 가족과 함께 방문하도록 유도하는 프로그램을 진행하였다.

(3) 사회적 역할과 신분

사람은 가정, 회사, 기타 조직에 소속되어 있고 그 집단에서의 위치에 따라 역할과 신분을 가지며 그에 따라 다른 구매행동을 보인다. 역할(role)은 주위 사람들로부터 무엇인가 해주기를 기대하는 활동을 말한다. 일반적으로 사람은 가정에서는 남편 또는 아내, 아들 또는 딸, 밖에서는 관리자 또는 근로자로서의 역할을 가진다. 이러한 각자의 역할은 구매행동에 영향을 미친다. 예를 들어, 사업과 관련된 식사모임에서는 가격을 따지지 않고 높은 품질의 레스토랑을 고려하지만, 가족과의 외식에서는 경제적인 선택에 더 높은 관심을 가질 수 있다. 한편 사람은 종종 사회에서의 신분(status)을 반영하는 제품을 선택하기도 한다.

3) 개인적 요인

소비자행동은 구매자의 직업, 연령과 가족생활주기, 경제적 상황, 라이프스타일, 개성과 자아개념 등 개인적 특성에 의해 영향을 받는다.

(1) 직업

직업(occupation)은 제품과 서비스의 구매행동에 영향을 미친다. 예를 들어, 건설근로자들은 작업현장의 구내 레스토랑에서 식사를 하지만, 기업의 임원이 되면 풀서비스 레스토랑에서 식사를 하게 된다. 높은 비용을 받고 경영컨설팅을 해주는 회사들 중에는 회사의 부정적 이미지를 줄 수 있다는 우려 때문에 직원들이 패스트푸드 레스토랑에서 식사하는 것을 금지하고 있기도 하다.

(2) 연령과 가족생활주기

소비자행동은 연령과 가족생활주기(family life cycle)에 따라 변한다. 나이를 먹어 가면서 음식에 대한 기호나 외식할 때의 레스토랑 또는 메뉴를 선택하는 기준이 변한다. 또한 독신, 결혼년수, 자녀의 유무, 대가족부모 등 가족생활주기단계에 따라 구매하는 제품과 서비스가 다르다. 독신 또는 자녀가 없는 부부는 외식횟수가 높고 즉석식품, 테이크아웃, 배달음식 등에 관심이 높은 편이다. 미국 레스토랑협회(NRA)의 조사에 따르면 자녀가 없는 부부는 자녀가 있는 부부에 비해 외식비를 65% 더 지출하는 것으로 나타났다.

연령과 가족생활주기에 따라 외식소비행동은 달라진다.

(3) 경제적 상황

개인의 경제적 상황(economic situation)은 제품의 선택과 구매의사결정에 영향을 미친다. 경제가 불황이거나 개인적으로 경제적 상황이 좋지 않을 때, 소비자는 외식횟수와 외식비를 줄이거나 외식할 때 낮은 가격의 레스토랑이나 메뉴를 찾는다.

(4) 라이프스타일

라이프스타일(lifestyle)은 한 개인의 생활유형으로서 개인의 행동, 관심, 의견 등의 표현을 의미한다. 동일한 사회적 지위나 직업을 가진 사람들이라도 라이프스타일은 각자 다를 수 있다. 따라서 라이프스타일의 파악은 변화하는 소비자의 가치관을 이해하고 구매행동에 어떻게 영향을 미치는지 알려 준다.

(5) 개성과 자아개념

개성(personality)은 개인의 환경에 대해서 상대적으로 지속적이고 일관된 패턴으로 반응을 일으키는 심리적 특성을 말한다. 개성은 제품과 브랜드 선택에 관한 소비자행동을 이해하는 데 효과적이다. 예를 들어, 레스토랑에서 안심 스테이크를 주문하는 사람은 주로 레드 와인을 함께 즐긴다는 사실을 발견하였다. 이러한 정보를 바탕으로 안심 스테이크를 주문하는 고객에게 레드 와인을 추천판매(suggestive selling)하여 매출을 높이는 서비스 노력을 한다.

자아개념(self-concept)은 개인들이 자신에 대해서 갖는 총체적인 생각과 느낌들을 말한다. 개성과 관련된 자아개념은 소비자가 자기 이미지와 일관성을 유지하는 방향으로 행동하거나 이상적 자아 이미지와 비슷하도록 행동한다. 자아개념의 기본적인 전제는 사람들의 소유물이 그들의 실체를 반영하며, 또한 실체를 구성하는 데 기여한다는 것이다. 예를 들어, 커피를 즐기는 사람은 커피의 문화적인 이미지를 공유할 수 있다는 이유로 Starbucks를 방문한다고 볼 수 있다.

4) 심리적 요인

소비자행동에 영향을 미치는 심리적 요인에는 동기, 지각, 학습, 신념, 태도 등이 있다.

(1) 동기

인간이 특정한 행동을 하는 것은 그럴만한 동기를 가지고 있기 때문이다. 동기(motivation)란 욕구로부터 촉발된 긴장상태를 해소하려는 목적지향적인 능동적 활력을 말한다. 소비자는 배고픔, 존경 등과 같이 다양한 욕구를 지니고 있으나, 어떤 특정 시점에서 사람의 행동을 유발할 만큼 충분히 강력하지는 못하다. 욕구가 충분히 강력한 수준으로 일어나면 동기가 된다. 예를 들어, 배고픔을 느끼고 빠른 시간에 이를 해결하기 위해 패스트푸드 레스토랑을 방문하려는 욕구가 동기이다.

(2) 지각

지각(perception)이란 여러 감각기관을 통해 유입된 자극을 개인의 주관적인 기준으로 해석하고 이해하는 것을 말한다. 동기가 부여된 인간은 행동으로 옮기는데, 이러한 행동은 자신의 환경을 어떻게 지각하느냐에 따라 크게 달라진다. 또한 같은 상황에서 같은 동기부여가 있어도 그 상황을 어떻게 지각하는가에 따라 행동은 크게 달라진다. 예를 들어, TGIF 직원의 개방적인 복장과 서비스가 품위 없다고 생각하는 사람이 있는 반면, 재미있고 자연스러워 좋다고 생각하는 사람도 있다. TGIF는 후자의 소비자를 타깃으로 하고 있다.

(3) 학습

학습(learning)은 제품의 직접 경험이나 외부정보가 제품에 대한 소비자의 신념과 태도, 행동을 변화시키는 것을 말한다. 모든 인간의 행동은 학습된 것으로 소비자는 제품을 사용하면서 학습한다. 소비자는 여러 레스토랑을 방문하여 맛, 서비스, 분위기, 시설 등을 관찰하고 경험하면서 각각의 레스토랑을 평가한다. 그 후 외식의 목적과 동기에 따라 과거의 경험에서 학습한 내용을 근거로 어느 한 곳의 레스토랑을 선택하게 된다.

(4) 신념

신념(beliefs)은 개인의 어떤 대상에 대해 가지고 있는 인지적 지식을 말하며, 제품 및 브랜드의 이미지를 강화시킨다. 예를 들어, 어떤 고객이 가족끼리 외식을 할 때 VIPS가 가장 적합한 레스토랑이라고 믿고 있다면, 패밀리 레스토랑의 선택에 결정적인 영향을 미칠 수 있다.

(5) 태도

태도(attitudes)는 사람이나 사물 등 어떤 대상에 대해 일관성 있게 호의적이거나 비호의적 또는 지속적으로 긍정적이거나 부정적인 반응을 나타내는 학습된 성향을 말한다. 일반적으로 유년기에 형성된 태도는 성인이 된 후에도 구매행동에 영향을 미친다. 예를 들어, McDonald's는 어린이를 평생고객 관점에서 파악하고 장래에도 지속적으로 고객관계를 유지하기 위해 노력하고 있다. 그러나 일단 부정적인 태도가 형성되면 이를 바꾸기가 쉽지 않다. 레스토랑 개점 초기에는 많은 고객이 방문했지만, 시간이 지나면서 크게 감소하였다면 초기에 고객을 만족시키지 못한 결과로서 레스토랑에 대한 태도가 부정적으로 바뀐 것이다.

4. 구매의사결정과정

소비자는 일련의 심리적 과정을 거쳐 레스토랑을 선택하게 된다. 그러나 소비자가 레스토랑을 선택하는 과정은 획일적이지 않다. [그림 5-9]는 대표적인 구매의사결정과정

그림 5-9 | 구매의사결정과정

으로 문제인식, 정보탐색, 대안평가, 구매의사결정, 구매 후 행동 등 다섯 단계로 구성되어 있음을 나타낸다.

습관적인 소비에서는 몇 개의 과정이 생략되거나 순서가 바뀌기도 한다. 예를 들어, 패밀리 레스토랑을 선택할 때는 다섯 단계를 모두 거치지만, 패스트푸드 레스토랑을 선택할 때는 습관적으로 이용하던 곳을 찾는다. 이때의 구매의사결정에서는 정보탐색과 대안평가의 과정이 생략된 것이다. 그러나 일반적으로 신제품 또는 복잡한 상황에서 구매할 때는 구매의사결정 다섯 단계가 모두 관련된다.

1) 문제인식

첫 번째는 문제인식(need recognition)의 단계로서 자신의 실제상태와 바람직하다고 생각하는 상태 간에 차이가 있다고 인식되면, 이를 해결하려는 욕구가 발생하는 단계이다. 즉 소비자가 욕구를 인식하고, 구매를 통해 그 욕구를 해결하려는 단계이다. 일반적으로 욕구는 배고픔, 목마름과 같은 내부자극이나 광고와 같은 외부자극에 의해 유발된다.

이 단계에서 레스토랑은 소비자의 실제상태와 바람직한 상태 간의 차이를 크게 하여, 문제를 인식하게 만들도록 한다. 예를 들면, 레스토랑에서 맛있는 음식냄새를 밖으로 새어나가게 하는 것은 일종의 자극으로서, 소비자로 하여금 배고프다는 문제인식을 발생시켜 구매 욕구를 유도하는 전략이다.

2) 정보탐색

두 번째는 정보탐색(information search)의 단계로서 문제를 인식한 소비자가 발생한 욕구를 만족시키기 위해 필요한 정보를 얻으려고 노력하는 단계이다. 소비자는 다양한 정보원천으로부터 필요한 정보를 얻으려고 하는데, 이러한 정보탐색활동에는 내부탐색과 외부탐색이 있다.

내부탐색은 문제와 관련된 소비자의 경험이나 기억 속에 저장된 정보를 신속하고 무의식적으로 찾는 과정이다. 내부탐색만으로 충분한 정보를 얻었다면, 소비자는 바로 의사결정을 한다. 그렇지 못하면 외부탐색을 시작한다. 여기에는 친구, 광고, 포장, 전시, 미디어, 레스토랑 가이드, 인터넷, SNS, 시식, 직접 방문 등 여러 가지 정보원천이 있다. 광고나 홍보에 의해 레스토랑을 인식하기도 하지만 외식산업에서는 가족, 친구 등과 같은 개인적 정보원천의 영향력이 크다.

3) 대안평가

세 번째는 대안평가(evaluation of alternatives)의 단계로서 정보탐색을 통해 최종적으로 도출된 레스토랑에 대해 평가하는 단계이다. 정보를 수집한 소비자는 어느 레스토랑을 선택할 것인가 하는 문제에 부딪힌다. 소비자는 모두 동일한 평가과정을 거치지 않으며, 또한 동일한 판단을 하지도 않는다. 소비자가 어떻게 평가하는지 이해하게 되면, 구매의사결정에 영향을 주는 효과적인 방법을 찾을 수 있다.

소비자는 몇 가지 개념을 가지고 평가할 수 있다. 첫째, 소비자는 여러 가지 속성(attribute)의 집합으로 파악한다. 레스토랑의 경우 음식의 질, 메뉴구성, 서비스의 질, 입지, 가격, 위생, 분위기 등의 속성들이 있다. 소비자는 이들 중에서 자신의 욕구와 관련된 속성에 주의를 기울이기 때문에 소비자에 따라 생각하는 속성은 각기 다르다. 둘째, 소비자는 각 속성의 중요성을 고려한다. 소비자는 레스토랑의 평가기준으로 맛, 청결, 서비스, 접근성, 가격 등을 고려하지만, 각각의 속성에 대하여 부여하는 중요도는 개인에 따라 다르다. 셋째, 소비자는 각각의 레스토랑들이 어떤 속성들을 가지고 있는지에 대해 나름의 신념을 가지고 있다. 이렇게 특정한 레스토랑 대해 가지는 신념을 브랜드 이미지라고 한다. 넷째, 소비자는 자신이 중요하다고 생각하는 속성들을 고려해서 여러 레스토랑을 종합적으로 평가하여 총점이 가장 높은 곳을 선택한다.

4) 구매의사결정

네 번째는 구매의사결정(purchase decision)의 단계로서 실제적인 구매의사를 결정하는 단계이다. 대안평가단계에서 소비자는 레스토랑 순위를 매기고 구매의도를 가지는데, 일반적으로 가장 선호하는 브랜드를 구매한다. 그러나 구매의도와 실제구매 사이에 두 가지 요인이 작용하여 구매행동이 바뀔 수 있다. 첫째, 타인의 태도이다. 예를 들어, 남편이 중식 레스토랑에서 외식하기를 원한다면 패밀리 레스토랑에서 식사하고 싶은 아내의 기회는 낮아진다. 둘째, 예상하지 못했던 상황적 요인이다. 소비자는 기대되는 소득이나 예상가격 또는 예상되는 편익에 따라 구매의도를 형성한다. 그러나 갑자기 실직을 하거나 친구로부터 실망했다는 말을 듣게 되는 상황에서는 구매의도가 변경될 수 있다.

5) 구매 후 행동

마지막은 구매 후 행동(post purchase behavior)의 단계이다. 소비자는 자신이 경험한 성과로 재구매를 고려하기 때문에 구매 후의 행동을 이해하는 것은 중요하다. 레스토랑 방문 후 대부분의 소비자는 만족 또는 불만족 반응을 가진다. 예를 들어, 레스토랑 방문 후 자신이 기대했던 메뉴와 서비스에 만족하면 즐거워하고, 그렇지 못하면 다른 레스토랑에서 획득할 수 있었던 기회의 상실에 대해 불쾌함을 가진다. 이처럼 구매 후 갈등에 의한 불편한 심리상태를 인지 부조화(cognitive dissonance)라고 한다.

소비자는 거의 모든 구매에서 어느 정도의 구매 후 부조화를 느끼게 된다. 인지 부조화를 느낀 소비자는 의식적으로 자신이 선택한 레스토랑의 장점을 강화하고 단점을 약화시키는 등 부조화를 감소시키려고 한다. 그러므로 레스토랑은 방문 후의 불만족을 감소시키고, 소비자로 하여금 잘한 선택이라는 감정을 가지도록 몇 가지 전략을 취할 수 있다. 예를 들어, 소비자의 레스토랑 선택을 지지하는 정보나 광고를 전달하거나 만족해하는 다른 고객의 리뷰를 보여주는 것이다.

광고는 제품을 구매한 후에 발생하는 인지 부조화를 줄이는 데 유용한 수단으로 사용되기도 한다.

토 의 문 제

01 외식산업 소비자는 타산업과 다른 행동특성을 가지고 있다. 외식산업 소비자가 타산업 소비자와 다른 행동특성에 대해 설명하시오.

02 고객의 외식경험을 이해하는 것은 고객의 재방문을 자극하는 기회를 만들 수 있다는 점에서 중요하다. Starbucks와 EDIYA가 타깃고객에게 전달하고자 하는 경험요소는 무엇인지 조사하고, 그에 따라 실행하고 있는 전략에 대해 토의하시오.

03 1인 가구의 증가는 식사의 개인화를 촉진시켰다. 최근과 같은 식사의 개인화는 일시적인 트렌드가 아니라 사회 · 문화적인 현상으로 향후에도 계속될 것으로 전망된다. 식사의 개인화가 지속될 수밖에 없는 환경요인이 무엇이었는지 토의하시오.

04 코로나19 팬데믹은 외식산업에 많은 변화를 가져왔다. 무엇보다 배달, 테이크아웃, 매장 내 키오스크 등 비대면서비스가 확대되었다. 코로나19의 영향으로 외식기업과 레스토랑이 비대면서비스를 통해 매출을 높이려는 전략에 대한 사례를 조사하고, 토의하시오.

05 외식산업은 흔히 트렌드산업이라고 부른다. 외식소비 트렌드를 잘 파악해야 적절한 대응이 가능하고 성공적인 운영이 가능하기 때문이다. 소비자의 편의성 추구에 따른 외식기업과 레스토랑의 대응전략에 대한 사례를 조사하고, 토의하시오.

06 소비자 욕구를 만족시킬 수 있는 전략을 세우기 위해서는 소비자행동을 체계적으로 이해해야 한다. 외식산업에서 소비자행동에 대한 이해와 분석이 부족하여 실패한 사례 또는 성공한 사례를 찾아보고, 토의하시오.

07 외식산업 소비자에게 영향을 미치는 준거집단들의 예를 들고, 이들을 전략에 활용하여 성공한 사례를 찾아보고, 토의하시오.

08 구매자의 의사결정과정은 문제인식, 정보탐색, 대안평가, 구매의사결정, 구매 후 행동 등 다섯 단계로 구성되어 있다. 다섯 가지 각 단계에서의 효과적인 마케팅전략에 대해 토의하시오.

참 고 문 헌

- 박기용(2018), 외식산업경영학, 대왕사.
- 이훈영 · 박기용(2018), 외식산업 마케팅, 도서출판 청람.
- 한국농수산식품 유통공사(2020), 2021 식품외식산업트렌드.
- Dornenburg, Andrew & Karen Page(1998), *Dining Out*, John Wiley & Sons.
- Philip Kotler, John Bowen, James Makens and Seyhmus Baloglu(2016), *Marketing for Hospitality and Tourism*, 8th ed., Pearson.

Part 03

외식산업 경영관리

Chapter 06

마케팅계획과 전략

도입사례

Starbucks '제3의 공간'으로 포지셔닝한 전략 적중

집, 사무실 다음으로 가장 많은 시간을 보내는 곳이 있다. 고객과 미팅을 진행하는 곳, 일주일에 한두 번 들러서 모바일 앱으로 아메리카노를 주문하고 리워드를 적립하는 곳, 바로 Starbucks이다. 사무실에서 해도 되는 일들이지만 이상하리만큼 이 곳에만 오면 홀린 듯이 뭔가 더 편안하고 다른 곳과는 확연한 차이를 느낀다. Starbucks는 국내 커피시장에서 가장 강력한 브랜드 파워를 가진 기업이다.

Starbucks는 브랜드가치 구축을 위해 광고에 큰 비용을 투자하지 않았다. 집과 회사 이외의 '제3의 장소'를 제공함으로써 소비자의 신뢰를 얻었다.

Starbucks가 국내 커피 소비문화를 완전히 바꿔 놨다고 해도 과언이 아니다. 일회용 컵에 커피를 담아 들고 다니는 '테이크아웃' 문화를 전파한 것도, 한끼 식비와 맞먹는 비용을 커피에 지출하게 만든 장본인도 Starbucks이다.

Starbucks 국내 '톱5' 브랜드 매출 합보다 많아

1999년 1호점(이대점)을 연 지 18년 만에 커피전문점 브랜드로는 처음 매출 1조 원을 넘어섰고, 2018년에는 매출규모를 1조 5,223억 원까

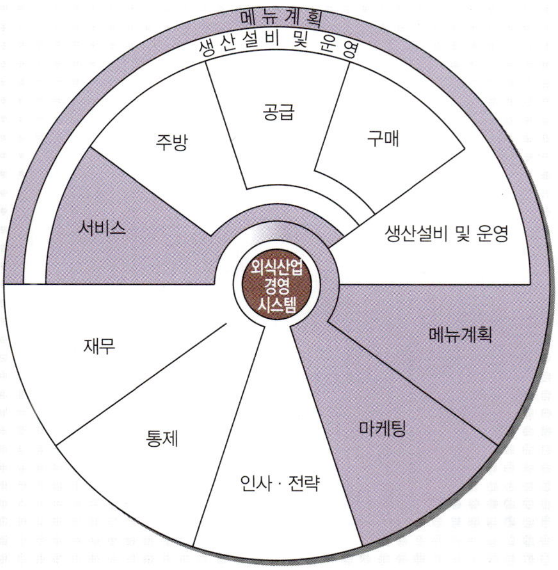

|학습목표|

1. 외식산업 마케팅과 제조업 마케팅의 다른 점을 이해한다.
2. 마케팅계획의 과정과 구성요소를 이해한다.
3. 마케팅전략 수립을 위한 상황분석과 SWOT분석을 이해한다.
4. 시장을 세분화하는 변수들의 장점과 단점을 이해한다.
5. 매력적인 세분시장을 파악하고, 표적세분시장을 선정하는 전략을 이해한다.
6. 경쟁우위 확보를 위한 포지셔닝전략을 이해한다.
7. 마케팅믹스란 무엇이며, 어떤 요소들로 구성되어 있는지 이해한다.

지 늘렸다. 국내 상위 5개(EDIYA, A Twosome Place, Yogerpresso, 커피에 반하다, 빽다방) 커피 프랜차이즈의 매출액 총합(1조 3,547억 원)보다도 훨씬 많은 수준이다. 연매출 1조 원이 넘는 식품기업이 20여 곳에 불과한 현실에 비춰 볼 때 가히 독보적인 실적이다. 2021년 기준 1,611개 매장을 운영 중이다.

Starbucks 매장마다 고객들의 발길이 끊이지 않자 Starbucks가 있는 주거단지를 가리켜 '스세권(Starbucks+역세권)'이란 말도 나왔다. Starbucks가 입점하면 인근 점포 매출도 함께 올라 건물 시세가 동반 상승한다는 믿음 덕에 건물주들의 러브콜을 받고 있다. 한국만의 현상도 아니다. 미국 부동산 사이트 질로(zillow)에 따르면, 1997년부터 2014년까지 미국 내 일반주택의 평균 지가 상승률이 65%였던 것에 반해 Starbucks 주변 주택은 96%가 올랐다.

Starbucks 이전에는 없던 커피문화, 제3의 공간

Starbucks의 성공비결은 뭘까. "문화를 판다"는 Starbucks만의 독특한 전략과 국내 고객들의 특성을 적극 반영한 현지화전략 등으로 브랜드 파워를 키워 충성도 높은 고객들을 계속 끌어모은 점이 주효했다. Starbucks 이전과 이후로 나뉘는 모습이 있는데, 바로 커피의 문화화(化)이다. "Starbucks는 다르다"를 적극 마케팅했고, 고객들로 하여금 이렇게 느끼게끔 하는 데 성공했다. 이른바 '제3의 공간' 전략이 적중한 것이다. "커피 이상의 특별한 경험을 소개합니다. Starbucks가 일상을 풍요롭게 하는 제3의 공간으로서 지역사회 속에서 고객과 함께하며 새로운 커피문화를 정착시키고 있습니다." Starbucks 코리아 홈페이지에 가장 먼저 나오는 문구이다. 가정을 제1의 공간, 직장을 제2의 공간으로 한다면, 그 외의 공간이 제3의 공간이다. 현대인들은 상업공간을 휴식이나 여가 등의 공간으로 사용하는데, Starbucks는 제3의 공간을 스스로의 정체성으로 '포지셔닝'했다.

커피의 '가치 소비'

Starbucks는 제3의 공간이라는 가치에 맞는 의미를 부여하기 위해 다양한 서비스를 제공했다. 음료 한 잔을 시켜 놓고 개점부터 폐점시간까지 있어도 아무런 문제가 없다. 편안함을 느끼면서 다양한 체험을 할 수 있게 인테리어에도 각별히 신경을 썼다. 미국 Starbucks는 본사 2,000명 직원 가운데 10%에 달하는 200명이 인테리어 부서 인력일 만큼 인테리어 마케팅에 적극적이다. 한 장소에 오래 앉아 대화하는 걸 선호하는 우리 특성에 맞게 의자와 테이블수를 대폭 늘린 점도 주효했다.

'신뢰 · 고급' 브랜드로 충성도 높은 고객 확보

여기에 고급스럽고 신뢰가 가는 이미지가 더해졌다. 대중들이 사용하는 상당수의 텀블러와 머그컵에 Starbucks 로고가 박혀 있는 데는 다 이유가 있다. '빨리빨리' 문화가 강한 우리 기질을 파악해 스마트폰 앱을 통해 원하는 제품을 미리 주문한 뒤 매장에서 찾아가는 '사이렌오더'를 세계에서 최초로 시행한 것도 고객들에게 "Starbucks는 다르다"고 느끼게 한 대목이다. 이 시스템은 미국 본사가 벤치마킹해 현재는 미국에서도 사용되고 있다. '알바' 없이 모든 직원을 정규직으로 채용해 서비스 질을 강화하고 '문경 오미자 피지오', '이천 햅쌀 라떼' 등 다양한 지역의 특산물을 활용한 새 음료를 내놓는 점도 고객들에게 신선하게 다가왔다는 분석이다.

특별함과 편리함을 강조한 모바일 마케팅은 Starbucks가 경쟁업체들과 비교하여 가장 차별화된 부분이다.

자료: 시사저널, 2020.02.11./한국 무역신문, 2018.09.26./뉴스핌, 2021.11.11.

오늘날 마케팅에 대한 이해와 노력 없이 성장과 성공에 도달한 레스토랑은 없다. 레스토랑이 시장에서 실패하는 가장 큰 이유 중 하나는 마케팅에 대한 이해부족 때문이다. 간혹 마케팅의 중요성을 인식하고는 있지만, 이를 제대로 적용하지 못한 때문이기도 하다. 레스토랑이 고객의 욕구를 정확하게 이해하고 제품, 가격, 유통, 촉진 등을 효과적으로 실행한다면, 제품은 잘 팔리고 고객은 만족할 것이다.

본 장에서는 고객의 욕구를 이해하고, 그에 맞는 제품과 서비스를 제공하고, 고객만족을 통해 이익을 창출하는 활동인 마케팅에 대해 살펴보고자 한다. 마케팅의 정의, 마케팅과 판매의 차이점, 외식산업 마케팅의 정의에 대해 살펴보고, 마케팅계획의 전반적인 과정과 구성요소에 대해서도 살펴본다.

6-1 마케팅의 이해

1. 마케팅이란?

마케팅(marketing)은 고객의 욕구를 충족시킨다는 관점에서 이해해야 한다. 마케팅은 고객의 욕구를 이해하고 최상의 고객가치를 제공할 수 있는 제품을 개발하여 효과적인 가격과 유통, 촉진을 통해 고객을 만족시켜 이익을 창출하는 활동이다. 마케팅을 다른 측면에서 생각해 보면, 고객이 받을 편익(benefit)이 고객이 지불하는 비용보다 크도록 만드는 모든 활동이

마케팅은 레스토랑의 그 어떤 기능보다 고객의 욕구에 초점을 두고 있다.

라고 할 수 있다. 고객이 제품을 구매하여 얻고자 하는 편익 모두를 통합해서 평가하는 것이 제품의 가치(value)이다. 반면에 고객이 제품을 구매하기 위해서 지불하는 가격을 비롯해서 투자하는 시간, 노력 등과 같이 제품으로부터 얻는 가치를 위해 지불하는 대가를 비용(cost)이라고 한다. 마케팅은 고객이 제품을 얻기 위해서 지불하는 비용보다 제품으로부터 얻는 편익이 월등하게 크도록 제품을 더욱 매력 있게 만드는 모든 활동이라고 할 수 있다.

외식산업에서 많은 사람들이 마케팅을 판매(sales) 또는 광고(advertising)로 잘못 이해하고 있다. 판매나 광고는 마케팅의 일부분에 지나지 않는다. 마케팅은 그 이상의 의미를 가진다. 〈표 6-1〉과 같이 마케팅은 고객의 욕구에 초점을 두고 있는 반면 판매는 판매자의 욕구에 초점을 두고 있다. 마케팅은 고객의 욕구를 이해하고 그에 맞는 제품과 서비스를 개발하고 고객만족을 통해 이익을 창출한다. 반면 판매는 고객에게 제품과 서비스를 소비하도록 촉진하는 것에 지나지 않는다.

간혹 레스토랑 직원이 판매 마인드로 마케팅에 접근하는 실수를 범하기 때문에 그 차이를 구분할 필요가 있다. 판매는 고객으로 하여금 레스토랑이 제공하는 것을 구매하도록 자극하는 활동이며, 고객에게 메뉴에 있는 품목을 강요하는 것이다. 이러한 방식으로는 고객이 반복하여 레스토랑을 찾지 않을 것이다. 단순히 메뉴를 강요할 것이 아니라 메뉴에 대한 정확한 정보전달과 업셀링(upselling) 스킬로 접근해야 고객만족, 고객과 장기적인 관계를 유지할 수 있다.

표 6-1 | 마케팅과 판매의 차이

결정	마케팅	판매
메뉴 디자인	새로운 메뉴품목의 추가결정을 위해 단골고객을 조사한다.	경영자나 관리자가 좋아하는 메뉴를 추가한다.
가격정책	어떤 가격이 샐러드를 판매하는 데 많은 고객을 유인할 수 있으며, 높은 수익을 얻을 수 있는가?	단지 식재료비율 35%를 목표로 한다.
식재료 대체성	"구운 감자를 해쉬브라운으로 바꿔 드릴 수 있습니다."	"곤란한 점이 있기 때문에 다른 식재료로 대체해 드릴 수 없습니다."
부정적 고객의견에 대한 반응	"좋은 생각입니다. 우리는 당신의 아이디어를 개선하기 위해 노력할 것입니다."	"그것은 불가능한 생각입니다. 우리는 그 방법으로 바꿀 수 없습니다."

2. 외식산업 마케팅

외식산업 마케팅과 제조산업 마케팅은 다르다. 제조산업 마케팅은 유형제품(tangible product)에 주된 관심을 가지지만, 외식산업 마케팅은 제품과 서비스, 나아가 기억될 만한 경험(experience)을 창출하는 데 관심을 가진다. 이러한 관점에서 Starbucks가 세상에서 가장 맛있는 커피인가? 하는 질문은 의미가 없다. Starbucks는 커피를 단지 소비재로 판매하지 않고 집, 직장 이외 제3의 공간으로서 커피를 마시며, 즐겁고 편안한 분위기를 느낄 수 있는 감성적인 경험을 제공하여 성공하였다. Starbucks 사례에서도 알 수 있듯이 외식산업에서 마케팅은 고객이 레스토랑에서 보낸 시간이 즐겁고 추억이 되는 고객경험(customer experience)을 가지도록 하는 것이다.

외식산업에서 마케팅은 즐겁고 추억이 되는 고객경험을 가지도록 하는 것이다. Starbucks는 커피를 문화로 즐기는 고객경험을 제공하고 있다.

6-2 마케팅계획

마케팅계획(marketing plan)은 레스토랑이 목표를 달성하는 데 필요한 마케팅전략과 이를 실행하기 위한 구체적인 마케팅프로그램의 개발 및 실행, 관측, 통제에 대한 계획을 말한다. 마케팅계획과 사업계획(business plan)은 다르다. 마케팅계획은 1년 또는 3년처럼 정해진 기간 동안 조직의 마케팅활동에 대한 일종의 로드맵을 말한다. 그러므로 모든 상황에 적용할 수 있는 마케팅계획은 존재하지 않는다. 반면 사업계획은 정해진 기간 동안 마케팅활동뿐만 아니라 생산, 운영, 연구개발, 재무 등 조직 전체의 로드맵을 말한다. 그러나 작은 레스토랑의 경우 마케팅계획과 사업계획은 사실상 동일하다.

[그림 6-1]은 마케팅계획과정을 보여준다. 첫 번째 단계는 상황분석이다. 시장을 넓게 보는 것으로 경쟁자, 자사, 고객 등을 분석한다. 그리고 SWOT분석을 통해 강점과 약점, 기회와 위협을 파악한다. 두 번째 단계는 마케팅목표를 달성하기 위한 마케팅전략의 개발이다. 시장세분화, 표적시장 선정, 포지셔닝 등으로 구성된 마케팅전략을 개발한다. 세 번째 단계는 선정된 표적시장 내 고객의 마음속에 경쟁우위 구축을 위한 제품, 가격, 촉진, 유통 등의 마케팅믹스(marketing mix)를 수립하고, 이에 따른 마케팅활동을 수행한다. 네 번째 단계는 전략의 실행, 평가, 통제이다. 레스토랑이 얻고자 하는 포지션이 확정되면, 그 목표를 효과적으로 달성하는 데 필요한 자원과 예산을 책정하여 실행한다. 그리고 전략이 계획대로 실행되고 있는지 지속적으로 평가하고 통제한다.

그림 6-1 | 마케팅계획과정

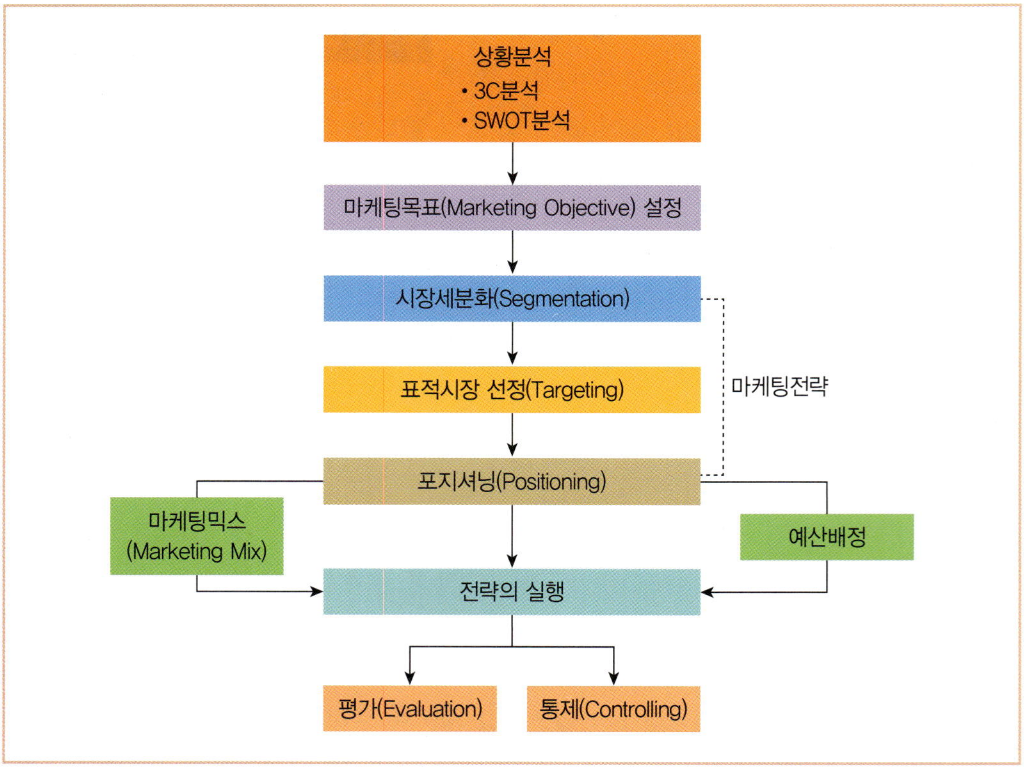

1. 상황분석

마케팅계획과정은 상황을 분석하는 것에서 출발한다. 상황분석(situation analysis)은 "우리는 지금 어디에 있는가?"를 확인하는 것으로 고객(customer), 자사(company), 경쟁자(competitor) 등 3C를 분석한다.

1) 고객분석

고객분석은 레스토랑을 방문하는 고객의 욕구와 소비행태를 파악하는 것이다. 레스토랑을 방문하는 고객은 누구인지, 무엇을 원하는지, 어디에서 오는지, 어떻게 오는지, 언제 방문하는지, 왜 방문하는지, 얼마나 만족하는지 등을 파악한다. 이러한 정보는 판매기록, 관리자와 직원, 고객, 외부조사자료 등으로 알 수 있다.

판매정보는 다음과 같이 여섯 가지로 나누어 기록한다.

- 주중 아침식사: 월~금
- 주중 점심식사: 월~금
- 주중 저녁식사: 월~목
- 주말 아침식사: 토~일
- 주말 점심식사: 토~일
- 주말 저녁식사: 금~일

그리고 매일 다음과 같은 영업현황자료를 수집한다.

- 고객수
- 매출
- 객단가
- 메뉴품목별 판매량(판매된 애피타이저, 사이드디쉬, 디저트 판매수)
- 아침, 점심, 저녁의 고객수 및 매출
- 고객 1인당 메뉴품목별 판매량(음료, 애피타이저, 사이드디쉬, 디저트 판매수량)
- 아침, 점심, 저녁의 객단가
- 주 매출 대비 일 매출비율

- 일 매출 대비 아침, 점심, 저녁의 매출비율
- 주 매출 대비 주말 및 주중 매출비율

위와 같은 정보를 통해 얼마나 많은 고객에게 음식을 제공했는지, 고객이 얼마나 지출했는지, 무엇을 주문했는지, 일주일 동안 비즈니스가 어땠는지 등을 알 수 있다. 또한 사업이 잘 될 때와 안 될 때를 파악하고 특정 메뉴의 판매량 또는 고객수를 증가시키기 위해 구체적인 목표를 세우기도 한다.

경영진과 직원은 비공식적으로 고객과 접촉하는 순간이 많기 때문에 직원들로부터 고객정보를 제공받기도 한다. 판매하고 있는 메뉴품목과 그 이유, 고객이 좋아하는 것과 좋아하지 않는 것, 어떤 부류의 고객들이 제각기 다른 시간에 방문하는지 등에 관해 알 수 있다. 직원들에게 의견을 물어보는 이유는 유용한 정보수집은 물론 자신들을 중요하게 생각하고 있다는 것을 느끼도록 하는 동기유발의 수단이 되기 때문이다.

공식적인 설문조사를 이용하여 고객정보를 수집할 수도 있다. 레스토랑이 무엇을 잘하고 못하는지 알아내는 가장 좋은 방법은 고객에게 물어보는 것이다. 설문조사는 먼저 조사목표를 설정한 후 원하는 정보에 대한 대답이 될 수 있는 질문을 결정하고, 적절한 조사방법을 활용하여 실행한다. 판매량와 고객수를 증가시키는 비결은 현재의 고객특성을 파악하는 것이다. 이런 정보를 얻는 방법으로 포커스그룹(focus group)이 활용된다. 포커스그룹은 6~10명 정도의 과거 또는 현재 고객들로 구성하며, 그들로부터 다양한 의견을 모을 수 있다. 고객의견카드(customer comment cards) 또는 SNS 댓글을 살펴보는 것도 정보를 수집하는 좋은 방법 중 하나이다.

2) 자사분석

자사분석은 자신이 운영하는 레스토랑의 강점과 약점에 대한 편견 없는 평가이다. 자사를 평가하기 위한 전형적인 체크리스트 항목은 다음과 같다.

- 메뉴의 다양성
- 메뉴의 매력
- 메뉴의 품질
- 맛
- 청결과 위생
- 촉진활동
- 가시성(visibility)
- 이미지

- 메뉴의 일관성
- 1인 분량
- 가격
- 서비스 속도
- 서비스 품질
- 서비스 친근성
- 분위기
- 시설
- 판매량 수준(sales level)
- 판매시점 정보관리시스템(point of sale system)
- 해피아워 제공물(happy-hour offerings)

그러나 위와 같은 체크리스트가 고객관점에서의 중요성을 나타내는 것은 아니다. 레스토랑에 훌륭한 샐러드바가 있지만, 그것이 고객에게 중요하지 않다면 샐러드바는 레스토랑의 강점이 되지 않는다. 그러므로 고객관점에서 레스토랑을 분석해야 한다. 고객관점에서 중요한 요소를 파악하고, 이를 체크리스트로 활용하여 자사의 운영능력을 평가함으로써 고객에게 집중할 수 있다.

일부 레스토랑에서는 미스터리 쇼퍼(mystery shopper)를 활용하여 운영을 평가한다. 미스터리 쇼퍼는 익명을 유지하고 무작위 평가를 수행한다. 일반적으로 첫 달에는 3~4번 방문하고, 그 이후에는 매달 방문하여 평가한다. 경영진은 직원으로부터 레스토랑의 경영성과, 서비스, 내부 및 외부 시설, 기타 사항에 대한 의견도 보고받는다.

3) 경쟁자분석

외식산업시장은 진입장벽이 낮아 언제나 경쟁이 치열하다. 이러한 시장에서는 경쟁자가 가장 비중 높은 환경요인으로 등장한다. 고객과 더불어 경쟁자를 이해하고 확인하는 것은 중요하다. 경쟁자분석을 통해 경쟁자의 영향력을 평가하고 계획대로 사업을 실행할 수 있는지 확인한다. 기본적으로 앞서 살펴본 자사 평가 체크리스트를 경쟁자분석에 적용하여 파악한다.

간혹 경쟁자를 제대로 구별하지 못하는 경우가 많다. 도시근교에 위치한 A레스토랑은 자신의 주변에는 경쟁자가 없다고 생각했다. 얼마 후 해외 브랜드 패밀리 레스토랑들이 도심에 하나둘씩 진출하기 시작했다. 그럼에도 A레스토랑은 도심으로부터 멀리 떨어져 있었기 때문에 패밀리 레스토랑을 경쟁자로 생각하지 않았다. 그러나 시간이 흐르면서 사람들은 도심에 위치한 패밀리 레스토랑으로 외식을 하기 시작했다. 패밀리 레스토랑을

그림 6-2 | 경쟁의 차원

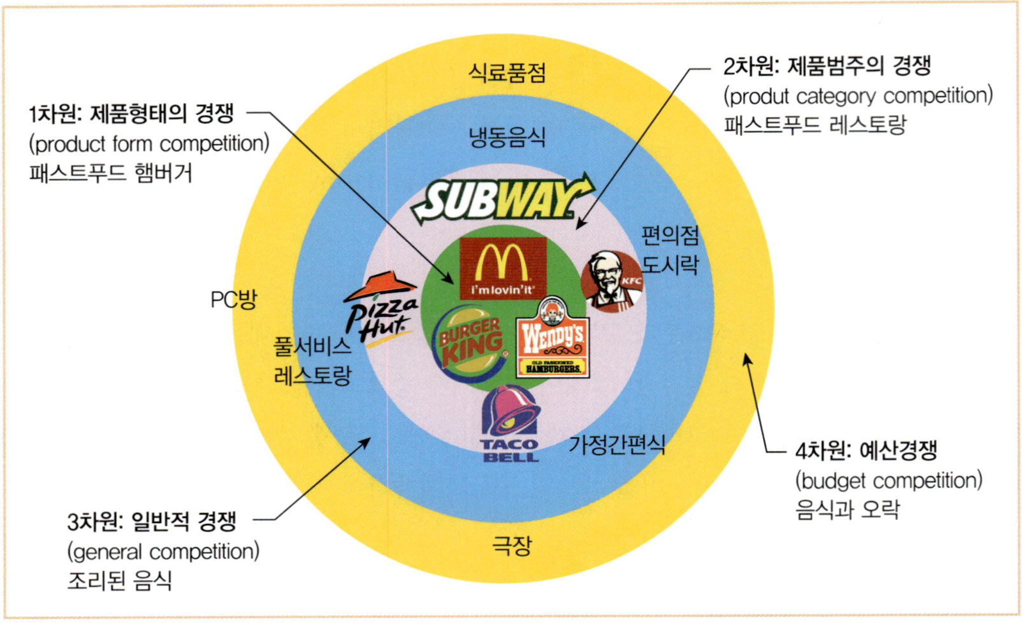

자료: Philip Kotler John Bowen and James Makens, Seyhmus Baloglu(2016), *Marketing for Hospitality and Tourism*, 8th ed., Pearson.

경험한 고객들은 A레스토랑을 외면하기 시작했고, 위기에 봉착한 나머지 한식으로 업종을 전환하고 말았다. 이렇듯 경쟁자를 정확하게 이해하는 것은 중요한 활동이다.

경쟁자에 대한 이해는 동일한 업종과 업태뿐만 아니라 대체품과 유사상품 등 경쟁의 범위까지 넓게 살펴봐야 한다. [그림 6-2]와 같이 모든 레스토랑은 네 가지 차원의 경쟁자에 직면해 있다고 할 수 있다.

- 어떤 레스토랑은 유사한 제품과 서비스를 동일한 고객에게 유사한 가격으로 제공하는 레스토랑을 경쟁자로 볼 수 있다. 예를 들어, McDonald's, Burger King, Wendy's, Hardee's를 경쟁자로 보고 있다.
- 어떤 레스토랑은 동일한 제품 또는 동일한 종류의 제품을 제공하는 모든 레스토랑을 경쟁자로 볼 수 있다. 예를 들어, McDonald's, KFC, Taco Bell, Subway, Pizza Hut 등을 포함한 모든 패스트푸드 레스토랑들을 경쟁자로 보고 있다.
- 어떤 레스토랑은 보다 폭넓게 동일한 서비스를 제공하는 모든 레스토랑을 경쟁자로

볼 수 있다. 예를 들어, McDonald's는 모든 레스토랑과 슈퍼마켓의 냉동음식과 가정간편식(HMR), 편의점 도시락 등과 같이 조리된 음식을 제공하는 곳을 경쟁자로 보고 있다.

- 어떤 레스토랑은 보다 넓은 뜻으로 동일고객의 돈을 경쟁적으로 노리는 모든 레스토랑을 경쟁자로 볼 수 있다. 예를 들어, McDonald's는 음식재료를 판매하고 있는 식료품점 또는 고객이 직접 집에서 음식을 준비하는 것과 경쟁하고 있다고 생각한다.

위와 같은 경쟁의 차원을 생각해 보면 대응이 달라질 수밖에 없다. Subway는 두 번째 차원의 경쟁을 표적으로 삼고, 다른 형태의 패스트푸드 레스토랑들과 비교하여 영양가치를 강조하는 광고전략을 펼쳤다. McDonald's는 "당신은 오늘 쉴 자격이 있다(You deserve a break today)"라는 광고를 하였는데, 네 번째 4차원의 경쟁을 겨냥하여 주부들에게 음식과 관련된 그 어떤 노동도 하지 말고 그냥 McDonald's에서 편안하게 외식을 즐기라고 어필한 것이다.

4) SWOT분석

상황분석을 효율적으로 정리한 것이 SWOT분석이다. SWOT분석은 레스토랑의 강점요인과 약점요인, 기회요인과 위협요인으로 구분하여, 현재 위치를 알기 쉽게 볼 수 있다는 장점이 있다. [그림 6-3]은 Outback Steakhouse의 SWOT분석을 보여준다. Outback Steakhouse는 높은 브랜드인지도와 차별화된 서비스로 높은 시장점유율을 가지고 있으며, TGIF, VIPS, ASHLEY, Mad for Garlic 등과 경쟁을 벌이고 있다. 이러한 상황에서 Outback Steakhouse는 SWOT분석을 통해 자신의 현재 위치를 파악하여, 어떠한 전략으로 대응할지 판단할 수 있다. SW요인과 OT요인을 교차시켜 S/O전략, S/T전략, W/O전략, W/T전략을 도출할 수 있다. 예를 들어, 시장의 위협요인을 극복할 수 있는 자사의 역량인 브랜드인지도를 더욱 강화하고 안정된 기반을 바탕으로 전국적으로 점포를 확대하며, 특화된 메뉴와 차별화된 프로모션을 통해 캐주얼 다이닝시장에 깊게 침투하는 S/T전략을 결정할 수 있다.

그림 6-3 | Outback Steakhouse의 SWOT분석

	긍정요인	부정요인
내부요인	S • 높은 브랜드 인지도 • 가장 높은 시장점유율 • 스테이크전문점으로서 특화된 메뉴 • 안정적 자금 공급	W • 높은 가격대 • 인적자원관리의 어려움 • 동질화된 서비스제공의 어려움 • 고객증가에 따른 반응의 한계
외부요인	O • 외부소비활동의 지속적 증가 • 주 5일제 근무로 가족고객 증가 • 지방으로의 점포 확장 가능성 • 공동 프로모션을 통한 마케팅 기회 증대	T • 외식산업시장의 세분화 • 캐주얼 다이닝시장의 신규외식기업 진출 • 경쟁기업 간 공격적인 프로모션 • 경기침체에 따른 고객의 구매력 약화

2. 마케팅목표

상황분석을 한 다음에는 계획된 기간에 성취하고자 하는 마케팅목표를 결정한다. 마케팅목표는 현실적이기 때문에 매출액, 이익, 성장률, 시장점유율 등에 대해 가능한 계량적으로 설정한다. 예를 들면, 단순히 "영업이익 또는 새로운 메뉴의 인지도 증가"라는 목표보다는 "2년 이내 영업이익 15%에서 20%로 증가 또는 6개월 이내 새로운 메뉴의 인지도 50%에서 60% 증가"와 같이 시간과 규모를 구체적으로 명시하여 목표를 설정한다.

3. 시장세분화, 표적시장 선정 및 포지셔닝

상황분석을 통해 기회를 확인하고 마케팅목표를 결정한 후에는 그 시장에 어떻게 접근하느냐 하는 것이 문제이다. 시장전체를 동일한 제품으로 모든 고객에게 접근하는 것은 경쟁우위 또는 차별화가 되지 못한다. 비슷한 욕구를 가진 사람들끼리 묶어 나누어진 특정 시장을 공략하는 것이 보다 효과적이다.

[그림 6-4]에서와 같이 전체시장을 하나 또는 몇 개의 세분시장으로 구분하고 각 세분

그림 6-4 | 시장세분화

시장의 욕구에 맞는 제품과 서비스를 개발하는 마케팅노력을 표적마케팅(target marketing)이라고 한다. 표적마케팅은 시장세분화(segmentation), 표적시장 선정(targeting), 포지셔닝(positioning) 등 STP전략이 핵심이 된다.

1) 시장세분화

시장세분화(segmentation)는 전체시장을 비슷한 특성을 가진 사람들로 이루어진 집단들로 나누는 것이다. 시장을 세분화하는 데는 몇 가지 방법이 있다. 먼저 지역, 인구밀도, 도시 크기, 기후 등 지리적 단위로 시장을 구분할 수 있다. McDonald's는 텍사스지역 사람들이 좋아하는 상추, 토마토, 피클, 머스터드 등의 식재료와 향신료가 첨가된 텍사스 버거를 제공하고 있다. 캐주얼 다이닝 Applebee's는 지리적 세분화를 통해 아직 경쟁자가 진출하지 않은 소도시를 중심으로 사업을 확대하고 있다.

연령, 성별, 가족생활주기(family life cycle), 소득, 직업, 교육 정도, 종교, 인종, 국적 등 소비자특성을 나타내는 인구통계적 변수(demographic variables)를 기준으로 시장을 나눌 수 있다. 예를 들어, 연령에 따라 선호하는 레스토랑이 다름을 알 수 있는데, 젊은 세대는 와인바의 주된 이용자이고 결혼한 40대와 50대는 한식이나 일식 레스토랑의 단골고객이다. 성별도 시장세분화의 중요한 변수이다. 햄버거 체인 Wendy's는 주된 고객이 젊은 성인남성임을 확인하고 여성고객을 확대하기 위해 잡곡과 건포도를 넣은 빵을 개발하였고, 패스트푸드 레스토랑으로서는 최초로 샐러드바를 소개하였다.

라이프스타일, 개성, 사회계층 등 심리묘사적 변수(psychographic variables)를 토대로 시장을 나눌 수 있다. 동일한 인구통계적 집단에 속한 사람들이라도 매우 다른 심리묘사적 특성을 나타낼 수 있다. 예를 들어, 패밀리 레스토랑 이용고객을 라이프스타일 변수를 통해 몇 가지 유형으로 구분하면 효과적이고 차별화된 마케팅 프로그램을 실행할 수 있다.

고객의 구매상황, 사용률, 충성도, 추구편익 등 행동적 변수(behavioral variables)로 시장을 구분할 수 있다. 구매상황(purchase occasions)에 따라 제품사용을 확대할 수 있는데, 예를 들어 어린이날은 아이들과 함께 가족이 패밀리 레스토랑에서 외식을 하도록, 발렌타인데이 때는 베이커리점에서 초콜릿을 구매하여 연인에게 선물하도록 수요를 증가시키는 촉진활동을 한다.

Burger King은 와퍼를 대량소비하는 집단을 타깃으로 하는 마케팅에 집중하였다.

사용률(usage rate)에 따라서도 세분화할 수 있다. 다량사용자는 시장의 작은 비율이기는 하지만 더 자주 방문하고, 더 많은 비용을 지출하기 때문에 전체 소비에서 높은 비중을 차지한다. Burger King은 한 달 평균 16번 정도 방문하는 18~34세의 다량사용자들을 슈퍼팬(super fans)이라 부른다. 슈퍼팬은 고객의 25%에 불과하지만 매출의 50%를 책임지는 단골고객이기 때문에 이들을 만족시키기 위해 많은 노력을 기울이고 있다. 햄버거 없으면 못사는 슈퍼팬을 타깃으로 대형 오믈릿 샌드위치를 출시한 것이 좋은 예이다.

레스토랑은 자기가 활동하고 있는 시장에서 충성도(loyalty)에 따라 세분화할 수 있다. 예를 들어, 다른 레스토랑으로 전환하는 고객들을 분석하여 자신의 약점을 파악하고 충성도가 낮은 고객에게 쿠폰, 할인 등을 통해 자사 레스토랑을 이용하도록 할 수 있다.

고객이 추구하는 편익(benefit)을 분석하여 이를 기초로 시장을 세분화할 수 있다. 예를 들어, 재미로 가득 찬 식사분위기에 가치를 두는 고객들을 하나의 세분시장으로 구분하는 것이다. 편익에 의한 세분화는 왜 고객들이 특정 레스토랑을 선호하고 이용하는가를 파악하는 데 유익하게 사용된다. 즉 고객이 추구하는 편익을 제공할 수 있는 제품을 개발하거나 고객이 찾으려는 편익을 정확하게 전달하고 강조할 수 있는 효과적인 광고도 가능해진다.

2) 표적시장 선정

시장세분화를 통해 시장을 구분한 후에는 어느 세분시장에 진출할 것인가를 결정한다. 표적시장 선정(market targeting)은 어느 세분시장이 한정된 자원으로 가장 효과적으로 공략할 수 있고 더 매력적인지를 따져서 하나 또는 몇 개의 세분시장을 선택하는 것이다. 상황에 따라서는 어느 세분시장에도 진출하지 않기로 결정할 수도 있다.

표적시장을 선정하기 위해서는 세분시장을 평가해야 하는데, 세 가지 요인을 고려해야 한다. 첫째, 세분시장의 매출액과 성장률, 기대수익률을 조사하여 매력적인 시장인가를 확인한다. 둘째, 경쟁수준이 어느 정도인지 예측한다. 경쟁수준은 세분시장의 매력을 결정하는 핵심요소 중 하나로 세분시장에 강력한 경쟁자가 있거나 다양한 대체품이 있다면 매력적이지 못하다. 셋째, 세분시장과 관련하여 레스토랑의 목표와 자원을 고려한다. 적절한 규모의 매출액과 성장률을 가진 매력적인 세분시장이라고 해도 레스토랑의 목표와 일치하지 않거나 보유하고 있는 역량과 자원의 수준이 부족하면 선택해서는 안 된다.

각 세분시장을 평가한 후에는 어떤 세분시장을 공략할 것인지, 또 몇 개의 세분시장을 표적으로 삼을 것인지를 결정해야 한다. 표적시장 선정은 서로 다른 수준에서 이루어질 수 있다. 표적시장을 매우 넓게 선정하는 무차별적 마케팅(undifferentiated marketing), 매우 좁게 선정하는 차별적 마케팅(differentiated marketing) 그리고 중간 정도의 집중적 마케팅(concentration marketing)을 사용할 수 있다. 보유자원이 제한적일 때는 집중적 마케팅, 표준화된 제품의 경우 무차별적 마케팅이 효과적이다. 제품수명주기도 고려해야 한다. 예를 들어, 신제품의 경우 초기단계에서는 비차별적 마케팅 또는 집중적 마케팅이 적합하지만 성숙단계에서는 다양한 고객의 욕구에 맞춰 다양한 제품을 제공하는 차별적 마케팅이 합리적이다. 한편 시장 다양성도 고려해야 한다. 만일 모든 소비자가 동일한 기호와 구매량, 마케팅활동에 같은 방식으로 반응한다면 무차별적 마케팅이 적절하다. 경쟁자의 전략도 중요하다. 경쟁자가 차별적 마케팅이나 집중적 마케팅을 사용하고 있는 경우 비차별적 마케팅은 무리한 전략이다. 반대로 경쟁자가 무차별적 마케팅을 사용할 경우 차별적 마케팅 또는 집중적 마케팅이 효과적이다.

특정 세분시장을 표적시장으로 선정한다고 해서 다른 세분시장을 포기하거나 소홀하게 취급해도 된다는 것은 아니다. 다만 선정된 세분시장에서는 레스토랑의 이미지와 제품이 더욱 두드러지게 나타날 수 있으므로, 그 세분시장에 역량과 마케팅활동을 집중하는 것이 바람직하다는 뜻이다.

3) 포지셔닝

일반적으로 시장에 나와 있는 대부분의 제품들은 사람들의 마음속에 어떤 위치를 차지하고 있다. 포지셔닝(positioning)은 레스토랑, 제품과 서비스, 심지어는 사람을 포함한 특정 대상의 이미지를 사람들의 마음속에 인식시키는 것을 말한다. 어떤 세분시장에 진출할 것인가를 선택하고 나면, 그 세분시장에서 레스토랑의 이미지나 제품, 서비스 등을 어떻게 위치시킬 것인가에 관한 결정이 필요하다. 즉 선택한 세분시장에서 자사의 제품이나 서비스가 경쟁자보다 매력적임을 고객의 마음속에 각인시키는 노력이 요구되는데, 이것이 포지셔닝에 관한 문제이다.

제품을 성공적으로 포지셔닝하는 전략에는 몇 가지 방법이 있다. 첫째, 제품의 속성에 따라 자기 제품을 포지셔닝할 수 있다. 메뉴, 가격, 품질, 서비스 등 제품의 속성이 경쟁자와 비교하여 차별화되었음을 고객에게 인식시키는 것이다. 예를 들어, Domino's Pizza는 30분 내 배달이라는 편리하고 빠른 서비스, Hard Rock Cafe는 하드락이라는 음악을 이용하여 레스토랑을 강조하였다. 햄버거시장에서 Shake Shack Burger는 프리미엄 버거라는 차별화된 품질, Freshness Burger는 주문 후 조리를 시작하고 어머니가 만들어 주는 슬로푸드 햄버거를 강조하면서 각각의 시장에서 포지셔닝하고 있다. 둘째, 고객이 추구하는 편익(benefit sought)에 따라 포지셔닝할 수 있다. 예를 들면, 점심 때 한정된 식사시간이 주어진 직장인들을 위해 오피스 주변의 레스토랑이 음식의 제공속도를 강조하는 것이다. 주문한 음식이 15분 이내에 나오지 않으면 음식값을 받지 않는 이벤트를 통해 한정된 시간으로 점식식사를 즐기려는 직장인들에게 재미와 빠른 서비스를 제공하는 것이다.

일본의 쇠고기덮밥전문점 Yoshinoya는 저렴한 가격과 빠른 음식제공으로 포지셔닝하고 있다.

셋째, 제품을 사용하는 데 적절한 사용자집단이나 계층(class)에 의하여 포지셔닝할 수 있다. 제품의 표적시장을 기존 소비자계층에서 다른 소비자계층으로 확장하고자 할 때 유용한 방법이다. 예를 들어, 후발주자로 피자시장에 진출한 Mr. Pizza는 "여성만을 위한 피자"라는 슬로건을 내세우며, 소비의 주체이자 유행을 창조하는 여성을 타깃으로 집중 공략하여 시장점유율을 높일 수 있었다.

넷째, 이미지에 따라 포지셔닝할 수 있다. 제품과 서비스가 경쟁자의 것과 비슷하게 보일지라도 고객은 각각의 이미지에 따른 차이를 가지기 마련이다. 따라서 레스토랑은 경쟁자와 구분되는 이미지를 확립할 필요가 있다. 캐주얼 다이닝 Chili's는 캐주얼 차림으로 편안하고 즐겁게 이용할 수 있는 동네 레스토랑으로서의 이미지를 확립하였다. 이러한 이미지는 오랜 시간에 걸쳐 광고, 메뉴, 분위기, 직원 등에 의해 고객의 마음속에 각인된다.

다섯째, 다른 제품계층(product class)에 대응하여 포지셔닝할 수 있다. 예를 들어, McDonald's는 "당신은 오늘 쉴 자격이 있다(You deserve a break today)"라는 캠페인 광고를 하였다. 이는 주부들에게 식료품점에서 편의음식을 구매하거나 가정에서 힘들게 음식준비를 하기보다는 McDonald's에서 간편하게 식사를 해결하라는 메시지를 전달한 것이다.

여섯째, 경쟁제품과 비교함으로써 자사제품을 부각시켜 포지셔닝할 수 있다. 경쟁상대를 재포지셔닝(repositioning)함으로써 경쟁제품에 대한 소비자의 생각을 바꾸는 전략이다. Wendy's는 "쇠고기는 어디 있지?"(Where's the beef?)라는 광고를 통해 쇠고기를 많이 사용하지 않는 McDonald's, Burger King 등의 경쟁자와 비교하여 자사 제품의 우월성을 인식시켰다. Burger King은 패티(patty)를 그릴에 구워 맛이 훨씬 더 좋다는 것을 내세우며 경쟁제품과는 차별화된 제품임을 강조하고 있다.

4. 마케팅믹스

시장세분화, 표적시장 선정, 포지셔닝을 통해 전반적인 마케팅전략이 결정되면 목표시장의 고객의 욕구를 충족시키기 위한 마케팅믹스를 개발해야 한다. 마케팅믹스(marketing mix)는 선택된 표적시장에서 마케팅목표를 달성하기 위해 활용하는 마케팅 도구들의 집합을 말한다. 일반적으로 마케팅믹스는 4P's로 불리는 제품(product), 가격(price), 유통(place), 촉진(promotion)을 말하는데, 이들을 어떻게 설계할 것인가를 결정하는 것이 마케팅믹스의 핵심이다.

- 고객의 욕구를 충족시켜 주는 제품과 서비스를 만든다.
- 고객에게 편리하고 매력적인 장소에서 제품과 서비스가 제공되도록 한다.
- 고객가치, 가격경쟁력을 가질 수 있는 수준의 가격을 설정한다.
- 광고, PR, 판촉, 인적판매 등을 통해 고객에게 제공하는 것이 무엇인지 알게 한다.

그림 6-5 | McDonald's의 마케팅믹스전략

제품	가격
• 퀵서비스 • 메뉴 · 서비스과정 단축 • 조리 · 서비스 스피드화 • 인건비 절약의 셀프서비스 • 현지시장을 고려한 신메뉴개발 • 틈새시장 목표의 신메뉴개발	• 인건비 · 조리 · 서비스과정 단축에 의한 가격인하정책 • 지역상권의 제한규정 내에서 가격결정
유통	**촉진**
• 프랜차이즈를 통한 해외사업 확대 • 대도시중심에의 입지 선정 • 대학교, 주유소, 호텔, 역, 공항, 군대 지상기지, 해군함정 등도 모색	• 지속적인 광고와 프로모션 유지 • 대중문화의 중심적인 위치화 • 영화 · 스포츠 · 오락프로그램과 연계 • 윈-윈전략의 관계마케팅 구축 • 사회적 책임활동을 통한 간접적 홍보

[그림 6-5]는 McDonald's의 마케팅믹스전략의 예이다. 마케팅믹스 4P의 구체적인 적용은 제7장, 8장, 9장에서 자세하게 설명하고 있다.

5. 예산, 평가 및 통제

레스토랑이 얻고자 하는 포지션이 확정되면, 그 목표를 효과적으로 달성하는 데 필요한 자원 및 예산을 책정하여 실행한다. 미국의 테이블서비스 레스토랑은 매출액의 2.5%, 퀵서비스 레스토랑은 5.7% 정도를 마케팅에 투자하고 있다. 마케팅관리자는 수행되는 전략이 계획대로 추진되고 있는지 지속적으로 평가하고 통제한다. 전략실행 후 자신이 원하는 포지션을 확보하였는지도 확인한다. 만일 확보하지 못했으면 마케팅믹스와 필요한 예산배정을 수정하여 다시 실행한다. 새롭게 확보한 포지션이 생각한 것만큼 만족스럽지 못하면 포지션 자체를 바꾸어 재포지셔닝한다. 재포지셔닝도 만족스럽지 못하면 필요에 따라 마케팅전략 또는 그보다 상위단계에서의 전략을 수정해야 한다.

토 의 문 제

01 제조산업 마케팅은 제품에 주된 관심을 가지지만, 외식산업 마케팅은 제품과 서비스의 제공에 관련된다. 제조산업 마케팅과 외식산업 마케팅의 차이점에 대해 토의하시오.

02 마케팅계획은 매력적인 시장의 기회를 발견하고 이익을 창출할 수 있는 마케팅전략을 개발하고 실행하기 위한 계획을 말한다. 커피전문점 창업을 예로 들어 마케팅계획서를 작성하시오.

03 경쟁관계에 있는 Starbucks와 HOLLYS 각각의 강점과 약점, 기회와 위협요인을 분석하여 SWOT 매트릭스에 요약하고, 토의하시오.

04 시장을 세분화할 수 있는 방법은 다양하지만 모든 세분화가 효과적인 것은 아니다. 적합한 사례를 들어 시장세분화조건에 대해 토의하시오.

05 한정된 자원으로 가장 효과적으로 공략할 수 있는 세분시장을 선택하는 것이 표적시장 선정이다. 표적시장 선정전략 중에서 집중적 마케팅전략은 어떠한 조건에서 바람직한지에 대해 토의하시오.

06 피자시장은 그 어떤 업종보다 경쟁이 치열하다. 이러한 경쟁상황에서 Papa John's는 Pizza Hut, Domino's 등 기존 브랜드들에 비해 국내시장에 늦게 진출하였다. Papa John's의 표적시장은 어디이며, 어떤 포지셔닝방법으로 피자시장에서 경쟁적 위치를 차지하고 있는지 조사하고, 토의하시오.

07 마케팅믹스는 목표시장 내에 강력한 포지션을 구축하는 데 활용되는 전술적 도구를 말한다. 경쟁관계에 있는 베이커리 체인점 파리바게뜨와 뚜레쥬르 각각의 마케팅믹스전략을 분석하고, 비교하시오.

참 고 문 헌

- 김성영 외 옮김(2013), 핵심 마케팅, 생능출판사.
- 박기용(2018), 외식산업경영학, 대왕사.
- 이훈영 · 박기용(2018), 외식산업 마케팅, 도서출판 청람.
- Al Ries, and Jack Trout(2001), *Positioning: The Battle for Your Mind*, The McGrawHill Company.
- Amy S. Jorgensen(2003), *The Food Service Professional Guide to Restaurant Marketing and Advertising: For Just a Few Dollars a Day*, Atlantic Publishing Group Inc.
- Cathy HSU and Tom Powers(2002), *Marketing Hospitality*, John Wiley & Sons.
- David C. Bojanic(2007), "Customer Profile of The "Carryout" Segment for Restaurants," *International Journal of Contemporary, Hospitality Management*, Vol.19(1). pp.21-31.
- Philip Kotler, Gary Armstrong, 안광호 옮김(2013), 마케팅입문, Pearson.
- Philip Kotler, John Bowen, James Makens and Seyhmus Baloglu(2016), *Marketing for Hospitality and Tourism*, 8th ed., Pearson.
- Robert C. Lewis(1981), "Restaurant Advertising: Appeals and Consumer's Intensions," *Journal of Advertising Research*, Vol.21(5), pp.20-7.

Chapter 07

제품개발

도입사례

본촌, 한국식 치킨으로 전 세계를 날다

한국에는 1개 매장만 운영

대구에서 닭갈비집을 운영하던 청년이 페이스북 창업자 마크 저커버그도 반해버린 세계적인 치킨 프랜차이즈 창업자가 되었다. 서인덕 대표는 본촌치킨을 창업하기 전까지 대구 계명대 인근에서 닭갈비집을 경영하며 닭요리전문가로 내공을 쌓았다. 초반에는 손님이 없어 자동차 영업사원으로 투잡을 뛰면서도 재료와 소스에 대한 연구를 게을리하지 않은 것이 이후 성공의 밑거름이 되었다. 2002년 본촌은 부산 해운대의 33㎡(약 10평) 남짓한 가게에 처음 문을 연 직후 곧바로 해외로 사업을 확대하였다.

2006년 미국 뉴저지주 포트리에 첫 매장을

뉴욕타임스, 워싱턴포스트, CNN 등 해외 언론이 미국을 휩쓸고 있는 '한국식 치킨 '본촌(Bon Chon)치킨의 열풍을 소개하고 있다.

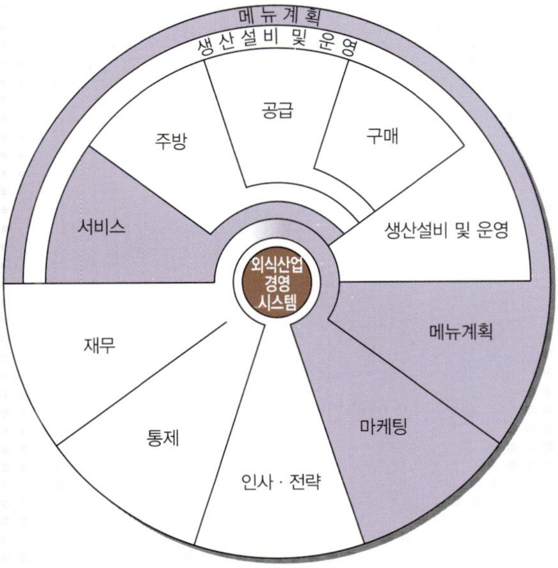

학습목표

1. 외식산업에서 제품으로 제공되는 것에는 어떤 것들이 있는지 이해한다.
2. 핵심, 유형, 확장 등으로 제품으로서의 메뉴의 유형을 이해한다.
3. 제품과 관련된 메뉴계획, 제품믹스, 제품수명주기전략, 브랜드 등에 관련된 의사결정을 이해한다.
4. 신제품개발의 중요성과 개발과정을 이해한다.
5. 제품수명주기가 무엇이고, 어떻게 제품전략에 적용되는지 이해한다.
6. 브랜드 자산이 무엇이고, 어떻게 브랜드 자산을 구축하는지 이해한다.
7. 메뉴디자인과 메뉴평가방법을 이해한다.

열었고 곧이어 맨해튼으로 세를 넓혔다. 이후 매사추세츠, 버지니아, 캘리포니아, 텍사스 등으로 퍼져나갔다. 본촌은 워싱턴포스트에도 등장할 정도로 해외시장에서는 잘 나가는 치킨 프랜차이즈 브랜드이지만 정작 한국에서는 2013년 서울 삼성동에 오픈한 한 곳만 정식 가맹점으로 운영하고 있다.

미국시장에 맞는 비즈니스모델 개발

본촌은 한인시장이 아닌 미국시장에 맞는 비즈니스 모델을 만들었다. 인기비결은 단연 맛이다. 한식을 현지인들 입맛에 맞게 개발했다. 한국에서도 익숙한 간장치킨이 대표 메뉴이다. 바삭한 튀김에 매콤달콤한 소스가 조화를 이룬 한국식 치킨으로 미국인의 입맛을 사로잡았다. KFC를 비롯한 미국의 주류 치킨 매장에서 경험할 수 없었던 독특한 맛으로 승부한 것이 통했다. 독창적인 것일수록 반응이 좋으면 입소문은 빨리 퍼지게 되어 있다. 본촌만의 특징 있는 소스는 한국에서 직접 공수해 오고 치킨에 소스를 입히는 독특한 기술을 갖고 있다. 치킨뿐 아니라 비빔밥, 잡채 등 한국 음식을 함께 판매하고 있다. 미국의 경우 전체 매출 중 치킨이 절반 정도를 차지하고 한식 메뉴가 30%, 주류와 음료가 20%를 차지한다.

본촌은 세계 3대 요리학교 중 하나로 꼽히는 뉴욕 CIA(Culinary Institute of America)와 협력하며 새로운 메뉴를 개발하고 있다. CIA가 본촌치킨 인기에 관심을 두고 먼저 제안해 왔다. 수시로 본촌의 연구 · 개발(R&D) 파트와 메뉴 관련 회의를 갖고 매년 최종선정되는 2~3가지 메뉴를 신메뉴로 출시한다. 매콤한 핫소스를 곁들인 '치킨 립아이 미니 버거'와 발효빵에 돈가스 소스를 묻힌 두꺼운 삼겹살을 올린 '포크 번' 등이 CIA와의 협력으로 탄생한 대표적인 메뉴이다.

KFC의 경쟁 상대로 부상

워싱턴포스트(WP)지는 '워싱턴에 살면서 꼭 가봐야 할 음식점 40곳'에 본촌치킨 등 한식당 2곳을 선정했다. 본촌치킨의 인기요인이 튀김은 바삭하고 속살은 부드러운 것이라고 극찬한 WP는 "한 여성이 막내를 임신했을 때 앉은 자리에서 본촌치킨 몇 박스를 먹었다"고 할 정도라고 본촌의 인기를 전했다. 미국 경제전문지 포브스(Forbes)도 미국시장을 빠르게 개척해 가고 있는 한국식 치킨 프랜차이즈 본촌을 주목했다. 포브스는 한국식 프라이드 치킨 프랜차이즈 본촌이 급성장을 거듭하며, 미국 최대 치킨 프랜차이즈 KFC의 경쟁 상대로 부상하고 있다고 전했다. 시카고에 기반을 둔 컨설팅업체 테크노믹(Technomic)은 '미국 500대 레스토랑 체인' 보고서에서 본촌의 매출규모가 2017년 한 해 35% 급증했다고 발표하였다.

엄격한 가맹점 선정

미국 진출 초기 현지 사람들이 좋아하는 맛을 찾아내는 것은 쉽지 않았다. 시간과 자금이 넉넉했다면 시장조사에 공을 들였겠지만 처음에는 그럴 여유가 없었다. 그래서 생각한 것이 열정이 넘치는 현지인을 가맹점주로 모집하는 것이었다. 한식 메뉴를 만들 수 있도록 교육하지만 나라마다 다른 입맛에 맞게 맛을 조절할 수 있도록 허용하고 있다. 10개의 매장을 오픈하는 것보다 한 개의 매장이라도 문을 닫지 않도록 신경을 썼다. 본촌의 프랜차이즈 파트너로 인정받으려면 주방 일도 배워야 한다. 프랜차이즈 레스토랑의 특성상 창업자가 곧 운영자가 되어야 하기 때문에 요리부터 주문을 받고 청소를 하는 것은 당연하기 때문이다. 이는 맛의 일관성을 유지하기 위해서이다.

글로벌 프랜차이즈로의 본격적 성장

본촌은 2017년 현재 미국, 필리핀, 태국, 인도네시아, 싱가포르, 쿠웨이트 등 전 세계 9개국에 336개 매장을 운영하고 있다. 글로벌 본부를 한국에서 미국으로 옮겼다. 미국 내에는 2018년 한해 36개 매장이 새로 문을 열면서 총 87개로 늘었고, 2019년 중 25개 매장을 추가 오픈할 계획이다. 미국 내 87개 매장 가운데 84개 포함 대부분의 점포를 프랜차이즈형태로 운영한다. 가맹점주 중 한국계는 전체의 10%밖에 되지 않는다. 나머지는 한국계가 아닌 외국인들이다. 한국식 프라이드치킨이 맛있고 장사가 잘 되는 것을 보고 계약했다. 'K-패션,' 'K-뷰티'에 이어 'K-푸드'에 대한 관심도 높아지고 있는 가운데 본촌의 성장 잠재력은 크다.

본촌은 한국에서는 생소하지만 미국시장에 KFC(Korean Fried Chicken)를 처음 알리고 해외에서 글로벌 브랜드들과 경쟁해 자사 브랜드를 성공적으로 안착시켰다.

자료: 연합뉴스, 2019.01.09./매일경제, 2018.05. 22./Economy Chosun, 2017.11.22./중앙일보, 2015.05.09./서울경제, 2014.03.26.에서 요약정리.

외식산업에서 고객이 구매하려는 것은 제조품과 같이 눈에 보이는 식음료만이 아니다. 서비스, 청결, 장식, 주차, 편의시설 등도 제품의 일부로서 구매의 대상이 된다. 그러므로 외식산업에서 제품이라고 말할 때는 유형의 식음료와 무형의 서비스가 어우러진 복합적인 제공물(offerings)로 받아들여진다. 이는 외식산업에서는 제조업과 다른 제품전략이 요구된다는 것을 의미한다.

본 장에서는 마케팅믹스의 핵심요소이자 출발점이 되는 제품에 대해 살펴보고자 한다. 외식산업 제품의 정의와 메뉴유형, 제품의 의사결정에 대해 살펴본다. 제품수명주기전략, 브랜드, 메뉴계획 및 디자인, 그리고 메뉴평가에 대해서도 살펴본다.

7-1 외식산업 제품의 개념

1. 외식산업의 제품

일반적으로 제품이라고 하면, 자동차, 스마트폰, 컴퓨터, 의류 등과 같이 생산과정을 통해 만들어진 특정한 형태를 가진 제조품을 생각한다. 그러나 외식산업에서 고객이 구매하려는 것은 제조품과 같이 눈에 보이는 식음료만이 아니다. 고객에 따라서 식음료보다 무형(intangible)의 서비스를 더 중요하게 생각하기도 한다. 그러므로 외식산업에서 제품이라고 말할 때는 유형(tangible)의 식음료와 무형의 서비스의 묶음으로 받아들여진다.

Starbucks가 판매하는 제품은 편안한 공간에서 커피를 마시며, 여유를 만끽하는 고객경험이다.

그러나 사실 외식산업 제품은 경험적인 부분이 더 많다. 고객이 레스토랑에서 실제로 구매하려는 것은 식사의 모든 과정에서 겪은 경험(experience)이다. Starbucks가 그 좋은 예이다. Starbucks의 성공은 단순히 프리미엄 커피라는 유형적 제품 때문만이 아니다. 커피 한 잔을 마시러 온 고객에게 바리스타와의 대화, 재즈음악, 에스프레소 기계에서 나오는 소리, 커피향, 은은한 조명, 다양한 형태의 테이블과 의자, 무선인터넷, 그리고 편안하게 대화를 나누는 사람들의 모습 등 커피 한 잔 그 이상의 무엇인가를 제공하고자 했던 노력이 Starbucks를 세계에서 가장 유명한 커피전문점으로 성장시켰다.

2. 제품의 유형

외식산업 제품은 [그림 7-1]에서와 같이 핵심제품, 유형제품, 확장제품 등 세 가지 차원으로 구분하여 생각할 필요가 있다. 핵심제품(core product)은 사업의 핵심이 되는 부분으로 레스토랑이 존재하는 이유가 된다. 핵심제품은 제품의 기능적인 부분으로 고객이 현실적으로 얻고자 하는 편익을 말하는데, 예를 들어, 고객이 스테이크전문점을 방문한 목적은 단순히 스테이크를 먹는 것이 아니라, 기억될 즐거운 저녁시간을 보내고자 하는 것이다. 그러므로 스테이크전문점에서는 스테이크를 판매하기보다는 스테이크를 구울 때 '치익치익' 맛있게 구워지는 소리를 팔아야 한다. 즉 제품 자체의 특성이 아닌 고객이 최종적으로 바라는 편익을 판매한다는 점에 유의해야 한다.

유형제품(formal product)은 핵심제품을 공급하는 데 있어 함께 제공되지 않으면 안 될 불가결한 것으로 스테이크전문점의 경우 식음료, 서비스, 인테리어, 입지, 주차 등을 말한다. 확장제품(augmented product)은 핵심제품과 유형제품에 부가적으로 제공되는 서비스와 편익으로서 약속한 서비스, 편의시설, 예약서비스, 웹사이트 등을 말한다.

제품의 정의에서 살펴본 바와 같이 고객이 레스토랑에서 최종적으로 기대하는 것은 기억될만한 즐거운 경험이다. 제품전략에 성공하기 위해서는 외식산업 제품이 식음료와 서비스가 복잡하게 혼합되어 있음을 상기하고, 총체적 경험을 제공할 수 있는 제품 패키지를 만들어야 한다.

그림 7-1 | 외식산업 제품의 유형

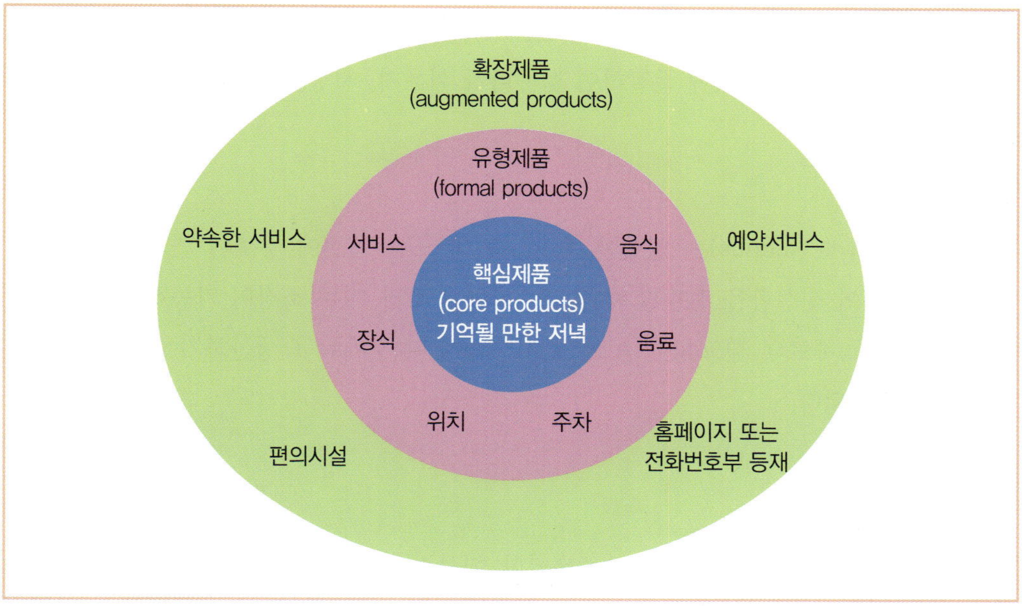

자료: John R. Walker(2014), *The Restaurant: From Concept to Operation*, John Wiley & Sons.

3. 제품으로서의 메뉴 유형

제품의 정의에서 살펴본 바와 같이 외식산업 제품은 유형의 식음료와 무형의 서비스로 묶여 있다. 제7장에서는 유형의 제품에 해당하는 식음료, 즉 메뉴를 중심으로 설명하고자 한다. 한편 무형의 제품에 해당하는 서비스는 제11장에서 설명하고 있다.

메뉴는 변화 정도, 식사가격과 내용, 식사시간, 메뉴구성 등에 따라 여러 유형으로 구분된다.

1) 변화 정도에 따른 메뉴

(1) 고정 메뉴

고정 메뉴(static menus, fixed menu)는 새로운 메뉴가 등장하기 전까지 몇 개월 또는 그 이상 사용하는 메뉴로 일정기간 동안 변하지 않고 제공하는 메뉴이다. 메뉴의 통제와 조절이 용이하고 메뉴품목이 많지 않아 전문화시킬 수 있는 장점이 있다. 그러나 오랫동안 고정되어 있고 환경변화에 둔감하여 싫증나기 쉬우며, 시장이 제한적이다.

(2) 순환 메뉴

순환 메뉴(cycle menus)는 일정한 주기, 즉 월 또는 계절에 맞추어 변화하는 메뉴이다. 변화를 주어 신선함을 전달할 수 있고, 계절에 따라 메뉴 조정이 가능하다는 장점이 있다. 그러나 식재료의 재고율이 높고, 주기변화에 따른 메뉴를 생산하기 위해서는 숙련된 기술이 요구된다.

(3) 일시적 메뉴

일시적 메뉴(temporary menus)는 특별한 행사기간에 판매되는 메뉴이다. 페스티벌 메뉴(festival menus), 1일 특별 메뉴(daily special menus), 계절 메뉴(seasonal menus), 가벼운 메뉴(light menus), 건강식 메뉴(health food menus), 야채 메뉴(vegetable menus) 등이 있다.

2) 식사가격과 내용에 따른 메뉴

(1) 따블도트 메뉴

따블도트 메뉴(table d'hote menus, full course menus)는 코스요리로 제공되는 메뉴이다. 보통 애피타이저, 수프, 생선, 주요리, 샐러드, 후식, 차 등의 순서로 구성되어 있다. 가격은 코스에 따라 일정하게 정해지든지, 아니면 주메뉴를 무엇으로 선택하느냐에 따라 가격이 달라진다. 메뉴선택이 용이하고 객단가가 높아 매출을 높일 수 있다. 조리과정이 일정하여 인력이 절감되고 일정한 순서로 제공되므로 능률적인 서비스가 가능하다.

(2) 알라카르트 메뉴

알라카르트 메뉴(à la carte menus)는 일품요리(一品料理) 메뉴를 말한다. 즉 주문에 따라 조리사의 독특한 기술로 만들어진 요리가 품목별로 가격이 정해져 제공되는 요리이다. 한 번 메뉴에 올려지면 장기간 사용하기 때문에 음식준비나 식재료 구매업무가 단순화되어 능률적으로 작업이 가능해진다. 그러나 신선하고 새로운 맛을 주지 못하고 지루함을 주어 판매량이 감소할 수 있으며, 식재료의 원가상승에 의해 이익도 감소할 수 있다. 각 메뉴품목의 수요를 정확하게 예측할 수 없기 때문에 수요량관리가 따블도트 메뉴보다 어렵다.

(3) 연회 및 결합 메뉴

연회 메뉴(banquet menus)는 연회예약을 접수할 때 행사내용 또는 주최 측의 요구에 따라 다양한 알라카르트 메뉴 또는 따블도트 메뉴로 구성되는 메뉴를 말한다. 그리고 결합 메뉴(combination menu)는 따블도트 메뉴와 알라카르트 메뉴를 혼합한 형태로서 중식 레스토랑이나 특정 국가의 민속 메뉴(ethnic menus)를 판매하는 레스토랑에서 많이 사용한다.

3) 식사시간에 따른 메뉴

식사시간에 따라 조식 메뉴, 중식 메뉴, 석식 메뉴로 구분된다. 서양식 조식에는 미국식 조식 메뉴(American breakfast menus)와 유럽식 조식 메뉴(continental breakfast menus)가 있다. 조식은 보편적으로 간단한 메뉴로 구성되며, 음식서비스가 빠르고 낮은 가격으로 제공된다. 브런치 메뉴(brunch menus)는 아침과 점심식사의 중간쯤에 제공되는 메뉴로 바쁜 도시생활을 하는 사람들이 많이 찾는다. 그 밖에 특정 고객 또는 차별화된 운영을 위한 애프터눈 티(afternoon tea), 노인 및 어린이 메뉴, 건강식, 디저트, 룸서비스, 테이크아웃, 연회, 그리고 캘리포니아 메뉴(California menu) 등의 특별 메뉴(specialty menus)가 있다.

4) 메뉴구성에 따른 메뉴

(1) 주력 메뉴

주력 메뉴는 레스토랑의 성격과 주장을 대표하는 중심 메뉴이다. 시푸드(sea food) 레스토랑을 지향한다면 생선 메뉴가 중심이 되고, 쇠고기를 주력으로 내세우면 쇠고기 메뉴가 중심이 된다. 레스토랑을 대표하는 메뉴인 만큼 고객의 기호와 이용동기를 자극하는 강력한 메뉴가 되어야 한다.

(2) 중점 메뉴

중점 메뉴는 메뉴에 신선함과 새로움을 연출하고 구매 욕구를 높이는 메뉴이다. 가장 어필하고 싶은 계절 메뉴, 특정 시간대의 판매효율을 높이기 위한 런치 메뉴와 오늘의 요리 등이 그 예이다.

(3) 임시 메뉴

임시 메뉴는 주력 메뉴의 판매촉진을 위해 임시적으로 부가하여 메뉴의 활성화를 꾀하고 이용기회를 자극하기 위한 메뉴이다. 스테이크특선, 스파게티특선 등 이벤트행사에 사용하는 특별 메뉴 등이 그 예이다.

(4) 보조 메뉴

보조 메뉴는 판매량은 적지만 메뉴구성에서 주력 메뉴를 빛나게 하고 레스토랑의 성격을 보다 명확하게 하기 위한 보완 메뉴이다. 주력 메뉴 이외에 저렴하게 구매할 수 있는 식재료를 조합한 세트 메뉴 또는 고객의 기호에 맞추어 세트를 구성하는 메뉴가 그 예이다.

7-2 제품의 의사결정

1. 메뉴믹스

외식산업에서 한 가지 메뉴만 판매하는 레스토랑은 많지 않다. 사업이 성장하면 처음 때보다 메뉴수가 늘기 마련이다. 따라서 어떤 메뉴를 판매할 것인가도 중요하지만 몇 가지 메뉴를 판매할 것인가도 중요하다. 이와 관련된 것이 바로 메뉴믹스에 대한 결정이다. 메뉴믹스(menu mix)는 레스토랑이 고객에게 판매하기 위해 제공하는 모든 메뉴들의 집합을 말하며, 제품전략의 기본방향을 결정하는 중요한 의사결정사항이다.

[그림 7-2]는 Starbucks 메뉴믹스의 폭과 깊이를 보여준다. Starbucks가 제공하는 메뉴들을 유사한 품목끼리 묶은 것을 메뉴라인(menu line)이라고 한다. 메뉴믹스의 폭(width)은 메뉴라인의 수로 측정된다. Starbucks는 커피 & 에스프레소, 프라푸치노, 블렌디드, 스타벅스 피지오 등 네 개의 메뉴라인으로 구성되어 있다. 메뉴믹스의 깊이(depth)는 각 제품라인에 있는 각기 다른 메뉴품목들의 평균 개수이다.

그림 7-2 | Starbucks의 메뉴믹스

메뉴믹스의 폭 (←→) / 메뉴믹스의 깊이 (↕)

커피 & 에스프레소	프라푸치노	블렌디드	스타벅스 피지오
• 카페 아메리카노	• 다크 모카 프라푸치노	• 딸기 요거트 블렌디드	• 요거트 주스 & 망고 젤리 피지오
• 카페 라떼	• 자바 칩 프라푸치노	• 베리 베리 요거트 블렌디드	• 쿨 라임 피지오
• 카푸치노	• 화이트 초콜릿 모카 프라푸치노	• 청포도 블랙 티 블렌디드	• 패션 탱고 티 레모네이드 피지오
• 카페모카	• 카라멜 프라푸치노	• 망고 바나나 블렌디드	• 그린 티 레모네이드 피지오
• 리스트레토 비안코	• 모카 프라푸치노	• 초콜릿 바나나 블렌디드	• 블랙 티 레모네이드 피지오
• 카라멜 마키아또	• 에스프레소 프라푸치노	• 망고 패션 후르츠 블렌디드	
• 스타벅스 돌체 라떼	• 커피 프라푸치노		
• 화이트 초콜릿 모카			
• 에스프레소			
• 에스프레소 마키아또			
• 에스프레소 콘 파나			
• 스타벅스 더블 샷			
• 오늘의 커피			
• 아이스 커피			

메뉴믹스의 폭과 깊이를 어떻게 결정할 것인가? 메뉴믹스의 결정이 곧 고객의 구매 욕구를 자극하는 정도를 좌우한다. 일반적으로 여러 개의 메뉴들로 메뉴라인을 구성하는 것이 바람직하다. 여러 메뉴라인을 통해 위험을 분산시킬 수 있기 때문이다. 또한 표준화된 구성으로 재고관리와 생산비용을 줄일 수 있고, 품질을 일정하게 유지할 수 있다. 메뉴선택이 다양해져 고객이탈을 방지하고 경쟁자의 진입을 막아 매출을 확대할 수 있다. 그리고 동일한 메뉴라도 종류에 따라 다른 가격을 받을 수 있는 가격차별(price discrimination)이 가능해져 이익을 높일 수 있다. 그렇다면 메뉴믹스의 깊이, 즉 메뉴라인에 속해 있는 메뉴수를 어느 정도로 할 것인가? 메뉴수가 너무 적으면 고객이 제한될 수 있고, 반면 너무 많으면 이익이 낮을 수 있다. 시장변화에 따라 메뉴의 수정이나 추가는 불가피하고, 레스토랑이 성장하면 변화된 고객의 욕구를 충족시키기 위해 메뉴라인의 메뉴수를 확장하는 것이 일반적이다.

메뉴라인을 확장하는 방법에는 상향 확장(upward stretch), 하향 확장(downward stretch), 쌍방향 확장(two-way stretch)의 세 가지 전략이 있다. 상향 확장은 레스토랑이 현재 제공하고 있는 메뉴보다 가격과 품질이 더 높은 메뉴를 추가하는 것이고, 반면 하향 확장은 현재의 메뉴보다 가격과 품질이 낮은 품목을 추가하는 것이다. 그리고 쌍방향 확장은 높은 가격과 낮은 가격 모두의 시장에 어필하는 메뉴를 추가하는 것이다. 메뉴라인의 확장으로 얻을 수 있는 긍정적인 측면도 있지만 무분별하게 메뉴라인에 새로운 메뉴를 추가하면 생산성이 낮아지고 품질 및 재고관리가 어려워지며, 메뉴를 선택하는데 혼란을 줄 수 있다.

2. 표준화와 고객화

제품을 결정할 때 어느 정도 표준화 또는 고객화할 것인가에 관한 문제도 중요하다. 표준화 제품(standardized products)을 선택할 것인지, 고객화 제품(customized products)을 선택할 것인지는 마케팅목표에 따라 달라진다. 표준화 제품을 목표로 두고 있다면, 시간과 장소를 불문하고 모든 고객에게 동일한 표준화 제품을 제공해야 한다. 반면 고객화 제품을 목표로 두고 있다면, 고객 각자의 욕구에 맞도록 수정이 가능한 제품을 제공해야 한다.

Subway는 고객의 주문을 받아 조리해 주는 고객맞춤 샌드위치로 유명하다.

제품의 표준화와 고객화에 대한 결정은 프랜차이즈 레스토랑과 독립 레스토랑에서의 메뉴결정을 생각하면 이해하기 쉽다. 고객이 외식을 하는 가장 큰 이유가 편리성이라고 하면 메뉴를 표준화하는 것이 효과적이다. 반면 세분된 틈새시장에 맞춰 특정한 고객의 욕구를 충족시키기 위한 것이라면 메뉴를 고객화하는 것이 효과적이다. Subway는 McDonald's의 주요 경쟁자 중 하나이지만 제공하는 메뉴는 아주 다르다. 빵, 치즈, 햄, 야채 소스 등을 주문을 받아 조리해 주는 고객맞춤 샌드위치를 제공한다.

3. 신제품개발

처음 사업을 시작할 때 고객에게 호응을 받았던 메뉴도 시간이 흐르면 인기가 시들해진다. 또한 메뉴는 모방이 쉬워 경쟁자들이 끊임없이 도전해 온다. 경쟁우위를 가지기 위해 여러 가지 전략을 취하지만 경쟁자의 도전이 시작되기 전에 새로운 메뉴를 개발하는 것도 효과적이다. 신메뉴개발은 마케팅에서 가장 유용하고 가능성 있는 전략적 활동이다.

1) 신제품개발의 중요성

(1) 경쟁우위 확보

외식산업은 동일 업종 · 업태 간의 경쟁뿐 아니라 슈퍼마켓, 편의점 등 타업종과도 경쟁해야 한다. 시장경쟁은 특히 메뉴의 경쟁으로 현저하게 나타난다. 시장에서 지속적으로 경쟁우위를 차지하기 위해서는 끊임없이 새로운 메뉴를 연구하고 개발해야 한다. 예를 들어, 커피전문점 메뉴를 보면 알 수 있듯이 소수의 메뉴를 갖추고 있던 예전과는 다르게, 최근에는 블렌드 커피, 에스프레소, 소프트 드링크, 케이크, 샌드위치 등에 이르기까지 다양한 메뉴품목을 갖추고 있다.

(2) 고객의 욕구에 부응

신제품개발은 시장변화와 고객의 욕구에 부응하기 위한 필수적인 활동이다. 메뉴품목을 넓혀 고객의 다양한 이용동기에 대응할 수 있도록 한다. 신제품은 지루하고 싫증 난 제품을 대체하고 흥미를 유발하고 자극하여 판매를 지원하고 유지함으로써 시장점유율과 이익을 증가시키는 데 도움을 준다. 한때 미국에서는 여피족(yuppie)을 중심으로 가치를 중시하는 소비 트렌드가 확산되었다. 그들은 외식활동에서 경제적 부담을 생각하기보다는 자신이 지불하는 돈에 대해 충분히 가치 있는 음식과 서비스가 제공되느냐를 더 중시하였다. Sizzler, Ponderosa 등의 스테이크 레스토랑보다 Outback Steakhouse와 같은 조금 더 고급 레스토랑을 즐겨 찾았다. McDonald's도 여피족의 가치소비 트렌드를 고려하여 기존 제품보다 품질을 한 단계 높이고, 가격은 1달러 더 비싼 아치 디럭스(Arch Deluxe) 햄버거를 개발하기도 하였다.

(3) 판매증진

신제품은 독창적인 혁신을 가진 제품을 말하는데, 전형적으로 판매를 증진시키기 위해 개발된다. McDonald's의 에그 맥머핀(Egg McMuffin)과 치킨 맥너겟(Chicken McNuggets)은 가맹점주의 아이디어로 개발되었고 현재까지도 매출에 기여하고 있다. 햄버거 체인 Jack In the Box와 Carl's Jr.는 주중 아침식사 때 판매를 증가시킬 수 있는 기회가 있음을 발견하고, 콤보 밀(Combo Meals)이라는 메뉴를 개발하고 매력적인 세트 메뉴로 구성하여 성공하였다.

(4) 새로운 시장 창출

신제품은 간혹 새로운 시장을 창출하는 데 사용하기도 한다. 몇 년 전 햄버거 체인

햄버거 체인 Wendy's는 여성고객을 겨냥한 신제품을 개발하여 시장점유율을 높일 수 있었다.

Wendy's는 주로 남성고객을 기반으로 하고 있었다. 그러나 여성을 타깃으로 구운 감자를 주요리로 도입하고 샐러드바를 설치한 결과 여성고객으로부터 좋은 반응을 얻어 시장점유율이 증가하는 성과를 거두었다. Wendy's 사례에서 보듯 패스트푸드 레스토랑 고객은 신제품에 관심을 가지고 있음을 알 수 있다. 따라서 신메뉴로 고객에게 흥미를 주고 메뉴의 다양함을 보여주는 것이 간혹 또는 정기적으로 필요하다.

(5) 경쟁자 진입 방지

기존의 레스토랑 콘셉트를 유지하고 경쟁자의 진입을 막기 위해 신제품을 개발한다. 외식산업 제품은 모방이 쉬워 끊임없이 경쟁자들이 도전해 온다. 이들과 맞서기 위해 여러 가지 전략을 취하지만 경쟁자의 도전이 시작되기 전에 신메뉴개발을 통해 따라오지 못하도록 하는 것이 가장 좋은 전략이다. 예를 들면, KFC는 거대 햄버거기업으로부터 자신의 시장점유율을 방어하기 위해 치킨 샌드위치를 추가하였다.

2) 신제품개발 시 고려사항

(1) 마케팅개념

레스토랑의 대표적 제품은 메뉴이다. 신제품개발은 고객의 욕구에 따른 제품개발, 즉 마케팅개념에서 시작해야 한다. 메뉴가 팔리는 요인은 여러 가지이고 단순한 요인만으로는 성공적인 메뉴를 개발할 수 없다. 그 지역의 풍토, 음식습관, 생활수준, 음식 트렌드, 고객의 이용동기, 고객이 어떻게 식사를 하는지 등을 분석하고 그곳에서 고객이 무엇을 요구하고 있는지 발견하여 반영한다.

그림 7-3 | 신제품개발과정

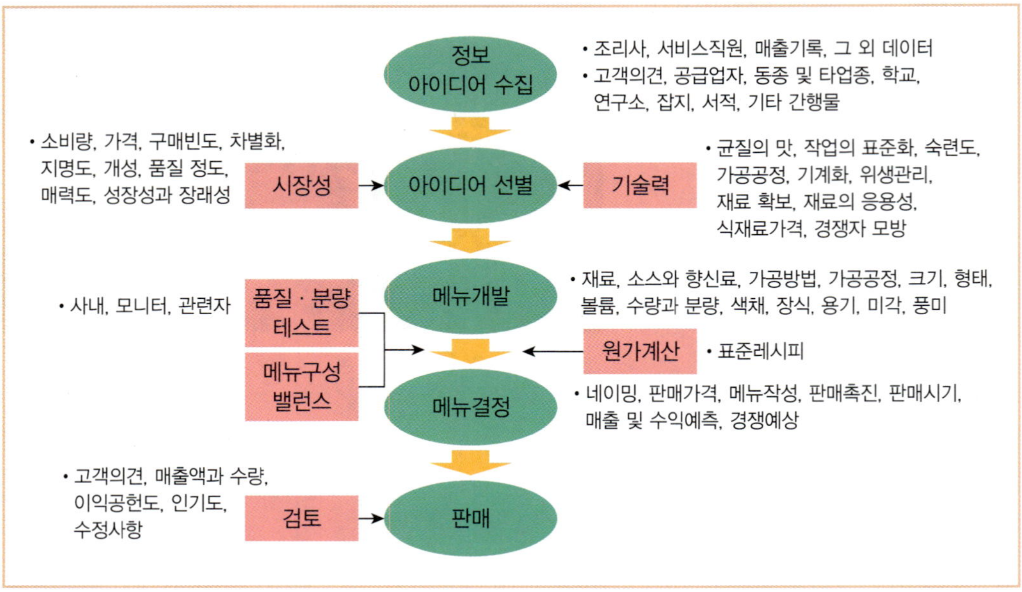

레스토랑의 상황을 우선으로 하는 이른바 판매 발상의 메뉴개발이 아니라 마케팅 발상에 의한 메뉴개발이 되어야 한다. 조리사도 자신의 맛이나 형태를 고집할 것이 아니라 고객의 욕구와 기호의 변화에 대응하고 그 변화에 자신의 기술을 살리는 유연한 자세를 가져야 한다. [그림 7-3]은 마케팅개념에 근거한 신제품개발과정을 보여준다.

(2) 정보와 트렌드분석

어떤 메뉴를 제공하면 고객이 기뻐할 것인가를 알기 위해서는 정보를 통한 트렌드분석이 필요하다. 시대의 변화와 함께 고객의 욕구와 가치관이 다양해지고, 그에 따라 메뉴도 변화하기 마련이다. 건강지향 또는 조금씩 여러 가지 맛의 음식을 즐기고 싶은 소량다품목 욕구가 좋은 예이다. 또한 조리기술의 서구화와 식재료가 서구화되면서 먹는 사람도 서구화되고 있다. 예전에는 서서 먹거나 걸으면서 먹는 것이 익숙하지 않았지만, 최근에는 일종의 패션으로까지 되어 있다. 이처럼 시대의 변화와 함께 외식의 목적과 동기도 바뀌기 때문에 트렌드를 파악하기 위해서는 고객의 취미, 기호, 라이프스타일 등과 같은 외식활동에 관련된 정보수집을 게을리하지 말아야 한다.

(3) 대체 가능성

사용할 식재료를 한정하지 않는다. 서양요리라고 해서 서양식 식재료만 국한하지 않고 일본요리, 중화요리 등 다른 업종의 식재료를 사용하는 것도 고려한다. 조리가공, 제공방법, 식기사용 등을 연구하고 그에 맞는 제품을 개발한다.

(4) 음식제공의 변화

모양을 바꾸어 신선미를 낼 수 없을까 생각한다. 예를 들면, 식기에 담긴 음식의 배열을 바꾸거나 사용하는 식기를 바꾼다. 현대는 개성 있는 식생활의 시대라고 불리는 만큼 하나의 요리에 여러 종류의 소스, 드레싱을 준비하고 고객에게 선택하게 하는 등의 제공방법도 생각한다.

(5) 신속성

빨리 조리할 수 없을까, 빨리 제공할 수 없을까 하는 신속함은 음식생산과 서비스의 기본이므로 신속성을 키워드로 한 제품개발을 생각한다.

(6) 음식의 조합

단순하게 기존 메뉴를 조합시키는 것만이 아니라 조합을 통해 메뉴의 매력을 높일 수 있는 발상이 필요하다. 그렇게 하기 위해서는 우선 한 가지 메뉴의 매력을 높이는 것과 함께 식기, 음식배열, 식재료 등이 서로 균형을 이루도록 한다.

3) 신메뉴 홍보

신제품개발 후 생각해야 할 것은 고객의 구매 욕구를 높이는 것이다. 고객의 관심을 신메뉴로 유도하는 것은 제품개발 자체만큼 중요하다. 그러므로 고객에게 신메뉴인 것을 알리기 위한 연출이 필요하다. 연출은 신메뉴를 알리기 위한 홍보는 물론, 음식의 배열과 제공방법 등도 포함된다. 예를 들어, 그냥 간단하게 접시에 음식을 배열하여 제공해도 좋은 로스트 비프를 고급스런 트롤리에 싣고 고객이 보는 눈앞에서 잘라서 제공한다. 그리고 브랜디에 불을 붙이거나 해서 연출효과를 높이는 것도 가능하다. 고객이 즐거워하고 신기해하고 놀란다는 관점에서 여러 가지 생각을 해보면 연출방법은 얼마든지 있다.

4) 테스트 마케팅

신제품개발의 마지막은 테스트 마케팅(test marketing)이다. 신제품 출시를 앞두고 소규모 시장을 통해 소비자 반응을 알아보는 활동이다. 주로 유동인구가 많고 타깃이 되는 소비세대가 밀집된 시장에서 메뉴를 알리는 각종 이벤트를 열거나 시식행사를 갖는다. 1개월이나 2개월 동안 본래의 가격보다 싼 값에 제공하거나 조건을 좋게 하여 고객의 반응을 살핀다.

설문조사를 하는 것도 하나의 방법이며, 신메뉴 시식회를 열어 고객에게 시식을 유도하는 것도 가능하다. 테이크아웃 커피전문점 시대를 연 Starbucks가 이화여대 앞에 국내 1호점을 출시한 것이나, 체인 베이커리 전문점들이 1, 2호점을 강남의 중심지역에 위치시킨 것도 일종의 테스트 마케팅 역할을 위한 것이다.

고객의견을 듣는 것이 안전성 확보 차원에서 중요하기는 하지만 반드시 성공을 보장하는 것은 아니다. 조사자의 편견이 개입되거나 고객이 자신의 생각을 정확히 표현하지 못하는 단점도 있다. 또한 고객의 생각과 행동이 다를 수도 있다. McDonald's의 맥린(Mclean) 햄버거와 같이 출시되기 전에는 유용하고 혁신적이라는 평가를 받았던 메뉴도 막상 출시 후에는 쓸모 없이 값만 비싼 메뉴로 둔갑하는 경우도 적지 않다.

4. 제품개선

신제품개발은 자칫 무리한 제품개발이 될 수 있다. 기존 제품을 개선하는 것이 신제품 개발의 첫걸음이 된다. 완전히 새로운 제품을 개발하는 것보다 기존 제품에 더욱 충실하고 질을 향상시키는 노력이 우선이다. KFC는 기존 프라이드 치킨에 치킨 샌드위치라는 새로운 메뉴계열을 출시하였다. Burger King은 X트림더블치즈버거와 팬케이크미니스를 추가하였고, Wendy's는 피타스(pitas)빵을 메뉴에 추가하여 매출액을 크게 늘렸다. 또한 지역별로 취향에 맞추어 메뉴를 차별화하였는데, 아이오와주에서는 쇠고기 안심

(tenderloin)을 크게 하였고, 오클라호마주에서는 옥수수빵을 섞어 넣은 것을 제공하였다. 신제품개발은 매출증대를 위한 수단이지만 매출이 감소한다면 신제품개발에 앞서 기존 제품을 수정하고 보다 강력한 제품으로 회복을 꾀하는 것이 올바른 방법이다.

제품개선 때는 다음의 내용을 고려한다.

- 메뉴구성 전체의 균형이 잡혀 있는가.
- 다른 메뉴품목과의 연관성은 어떤가.
- 맛이 표현되어 있는가(색조, 음식의 배열, 모양, 향, 접시의 사용 등).
- 맛은 어떤가(조리방법, 조리시간).
- 양은 어떤가, 적당한가.
- 재료와 주요리에 함께 제공되는 음식은 어떤가.
- 서비스와 제공방법은 어떤가.

제품개선은 가격은 물론 맛, 양, 음식의 배열, 식재료, 메뉴명, 표시방법 등을 검토하는 것에서부터 시작한다. 가격에 비해 판매량이 적고 판매되지 않는 메뉴는 상품력이 없는 것이기 때문에 판매되지 않는 메뉴를 판매하기 위해서는 먼저 상품력을 높일 필요가 있다. 하지만 이런 착실한 노력을 하지 않고, 다른 레스토랑에서 판매하고 있는 메뉴를 자신의 운영능력도 생각하지 않고 있는 그대로 받아들여 메뉴에 추가하는 사례가 적지 않다. 이런 경우 일시적으로 판매되는 경우도 있지만 대부분은 지속되지 못하고 만다. 메뉴가 판매되지 않는 요인이 많이 있는 것과 마찬가지로 판매되는 요인도 눈에 보이는 부분만은 아니다. 다른 레스토랑에서 판매되고 있는 메뉴에는 분명 눈으로 알 수 없는 많은 요인이 있기 때문이다. 한편 메뉴품목이 늘어나면 조리의 작업량도 늘어나고, 하나하나의 메뉴를 만드는 작업이 복잡해지면서 전체 메뉴의 상품력 저하로 이어질 수 있다.

7-3 제품수명주기와 전략

신제품을 출시한 이후 제품수명이 오래 가고 많은 수익이 있기를 기대한다. 그러나 혁신적이고 성공한 제품이라고 해도 시간이 지나면 수명을 다하기 마련이다. 즉 제품도 사람의 일생과 마찬가지로 제품수명주기(product life cycle)를 가진다. 따라서 제품수명주기에 따라 변화하는 시장과 환경에 맞는 제품전략을 세워야 한다. McDonald's는 제품수명주기에 따라 제품개념을 수정하면서 오늘날까지 성장해 오고 있다. 일반적으로 제품은 [그림 7-4]와 같이 도입기, 성장기, 성숙기, 쇠퇴기 등 4단계의 제품수명주기를 거친다.

제품수명주기가 모든 제품에서 나타난다고는 할 수 없다. 어떤 제품은 도입하자마자 쇠퇴기를 맞기도 하지만, 오랫동안 꾸준하게 인기를 끄는 제품도 있다. 그러므로 제품수명주기에 따른 마케팅전략을 생각하는 것도 중요하지만 제품수명을 늘리거나 재활성화하는 전략도 필요하다. 사실 우리가 사용하고 있는 대부분의 제품들은 성숙단계에 있지만 마케팅믹스를 통해 현존하는 제품들에 변화를 준다. 이것은 메뉴에만 해당하는 것이

그림 7-4 | 제품수명주기에 따른 매출액과 이익

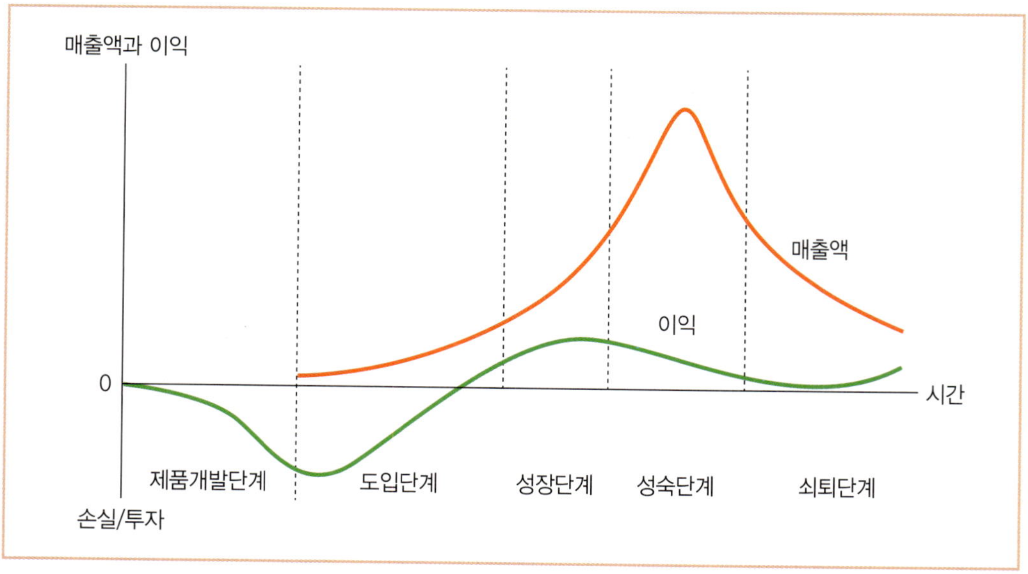

자료: Philip Kotler, John Bowen and James Makens, Seyhmus Baloglu(2016), *Marketing for Hospitality and Tourism*, 8th ed., Pearson.

아니라 레스토랑 콘셉트에도 똑같이 적용된다. 어떤 콘셉트가 오랫동안 변화하지 않으면 그것은 반드시 구식이 된다. 멕시칸 레스토랑 체인점 Chi Chi's는 원래 가벼운 저녁식사를 제공하는 레스토랑들 중 하나였다. 이러한 개념은 20여 년 동안 변하지 않았다. 그러나 부진에 빠지자 실내장식과 메뉴를 대폭적으로 바꾸고 새로운 광고와 함께 변화를 시도하였다.

1. 제품개발기

제품개발기(product development)는 신제품 아이디어를 발견하고, 이를 신제품으로 개발하는 시기이다. 매출은 없고 투자금액은 늘어난다.

2. 도입기

도입기(introduction)는 제품이 시장에 처음 소개되는 시기로 메뉴의 인지도가 낮아 매출액이 낮다. 메뉴를 소비자에게 알리기 위해 유통 및 판매촉진비용이 증가한다. 유사 메뉴를 생산하는 경쟁자가 적어 높은 가격을 설정할 수 있다.

3. 성장기

성장기(growth)기는 메뉴가 알려지면서 매출이 상승하고 시장점유율이 높아지는 시기이다. 메뉴의 인지도를 높이기 위한 광고보다는 차별화된 강점을 전달하고 사용량과 사용빈도를 증가시키는 데 초점을 맞춘다. 성장기를 지속시키기 위해 제품을 개선하고 새로운 세분시장에 진출하며, 고객을 유인하기 위해 가격을 낮추기도 한다.

4. 성숙기

성숙기(maturity)는 경쟁자들이 시장에 진출하면서 공급이 수요를 초과하고 성장이 둔화되는 시기이다. 경쟁자가 가격을 인하하고 광고와 판매촉진을 강화하면서 매출과 이익이 감소한다. 성숙기에는 매출성장을 유지하기 위한 적극적인 전략이 요구된다. 표적시장과 마케팅믹스를 수정하는 전략을 모색할 수 있다. 캐주얼 다이닝 체인점 Chili's는 성숙기에 있는 메뉴를 성장기로 전환시키는 수정전략을 전개하였다. 메뉴의 60%를 바꾸고 24개의 새로운 메뉴를 추가하였으며, 기존 메뉴에 치킨과 피쉬를 추가하는 수정전략으로 매출을 6% 증가시켰다.

5. 쇠퇴기

쇠퇴기(decline)는 기술의 진보, 고객 기호의 변화, 경쟁격화 등의 이유로 매출이 감소하는 시기이다. 쇠퇴하는 메뉴를 유지할 것인가, 삭제할 것인가를 결정해야 한다. 미국의 많은 스테이크 레스토랑들이 고객에게 인기를 잃었을 때 스테이크 체인점 Steak & Ale은 수익성이 없는 레스토랑을 폐점하고 이익을 낼 수 있는 곳은 유지하였다. 쇠퇴기에서는 비용을 줄이고 판매는 유지하여 이익을 높이는 수확(harvest)전략을 모색할 수 있다. 즉 소멸될 메뉴임을 알고 광고, 기술개발, 설비에 대한 투자는 줄이고 판매는 유지함으로써 이익을 높이는 전략이다.

7-4 브랜드

생산기술의 발달로 제품 간 품질의 차이가 없어지고 사람들의 일상생활이 바빠지면서 브랜드에 의존하여 빠르게 의사결정을 하려는 경향이 커지고 있다. 오늘날은 차별화된 브랜드 이미지에 따라 제품과 서비스를 구매하는 것이 일반적인 소비행태가 되었다.

1. 브랜드란?

브랜드(brand)는 제조업자 또는 판매자가 자기의 회사, 제품, 서비스를 경쟁자와 구별하기 위해 사용하는 이름, 심벌, 용어, 디자인 또는 이들의 결합체를 말한다. 브랜드명(brand name)은 단어, 문자, 경쟁자의 제품이나 서비스와 구별되는 이름을 포함한 단어나 문자의 집단을 말한다. McDonald's, KFC, Starbucks, VIPS 등이 브랜드명이다. 한편 등록 브랜드는 법적으로 보호받는 브랜드명, 그림, 디자인 등을 말한다. McDonald's의 골든아치, Wendy's의 소녀 캐릭터 등이 널리 알려져 있는 등록 브랜드이다. McDonald's가 1년에 프랜차이즈 수입으로 각국에서 받는 로열티는 얼마나 될까? 소비자에게 널리 인식된 McDonald's라는 브랜드 가치는 돈을 주고도 살 수가 없다.

2. 브랜드의 중요성

제품, 서비스, 마케팅은 쉽게 모방할 수 있지만 법적으로 보호받는 제품이나 서비스의 브랜드는 모방이 쉽지 않다. 오랜 시간이 흘러도 경쟁제품이나 서비스와 쉽게 비슷해지지 않고 확실히 차별화할 수 있는 것은 브랜드이다. 외식산업과 같이 진입장벽이 낮고 모방이 쉬워 차별화가 쉽지 않은 시장에서 브랜드는 제품을 차별화하는 강력한 무기가 된다.

강력한 브랜드는 경쟁우위와 가격 프리미엄을 제공한다.

소비자의 머릿속에 한번 정해진 브랜드 이미지는 쉽사리 바꿀 수 없다. 강력한 브랜드는 시장의 평균가격보다 높은 가격으로 판매할 수 있는 가격 프리미엄(price premium)을 얻을 수 있다. Starbucks가 한국과 일본시장에 진출할 때 단 한 푼의 광고비도 쓰지 않았지만 개장 첫날부터 고객의 행렬이 끊임없이 이어졌다. 그 이유는 바로 브랜드 파워 때문이다. 이제는 소비자가 제품이 아닌 브랜드를 구매하는 시대이다.

3. 브랜드 구축

기업은 제품을 판매하지만 소비자는 브랜드를 구매한다고 한다. 바꿔 말하면 소비자는 햄버거를 먹는 것이 아니라 McDonald's에 간다는 의미가 된다. 고객의 마음속에 인식된 McDonald's라는 브랜드의 가치는 돈을 주고도 살 수 없다. 이렇듯 제품이나 서비스가 브랜드를 소유함으로써 발생하게 되는 마케팅효과를 브랜드 자산(brand equity)이라고 한다. McDonald's, Burger King, Starbucks, Pizza Hut 등은 오래전부터 브랜드를 기업의 귀중한 자산으로 인식하고 전략적으로 관리해 오고 있다.

브랜드 자산은 자신이 원하는 브랜드 이미지를 소비자가 가지도록 브랜드 아이덴티티(identity)를 명확하게 함으로써 구축된다. 〈표 7-1〉은 McDonald's라는 브랜드가 다른 브랜드와 구별되는 아이덴티티를 보여준다. McDonald's는 가격에 민감한 고객 또는 경쟁자와 경쟁해야 하기 때문에 가격에 초점을 두고 있지만 골든아치로 상징화된 브랜드는 소비자에게 다양한 연상을 일으키는 풍부한 정체성으로 경쟁우위를 가지고 있다. McDonald's의 햄버거나 Starbucks의 커피가 세상에서 가장 맛있는가 하는 것은 중요하지 않다. 물론 맛이 경쟁자보다 우위에 있는 측면도 있지만 소비자가 그곳을 찾는 이유는 브랜드가 가지고 있는 특유의 아이덴티티 때문이다. 간단한 식사를 원하거나 따뜻한 커피가 생각날 때 그냥 McDonald's나 Starbucks로 발길을 돌리는 것이 브랜드 아이덴티티의 힘이다.

브랜드는 기업의 경쟁우위를 결정하는 무형의 자산으로 마케팅활동의 핵심영역이다. 브랜드 자산을 구축하고 관리하기 위해서는 장기적인 투자가 요구된다. 많은 레스토랑들이 가격할인이나 쿠폰 등으로 단기적 판매성과를 올리려고 하는데, 장기적 관점에서 이러한 활동은 오히려 브랜드 자산의 가치를 떨어뜨린다. 자신의 레스토랑, 제품, 서비스에 아이덴티티를 부여하고 소비자가 어떤 요소를 좋은 품질로 평가하는지 파악하고 강조하여 좋게 지각할 수 있도록 만든다. 광고와 PR은 인지도 개선에 많은 도움이 된다.

| 표 7-1 | McDonald's의 브랜드 아이덴티티

핵심적인 아이덴티티	가치제공	• 주어진 가격에서의 구매경험, 특별제공물, 제품으로 정의된 가치제공
	음식의 질	• 일정하게 뜨겁고 맛있는 음식제공 → 세계 어느 곳을 가더라도
	서비스	• 빠르고, 정확하고, 친절함, 혼동이 없음
	청결	• 판매대가 항상 깨끗하도록 운영
	사용자	• 가족과 아이들에게 초점을 맞추거나 폭넓은 고객층을 확보하려고 함
확장된 아이덴티티	편의성	• 가장 편리하고 신속한 서비스를 제공하는 퀵서비스 레스토랑 • 사람이 살고 일하며 모이는 곳에 가까이 위치 • 효율적이고 신속한 서비스, 먹기 쉬운 음식
	제품의 범위	• 패스트푸드, 햄버거, 아이들이 좋아하는 것
	하위 브랜드	• 빅맥, 에그맥머핀, 해피밀스 등
	회사가 시민을 위한 일	• 로날드 맥도날드(Ronald McDonald) 어린이 자선단체, 로날드 맥도날드 하우스
	브랜드 개성	• 가족지향적, 미국적, 잔잔한, 완전한, 활기찬, 재미있는
	관계	• 가족과 재미를 연상시키는 McDonald's는 좋은 시간의 일부 • 로날드 맥도날드 어린이 자선단체는 존경심을 유발
	로고	• 골든아치
	캐릭터	• 로날드 맥도날드, McDonald's 인형과 장난감

자료: David A. Aaker(1996), *Building Strong Brands*, p.90.

7-5 메뉴계획 및 디자인

고객은 레스토랑에서 즐거운 식사경험을 기대한다. 이때 메뉴는 고객경험에 가장 크게 영향을 주는 경험요소이다. 그럼에도 종종 사업을 시작할 때 메뉴보다 입지에 더 높은 관심을 가지는 경향이 있다. 메뉴를 결정하기도 전에 입지를 선정하고 인테리어를 계획하고 심지어는 광고를 하기도 한다. 메뉴에 기초하지 않은 제품개발이나 판촉은 의미가 없다. [그림 7-5]에서와 같이 메뉴는 여러 가지 경영요소들과 관련되어 있다.

그림 7-5 | 메뉴 관련 경영요소들

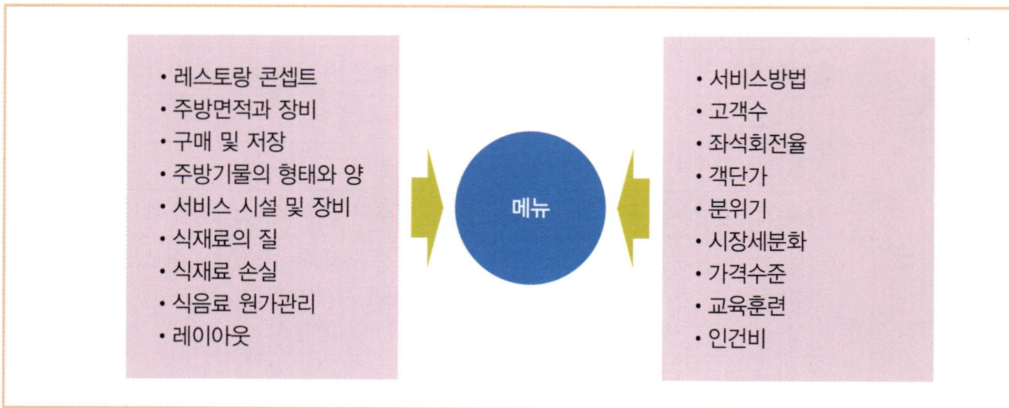

1. 메뉴계획

메뉴계획(menu planning)은 레스토랑 콘셉트를 반영하는 것으로 고객만족과 이익 극대화라는 목표달성을 위한 마케팅의 출발점이 된다. 어떻게 고객을 만족시킬 것인가 하는 고민들 중에서 중요하고도 어려운 것이 메뉴이다. 고객의 욕구와 기대에 기초하여 계획된 메뉴만이 성공을 바랄 수 있다. 치밀한 메뉴계획으로 작성된 메뉴는 고객이 메뉴에 가지는 기대를 만족시키거나 초과하여 레스토랑이 바라는 목표를 달성하게 한다. 그렇지 못한 메뉴는 매출과 이익을 증가시키는 데 실패하고 만다.

다음은 빈번하게 발생하는 잘못된 메뉴계획을 보여준다.

- 고객을 정확하게 파악하지 못하고 있다.
- 경쟁자의 메뉴를 모방한다.
- 무엇을 판매하고자 하는지 모르고 있다.
- 판매가 부진한 품목에 계속 의존하고 있다.
- 원가가 부정확하다.
- 인건비가 높다.
- 부분적인 효과만을 나타내고 있다.
- 변화 없이 똑같은 메뉴에 머무르고 있다.

다음은 메뉴계획 시 고려할 사항이다.

1) 고객의 욕구와 기대

단순하게 무엇을 판매할 것인가 하는 것에서 벗어나 어떻게 판매할 것인지, 고객의 어떤 욕구를 만족시킬 것인지, 누구를 타깃으로 하고 그들이 좋아하는 것이 무엇인지 등을 주의 깊게 분석한다. 한때 미국 외식산업에서 가족단위의 외식활동이 대중화되고 어린이가 주요 고객으로 등장하자 캐릭터를 이용한 어린이 메뉴(kid's menu)를 앞다퉈 내놓았다. 조사에 따르면 어린이는 익숙하지 않은 음식을 꺼리기 때문에 어린이에 친숙한 메뉴를 넣고, 주요리가 제공되기 전에 스낵이나 야채를 제공하는 것을 좋아한다. 그리고 어린이의 39%가 미국식, 21%가 이탈리아식, 20%가 중국식, 그리고 15%가 멕시칸식의 음식을 좋아하며, 8, 9세의 어린이들은 어른들이 먹는 음식도 먹는 것으로 나타났다.

2) 맛

맛은 레스토랑을 알릴 수 있는 가장 훌륭한 광고 및 홍보수단이자 다른 레스토랑과 구분 짓는 중요한 요소이다. 달고, 짜고, 시고, 쓴맛들이 음식의 독특한 맛을 창조하며, 이러한 맛의 조화는 레스토랑에 대한 고객반응을 이끌어내는 데 중요한 역할을 한다. 레스토랑은 새로운 맛을 내는 음식을 제공하고 고객은 이전에 맛본 적 없는 음식을 수용하면서 변화하고 발전한다.

외식산업 매거진 '레스토랑 & 인스티튜션(Restaurant and Institutions)'에 따르면, 음식의 질은 고객이 레스토랑을 선택할 때 가장 중요하게 생각하는 요소로 조사되었으며, 메뉴계획을 할 때는 더 맛있는 음식을 제공하고, 선택 가능한 건강식을 제공하고, 고객의 기쁨을 알고, 맛을 창조하는 것 등에 대해 끊임없이 노력해야 한다고 하였다. 이러한 음식의 질과 관련된 사항들은 서비스와 가치, 심지어는 청결과 위생보다 더 중요하게 거론되고 있다.

3) 메뉴품목수

메뉴품목수는 고객 입장에서는 선택의 기쁨을 주지만 레스토랑 입장에서는 원가관리에 영향을 미친다. 메뉴선택의 폭이 넓고 매력적인 품목들로 구성되어 있으면 좋지만, 너무 많으면 메뉴품목을 선택하는 데 혼동될 수 있고, 기대하는 시간에 음식제공이 어려워질 수 있다. 새로운 메뉴품목을 첨가하는 것 또한 위험한 결정일 수 있다.

4) 가격

고객은 자신이 지불하는 가격에 대해 얻는 가치를 고려하기 때문에 가격에 부응하는 가치창출이 중요하다. 아울러 경쟁자는 다른 어떤 요소들보다 가격결정에 크게 영향을 미치기 때문에 경쟁자의 가격을 살펴봐야 한다. 경쟁자보다 더 높은 가치를 창출해야 하지만 비용을 감당하지 못하면 실패할 수 있다.

5) 원가와 수익성

목표로 하는 원가율을 설정하고 적절한 이윤과 높은 매출을 획득할 수 있도록 계획한다. 좋은 메뉴라도 원가가 높아 고객이 부담을 느끼는 가격이라면 판매에 어려움을 겪는다. 정해진 원가의 범위를 초과하는 품목은 수익성을 감소시키므로 지나치게 표준원가(standard cost)를 초과하는 품목은 제외시킨다.

6) 식재료의 이용 가능성

식재료 구매가 어려운 품목은 시기에 따라서는 원가의 상승요인이 된다. 이러한 메뉴는 원활치 못한 식재료공급으로 고객에게 신용을 잃을 수 있으므로 제외한다. 다만 계절에 따른 특별 메뉴를 계획할 수 있다. 다양한 식재료를 필요로 하는 메뉴도 원가의 상승요인이 되므로 동일한 재료로 다양한 맛을 낼 수 있는 메뉴품목을 선택하는 것이 좋다.

7) 조리인력과 주방시설

조리사의 인원, 조리능력과 시간, 식재료 저장능력 등을 감안하여 원가의 상승요인이 되는 품목은 제외한다. 생산하고자 하는 메뉴에 맞는 주방기기 및 기물이 있어야 한다. 그렇지 못한 경우에는 메뉴에서 삭제해야 한다. 가능한 모든 메뉴품목을 조리할 수 있는 시설을 갖추어야 하지만, 주방면적이 좁은 경우 가공식품을 이용한 메뉴를 선택할 수도 있다.

주력 메뉴에 사용하는 조리기기와 장비, 인력 등을 효율적으로 운영하여 생산성을 높일 수 있도록 주방장비와 주방기기를 적절하게 배치한다. 어떤 조리기기를 사용할 것인지 또는 어떤 작업과정을 통해 완성할 것인지 등도 구체적으로 검토한다.

8) 영양적 요소

외식활동은 생리적 욕구충족과 휴식, 오락 등을 즐기는 것 외에 식사를 통한 건강증진도 그 목표가 된다. 필요한 영양소를 균등하게 제공할 수 있는 메뉴의 구성이 필요하다. 건강하게 오래 사는 데 있어 건강식이 기여한다는 것은 널리 알려져 있고 의심할 여지가 없다. 고객은 음식의 영양학적 가치에 많은 관심을 가지고 있으며, 레스토랑은 건강을 의식하고 있는 고객에게 더 많은 건강식을 제공하고 있다. 대부분의 고객은 칼로리나 염분의 양보다 지방에 대해 더 많이 신경 쓴다. 그래서 어떤 레스토랑은 메뉴에 특정 표시를 하여 저지방음식을 추천하고 칼로리를 표시하기도 한다. 해산물은 심장을 건강하게 만드는 음식으로 잘 알려져 있고, 맛과 영양에서도 훌륭하여 판매량이 높다.

2. 메뉴디자인

메뉴(menu)는 프랑스어로 '자세한 목록'을 뜻한다. 그 어원은 라틴어의 'minutus'에서 유래되었는데, 영어로는 'minute,' 즉 "축소하다(diminished)"라는 말이다. 영국에서는 메뉴를 'bill of fare(음식목록)'라고도 한다. 이에 기초하여 메뉴는 '작고 자세한 목록'이라고 정의된다.

우리말로 메뉴는 차림표 또는 식단이라는 말로 사용되고 있다. 웹스터 사전(Webster Dictionary)에서는 "A detailed list of the foods served at a meal," 즉 "식사로 제공되는 음식의 상세한 목록, 옥스포드 사전(Oxford Dictionary)에서는 "A detailed list of the dishes to be served at banquet or meal," 즉 "연회 또는 식사에 제공되는 음식들의 상세한 목록"으로 정의하고 있다.

1) 메뉴의 역할

(1) 최초의 판매수단

모든 판매는 메뉴로부터 시작된다. 메뉴는 고객이 레스토랑에서 첫 번째로 만나는 제품이다. 서비스, 인테리어, 분위기 등도 판매를 촉진시키는 수단이지만, 메뉴는 최초의 판매도구로서 강력한 판매수단이 된다. 광고와 마찬가지로 고객에게 무엇을 구매할 수 있는지를 직접적으로 알려 주고 매출을 높이는 도구로 활용된다.

(2) 상호 커뮤니케이션

레스토랑과 고객은 메뉴를 통해 상호 커뮤니케이션한다. [그림 7-6]은 메뉴디자인을 통한 레스토랑과 고객 간 커뮤니케이션 내용을 보여준다. 고객은 메뉴가 전달하는 메시지를 받아들이고 그에 따라 행동하기 때문에 전달하고 싶은 메시지를 정확하게 전달해야 한다.

그림 7-6 | 메뉴디자인을 통한 커뮤니케이션

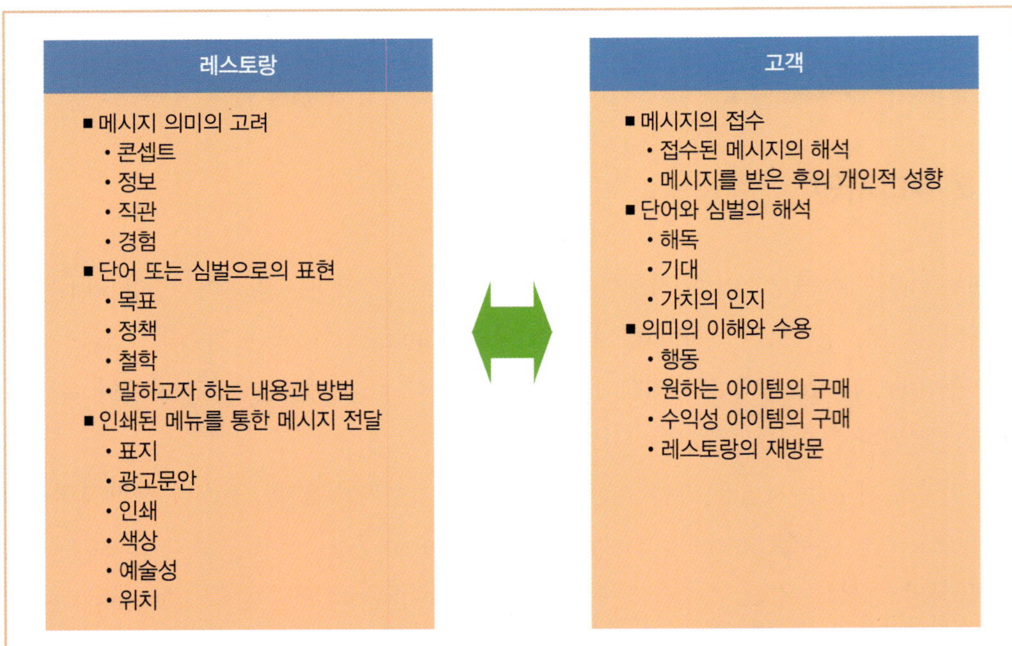

자료: Jack E. Miller and David V. Pavesic(1996), *Menu Pricing & Strategy*, John Wiley & Sons.

(3) 마케팅 도구

메뉴는 판매를 촉진시키는 마케팅 도구로서 매출과 이윤에 직결된다.

메뉴는 레스토랑의 콘셉트를 전달하는 대표적인 마케팅 도구이다. 제품력을 나타내는 핵심도구로서 레스토랑의 모든 것은 메뉴와 함께 시작한다고 해도 과언이 아니다. 단순히 판매하고자 하는 품목의 안내와 표시, 가격 등을 알려주는 단순한 목록이 아니다. 메뉴는 레스토랑의 얼굴이며, 고객과 레스토랑을 연결해 주는 무언의 전달자이고 판매를 촉진시키는 마케팅 도구이다. 외부적으로는 판매 가능한 음식, 가격, 가치를 고객에게 전달하고, 내부적으로는 레스토랑에서 생산하는 제품이 무엇인가를 직원에게 전달한다. 메뉴 없이는 음식을 주문할 수도 조리할 수도 없다.

(4) 고객과의 약속

메뉴는 레스토랑이 자신의 제품을 대표적으로 표현하는 도구로서 판매하는 제품에 대하여 정확하게 고객에게 전달하고 또한 그 가치를 보장하는 매개수단으로 사용된다. 고객이 직접 눈으로 모든 것을 확인하고 음식을 구매하기는 어렵다. 메뉴를 통해 자신이 구매하고자 하는 가치를 확인하고 주문한다.

(5) 통제수단

메뉴는 레스토랑 경영의 가장 기본이 되는 도구로서 경영의 청사진과 같다. 고객에게 제품과 서비스를 제공하기 위한 경영활동을 제시하고 서비스 절차 및 방법, 원가관리, 가격정책 등 운영을 조정하고 통제하는 역할을 가진다.

2) 메뉴디자인 가이드

메뉴는 고객이 레스토랑에 들어와서 유일하게 읽는 매체이다. 훌륭하게 디자인된 메뉴는 레스토랑을 아름답게 장식하고 서비스 못지않게 판매에 중요한 역할을 한다. 메뉴가 효과적인 광고 및 판매수단이 되기 위해서는 [그림 7-7]과 같은 메시지가 전달되어야 한다. 창조적인 메뉴디자인이 주의를 끈다.

그림 7-7 | 메뉴의 표현

(1) 표지

표지디자인은 레스토랑을 장식하는 것과 같이 레스토랑을 상징한다. 매력적인 표지는 훌륭한 레스토랑임을 나타낸다. 표지는 음식의 주제(theme), 스타일, 분위기 등이 표현되고, 실내장식이나 분위기 등 주변환경과 조화를 이루어야 한다. 라인 그래픽(line graphics)이나 사진은 표지의 매력적인 첫인상을 나타내는 데 자주 사용된다. 흑백사진은 재현하기 쉽고 컬러보다 경제적이다. 표지에서 빼놓을 수 없는 것은 주소, 전화번호, 웹사이트, 영업시간 등의 추가정보이다. 표지 안쪽이나 뒷표지에 남겨두는 것이 좋다. 레스토랑 이름은 앞표지에 표기하는 것만으로도 충분하다.

(2) 언어

메뉴에 사용하는 언어는 레스토랑의 형태와 특성에 맞도록 한다. 메뉴를 선택할 때 불편함이 없어야 하기 때문에 외국어를 사용하는 경우 정확한 외국어로 표기하고 번역을 첨부하는 것이 좋다. 현란한 수식어로 설명하면 메뉴의 특성을 이해하지 못하고 추측하는 일이 생길 수 있다. 메뉴의 설명 문구는 음식의 종류, 특별한 재료의 사용 여부, 좌석 회전율 속도 등에 따라 달라질 수 있다. 메뉴에 대한 긴 설명은 주문과정에서 많은 시간이 소요될 수 있다.

(3) 활자

활자의 크기와 형태는 메시지를 전달하는 데 적합하고 고객이 읽는 데 어려움이 없어야 한다. 종류별로 품목을 구분한다. 종류의 명칭은 큰 활자로, 그에 부속된 개별 품목은 보다 작은 활자로 나타내는 것이 좋다. 그래픽과 색채를 사용하고 여백을 적절하게 활용하는 것도 고객의 시선을 끌 수 있는 좋은 방법이다. 각 행간의 공간을 너무 빽빽하게 하면 읽기에 힘들다. 기차나 버스 시간표처럼 딱딱한 형식으로 나열하여 단순히 정보만을 전달하는 도구가 되지 않도록 한다. 활자가 너무 작고 빈틈 없이 인쇄되어 있으면 메뉴 읽기를 싫어하므로 인쇄가 메뉴의 45~65% 이상을 차지하지 않도록 하는 것이 좋다.

(4) 배치

메뉴가 고객에게 제시되는 순간부터 마케팅활동은 시작된다. 메뉴를 펼쳐 보는 순간 고객의 시선이 움직이는 방향에 따라 매출이 변화하기 때문에 메뉴품목의 전략적인 배치가 중요하다. 메뉴는 눈에 따라가는 방향에 맞춰 구성되는 것이 기본이지만, 고객이 원하는 메뉴를 쉽게 찾을 수 있도록 배치한다. 소설이나 음악과 같이 음식에도 시작과 중간, 끝마침이 있다. 서양식 메뉴의 경우 보통 애피타이저 → 수프 → 샐러드 → 주요리 → 디저트 등으로 제공되므로 순서에 따라 배치한다.

가격의 높고 낮은 순서에 따라 메뉴품목을 배치하는 것은 좋지 못하다. 가격은 될 수 있는 한 고객이 혼동되도록 배치한다. [그림 7-8]은 메뉴의 초점을 보여주고 있다. 한 페이지 메뉴는 가운데, 두 페이지 메뉴는 우측 가운데, 세 페이지 메뉴는 가운데가 시선이 집중되는 위치이다. 주력 메뉴와 인기 메뉴 또는 높은 이익과 판매증대를 기대하는

그림 7-8 | 메뉴의 초점

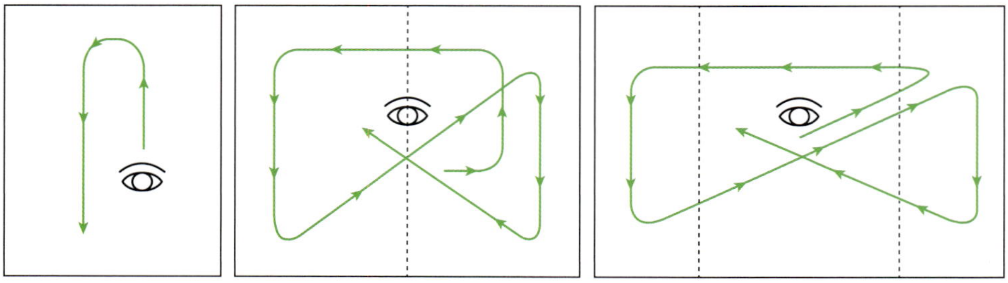

특정 품목은 메뉴를 펼쳤을 때 시선이 집중되는 곳에 배치하는 것이 이상적이다.

(5) 크기와 메뉴 포맷

일정한 기준은 없지만 레스토랑이 추구하는 목표, 메뉴의 특징, 분위기, 레스토랑 수준 등을 일목요연하게 표현할 수 있는 정도의 적당한 크기가 좋다. 특급호텔의 경우 영업장에 따라 다르지만, 평균 메뉴의 크기는 30~40cm, 6~15페이지 정도이다. 미국 레스토랑협회(NRA)의 조사에 의하면, 고객이 메뉴를 읽는 데 평균 1분 49초 정도를 소비한다고 한다. 이러한 결과를 살펴볼 때, 많은 페이지로 메뉴품목을 나열해 놓는 것은 좋지 못하다.

메뉴 포맷(menu format)은 한 장에서부터 중앙이 수직으로 접히는 것, 수직으로 2번 접히는 것, 3번 접히는 것, 수직으로 2번, 3번, 4번 접히는 것 등 대부분이 책의 형태로 되어 있다. 크기와 페이지수는 레스토랑에 따라 다르다. 속 페이지를 갈아 낄 수 있도록 효용성도 함께 고려한다.

(6) 정확성

정확한 음식명을 정해야 한다. 햄버거나 로스트 치킨과 같이 간단하고 정확한 메뉴명이 있는 반면, 음식 앞에 레스토랑 이름을 붙여 ○○○샐러드, △△△스테이크 등과 같은 애매모호한 메뉴명도 있다. 이럴 때는 메뉴에 대해 자세하게 설명해야 한다. 고객이 메뉴를 보았을 때 가격과 특성에 대해 정확한 정보를 얻을 수 있어야 한다.

메뉴에 변동이 있는 경우 간혹 손글씨로 변경사항을 기재하는 일이 있다. 만약 이런 메뉴를 고객에게 내민다면 불쾌하게 여길 뿐 아니라 속임을 당한다는 느낌을 가질 수 있다. 항상 사전에 메뉴를 검사하여 실제와 차이가 생기는 경우 인쇄활자로 변경된 내용을 표기하도록 한다. 메뉴에서 설명하고 있는 내용과 실제 제공되는 음식의 맛과 형태, 품질이 일관되게 제공되어야 한다.

(7) 기타 요소들과의 관련성

레스토랑에서 사용하는 성냥, 냅킨, 테이블 매트, 테이블 카드, 기물 등의 소모품들 역시 고객이 접하는 제품들이다. 따라서 메뉴도 소모품들이 나타내는 이미지와 어울리게 디자인한다.

7-6 메뉴평가

어느 레스토랑이나 사업 초기 때의 메뉴는 완성도가 낮다. 고객이 정말 원하고 있는 메뉴인지 어떤지는 실제로 운영해 보지 않으면 모르기 때문이다. 일정기간 운영한 후 고객의 욕구, 메뉴구성, 가격정책, 경쟁상황, 상권 등에서 처음과 차이가 있고, 매출에 기여하지 못하면 적절한 대응이 필요해진다.

메뉴평가(menu evaluation)는 메뉴품목이 고객의 욕구를 충족시키고 제대로 판매되고 있는지, 적절한 수익을 창출하고 있는지를 분석하는 것이다. 분석결과에 따라 메뉴교체, 가격수정, 메뉴에서의 위치 변경, 새로운 메뉴를 개발하는 등의 결정을 한다. 메뉴평가방법으로 많이 활용되고 있는 것으로 메뉴 엔지어링과 ABC분석이 있다.

1. 메뉴 엔지니어링

미국의 카사바나(Michael Kasavana)와 스미스(Don Smith)는 현재 레스토랑에서 판매하고 있는 메뉴품목을 한 달 또는 두 달 등과 같이 일정기간을 정하여 인기도(popularity)와 수익성(contribution margin)을 분석하여 메뉴에 관한 의사결정을 하기 위한 메뉴 엔지니어링(menu engineering)을 개발하였다. 메뉴 엔지니어링은 단순히 식재료 비율이 어느 정도인가를 확인하는 것이 아니라, 현재의 메뉴구성으로 어느 정도 이익을 내고 있는지 분석하는 것이다.

〈표 7-2〉에서 식재료비율이 낮은 Seafood Spaghetti를 적극 판매하면 전체 식재료비율을 줄일 수는 있지만 수익은 낮다. Lobster Tail은 식재료비율도 높고 수익도 낮다. 이러한 상황에서 경영자는 어떤 결정을 할 수 있는가? 메뉴 엔지니어링은 메뉴에 대한 적합한 평가를 내릴 수 있도록 도와주는 도구로 사용된다.

표 7-2 식재료비율과 수익성

메뉴품목 (menu items)	식재료비 (item food cost)	판매가격 (selling cost)	식재료비율 (food cost %)	수익성 (contribution margin)
Seafood Spaghetti	2,400원	5,000원	48%	2,600원
Filet Mignon	4,500원	8,500원	53%	4,000원
Chicken Teriyaki	5,000원	10,000원	50%	5,000원
Lobster Tail	4,100원	6,600원	62%	2,500원

1) 메뉴 엔지니어링 계산방법

메뉴 엔지니어링은 〈표 7-3〉과 같은 메뉴 엔지니어링 분석표(menu engineering worksheet)를 작성하여 평가한다. 범주가 다른 메뉴품목끼리 비교하지 않고 주요리(main dish)는 주요리, 전채(appetizer)는 전채끼리 비교한다. 예시된 네 가지 메뉴품목 중 Seafood Spaghetti의 예를 들어, 메뉴 엔지니어링 분석표를 작성하고 계산하는 방법에 대해 살펴본다.

| 표 7-3 | 메뉴 엔지니어링 분석표

Cafe 아마스빈 　　　　　　　　　　　　　　　　　Date: 20××. 10. 25./판매기간: 20××. 6. 1.~7. 1.

(A) 메뉴 품목명 (Menu Item Name)	(B) 판매량 (Number Sold (MM))	(C) 메뉴믹스 비율 (Menu Mix %)	(D) 식재료비 (Item Food Cost)	(E) 판매가격 (Item Selling Price)	(F) 수익 (Item CM (E−D))	(G) 총원가 (Menu Costs (D×B))	(H) 총판매액 (Menu Revenue (E×B))	(L) 총수익 (Menu CM (H−G))	(P) 수익분석 (CM)	(R) 인기도분석 (MM %)	(S) 메뉴품목 분류 (Menu Item Classification)
Seafood Spaghetti	600	40%	2,400	5,000	2,600	1,440,000	3,000,000	1,560,000	Low(저)	High(고)	Plowhorses (상상품)
Filet Mignon	450	30%	4,500	8,500	4,000	2,025,000	3,825,000	1,800,000	High(고)	High(고)	Stars (특상품)
Chicken Teriyaki	240	16%	5,000	10,000	5,000	1,200,000	2,400,000	1,200,000	High(고)	Low(저)	Puzzles (중상품)
Lobster Tail	210	14%	4,100	6,600	2,500	861,000	1,386,000	525,000	Low(저)	Low(저)	Dogs (하상품)
	N 1,500					1 5,526,000	1 10,611,000	M 5,085,000			

식재료비율 (K=I/J)	평균수익 (O=M/N)	평균인기도(Q=(100%/품목수)×(70%))
52.1%	3,390원	17.5%(263개)

(1) Seafood Spaghetti의 메뉴믹스비율

메뉴믹스비율(menu mix %)은 전체 판매량을 기준으로 측정한 특정 메뉴품목의 판매량비율을 말하는데, 이것을 평균인기도와 비교하여 인기도의 높고 낮음을 평가한다.

$$\text{Seafood Spaghetti의 메뉴믹스비율(C)} = \frac{\text{Seafood Spaghetti의 판매량(B)}}{\text{메뉴품목 총판매량(N)}}$$

$$= \frac{600}{1,500} \times 100 = 40\%$$

(2) Seafood Spaghetti의 수익

$$\text{Seafood Spaghetti의 수익(F)} = \text{판매가격(E)} - \text{Seafood Spaghetti의 식재료비(D)}$$

$$= 5,000\text{원} - 2,400\text{원} = 2,600\text{원}$$

(3) Seafood Spaghetti의 총식재료원가

Seafood Spaghetti의 총식재료원가(G) = Seafood Spaghetti 판매량(B) × Seafood Spaghetti 식재료비(D)
= 600 × 2,400원 = 1,440,000원

(4) Seafood Spaghetti의 총판매액

Seafood Spaghetti의 총판매액(H) = Seafood Spaghetti 판매량(B) × Seafood Seafood Spaghetti의 판매가격(E)
= 600 × 5,000원 = 3,000,000원

(5) 평균수익

각 메뉴품목의 수익을 평균수익과 비교하여 높거나 같으면 수익이 높은 품목으로, 낮으면 낮은 품목으로 평가한다. Seafood Spaghetti의 수익은 2,600원이고 평균수익은 3,390원이므로 Seafood Spaghetti의 수익이 평균수익보다 낮기 때문에 수익이 낮은(low) 품목으로 평가한다.

$$\text{평균수익(O)} = \frac{\text{총수익(M)}}{\text{총메뉴품목 판매량(N)}} = \frac{5{,}085{,}000}{1{,}500} = 3{,}390\text{원}$$

(6) 평균인기도

평균인기도(popularity index)는 메뉴품목수에 따라 다르게 측정된다. 예를 들어, 열 가지 메뉴품목으로 구성된 메뉴가 동일한 판매량을 가지고 있다고 할 때 평균인기도는 100%/10 = 10%, 네 가지 메뉴품목으로 구성되어 있을 때는 100%/4 = 25%의 평균인기도를 가진다. 그러나 현실에서 달성할 수 있는 판매의 정도가 반드시 25%에 이른다고 보기는 어렵기 때문에 오랜 경험과 업계의 추세에 근거해 품목의 판매량기대를 70%로 잡고 있다. 즉 각 메뉴품목마다 70%만 달성한다면 좋은 품목으로 평가할 수 있다는 것이다. 따라서 네 가지의 메뉴품목일 때 70%에 해당하는 평균인기도 기준수치는 25% × 70% = 17.5%(263개)가 된다. Seafood Spaghetti의 경우 메뉴믹스비율이 40%(600개)로 평균인

기도 17.5%보다 월등히 높으므로 인기도분석에 의하면 인기가 매우 높은 품목으로 평가할 수 있다

$$평균인기도(Q) = (100\% \div 메뉴품목수) \times 70\% = (100\%/4) \times 70\% = 17.5\%$$

2) 메뉴 엔지니어링 매트릭스에 의한 메뉴관리

메뉴 엔지니어링 분석표를 작성한 후, 수익성과 메뉴믹스비율 등을 바탕으로 [그림 7-9]와 같이 메뉴 엔지니어링 매트릭스(menu engineering matrix)를 만든다. 그리고 [그림 7-10]에서와 같이 메뉴품목을 특상품, 상상품, 중상품, 하상품 등으로 분류하고 평가된 자료를 바탕으로 메뉴품목의 삭제, 메뉴위치 조정, 가격인상 또는 인하 등의 메뉴관리를 하게 된다.

그림 7-9 | 메뉴 엔지니어링 매트릭스

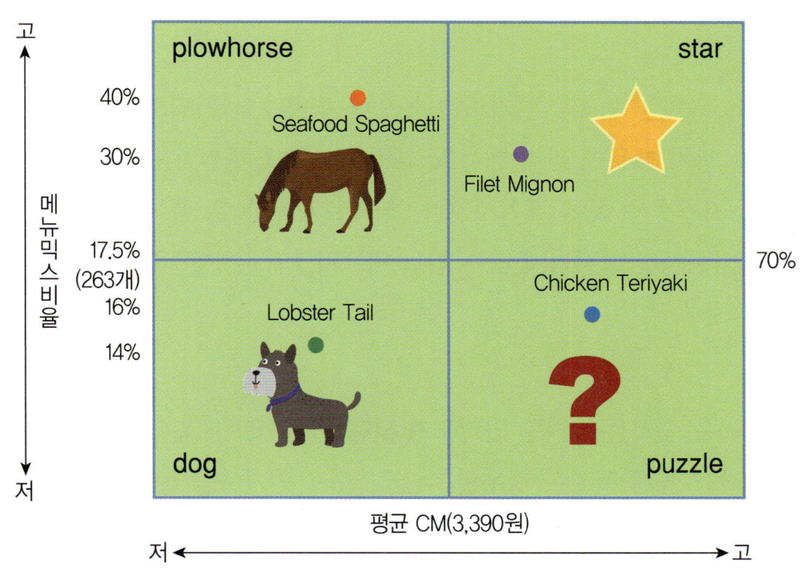

그림 7-10 | 메뉴 엔지니어링에 의한 메뉴평가

수익성 (contribution margin)	메뉴믹스비율 (menu mix %)	분류	평가
• High(고)	• High(고)	• Star(특상품)	• 인기도와 수익성이 모두 높은 품목
• Low(저)	• High(고)	• Plowhorse(상상품)	• 수익성은 낮으나 인기도가 높은 품목
• High(고)	• Low(저)	• Puzzle(중상품)	• 인기도는 낮으나 수익성이 높은 품목
• Low(저)	• Low(저)	• Dog(하상품)	• 인기도와 수익성이 모두 낮은 품목

(1) 특상품

특상품(star)은 인기도와 수익이 가장 높은 품목이다. 음식의 품질과 양, 프레젠테이션(presentation) 등 기존의 수준을 엄격하게 지킨다. 이런 품목은 가장 잘 보이는 위치에 배치시킨다. 가격탄력성이 적은 품목이기 때문에 가격을 약간 상향 조정해도 매출에 큰 변화가 없지만, 현재도 수익이 높은 편이므로 무리한 조정을 하지 않는 것이 좋다.

(2) 상상품

상상품(plowhorse)은 비교적 인기도는 높으나 평균수익을 밑도는 품목이다. 고객을 흡인하는 데 중요하기 때문에 리더 메뉴(leader menu)로 불린다. 조금씩 가격을 인상시켜 보고 메뉴의 저가품목 쪽에 배치시킨다. 식재료비가 높은 품목과 낮은 품목을 묶어 수익을 높인다. 가치를 감소시키지 않는 범위 내에서 1인 분량을 줄인다.

(3) 중상품

중상품(puzzle)은 수익은 높지만 인기도가 낮은 품목으로 메뉴의 가장 잘 보이는 곳에 위치시킨다. 가격을 높게 책정한 경우일 수 있으므로 인기도를 높이는 목적으로 가격을 인하한다. 메뉴 프레젠테이션을 향상시키거나 특별요리로서 권유판매를 통해 판매수량을 높인다. 판매율이 낮고 많은 노동력이 필요하며, 레스토랑 이미지를 향상시키지 못하는 품목은 삭제한다. 친근감이 있거나 유행하는 메뉴품목의 이름으로 바꾸어 본다. 생산관리에 문제가 있으므로 품목수를 제한한다.

(4) 하상품

하상품(dog)은 인기가 없고 수익이 낮아 손실을 가져오는 품목으로 메뉴에서 삭제하는 데 주저하지 않는다. 몇 가지 품목은 잠재력이 있으므로 가격을 인상하여 중 · 상품수준으로의 변화를 시도한다

2. ABC분석

ABC분석은 [그림 7-11]과 같이 메뉴품목별 판매량, 매출액, 이익을 집계하여 공헌도가 높은 품목부터 A · B · C 세 개의 그룹으로 분류하여 메뉴품목을 평가하는 것으로 간단하고 편리하여 많이 사용하는 방법이다.

그림 7-11 | ABC분석 그래프

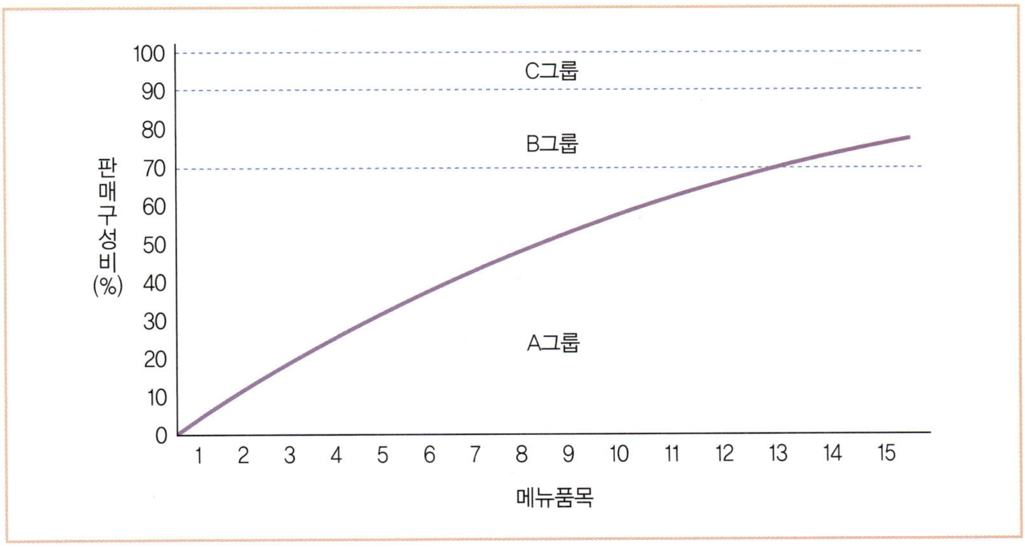

1) A그룹

A그룹은 주력 메뉴로서 레스토랑의 최중점 메뉴이다. 일반적으로 A그룹은 총매출액의 70% 정도에 속하는 메뉴이다. A그룹에 속한 품목수가 줄었는지 파악한다. 품목수가

적으면 적을수록 판매효율이 좋다고 할 수 있다.

2) B그룹

B그룹은 구색 맞추기 메뉴로서 미래의 주력 메뉴와 과거의 주력 메뉴가 섞여 있으므로 육성 또는 관리가 필요하다. 주력 메뉴가 보완적 역할을 하고 있는지 파악한다. B그룹의 매출액 구성부분은 70~90% 정도까지이다.

표 7-4 | 매출액 ABC분석

(단위: 천 원)

순위	메뉴품목	단가	수량	금액	구성비(%)	구성비 누계(%)
1	클럽 샌드위치	8,000	1,283	10,264	11.4	
2	클럽멜트 샌드위치	7,000	1,270	8,890	9.9	21.3
3	햄버거	8,000	700	5,600	6.2	27.5
4	생선 그라탕	7,000	690	4,830	5.4	32.9
5	해물 스파게티	7,000	660	4,620	5.2	38.1
6	뉴욕 스테이크	18,000	250	4,500	5.0	43.1
7	샐몬 샐러드	6,000	680	4,080	4.6	47.7
8	안심 스테이크	20,000	190	3,800	4.2	51.9
9	새우프라이	12,000	310	3,720	41	56.0
10	버섯수프	8,000	450	3,600	4.0	60.0
11	이탈리안 샐러드	5,500	640	3,520	3.9	63.9
12	피자	6,000	490	2,940	3.3	67.2
13	새우볶음밥	7,000	350	2,450	2.7	69.9
14	클램 차우더	9,000	250	2,250	2.5	72.4
15	아이스티	700	310	2,170	2.4	74.8
1–15				67,230		
1–72				89,640		

3) C그룹

C그룹은 판매되지 않는 불필요한 품목으로 과감하게 삭제해야 하지만, 새로 개발한 품목이 포함되어 있을 수 있기 때문에 신중하게 검토한다. C그룹의 품목이 증가하고 있는지 파악한다. 전체 품목이 100개나 있는 곳에서는 겨우 10%의 품목이 전체의 50%를 차지하고 있는 경우도 있다.

ABC분석에서 관리가 어려운 대상은 C그룹에 속한 품목들이다. 반드시 팔리지 않는 품목이라고 한정 지을 수 없기 때문이다. 그 품목이 존재하기 때문에 가족고객을 유인할 수 있다든지, 어린이나 노인고객이 좋아하는 경우가 있기 때문이다. 또한 다른 품목을 판매하기 위한 미끼상품인 경우도 있다. 품목에는 각각의 역할이 있다. 따라서 너무 분석결과에 기계적으로 반응해 버리면 오히려 메뉴관리의 의미가 희미해져 버릴 수 있다. 외식사업은 사람과 사람 사이의 비즈니스라는 것을 항상 염두에 두어야 한다.

토 의 문 제

01 외식산업 제품은 유형의 식음료와 무형의 서비스로 복잡하게 구성되어 있다. 이는 외식산업은 제조업과는 다른 제품전략이 요구된다는 것을 의미한다. 외식산업 제품을 정의하고, 제조업의 제품과 어떻게 다른지에 대해 토의하시오.

02 제품전략에 성공하기 위해서는 고객이 추억이 될만한 경험을 제공할 수 있는 제품 패키지를 만들어야 한다. 이를 위해서는 핵심제품, 유형제품, 확장제품 등 제품의 유형에 대해 잘 알고 있어야 한다. Starbucks를 예로 들어, 세 가지 제품의 유형을 정의하고, 각각의 특징에 대해 설명하시오.

03 메뉴는 제품정보를 알려주는 단순한 목록이 아니다. 경영이념과 콘셉트를 전달하는 도구로서 레스토랑의 청사진과 같다. 제품으로서 가지는 메뉴의 중요성과 역할에 대해 토의하시오.

04 어떤 메뉴를 판매할 것인가도 중요하지만 몇 가지 메뉴를 판매할 것인가를 결정하는 메뉴믹스(menu mix)도 중요한 의사결정이다. 커피브랜드 한 곳을 예로 들어 메뉴믹스전략을 조사하고, 토의하시오.

05 이익을 최대화하기 위해서는 제품수명주기(PLC)에 따라 변화하는 시장과 환경조건에 맞는 제품전략을 세워야 한다. Starbucks와 EDIYA 각각의 판매하는 제품이 제품수명주기의 어느 단계에 있는지 분석하고, 효율적인 마케팅 의사결정에 대해 토의하시오.

06 브랜드는 레스토랑의 경쟁우위를 결정하는 무형의 자산으로 마케팅활동의 핵심영역이 된다. 브랜드 자산의 주요 요소를 확인하고, 브랜드가 소비자와 마케팅관리자에게 어떤 도움을 주는지 토의하시오.

07 메뉴 엔지니어링은 메뉴품목의 인기도와 수익성을 분석하는 메뉴평가방법이며, ABC분석은 메뉴품목별 판매량과 매출액, 이익을 집계하여 공헌도에 따라 메뉴품목을 평가하는 평가방법이다. 두 가지 메뉴평가의 장점과 단점에 대해 토의하시오.

참 고 문 헌

- 김도일 외 옮김(2013), 마케팅 파운데이션, 박영사.
- 김성영 외 옮김(2013), 핵심 마케팅, 생능출판사.
- 박기용(2018), 외식산업경영학, 대왕사.
- 안광호 · 하영원 · 박흥수(2014), 마케팅원론, 학현사.
- 이상민 옮김(2002), 브랜드 경영, 브랜드앤컴퍼니.
- 이훈영 · 박기용(2018), 외식산업 마케팅, 도서출판 청람.
- Bernard Davis, Andrew Lockwood, Peter Alcott and Ioannis S. Pantelidis(2018), *Food and Beverage Management*, Routledge.
- Charles W. Lamb and Joe F. Hair, Carl McDaniel(2018), *Marketing*, Cengage Learning.
- Daniel Traster(2017), *Foundations of Menu Planning*, Pearson.
- David A. Aaker(1996), *Building Strong Brands*, The Free Press.
- Don Smith and Michael Kasavana(1982), *Menu Engineering: A Practical Guide to Menu Analysis*, Hospitality Publications.
- Jack E. Miller and David V. Pavesic(1996), *Menu Pricing & Strategy*, John Wiley & Sons.
- John A. Drysdale(1998), *Profitable Menu Planning*, Prentice-Hall.
- John R. Walker(2014), *The Restaurant: From Concept to Operation*, John Wiley & Sons.
- Lendal H. Kotschevar and Diane Withrow(2007), *Management by Menu*, Wiley.
- Lora Arduser(2003), *Food Service Menus: Pricing and Managing the Food Service Menu for Maximum Profit*, Atlantic Publishing Group Inc.
- Paul J. McVety, Bradely J. Ware, and Claudette Levesque Ware(2008), *Fundamentals of Menu Planning*, Wiley.
- Philip Kotler, John Bowen, James Makens and Seyhmus Baloglu(2016), *Marketing for Hospitality and Tourism*, 8th ed., Pearson.
- Philip Kotler, Gary Armstrong(2013), 안광호 옮김, 마케팅입문, Pearson.
- Robert C. Mill(2006), *Restaurant Management: Customers, Operations, and Employees*, Prentice Hall.

Chapter 08

가격결정

도입사례

저가 커피브랜드 봇물 … 기상이변으로 커피원두값 급등

'900원 아메리카노' 가격경쟁 불가피

저가 커피시장은 빽다방, 커피식스, 마노핀 등의 프랜차이즈가 1,000원대 커피를 내놓으며,

EDIYA에 이어 '빽다방,' '편의점 원두커피'까지 등장하면서 거세게 불어닥친 저가 커피시장에 900원짜리 아메리카노가 등장했다.

치열하게 경쟁해 왔다. 이후 편의점이 1,000원 안팎 가격으로 커피를 출시하면서 시장의 흐름을 바꿔 버렸다. 이에 신생 커피전문점이 1,000원의 벽을 깬 초저가 커피를 내놓은 것이다. 그간 터무니없이 비싼 것 아니냐는 불만이 많았던 커피값이 '1000원 선' 아래로 떨어지는 것에 소비자들의 반응은 긍정적이다. 커피 테이크아웃 전문 프랜차이즈 '커피만'은 최근 900원짜리 아메리카노를 판매하고 있다. 카페라테, 카페모카 등 다른 메뉴도 저렴한 편이다. 이화여대 인근에 들어선 카페 '갤러리카페900'은 오전 7시부터 오후 6시까지 아메리카노를 900원에 판다. 다른 커피와 음료도 대부분 4,000원을 넘지 않는다.

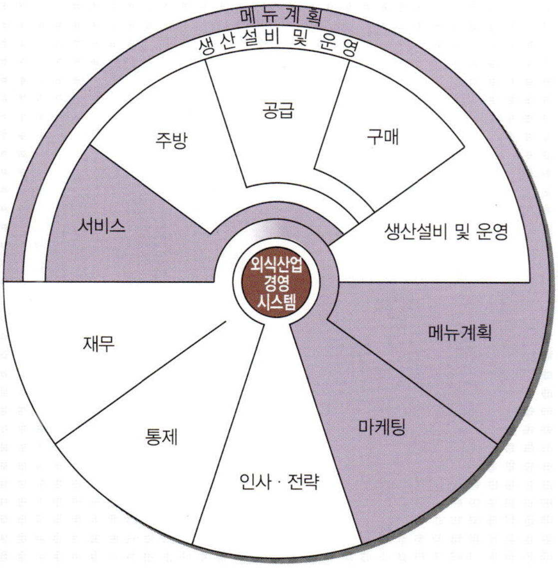

|학습목표|

1. 가격의 역할을 이해한다.
2. 가격결정에 영향을 미칠 수 있는 주요 요인들을 이해한다.
3. 가격을 결정하기 위해 거쳐야 하는 절차를 이해한다.
4. 가격을 통해 달성하고자 하는 목표에 대해 설명한다.
5. 가격결정방법을 이해한다.
6. 신제품가격, 가격변경과 가격조정 등 가격전략의 여러 형태를 이해한다.

그동안 터무니없이 비싼 커피값 소비자 만족도 상승

최근 등장한 저가 커피전문점은 대부분 대학가나 지방에 매장이 집중됐다. 제품 단가가 낮은 만큼 임대료가 낮은 지역, 싼 제품을 찾는 수요가 몰리는 상권을 공략하는 전략이다. 기존 저가 커피전문점보다 싼값에 커피를 판매하는 편의점과 경쟁하겠다는 계산도 깔려있다. 가맹비, 인테리어비 등 초기 투자비용(매장 임대료 제외)이 1억 원 미만으로 예비창업자들의 창업 진입장벽이 낮다는 점, 소비자 선택의 폭을 넓혔다는 점 등은 저가 커피전문점의 순기능으로 꼽힌다. 하지만 커피전문점시장에서 가격경쟁만으로는 생존하는 데 한계가 있다. 진입장벽이 낮은 저가 커피전문점은 누구나 창업할 수 있는 만큼 경쟁이 치열할 수밖에 없다. 창업은 쉽지만 운영과정이나 장기간 기대수익을 유지하기는 결코 쉽지 않다.

기상이변으로 원두값 7년 만에 최고

2021년 기상이변과 코로나19로 원두값이 7년 만에 최대로 치솟으면서 국내 커피 프랜차이즈 업계가 가격인상을 저울질하고 있다. 원두가격 상승은 커피 생산국 1, 2위인 브라질과 베트남의 공급 감소 때문이다. 브라질은 커피 원두 생산지에 최근 100년 만에 가장 추운 날씨가 이어지면서 올해 생산량이 지난해 대비 22% 줄어들 것으로 전망된다. 베트남의 경우 코로나19로 봉쇄조치가 내려지면서 커피산업 라인이 사실상 멈춰선 상태이다. 하반기 새로운 원두를 들여올 때는 원두가격 인상분만큼 소비자가격을 인상하지 않을 수 없는 상황이다.

커피 프랜차이즈시장 쏠림 심화 전망

커피가격인상이 시작되면 타격은 가격변화에

따른 수요탄력성이 큰 중위권 업계가 크게 받을 수밖에 없을 것으로 분석된다. 실적을 선방한 기업은 매출기준 업계 1, 2위인 Starbucks와 A Twosome Place, 매장수 기준 3위로 급등한 Mega Coffee 등이 유일하다. 특히 가성비를 앞세운 Mega Coffee의 성장세가 돋보인다. 2016년 오픈한 Mega Coffee는 최근 3년간 한해 400개씩 가맹점을 늘리고 있다. 아메리카노 한 잔에 1,500원인 Mega Coffee의 경우 지난해 매출은 71.6%, 영업이익은 51.1% 상승했다. EDIYA의 경우 영업이익은 27.6% 감소했고, HOLLYS는 영업이익 –76.3%, Paul Bassett –82.8%, Coffee Bean & Tea Leaf는 적자전환했다.

Mega Coffee는 가성비를 앞세우며, 가맹사업 5년 8개월 만에 1,500호점을 돌파하였다. 1,580여 개인 Starbucks를 턱밑까지 쫓아가고 있다.

중저가 브랜드는 생존경쟁 격화할듯

이에 중위권 프랜차이즈들은 포트폴리오를 다변화하거나 자체 앱 등을 통해 다양한 이벤트를 진행하는 등 고객층 확보에 나섰다. EDIYA는 지난해 'EDIYA 드림팩토리'를 가동해 인스턴트 커피시장에 진출했다. Coffee Bean & Tea Leaf의 경우 자체 결제 앱인 퍼플오더 론칭 2년째를 맞아 가입고객수가 100만 명을 넘어서는 등 성과를 내고 있다.

자료: 소비자경제, 2017.03.29./coffeetv.co.kr, 2017.02.09./서울경제, 2021.09.05.

가격은 고객이 제품과 서비스를 인식하기 전에 구매행동에 가장 먼저 영향을 미치는 마케팅믹스요소이다. 고객선택에 직접적으로 호소할 수 있는 강력한 수단으로 운영에 소요되는 비용을 회수하고 이익을 창출한다는 점에서 중요하다. 가격은 고객이 제품을 평가하는 데 있어 결정적 역할을 하고, 경쟁자와 경쟁하기 위한 도구로 사용되며, 통제하기 어렵다. 이런 이유로 경영자는 자신의 업무 중에서 가격결정이 가장 중요한 의사결정이라고 생각하고 있다.

본 장에서는 레스토랑의 매출과 이윤에 직접적으로 영향을 미치는 중요한 요소인 가격에 대해 살펴보고자 한다. 가격의 중요성, 가격결정에 영향을 미치는 요인들, 가격결정 목표와 방법, 그리고 가격전략에 대해 살펴본다.

8-1 가격의 역할

다른 마케팅믹스요소들이 비용과 관련되어 있는 것과 달리 가격(price)은 이익을 창출하는 유일한 요소이다. 고객반응을 가시적으로 직접 이끌어내고, 새로운 상황에 직면했을 때 신속하고 적절한 대응이 가능한 마케팅믹스요소이다. 고객 입장에서 가격은 자신이 얻는 가치와 관련되어 있다. 가격이 서로 비슷할 때 인식된 가치의 비교를 통해 구매를 결정한다. 자신이 지불한 가격에 합치되는 가치를 원하고 또한 높은 가치를 제공한다고 인식하는 레스토랑을 선택한다. 이렇듯 가격은 제품과 서비스의 가치를 나타낸다. McDonald's는 빠른 음식과 서비스, 낮은 가격으로 제품과

제품, 서비스 등 모든 가치 있는 것은 가격으로 평가된다.

서비스의 가치를 강조하는 것으로 포지셔닝하면서 지속적 경쟁우위를 유지하고 있다.

가격은 종종 수요변화나 경쟁자의 행동에 대응하기 위해 신속하게 변경할 수 있는 유일한 요소이기도 하다. Starbucks는 한때 저가 커피와 경쟁하기 위해 커피가격을 인하하였고, 3.95달러의 할인된 가격으로 커피를 포함한 아침식사를 판매하였다. 가격을 적절하게 사용하면 다양한 가능을 발휘할 수 있고, 많은 효과를 얻을 수 있는 마케팅수단이 된다. 그러나 잘못 사용하면 고객반응에 역효과가 나타날 수 있고, 다른 마케팅믹스요소들의 좋은 효과에 부정적인 영향을 미칠 수 있다. 예를 들어, 가격이 너무 높으면 고객을 경쟁자에게 빼앗기고, 가격이 너무 낮으면 판매량은 늘지만 이익은 감소한다.

8-2 가격결정의 영향요인

가격을 결정하기 전에 가격에 영향을 미치는 요인들을 살펴봐야 한다.

1. 마케팅목표

가격을 결정할 때 가장 먼저 고려해야 할 것은 마케팅목표이다. 목표가 명확할수록 가격결정은 쉬워진다. 표적시장에서 어떻게 포지셔닝할 것인지 결정되면 가격을 포함한 마케팅믹스전략을 정확하게 수립할 수 있다.

2. 고객의 가치인식

고객이 지불한 가격으로 받을 수 있는 편익, 즉 가치와 관련하여 가격을 결정해야 한다. 고객은 가격에 합치되는 가치를 원하고 좋은 가치를 준다고 인식되는 레스토랑에 단골고객이 되기 마련이다. 만일 가격이 제공받은 가치보다 높다면 잠재적 이익을 놓칠 것이고, 가격이 제공받은 가치보다 낮다면 잠재적 이익을 획득하는 데 실패할 것이다. 한편 차별화된 제품과 서비스로 경쟁자보다 더 많은 편익과 더 높은 가치를 제공하는 경우 소비자가 이를 인식하여 가격을 높게 책정해도 고객을 유지할 수 있고 많은 이익도 얻을 수 있다.

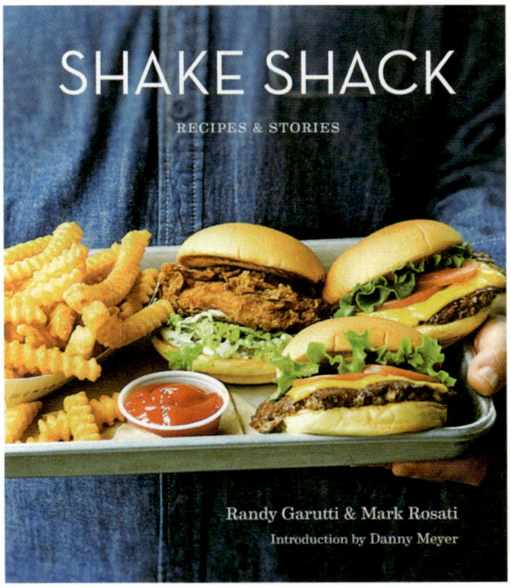

고객관점에서 가격은 편익과 비교되어 가치를 평가하는 기준으로 사용된다. Shake Shack은 햄버거의 프리미엄 가치를 내세우고 있다.

가격과 가치의 관계는 특히 고객이 돈에 대한 가치에 더욱 신경을 쓰는 불경기일 때 중요하다. 만일 A레스토랑에서 수프와 파스타 및 셀프서비스 샐러드바를 15,000원에 제공하고, 맞은 편의 B레스토랑에서는 같은 가격으로 수프를 곁들인 주요리 또는 샐러드로 시작하는 풀서비스를 제공한다면, 고객이 다음 기회에 레스토랑을 이용할 때는 다시 한번 생각하게 될지도 모른다.

3. 원가

원가(cost)는 가격을 결정할 때 가격의 최저점을 구분 짓는 요소이다. 레스토랑은 생산과 판매에 소요되는 원가를 충당하고 적정한 수익이 보장되는 가격을 원한다. 어느 레스토랑이든지 낮은 원가로 제품을 생산하고자 한다. 낮은 원가는 낮은 가격을 설정하게 하는데, 이를 통해 시장점유율을 높일 수 있는 기회를 가진다. 경쟁자와 동일한 가격이라도 원가가 낮으면 경쟁자보다 높은 이익을 얻을 수 있다. 그러나 이익을 높이기 위해 원가를 지나치게 낮추는 것은 바람직하지 않다. 원가의 상태는 곧 제품과 서비스의 품질을 나타내기 때문이다.

4. 수요

가격결정에는 수요의 가격탄력성(price elasticity of demand)이라는 경제학적 개념이 관련되어 있다. 수요의 가격탄력성은 가격의 변화에 대해 수요량이 변하는 정도를 말한다. 가격탄력성은 주로 대체재의 유무에 영향을 받는다. 즉 소비자가 선택할 수 있는 유사한 레스토랑이 많으면 가격탄력성이 높아져 소비자는 가격의 변화에 크게 영향을 받는다. 그러므로 가격을 인상하면 고객이 다른 레스토랑을 선택할 수 있기 때문에 판매량이 감소하고, 반대로 가격을 인하하면 고객을 흡수할 수 있게 된다. 반면 다른 레스토랑과 차별화된 특별한 매력을 지닌 경우 가격탄력성이 낮아져 가격의 인상이나 인하가 고객수요에 크게 영향을 미치지 못한다.

5. 세일즈믹스

전체 판매량에서 메뉴품목 각각이 차지하는 비율을 나타내는 세일즈믹스(sales mix)는 가격수준을 결정하는 데 중요한 요소이다. 레스토랑마다 수십 개의 메뉴품목을 보유하고 있으며, 그중에서 특정 품목의 판매량이 다른 품목보다 많을 수 있다. 이처럼 인기 있는 메뉴품목이 비록 공헌이익(contribution margin)은 낮을지라도 충분한 판매량을 올려 줌으로써 공헌이익은 높지만 판매량이 낮은 메뉴품목의 매출을 상쇄할 수 있게 된다.

6. 음식의 질

가격과 질은 상호 직접적인 관계가 있다. 좋은 품질의 식재료가 사용되면 그에 맞는 가격이 책정된다. 예를 들어, 패밀리 레스토랑과 패스트푸드 레스토랑에서 사용되는 육류 등급은 서로 다르며, 품질에 맞는 가격을 책정함으로써 가격과 질의 균형을 맞추고 있다.

7. 다른 마케팅믹스 변수

가격은 제품, 유통, 촉진 등 다른 마케팅믹스요소들로부터도 영향을 받는다. 다른 마케팅믹스요소들 중에서 제품은 가격에 직접적으로 영향을 미친다. 예를 들어, 기본적인 제품을 제공하는 경우 경제적인 가격이 적합하지만, 조리사의 기술과 희소성이 있는 식재료를 사용하거나 품격 있는 서비스를 제공할 때는 높은 가격이 설정된다.

8. 경쟁자가격

수요 못지않게 경쟁상황 역시 고려해야 할 요인이다. 동일업종에서의 경쟁은 물론 다른 업종과의 경쟁도 무시할 수 없다. 시간과 장소에 제약받지 않고 간편하게 한끼 식사를 해결할 수 있는 가정간편식이나 도시락을 판매하는 대형마트와 편의점이 레스토랑의 경쟁자로 등장하였다. 그 결과 McDonald's의 경쟁자는 Burger King이나 Wendy's 등과 같이 직접적인 경쟁자뿐 아니라 유사한 가격으로 도시락을 판매하고 있는 7-Eleven일 수도 있다. 이처럼 경쟁구조의 변화로 소비자의 선택권이 넓어지게 되면 레스토랑은 가격결정에 예민해질 수밖에 없다.

8-3 가격결정목표와 방법

가격결정은 사업을 좌우하는 중요한 의사결정임에도 불구하고 많은 레스토랑들이 아주 우연한 방법으로 하고 있다. 가격은 마케팅믹스요소들 중 가장 경쟁에 민감한 요소이며, 레스토랑이 가질 수 있는 중요한 경쟁우위요소인 만큼 목표를 확실하게 하고 가격을 결정해야 한다.

1. 가격결정목표

가격결정목표(pricing objectives)는 고객의 가치인식과 이익에 대한 적정한 공헌 사이에서 균형을 찾는 것이다. 예를 들어, 짧은 기간 동안에 높은 이익을 얻고자 한다면 그에 상응하는 높은 가격을 설정한다. 반면 기대보다 낮은 판매와 이익을 바란다면 가격은 수요증가를 위해 다소 낮게 설정한다. 만일 높은 시장점유율을 원하면 그 비율을 획득할 때까지 가격을 낮추어야 한다. 이렇듯 가격결정은 판매를 강조하거나 이익에 초점이 맞춰져 있다.

가격의 역할을 어디에 둘 것인가에 따라 가격결정목표는 판매지향적 가격목표, 이익지향적 가격목표, 현상유지적 가격목표 등 세 가지로 구분된다. 먼저 판매지향적 가격목표(sales-oriented pricing objectives)는 이익을 고려하지 않고 매출 또는 시장점유율 확대를 위한 것이다. 둘째, 이익지향적 가격목표(profit-oriented pricing objectives)는 레스토랑의 생존과 유지, 적정이익, 이익최대화, 그리고 일정한 수준의 투자수익률에 초점을 맞추는 것이다. 셋째, 현상유지적 가격목표(status quo pricing objectives)는 시장점유율과 이익에 만족하고 있어 변화를 원하지 않을 때 결정한다.

시장점유율이 낮은 Burger King, Wendy's, Hardee's 등은 McDonald's 가격을 따라가는 현상유지적 가격목표에 초점을 맞추고 있다.

2. 가격결정방법

가격결정목표를 수립한 후 가격결정방법을 선택한다. 경영자는 자신의 업무 중에서 가장 중요한 결정이 가격결정이라고 믿고 있다. 그러나 어디에 근거를 두고 가격을 결정할 것인가에 대해서는 레스토랑의 역량과 마케팅환경에 따라 다르다. 어떤 사람은 비용, 다른 관점에서는 경쟁자, 편익, 가치에 대한 인식이 가격을 결정하는 데 중요한 요소라고 주장한다.

가격결정방법은 경험이나 가치 등을 근거로 하는 주관적 가격산출법과 비용 및 이익을 반영한 객관적 가격산출법으로 구분된다.

1) 주관적 가격산출법

(1) 적정가격법

적정가격법(reasonable price method)은 경영자 또는 관리자의 경험과 추측에 의해서 이 정도면 적당하다고 생각하는 가격을 선택하는 방법이다.

(2) 최고가격법

최고가격법(highest price method)은 메뉴품목의 가치를 최대한으로 평가하여 고객이 최고로 지불할 수 있겠다 싶은 가격을 선택하는 것으로, 영업활동과 고객의 반응에 따라 단계적으로 가격을 조정하는 방법이다.

(3) 최저가격법

최저가격법(loss leader price method)은 상품가치의 최저가를 선택하여 고객으로 하여금 레스토랑에 매력을 느끼도록 하는 방법이다. 이 방법은 낮은 가격을 보고 레스토랑에 들어와 다른 음식까지 주문하도록 유도하는 것으로, 가격과 질의 비교에 따라 높은 매출을 기대할 수 있다.

(4) 독창적 가격법

독창적 가격법은 정확한 수익성이나 원가의 개념 없이 시장반응과 관리자의 경험을 바탕으로 실험적으로 가격을 책정하는 방법이며, 비현실적일 가능성이 높다.

(5) 경쟁자가격법

경쟁자가격법(competition pricing)은 경쟁자가 정한 가격을 따르는 방법으로 경쟁자가 제시한 가격에 고객이 만족하고 있다는 전제에서 가능하다. 그러나 레스토랑마다 원가와 판매량이 다르므로 단순히 경쟁자를 모방하는 것은 위험하다. 상품가치는 음식 자체만이 아니라 분위기, 서비스방법, 실내장식 등이 포함된 상품으로 평가되기 때문이다.

2) 객관적 가격산출법

객관적 가격산출법은 이윤가격법(markup pricing)이라고도 한다. 식재료비 또는 인건비에 얼마 정도를 덧붙여 가격을 책정해야 운영비와 이익을 얻을 수 있는가를 계산하여 판매가격을 산출하는 방법으로 가격 팩터법과 프라임 코스트법이 있다.

(1) 가격 팩터법

가격 팩터법(factor pricing method)은 오랜 동안 가장 많이 사용되어 온 가격산출법으로 식재료비의 몇 배를 받아야 적절한 판매가격(selling price)이 되는지 산출하는 방법이다. 예를 들어, 햄 샌드위치의 원하는 식재료비율(food cost percentage)이 37%, 식재료비(food cost)가 800원일 때, 먼저 100을 37로 나누어 2.7이라는 가격 팩터(pricing factor)를 구한 후, 식재료비 800원에 가격 팩터 2.7을 곱하여 2,160원이라는 가격을 산출하는 방법이다.

가격 팩터법을 사용하여 판매가격을 결정할 때 경영자의 경험에 의해 약간의 조정이 필요하다. 예를 들어, 일정의 판매가격이 산출되었다 하더라도 가격단위를 계산하기 쉬운 단위나 잔돈이 발생하지 않는 단위로의 조정이 필요하고 아울러 경쟁력과 고객을 흡입할 수 있는 숫자로의 조정이 필요하다.

식재료비(food cost)×가격 팩터(pricing factor)=판매가격(selling price)

(2) 비용가산에 따른 가격결정

비용가산 가격결정(cost-plus pricing)은 생산원가에 일정의 가산액(markup)을 부가

하는 방법이다. 외식산업에서는 종종 와인가격을 결정할 때 비용가산 가격결정법을 사용한다. 예를 들어, 와인을 1만 원에 구매하여 세 배인 3만 원에 판매하는 것이다. 그러나 이러한 가격결정이 최적의 가격이라고는 할 수 없다. 수요와 경쟁을 무시하고 단순히 가산액을 부가하기보다는 수요 또는 최대의 이익을 기초로 가격을 결정하는 것이 합리적이다.

(3) 공헌마진 가격결정

공헌마진(CM: Contribution Margin)은 메뉴품목의 판매가격에서 식재료비를 빼고 남은 금액을 말한다. 여기서 공헌이란 식재료비 이외의 비용, 그리고 원하는 이익을 위해 지불하는 것을 말한다. 판매가격은 다음과 같이 두 가지 등식에 의해 정의될 수 있다.

고객당 평균 공헌마진=(식재료비 이외의 비용+원하는 이익)÷예상고객의 수

가격=고객당 평균 공헌마진+식재료비

예를 들면, 어느 레스토랑이 한 달에 5,000명의 고객에게 서비스할 것으로 예상하고 있다. 그리고 식재료비 이외의 비용은 3,000만 원, 원하는 이익은 500만 원이라고 할 때, 고객당 평균 공헌마진은 7,000원[(3,000만 원+500만 원)÷5,000명]이 된다. 식재료비가 2,000원일 때 치킨 샌드위치와 프렌치 프라이의 판매가격은 9,000원(7,000원+2,000원)이 된다.

(4) 프라임 코스트법

레스토랑 운영비용 중에서 식재료비(food cost)와 인건비(labor cost)가 가장 높은 비중을 차지하고 있기 때문에 이 두 가지를 합쳐 프라임 코스트(prime cost)라 부른다. 프라임 코스트법(prime cost method)은 미국의 해리 포프(Harry Pope)가 개발한 것으로 식재료비와 식재료비율을 기준으로 한 가격 팩터법에 메뉴를 생산하는 데 직접적으로 사용되는 직접인건비를 포함시켜 계산하는 방법이다. 여기서 직접인건비는 일반적으로 전체 인건비 중 1/3 정도로 추정한다. 예를 들어, 햄 샌드위치의 식재료비가 800원, 직접인건비가 400원으로 프라임 코스트가 1,200원(800원+400원)이며, 직접인건비율이

10%(전체 인건비 30%), 식재료비율이 40%라 할 때, 판매가격은 1,200원÷50%=2,400원이 된다.

(5) 손익분기점과 목표이익에 따른 가격결정

손익분기점 가격결정(break-even pricing)은 제품을 생산하고 판매하는 데 손실 또는 이익이 나지 않는 수준에서 가격을 결정하는 것이다. 즉 판매에 따른 이익과 손실규모를 명확하게 분석함으로써 목표로 하는 판매가격을 합리적으로 결정하는 것이다.

목표이익 가격결정(target profit pricing)은 손익분기점의 개념을 기반으로 어느 일정한 목표의 이익을 실현시키는 수준에서 가격을 결정하는 것이다. 예를 들어, 투자수익률 20%를 달성하는 것이 목표라고 할 때, 이에 필요한 수준에서 가격을 결정하는 것이다.

8-4 가격전략의 선택

가격결정방법에 따라 가격이 결정됐다고 해서 그것이 최종적으로 판매가격이 되는 것은 아니다. 신제품을 시장에 내놓거나 표적시장의 특성과 상황, 경쟁자 등에 따라 가격조정 또는 가격변경이 불가피해진다.

1. 신제품 가격전략

새로운 제품으로 시장에 진출할 때는 초기 고가전략 또는 시장침투전략을 사용할 수 있다. 초기 고가전략(market-skimming pricing)은 높은 이익을 창출하기 위해 초기에 높은 가격을 설정하는 것이다. 전체시장에서 제품의 품질, 희소성, 맛의 독창성, 브랜드의 충성도 및 인지도, 독특함 등을 수용하는 작은 시장을 찾아내 이윤을 극대화하기 위한 전략이다. 예를 들어, 어느 작은 도시에 랍스터전문점이 하나밖에 없을 때 수요자가 많고 공급자가 거의 없다면 높은 가격을 설정할 수 있다.

McCafé는 경쟁자들보다 낮은 가격으로 커피시장에 진출하였다.

시장침투전략(market-penetration pricing)은 초기 고가전략과는 반대의 관점으로 고정비용과 변동비용을 토대로 가능한 한 가장 낮은 수준에서 가격을 결정하는 것이다. 낮은 가격으로 설정하여 시장점유율을 크게 획득하고, 이를 통해 점차 판매량을 증가시켜 이익을 확보하는 것이다. 처음부터 이윤을 얻을 수 있는 것은 아니며 초기 이윤은 적을 수 있다. McDonald's는 경쟁자들에 비해 30~50% 저렴한 2,000원대의 McCafé라는 브랜드로 커피시장을 공략하고 있다. Starbucks보다 뒤늦게 커피시장에 진출하였지만 커피 마진이 높은 편이기 때문에 시장에서 단지 몇 퍼센트의 점유율만 차지하더라도 수익을 낼 수 있다고 판단한 때문이다.

2. 메뉴믹스 가격전략

몇 가지 메뉴를 하나로 묶어 낮은 가격으로 제공하는 제품묶음 가격결정(product bundle pricing)이 있다. 예를 들면, 프렌치 프라이, 콜라, 햄버거 등을 낱개로도 판매하지만 이들을 묶어 하나의 저렴한 가격으로 제공하는 것이다. 자사의 표적시장에 맞는 가격범위를 결정하는 것도 중요하다. 메뉴 간 가격격차가 클 경우 고객은 낮은 가격의 메뉴를 선택한다는 구매행동에 관한 연구결과가 있다. 따라서 최고가격과 최저가격 사이의 간격을 고려하여 가격을 결정한다. 전통적으로 최고 높은 가격이 최고 낮은 가격의 2.5배 이상이 되지 않도록 하는 것이 일반적이다.

메뉴가격의 상한선에 대한 한계도 고려할 사항이다. 예를 들어, 어느 레스토랑에서 가장 인기 있는 새우요리의 원가가 상승하였을 때 보편적인 가격범위를 벗어나 가격을 높게 책정할 경우 어떤 일이 발생할까? 자칫하면 레스토랑에서 판매하는 메뉴 모두가 비싼 것으로 인식되어 구매에 부정적 영향을 미칠 수 있다. 마찬가지로 메뉴가격의 하한선에 대한 한계도 중요하다. 예를 들어, 와인 1병의 원가를 감안할 때 1만 5,000원 정도가 적당한 가격이지만 파인 다이닝에서 이보다 낮게 판매하면 와인 리스트에 있는 다른 와인들도 모두 싼 것으로 인식되어 품격을 떨어뜨릴 수 있다.

가격계열화(pricing lining)는 하나의 제품계열에 속한 제품을 품질에 따라 가격을 몇 가지 가격계열로 나누어 결정하는 것이다. 예를 들어, 레스토랑에서 와인을 판매하고자 할 때 4~6만 원, 8~10만 원, 12~14만 원 같이 세 가지 가격범위로 와인 리스트를 작성하는 것이다. 이렇게 하면 고객은 가격계열에 따라 품질이 구분되어 있음을 인식할 수 있게 된다. 이때 중요한 것은 가격계열에 따라 소비자가 품질의 차이를 인식할 수 있도록 확실한 차이가 나도록 만들어야 한다는 것이다.

3. 가격조정

세분시장의 특성과 상황에 따라 할인, 가격차별화, 심리적 가격, 촉진가격 등으로 가격을 조정할 수 있다. 먼저 할인은 단체고객 또는 구매량에 따라 가격을 깍아 주는 것이다. 그리고 가격차별화는 예를 들어, 고객이 집중되는 시간을 피해 6시 이전에 방문하는 얼리 버드(early bird) 고객에게 정상가격보다 낮은 가격을 받는 것이다.

심리적인 반응에 따라 가격을 변화시킬 수도 있다. 연구에 따르면, 가격의 끝자리 숫자가 짝수보다는 홀수일 때가 판매를 더 자극한다고 한다. 이에 따라 미국의 패스트푸드 레스토랑들은 주로 9 또는 5로 끝나는 숫자의 가격을 책정하고 있다. 한편 고객은 가격의 끝 숫자를 무시하고 가격정보를 단순화시켜 받아들인다고 한다. 예를 들어, 69센트와 67센트의 차이보다 69센트와 71센트의 차이를 더 큰 것으로 인식하는 것이다. 수치를 묶어서 계산하는 경향도 있다. 연구에 의하면 0.86~1.39달러까지를 1달러, 1.40~1.79달러까지를 1.50달러, 1.80~2.49달러까지를 2달러로 묶어 인식하는 것으로 밝혀졌다. 만약 이것이 사실이라면 1.45달러에서 1.75달러로 가격을 30센트 인상하여도 수요는 거의

Taco Bell은 가격의 단위 숫자를 낮추는 심리적 가격전략을 자주 사용한다. 한때 부리토가격을 1달러 이하의 숫자 2개로 표시하였다.

달라지지 않으나, 1.75달러에서 2.05달러로의 인상은 똑같은 30센트의 인상일지라도 수요는 크게 감소할 수 있다. 가격의 길이에 대해서도 민감하다. 예를 들어, 9.65~9.95달러 사이보다는 9.95~10.25달러 사이를 훨씬 거리감이 있는 것으로 인식한다. 같은 30센트 인상일지라도 소비자는 큰 폭의 인상으로 느낀다. 한편 가격의 단위 숫자도 고려한다. 예를 들어, 99센트에서 1달러 또는 9달러 99센트에서 10달러로 단지 1센트를 인상할지라도 큰 폭의 인상으로 느끼게 된다.

촉진가격은 일정기간 판매를 증가시키기 위해 정가보다 가격을 낮추는 것으로, 여기에는 손실유도(loss leader)가격이 있다. 예를 들면, 배달피자 레스토랑은 피자를 주문하면 콜라를 무료로 제공하는데, 여기서 콜라는 고객을 유도하는 미끼로서 다른 메뉴품목을 정상가격으로 구매하는 데 자극을 준다. 패스푸드 레스토랑은 대부분의 고객이 햄버거를 구매할 때 프렌치 프라이와 콜라를 함께 주문하기 때문에 햄버거가격을 낮추어 다른 메뉴들도 구매하도록 촉진가격을 활용하고 있다.

4. 가격변경

가격이 결정되고 가격전략이 개발되었다 해도, 가격을 인하하거나 인상해야 하는 상황에 직면하기도 하고 때로는 경쟁자의 가격변화에도 대응해야 한다.

1) 가격인상과 가격인하

식재료비 또는 인건비 상승, 경쟁자의 가격변화 등과 같은 상황에 대응하기 위해 가격을 인상하거나 인하한다. 가격의 인상과 인하는 고객수, 판매량, 이익 등과 관련되어 있기 때문에 경영자의 중요 관심사항이다. 원가가 상승할 때 생산성 향상이 수반되지 않으면 대부분의 경영자는 이익 감소를 막기 위해 가격인상을 생각한다. 그러나 가격을 빈번하게 변경하거나 높이면 방문을 하지 않을 수 있다. 그렇다고 원가인상을 가격에 반영하지 않으면 품질유지가 어려울 수 있다. 가격인상 없이 품질을 유지하려면 마케팅비용을 절감해야 하는 어려움이 따른다. 외식산업에서 가격인하는 영구적인 가격전략으로 볼 수 없다. 수요촉진을 위한 일시적인 전략으로 실행하는 것이 효과적이다.

경쟁자가 가격을 변경할 때 신속하게 대응한다. Starbucks는 저가의 커피와 경쟁하기 위해 가격을 인하하기도 하였다.

소비자에게 부정적인 인식을 심어주지 않으면서 가격을 인상하는 빠르고 쉬운 방법은 없다. 그러나 소비자는 여러 해 동안 단계적으로 증가하는 가격에 의해 무너지고 천천히 가격인상을 수락하기 시작한다. 메뉴품목을 간단하게 다시 꾸며 가격을 성공적으로 인상할 수 있는 방법이 있다. 가격인상과 동시에 고객에게 여분의 무엇을 제공하는 것이다. 예를 들어, 최상급 갈비를 30,000원에서 32,000원으로 가격을 인상하여 동일한 식사내용으로 제공하는 것보다 몇 가지 밑반찬을 추가하여 35,000원으로 제공하면 조금 더 높은 가격을 받는 것이 인정될 수 있다.

2) 가격변경에 대한 대응

경쟁자가 가격을 조정하는 경우 어떻게 대응해야 하는가? 가격을 인상할 때보다 인하할 때가 대응하기 더 어렵다. 경쟁자는 오랜 기간 동안 계획하고 내린 결정이지만 상대방은 단기간에 대응책을 내놓아야 하기 때문이다. 사전에 경쟁자의 가격변동을 예상하고 적합한 대응책을 수립해 놓도록 한다.

다음과 같은 몇 가지 대응방법을 고려할 수 있다.

- 아무런 행동도 하지 않는다. 가격변경에 대해 공개적인 반응을 하지 않는 것이다. 현재가격을 유지하고 매일, 매주 판매량에 주목한다. 판매량 또는 고객수에 뚜렷한 변화가 있으면 행동을 취할 필요가 있다.
- 현재의 가격수준을 유지하고 광고와 판매촉진을 강화한다. 경쟁자에게 활발한 촉진 활동을 보여줌으로써 경쟁자의 가격하락을 저지시키는 것이다. 증가한 광고에 의해 고객수가 안정적으로 머무르거나 증가할 것이다.
- 가격하락에 따른 경쟁에 참여한다. 가격인하는 가장 좋은 전략으로서 고객수 증가와 이윤향상에 적절한 대응방법이다. 가격하락에 의한 경쟁적 이익은 경쟁이 감소하거나 사라지면서 누릴 수 있다. 그러나 가격을 토대로 한 경쟁은 장기적 전략으로서는 효과적이지 않기 때문에 부정적인 결과를 초래할 수 있다.
- 가격을 인상하고 광고를 강화한다. 경쟁자가 낮은 가격으로 판매촉진을 할 때 반대로 가격을 인상하고 제품과 서비스를 강조하는 광고를 확대하는 것이다. 이러한 전략은 경쟁 초기에 효과적으로 경쟁적 이익을 획득하기 위해 사용된다.

토 의 문 제

01 마케팅믹스요소들 중에서 가격은 수익창출에 직접적으로 관련되고 판매량을 결정하는 주요 요소이다. 다른 마케팅믹스요소들과 비교하여 가격이 가지는 특성에 대해 토의하시오.

02 경영자는 자신의 업무 중에서 가장 중요한 결정이 가격결정이라고 생각하고 있다. 그 이유에 대해 토의하시오.

03 교촌치킨, bhc치킨, BBQ치킨 등 국내 치킨시장의 경쟁은 매우 치열하다. 신규 치킨 브랜드가 시장에 진출한다고 가정했을 때 가격결정목표를 어디에 두는 것이 좋은가? 그리고 어떤 가격결정방법으로 가격을 결정하는 것이 바람직한가에 대해 토의하시오.

04 가격결정방법을 통해 가격을 설정한 후 최종적인 실제가격을 결정하기 위해서는 경제적 상황, 공급자, 경쟁상황, 고객의 심리적 상황 등을 고려하여 가격을 수립해야 한다. 패스트푸드 레스토랑에서는 메뉴믹스를 통한 가격전략의 방법으로 묶음가격을 많이 사용하고 있는데, 묶음가격을 결정함으로써 얻게 되는 이점에 대해 설명하시오.

05 경쟁자가 가격을 인상할 때보다 인하할 때가 대응하기 더 어렵다. 경쟁자의 가격변경에 대해 대응할 수 있는 가격전략에 대해 토의하시오.

참 고 문 헌

- 김도일 외 옮김(2013), 마케팅 파운데이션, 박영사.
- 박기용(2018), 외식산업경영학, 대왕사.
- 이훈영 · 박기용(2018), 외식산업 마케팅, 도서출판 청람.
- Bernard Davis and Andrew Lockwood, Peter Alcott, Ioannis S. Pantelidis(2018), *Food and Beverage Management*, Routledge.
- Cathy H. C. & Tom Powers(2002), *Marketing Hospitality*, John Wiley & Sons.
- Charlotte Moore(2021), *Managing Service in Food and Beverage Operations*, States Academic Press.
- John Cousins and David Foskett, David Graham, Amy Hollier(2019), *Food and Beverage Management: For the Hospitality, Tourism and Event Industries*, Goodfellow Pub Ltd.
- Lendal H. Kotschevar and Diane Withrow(2007), Management by Menu, Wiley.
- Paul J. McVety and Bradely J. Ware, Claudette Levesque Ware(2008), *Fundamentals of Menu Planning*, Wiley.
- Philip Kotler, John Bowen and James Makens, Seyhmus Baloglu(2016), *Marketing for Hospitality and Tourism*, 8th ed., Pearson.
- Robert C. Mill(2006), *Restaurant Management: Customers, Operations, and Employees*, Prentice-Hall.

Chapter 09

유통 및 촉진전략

도입사례

모바일 플랫폼을 통한 판매채널 확대

디지털, 외식업계의 생명선이 되다

코로나19로 인해 외식에 대한 수요가 급격하게 줄어들고 있지만 온라인 및 배달 판매는 늘어나고 있다. 보스턴컨설팅그룹(BCG)의 조사에 따르면, 미국 외식시장의 30% 이상이 디지털 주문이 차지하고 있는 것으로 나타났다. 업계 전반에 걸쳐 디지털 주문은 코로나19 팬데믹 이전 10%에서 28%까지 늘었으며, 디지털 이용 증가 트렌드는 계속 이어질 것으로 전망되고 있다. 디지털 이용 고객들의 구매빈도는 그렇지 않은 고객들에 비해 50% 더 높은 것으로 나타났다. 이제 디지털 매출 구성은 코로나19 위기 동안 외식기업들의 성과를 보여주는 가장 강력

외식업계는 비대면 소비 트렌드가 확대되자 온라인 유통채널을 강화하고 있다.

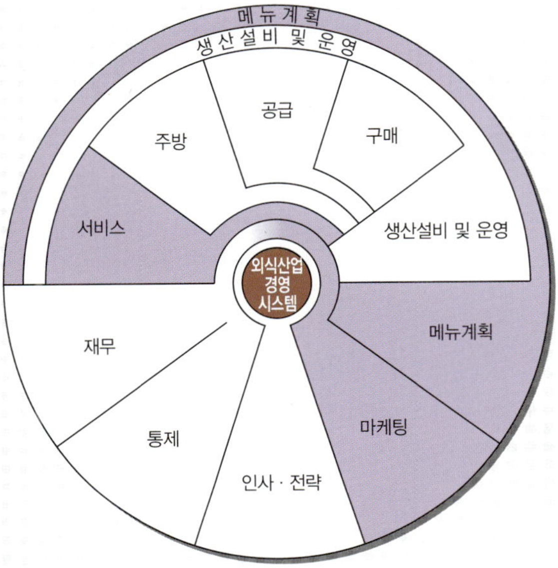

| 학습목표 |

1. 타산업과는 다른 외식산업 유통경로의 특성을 이해한다.
2. 유통경로설계의 의사결정에 영향을 미칠 수 있는 요소들을 이해한다.
3. 유통경로구조의 여러 형태를 이해한다.
4. 유통시스템에서 협업을 구축하는 다양한 방법을 이해한다.
5. 외식산업 유통전략의 핵심이 되는 입지선정에 대해 살펴본다.
6. 생산자에서 소비자까지 제품을 효과적으로 전달하는 물적유통의 중요성을 이해한다.
7. 외식산업에서 활용하고 있는 촉진수단의 역할과 기능을 이해한다.
8. 인터넷과 정보기술의 발전에 따라 변화된 촉진수단을 이해한다.

한 예측지표 중 하나가 되었다.

실시간 소통하며 판매하는 시대

미국 외식시장의 변화와 마찬가지로 국내 외식업계도 디지털 주문시장이 새로운 판매채널로 확대되고 있다. 그중에서도 모바일 동영상 생방송을 통한 상품 판매를 의미하는 라이브 커머스 마케팅에 대한 관심이 높다. 이는 언택트, 비대면 소비 트렌드가 확대되면서 모바일 비중이 증가하자 관련 플랫폼을 통한 판매 개척에 나서고 있다는 의미이다.

bhc치킨은 '배민쇼핑라이브'에 참여했다. 약 90분간 진행된 'bhc 배민 상품권' 판매 라이브 방송을 통해 누적 거래액 2억 원을 돌파했다. bhc가 운영하는 고품격 프리미엄 한우전문점 '창고43'도 네이버 쇼핑라이브에서 가정간편식(HMR) 제품인 '창고43 어탕칼국수'를 선보였다. bhc치킨 관계자는 "라이브방송 참여를 통해 고객과 실시간 소통하며 정보를 교류할 수 있어 의미가 남달랐고, 특히 bhc치킨을 향한 소비자의 관심과 사랑을 확인할 수 있어 기뻤다"며 "앞으로도 온택트방식을 비롯한 다양한 채널을 통해 고객과의 접점을 지속 확대해 나갈 것"이라고 전했다.

굽네치킨도 자사 페이스북 채널을 통해 세상의 모든 것을 다 굽는다는 콘셉트로 제작된 '굽네 실험실'이라는 제목의 영상 콘텐츠를 공개했다. 영상 속의 가상 인물인 굽네 실험실 수석 연구원 '굽보이'를 내세웠으며, 채팅창에서 소비자들이 댓글을 자유롭게 나눌 수 있도록 했다. Angel-in-us Coffee는 롯데홈쇼핑 모바일 TV 'Llive(엘라이브)'에서 방송을 진행하며 라이브 커머스 행보에 동참했다. 파리바게뜨는 '카카오 쇼핑라이브' 방송을 통해 발렌타인데이를 맞아 일일 케이크 약 4만 세트를 모두 판매했으며, 당시 시청 횟수 22만 4,450회와 동시접속자 7,686

명을 기록했다.

미래 소비계층의 주체, MZ세대와 소통

왜 라이브 커머스인가? 스마트폰 하나만 있으면 언제 어디서든 상품을 판매할 수 있기 때문이다. 판매자와 실시간으로 소통하면서 직접체험에 가까운 간접체험을 해볼 수 있다. 각종 이벤트와 예능요소를 활용해 다양한 목적으로 시청자를 끌어들일 수 있다. 실시간 소통을 하며 일대일 대화하듯 정보를 제공하는 것도, 동시에 수만 명의 시청자로부터 생생한 피드백을 받는 것도 가능하다. 그러니 판매자와 구매자 만족도가 훨씬 높을 수밖에 없다. 코로나19로 언택트, 비대면 소비문화가 일상화됐고, 이러한

라이브 커머스시장이 빠르게 성장하면서 외식업계에 미치는 영향력도 확산하고 있다. 실제 라이브 커머스시장에 진출해 활발한 성과를 내는 곳들도 많다.

현상은 앞으로도 계속될 전망이다. 이에 따라 라이브 커머스시장이 빠르게 성장하고 있고, 외식업계에 미치는 영향력도 커지고 있다.

자료: 보스턴컨설팅그룹(BCG), 2020.12.03./월간식당, 2021년 9월호/The Public, 2021.05.09./아시아경제, 2021.05.09.

아무리 독창적이고 매력적인 제품과 서비스, 가격을 가졌다고 해도 고객이 알고 있지 못하거나 접근하기 어려우면 아무런 소용이 없다. 고객에게 레스토랑 또는 제품에 대한 정보를 제공하고 쉽게 이용하도록 하기 위해서는 최선의 유통경로가 필요하다. 그리고 고객의 욕구에 부합하는 제품이고 가격이라고 해도 고객이 알지 못하거나 인식하지 못하면 판매되지 않는다. 레스토랑 이미지와 제품을 긍정적으로 인식시키고, 고객의 구매행동을 수정하거나 기존 행동을 강화시키는 촉진활동이 요구된다.

본 장에서는 고객에게 제품에 대한 정보를 제공하거나 레스토랑을 쉽게 이용하도록 하기 위한 유통전략과 고객에게 분명하고 설득력 있게 제품의 가치를 전달하기 위한 촉진전략에 대해 살펴보고자 한다. 외식산업 유통경로의 특성과 구조, 유통경로의 설계와 입지전략, 물적유통 등에 대해 살펴본다. 그리고 촉진의 주요 수단인 광고 및 PR, 판매촉진, 인적판매, 다이렉트 마케팅 등에 대해서도 살펴본다.

9-1 유통전략

1. 유통경로의 개념

1) 유통경로란?

고객을 만족시키는 제품을 개발하는 것도 중요하지만, 고객이 언제, 어디서든 필요한 제품이나 서비스를 구매할 수 있도록 하는 것도 중요하다. 유통경로(distribution channel)는 생산자로부터 만들어진 제품이 최종소비자에게 전달되고 소비

배달의 민족이나 쿠팡이츠와 같은 배달플랫폼을 이용하는 소비자가 늘면서 외식산업 유통구조가 크게 바뀌고 있다.

되기까지의 과정에 관련된 생산자, 도매상, 소매상, 그리고 최종소비자를 포함한 조직이나 이들의 활동을 말한다.

유통경로는 생산자와 소비자를 연결해 주는 수단으로 소비자에게 제품과 서비스가 신속하고 효과적으로 전달되도록 하는 역할을 한다. 마케팅믹스요소들 중에서 정보통신기술이 발달함에 따라 향후 가장 관심 있게 보아야 할 분야가 유통경로이다. 편리함을 추구하는 소비자 욕구와 정보통신기술의 발달로 인터넷이나 스마트폰에 기반한 외식소비가 확대되면서 유통경로에 많은 변화가 나타나고 있다.

2) 외식산업 유통경로의 특성

외식산업 유통경로는 제조업과 다르다. 생산자와 소비자 사이에 도매상이나 소매상 같은 중간상, 즉 경로구성원(channel member)이 거의 존재하지 않는다. 설령 존재하더라도 그 영향력은 크지 않다. 도매상이나 소매상이 소비자에게 판매할 제품을 물리적으로 소유하는 것이 불가능하고 동일한 장소에서 생산과 소비가 동시에 이루어지기 때문이다. 따라서 외식산업에서는 제품이 소비되는 물리적 장소, 즉 입지선정(site selection)이 유통관리의 핵심이 된다.

대부분의 레스토랑이 고객과 직접 만나는 유통경로를 가지고 있지만 프랜차이즈 레스토랑의 경우는 조금 다르다. 프랜차이즈시스템은 제품과 서비스를 제공하기 위한 대표적인 유통경로에 해당한다. 가맹본부가 가맹점을 통해 제품과 서비스를 제공하기 때문에 가맹본부 입장에서는 가맹점이 중간상인 경로 구성원의 성격을 가진다.

프랜차이즈는 외식산업에서 가장 많이 사용하는 유통경로의 한 형태이다. 토종 버블티 브랜드 아마스빈은 프랜차이즈를 이용하여 해외시장으로 점포를 확대하고 있다.

3) 유통경로의 형태

일부 유통경로는 직접적이다. 이는 제품이 생산자로부터 소비자에게 직접 도달한다는 것을 의미한다. 예를 들어, 고객이 음식을 주문하면 생산자로부터 소비자에게 전달된다. 그러나 대부분의 경로에는 하나 혹은 그 이상의 중간상이 존재해서, 이들이 계약 체결이나 제품의 구매와 재판매를 통하여 생산자를 다른 중간상이나 최종소비자와 연결해 준다. 제품을 최종소비자에게 전달하기 위해 특정한 기능을 수행하는 중간상을 경로수준(channel level)이라고 한다. 경로의 길이는 경로수준, 즉 중간상의 수로 나타내는데, 생산자 입장에서는 유통경로에 중간상이 많이 개입할수록 통제가 어려워지고 복잡해진다.

유통경로는 크게 직접 유통경로와 간접 유통경로로 구분된다. 직접 유통경로는 생산자가 중간상 없이 소비자에게 직접 판매하는 형태이다. 외식산업은 대부분 음식을 만드는 생산자인 동시에 동일한 장소에서 제품과 서비스를 최종소비자에게 직접 판매하는 소매상 역할도 같이 한다. 따라서 직접 유통경로의 형태를 가진다. 간접 유통경로는 하나 이상의 중간상이 포함된 형태이다. 예를 들어, LG전자의 가전제품은 이마트, 홈플러스, 대리점 등 하나의 중간상을 통해 소비자에게 판매된다. 두 개의 중간상이 개입되어 있는 형태도 있다. 예를 들어, Delmonte가 주스 브랜드를 판매하는 모든 소매상과 직접 거래하기란 불가능하다. 따라서 Delmonte는 제품을 도매상에게 판매하고 도매상은 다시 소매상을 통해 소비자에게 판매한다. 한편 세 개의 중간상이 개입되어 있는 형태도 있다. 예를 들어, 농축산물은 도매상과 소매상 사이에 분배업자(jobber)인 2차 도매상이 개입되어 있으며, 소매상을 통해 소비자에게 판매한다.

2. 유통경로의 구조

전통적인 유통경로에서는 독립적인 생산자와 중간상으로 구성되어 제품과 서비스를 소비자에게 전달하였다. 그러나 경로구성원 각자가 자신의 이익만을 추구하고 경로구성원 간 통제가 어려워 경로갈등을 조정하기 힘들다는 문제가 있다. 전통적인 유통경로에서 나타나는 문제들에 도전하여 여러 형태의 유통경로가 등장하고 있다.

1) 수직적 유통경로

수직적 유통경로(vertical marketing system)는 생산자, 도매상, 소매상 중에서 하나의 경로구성원이 다른 경로구성원을 소유 또는 계약을 통해 시스템 안에 있는 다른 경로구성원을 관리하는 형태이다. 예를 들어, 전통주를 생산하는 국순당은 백세주 마을이라는 전문주점을 통해 자사에서 생산하는 백세주를 판매하고 있다. 이처럼 생산자가 유통업자를 통합하는 것을 전방통합(forward integration)이라고 한다. 체인 레스토랑 Red Lobster는 식품가공공장을 직접 소유하고 운영하면서 가공된 식재료를 전국 가맹점에 공급하고 있다. 이처럼 유통업자가 자사의 제품을 생산하기 위해 공장을 소유하는 것을 후방통합(backward integration)이라고 한다.

프랜차이즈시스템은 가장 대표적인 수직적 유통경로이다. 상표와 경영 노하우를 가진 가맹본부(franchisor)가 계약을 통해 가맹점(franchisee)에게 상표의 사용권과 기술 등을 제공하고 그 대가로 가맹비(franchise fee), 로열티 등을 받으면서 계속적인 거래관계를 가지는 사업방식이다. 가맹본부는 소규모 자본과 적은 인력으로 빠르게 사업을 확장할 수 있고, 가맹점은 검증된 콘셉트, 가맹본부의 브랜드자산과 경영 노하우를 기반으로 비교적 안전하게 사업을 영위할 수 있는 장점이 있다.

Subway는 프랜차이즈시스템이라는 유통경로를 통해 글로벌 외식 기업으로 성장하였다.

2) 수평적 유통경로

수평적 유통경로(horizontal marketing system)는 새로운 마케팅 기회를 개발하기 위해 같은 단계에 있는 두 개 이상의 경로구성원들이 서로 협력하는 형태이다. 예를 들어, 미국 McDonald's는 소매점 Walmart 안에 익스프레스(express) 개념의 점포를 개설하였다. McDonald's는 Walmart를 방문하는 많은 고객들을 통해 이익을 얻고 Walmart는 쇼핑객들이 식사를 위해 다른 곳으로 가지 않도록 하는 이점을 가지게 된다. 이러한 협력은 글로벌경영으로 확산되고 있는데, McDonald's는 중국에서 가장 많은 3만 개가 넘는 주유소를 운영하고 있는 Sinopec과 협력하여 드라이브 스루 점포를 개설하고 있다.

3) 복수 유통경로

복수 유통경로(multichannel marketing system)는 표적시장에 도달하기 위해 두 개 이상의 유통경로를 채택하는 형태이다. 과거에는 하나의 세분시장에 대하여 단일경로를 많이 이용하였지만, 오늘날에는 세분시장이 다양해지고 여러 유형의 유통경로가 등장함에 따라 복수의 유통경로를 이용하는 경우가 많아지고 있다. 대부분의 레스토랑들이 점포를 방문한 고객에게 음식을 제공하기도 하지만, 배달의 민족이나 쿠팡이츠와 같은 배달 앱을 통해서도 음식을 판매하고 있다. 미국의 Pizza Hut과 Domino's Pizza는 인근 호텔의 객실에 메뉴판을 비치해 놓고 전화를 통해 직접 객실로 피자를 배달하고 있다. McDonald's는 가맹점을 통해 제품을 판매하는 한편 점포의 1/4 이상의 직영점을 소유하고 있다.

4) 업무제휴

업무제휴(alliances)는 두 개의 조직이 계약을 통해 서로의 장점을 활용하는 형태이다. 업무제휴는 소비자들의 관심을 끌 수 있고, 유통을 확장하는 기회를 가질 수 있다. 예를 들어, 레스토랑이 호텔과 제휴하면 레스토랑은 좋은 입지를 확보하게 되고, 호텔은 레스토랑의 브랜드 가치를 얻을 수 있다는 이점이 있다. 미국의 Rainforest Cafe, California Pizza Kitchen, Benihana, Tony Roma's 등과 같은 체인 레스토랑들은 라스베이거스의 카지노호텔들과 업무제휴를 통해 호텔 내에서 레스토랑을 운영하고 있다. Starbucks 역시 Sheraton호텔과 업무제휴를 맺고 자신의 브랜드를 내세운 커피숍과 키오스크에서 커피를 판매하고 있다. Dunkin' Donuts은 편의점 7-Eleven을 통해 제품을 판매하고 있다.

레스토랑은 하나 이상의 유통경로를 통해 소비자에게 다가서려 하고 있다. 패스트푸드 체인 Boston Market은 델리나 슈퍼마켓에 냉동제품을 납품 · 판매하고 있다.

3. 유통경로의 설계

하나의 레스토랑이 성공하면 다른 지역 또는 해외로까지 영역을 넓히는 성장을 모색하게 된다. 이때 새로운 유통경로를 설계하게 되는데, 레스토랑은 시장으로 향하는 최적의 유통경로를 찾아야 한다. 유통경로는 레스토랑과 소비자를 연결시켜 줄 뿐만 아니라 마케팅전략의 여러 가지 요소들도 함께 전달하는 수단이 되기 때문에 신중하게 설계해야 한다.

유통경로의 설계에 영향을 미치는 요소에는 고객 욕구, 표적시장 커버리지, 수익성 등이 있다.

1) 고객 욕구

어떤 유통경로가 표적시장 고객의 욕구를 가장 잘 만족시키는지 알아야 한다. 유통경로의 설계는 단순히 적절한 입지를 선택한다는 차원만이 아니라 다양한 전달방법을 동원해서 제품과 서비스를 고객의 상황에 맞는 시간과 장소에서 제공하는 것을 말한다. 고객이 제품과 서비스를 구매할 때 정보, 편리성, 다양성, 서비스 등으로 고객의 욕구와 흥미를 만족시킬 수 있도록 설계한다. Taco Bell은 사인과 로고를 다시 만들고 건물을 원형으로 바꾸면서, 외관을 보고 레스토랑에 관한 정보를 쉽게 얻을 수 있도록 하였다. McDonald's는 시간 제약 없이 언제든지 방문할 수 있도록 24시간 영업이라는 편리성을 제공함으로써 만족을 주고 있다.

패스트푸드산업에서 드라이브 스루는 음식을 주문하고 수령하는 절차를 편리하게 만들었다.

2) 표적시장 커버리지

레스토랑이 표적시장에서 목표를 달성하기 위해서는 특정한 지역에 몇 개의 점포를 둘 것인가 또는 얼마나 많은 수의 중간상을 둘 것인가를 결정해야 한다. 이를 표적시장 커버리지(target market coverage) 또는 유통집중도(density of distribution)라고 한다. Starbucks는 입지를 선택할 때 브랜드 인지도를 높일 수 있도록 동일한 지역에 다수의 점포를 전개하는 집중적 유통(intensive distribution)을 사용하고 있다. 많은 점포를 고객에게 노출시킴으로써 보다 쉽게 구매결정을 할 수 있도록 하기 위한 전략이다.

사람들에게 널리 알려진 유명한 파인 다이닝은 소수의 점포만을 운영함으로써 제품과 서비스의 희소가치로 포지셔닝하는 전속적 유통(exclusive distribution)을 사용한다. 한편 캐주얼 다이닝 레스토랑은 통상적으로 선택적 유통(selective distribution)을 사용하고 있다. 선택적 유통은 집중적 유통과 전속적 유통 사이에 노출된 시장범위를 목표로 하며, 보다 넓은 시장범위를 차지하기 전까지 전속적 유통의 장점들을 얻기 위해 이용한다. 예를 들어, 대규모 쇼핑몰에는 5~10개 정도의 퀵서비스 레스토랑이 있지만, 캐주얼 다이닝 레스토랑은 1개 또는 2개 정도밖에 없다.

3) 수익성

유통경로를 설계할 때 관심 있게 살펴보아야 할 것이 수익성(profitability)이다. 수익성은 총수입에서 유통경로에 소요되는 모든 비용을 뺀 것이다. 따라서 임대료, 물류, 광고, 판매비용 등의 비용은 유통경로의 수익성을 평가하는 데 있어 중요한 요소이다. 외식산업에서는 유통경로의 주요 수단으로 프랜차이즈시스템을 많이 활용한다. 가맹본부의 투자비용을 가맹점이 부담하므로 확장에 수반되는 비용문제를 해결할 수 있어 그만큼 수익성이 있기 때문이다.

4. 유통경로의 갈등

유통경로는 구성원 각자의 이익을 위해 활동하기 때문에 항상 갈등이 잠재되어 있다. 경로갈등(channel conflicts)은 크게 수직적 갈등과 수평적 갈등으로 구분된다. 수직적 갈등(vertical conflict)은 유통경로 내의 서로 다른 단계에 있는 경로구성원 간 발생하는 갈등이다. 예를 들면, 가맹점이 있는 지역에 가맹본부가 직영점을 열려고 할 때 그 지역 가맹점과의 사이에 발생하는 갈등 또는 가맹본부가 광고에 투자하지 않아 가맹점이 매출이 떨어진다고 가맹본부에 대항하여 가맹점들이 집단행동을 하는 것이다. 수평적 갈등(horizontal conflict)은 유통경로 내 같은 단계에 있는 경로구성원 간 발생하는 갈등이다. 예를 들어, 가맹본부에서 규정하는 식재료를 정확하게 사용하고 있는 가맹점이 이를 어기는 다른 가맹점 때문에 자신이 피해를 보고 있다고 불평하는 경우가 수평적 갈등에 해당한다.

갈등의 원인은 경로구성원 각자 추구하는 목표의 불일치, 경로구성원 간 역할의 불일치, 동일한 문제에 대한 서로 다른 인식 등 다양하다. 그렇다고 갈등이 역기능적인 효과만 있는 것은 아니다. 갈등 때문에 유통경로를 혁신하고 발전시킬 수 있는 기회가 되고, 불필요한 경로구성원을 배제함으로써 효율성을 높일 수 있는 계기도 된다. 유통경로가 원활하게 그 기능을 발휘하기 위해서는 경로갈등의 역기능을 최소화하고 순기능을 최대화시키도록 한다.

5. 입지전략

고객을 만족시키기 위해서는 제품을 적절한 시간에 편리한 장소(place)에서 구매할 수 있어야 한다. 입지(location)는 지리적으로 일정한 지역을 중심으로 자신의 경영자원을 활용하여 경영성과를 높일 수 있는 장소를 말한다. 외식산업은 최종소비자에게 직접 제품을 전달하는 소매업 특성을 가지고 있고, 점포가 위치한 장소가 고객의 선택에 직접적으로 영향을 미치기 때문에 입지에 관련된 결정이 중요한 유통전략이 된다.

1) 입지선택

커피전문점들은 좋은 위치에 점포를 확보하는 데 많은 자원을 투자한다.

좋은 입지는 고객이 접근하기 편리하고 반복구매를 높여줌으로써 레스토랑 또는 제품에 대한 충성도를 높일 수 있다. 그렇다고 입지의 장점만으로 성공하는 것은 아니다. 고객을 유인하는 힘은 제품, 서비스, 분위기 등의 총체적 부가가치로 결정된다. 어떤 의미에서 입지는 창조하는 것으로 경영자의 노력에 따라 입지조건을 유리하게 만들 수도 있다. 입지는 한번 결정되면 변경이 어렵고, 입지가 좋지 않으면 아무리 뛰어난 전략이라도 그만큼 불리해지기 때문에 신중하게 결정해야 한다.

체인 레스토랑 Carl's Jr. 햄버거는 다음과 같은 프로파일로 입지조건을 정해 놓고 있다.

- 쇼핑센터 내에서의 독립적인 위치
- 신호가 있는 교차로 모퉁이의 독립적인 위치
- 최소한 38m 전면 폭을 가진 부지
- 지붕이 있는 쇼핑몰
- 반경 1.6㎞ 이내에 1만 2,000명 이상의 인구가 있는 곳

- 자동차나 사람이 쉽게 접근할 수 있는 곳
- 자동차와 인구의 통행량이 많은 곳
- 주택가격과 가구소득수준이 평균 또는 그 이상인 지역
- 사무실, 기타 수요를 창출하는 시설들과 가까운 곳
- 2,800~4,600㎡의 1구획
- 현재 경쟁자가 위치해 있는 곳으로부터 3~5㎞ 이내

입지조건에 관해서는 하나로 결정된 방식은 없다. 레스토랑마다 독자적인 입지조건과 평가방법을 가지고 있다. McDonald's에게는 좋은 입지라고 해도 Lotteria에게는 아닐 수 있다. 사업 초기 BBQ치킨은 KFC, Popeyes 등이 중심상업지역에 위치하고 있는 것과 달리 주택가에 입지하는 전략을 선택했다. 이러한 조건은 주택가에 위치한 대부분의 치킨전문점들이 주류를 취급하고 남성고객을 타깃으로 하는 것과는 달리, BBQ치킨은 가족끼리 가장 가까운 곳에서 치킨을 즐길 수 있는 틈새시장을 타깃으로 하였기 때문이다. 입지에 관련해서는 '제14장 외식사업 창업개발'에서 자세하게 설명하고 있다.

2) 입지전략의 변화

목표로 하는 입지를 선택하는 것은 쉽지 않다. 적절한 입지 찾기가 어려워지자 기존과는 다른 조건의 입지를 모색하고 있다. 예를 들면, 임대료를 낮추기 위해 점포규모를 줄이고 공동으로 점포를 사용하는 것이다. Starbucks는 호텔 내의 커피숍, 공항의 키오스크, 미국 최대의 오프라인 서점 Barnes & Noble 등에서 커피를 판매하고 있다. Noble Roman's Pizza는 Chevron 주유소에 점포를 입지시켰다. 한편 전통적인 유형의 레스토랑이 입지할 수 없었던 장소에도 규모를 축소시켜 새로운 유형의 레스토랑을 개발하고 있다. 예를 들면, 적은 투자로 할

푸드트럭은 초기 투자비용이 작고 이동성이 좋다. Starbucks도 푸드트럭으로 사업을 확대하고 있다.

수 있는 간이건물이나 푸드트럭(food truck)이 대표적이다.

새로운 업태를 개발하여 유통경로를 확대하기도 한다. Subway는 학교, 교회, 빨래방, 피자체인점 Little Caesars는 체인 소매점 K-mart에 익스프레스(express) 형태로 업태를 바꿔 진출하였다. 캐주얼 다이닝 Chili's는 공항과 그 밖의 비전통적인 입지에 맞는 작은 형태의 Chili's Too를 열었고, Cheesecake Factory 역시 Cheesecake Factory Café를 개발하였다. 일본의 패밀리 레스토랑 Sky Lark은 도심번화가 중심의 입지에서 벗어나 교외형 패밀리 레스토랑을 전국적으로 전개하였고 24시간 연중무휴 영업을 하는 지역밀착형 업태인 Jonathan's을 개발하는 등 새로운 업태를 통한 입지전략에 변화를 시도하였다.

얼마 전까지만 해도 외식을 하기 위해 레스토랑을 가거나 식재료를 구매하여 집에서 음식을 만들어 먹는 것이 일반적인 식생활이었다. 그러나 외식과 내식의 경계가 흐려지고 1인 가구 증가와 코로나19 팬데믹의 영향으로 테이크아웃, 배달, 가정간편식 등이 확대되면서 입지조건에도 변화가 왔다. 배달의 민족이나 쿠팡이츠와 같은 배달 플랫폼을 이용해 맛집 메뉴를 집에서 즐기고 식료품이나 밀키트 배달 플랫폼을 통해 집에서 간단히 조리해 먹는 행위가 보편화되면서, 입지가 차지하는 비중이 낮아지고 있다. 최근에는 주방설비와 점포입지에 소요되는 높은 투자비와 고정비에 대한 부담을 낮출 수 있는 공유주방(shared kitchen) 배달전문 창업이 늘고 있다.

패스트푸드 체인 Checkers Drive-In은 실내좌석 없이 자동차에 앉아 주문하는 드라이브 스루 창구만을 운영하고 있다.

6. 물적유통

물적유통(physical distribution)은 물류(logistics)라고도 하는데, 생산된 제품을 적절한 시간에 최소의 비용으로 최종소비자에게 전달하는 활동을 말한다. 이러한 물적유통시스템은 제품과 서비스를 생산하고 소비자에게 전달하는 데 필요한 활동에 관여하는 소매상, 도매상, 그리고 원재료를 공급하는 공급자들의 집합을 의미하는 공급사슬(supply chain)과 고객의 욕구를 모두 만족시켜야 한다. 따라서 물적유통은 공급사슬의 중요한 부분이 되며, 관련된 파트너들의 협력을 필요로 한다.

비용을 최소화하고 가치를 최대화하는 효율적인 물적유통은 마케팅 전략에 필수적이다.

물적유통은 고객에게 보이지는 않지만 가격경쟁력을 확보하고 더 많은 이익을 창출할 수 있는 기회를 제공한다는 점에서 중요한 의미를 가진다. 물적유통의 중요성은 구매, 재고, 운송, 보관과정에서의 비용절감, 공급사슬의 높은 유연성, 고객서비스의 개선, 높은 이익창출, 경쟁력 확보 등의 성과에서 찾을 수 있다. 연구에 따르면, 물적유통의 성과와 효율성 간에는 깊은 관련이 있는 것으로 나타났다. 물적유통을 효과적으로 실행하여 공급사슬비용을 감소시키면 5%의 이익 증가, 50%의 유연성(flexibility) 증가, 18%의 현금흐름 개선 등의 효과가 있는 것으로 나타났다.

외식산업에서는 원재료의 쉬운 변질, 생산과 제공, 소비가 동일한 장소에서 빠르게 이루어지는 특성으로 인해 제조업과 소매업에 비해 물적유통을 효율적으로 운영하기가 쉽지 않다. 물적유통은 최소의 물류비용으로 고객서비스를 극대화하는 것을 목표로 한다. 고객서비스를 극대화하기 위해서는 신속한 운송, 많은 재고량과 창고가 필요하지만, 이는 결국 물류비용 증가를 초래한다. 그렇다고 물류비용을 최소화하면 느린 운송, 낮은 재고, 적은 수의 창고로 인해 고객서비스의 전반적인 수준은 낮아지게 된다. 결국 최소의 비용으로 자신이 설정한 수준의 고객서비스를 제공할 수 있도록 물적유통의 목표를 설정하는 것이 중요하다.

그러나 소수만이 물적유통시스템을 통해 자신이 원하는 목표를 달성할 뿐이다. 경영자는 서비스와 비용, 자원 등이 서로 적절하게 균형을 유지하도록 하여야 한다. 그리고 현실적이고 제공 가능한 서비스수준, 유통비용과 시간을 최소화할 수 있는 시스템을 구축하여야 한다. 아이스크림전문점 Dreyer's는 효율적인 물적유통시스템을 통해 큰 성과를 거두었다. 1억 5,000만 달러를 투자하여 새 트럭으로 교체하고 가공센터를 세웠으며, 인력을 채용하여 보강하고 배달시스템을 전산화하였다. 이를 통해 33%의 매출 증가, 42,000번의 불필요한 정지상태를 없앴으며, 1,100만 달러에 달하는 유류비용과 인건비 절감으로 순이익이 증가하는 성과를 거두었다.

9-2 촉진전략

고객의 욕구에 부합하는 제품을 개발하고 가격을 책정하여 고객이 구매할 수 있는 상태로 만들었다고 해도 레스토랑 또는 제품에 대한 정보를 제대로 전달하지 못하면 판매는 이루어지지 않는다. 레스토랑은 자신의 제품이 경쟁자보다 더 가치가 있다는 것을 현재 및 잠재고객에게 알려야 한다.

레스토랑은 고객과 커뮤니케이션하기 위해 하나 또는 그 이상의 촉진방법을 사용한다. 가장 많이 사용하는 촉진수단은 광고이다.

촉진(promotion)은 표적시장 고객에게 레스토랑 또는 제품의 정보를 효과적으로 전달하여 구매결정을 자극하고 설득하며, 영향을 주는 마케팅 노력을 말한다. 레스토랑과 제품에 대해 알고 있고 인식하는 사람들을 증가시키는 것을 목표로 한다. 처음 레스토랑을 방문하는 고객을 유인하고 재방문비율을 높이며, 기존고객의 브랜드충성도를 높이는 것이다. 새로운 메뉴를 소개하고, 특별메뉴와 스윙타임(swing time) 때의 판매를 증가시키고, 객단가를 높이기 위한 활동이다.

촉진의 주요 수단에는 광고 및 PR, 판매촉진, 인적판매, 다이렉트 마케팅(direct marketing) 등이 있다. 고객에게 레스토랑과 제품을 상기시키고 정보를 제공하여 끌어들이기 위해서는 여러 가지 촉진수단과 그 수단의 특성을 이해하고 적절히 배합하여 최대한의 효과를 낼 수 있는 촉진믹스(promotion mix)를 개발해야 한다. 최근에는 고객에게 일관된 메시지를 전달하기 위해 모든 촉진수단을 합친 통합적 마케팅 커뮤니케이션(IMC: Intergrated Marketing Communication)이 널리 실행되고 있다.

1. 광고

광고(advertising)는 TV, 라디오, 인터넷, SNS, 신문, 잡지, 옥외광고, DM 등을 포함한 대중매체를 통해 표적시장이나 대중들에게 레스토랑, 제품, 서비스 등을 알리거나 설득하는 메시지를 전달하는 커뮤니케이션방식이다. 광고는 레스토랑과 제품에 관한 정보를 전달하기 위해 가장 많이 사용하는 커뮤니케이션수단이다. 현재고객과 예상되는 고객에게 레스토랑에 대한 직접적인 정보를 제공한다. 예를 들면, 고객에게 자신의 레스토랑이 최고라는 것을 확신시키고 레스토랑 메뉴에 대해 식욕을 가지도록 하며, 새로운 특별메뉴를 알리는 것이다.

광고는 소비심리를 끌어내고 긍정적 판단을 가지게 하며, 지속적인 고객유치와 브랜드충성도를 높여준다. 반면 비용이 많이 든다. [그림 9-1]에서 보듯 패스트푸드 레스토랑은 매출의 4~5%를 광고 및 촉진비용으로 지출하고 있다.

1) 광고의 기능

광고는 Mcdonald's나 Starbucks 같은 글로벌 외식기업이나 당장 어떤 조치가 시급한 레스토랑에만 필요한 것이 아니며, 그 어떤 레스토랑이라도 노력을 기울여야 할 촉진활

그림 9-1 | 여러 레스토랑들의 광고 및 판촉비용

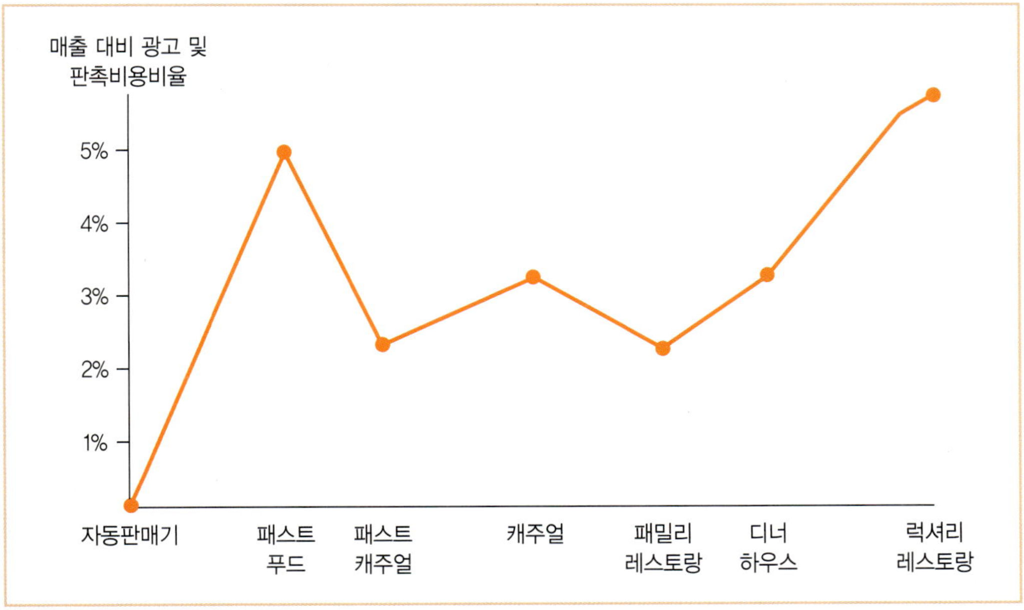

자료: John R. Walker(2014), *The Restaurant: From Concept to Operation*, John Wiley & Sons.

동이다. 상대가 너무 강해 경쟁할 수 없다거나 아직 필요한 상황이 아니라고 판단하는 사이 시장은 경쟁자들에 의해 좌우되어 문을 닫는 상황에 직면할 수 있다.

광고의 기능은 다음과 같이 몇 가지로 살펴볼 수 있다.

- 고객에게 정보를 제공한다. 새로운 제품과 서비스, 이벤트 그 외 흥미를 끌만한 것들을 고객에게 알린다. 많은 돈이 들어가지만 그만큼 확실히 원하는 내용을 반영할 수 있다. Burger King은 두 겹의 패티가 들어 있는 신제품 'Big King'을 출시했을 때 3,000만 달러의 예산을 사용했다.
- 이미 단골이 된 고객과의 커뮤니케이션을 통해 그들의 소비를 유지하고 보강한다. 광고의 지속적인 흐름에 소비자를 노출시키는 것은 광고에 의해 긍정적이게 된 사고가 다른 소비자를 불러들인다.
- 우선적으로 단골고객을 유도한다. 만일 고객이 지속적으로 광고에 노출된다면 누군가는 흥미를 가지고 고객이 될 것이고, 다른 누군가와 함께 긍정적인 면에 대해 대화를 나눌 것이다. 그렇게 되면 또 다른 단골고객이 만들어지고, 한 번도 그 레스토

랑을 방문하지 않은 사람들에게까지 영향을 미치게 된다.

- 레스토랑 이미지를 강화시켜 준다. 광고는 항상 제품만을 알리는 것이 아니다. 고객에게 어떤 이미지를 창조하고 보여준다.
- 제품이 가지는 유형적 및 무형적 가치를 증가시키는 데 기여한다. 예를 들어, 이미지 광고를 통해 기업의 상징적인 가치를 높이고, 이를 통해 그 기업에서 생산하는 모든 제품의 가치도 높일 수 있다. 가치관과 태도를 변화시키고 소비를 자극하여 경제활성화에 기여한다.

광고는 적지 않은 비용이 소요되고 판매효과를 측정하기 어렵다. 빠른 피드백을 거의 제공하지 못하고 인적판매보다 설득력도 떨어진다. 그래서 상당수의 경영자와 관리자가 광고를 신뢰하지 않는다. 유일하게 좋은 광고는 입에서 입으로 전하는 것뿐이라며 반박한다. 단골고객이 입으로 이야기를 전하게 내버려 두면 저절로 성공적인 광고가 된다고 광고효과를 부정하기도 한다. Starbucks는 초기에 거의 광고를 하지 않고 홍보만으로 세계적인 브랜드로 성장했다. 실제로 Starbucks를 경험해 본 사람들의 입소문과 언론매체의 기사가 많은 돈을 벌어들여 만든 광고보다 잠재고객의 마음을 움직였다. Starbucks는 광고비용을 아껴 고객과 지역사회를 위해 쓰고 있다. 그러나 Starbucks 같은 사례가 모두의 경우가 되는 것은 아니다.

2) 미디어계획

광고 미디어의 선택은 작은 레스토랑일수록 특히 어렵다. 어떤 미디어를 이용해서 어떻게 전달할 것인가를 신중하게 결정한다. 제품정보를 전달하는 광고 미디어에는 TV와 라디오 등의 방송, 신문과 잡지 등의 인쇄물, 옥외광고, 인터넷, 소셜미디어 등이 있다. 미디어를 선정할 때는 제품이나 서비스를 구매하는 사람과 얼마나 많은 수용자에게 광고가 도달되어야 하고, 이를 위해 어느 지역에 얼마나 자주 광고가 노출되어야 하는지 고려한다. 어떤 제품이 강력한 전시효과를 필요로 한다면 TV가 적절하다. 제품을 정확하게 알리기 위해 선명한 색상이나 해상도를 필요로 한다면 잡지나 카탈로그가 적절한 광고 미디어가 될 수 있다. 최근에는 인스타그램, 유튜브, 블로그, 페이스북 등 인터넷 기반의 소셜미디어가 고객과 직접 커뮤니케이션할 수 있어 광고 미디어로 많이 활용되고 있다.

3) 메시지

광고는 무엇을 어떻게 전달해야 하고 광고를 통해 달성하려는 것이 무엇인지 명확해야 한다. 이를 위해 광고 메시지를 결정해야 하지만 고객에게 전달할 메시지를 결정하는 것은 쉬운 일이 아니다. 실행 가능한 메시지를 찾기 위해 많은 시간과 생각이 필요하다.

광고 메시지를 개발할 때, 다음과 같은 몇 가지 규칙이 있다.

패스트푸드 체인 Arby's는 "We have The Meats"라는 슬로건이 보여주듯 고기의 영양적 가치를 내세우는 메시지를 전달하고 있다.

- 소비자에게 특정한 가치를 보여줄 수 있는 메시지이어야 한다. 만일 초기에 타깃시장이 필요로 하는 메시지가 아니라면 성공의 기회는 크게 줄어든다.
- 다른 메시지들과 비교하여 분명한 차이점이 있어야 한다. 모든 광고는 직접적인 경쟁자들하고만 경쟁하는 것이 아니라 고객에게 접근하는 다른 모든 광고들과 경쟁한다. 따라서 효과적인 광고를 위해서는 다른 모든 광고들과 확실하게 구분되는 메시지가 되어야 한다.
- 믿을 수 있는 메시지이어야 한다. 광고에 대해 처음부터 신뢰를 주면 소비자는 의심하지 않고 믿는다.
- 메시지는 간단해야 한다. 소비자는 하루에도 수백 개의 광고 자극을 받기 때문에 간단하고 쉬워야 회상(recall)이 가능하다.

4) 광고전략

성공적인 광고는 우연히 계획되거나 실행하는 데서 나오지 않는다. 장기적으로 반복할 때 광고효과를 얻을 수 있다. 고객에게 자신의 이름을 내세우기 위해 끊임없이 노력하고 독창적인 방법으로 스스로 포지셔닝해야 한다. 결국 광고는 좋은 전략을 수립하였을 때 성공한다.

광고전략을 수립할 때, 다음과 같은 사항을 고려한다.

- 성공한 기업의 광고는 목표가 확실하다. 무엇을 해야 하는지, 어떤 최종목표가 성취되기를 원하는지에 대한 목표가 있어야 한다. 국내시장에서도 고급화전략으로 성공하고 있는 Häagen-Dazs는 단순한 아이스크림이 아니라 식사 후 즐거움을 모토로 하고 있다.
- 누가 고객이고 잠재적 고객인지 표적시장을 확인한다. 광고는 한 번으로 성공할 수 없다. 성공적인 광고는 표적시장에 위치해야 하고, 그 시장과 직접적으로 대면해야 한다. 많은 광고들이 표적시장에서 너무 멀리 위치하여 호소하기 때문에 실패한다.
- 고객이 원하는 편익을 찾아야 한다. 소비자는 의심이 많기 때문에 편익 또는 구매하기 전에 그것을 구매해야 하는 이유를 알고 싶어 한다. 어떤 편익과 아이디어가 촉진되어야 하는지, 왜 다른 레스토랑을 가지 않고 우리 레스토랑을 선택하는지 알아야 한다.
- 고객이 원하는 편익에 대한 지원이 있어야 한다. 고객은 레스토랑이 내세우는 광고의 주장에 대해 의심을 가지기 마련이다. 그렇다고 고객을 탓할 수는 없다. 레스토랑이 제공하는 편익에 대해 고객이 의심하지 않도록 이를 지원하는 광고가 필요하다. 예를 들어, 고객조사를 근거로 수여받은 각종 상 또는 제품의 시험결과는 고객이 원하는 편익을 지원하는 데 매우 유용하게 사용된다.
- 개성이 있어야 한다. 개성에는 레스토랑의 이미지와 포지셔닝이 함축되어 있어야 한다. 이를 위해서는 주제를 전달할 수 있는 어조(tone)와 태도를 선택한다. 광고에서 적절한 어조와 태도는 고객을 창출하고 잠재적 고객을 유인한다. McDonald's는 어린이들을 겨냥한 광고에서 피에로 인형 Ronald McDonald를 내세워 크게 성공하였다. McDonald's가 신나는 장소로 보여졌던 것이다. 체인 레스토랑 Red Lobster는 광고에서 빠르고 친근한 직원들의 서비스를 부각시켰다. Burger King은 그릴에 구운 햄버거의 맛, Wendy's는 신선한 햄버거를 강조하였다.

5) 라이프사이클에 따른 광고전략

레스토랑 운영이 라이프사이클에 따라 진행되듯이 광고전략 역시 그 라이프사이클의 단계에 따라 이루어져야 한다.

(1) 도입단계

소비자에게 조금의 흥미도 유발시키지 못한 채 문을 여는 레스토랑은 드물다. 도입단계에서는 새로운 레스토랑에 대한 고객의 궁금증을 효과적으로 이용한다. 여기에는 몇 가지 방법을 사용할 수 있다. 먼저 새로운 레스토랑의 필요성과 품질에 대해서 알리는 것이다. 다른 하나는 주요 경쟁자와 비교하는 광고를 통해 레스토랑과 제품을 알리는 것이다. 비교광고는 후발주자에게는 매우 매력적인 마케팅수단으로 활용된다. 선두 레스토랑과의 비교를 통해 소비자들에게 선두주자에 버금가는 레스토랑으로서의 명성과 이미지를 심는 데 유용하다. McDonald's는 McCafé라는 이름으로 커피시장에 진출하면서 고가전략을 펼치고 있는 Starbucks와 Coffee Bean을 겨냥하여 그들보다 좋은 품질의 커피를 저렴하게 제공할 수 있다며, "커피 한 잔에 4달러를 내는 것은 바보"라고 노골적인 표현으로 비교하는 광고를 하였다. 이러한 자극적인 비교광고는 소비자의 주목을 받는 효과가 있다.

비교광고는 후발주자에게 유용하다. McCafé는 Starbucks와 비교하여 저렴한 가격에 좋은 품질의 커피라는 것을 알리고 있다.

(2) 확장단계

성공적으로 도입단계를 지나 왔다면 탄탄한 고객층이 확보되었을 것이다. 확장단계에서는 소비자의 인식과 관심에 초점을 맞춘다. 확장단계에서의 광고는 두 가지 접근방법을 생각할 수 있다. 첫째, 레스토랑을 좋아하고 계속하여 방문해 주는 단골고객에 대해 그들이 단골고객임을 인식시켜 주고 더 많은 단골고객을 확보하도록 하는 것이다. 둘째, 음식과 서비스를 마음에 들지 않아 했던 사람들에게 접근하여 그들을 첫 번째 고객으로 만드는 것이다.

확장단계에서는 긍정적인 이미지를 구축하고 보강하는 것에 초점을 둔다. 이를 위해 비교광고 또는 제품과 서비스를 통해 얻을 수 있는 편익을 강조한다. 한편 쿠폰을 사용하기도 한다. 쿠폰은 고객수를 늘리는 데 직접적인 영향을 미치지만 경쟁자와 치열한 경쟁상황을 초래하는 부정적인 효과가 나타날 수 있다.

(3) 안정단계

성공적으로 운영되고 있는 레스토랑은 안정단계의 광고로 접어들게 된다. 안정단계에서는 레스토랑을 운영하는 전반적인 여건이 확립되어 있기 때문에 많은 고객이 인정하는 이점을 가지게 된다. 가장 좋은 예로 McDonald's가 있다. McDonald's는 더 이상 제품이나 서비스를 광고하지 않아도 된다. 즉 제품에 대한 직접적인 광고보다는 품질 또는 브랜드 이미지를 전달하고 소비자가 레스토랑을 잊지 않도록 하는 한마디만 전달하면 된다. 그저 단순하게 "I'm loving it"과 같은 슬로건을 통해서 소비자의 마음에 품질과 브랜드 이미지를 강조하는 것이다.

(4) 부활단계

안정단계를 지난 상황에서 새로운 제품이나 서비스를 개발하였다면, 시장에서 더 확고한 위치를 구축하기 위한 단계에 들어서게 된다. 새로운 제품과 서비스를 광고함으로써 새로운 고객을 끌어 모을 수 있다. McDonald's의 신제품 출시가 그 좋은 예이다. McDonald's는 아침식사를 겨냥하여 맥치킨(McChicken), 맥립(McRib) 등의 샌드위치, 그리고 선데(Sundae) 아이스크림 등의 후식을 출시하고 광고함으로써 매출을 높이고 글로벌시장으로 성장의 기회를 넓혔다. 이러한 전략은 작은 외식기업이나 레스토랑에서도 효과적으로 활용할 수 있다.

2. PR

PR(Public Relation)은 레스토랑과 이들의 이해관계자들과 우호적인 관계를 형성하고 유지하기 위한 활동이다. 레스토랑이나 제품, 서비스에 대한 소비자의 감정, 의견, 믿음에 영향을 미치는 커뮤니케이션의 한 형태이다. PR은 일반적으로 사업의 긍정적인 측면을 커뮤니케이션하는 데 집중한다. 계획이 잘된 PR은 광고가 제공해 주는 것 이상으로 이익을 가져다준다.

PR은 광고와 마찬가지로 레스토랑이나 제품에 대한 고객의 인식은 물론 운영과 매출에 직접적으로 영향을 미친다. 광고가 궁극적으로 매출 증가에 초점이 맞춰져 있다면, PR은 주로 청중들에게 조직 또는 개인의 이미지를 제고시키는 것이 주된 목적이다. 다시 말해 고객 및 잠재고객, 공급자, 지역사회, 정부, 주주, 금융기관, 미디어를 포함한 많은 공중들이 인식하고 있는 레스토랑에 대한 전체적인 이미지와 관련되어 있다. 그렇지만 PR의 최종적인 목적은 장기적인 이미지 제고를 통해 좋은 레스토랑으로 만들고, 소비자들이 좋은 제품으로 기억하게끔 하여 구매를 유도하는 것이다.

PR수단으로는 이벤트, 세미나, 강연회, 전시, 사회봉사활동, 자선 또는 문화행사, 기부금 출연, 뉴스레터, 브로슈어 등이 있다. 시민단체나 자선단체에게 저렴한 가격 또는 무료로 레스토랑을 이용하게 하거나, 단골고객들을 위한 무료 파티를 후원하는 활동들도 PR의 수단들이다. McDonald's는 세계에서 가장 큰 스포츠 후원업체 중 하나이다. 올림픽에서부터 청소년 프로그램까지 거액의 돈을 기부하고 있다.

홍보(publicity)도 PR의 일부이다. PR은 레스토랑과 제품에 관해 대중매체에 무료로 전달하는 뉴스기사 형식의 커뮤니케이션이다. 제품이나 서비스의 정보를 제공하고 점포의 확장, 조사, 신제품 출시 등을 알리고 레스토랑 이미지를 향상시키는 데 사용할 수 있다. 레스토랑을 오픈할 때 기자들을 초청하여 회견을 갖거나 보도자료나 특집기사를 내도록 하는 것이 대표적인 홍보방법이다. 실제로 경험해 본 소비자들의 입소문과 매스미디어 기사는 많은 돈을 투자하여 만든 광고보다 잠재고객의 마음을 움직이는 데 더 효과적이다. 그렇지만 직접 돈이 들어가지 않는 만큼 전달된다는 보장이 없고, 설사 전달된다고 해도 그 내용과 방향을 사전에 짐작하기가 어렵다.

3. 판매촉진

판매촉진(sales promotion)은 광고에 비해 단기적인 동기부여를 통해 구매를 촉진시키는 활동이다. 제공하는 제품의 가치를 높여 주고 즉흥적인 구매를 유인하며, 자주 이용하는 고객에게 보상을 해주어 고객충성도와 재방문을 높이는 데 활용된다. 판매촉진의 수단은 시장의 유형, 판매촉진의 목적, 경쟁조건, 비용 등을 고려하여 계획한다. [그림 9-2]와 같이 판매촉진수단에는 쿠폰, 바운스 백 쿠폰, 경품, 가격할인, 회원제 카드, 무료시식, 샘플, 머천다이징 등이 있다.

그림 9-2 | 판매촉진의 수단

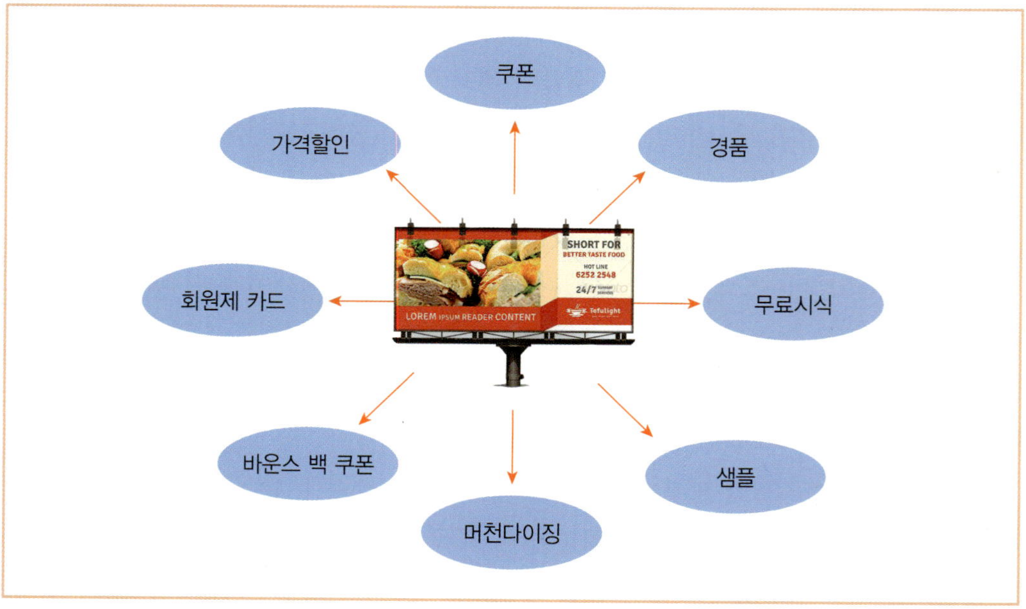

1) 쿠폰

쿠폰(coupon)은 일정기간 동안 고객이 특정 서비스를 받을 때마다 할인혜택을 받을 수 있도록 제공되는 일종의 증서이다. 소지한 쿠폰의 내용에 따라 할인 및 서비스혜택을 받을 수 있다. 고객이 집중되지 않는 스윙타임 때나 주중, 비수기에 할인을 통한 판매촉진의 방법으로 많이 사용된다. 제조원가가 2~3%로 아주 적게 소요되는 음료나 아이스크림 등과 연계하여 제공하기도 한다. 최근에는 인터넷 또는 휴대폰 사용이 늘면서 모바일 쿠폰의 활용이 커지고 있다.

2) 바운스 백 쿠폰

바운스 백(bounce back) 쿠폰은 고객의 재방문을 촉진하기 위해 구매시점에서 고객에게 제공하는 쿠폰이다. 피자배달을 할 때 피자박스에 붙이거나 끼워 주는 쿠폰이 대표적이다. 바운스 백 쿠폰은 특정 제품의 구매를 유도할 뿐만 아니라 첫 번째 고객의 재방문, 새로운 메뉴에 대한 구매를 자극하는 데 효과적이다. 표적시장을 대상으로 제공되기 때문에 신문이나 잡지 또는 인터넷 등을 통해 제공되는 일반적인 쿠폰에 비해 회수율이 높다. 쿠폰을 제공하는 비용이 없어 판매촉진비용이 낮게 소요되는 이점도 있다.

바운스 백 쿠폰은 재방문을 유도하고 새로운 메뉴에 대한 구매를 자극하는 데 효과적이다.

3) 경품

경품(sweepstake)은 고객이 레스토랑을 방문할 때 무료 또는 저렴한 가격으로 모두에게 아니면 추첨을 통해 제공하는 제품이다. 경품의 장점은 어떤 것을 얻는다고 해도 즐거운 경험이 된다는 것이다. 예를 들어, 이색적인 장소로의 공짜여행을 할 수 있는 기회와 같이 흥미를 제공함으로써 가치를 높일 수 있다. 경품의 유형에는 고객경품, 현상경품, 공개현상경품 등이 있다. 고객경품은 레스토랑을 방문하여 서비스를 이용한 고객 모두에게 제공하는 것으로 사은품으로도 불린다. 현상경품은 레스토랑을 이용한 고객에게 응모권을 제공한 다음 추첨을 통해 선정된 고객에게만 제품이나 서비스를 제공하는 것이다. 공개경품은 레스토랑 이용 여부와 관계없이 모든 고객에게 응모권을 제공하여 추첨을 통해 경품을 제공하는 것이다. 수익에는 크게 영향을 주지 못하지만 잠재적 고객에게 레스토랑이나 제품의 인지도를 높이는 데 도움이 된다.

4) 가격할인

가격할인은 단기간 동안 가격을 인하하는 것으로 잠재적 고객자의 구매시도를 높이거나 경쟁자에 대응하려는 의도로 사용된다.

가격할인은 비수기 또는 경쟁적 필요에 따라 판매를 자극하기 위해 사용하는 방법이다. 고객이 많지 않은 이른 저녁시간에 가격을 할인해 주거나 두 사람이 주요리를 주문하는 경우 한 사람의 주요리를 무료 또는 할인가격으로 제공하는 것이다. '금요일은 가족의 날'이라고 하면서 어린이에게는 무료 또는 크게 할인된 가격으로 제공한다. 특정 메뉴에 할인된 가격을 메뉴표에 표시해 놓거나 새로운 제품을 출시할 때 '오늘 한정'이라는 사인을 가격할인의 메시지로 전달하기도 한다. 가격할인은 레스토랑 또는 제품의 이미지를 실추시킬 수 있고, 할인이 없으면 아예 방문을 하지 않을 수 있다는 단점이 있다.

5) 회원제 카드

고객이 매장을 방문한 횟수와 지불한 금액에 따라 포인트를 적립하여 별도의 서비스와 할인혜택을 제공하는 것으로 고객충성도를 높이는 데 목적이 있다. 무료제공이나 할인에 비하면 소극적이지만 단골고객에게는 확실하게 구매를 자극하는 유용한 방법이다. 회원제 카드는 고객에 대한 데이터베이스를 확보할 수 있기 때문에 고객별 맞춤서비스를 제공할 수 있으며, 장기적으로는 고객관계관리(CRM: Customer Relationship Management)를 통해 고객의 이탈을 방지하고 충성도를 높일 수 있다는 장점이 있다.

6) 무료시식

무료시식은 장래에 고객이 될 가능성이 있는 고객에게 제품과 서비스를 무료로 체험할 수 있는 기회를 제공하고, 이에 만족한 고객에게 판매와 재방문을 유도하는 방법이다. 일반적으로 새로운 제품이나 서비스를 도입하는 경우 무료시식이 효과적인 방법이기는 하지만 초기비용이 많이 든다는 단점이 있다.

7) 샘플

샘플(sample)은 제품을 시험해 보기 위해 제공하는 것이다. 무료샘플도 있기는 하지만 그 비용을 상쇄시키기 위해 아주 낮은 금액을 부과하기도 한다. McDonald's는 1달러에 커피 한 잔과 애플 브란 머핀(apple-bran muffin)을 함께 제공하는 촉진활동을 하였다. 보통 커피와 머핀은 각각 95센트에 제공했던 것인데, 향후 머핀 구매를 유도하기 위해 두 메뉴를 묶어서 낮은 가격에 판매하였다. 머핀을 먹지 않는 고객도 있을 수 있기 때문에 머핀에 단지 5센트의 가격을 부과함으로써 향후에도 머핀을 구매하지 않을 고객에게까지 제공하는 것을 피할 수 있었다.

8) 머천다이징

머천다이징(merchandising)은 내부에 있는 고객을 대상으로 현장에서 판매를 촉진하는 수단을 말한다. 제품을 전시해 놓거나 또는 판매하고자 하는 제품을 알리는 자료들을 포함한다. 예를 들면, 테이블 텐트 카드(table tent card), 와인 리스트, 냅킨, 플레이스 매트(place mat), 벽 포스터, 브로슈어, 고객의견카드 등이 여기에 해당한다. 머천다이징은 외식산업에서 광범위하게 활용하고 있는 판매촉진수단으로

플레이스 매트는 매출은 물론 객단가를 높이는 데 효과적으로 사용된다.

매출과 객단가를 높이는 데 중요한 역할을 하고, 특히 특별메뉴를 촉진하는 데 매우 효과적인 방법이다.

4. 인적판매

1) 인적판매란?

인적판매(personal selling)는 고객과 직접적인 접촉을 통해 제품과 서비스에 대한 정보를 제공하고 고객이 이를 선택할 수 있도록 설득하는 커뮤니케이션활동이다. 광고가 제품정보를 일방적으로 고객의 머릿속에 주입시키는 커뮤니케이션활동인 반면, 인적판매는 직원과 고객이 직접 대면하여 고객에게 필요한 정보를 대화를 통해 비교적 정확하게 제공하고 융통성 있게 대처할 수 있는 커뮤니케이션활동이다.

외식산업은 대부분 생산과 소비가 동시에 동일한 장소에서 이루어지기 때문에 인적판매는 그 어떤 판매촉진수단보다 중요하다. 고객과의 쌍방향 커뮤니케이션을 통해 고객은 궁금한 점을 질문할 수 있고, 직원은 광고를 통한 것보다 더 적절하고 자세하게 설명할 기회를 가질 수 있다. 개별적으로 고객의 구체적인 필요를 어떻게 만족시킬 수 있는지 설명할 수 있다.

광고가 구매자의 반응 초기에 제품의 인지도를 높이는 데 효과적인 반면, 인적판매는 최초 방문과 구매를 유인하는 것은 물론 인적판매방법과 직원 역량에 따라서 객단가를 높이는 데도 효과적이다. 예를 들면, "스테이크와 어울리는 와인 한 잔은 어떠세요?" 하고 메뉴를 권유하는 것이다. 이전에 레스토랑을 방문한 경험이 있는 고객을 대상으로 하는 경우 고객의 선호와 확신을 통해 재방문을 유도하는 데 매우 효과적이다.

인적판매는 생산과 소비가 동시에 동일한 장소에서 이루어지는 외식산업에서 중요한 커뮤니케이션수단으로 활용된다.

2) 내부판매와 촉진

고객은 구매를 하기 위해 레스토랑 안으로 들어온다. 고객이 레스토랑 현관문을 통과할 때 모든 직원들의 시선은 방문고객을 만족시키는 데 모아져야 한다. 레스토랑 고객은 소매점과 달리 눈으로 훑어보기 위해 들어오지 않는다. 구매하기 위해 안으로 들어온다. 하지만 직원들은 전문적인 판매원처럼 행동하지 않고 단지 주문을 받는 사람처럼 행동한다. 그들은 손에 주문서를 들고 테이블에 느릿느릿 걸어가 "주문하시겠습니까?"라고 묻는다. 어떤 메뉴가 준비되어 있는지 물으면 "잘 모르겠습니다. 조리장에게 물어보겠습니다"라고 말한다. 테이블에 음식을 가지고 와서는 "누가 로스트 비프(roast beef)를 주문하셨죠?"라고 물으면서 접시를 이쪽 고객에게서 저쪽 고객으로 옮긴다. 혹시 이러한 풍경이 자주 있지는 않은지 직원의 판매기술을 점검해야 한다.

(1) 놓쳐버린 판매 기회

판매기술의 부족은 낮은 판매, 고객불만족, 결국에는 경영실패를 초래한다. 다음의 사례에서 놓쳐 버린 판매 기회를 살펴볼 수 있다. 한 가족 네 명이 레스토랑을 방문했다. "예약하셨습니까?"라는 직원의 인사를 받고 테이블로 안내되었다. 약 3분 후 웨이트리스 A가 테이블로 와 "안녕하세요"라고 인사한 후 글라스에 물을 채우고 메뉴표를 나누어 주었다. 그리고 "음료를 주문하시겠습니까?"라고 묻고 음료를 주문받았다. 몇 분 후 A는 음료를 테이블로 가져다주었다. 음료가 절반 정도 비워질 때쯤 A가 다가와 "식사를 주문하시겠습니까?"라고 물었다. 각자 음식을 주문하고 A는 "드레싱은 무엇으로 하시겠습니까?" 그리고 "감자는 어떻게 해 드릴까요?"라는 말 이외는 그 어떤 질문도 하지 않고 주문을 받았다.

위의 사례에서 A는 여러 번의 판매 기회를 놓쳤다. 먼저 주메뉴 이외 몇 가지 알라카르트 메뉴나 특별 메뉴를 판매하는 데 실패했다. 네 명 중 그 누구에게도 높은 가격의 메뉴나 다른 메뉴를 판매하는 데 실패했다. 어쩌면 그 가족은 와인이나 샴페인을 원했을지도 모른다. 그러나 A는 와인 리스트를 보여주지 않았고, 음식과 함께 마실 와인을 추천하지도 않았다. 간단히 말해 A는 자신의 직무를 제대로 수행하지 않았다.

〈표 9-1〉은 A가 놓친 기회들에 대한 경제적인 영향을 보여준다. 60,000원은 A가 단지 주문받는 행동에 그쳤기 때문에 놓친 잠재적 판매손실액이다. 만일 레스토랑에 있는

| 표 9-1 | 4인 테이블에서 놓친 판매의 기회

• 추가음료 판매	4×2,000=8,000원
• 높은 가격의 메뉴 판매	4×6,000=24,000원
• 와인 판매	1×20,000=20,000원
• 디저트와 식후 음료	4×2,000=8,000원
	잠재적 판매손실=60,000원

모든 테이블에서 각각 60,000원 아니 30,000원, 15,000원, 최소한 5,000원이라도 높이려는 노력을 했다면 그날 매출액은 어느 정도였을까? 놓쳐 버린 기회의 반 정도만이라도 회복시킬 수 있다면 분명 매출액은 높아졌을 것이다. 외식산업에서 A 같은 직원이 얼마나 많이 근무하고 있을까? 누구의 잘못인가? 왜 A는 적극적인 판매를 하지 않았을까? 모든 잘못은 경영자와 관리자에게 있다. A는 물론 다른 직원들을 단순히 주문받는 사람이 아닌 판매기술을 가진 직원으로 만드는 훈련, 감독 및 관리를 하지 않았기 때문이다.

(2) 내부판매수단

영업장에서 판매촉진방법으로 많이 사용되는 도구에는 테이블 텐트 카드, 음식 디스플레이, 포스터 등이 있다. 테이블 텐트 카드는 판매를 증가시키기 위해 오랫동안 사용해 오고 있는 도구이다. '오늘의 주요리,' '이 달의 와인' 등의 문구가 적힌 테이블 텐트 카드를 테이블 위에 놓아 고객의 주문을 유도한다. 테이블 텐트 카드는 어떤 품목이든지 촉진하는 데 유용하게 사용할 수 있다. 레스토랑 입구에 메뉴표를 붙여두는 것도 간단하지만 효과적인 프로모션방법이다. 메뉴가 독특하고 전문화되어 있을 때 효과적이다. 앞을 지나던 사람들이 메뉴를 보기 위해 멈추게 되고, 향후 단골고객이 되기도 한다. 패스트푸드 레스토랑에서는 처음 또는 반복적인 고객을 증가시키기 위해 콘테스트(contest)를 활용하기도 한다.

(3) 직원의 동기부여

서비스직원은 끊임없이 고객을 만나고 그 과정에서 발생하는 문제들을 처리해야 하기 때문에 수행하는 직무가 어렵다. 직원에게 적절한 경영지원 없이 판매 증가를 기대할 수 없다. 직무성과를 높이기 위해서는 적절한 동기부여가 필요하다. 효과적인 동기부여방법으로 인센티브 프로그램(incentives programs)이 많이 사용된다. 인센티브 프로그램은 만족스럽고 훌륭한 업무성과에 대해 크든 작든 보상을 하는 것이다. 예를 들면, 월별 최고 판매, 가장 많은 와인 판매, 최다 디저트 판매, 최다 고객 칭찬 등이 있다. 보상이 꼭 금전적일 필요는 없다. 인정을 해주는 것에서부터 국내 · 외 휴가 등 어떤 것이든 가능하다.

직원의 직무성과를 높이기 위해 인센티브 프로그램이 많이 활용된다.

5. 다이렉트 마케팅

다이렉트 마케팅(direct marketing)은 주문, 점포방문, 추가 정보 요구 등의 반응을 이끌어내기 위해 고객과 직접적인 커뮤니케이션을 사용하는 촉진수단을 말한다. 이메일, 데이터베이스, 소셜미디어 등이 대표적이다. 인적판매와 마찬가지로 상호작용적인 커뮤니케이션으로 구성되어 있으며, 표적시장에 따라 고객화할 수 있다는 장점이 있다. 고객에게 더 높은 가치를 제공하기 위해 몇 가지 다이렉

인터넷과 정보기술의 발전에 따라 이메일, 데이터베이스, 소셜미디어 등을 이용한 촉진활동이 활발하다.

트 마케팅방법을 결합하거나 다른 촉진수단과 함께 사용한다.

1) 이메일

이메일(e-mail)은 전하고 싶은 내용의 편지나 자료를 다른 사람에게 보낼 수 있고, 받을 수도 있다는 점에서 기존의 우편과 유사하다. 그러나 우편은 인편으로 전달되지만, 이메일은 통신망을 통해 실시간으로 전달된다는 점에서 다르다. 또한 전화와는 달리 상대방이 부재중이라도 편지나 자료를 전달할 수 있다. 이처럼 이메일은 편지의 기록성과 전화의 즉시성이라는 장점을 동시에 가지고 있는 커뮤니케이션수단이다.

이메일은 다른 마케팅매체에 비해 비용이 저렴하면서도 고객들로부터 높은 응답률을 얻어낼 수 있다. 투자에 비해 수익률이 높고 많은 잠재고객들에게 마케팅 메시지를 동시다발적으로 실시간에 전달할 수 있다는 장점이 있다. 이메일은 촉진수단뿐만 아니라 고객관계관리(CRM)에서도 중요한 커뮤니케이션수단으로 사용된다.

2) 데이터베이스

고객, 제품, 판매에 관한 데이터베이스(database)를 이용하여 고객을 세분화하고, 세분화된 고객별로 선호하는 제품과 서비스를 선정하여 이를 효과적인 방법으로 제공함으로써 판매를 촉진하는 것이다. 그리고 제공한 결과에 대한 피드백 자료를 분석하여, 수행된 여러 마케팅활동이 고객의 구매활동과 이용 패턴에 어떤 영향을 주었는지 파악하고, 이를 새로운 마케팅활동에 활용한다. 데이터베이스 마케팅의 주된 목적은 고객과의 장기적인 관계형성에 기반하여 고객의 평생가치를 극대화하는 것이다. 레스토랑이 생존하고 성장하기 위해서는 새로운 고객의 확보가 필요하지만 잘 알고 있는 기존고객으로부터 지속적으로 매출을 보장받는 것이 보다 효과적이다.

데이터베이스 마케팅은 매스 마케팅에 비해 마케팅활동에 대한 고객의 반응을 측정할 수 있다. 예를 들어, 와인을 곁들인 스페셜 이벤트를 실행할 때 참석 가능한 고객들을 대상으로 이메일을 보내고, 판촉이 끝난 뒤 매출에 미친 효과를 측정할 수 있다. 고객과의 거래를 지속적으로 기록해 놓으면 어떤 유형의 고객이 특정 판촉프로그램에 반응이 높고 레스토랑에 얼마나 기여하고 있는지 한눈에 알 수 있으며, 과거의 자료들을 바탕으로 효과적인 판촉활동을 전개할 수 있다.

미국의 Takeout Taxi는 레스토랑을 대신하여 음식을 고객에게 배달해 주는 회사로 TGIF, Chilis 등 많은 레스토랑들이 회원으로 가입되어 있다. 음식을 주문한 고객의 이름, 주소, 전화번호, 주문음식 등을 데이터베이스로 구축하고, 이러한 정보로부터 집에서 레스토랑까지의 거리, 주문빈도, 좋아하는 메뉴 등의 정보도 추가적으로 파악하고 있다. 축적된 고객정보를 이용하여 회원 레스토랑의 배달주문은 물론 내방고객을 증가시키기 위한 프로모션을 전개하고 있다.

3) 소셜미디어

외식산업에서는 파워 블로거들이 경험하고 올린 글이나 사진, 동영상 등을 통한 블로그 마케팅이 활성화되어 있었다. 그러나 최근에는 스마트폰의 등장과 함께 시작된 트위터, 페이스북, 유튜브, 인스타그램 등의 소셜네트워크서비스(SNS: Social Network Service)와 애플리케이션(application)을 기반으로 한 소셜미디어(social media) 마케팅이 각광받고 있다. SNS는 웹사이트보다 훨씬 최적화된 서비스를 기반으로 기존 마케팅 수단에 비해 비용은 적게 들지만 그 효과는 매우 크다. 피자 체인점 Naked Pizza는 뉴스레터를 통해 판매촉진할 때 연간 3,000달러의 비용이 들었지만, 트위터를 이용할 때는 인터넷과 스마트폰 사용료 300달러만을 지출하고도 그 이상의 효과를 얻을 수 있었다. 트위터를 통한 첫 번째 프로모션에서 매출을 15% 증가시켰다. 현재 Naked Pizza의 전체 매출 70%가 트위터를 이용한 매출이며, 결국 판매촉진비도 기존에 비해 90% 절감할 수 있었다.

Naked Pizza는 전체 매출의 70%를 트위터를 통해 올렸으며, 판촉비용도 크게 절감하였다.

SNS는 브랜드나 제품을 많은 사람에게 알릴 수 있는 바이럴 마케팅(viral

marketing)에 매우 효과적이다. 레스토랑 브랜드명으로 트위터 계정을 만들고, 이를 팔로어(follower)들이 다시 자신들의 팔로어들에게 전달하는 방법으로 입소문효과를 얻을 수 있다. 고객의견이나 불평 · 불만 등과 같은 고객의 반응을 실시간으로 알아보고 대응할 수 있는 커뮤니케이션 통로로 활용할 수 있다. Starbucks는 'My Starbucks Idea'라는 트위터 계정을 통해 고객과 커뮤니케이션하고 제품과 서비스에 대한 고객들의 제안도 받고 있다.

SNS와 함께 많이 활용되고 있는 것이 애플리케이션(application software)이다. 웹사이트를 통한 온라인 쿠폰의 회수율이 5~8% 정도인 데 비해 SNS로 발송한 쿠폰 회수율이 3배 더 높은 것을 감안하면, 항상 휴대하고 사용하는 스마트폰의 앱을 이용한 프로모션은 매우 효과적이다. 무엇보다 고객에게 직접적이고 개인화되어 있어, 다른 광고들에 비해 효율성이 높다. 주로 단골고객과 충성고객을 타깃으로 한다. 초기 개발비가 높고 점포수가 적은 경우 효과가 낮다는 단점이 있다. 패밀리 레스토랑 ASHLEY는 앱을 통해 브랜드 소개, 현재 위치 또는 원하는 지역에서 가장 가까운 ASHLEY 매장의 위치를 확인할 수 있으며, 인기 메뉴와 이벤트 등의 정보와 모바일 쿠폰 등을 제공하고 있다. Starbucks는 myStabucks라는 Starbucks 정보 애플리케이션과 근처 Starbucks 점포만을 찾아 지도와 매장정보, Starbucks 카드를 관리해 주는 커피 파인더(coffee finder) 등을 제공하고 있다.

토 의 문 제

01 외식산업은 대부분 중간상을 거치지 않고 동일한 장소에서 제품과 서비스가 생산되고 소비되는 특성을 가진다. 외식산업 유통경로와 제조업 유통경로의 차이점에 대해 토의하시오.

02 외식기업과 레스토랑들은 인터넷이나 스마트폰에 기반한 새로운 유통경로 개발에 많은 노력을 기울이고 있다. 코로나19 팬데믹이 외식산업 유통경로를 어떻게 변화시켰는지에 대해 토의하시오.

03 외식산업에서는 고객이 편리하고 쉽게 접근할 수 있는 입지선정이 중요한 유통전략이 된다. 프랜차이즈 커피브랜드 한 곳을 선정하여 그 브랜드가 내세우는 입지조건에 대해 조사하고, 토의하시오.

04 물적유통은 생산된 제품을 적절한 시간에 최소의 비용으로 최종소비자에게 전달하는 활동으로 공급사슬의 중요한 부분이다. 외식산업에서 물적유통과 공급사슬의 중요성을 설명하고, 서로 어떻게 연결되는지 토의하시오.

05 촉진은 제품에 대한 정보를 효과적으로 전달하여 구매결정을 자극하고 설득하는 마케팅 노력이다. 광고, PR, 판매촉진, 인적판매, 다이렉트 마케팅 등 촉진수단 각각의 특징과 장점·단점에 대해 토의하시오.

06 PR은 기업이나 제품, 서비스에 대한 소비자의 감정, 의견, 믿음에 영향을 미치는 커뮤니케이션의 한 형태로서 계획이 잘된 PR은 광고가 제공해 주는 것 이상으로 이익을 가져다준다. PR의 장점과 단점에 대해 토의하시오.

07 판매촉진은 단기적인 동기부여를 통해 구매를 촉진시키는 활동이다. 판매촉진에 사용되는 수단에 어떤 것들이 있으며, 각각이 사용될 때의 한계점은 무엇인지에 대해 토의하시오.

08 인적판매는 촉진활동들 중에서 유일하게 사람으로 구성된 활동이다. 외식산업에서 인적판매가 가지는 중요성에 대해 토의하시오.

09 정보통신기술의 발달에 따라 전통적인 촉진방법이 점차 힘을 잃어가고 있다. 반면 제품을 광고하고 판매하는 수단으로 이메일, 데이터베이스, 스마트폰 등의 사용이 확대되고 있다. 촉진수단으로서 스마트폰을 활용한 소셜미디어 마케팅의 장점에 대해 토의하시오.

참 고 문 헌

- 김성영 외 옮김(2013), 핵심 마케팅, 생능출판사.
- 박기용(2018), 외식산업경영학, 대왕사.
- 이훈영 · 박기용(2018), 외식산업 마케팅, 도서출판 청람.
- Bernard Davis and Andrew Lockwood, Peter Alcott, Ioannis S. Pantelidis(2018), *Food and Beverage Management*, Routledge.
- Bert Rosenbloom(2014), *Marketing Channels: A Management View*, Cengage Learning.
- Charles W. Lamb and Joe F. Hair, Carl McDaniel(2018), *Marketing*, Cengage Learning.
- Charlotte Moore(2021), *Managing Service in Food and Beverage Operations*, States Academic Press.
- John Cousins and David Foskett, David Graham, Amy Hollier(2019), *Food and Beverage Management: For the Hospitality, Tourism and Event Industries*, Goodfellow Pub Ltd.
- John R. Walker(2014), *The Restaurant: From Concept to Operation*, John Wiley & Sons.
- Philip Kotler, John Bowen, James Makens and Seyhmus Baloglu(2016), *Marketing for Hospitality and Tourism*, 8th ed., Pearson.

Chapter 10

생산운영관리

도입사례

Paramount 레스토랑의 놀라운 비결

미국 보스턴시 안에서도 가장 오래된 거리 중 하나인 찰스 스트리트(Charles Street) 한쪽에 오랜 역사를 자랑하는 Paramount 레스토랑이 있다. 유명세 못지않게 놀라운 사실은 불과 10개 테이블로 줄지어 들어오는 고객들이 빈 테이블이 없어 기다리는 경우가 거의 없다는 것이다.

Paramount 레스토랑의 운영 비밀

이런 마술 같은 운영 비결은 무엇일까? 그 비밀은 독특한 주문방식과 테이블 배정방식에 있다. 레스토랑 문을 열면 먼저 음식 주문 줄에 서

Paramount 레스토랑은 테이블 10개로 아침에 밀려드는 300명의 고객 모두가 기다리지 않고 식사가 가능하다.

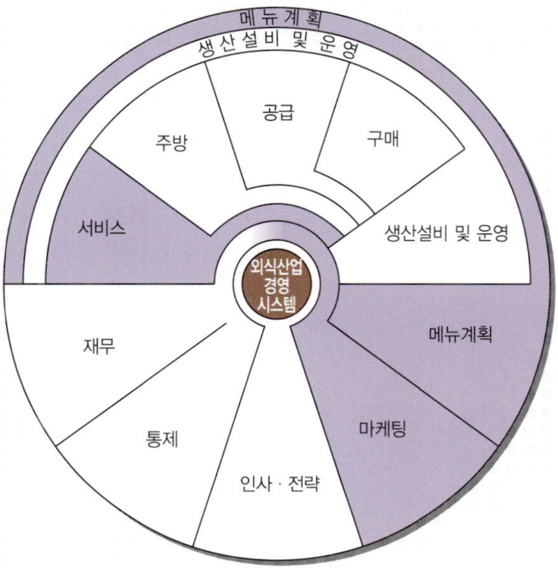

학습목표

1. 외식산업 생산운영관리의 개념을 이해한다.
2. 외식산업 생산운영관리의 경쟁우위요소를 이해한다.
3. 음식생산시스템의 유형과 특성을 이해한다.
4. 식음료 생산활동을 효과적 관리하기 위한 생산계획과 사전 통제요소들을 이해한다.
5. 식음료 생산과정에서 중요하게 관리해야 할 사항들을 알아본다.
6. 식음료서비스의 유형과 중요성을 이해한다.
7. 레스토랑의 심장으로 불리는 주방, 위생, 그리고 안전 및 보안에 대해 알아본다.
8. 작업의 효율성, 제품과 서비스의 일관성을 유지하는 데 유용한 도구로 사용되는 매뉴얼을 이해한다.

야 한다. 줄에서 기다리는 동안 레스토랑 벽면에 있는 메뉴를 보고 주문한다. 주문 후 주방 옆쪽의 계산대를 향한 줄로 다시 선다. 주방은 개방형이므로 기다리면서 자신이 주문한 음식이 조리되는 과정을 지켜볼 수 있다. 계산대에 다다르기 전에 음식이 나오고, 이를 받아 계산대에서 계산하고, 테이블로 가서 식사를 한다.

Paramount 레스토랑의 놀라운 비결은 식사를 할 때만 테이블을 이용하도록 한다는 점이다. 일반 레스토랑에서는 음식을 주문하고, 기다리고 식사하는 데까지 40분 정도 걸린다. 테이블을 차지하고 있는 시간은 총 40분이지만, 사실 식사에만 걸리는 시간은 10분 정도밖에 되지 않는다. 즉 식사시간은 레스토랑 안에서 보내는 시간의 1/4에 불과하다. 하지만 식사할 때만 테이블에 앉고 나머지 시간은 서서 기다려야 하니 고객들이 불편해 하지 않을까? 주문 줄에서 있는 동안 벽에 걸린 메뉴를 살피고 음식을 고르고 있으므로, 이 시간은 식사를 하기 위한 생산적인 시간으로 바뀐다. 주문 후 계산대로 향할 때는 개방형 주방에서 음식이 조리되는 과정을 지켜보다 보면 시간 가는 줄 모른다. 계산대에 다다랐을 때쯤 음식을 받아 들게 된다. 어느 누가 줄 서라 기다려라 하지 않아도 물 흘러가듯 주문과 음식 전달이 이루어진다.

리틀의 법칙

이런 시스템으로 고객은 실제로 식사를 하는 10분 정도만 테이블을 차지하게 된다. 그래도 실제 테이블 10개로 아침에 밀려드는 300명 고객 모두에게 기다리지 않고 바로 식사 자리를 마련할 수 있을까? 충분히 가능하다. 여기에 가장 유용하게 적용할 수 있는 이론이 '리틀의 법칙'(Little's Law)이다. 존 리틀(John Little)이 발견한 것으로 '공간 내에 머무는 객체수(L),' '객체의 공간 유입량(r),' '객체가 머무는 시간(w)'의 상관관계를 수학적으로 밝힌 이론이다. L=r×W, 즉 공간 내에 머무는 객체수는 객체의 공간 유입량과 객체가 머무는 시간에 비례한다는 것이다.

이 공식을 Paramount 레스토랑에 적용하면, 공식의 객체를 고객, 객체가 머무는 공간은 테이블이 있는 홀이다. 따라서 '객체의 공간 유입량(r)'은 음식을 들고 홀에 들어서는 고객수, 즉 기준시간당 고객수이다. 보통 파라마운트에는 오전 7시부터 11시까지 4시간 동안 300명이 다녀간다. 300/(4×60)=1.25이므로 1분당 1.25명의 고객이 홀에 유입되는 셈이다. 그리고 '객체가 머무는 시간(W)'은 고객들이 식사하는 데 걸리는 시간이다. 평균적으로 고객들이 식사하는 시간이 10분이므로 W=10분이다. 이를 리틀의 법칙에 대입해 보자. 홀에 머무는 고객수(L)=1.25(r)×10(W)=12.5이다. 즉 평균적으로 홀에서 식사하는 고객들은 12.5명임을 알 수 있다. 테이블이 10개이고, 테이블당 최대 4명의 고객을 수용할 수 있으므로 홀의 최대 수용 인원은 40명이다. 그런데 테이블에서 식사하는 고객이 평균 12.5명이므로 10개 테이블로 밀려드는 고객을 충분히 소화할 수 있다는 결론이 나온다.

과학적 경영방식으로 운영의 효율성 높여

Paramount의 홀 정중앙에는 다음과 같은 글귀가 적혀 있다. "저희 레스토랑은 다른 레스토랑과 달리 독특한 시스템으로 운영됩니다. 비록 협소한 공간에 적은 수의 테이블이 놓여 있지만

Paramount 레스토랑에서는 줄을 서고, 음식을 주문하고 기다리는 시간 모두가 지루하지 않고 식사를 하기 위한 생산적인 시간으로 바뀐다.

신기하게도 고객들이 음식을 받아 테이블로 향하면 언제든지 빈 테이블을 찾으실 수 있습니다. 어떤 원리가 저희 시스템을 가능케 하는지는 모르겠습니다. 하지만 이는 여러 방식을 시도하고 시행착오를 거쳐 발견한 성공적인 운영방식입니다. 1937년부터 이 방식을 불편 없이 이용해 오고 있습니다." Paramount 레스토랑은 나름 운영을 고민하고 시행착오를 거치며, 현재의 운영방식을 발견했다고 한다. 이 리틀의 법칙은 레스토랑의 테이블수나 면적수, 그리고 고객들의 대기시간을 산정하는 데 유용하게 사용된다. 실제로 월트디즈니사는 자사의 리조트 레스토랑 내 고객들의 식사시간에 대한 분단위 계산을 통해 레스토랑의 면적 계산 및 테이블 배치, 그리고 조리사와 웨이터들의 스케줄관리 및 운영계획을 세워 운영하고 고객만족을 실행하고 있다.

자료: 장영재(2010), 경영학 콘서트, 비즈니스북스.

모든 외식사업은 업종과 규모에 관계없이 식음료와 서비스를 창출하는 생산활동을 수행한다. 생산활동 없이 햄버거나 피자, 커피, 서비스를 고객에게 제공할 수 없다. 그러나 외식산업은 수요예측이 어렵고 고객마다 각기 다른 음식을 주문하며, 고객이 기대하는 시간 내에 생산과 제공이 이루어지므로 식재료 낭비나 손실 없이 음식을 생산하고 제공하기가 쉽지 않다. 그럼에도 음식과 서비스의 품질을 높이려는 노력은 레스토랑을 찾는 고객의 즐거움이자 레스토랑이 해야 할 당연하고도 필수적인 활동이다. 모든 레스토랑의 주요 목표가 되는 생산성을 높이고 가치 있는 제품과 서비스를 창출하기 위해서는 잘 설계된 생산운영시스템을 확보하고 관리 또한 잘해야 한다.

본 장에서는 레스토랑의 자원을 투입하여 고객의 욕구를 충족시키는 음식과 서비스를 창출하는 생산운영관리에 대해 살펴보고자 한다. 외식산업 생산운영관리의 개념, 음식생산시스템의 유형과 특성, 식음료 생산계획과 생산과정에 대해 살펴본다. 식음료서비스의 유형, 주방 및 위생, 안전 및 보안, 그리고 매뉴얼에 대해서도 살펴본다.

10-1 생산운영관리의 개념

1. 외식산업 생산운영관리란?

시스템(system)은 여러 구성요소가 상호관계를 유지하면서 동일한 목표를 달성하기 위해 활동하는 구성체로서 투입, 변환, 산출이라는 기본구조를 근간으로 한다. [그림 10-1]은 시스템적 접근으로서의 생산운영시스템 모형이다. 투입물이 변환과정(transformation process)을 통해서 산출물로 바뀌는 과정을 보여준다. 여기서 투입물(input)은 사람, 기술, 자본, 시설, 식재료, 정보 등이다. 산출물(output)은 변환과정의 결과로서 조리된 음식과 서비스이다. 더 나아가 고객만족과 수익 역시 기대되는 산출물이다.

생산운영시스템 관점에서 외식산업 생산운영관리(operation management)는 음식과 서비스의 창출과정에 관련된 활동이다. 즉 사람, 기술, 식재료 등을 투입하여 음식과 서비스로 변환시키는 과정을 설계, 운영, 통제하는 것이다. 생산관리에서 중요한 것은 투

그림 10-1 | 외식산업 생산운영시스템

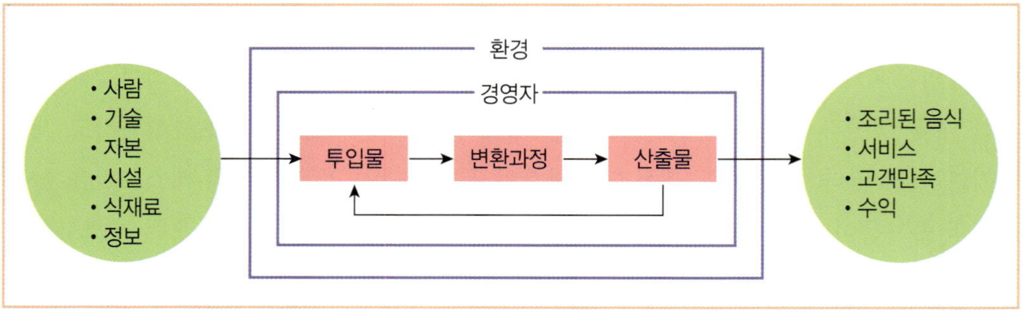

입물을 원래의 가치보다 높은 가치를 지닌 산출물로 바꾸는 것이다. 다시 말해 자원을 투입하여 고객의 욕구를 충족시키는 음식과 서비스를 창출해야 한다. 이를 위해서는 효과적이고 효율적인 생산운영시스템을 확보하고 잘 운영해야 한다.

2. 경쟁우위를 위한 생산운영관리요소

생산관리는 외식사업의 경쟁우위를 좌우하는 중요한 활동이다. 경쟁우위를 위해 전략적으로 관리해야 할 생산관리요소들은 다음과 같다.

1) 생산운영시스템

생산운영시스템(operation system)은 레스토랑의 경쟁우위와 성과를 좌우하는 절대적인 요소이다. 잘못되거나 낙후된 생산운영시스템은 시간 낭비뿐 아니라 인건비를 증가시키고 위생사고 발생 가능성을 높인다. 오늘날 외식산업 소비자는 좋은 품질의 음식을 값싸고 빠르게 제공받으려는 상반된 기대를 요구하고 있다. 식재료의 저장, 운반, 조리에 이르는 과정에서 가능한 사람의 손을 덜 거치도록 자동화·기계화된 시스템으로의 변화가 요구된다. 식재료 취급에 소요되는 시간도 비용이므로 대신 주방기기나 장비를 사용하여 원가절감의 효과가 기대될 때는 과감하게 투자해야 한다.

로봇 셰프, 로봇 바리스타, 서빙 로봇 등을 생산시스템에 도입하여 생산인력을 줄이고 있다.

2) 구성원 간의 상호작용

생산운영관리는 식음료 또는 조리부서만의 독립적인 활동이 아니다. 제조에서부터 서비스까지의 과정을 포함하기 때문에 조직의 다른 부서들, 예를 들면 구매를 비롯한 마케팅, 재무, 인사 등과의 긴밀한 협력이 요구된다. 조직의 모든 구성원들이 상호작용할 때 목적을 효과적으로 달성할 수 있다.

3) 위생과 안전

기술발전으로 품질의 차이가 줄면서 위생과 안전이 고객의 강력한 레스토랑 선택기준이 되고 있다. 고객은 물론 건강한 사회를 위해서도 위생과 안전은 중요한 경쟁요소이다. 음식물, 사람, 시설, 장비 등은 위생적이고 안전한 음식과 서비스를 제공하기 위해 관리해야 할 영역이다. 식품위생법에서는 급수, 배수시설, 환기, 조명, 고정설비, 냉장시설, 화장실, 식품의 취급설비 등에 대해 시설기준을 명시해 놓고 있다.

4) 시설

생산자와 고객의 조화는 시설 전체를 통해서 나타난다. 시설은 표적시장에 맞는 제품과 서비스를 제공할 준비를 하기 위한 장치이다. 고객은 많은 외식경험을 바탕으로 나름의 기대감을 가지고 있기 마련이다. 표적시장에 맞는 콘셉트가 반영된 시설과 고객 기대가 일치되었을 때 좋은 이미지를 가지게 된다. 만일 기대하고 방문한 레스토랑에 실망하지 않았다면 적합한 시설을 갖췄다고 할 수 있다.

5) 비용관리

생산운영관리를 잘해서 얻은 이익을 고객에게 되돌려 주는 것은 중요한 가치창출활동이다. 예를 들면, 생산비용을 절감하여 경쟁자보다 낮은 가격에 음식을 제공하는 것이다. 좁은 시각으로 결정한 비용관리는 자칫하면 장기간 비용을 낭비하는 결과를 초래할 수 있다. 시설이나 주방기기에 잘못된 투자를 하는 경우 낮은 생산성 또는 품질저하를 초래하여 결과적으로 더 많은 비용을 지출할 수 있다. McDonald's는 프렌치 프라이 조리시간을 210초에서 65초로 크게 감소시켜 시간과 다른 자원들을 절감하였다.

6) 작업공간

생산운영과정에서 안전하고 효율적인 작업이 이루어지도록 주방과 영업장을 우선적으로 설계한다. 독립성이 보장되어야 할 곳, 장비를 설치할 곳, 작업공간, 저장시설 및 작업진열대의 높이와 넓이, 테이블의 모양과 크기, 높이, 그리고 조명, 비품 등을 고려한다. 시설을 유지하고 관리하는 것 못지않게 중요한 것이 안전관리이다. 주방에는 가스, 전기를 사용하는 주방기기와 장비들이 많으므로 안전수칙을 준수하고 정기적으로 안전교육을 실시한다.

7) 인력활용계획

노동력을 확보하고 활용하는 계획만큼 중요한 것이 없다. 생산운영과정에서의 업무를 확인하고 효과적 · 효율적으로 실행할 수 있는 방법을 계획한다. 효과적인 인력활용은 생산과정에서 보이지 않게 발생할 수 있는 인건비를 줄여주고 생산성을 향상시킨다.

3. 생산운영관리를 어렵게 하는 요소

'제2장 외식산업이란?'에서 살펴본 것처럼 외식산업은 타산업과는 다른 특성들로 인해 생산운영관리에 어려운 점이 많다. 생산운영관리를 어렵게 하는 요소들은 다음과 같다.

1) 다품목소량생산

외식산업은 다품목소량생산의 특성이 강하다. 다품목소량생산은 제품구색을 갖춰야 한다는 것을 의미하며, 품질의 일관성 유지를 어렵게 하고 인건비 지출을 높이는 원인이 된다. 특히 한꺼번에 많은 양의 주문이 발생하는 경우 생산능력에 한계가 있을 수 있다. 다품목생산은 재고, 구매, 저장 등 식재료관리도 어렵게 하여 비용손실을 발생시킨다.

2) 판매의 불안정성

외식산업은 수요예측이 불확실하여 판매가 불안정하다. 계절과 요일, 날씨, 어떤 레스토랑은 시간대에 따라 매출이 시시각각 변한다. 불안정한 판매는 생산에 필요한 식재료를 얼마만큼 구매해야 하는지, 직원의 수가 어느 정도면 적당한지 등 생산계획을 어렵게 한다.

3) 생산과 제공의 신속성

외식산업에서는 제품의 생산과 제공이 신속하게 진행되고 소비 역시 동일한 장소에서 이루어진다. 대부분의 작업이 사람에 의해 이루어지고 짧은 시간에 음식을 생산해야 하기 때문에 주방의 노동력과 설비가 100% 가동되기 어렵다. 결과적으로 일정 이상의 효율성과 생산성을 기대하기 어렵다.

4) 제품의 쉬운 변질

외식산업 제품은 변질되기 쉽고 보존하기 어려워 극히 제한적인 수명을 가진다. 따라서 필요한 수요에 따라 좋은 품질의 식재료가 구매되고 있는지, 구매된 식재료가 신선하게 잘 보관되고 있는지, 정확하게 조리되고 서비스되고 있는지 등을 항상 확인해야 한다. 음료는 음식보다 훨씬 더디게 변질되기 때문에 음식에 비해 관리하기가 조금 더 수월하다.

10-2 음식생산시스템

음식생산시스템은 사람의 노동력에만 의존하던 시대를 거쳐 과학기술의 발전에 따라 다양한 형태로 변화해 오고 있다. 최근에는 인공지능(AI), 빅데이터(big data), 사물인터넷(IoT), 로봇기술 등 4차산업혁명의 주요 기술이 외식산업 전반적인 영역에 영향을 미침에 따라 음식생산시스템에 커다란 변화를 예고하고 있다.

1. 음식생산시스템과 식재료

음식을 생산하고 제공하기까지 식재료, 노동력, 주방기기 및 설비 등 여러 요소들이 투입된다. 이들 중 식재료는 구매, 준비, 조리, 보관, 제공의 과정, 즉 생산과정의 핵심이 된다. 생산과정이 복잡하거나 오래 걸리면 비용은 증가한다. 음식의 품질과 안전은 물론 생산성 향상을 위해서는 적합한 식재료를 사용하는 것이 중요하다. 예를 들어, 준비과정 없이 곧바로 조리할 수 있는 식재료를 사용하면 숙련된 인력이 필요 없어 인건비를 절감할 수 있다.

식품가공, 냉장 · 냉동기술의 발전은 식재료 사용에 영향을 주었고 음식생산시스템의 변화를 가져왔다. [그림 10-2]는 식재료상태, 즉 가공 정도를 보여준다. 왼쪽 방향으로 갈수록 식재료 가공 정도가 점차 낮아지는데, 왼쪽 끝은 전혀 가공되지 않은 상태를 나타낸다. 예를 들어, 피자를 만들 때 사용되는 밀가루, 소금, 향신료 등은 거의 가공되지 않은 식재료이다. 가공 정도가 낮은 식재료를 사용하는 경우 많은 노동력과 높은 숙련도, 생산과 보관을 위한 공간과 장비가 요구된다. 반면 오른쪽 방향으로 갈수록 다듬거

■ 그림 10-2 | 식재료 가공 정도

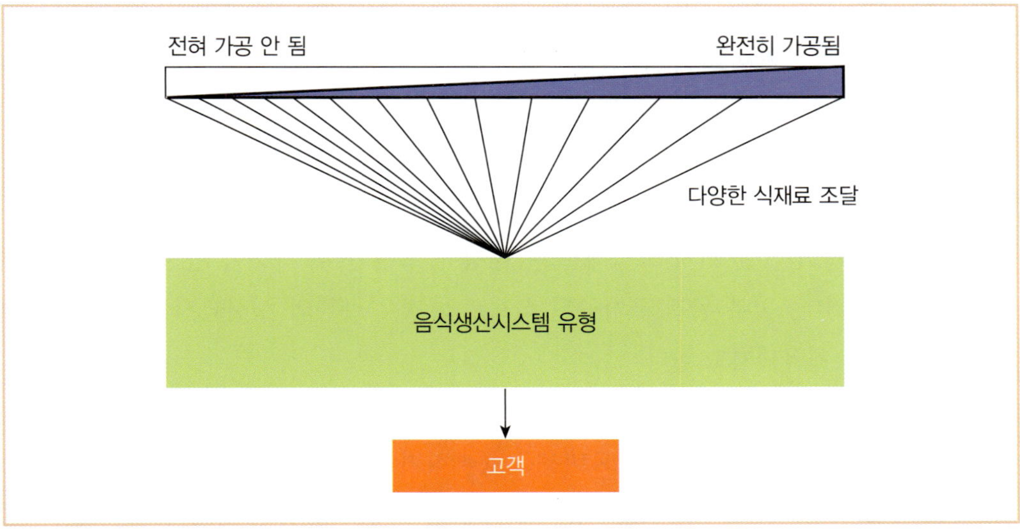

자료: N. F. Unklesbay, R. B. Maxcy, M. E. Knickrehm, K. E. Stevenson, M. L. Cremer, M. E. Matthews(1977), *Foodservice Systems: Product Flow and Microbial Quality and Safety of Foods*, North Central Regional Research Publication, No.245, Columbia: University of Missouri–Columbia, Agricultural Experiment Station.

나 특별히 조리하지 않고 제공할 수 있는 식재료상태를 나타낸다. 따라서 오른쪽 끝은 완전히 가공된 식재료를 의미한다. 예를 들어, 냉동피자는 완전히 가공된 식재료이다. 완전히 가공된 식재료를 사용하는 경우 적은 노동력과 낮은 숙련도가 요구되며, 생산과 보관에 필요한 공간과 장비 역시 크게 요구되지 않는다.

2. 음식생산시스템의 유형

언클스베이(Unklesbay) 등은 사용하는 식재료의 가공 정도에 따라 음식생산시스템(food–production system)을 전통적 생산시스템, 조리저장식 생산시스템, 중앙공급식 생산시스템, 조합식 생산시스템 등 네 가지 형태로 분류하였다. 생산시스템의 형태는 모두 다르지만 궁극적인 목적은 효율적 · 과학적 식음료 생산에 있다.

1) 전통적 생산시스템

전통적(conventional) 생산시스템은 추가적인 단계를 거치지 않고 생산한 음식을 온장 또는 냉장보관 후 빠른 시간 내에 제공하는 방법이다. 생산부터 제공까지의 과정이 모두 같은 장소에서 실행된다. [그림 10-3]은 전통적 생산시스템의 과정을 보여준다. 전혀 가공되지 않은 식재료부터 완전히 가공된 상태의 식재료까지 다양하게 사용된다. 대부분의 식재료는 생산을 거쳐 뜨겁게 또는 차갑게 보관된 후 가능한 한 빠른 시간 내에 고객에게 제공된다. 일부 완전히 가공된 식재료의 경우 준비와 생산과정을 거치지 않고 차게 보관된 후 제공되기도 한다.

전통적 생산시스템은 생산 후 보관되지 않고 바로 제공되기 때문에 품질이 좋다. 탄력적인 메뉴 운영이 가능하지만 식재료비용을 통제하기 어렵고 생산과정의 일관성이 부족하다. 숙련된 조리사가 오랜 시간 투입되기 때문에 인건비가 높고 생산과정이 분리되지

그림 10-3 | 전통적 생산시스템

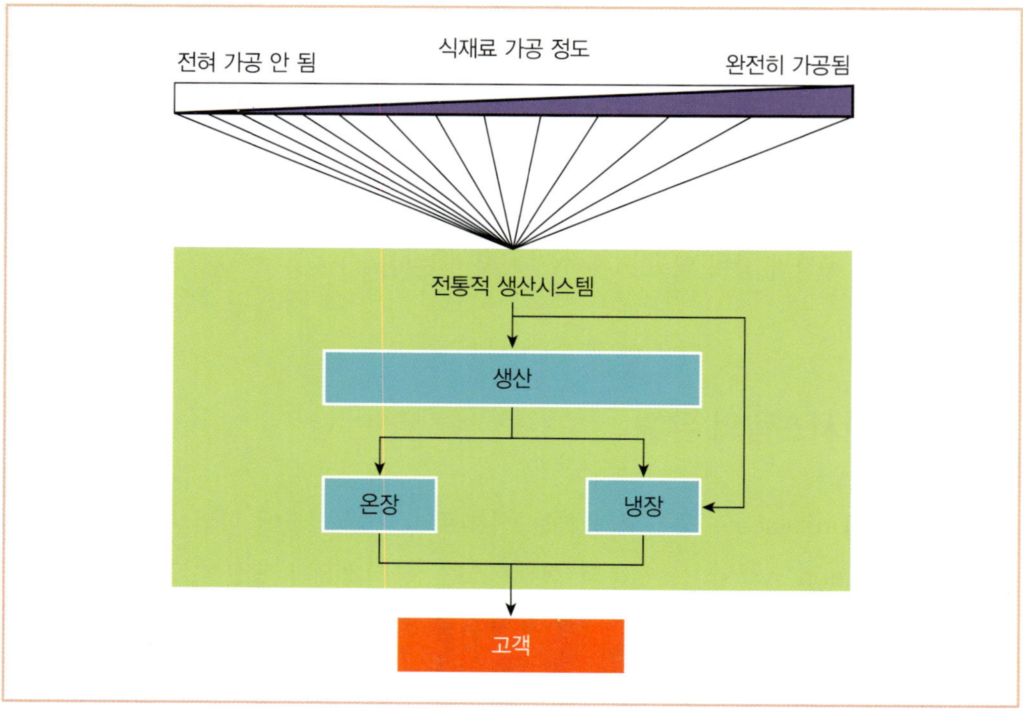

자료: *Ibid*.

않고 연속적으로 진행되어 업무 강도가 높다. 그러나 오늘날은 외부에서 가공된 식재료, 예를 들면, R-T-C(Ready-To-Cook), R-T-S(Ready-To-Serve), R-T-E(Ready-To-Eat) 등을 부분적으로 사용하면서 노동력과 공간이 줄어들고 있다.

2) 사전 준비된 생산시스템

사전 준비된(ready prepared) 생산시스템은 생산 직후에 곧바로 음식을 제공하는 전통적 생산시스템과 달리 사전에 음식을 생산하여 일정시간 냉장 또는 냉동보관 후 나중에 가열(heat)하여 제공하는 방법이다. 이때 냉장 및 냉동보관방법으로는 조리 후 급속 냉각시켜 냉장으로 보관하는 쿡칠(cook chill)시스템과 조리 후 급속 냉동으로 보관하는

그림 10-4 | 사전 준비된 생산시스템

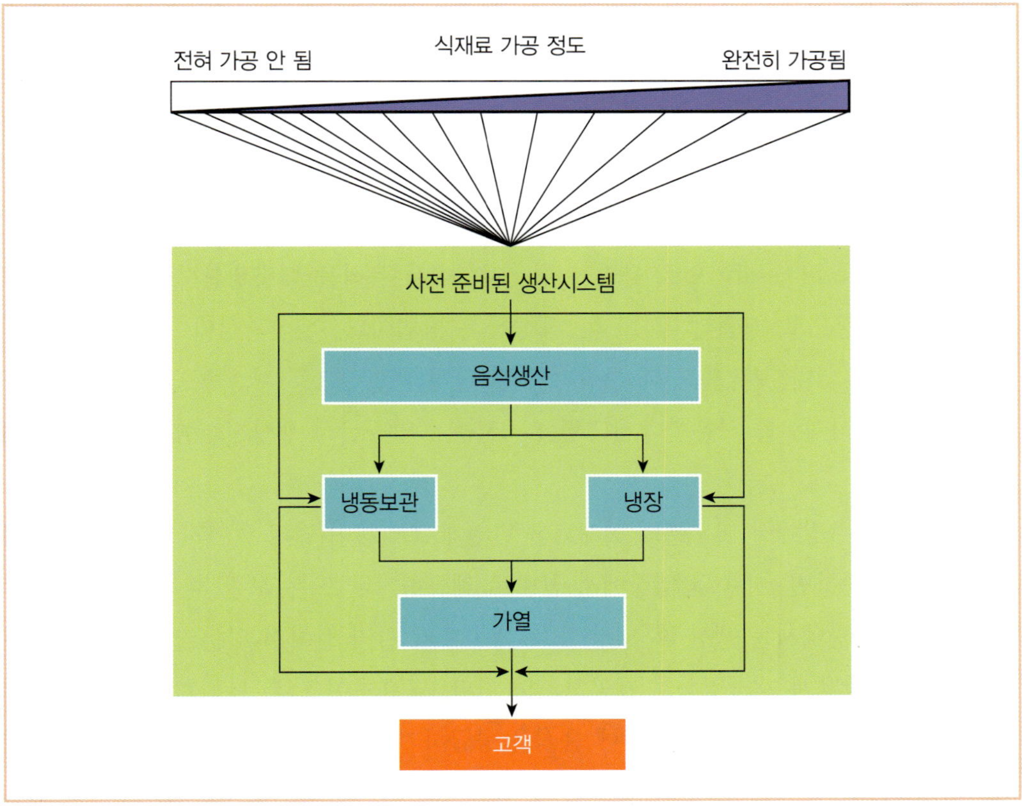

자료: *Ibid*.

쿡프리즈(cook freeze)시스템을 사용한다. [그림 10-4]는 사전 준비된 생산시스템의 과정을 보여준다.

사전 준비된 생산시스템은 전통적 생산시스템과 마찬가지로 전혀 가공되지 않은 식재료에서부터 완전히 가공된 식재료에 이르기까지 다양하게 사용된다. 거의 가공이 되지 않은 식재료는 생산 후 음식을 냉장 또는 냉동보관하고 필요에 따라 재가열하여 고객에게 제공된다. 치즈나 시리얼과 같이 완전히 가공된 식재료는 생산과정을 거치지 않고 곧바로 냉장 또는 냉동보관 후 필요할 때 가열하여 고객에게 제공된다.

사전 준비된 생산시스템은 인건비 상승과 숙련된 노동력 부족을 극복하기 위해 제시된 생산시스템이다. 지금 당장의 수요가 아니라 미래의 수요에 맞춰 생산을 계획하기 때문에 노동력 수요가 집중되는 문제를 피할 수 있다. 그러나 다양한 메뉴를 생산하는 데 한계가 있고 쿡칠, 쿡프리즈 등 초기 시스템 구축에 필요한 기기 및 설비에 많은 투자비용이 들어간다. 음식을 고객에게 제공하기 위해 재가열하기 때문에 품질 저하를 가져올 수 있다. 또한 엄격하게 관리하지 않으면 식품안전성에 문제가 발생할 수 있다.

3) 중앙공급식 생산시스템

중앙공급식(centralize) 생산시스템은 중앙공급식 주방(central kitchen) 또는 중앙조리장(central commissary)으로 불리는 생산시설에서 음식을 대량생산하여 멀리 떨어져 있는 여러 업장으로 배송한 후 조리, 제공하는 방법이다. 생산과정이 시간적 · 공간적으로 분리되어 있다. 기술혁신과 주방기기 및 장비의 발전으로 시스템으로 대부분 가공이 되지 않은 식재료를 사용한다. [그림 10-5]는 중앙공급식 생산시스템의 과정을 보여준다.

중앙공급식 주방에서 대부분의 식재료를 완전히 조리하여 멀리 떨어져 있는 여러 업장으로 온장 배송하면, 배송된 업장에서 곧바로 제공하거나 또는 보관 후 제공한다. 일부 중앙공급식 주방에서는 생산 후 냉장 또는 냉동시켜 멀리 떨어져 있는 업장으로 배송하면 배송된 업장에서 재가열하여 제공하기도 한다. 프랜차이즈 본부나 호텔은 멀리 떨어져 있는 가맹점이나 각 식음료업장에 음식을 공급하기 위해 중앙공급식 생산시스템을 사용하고 있다.

중앙공급식 생산시스템에서는 전혀 가공되지 않은 식재료를 대량구매하기 때문에 구

그림 10-5 | 중앙공급식 생산시스템

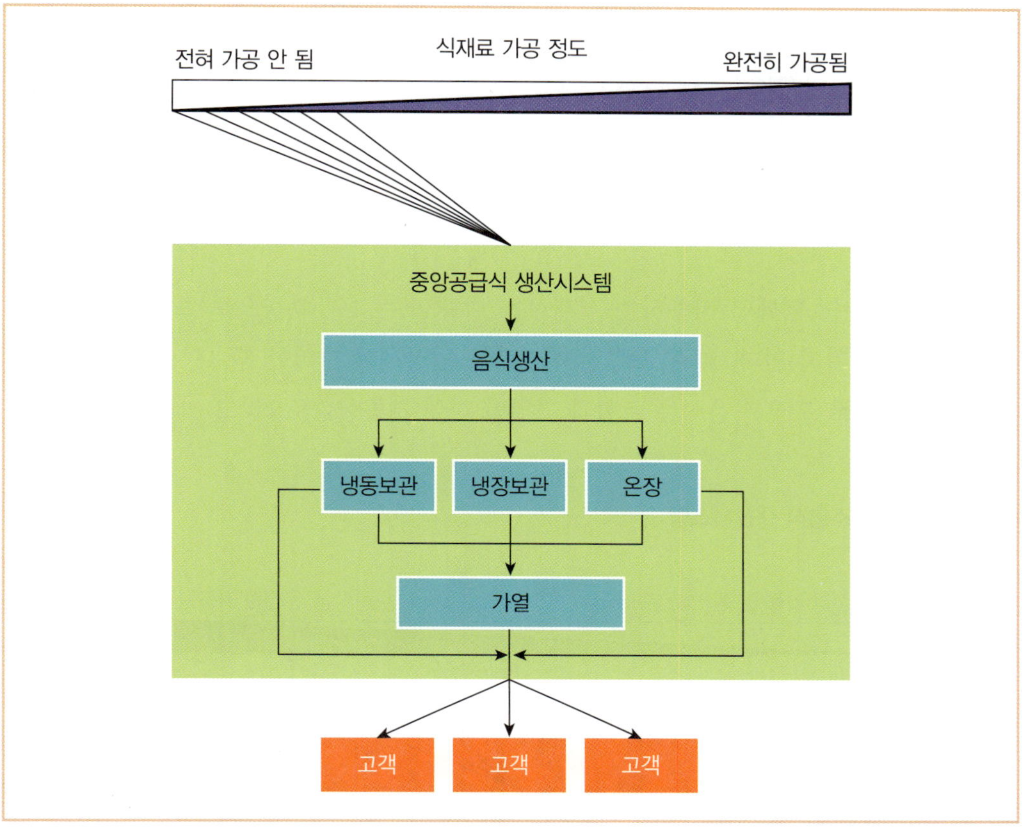

자료: *Ibid.*

매력을 통해 비용을 절감할 수 있다. 재고관리가 용이하고 생산계획에 있어 융통성이 발휘된다. 생산의 자동화와 기계화가 가능하고 생산과 품질의 일관성을 유지할 수 있다. 중앙공급식 주방을 운영함에 따라 떨어져 있는 업장에서는 생산에 필요한 인력, 주방기기 및 장비에 소요되는 투자비용과 생산공간을 줄일 수 있다. 그러나 중앙공급식 주방을 만드는 데 투자되는 초기비용, 배송비용, 기타 운영비용 등을 고려해야 한다. 작업이 단조롭지만 기술적으로 숙련된 직원이 필요하다. 음식의 생산과 제공이 시간적 · 공간적으로 분리되어 품질이 떨어질 수 있고, 식품안전성에 문제가 발생할 수 있다. 동일한 직원이 음식을 생산하고 제공하지 않기 때문에 고객으로부터의 피드백이 부족하다.

4) 조합식 생산시스템

조합식(assembly-serve) 생산시스템은 조리가 거의 필요 없거나 또는 완전히 가공된 상태의 식재료를 사용하는 방법이다. 식품가공기술의 발전으로 조리가 전혀 필요 없는 식품들이 등장하면서 가능해졌다. 완전히 가공된 식재료가 반입되기 때문에 전처리를 거의 하지 않고 생산할 수 있는 편리한 시스템이다. [그림 10-6]은 조합식 생산시스템의 과정을 보여준다.

조합식 생산시스템에서 사용하는 식재료는 대량 또는 1인 분량으로 포장되거나 또는 미리 접시에 담겨져 있다. 대량 포장된 식재료는 업장에서 가열한 후 1인 분량으로 나누며, 1인 분량으로 포장된 음식은 조합과 가열만 하여 제공한다. 그리고 미리 접시에 담겨

그림 10-6 | 조합식 생산시스템

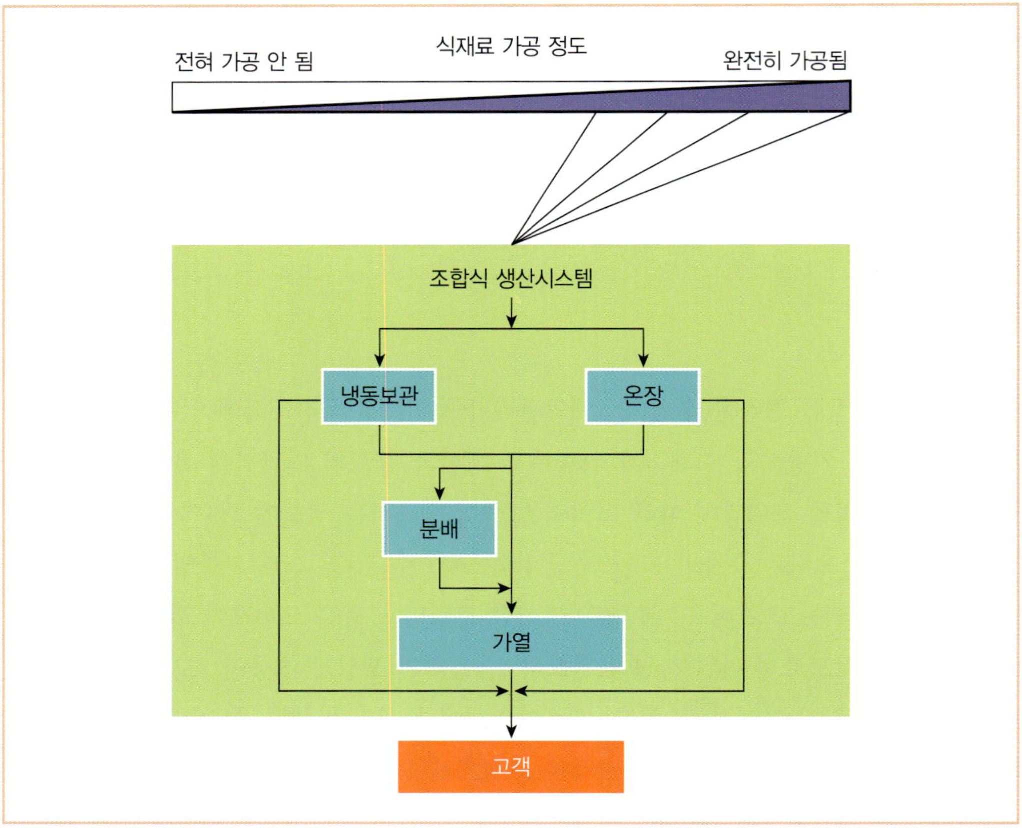

자료: *Ibid*.

진 음식은 가열만 하여 제공한다. 다른 식재료와 조합하기 위해 부분적으로 가공된 식재료를 사용하기도 하며, 메뉴에 특색을 주기 위해 완전히 가공된 식재료에 다른 재료를 첨가하여 변형을 주기도 한다.

조합식 생산시스템은 생산시설이나 숙련된 직원이 부족한 레스토랑에서 사용하기 적합하다. 레스토랑은 저장, 조합, 가열, 제공 등 최소한 작업만 수행하므로 인건비, 기기 및 설비비용을 줄일 수 있다. 거의 가공된 편의식품을 이용하기 때문에 식재료비용이 높고 메뉴의 다양성이 부족하다. 좋은 품질의 식재료를 구매하지 못할 경우 문제가 발생할 수 있으며, 거의 조리가 된 식재료를 사용하기 때문에 품질관리가 어렵고 고객의 다양한 욕구를 충족시키기가 어렵다.

10-3 식음료 생산관리

1. 식음료 생산계획과 통제

1) 생산계획

대부분의 경우 사업의 성공은 잘 준비된 계획과 관련이 있다. 계획이 모든 문제를 해결해주지는 않지만 나쁜 결과를 확실하게 막아준다. 생산계획(production planning)은 특정한 기간, 예를 들면, 하루나 1주일 또는 한 달에 대한 판매량을 예측하는 것이다. 고객의 기대를 충족하는 음식품질과 식사경험을 보장하기 위한 첫 번째 단계이다. 적절한 생산계획은 생산을 수요에 맞춤으로써 과잉생산을 최소한으로 줄여 식재료 낭비를 피하고 원가를 절감할 수 있도록 한다.

생산계획의 목적은 다음과 같다.

- 식음료의 원가관리를 용이하게 한다.
- 식재료 구매, 특히 상하기 쉬운 품목의 구매를 쉽게 하며, 식재료 양을 적절한 수준으로 유지하게 한다.

- 남은 음식과 그것의 재활용에 따른 문제 또는 고객이 원하는 음식의 불충분으로 발생하는 불만을 줄여준다.
- 특정 기간 제공될 식사량을 예측하고 그에 맞추어서 생산을 조절하게 된다. 그리고 좀 더 세분하여 일정한 고객을 상대로 하는 메뉴품목수를 예측하게 한다.
- 실제 판매량과 잠재 판매량 사이의 비교를 가능하게 하고 필요한 경우 그 차이를 줄일 수 있게 한다.

생산계획에 있어 과거의 판매기록은 중요한 도구로 활용된다. 즉 과거의 판매기록에 기초하여 생산계획을 수립한다. 〈표 10-1〉은 Friendly Cafe의 판매기록표로서 1열과 2열에는 지난 80일 동안에 판매된 메뉴품목의 평균수량과 비율이 계산되어 있다. Shrimp Cocktail의 경우 평균 46개가 판매되었고, 168명의 고객 중 27.4%가 Shrimp Cocktail을 주문한 것을 알 수 있다.

$$\frac{\text{판매량}}{\text{총고객수}} \times 100 = \text{고객이 주문한 메뉴품목 비율}$$

$$\frac{46}{168} \times 100 = 27.4\%$$

〈표 10-1〉의 3열과 4열은 가장 최근 수요일의 판매정보를 보여준다. 177명의 고객 중 49명이 Shrimp Cocktail을 주문했으며, 27.7%를 차지하고 있다.

$$\frac{49}{177} \times 100 = 27.7\%$$

과거의 판매기록을 통해 다음 주 수요일에 예상되는 판매량을 예측할 수 있다. 예를 들어, 다음 주 수요일(4월 20일)에 200명의 고객이 방문할 것으로 예상하고, 이전 수요일(4월 13일)과 동일한 비율의 고객이 Shrimp Cocktail을 주문할 것이라고 가정할 때, 필요한 Shrimp Cocktail의 예상 수량은 55개가 된다. 이처럼 과거의 판매기록을 기초로 Shrimp Cocktail 이외 모든 메뉴품목들의 판매량을 예측하여 생산계획을 세울 수 있다.

| 표 10-1 | Friendly Cafe 판매기록표

Day: Wednesday

Dates	지난 80일 평균		4/13		4/20		4/27		5/4		5/11	
	판매량	비율 (%)	판매량	비율 (%)	판매량	비율 (%)	판매량	비율 (%)	판매량	비율 (%)	판매량	비율 (%)
Items	1	2	3	4	5	6	7	8	9	10	11	12
Appetizers												
Shrimp Cocktail	46	27.4	49	27.7								
Fruit Cup	17	10.1	18	10.2								
Marinated Herring	16	9.5	15	8.5								
Half Grapefruit	6	3.6	8	4.5								
Soup du jour	27	16.1	31	17.5								
Total Appetizers	112	66.7	121	68.4								
Entrees												
Sirloin Steak	26	15.5	29	16.4								
Prime Rib	58	34.5	62	35								
Lobster	28	16.7	26	14.7								
Ragout of Lamb	22	13.1	21	11.9								
Half Chicken	34	20.2	39	22.0								
Total Entrees	168	100.0	177	100.0								
Vegetables & Salads												
Whipped Potatoes	51	30.4	57	32.2								
Baked Potatoes	108	64.3	119	67.2								
Asparagus Spears	111	66.1	108	61.0								
Half Tomato	48	28.6	49	27.7								
Tossed Salad	102	60.7	107	60.5								
Hearts of Lettuce	57	33.9	64	36.2								
Total Veg. & Salad	477	284	504	284.8								
Desserts												
Brownie	19	11.3	21	11.9								
Fresh Fruits	9	5.4	10	5.6								
Ice Cream	33	19.6	36	20.3								
Apple Pie	19	11.3	25	14.1								
Devil's Food Cake	14	8.3	10	5.6								
Total Desserts	94	55.9	102	57.5								
총고객수	168	100.0	177	100.0								

$$\text{예상고객수} \times \text{최근 판매량 비율} = \text{예상 수량}$$
$$200 \times 0.277 = 55$$

시계열분석(time series analysis)을 통해 과거 데이터에 가중치를 할당하여 판매량을 예측함으로써 생산계획을 세울 수도 있다. 최근 판매에 더 많은 중요성, 즉 가중치를 부여하여 계산하는 것이다. 예를 들어, 이번 토요일 밤에 얼마나 많은 Prime Rib을 주문할지 예측할 수 있는데, 가장 최근의 토요일에 5, 그 이전 토요일에 대해서는 4, 3, 2, 1의 가중치를 부여하여 계산한다. 지난 토요일에 220개의 Prime Rib이 판매되었고 그 이전 주에는 200개, 110개, 200개, 150개 등으로 판매되었다고 할 때, 이번 토요일에는 약 185개의 Prime Rib이 소비될 것으로 예측할 수 있다.

$$(220)(5)+(200)(4)+(110)(3)+(200)(2)+(150)(1)=2,780$$
$$\frac{2,780}{5+4+3+2+1}=\frac{2,780}{15}=185.3$$

음료는 음식에 비해 생산계획이 조금 단순하다. 대부분의 제품이 부패하지 않아 오랫동안 보관해도 품질에 영향이 없기 때문이다. 와인의 경우는 오히려 품질이 향상되기도 한다. 음료는 낭비가 거의 없고 보통 즉시 판매할 수 있는 상태로 구매되기 때문에 적정재고(par stock)를 설정하는 것이 관행이다. 적정재고는 미리 설정한 각 품목에 대한 수량과 브랜드를 확보하는 것으로 영업실적이 좋은 날의 수요에 안정적인 수량을 가산하여 설정한다. 적정재고의 표준을 설정하는 이유는 음료의 일일 평균소비량을 결정하고 수요에 맞춰 재고관리를 향상시키기 위해서이다.

2) 식음료 생산관리의 통제

(1) 품질

외식산업에서 품질(quality)은 맛을 나타내고 맛의 원점은 식재료이다. 따라서 생산과정에서는 식재료에 초점이 맞춰진다. 식재료는 품질을 나타내는 대표적 관리요소로서 서비스관리, 청결관리와 함께 외식사업경영 모토로 불리는 Q(Quality, 품질) · S(Service, 서비스) · C(Cleanliness, 청결)를 유지하는 조건이 된다. 그러나 여타 산업의 원재료들과 달리 식재료는 모양, 품질, 특성이 다양하고 환경조건에 따라 수요와 공급의 변동이 심해 관리가 쉽지 않다. 생산과정에서 식재료를 제대로 관리하지 못하면 구매비용 상승, 상품가치 하락, 높은 부패율로 결국은 '원가율 상승 → 가격 상승 → 고객부담 → 매출 감소 → 이윤 감소'의 결과를 초래한다.

품질과 안전, 생산성을 높이고 비용을 최소화하기 위해서는 조리사와 구매담당자는 물론 조직구성원들의 식재료관리에 대한 관심과 협력이 필요하다. Outback Steakhouse는 음식품질유지를 위해 지역별로 맛을 평가하는 푸드테크니션(technician)이 수시로 영업장을 평가하며, 3개월에 한 번씩 각 영업장 직원들과의 미팅을 통해 문제점과 개선방안에 대해 토의한다.

McDonald's는 세계 각국의 모든 점포에 엄격한 품질관리기준을 정하고 최고의 품질과 서비스를 제공하기 위해 지역별로 설치된 품질관리센터(quality assurance center)를 운영하고 있다. 철저한 품질기준에 따라 원재료를 선정하고 공급받는 모든 제품은 맛, 크기, 색깔, 모양, 함유량 등을 수치로 규정하여 생산할 때마다 점검한다. 항상 같은 맛을 제공하기 위해 같은 시간과 온도로 조리하며, 프렌치 프라이는 길이별 비율까지 점검하고 있다. 서비스와 분위기가 좋아도 맛이 없거나 신선도가 떨어지면 레스토랑을 위한 모든 노력이 무용지물이 된다. 고유의 맛과 신선도를 유지하기 위해 햄버거는 만든 후 10분, 프렌치 프라이는 튀긴 후 7분이 지나면 모두 폐기하고 있다. 이처럼 남은 제품을 판매하지 않는다는 것은 이익보다는 품질을 우선으로 한다는 것을 의미한다.

생산과정의 핵심은 식재료관리를 통해 고객이 원하는 품질을 일관되게 제공하는 것에 있다.

(2) 식음료 생산관리의 통제요소

식음료 생산을 효과적으로 수행하기 위해서는 표준산출량, 표준레시피, 표준정량 등에 대한 이해가 필요하다. 이들은 생산과정에서 발생하는 낭비, 과잉생산에 따른 비용 상승, 품목부족으로 인한 판매 기회의 상실, 정량 과다 책정에 따른 수익상실 등을 줄여주는 사전 통제(pre-control)수단으로서 중요한 역할을 한다.

① 표준산출량

표준산출량(standard yields) 또는 표준수율은 구매한 식재료를 전처리하고 조리하여 순수하게 고객에게 제공되는 중량(EP: Edible Portion) 또는 수량을 말한다. 예를 들어, 쇠고기 안심(tenderloin) 스테이크를 조리할 때 필요 없는 부분을 제거하고 고객에게 판매할 수 있는 부분이 표준산출량이 된다. 매일 또는 1주일마다 대량으로 식재료를 구매하는 대규모 레스토랑의 경우 육류, 생선, 채소 등 거의 모든 필수품목에 표준산출량을 적용하여 실행하는 것이 좋지만 소규모 레스토랑에서는 비싼 육류나 생선 등의 품목에만 적용하는 것이 효과적이다.

표준산출량을 개발하면 다음과 같은 이점이 있다.

- 특정 품목을 구매할 때 그 품목에 가장 적합하고 유리한 크기와 무게를 결정하는 데 도움이 된다.
- 생산계획에 따른 식재료 요구량을 결정하는 데 도움이 된다. 즉 식재료를 구매하는 데 보조역할을 한다.
- 표준산출량은 이중점검(double check)의 효과가 있다. 예를 들어, 쇠고기를 주문했는데 부족하게 배달되고 또 검수단계에서도 그 사실을 몰랐다고 해도 주방에서 정해진 수의 정량으로 나누는 과정에서 두 번째 점검을 받게 된다.
- 실제 산출량(actual yields)과 비교가 가능해져 주방에서 일어날 수 있는 좀도둑질이나 낭비행위에 대한 안전장치 역할을 하고 조리사의 능력을 측정하는 수단으로도 작용한다.
- 특정 메뉴품목의 구성요소를 보여줌으로써 정확한 원가계산에 도움이 된다.

음료의 경우 표준산출량은 극히 작은 예외를 제외하면 정확하게 계산할 수 있다. 음료는 손실 없이 용기에 담긴 모든 내용물이 거의 사용되기 때문이다. 음료관리를 잘하려면 구매한 모든 음료에 대해 표준산출량을 적용하고 이에 근거해서 각 음료의 가격을 결정하고 낭비와 도둑질을 막아야 한다. 예를 들어, 포도주 한 병을 구매했다면 거기서 150밀리리터 와인 글라스로 5잔은 충분히 나와야 한다.

음료는 부패가 잘 안 되고 오랜 기간 보관해도 품질에 영향이 없어 생산계획이 단순하다.

② 표준레시피

표준레시피(standard recipes)는 특정 메뉴를 생산하기 위해 작성된 조리일람표이다. 메뉴명, 식재료의 크기와 무게, 조리방법 등이 명시되어 있다. 메뉴가 준비될 때마다 항상 똑같은 식재료와 분량이 사용되도록 표준레시피를 통해 관리하는 것도 원가관리의 한 부분이다. 표준레시피는 메뉴품목별 원가를 예측하고 실수나 낭비로 인한 식재료 손실을 최소화시킬 수 있는 역할을 한다. 예를 들어, 애플파이를 만들 때 작성된 표준레시피에 따라 항상 같은 양의 설탕, 밀가루, 사과를 사용한다.

표준레시피를 사용하면 다음과 같은 이점을 얻을 수 있다.

- 특정 메뉴에 대해 정확한 원가계산을 가능하게 하고 이에 따라 1인분에 해당하는 원가를 계산할 수 있게 된다. 1인분 음식의 원가를 아는 것은 적정수준의 이익이 반영된 가격결정에 반드시 필요한 부분이다. 예를 들어, 어떤 메뉴에서는 65%의 이익을 올리는 것이 불가능하지만 다른 품목에서는 그 이상의 이익을 올릴 수 있다고 하면, 이러한 정보를 토대로 메뉴품목 간 가격의 균형을 맞추면서 전체적으로 필요한 이익을 얻을 수 있다.
- 구매와 내부 수요에 대한 보조수단이 된다. 예를 들어, 조리할 음식에 필요한 식재료 양을 계산할 때 표준레시피를 이용하면 쉽게 해결할 수 있다.

- 주방에서 음식을 생산할 때 조리과정을 상기시켜 주거나 신입조리사를 훈련하는 데 유용하게 사용된다. 음식을 생산할 때 표준레시피가 중요하게 사용될수록 고객은 보다 표준화된 음식을 제공받을 수 있다.
- 메뉴를 계획할 때도 도움이 된다. 예를 들어, 새로운 메뉴품목을 넣고자 할 때 표준레시피를 이용하면 가격뿐 아니라 모양, 맛, 색깔 등에 이르기까지 다른 품목들과 균형을 맞출 수 있다.
- 표준레시피와 표준산출량을 결합하여 사용하면 1인분 정량을 결정하는 기초를 만들 수 있다.

음료의 경우 인기 있는 음료의 제조법은 이미 표준화되어 누구나 잘 알고 있기 때문에 표준레시피를 작성할 필요가 없다. 판매기록을 검토하여 꼭 필요하다고 여겨지는 몇몇 음료만을 대상으로 작성한다. 음료를 제조하는 직원에게는 음료를 측정하고 혼합할 때 필요한 표준기물을 제공한다. 표준기물에는 쉐이커(shaker), 믹싱 글라스(mixing glass), 믹싱 틴(mixing tin), 스트레이너(strainer), 지거(jigger), 바 스푼(bar spoon) 등이 있다.

③ 표준정량

표준정량(standard portion)은 한 사람에게 제공되는 특정 메뉴품목의 분량이다. 분량은 g 또는 개수로 표시한다. 예를 들어, 130g 쇠고기 1인 분량, 1인 분량의 롤빵 한 개 하는 식이다. 표준레시피와 마찬가지로 표준정량도 원가관리에 중요한 요소이다. 표준정량의 크기가 정해지면 그 메뉴의 이익을 계산할 수 있다. 만일 정량보다 많거나 정량의 크기가 불안정하면 이익에 영향을 미친다. 여러 품목들에서 이러한 현상이 나타나면 그 영향력도 커진다.

표준정량을 지키기 위해서는 정량에 맞는 기물을 사용하는 것이 중요하다. 정확한 정량의 기물을 사용하고 있는지 수시로 점검한다. 표준레시피와 마찬가지로 표준정량의 세부적 사항에 대해서도 모든 직원들이 쉽게 알 수 있도록 한다. 또한 현재의 가격에 비해 음식의 정량이 적당한지의 여부를 정기적으로 검토한다. 만일 어떤 메뉴품목이 실제적으로 가격이 올랐다면 정량을 줄이거나 가격을 올릴 것인지 고려한다. 가능하다면 일정 기간 그 메뉴품목을 메뉴에서 제외해 적당한 가격이 될 때까지 기다려 본다.

음료의 표준정량은 음식에 비해 관리하기 쉽다. 예를 들어, 베이비 오렌지 주스의 경우 병에 담긴 내용물을 글라스에 따라주면 된다. 기타 독한 주류는 따르기 전에 계량컵을 사용하여 정확하게 양을 조절한다. 표준정량을 관리하는 또 다른 방법은 특정 음료에 대한 표준컵을 사용하는 것이다. 표준컵 사용은 항상 정확한 양의 음료를 제공할 뿐만 아니라 고객 입장에서도 양이 적어졌다고 불평하는 상황을 방지해 주는 효과가 있다. 최근에는 정확한 표준정량관리는 물론 음료원가관리를 위한 방법으로 자동음료분배기가 사용되고 있다.

2. 식음료 생산과정

[그림 10-7]은 식음료 생산 및 서비스과정의 사이클을 보여준다. 중간선의 윗쪽은 식음료 생산에 관련된 기능이며, 아랫쪽은 고객에 대한 서비스운영을 나타낸다. 식음료 생산과정은 재고, 구매, 검수, 저장, 출고, 조리, 제공 등의 단계를 거친다.

1) 재고

식재료는 일정기간 내에 판매되지 않으면 제품으로서 가치가 없어지는 특성이 있기 때문에 재고관리(inventory control)가 중요하다. 품목별로 보유하고 있는 식재료 양을 파악하고 사용량에 따라 부족한 양을 보충하며, 적정량을 보유하는 것과 동시에 일정기준의 품질을 유지하고 보관공간을 효율적으로 이용하는 것이 기본적 활동이다. 재고가 적정량 이하일 때는 생산지연과 고객상실로 인해 비용 및 손실을 유발시키고 적정량 이상일 때는 과다한 유지비용을 부담하게 된다.

재고단계에서 식재료의 손실과 낭비를 없애고 효과적으로 관리하기 위해서는 다음과 같은 사항을 고려해야 한다.

첫째, 먼저 품목별로 적정재고량을 설정하고 매일의 입고량과 출고량을 정확하게 파악한다. 품목을 적정하게 보충하기 위해서는 재고카드에 매일의 입고량과 출고량을 품목마다 기록하고 정리해야 월말잔고와 당월 미사용량 등의 재고량을 정확하게 파악할 수 있다.

그림 10-7 | 식음료 생산 및 서비스과정

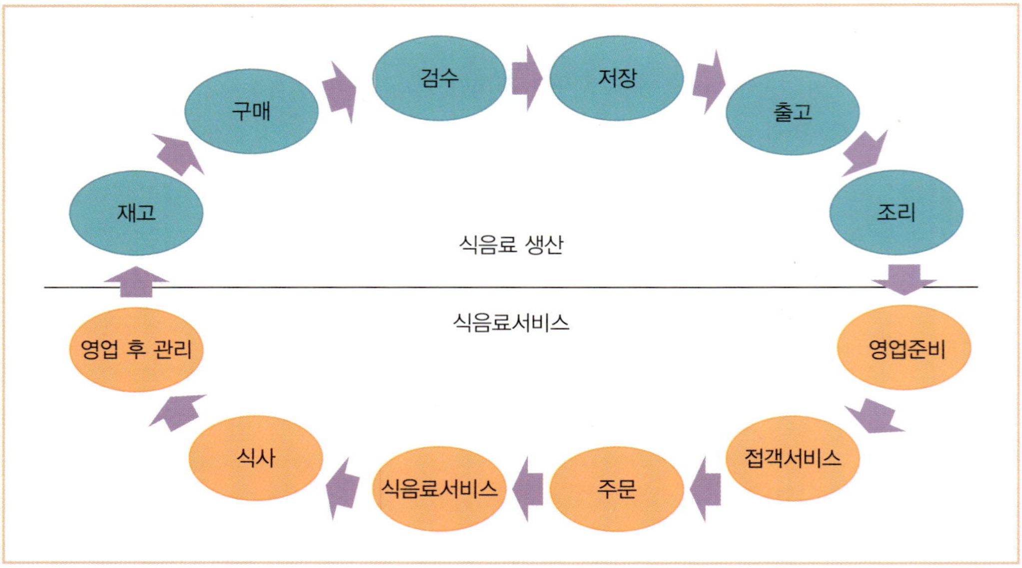

둘째, 식재료를 보관할 때 중요한 것은 품질관리와 위생관리이다. 식재료를 분류하고 각각의 성질에 적합한 재고장소와 재고방법을 정한다. 분류방법에는 사용빈도가 높은 것과 낮은 것, 또한 그룹마다 대분류, 중분류, 소분류로 코드번호를 정해 두면 분류, 정리, 재고정리를 신속하게 할 수 있다. 품질과 신선도 유지를 위해서는 무엇보다 신선하고 좋은 식재료를 구매하는 것이 중요하다. 검품과 검수를 철저히 하고 동시에 올바른 방법으로 보관한다. 일반적으로 냉동고나 냉장고에 넣어 두면 안심이라는 안이한 사고를 가진 레스토랑들이 많다. 올바르게 사용하지 않으면 보관 중에 품질이 상하거나 신선도가 떨어져서 보관손실이 발생할 뿐 아니라, 경우에 따라서는 식중독 등 위생사고도 발생한다.

셋째, 정기적으로 재고조사를 실시한다. 재고조사는 월별 손익계산과 대차대조표의 관계도 중요하지만 원가관리와 품질관리에 미치는 영향도 크다. 정기적 재고조사는 과다재고 방지, 품질관리, 원가관리를 철저하게 하기 위해서도 필요하다. 과다재고는 이익을 감소시키는 커다란 원인이 되는데, 예를 들면, 재고처분을 위해 무리한 판매를 일으켜 신용을 잃을 수도 있다. 재고조사 때 평소의 재고관리에서 미처 생각하지 못했던 유효기간이 지난 식재료는 없는지, 재고처분이 필요한 불량재고를 점검하고 있는지도 정기적인 재고조사를 통해 확인할 수 있다. 재고조사의 가장 중요한 목적은 사용된 식재료비를 정확하게 계산하는 것이다. 바쁘다는 이유로 정기적으로 재고조사를 하지 않는 레스토랑도 있지만 그것은 재고조사의 중요성을 인식하지 못하고 있기 때문이다.

2) 구매

구매(purchasing)는 경제적 가격으로 필요로 하는 양과 품질을 갖춘 식재료를 적절한 시기에 구입하고 원활한 생산활동으로 영업을 활성화하여 수익을 높이려는 활동이다. [그림 10-8]은 구매 사이클을 나타낸다. 이익을 얻기 위한 생산관리의 출발은 구매에서부터 시작되며, 레스토랑 간 이익의 차이는 구매에 의해 결정된다고 해도 과언이 아니다. 구매는 고객이 지불할 가격에 대한 결정은 물론 품질과 수익성에 직접적으로 관련되어 있을 뿐만 아니라 원가관리에도 영향을 미친다.

구매담당자는 시장상황과 가격동향에 관심을 가지고 구매가격을 검토한다. 새로운 공급자를 발견하고 손실과 낭비를 최소한으로 줄이면서 좋은 식재료를 유리하게 구매하는 방법을 찾도록 한다. 업종과 규모에 관계없이 신뢰하는 공급자와의 거래가 중요하므로 엄격하게 선정한다. 간혹 오랫동안 거래했다고 공급업자에게 모든 것을 맡겨 버리는 경우가 있다. 공급자와의 신뢰관계도 중요하지만 너무 친밀한 결과 강매당하거나 자신의 의향을 솔직하게 말하기 어려워질 수도 있다. 미국 레스토랑협회(NRA)에서는 레스토랑 구매책임자들에게 식재료 구매자격증을 획득하도록 적극 권장하고 있다.

그림 10-8 | 구매 사이클

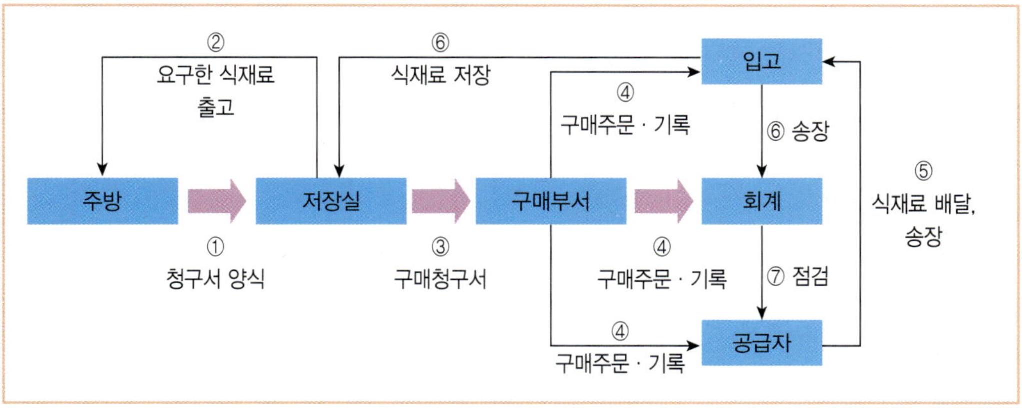

이익창출을 위한 생산관리의 출발은 구매에서부터 시작된다.

식재료 특성을 충분히 파악한 후 공급자를 선정할 필요가 있다. 같은 어패류를 취급하는 공급자라도 생선은 신선하지만, 조개류는 그렇지 않을 수 있기 때문이다. 구매 전에 재고수량을 항상 확실히 파악해 둔다. 이를 적당히 하면 부족하거나 과잉되어 원활한 구매가 되지 않는다. 육류와 패류는 주요 식재료로서 벌레, 쥐 등에 의해 손상되기 쉬우며, 통조림류라고 해도 대량으로 재고할 필요는 없다.

공급자의 견적서를 통해 구매원가의 적정성을 검토한다. 메뉴품목별 판매량을 파악하고 필요한 구매량을 음식재료별로 계산한다. 구매명세서(purchase specification)는 품질, 발주량, 구매량을 점검하여 구매손실을 방지하는 데 훌륭한 도구 역할을 한다. 구매명세서는 필요한 식재료의 품질, 크기, 중량 등을 간략하게 기술한 것으로 구매하고자 하는 식재료에 대한 생생한 정보를 제공한다. 미국 Pizza Hut은 공급자 선정과정에서 체계화된 표준절차를 사용하고 있다. 우선 수집목록에서 자격미달과 부적격업체를 누락시키고 1차적으로 선별된 업체의 공급능력과 규모의 적합성을 심사한다. 선정된 업체들에게 Pizza Hut에 방문하여 자신의 상품과 실적에 대해 발표하도록 한다. 이러한 단계를 통과한 업체에 대해 Pizza Hut 구매책임자와 품질관리자가 직접 공급업체를 방문하여 평가한다. 최종적으로 통과한 공급자는 Pizza Hut으로 견본을 보내면 구매책임자와 관련 직원은 이를 면밀히 검토하여 가격을 제시하고 최종계약을 할 것인지 또 구매량은 어느 정도로 할 것인지 결정한다.

3) 검수

검수(inspection)는 배달된 물품의 '인수 → 확인 → 서명'의 절차로 이루어진다. 납품할 때 검품과 수량검사는 구매담당자 입회 아래 세심하게 점검한다. '발주서 = 납품서 =

식재료'가 정확하게 일치해야 한다. 바쁘더라도 발주서와 공급업자 납품서를 꼼꼼하게 비교하여 품목, 수량, 규격, 품질 등을 점검하고 납입금액을 정확하게 점검한다.

물품의 수량점검도 중요하지만 그 이상으로 중요한 것은 신선도이다. 신선도 점검은 단계별로 매회 실행되어야 하지만, 첫 번째 단계가 바로 검수할 때이다. 이때 불량품이나 부적합품에 대해서는 주저 없이 엄하게 주의를 주고 반품 또는 교환한다. 이러한 행동은 레스토랑의 명확한 경영방침을 공급자에게 보여주는 것이며, 반대로 공급자 자신에게도 납품노력을 촉진하는 일이 된다. 개인적으로 공급자와 너무 친한 관계가 되면 이러한 행동을 하기 어려워지므로 주의할 필요가 있다.

4) 저장

저장(storing)의 주된 목적은 식재료가 필요할 때 적절하게 제공하기 위한 것이다. 장소, 온도 등 적정조건에 식재료를 보관함으로써 최상의 품질을 유지하고 저장 중에 발생할지 모르는 도난에 의한 손실, 직원이나 외부인의 비행으로 인한 손실, 식재료의 변질과 부패에 의한 손실을 최소화하는 활동이다. 제품의 가치 결정은 저장실에서 이루어지기 때문에 저장은 매우 중요하다. 저장은 검수와 조리업무를 연결하는 역할을 하고 생산하고자 하는 음식의 질에 직접적인 영향을 미친다. 식재료는 레스토랑의 자산(assets)이기 때문에 손실되지 않도록 올바르게 보관할 수 있는 시설과 엄격한 관리가 요구된다.

5) 출고

식재료를 인수할 때는 잘 상하는 것과 그렇지 않은 것으로 구분한다. 상하기 쉬운 식재료는 곧바로 주방으로 보내진다. 주방에는 냉장고와 냉동고가 있어 품목에 따라 저장한다. 주방으로 운반된 상하기 쉬운 식재료는 조리사가 직접 책임을 맡도록 한다. 통조림 등과 같이 잘 상하지 않는 품목은 포장을 풀어 손상을 점검하고 등급을 매겨 식품저장고에 품목별로 보관한다.

소매업에서는 보관된 제품이 부족하면 즉시 보충하면 된다. 그러나 외식산업에서는 식재료 구매의 단계가 있기 때문에 필요로 하는 적정량을 보관하는 것이 중요하다. 저장되어야 할 기준량을 정해 놓고 과다하게 초과하거나 미달되지 않도록 조절한다. 당연히

1일 판매목표와 시간대에 따른 판매목표 또는 당일의 판매상황에 따라 적정량의 식재료와 구매횟수가 달라진다.

출고관리(issuing control)의 기본은 선입선출(FIFO: First-In, First-Out)로서 음식의 품질은 물론, 고객안전에도 중요할 뿐만 아니라 창고에서 손실될 수 있는 식재료를 효율적으로 관리함으로써 원가관리에도 도움을 준다. 이를 위해서는 적정규모의 저장장소가 필요하고 품목에 따른 올바른 저장방법이 요구된다. 냉장고 또는 냉동고에 보관하는 식재료는 정기적으로 온도를 관리하고 청소하는 것이 중요하다. 기계류 역시 정기적으로 점검한다.

출고관리의 기본은 선입선출(FIFO)이다.

6) 조리

언제, 누가 조리(cooking)를 해도 고객의 기대에 어긋나지 않게 안심하고 즐겁게 식사할 수 있는 음식을 제공하는 것이 레스토랑의 사명이다. 똑같은 식재료라도 조리사의 경험과 기술, 신선도, 조리법, 조리시간 등에 따라 맛, 색, 영양가가 달라진다. 주문을 받으면 신속하게 조리를 시작하지만 일정한 조리법을 사용하고 음식량을 일정하게 하여 항상 똑같은 식재료비용이 지출되도록 한다.

표준레시피는 식재료 낭비를 없애고 음식의 균질화를 꾀할 수 있는 도구이다. 조리작업이 표준대로 실행되고 있으면 식재료는 정해진 대로 사용되고 있다고 할 수 있다. 가능한 한 조리작업 후에 실제로 산출된 식재료비율과 표준레시피에 표기된 식재료비율의 차이를 줄이도록 한다. 그 차이가 커지면 음식의 균질화가 보증되지 않을 뿐 아니라 식재료가 손실된다. 식재료 사용량을 기준대로 관리하기 위해서는 표준정량을 정한다. 표준정량관리가 제대로 이루어지면 식재료 구매원가를 동일하게 하는 한 사용된 식재료비는 표준레시피에 정해진 대로 사용된다.

음식의 균질화를 위해서는 시간관리도 중요하다. 조리시간의 낭비는 곧 품질저하로 이어진다. 식재료비와 작업시간을 관리하기 위해서는 발주에서부터 수령, 저장, 해동, 전처리, 조리가공에 이르는 모든 과정에서 원재료 및 반가공품의 수량관리, 최종음식의 분량관리 등에 작업시간기준을 설정할 필요가 있다.

7) 제공

조리된 음식을 고객에게 제공(serving)하는 방법은 여러 가지이다. 서비스직원이 직접 고객에게 음식을 운반해 주는 테이블서비스, 고객이 직접 음식을 가져다 먹는 셀프서비스, 고객이 보는 앞에서 직접 음식을 만들고 제공하는 카운터서비스에 이르기까지 다양하다. 전통적으로는 테이블서비스가 대표적이지만 업종 및 업태에 따라 적절하게 혼합하여 사용하거나 기타 여러 형태의 제공방법이 사용된다. 어떤 방법으로 음식을 제공하든 식기에 담겨지는 양이 설정한 기준량인지 점검한다. 기본적으로 뜨거운 음식은 뜨겁게, 차가운 음식은 차갑게 제공한다.

네 명의 고객이 한 테이블에 있는 경우 4인분이 함께 제공되었는지, 한번에 제공할 수 있는지, 한 사람이 제공하기 어려울 경우 곧바로 동료직원이 지원할 수 있는지, 담당직원이 접객 중에 미리 주문한 음식이 완성되어 나오는 경우 이에 대한 규칙을 제대로 적용하여 서비스하고 있는지 점검한다. 패스트푸드 레스토랑의 경우 주문을 받고 음식을 제공할 때까지의 단계가 순조롭게 진행되고 있는지, 얼마나 보조활동을 하고 있는지, 고객이 줄을 섰을 경우 어떻게 대처하고 있는지, 주문한 메뉴를 제공할 수 없는 경우 고객에게 대응하는 행동이 적절한지, 팀워크가 잘 이뤄지고 있는지, 용기와 소모품류의 품절은 없는지 등을 점검한다. 제공관리에 대해서는 다음의 '제4절 식음료서비스'에서 보다 자세하게 설명하고 있다.

10-4 식음료서비스

서비스는 음식을 가치 있게 만들기도 하고 가치 없게 만들기도 한다. 심리학자이자 푸드컬럼니스트 다이아나 폰 코프(Diana von Kopp)의 연구에 의하면 음식을 먹을 때 느끼는 감정이 음식 맛의 지각에 영향을 미친다고 한다. 즉 레스토랑의 기분 좋은 서비스는 고객의 긍정적 감정에 영향을 주어 음식을 더 맛있게 느끼게 한다는 것이다. 호스피탈리티 정신에서 나오는 예의 바르고 진심이 담긴 서비스는 고객으로부터 그 가치를 인정받게 되고 이는 곧 신규고객 창출과 단골고객 확보로 이어져 매출증대를 낳는다.

영업장(dining room)에서의 식음료서비스과정은 앞에서 살펴본 [그림 10-7]과 같으며, 이때 중요하게 관리해야 할 서비스 내용은 다음과 같다.

- 고객 맞기
- 예약확인
- 대기
- 테이블 안내
- 착석
- 메뉴 전달
- 주문받기
- 주문서
- 주문전달방법
- 식음료서비스방법
- 식사 중 서비스
- 식기 치우기와 디저트 제공
- 배웅
- 계산방법
- 전체적 점검

1. 영업준비

영업준비(mise en place)는 서비스를 위해 사용되는 기물, 장비, 비품, 소모품 등을 점검하고 확인하여 정해진 위치에 비치하고 아울러 청소상태와 환경정리, 시설물을 정비하고 테이블을 세팅하여 고객 맞을 준비를 하는 일련의 행동이다. 어떻게, 어느 정도 준비되어 있는가에 따라 서비스의 평가가 달라진다. 생산된 음식은 서비스를 통해서 그 가치가 더해지는 만큼 철저하고 세심한 서비스준비가 필요하다. 레스토랑에 따라 다르지만 일반적으로 영업장의 상태점검 → 기물 및 비품 확보 → 테이블 세팅 및 장비점검 → 최종준비상태 확인과 지배인의 주의사항 등의 순서로 진행된다.

영업준비의 주요 내용과 항목은 다음과 같다.

- 영업장 바닥, 의자, 테이블 등이 청결한가?
- 테이블 세팅이 바르게 되어 있는가?
- 모든 메뉴가 깨끗한가 또한 지정된 장소에 있는가?
- 그날의 추천 메뉴 또는 특별 메뉴의 유무에 대하여 설명하였는가?
- 미팅을 하였는가 또한 예약상황과 그날의 주의사항이 설명되었는가?
- 직원의 몸차림 및 청결상태를 점검하였는가?
- 서비스직원에게 각각 그 날의 업무 및 구역을 부여하였는가?
- 예약고객을 위한 테이블을 선택하고 예약에 관해 예의를 갖추어 놓았는가?

2. 접객서비스

주방을 제외한 영업장은 고객이 앉는 구역을 스테이션(station)으로 나누고 각 스테이션에는 몇 개의 테이블이 배치된다. 스테이션마다 서버(server)에 의해 효율적으로 처리될 수 있는 테이블 숫자를 정해 놓고 있다. 서버는 전형적으로 하나 이상의 스테이션을 관리하는데 지배인이 서버를 어느 스테이션에 배치할지 결정한다. 영업이 한가할 때는 영업장을 효율적으로 관리하기 위해 어느 스테이션을 운영할지, 운영하지 않아야 할지를 결정한다.

지배인 또는 그리트리스(greetress)가 고객을 환대하고 테이블까지 안내한다. 단정한 자세로 입구에서 대기하고 고객이 입장하면 미소 띤 얼굴과 다정한 자세로 접근하여 정중히 고객을 맞이한다. 적정한 테이블로 안내하는 것은 고객에게 즉각적인 환영을 느끼게 하고 기분을 좋게 만든다. 어떤 테이블로 안내할 것인가는 현재의 좌석상황 여부에 따라 결정하는데, 특히 예약에 따른 테이블 위치 및 준비사항 등을 확인한다. 테이블 위치에 따라 기분이 달라질 수 있고, 같은 음식이라도 맛이 달라지기도 한다.

예약고객에게 좌석의 우선권을 부여하고 이름과 예약사항을 말해 줌으로써 친밀감을 느끼게 한다. 예약고객이 아닌 경우 먼저 인원수를 확인한 후, 고객이 원하는 테이블 위치의 가능 여부를 확인하고 고객이 만족할만한 테이블을 확보한다. 고객이 특정한 테이블을 선호하는 경우 편의를 제공해 준다. 시선을 주목받을 수 있는 고객은 특성을 잘 파악하여 그에 맞는 적절한 테이블을 배정한다. 한쪽 스테이션으로 고객이 집중되지 않도록 골고루 자리를 배정한다.

식사하는 동안 고객에게 시선을 떼지 않도록 한다. 이러한 관찰행동은 식사를 끝낸 고객을 자연스럽게 배웅할 서비스기회를 만들어 준다. 만일 고객이 언제 식사를 끝낼지 주의 깊게 관찰하지 않아 배웅인사를 제대로 받지 못하고 떠나면 지금까지 좋았던 서비스가 무용지물이 되고 만다.

3. 주문과 판매

1) 주문

주문(order)은 고객의 기호와 취향에 맞는 메뉴를 제공하기 위해 레스토랑과 고객 상호 간 약속하는 행위이다. 주문을 받을 때는 마음자세가 중요하다. 단순히 메뉴를 판매한다는 생각보다 자신을 판매하고 가치를 판매한다는 자세를 가진다. 매출은 메뉴품질과 가격뿐 아니라 서비스역량, 마음자세에 따라서도 달라진다. 그러므로 식음료 외에 분위기를 함께 판매한다는 생각이 중요하다.

주문받기(order taking)에 필요한 메뉴지식과 판매기법을 습득한다. 주문을 잘 받고 권유판매를 잘하면 유능한 직원으로 평가받는 것은 물론 매출에 직접적으로 기여한다. 서비스직원도 조리업무가 별개 분야라는 인식을 버리고 조리의 기본과 용어를 이해하고 기본적인 지식을 가지고 있어야 한다. 그래야 자신이 판매하는 식음료에 대한 정확한 지식과 자신감을 가지게 되며 매출에도 기여할 수 있다.

영업시작 전에 준비되지 않는 메뉴 또는 그날의 특별 메뉴에 대한 지식을 갖고 주문에 착오가 없도록 한다. 메뉴는 레스토랑의 얼굴이므로 소중하고 깨끗이 취급하고 고객에게 전달하기 전에 보존상태와 이상 유무를 확인한다. 메뉴를 고객에게 전달한 후에는 충분히 살펴볼 수 있는 시간을 준다. 고객이 메뉴에 대한 설명을 요구하거나 특별히 설명이 필요한 경우 기분이 상하지 않도록 친절하고 자세하게 알려 주고 어려운 전문용어를 사용하지 않는다.

메뉴를 판매한다기보다 가치를 판매한다는 자세를 가지는 것이 중요하다.

메뉴에 특별한 요구가 있는 경우 주방에 가능 여부를 확인한 후 주문을 받는다. 시간이 오래 걸리는 메뉴는 반드시 소요시간을 알려 준다. 한정된 직원수로 서비스해야 하기 때문에 작업의 우선순위가 틀리지 않도록 정확하게 대응할 수 있도록 계획한다. 이때 주문받은 순서가 중요하다. 주문한 메뉴를 고객에게 정확하게 제공한다. 담당구역 이외의 다른 직원이 운반하게 될 때 주문한 고객과 제공할 메뉴를 정확하게 알고 있어야 한다.

2) 판매

주문받기를 단순히 고객의 요청에 대한 수동적인 태도로 생각하지 않는다. 전문적인 세일즈맨의 입장에서 좋은 서비스를 제공하고 매출을 높이기 위해서는 메뉴에 대한 풍부한 지식과 판매요령을 습득해야 한다. 레스토랑 입장에서는 가능한 이윤이 높은 메뉴를 주문하도록 유도하는 기법이 필요하지만 고객의 경제적 사정, 체면이나 기분을 고려하여 권유판매(suggestive selling)를 하는 것이 좋다.

메뉴를 추천하기 전에 고객 취향을 파악하여 고객으로 하여금 구매 욕구를 가지도록 자신의 능력을 최대한 발휘한다. 고객의 주문 여부에 따라 매출이 결정되므로 메뉴에 대해 효과적으로 설명한다. 비싼 메뉴를 판매한다는 느낌을 주지 않으면서 고객의 입장과 매출을 고려한 합리적인 주문이 되도록 한다. 추천 메뉴에는 그날의 특별요리, 새로 들어온 식재료의 메뉴, 수익성이 높고 재고가 풍부한 메뉴, 특별행사 메뉴 등이 있다. 이러한 추천 메뉴들이 매출에 크게 기여한다. 특히 음료주문과 추가주문은 매출에 크게 영향을 미치므로 적극적인 자세로 추천판매한다.

4. 식음료서비스의 유형

음식을 조리하는 것과 달리 서비스는 고객이 직접 눈으로 확인하기 때문에 반응이 즉각적으로 나타난다. 그리고 그 결과에 따라 레스토랑을 평가한다. 어떤 방법으로 서비스할 것인가는 내부적으로 관련된 몇 가지 요인을 고려하여 선택한다. 예를 들어, 낮은 객단가의 패스트푸드 레스토랑과 높은 객단가의 파인 다이닝은 음식 자체가 다르기 때문에 서비스방법 또한 다를 수밖에 없다. 그리고 타깃고객, 메뉴, 직원의 역량, 목표로 하는 비용과 이익에 관련된 손익계획에 따라서도 서비스방법은 달라진다. 그러나 어떤 서비스를 선택하든 음식을 서비스할 때는 레스토랑 콘셉트와의 일치, 맛과 온도, 영양의 보존 및 유지, 적정한 시간간격, 위생과 안전, 비용을 최소화하는 조직적 · 경제적 서비스, 환대적인 서비스, 분위기 연출 등이 충족되어야 한다.

1) 식음료서비스의 종류

식음료서비스는 테이블서비스, 셀프서비스, 카운터서비스 등으로 구분된다.

(1) 테이블서비스(table service)

가장 대표적인 테이블서비스방법에는 프렌치서비스, 아메리칸서비스, 러시안서비스 등이 있다.

① 프렌치서비스(French service)

프렌치서비스는 시간적인 여유가 많은 유럽의 귀족들이 품위 있고 고급스런 분위기를 즐기던 전형적인 서비스이다. 화려하고 정중하여 주로 파인 다이닝에서 사용된다. 고객 테이블 앞에 조리기구와 식재료가 담긴 카트(cart)나 웨곤(wagon)을 위치시켜 고객이 보는 앞에서 직접 조리하여 제공한다. 게리동(geridon)을 이용하여 실버 플래터(silver platter)에 담긴 음식을 레쇼(rechaud)나 알코올 또는 가스램프를 사용하여 따뜻해진 음식을 나눠주거나 생선 뼈를 먹기 편하게 제거해 제공한다.

2~3명의 숙련된 조리사와 와인소믈리에(wine sommelier)가 서비스해야 하기 때문에 인건비 지출이 높고 시간이 많이 소요된다. 오늘날은 전통적인 프렌치 레스토랑에서조차

프렌치서비스 대신 플레이트서비스로 바뀌고 있는 추세이다.

프렌치서비스의 특징은 다음과 같다.

- 조리와 서비스를 겸비한 숙련된 직원이 요구되어 인건비 지출이 높다.
- 남은 음식을 적정온도로 유지시키면서 오랜 시간 서비스할 수 있다.
- 서비스 제공시간이 길다.
- 일품요리를 전문으로 제공하는 레스토랑에 적합하다.
- 테이블과 테이블 사이에 카트, 웨곤, 게리동 등을 사용할 수 있는 공간이 필요하다.
- 많은 고객을 서비스하기 어렵다.

② 아메리칸서비스(American Service)

오늘날 레스토랑에서 가장 많이 사용하고 있는 서비스방법이다. 신속하고 능률적이기 때문에 좌석회전율이 높은 레스토랑에 적합하다. 주방에서 이미 접시에 보기 좋게 담겨진 음식을 직접 운반하여 고객에게 제공하는 플레이트서비스(plate service)와 고객이 많을 때 트레이(tray)를 사용하여 접시를 보조테이블까지 운반한 후 고객에게 서브하는 트레이서비스(tray service)로 구분된다.

아메리칸서비스는 주방에서 미리 음식이 접시에 담겨져 제공되기 때문에 음식제공이 빠르고 능률적이다.

아메리칸서비스의 특징은 다음과 같다.

- 고객의 다양한 서비스 욕구를 충족시키기 어렵다.
- 고급 레스토랑보다는 좌석회전율이 높은 레스토랑에 적합하다.
- 주방에서 미리 음식이 접시에 담겨져 제공된다.
- 서비스 속도를 높일 수 있다.

- 적은 인원으로 많은 고객을 서비스할 수 있다.
- 음식의 적정온도를 유지하기가 어렵다.

③ 러시안서비스(Russian service)

생선이나 가금류를 통째로 조리하여 아름답게 장식을 한 후 고객에게 제공하기 전에 보조 테이블(side-table)에 전시함으로써 식욕을 돋구게 하는 효과를 노린 것에서 유래되었다. 음식이 담긴 접시를 고객에게 보여주면서 고객으로 하여금 먹고 싶은 만큼 직접 덜어 먹게 하거나 직원이 시계 도는 방향으로 테이블을 돌아가며 고객의 왼쪽에서 적당량을 덜어주는 서비스방법으로 고급스럽고 품위 있는 서비스이다.

러시안서비스의 특징은 다음과 같다.

- 프렌치서비스보다 시간이 절약된다.
- 음식이 따뜻하게 제공된다.
- 마지막 고객은 나머지만으로 제공받기 때문에 식욕을 잃기 쉽다.
- 연회에서 많이 사용한다.
- 프렌치서비스에 비해 특별한 준비기물이나 공간이 필요하지 않다.

(2) 셀프서비스(Self Service)

카페테리아나 뷔페에서처럼 고객 스스로 음식을 운반하여 식사하도록 하는 서비스방법이다.

셀프서비스의 특징은 다음과 같다.

- 고객의 기호에 맞는 음식을 양껏 먹을 수 있다.
- 미리 음식이 준비되어 있으므로 빠르게 식사할 수 있다.
- 고객에게 직접적인 서비스를 하지 않으므로 인건비가 절감된다.
- 메뉴가격이 경제적이다.

(3) 카운터서비스(Counter Service)

고객이 조리사와 붙어 있는 카운터를 식탁으로 사용하면서 직접 조리과정을 지켜보며 식사할 수 있는 서비스방법으로 직원이 음식을 테이블에 운반해 주기도 한다.

카운터서비스의 특징은 다음과 같다.

- 신선한 식사를 빠르게 제공할 수 있다.
- 고객이 보는 앞에서 조리하기 때문에 만족도가 높다.

2) 식음료서비스의 주의점

음식 카운터에 완성된 요리를 가지러 갔을 때 주문한 메뉴가 정확하게 준비되어 있는지 점검한다. 그 이유는 주문한 메뉴가 거의 동시에 테이블에 제공되어야 고객의 만족도가 높아지기 때문이다. 일행들 중 한 사람만 늦게 제공되어도 좌석회전율은 떨어진다. 레스토랑과 고객 모두에게 이익이 되는 것은 주문한 메뉴가 동시에 테이블에 제공될 때이다. 주문한 메뉴가 누락되어 있으면 곧바로 조리사에게 확인한다.

주문 메뉴와 준비된 음식이 틀리지 않았는지 카운터에서 점검하고 틀린 경우 조리사에게 알린다. 아울러 제공하기 전에 규정한 품질기준으로 조리되었는지 점검한다. 숙련된 직원이 아니면 품질을 점검하기 쉽지 않기 때문에 지배인 또는 점장의 역할이 크다. 패밀리 레스토랑들은 고객이 주문한 메뉴의 외관과 품질을 점검하는 QA(Quality Assistant)를 두고 있다. QA는 샐러드에 첨가하는 소스의 위치까지 메뉴에 인쇄된 사진과 똑같은지 점검한다. 혹시 재조리가 필요하거나 주문한 메뉴가 준비되어 있지 않은 경우 즉시 고객에게 알리고 양해를 구한다. 이러한 행동은 레스토랑에 대한 고객의 신뢰를 높여준다.

5. 불평 · 불만관리

고객에 따라 서비스가 충분하지 않을 수 있다. 고객이 기대하는 서비스와 제공하는 서비스에 차이가 있기 때문이다. 대부분의 불평 · 불만은 음식보다는 직원의 부주의에서 발생한다. 고의로 실수를 하기 위해 일하는 사람은 없다. 서비스의 대부분은 사람이 주체이기 때문에 주의한다고 해도 실수가 있기 마련이다. 그렇다고 불평 · 불만을 방치하면 레스토랑의 존폐를 좌우할지도 모를 일이 생길 수 있다.

대표적인 불평 · 불만사항은 다음과 같다.

고객의 불평 · 불만을 잘 해결하면 오히려 단골고객으로 전환시킬 수 있다.

- 직원의 태도가 나쁠 때
- 언어의 사용이 나쁠 때
- 주문한 메뉴와 다른 메뉴가 나왔을 때
- 돈계산이 틀렸을 때
- 고객의 접대순서가 틀렸을 때
- 음식을 떨어뜨려 옷을 더럽혔을 때
- 머리카락, 벌레, 먼지 등 이물질이 음식에 들어가 있을 때
- 음식이 늦게 나왔을 때
- 맛이 이상하다고 느꼈을 때

불평 · 불만이 발생했을 때 중요한 것은 직원의 태도이다. 반복적인 교육훈련을 통해서 신속하게 대처하는 행동을 습득하고 있어야 한다. 고객이 문제라는 생각을 버리고 긍정적인 마인드로 적극적으로 해결하도록 한다. 실수를 인정하고 슬기롭게 대처하여 고객감정을 최소한으로 줄이는 것이 최선이다. [그림 10-9]는 불평 · 불만에 대응하는 예를 보여준다. 오히려 불평 · 불만을 능숙하게 잘 해결하면 단골고객으로 전환시킬 수 있는 기회가 된다.

불평 · 불만에 대응하는 자세는 다음과 같다.

- 고객의 불평에 대한 마음의 준비는 잘 되어 있는가.
- 불평이 발생한 때 직원에게 맡겨 버리지는 않는가.
- 불평처리시스템으로서 경영자 또는 그 대행자가 그 처리를 실행하도록 되어 있는가.
- 항상 냉정한 판단력을 갖고 의견을 받아들이고 있는가.
- 대응처리는 그 장소에서 즉각 실행되고 있는가.
- 오해를 유발하는 발언을 하고 있지는 않은가.
- 끝까지 단정하게 의견을 받아들이고 있는가.
- 겸손한 태도로 응대하고 있는가.
- 고객의 자존심을 존중하고 있는가.

그림 10-9 | 불평 · 불만에 대한 대응

자료: 한국관광공사, 음식점 종합매뉴얼.

- 고객의 불평이 우리 레스토랑의 개선점이라는 생각을 하고 있는가.
- 불평을 말한 고객을 명부에 기입하였는가.
- 불평을 기록하였는가.
- 불평에 대하여 미팅 때 전달하였는가.
- 불평처리결과를 상사에게 보고하였는가.

6. 영업 후 관리

하루의 영업이 끝나고 귀가를 서두르는 나머지 정돈을 소홀히 하면 다음날의 영업준비 업무가 많아진다. 영업시작시간이 지났는데도 준비가 되지 않아 고객을 쾌적한 상태로 맞이할 수 없게 되고, 이것이 그 날의 접객서비스에 나쁜 영향을 줄 수 있다.

영업 후 정리 · 정돈 시 점검사항은 다음과 같다.

- 마지막 고객이 떠난 후부터 정리 · 정돈을 시작하고 있는가.
- 테이블 위에 놓여 있는 것을 전부 정리하였는가.
- 린넨(linen)류는 함께 모아 정리하였는가.

- 쓰레기가 떨어져 있지는 않은가.
- 조명, 음악은 껐는가.
- 자물쇠를 채울 장소에 모두 자물쇠를 채워 두었는가.
- 당일의 서비스성과에 대하여 메모를 하였는가.
- 서비스직원에게 당일 지도할 사항을 전달하였는가.
- 고객의견, 희망사항, 불평 · 불만 등에 대한 보고를 받았는가.
- 보관품을 리스트에 기입하였는가.
- 마지막으로 서비스직원에게 감사와 수고의 말을 하였는가.
- 서비스에서 좋았던 점, 나빴던 점 등에 대하여 반성하였는가.

10-5 주방, 위생과 안전

1. 주방

1) 주방의 역할

오래 기다리지 않고 맛있는 음식을 제공받기를 바라는 것이 고객의 심리이다. 고객의 기대를 만족시키기 위해서는 서비스도 중요하지만, 사실 주방의 역할이 더 크다. 주방(kitchen)은 조리기기, 장비 등을 사용하여 음식을 생산하는 시설을 갖춘 작업공간이다. 레스토랑의 원동력이 되는 핵심공간으로서 사람의 심장과 같다. 주방의 생명은 위생적인 음식을 생산하는 것에 있다. 식재료 구매에서부터 조리사에 의한 조리, 최종적으로 고객에게 제공되기까지의 모든 생산과정에서 위생적인 작업이 우선된다. 언제든 각종 사고가 유발할 수 있는 요인이 잠재되어 있기 때문에 안전관리 역시 중요하다.

많은 레스토랑들이 좌석수와 회전율에 의해 매출이 좌우된다는 단순한 생각을 가지고 있다. 그렇지만 제조업의 특성을 가진 외식산업에서는 생산능력이 곧 판매능력으로 이어지는 만큼 주방의 중요성도 인식해야 한다. 주방에서 소모되는 인건비, 식재료비, 수도 광열비 등은 레스토랑 전체비용 중 가장 높은 비율을 차지한다. 식재료가 잘 보존되고 관리되어 레스토랑에 도착했더라도 생산과정에서 제대로 관리하지 못하면 기대하는 이익을 잃게 된다. 단순히 음식을 조리한다는 단순한 차원에서의 관리가 아니라 효율적 작업과 생산으로 최대의 이윤을 창출하는 핵심영역으로서의 총체적인 관리가 요구된다.

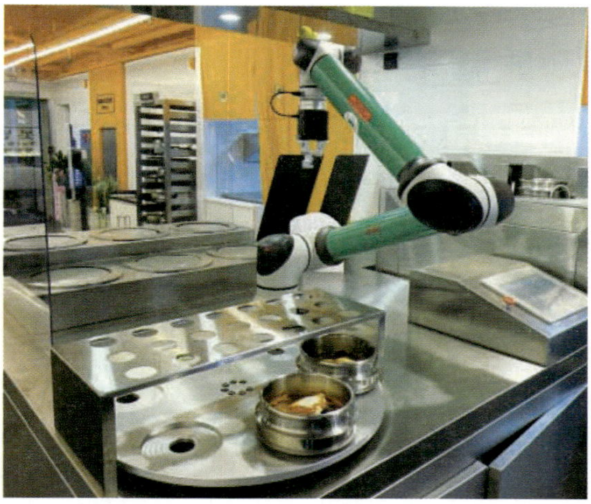

주방관리의 주요 목표 중 하나는 생산성 향상이다. 로봇 한식당 '봇밥'에서는 로봇팔이 국을 끓인다.

2) 주방조직

주방은 크게 주방 내에서 모든 작업을 일괄적으로 진행하는 형태와 분리하여 진행하는 형태로 구분된다. 어떤 형태의 주방을 선택하느냐에 따라 시설과 설비의 내용이 달라진다. [그림 10-10]과 같이 기본적으로 식재료 반입, 저장, 조리, 음식서비스, 식기 세척 등 일련의 조리작업 흐름이 효율적으로 수행될 수 있도록 설계한다.

주방조직은 음식생산, 식재료 구매, 메뉴개발, 원가관리 등 주방운영에 관계되는 전반적인 업무를 효율적으로 수행하기 위한 인력으로 구성한다. 업종, 규모, 메뉴의 성격 등에 따라 차이는 있지만 기본적인 조직구성은 유사하다. 예를 들어, 특급호텔의 경우 조금씩 차이는 있지만 식음료조리이사 → 조리부장 → 주방장 → 1st Cook → 2nd Cook → 3rd Cook → Cook Helper 등의 순서로 조직되어 있다. 글로벌 체인 호텔은 Executive Chef → Executive Sous Chef → Sous Chef → Chef de Partie → Demi Chef de Partie → 1st Cook → 2nd Cook → 3rd Cook → Cook Helper의 순서로 된 프랑스식 조직체계를 갖추고 있다.

주방조직은 타부서에 비해 전문적인 기능을 소유하고 있는 사람들로 구성되어 있기 때문에 각각의 직무를 맡은 직원들의 역할이 중요하다. 주방업무는 직무별로 세분화되어 독자적으로 이루어지는 것 같지만 조직목표, 음식의 완성을 위해서는 각자의 직무를 성

그림 10-10 | 주방 흐름도

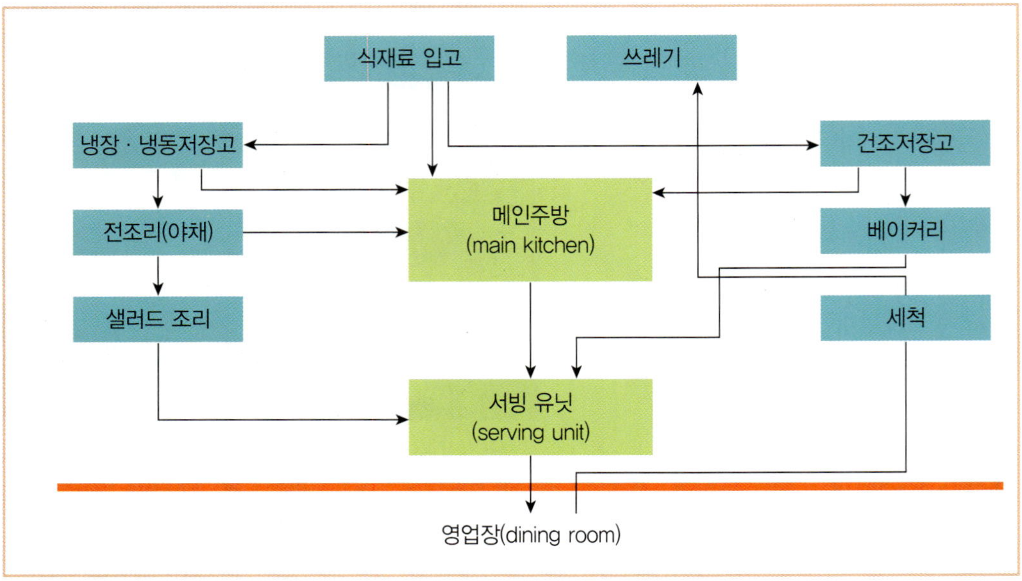

자료: June Payne-Palacio and Monica Theis(1994), *Introduction to Foodservice Management*, Pearson College Div.

실하게 수행하고 협력하는 것이 중요하다.

3) 주방기기 및 기물관리

조리작업이 기계화 및 자동화되면서 품질이 균일화되고 노동력을 절감할 수 있게 되었다. 그러나 간혹 주방기기의 잘못된 사용으로 조리사가 신체에 치명적인 손상을 입거나 비싼 기계의 수명이 단축되기도 한다. 주방기기의 올바른 관리를 위해서는 조리기기를 사용하기 전에 작동방법과 용도를 충분히 숙지한 후 전문가의 지시에 따라 정확하게 사용한다. 사용용도 이외 다른 목적으로 사용하지 않고 주방기기에 무리가 가지 않도록 사용한다. 주방기기에 이상이 있을 경우 즉시 사용을 중지시킨 후 적절한 조치를 취한다. 주방기기의 전압용량과 영업장 전압이 일치하는지 확인하고 모터에 물기가 스며들지 않도록 주의하고 청결하게 유지한다.

2. 위생과 안전

외식산업에서 위생(sanitation)과 청결(cleanliness)은 고객의 건강과 직결되는 부분으로 아무리 강조해도 지나치지 않다. 위생이라는 말의 어원은 라틴어로 '건강'이라는 뜻의 'Sanitas'에서 유래되었다. 위생은 사람의 건강을 유지해 주는 가장 중요한 조건이다. 그러므로 위생적이고 안전한 음식제공은 레스토랑이 반드시 지켜야 할 중요하고도 기본적인 업무이다.

1) 위생

(1) 위생의 중요성

안전한 음식을 제공하는 것은 레스토랑의 사명이다. 음식을 판매하는 것도 중요하지만 고객이 안전한 음식을 먹고 건강하게 활동할 수 있도록 위생적인 환경을 조성할 책임과 의무도 있다. 단순히 이익만을 생각하고 판매에만 몰두한 나머지 위생사고에 대한 예방을 게을리하면 고객의 생명과 건강을 해치는 것은 물론, 성공도 보장하지 못한다. 정기적인 위생교육을 통해 직원들이 책임을 가지고 업무를 수행하면 생산성 역시 높아진다.

위생적으로 조리된 음식은 안전하고 품질이 좋을 수밖에 없다. 맛이 변질된 음식이나 건조된 음식, 오래되어 신선해 보이지 않는 음식은 고객을 만족시킬 수 없다. 좋은 품질의 기본은 철저한 위생관리에 의한 안전, 모양, 화학성분, 조리의 적합도, 일정한 농도, 영양, 맛 등에 관심을 두는 것이다. 이들 중에서 한 가지라도 잘못되는 경우 음식이 비위생적으로 처리되어 큰 손실을 초래한다.

식재료 취급에서 발생하는 식중독(food-borne illness) 사고의 대부분은 주방에서 조리사가 조금만 신경쓰면 사전에 예방할 수 있는 것들이다. 식중독예방에 특히 신경을 써야 하는 이유는 일시에 많은 환자가 발생할 수 있고 주위사람들에게 불안함과 공포를 주어 사회문제를 일으킬 가능성이 있으며, 결국에는 레스토랑의 명성과 사업에 커다란 손실을 초래하기 때문이다. [그림 10-11]은 식중독으로 인한 레스토랑의 손실을 보여준다. 미국 레스토랑협회(NRA)의 조사에 의하면, 식중독이 발병하였을 때 레스토랑에서 사건처리를 위해 약 5만 달러 이상의 비용이 소요되는 것으로 나타났다.

그림 10-11 | 식중독으로 인한 레스토랑의 손실

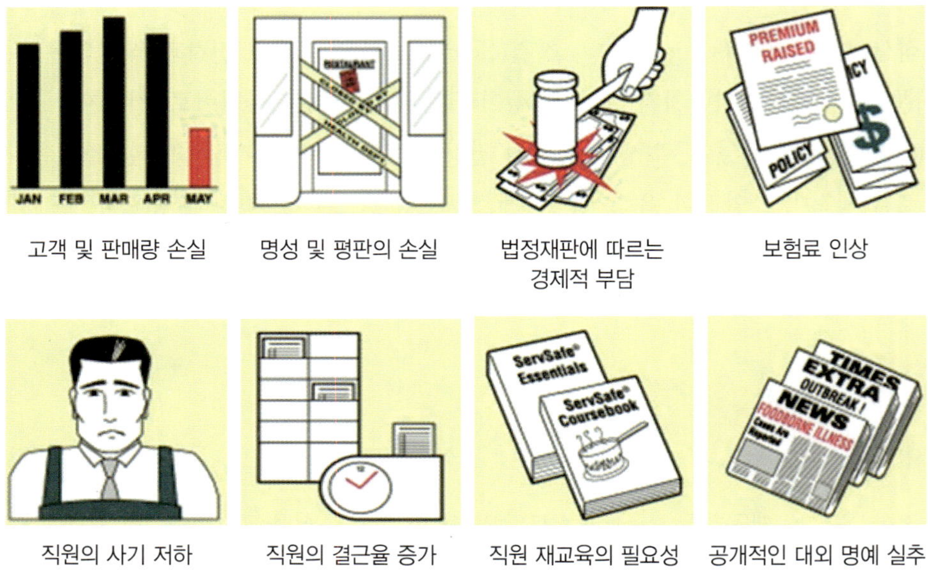

자료: NRA(2002), *ServeSafe Essential*, National Restaurant Association.

(2) 위생관리의 책임과 의무

① 사회적 책임

고객을 위생의 위험으로부터 보호해야 하는 가장 큰 이유는 우선 개인의 양심적인 문제이며, 사회구성원으로서 사회에 대한 도덕적 책임 때문이다. 안전하고 위생적인 음식 제공은 많은 단골고객을 확보해 주고 불미스러운 일로 처벌당하는 일이 없도록 한다. 또한 위생은 다른 레스토랑과의 경쟁력을 높일 수 있는 제품이 되며, 레스토랑 신용도를 높여 준다.

② 경제적 이익

음식으로 인해 발생하는 사고를 사전에 방지하면 레스토랑에 경제적인 안정이 보장된다. 만일 고객이 음식과 관련된 문제로 인해 신체적 · 정신적으로 피해를 입었다면 고객은 법적으로 보상을 받으려 한다. 식중독으로 인한 사고가 발생하였을 때는 엄청난 법정

소송비, 병원비, 시설개선비, 그리고 보관하고 있던 모든 식재료를 폐기처분해야 하는 경제적 손실이 뒤따른다. 부분적인 경제적 손실 말고도 피해가 심각한 경우 레스토랑이 문을 닫을 수 있다. 사람이 식중독에 걸렸더라도 소문으로 인해 고객이 줄어 결국 문을 닫게 되는 일까지 초래할 수도 있다.

③ 법적 처벌

식품위생법의 목적은 공중위생과 안전에 그 목적을 두고 있다. 즉 안전하고 위생적인 음식제공을 요구하고 있다. 고객을 보호해야 하는 가장 큰 이유 중의 하나는 법이 있기 때문이다. 비위생적인 음식제공은 불법행위가 된다. 비위생적인 음식을 공급할 때 벌금에 처하거나 레스토랑의 영업허가 등을 취소 · 정지하도록 되어 있다. 그러나 법으로 규정해 놓은 사항이기 때문에 할 수 없이 지켜야 하는 것이 아니고 사람의 건강과 직결되는 문제이기 때문에 스스로 지켜야 하는 것이다.

④ 레스토랑의 신뢰

레스토랑을 홍보하는 좋은 방법 중의 하나는 신뢰를 쌓는 것이다. 고객에게 좋은 인식을 주면 그 고객은 다시 찾아 오는 단골고객이 된다. 특히 "그 레스토랑은 깨끗하고 위생적이다"라는 말은 고객에게 확실한 신뢰를 가지게 한다. 위생적으로 신뢰를 주는 레스토랑은 자연적으로 고객에게 홍보가 되기 때문에 비용을 들이지 않고 경영을 성공적으로 이끈다.

(3) 위생관리영역

과학의 발달이 건강을 해치는 오염된 음식물을 쉽게 예방할 수 있다고 생각할지 모른다. 그러나 단지 보다 나은 저장과 보관방법을 통해 부분적으로 안전한 음식을 제공만 할 뿐 완전하게 보장을 해주는 것은 아니다. 즉 언제, 어느 때라도 음식물의 오염과 미생물의 발생으로 인한 식중독은 사람에게 큰 해를 끼칠 수 있다.

[그림 10-12]는 위생사고가 발생할 수 있는 여러 장소를 보여준다. 위생적이고 안전한 음식제공을 위해 관리해야 할 영역은 크게 음식물(food), 사람(people), 시설(facilities)과 장비(equipment)로 구분된다.

그림 10-12 | 음식오염의 발생장소

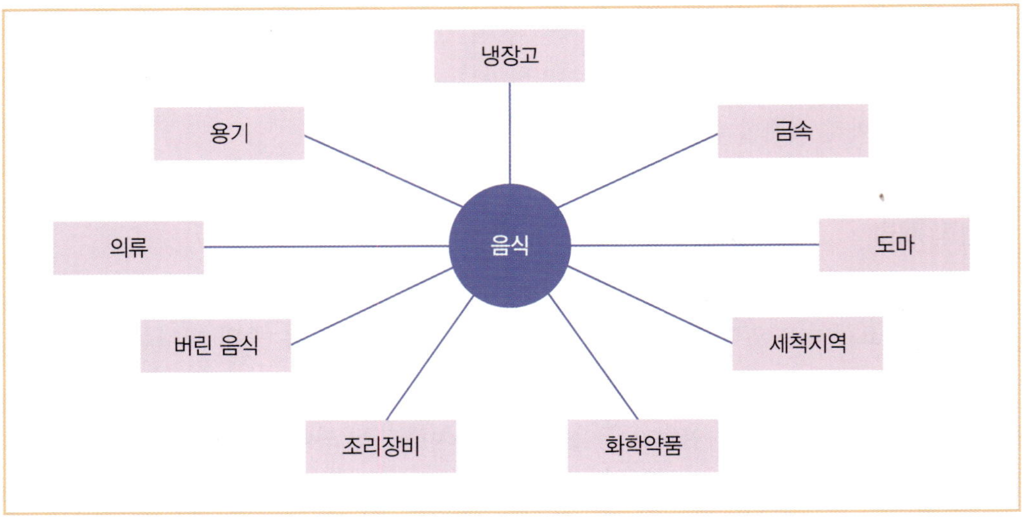

① 음식물

좋은 음식에는 좋은 재료가 필수적이다. 부패된 재료로 좋은 품질의 음식을 준비한다는 것은 불가능하며, 식품손실(food loss)과 부패(spoilage) 또한 레스토랑에 치명적인 손실을 입힌다. 구매한 모든 식재료를 안전하게 사용할 수 있는 것은 아니다. 예를 들어, 식재료로 쓰기 위한 닭을 아무리 신선하게 보관한다고 해도 사소한 실수로 얼마든지 쉽게 세균에 오염될 수 있다. 신용 있는 공급자와의 장기적인 거래를 통해 식재료를 공급받는 것이 안전하고 위생적인 방법으로 운반, 저장, 조리하는 것도 중요하다.

② 사람

안전한 음식제공에서 가장 위험한 장애물은 사람이다. 비위생적인 음식제공의 원인은 사람이고 피해자 역시 사람이다. 식재료를 구매하고 조리하는 모든 단계에서 사람에 의해 음식물이 오염될 수 있다. 예를 들어, 서비스직원의 손이나 땀, 호흡 등을 통해 박테리아와 다른 미생물들이 전염되며, 무심히 하는 기침이나 재채기가 보이지 않는 미생물을 전염시켜 병을 발생시킨다. 사람의 배설물 역시 병원체를 전염시킬 수 있다. 어떤 날 조리사의 업무가 햄을 가지고 햄 샐러드를 조리하는 일이라고 가정하자. 만약 조리사의 목에 피부염이 있어 조리를 할 때 염증이 생긴 곳이 아프거나 가려워 손으로 상처를 만지고 그 손으로 식재료인 햄을 조리하게 되면, 포도상구균으로 오염된다. 대개 햄 샐러드는 주방에 오랫동안 두었다가 고객에게 공급하는데, 조리사가 자신의 목에 난 상처를 만졌던 손으로 조리된 햄을 만질 때 햄은 포도상구균에 오염되며, 햄을 섭취한 고객은 식중독에 걸린다.

사람의 머리부분은 박테리아에 의한 식중독을 유발시키는 근원지 중의 하나이므로 주방직원들은 모두 위생모를 써야 하고 머리카락은 짧은 것이 바람직하다. 유니폼과 기타 다른 옷은 깨끗하고 위생적이어야 한다. 손을 자주 씻는 것은 박테리아 번식을 방지하는데 절대적이다. 박테리아는 담배연기 속에서도 번식하는데 흡연은 결코 주방 안 또는 주방 근처에서도 허용되어서는 안 된다. 특히 감기나 전염성 바이러스를 가진 질병을 앓고 있는 직원은 근무하지 못하도록 한다. 경영자나 관리자는 서비스직원들에게 위생교육을 실시하고 감시하며, 직원들에게 모범적인 위생행동을 보임으로써 식중독발생을 최소한 예방할 수 있다. 그리고 레스토랑 내에서 비위생적인 행동을 하는 고객에게도 관심을 갖는다. 〈표 10-2〉는 직원과 관련된 위생관리 점검사항을 보여준다.

| 표 10-2 | 직원의 위생관리 점검사항

- 청결에 대한 정신이 확립되어 있는가.
- 복장 · 신발은 청결한가.
- 직원의 손톱은 말끔히 손질되어 있는가.
- 위생교육은 몇 시에 실시되는가.
- 위생교육은 어느 정도 간격으로 실시되는가.
- 위생관념은 어느 정도인가.
- 식중독에 대한 지식을 알고 있는가.
- 상처가 식품오염을 어떻게 일으키고 있는지를 알고 있는가.
- 직원의 건강상태를 매일 체크하는가.
- 정기적인 건강진단을 하고 있는가.
- 정기적인 대변검사를 하고 있는가.
- 상처가 난 사람은 없는가.
- 손은 깨끗이 씻고 있는가.

③ 시설과 장비

청소하기 어려운 곳, 고장난 장비나 식재료가 대량으로 저장되어 있는 곳, 비위생적인 환경, 해충들이 몰려들 수 있는 곳 등은 모두 비위생적인 부분이다. 항상 신경을 쓰고 개선하거나 철저히 관리해야 한다. 〈표 10-3〉은 레스토랑 시설과 장비에 관련된 위생관리 점검사항을 보여준다.

표 10-3 | 시설과 장비의 위생관리 점검사항

레스토랑의 외관	• 레스토랑 앞의 도로는 청소되어 있는가. • 간판 · 사인 · 지붕 · 창문은 깨끗한가. • 주차장에 표지는 떨어져 있지 않은가. • 쓰레기통은 청소되어 있는가. • 레스토랑 입구나 구석구석은 청소되어 있는가. • 입구의 매트는 깨끗한가. • 전체적으로 청결감이 넘치고 있는가.
영업장	• 조명은 적당하며, 조명기구의 전구가 끊어진 것은 없는가. • 레스토랑 내 장식, 액자, 꽃, 정원수의 손질은 잘 되어 있는가. • BGM의 음향은 적절한가. • 레스토랑 내 공기조절은 적절한가. • POP광고는 더럽혀져 있지 않은가. • 테이블 · 의자 · 바닥 등은 깨끗한가. • 테이블의 뒤처리는 말끔한가. • 테이블 밑도 체크하고 있는가. • 서비스에 필요한 기구는 청결한가. • 메뉴표는 깨끗한가. • 코스터(coaster)류는 청결한가. • 휴지통은 청결한가. • 은제품 · 유리제품은 잘 손질되어 있는가. • 커피머신 · 와인셀러 등은 청결하게 유지되고 있는가. • 쓰레기통 및 그 주변은 깨끗한가.
화장실	• 화장실은 청결한가. • 비누는 있는가. • 휴지와 휴지통은 준비되어 있는가.

주방	• 쓰레기통 및 그 주변은 깨끗한가. • 손씻는 곳은 깨끗한가. • 청소용구 및 세제는 정해진 장소에 놓여 있는가. • 바닥은 청결한가. • 배수구는 청결한가, 고인 물이나 쓰레기 등은 없는가. • 환풍기는 깨끗하게 청소되어 있는가. • 공기조절배관에 기름때는 없는가. • 벽은 깨끗한가. • 증기가 너무 강해 영업장으로 흘러 나오고 있지 않은가. • 가스레인지의 손질은 잘 되어 있는가. • 프라이팬 · 그릴판의 손질은 빈틈 없이 되어 있는가. • 집기 · 칼 · 국자 · 냄비 · 포트 등은 청결하게 유지되고, 정해진 장소에 놓여 있는가. • 작업싱크대 및 선반주변은 깨끗한가. • 식기세정은 작업순서대로 실행하고 있는가. • 기계에 물때가 끼어 있지는 않은가. • 식기선반은 청결히 보관되고 정돈되어 있는가. • 청소용구 · 세제 등은 정해진 위치에 놓여 있는가.
식재료 보관장소	• 육류 · 생선류의 보관장소는 청결한가. • 식재료가 바로 바닥에 놓인다든지 방치되어 있지는 않은가. • 냉장고 · 냉동고 · 건재료품창고 등의 주변과 내부는 청결하게 유지되고 정리되어 있는가. • 냉장고 · 냉동고 · 냉동케이스 등의 서리제거장치가 제대로 작동되고 있는가.
방충 및 방해대책	• 방충 · 방해대책을 하고 있는가. • 식품의 보존은 매뉴얼대로인가. • 청결성 수준은 어떠한가.

(4) 위생교육

업무가 힘들더라도 위생교육은 필수이다. 개인과 집단이 건강한 생활을 하도록 노력하고 또 그렇게 하도록 만들기 위한 것이다. 위생교육에서 중요한 것은 경영자나 관리자의 관심과 지원이다. 이는 위생관리 소홀로 인한 경제적 손실은 물론 법적 처벌이 뒤따르지 않도록 하는 노력이기도 하다. 무슨 교육이든 마찬가지겠지만 위생교육은 1년 내내 정기적으로 계속해서 실시해야 한다. 개점 및 폐점시간은 물론 식재료 구매에서부터 고객에게 음식을 제공하기까지 위생관리의 범위가 넓고 중요하기 때문이다.

위생의 중요성을 인식하고 교육효과를 높이기 위한 방법으로 위생관리에 모범을 보이

고객과 직원을 위해 위생을 지켜야 하고 반드시 위생교육이 필요하다.

는 직원에게 상을 주거나 위생교육프로그램에 직원을 참가시킨다. 고객에게 위생에 관한 인상을 심어주는 것도 필요하다. 위생관리를 잘하고 있다는 표시를 붙이거나 깨끗한 유니폼을 입고 다님으로써 직원이 얼마나 노력하고 있다는 것을 알도록 하면 고객은 자연히 레스토랑에 대해 신뢰를 가지게 된다. 교육 이외에 정기적으로 시설물과 직원들의 위생상태를 점검하고 정해진 위생규칙에 따르고 있는지 확인한다. 식품위생프로그램을 기본으로 한 위해요소중점관리(HACCP: Hazard Analysis Critical Control Point)시스템을 준비하는 것도 좋은 방법이다.

미국 레스토랑협회(NRA)에서는 안전하고 위생적인 음식제공을 위해 외식산업 종사자에게 '위생적인 음식관리프로그램'(A Food Safety Management Program)을 실시하고 있다. 이 프로그램의 주요 목적은 위생관리 부족으로 준비된 비위생적인 음식 때문에 발생하는 병을 막기 위해 적절한 훈련을 직원에게 실시함으로써 음식에 대한 지식은 물론 위생적으로 취급할 수 있도록 하기 위해서이다. McDonald's의 위생관리는 아주 엄격하다고 소문난 미국 식품업계조차 놀랄 정도이다. 그 기준은 바로 무균이다. 이를 위해 직원들은 30분마다 반드시 손을 씻도록 하고 있다. 청결에 관한 끊임없는 추구가 오늘날 성공의 밑거름이 되었다.

2) 안전과 보안

주방에서의 조리업무는 언제든 각종 사고가 유발할 수 있는 요인이 잠재되어 있다. 안전수칙을 철저히 지키고 주의를 기울여 사고발생을 사전에 방지해야 한다. 주방기기는 조리업무를 능률적으로 향상시키는 데 많은 도움을 주지만, 한편으로는 산업재해의 원인이 되기도 한다. 사고를 방지하기 위해서는 각종 주방기기의 작동방법과 기능을 철저히 익히고 여기에 필요한 개인작업수칙을 지켜야 한다.

주방기기의 안전관리를 위해서는 다음과 같은 내용을 숙지하여야 한다.

- 모든 주방기기는 사용 전에 방법과 용도를 충분히 숙지한 후, 전문가의 지시에 따라 정확하게 사용한다.
- 사용용도 이외의 다른 목적으로 사용하지 않는다.
- 주방기기에 무리가 가지 않도록 사용한다.
- 주방기기에 이상이 있을 경우, 즉시 사용을 중지시킨 후 적절한 조치를 취한다.
- 주방기기의 전압용량과 영업장 전압과 일치하는지 확인한다.
- 각종 주방기기는 모터에 물기가 스며 들지 않도록 주의하며, 항상 청결하게 유지한다.

대부분의 화재는 주방에서 발생한다. 안전점검 체크리스트를 작성하여 사전에 화재안전을 점검하고 비상상황 발생 시 고객이 잘 인식할 수 있도록 안내한다. 오븐, 가스레인지 등의 화기는 조리작업과 불가분의 관계에 있다. 가스기기와 전기기기는 연료나 기기의 성질을 정확히 알고 사용하고 화기를 사용할 때는 자리를 이탈하지 않고 지키고 있는 주의가 요구된다.

레스토랑은 대중에게 개방되어 있는 시설이다. 직원은 식재료와 현금을 가깝게 취급하기 때문에 고객, 직원 또는 외부인에 의해 범죄가 발생할 수 있는 여지가 많다. 미국 레스토랑협회(NRA) 조사에 따르면 매출액 중 1달러당 대략 5센트를 도둑에게 잃어버리고 4센트를 직원에게 잃는 것으로 나타났다. 잘 고안된 설비는 도둑을 방지하는 것을 도와준다. 어두운 구석이나 잘 안 보이는 칸막이는 한가한 때 폐점시간을 기다리는 도둑들에게 이상적인 은닉처가 된다. 레스토랑의 전후방 모두 보안을 유지할 수 있도록 설계되어야 한다. 감독이나 감시가 잘 되지 않는 직원 라커룸, 떨어져 있는 저장실은 도둑에게 좋은 장소이다. 현금보관 주변은 관리자나 다른 직원들이 잘 볼 수 있도록 밝아야 한다. 불빛이 어둡거나 외따로 떨어져 있는 주차장은 직원과 고객 모두에게 위험을 초래할 수 있다.

10-6 매뉴얼

1. 매뉴얼이란?

매뉴얼(manual)은 내용이나 행동양식을 축소, 정리, 간편하게 문서로 나타내어 그것을 이해하게 함으로써 기대하는 목표를 누구나 쉽게 달성할 수 있도록 만들어진 업무지침 또는 행동요령을 말한다. 매뉴얼은 여러 가지 목적으로 사용된다. 예를 들어, 컨벡션 오븐(convection oven)을 작동하는 방법을 기록한 설명서나 연회행사 때 직원 각자의 직무내용과 행동을 작성해 놓은 것도 매뉴얼이다. 이처럼 매뉴얼은 사용하는 주체와 사용하는 목적에 따라 그 의미가 다르다. [그림 10-13]은 매뉴얼의 장점과 단점을 보여준다.

그림 10-13 | 매뉴얼의 장점과 단점

장점	단점
• 품질관리가 용이하다. • 미경험자도 단시간에 현장에 적응할 수 있다. • 작업효율이 높다. • 위생관리가 용이하다. • 인건비를 절약할 수 있다. • 조리사의 기술력에 의해 음식 맛이 좌우되지 않는다.	• 개인의 창의가 발휘되지 못한다. • 조리과정의 지나친 표준화로 직업인으로서 기술습득이 어렵다. • 독창적인 맛을 내기 어렵다. • 품질향상에 대한 열의가 떨어질 수 있다. • 인건비를 절약할 수 있다. • 운영이 표준화되어 있어 고객에 따른 개성적인 서비스가 어렵다.

어떤 형태의 레스토랑이든 작업의 효율성, 바라는 일정수준 품질의 제품과 서비스를 일관성 있게 제공하기 위해 매뉴얼은 필요하다. 사람이 지시 또는 지도를 하는 경우 개인적으로 치우치기 쉽고 정확하지 않을 수 있는데, 매뉴얼은 이러한 문제를 크게 줄여준다. 매뉴얼의 가장 큰 목적은 바로 여기에 있다. McDonald's가 프랜차이즈사업을 본

격화하면서 가장 신경을 쓴 것은 시스템을 매뉴얼화하는 것이었다. 그 당시 A&W, Daily Queen, Big Boy 등의 경쟁자들이 있었지만 McDonald's는 철저한 매뉴얼을 통해 경쟁자들을 단숨에 따라 잡을 수 있었다.

McDonald's가 프랜차이즈사업을 본격화하면서 가장 신경을 쓴 것은 매뉴얼이었다.

프랜차이즈 레스토랑의 경우 운영 매뉴얼, 교육훈련 매뉴얼, 마케팅 매뉴얼, 현장지원 매뉴얼, 품질 매뉴얼 등이 있다. 그중에서 가장 대표적인 매뉴얼은 운영 매뉴얼이다. 운영 매뉴얼은 레스토랑 운영 전반에 대한 개괄적인 내용이 담긴 매뉴얼로서 레스토랑 운영의 열쇠가 된다. 레스토랑의 모든 주요 기능은 운영 매뉴얼에서 결정된다. 레스토랑운영에 관한 내용이 자세히 담겨져 있기 때문에 비밀스럽게 취급된다. 운영 매뉴얼은 명확하게 작성하고 지속적이고 조직적인 방법으로 모든 정보를 전달할 수 있어야 한다. 최신의 것으로 갱신하고 정기적으로 수정한다.

운영 매뉴얼에는 다음과 같은 내용이 수록되어 있다.

- 소개
- 일반규칙
- 메뉴와 메뉴계획
- 장비의 사용과 취급
- 식재료 구매관리
- 식재료 입고와 저장관리
- 위생관리
- 조리작업 준비
- 시설유지
- 음식제공방법과 서비스
- 마케팅
- 재무관리
- 인적자원관리
- 운영관리

2. 매뉴얼의 기능

1) 경영 노하우 전달

경영 노하우를 전수하고 지도하는 방법에는 사람, 문서, 기타 유형물제공 등이 있다. 사람이 직접 지도 · 감독관리하는 방법이 가장 좋지만 비용을 줄이고 효율적으로 지도하기 위해서는 문서나 기타 유형물인 매뉴얼을 제공하는 것도 좋은 방법이다. 경영 노하우가 정확하고 체계적으로 전달되지 못하면 목표로 하는 수준의 일관된 작업을 수행할 수 없다.

2) 운영기준 제시

매뉴얼은 제품과 서비스의 품질을 계속해서 균일하게 유지할 수 있도록 도와주는 품질관리도구로서의 기능을 가진다. 매뉴얼 없이 상식이나 기억에 의한 적당한 교육에 의존하면 본래 의도된 경영방침에서 벗어날 수 있다. 프랜차이즈사업의 경우 매뉴얼은 프랜차이즈계약의 유기적인 일부로서 계약서를 보충하는 도구로 사용되기 때문에 매뉴얼을 준수하는 것이 가맹점의 의무이다. 반면 가맹본부는 가맹점이 매뉴얼을 잘 지키고 있는지 지도, 통제, 관리를 통해 제품과 서비스의 일관성을 유지하도록 한다.

3) 원가관리수단

매뉴얼은 원가관리수단으로 활용된다. 매뉴얼에 기술된 작업동작, 소요시간 등은 사전에 검토하고 연구하여 결정된 지침들이다. 따라서 매뉴얼을 보면 업무에 따른 필요인력에 대한 예측이 가능해지고 메뉴품목별 식재료원가, 시간당 노동력투입량, 시간당 생산량 등도 간편하게 계산할 수 있다.

4) 커뮤니케이션수단

매뉴얼은 사업을 전개하는 조직구성원 간 커뮤니케이션 도구가 된다. 각 구성원의 역할이 명시되어 있어 상호 간 언어적인 의사소통 없이도 각자의 역할을 이해하고 협조할 수 있다. 프랜차이즈사업의 경우 독립된 복수의 사업자가 계약에 의한 공동사업이기 때문에 가맹본부 마음대로 가맹점에게 명령하거나 지시할 수 없다. 가맹본부가 가맹점을 움직일 수 있는 것은 오직 계약에 기초하므로 그에 따른 매뉴얼을 통해야만 목적을 달성할 수 있다. 결국 가맹점은 계약으로 합의한 점검, 지도, 요구 등의 간접적인 관리방법을 통하여 목적을 달성하게 된다. 이런 이유로 인해 프랜차이즈사업에서는 반드시 매뉴얼이 요구될 수밖에 없다.

5) 경영활동의 충실한 수단

매뉴얼을 활용하면 직무에 충실하게 되고 효율적으로 수행할 수 있게 된다. 직원모집이나 상권 및 입지분석은 물론, 교육훈련, 광고, 홍보 등의 실행방법도 자세하게 기록되어 있기 때문에 효율적으로 활동할 수 있고 생산성 향상을 기대할 수 있다.

3. 매뉴얼 작성

매뉴얼을 만드는 이상 매뉴얼 없이는 직무를 효과적으로 수행할 수 없도록 하겠다는 생각이 중요하다. 매뉴얼 작성은 오랜 시간과 투자를 필요로 한다. 짧은 시간에 사업전개를 가능하게 하는 프랜차이즈사업의 경우 경영 노하우의 전수 · 교육 · 지도에 필요한 시간과 투자에 따라 실현되기 때문에 이를 가능하게 하는 가장 효과적인 도구는 매뉴얼밖에 없다.

〈표 10-4〉는 매뉴얼 작성에 기본이 되는 5W1H를 보여준다. 경영 노하우를 실현하기 위해 가능한 쉽고 구체적인 실행방법을 제시해야 한다. 매뉴얼을 단순히 절차상의 입문서로 머물지 않도록 한다. 고객이 레스토랑에 들어올 때 "어서 오세요" 한다고 하는 식의 접객방법을 매뉴얼이라고 하면, 과연 매뉴얼로 제품을 판매할 수 있을까? 이것은 매뉴얼이 아니라 단지 교과서일 뿐이다. 고객에게 "어서 오세요"라고 인사를 해도 너무 빨리 하거나 또는 늦으면 서비스가 마음에 들지 않을 수 있다. 성, 연령, 직업 등에 따른 고객의 행동심리에 기초하여 말의 어조, 말의 반복, 표정, 자세를 어떻게 취해야 하는지 등 세부적으로 작성한다. 실제 레스토랑에서 고객을 맞이하는 자세로 매뉴얼을 만든다. 매뉴얼

은 단순히 교실에서 사용하는 교재가 아니다. 작업현장에 가지고 가지 말라고 해도 꼭 가지고 가도록 만든다. "어서 오세요"라는 말을 건네는 시점에서도 바닥에 선을 그어 고객이 선을 밟으면 인사하도록 하는 것과 같이 상세하게 기술해야 한다.

외식산업에서 매뉴얼은 불가피한 도구이다. 사업 초기부터 매뉴얼을 구축하는 것이 좋다. 그러나 대부분의 매뉴얼이 일정기간 사업전개를 경험한 후에 구축되는 예가 많다. 물론 처음부터 매뉴얼을 완벽하게 준비하여 시작할 수는 없다. 현재 성공적으로 운영하고 있는 레스토랑의 매뉴얼을 연구하는 것도 좋은 방법이다. 매뉴얼은 계속해서 보강하거나 개정해야 한다. 한번 작성되어 반영구적으로 사용한다고 하면, 그 매뉴얼은 제대로 사용되지 않아 기능을 발휘하지 못한다.

| 표 10-4 | 매뉴얼 작성의 기본원칙

What	업무의 종류와 목표대상이 되는 메뉴 · 서비스 등에 대해서 구체적으로 명시가 가능한 것
Why	왜 해야 하는지, 왜 그렇게 해야 하는지, 왜 그것이 목표로 설정되었는지, 왜 그것이 원인이 되었는지, 왜 그런 결과가 나왔는지 등 인과관계를 명확히 표시하여 이해할 수 있도록 함
When	언제부터 시작하고 끝나는지, 대상이 되는 기간은 언제부터 언제까지인지, 시간대로 봐서 일의 농도는 어떤지 등의 시간과 기간
Who	그 업무와 관련된 사람은 누구인지, 책임자와 담당자는 누구인지, 누구에게 보고하고 지시받아야 하는지, 누구를 위한 서비스인지 등
Where	그 일은 어디서 행해지는지, 어디에 그것을 두는지, 상품의 기록이나 보관은 어디서 행해지는지, 어느 거래처로 연락하면 되는지 등
How	일을 효율적으로 하기 위한 순서는 어떻게 되어 있는지, 준비는 어떻게 하고 있는지, 그것을 해결하기 위한 수단에는 어떠한 것이 있는지, 문제가 발생한 경우 어떻게 처리해야 하는지 등

4. 매뉴얼의 활용과 평가

대상이 되는 업무를 매뉴얼에 따라 충실히 실행하면 기대하는 성과를 달성할 수 있도록 하는 것이 매뉴얼 본래의 목적이다. 규정에 따라 작업을 진행하지 않으면 생산성 감소로 이어진다. 매뉴얼은 장식이 아니다. 완벽한 매뉴얼이라고 해도 제대로 활용하지 못하고 있다면 보물을 가지고 썩히고 있는 것과 같다. 아르바이트 또는 파트타임 직원을 채용하는 경우 매뉴얼의 중요성은 더 커진다.

매뉴얼을 올바르게 활용하기 위해서는 우선 교육훈련이 필요하다. 책임자가 매뉴얼 내용을 스스로 실증하면서 교육, 전수, 지도하면 효과를 거둘 수 있다. 강제적인 실행을 피하고 충분한 시간을 할애하여 설명하고 이해할 시간을 가지도록 한다. 달성 가능한 직무부터 순차적으로 실행하여 가능한 한 빠른 시간 내 완전하게 이해하고 실행할 수 있을 때까지 지도한다. 끝으로 매뉴얼에 따라 작업하고 있는지 어떤지 확인한다. 책임자는 각각의 작업에 따라 내용, 과정, 결과를 끊임없이 점검하고 확인한다.

매뉴얼은 최소 필요한 업무수준을 확실히 하는 데 도움이 되므로 일반적인 교육프로그램으로도 유용하게 활용할 수 있다. 항상 기본으로 돌아와 원점을 확인하고 반성의 자료로 삼는 경우에도 효과적으로 사용할 수 있다. 그러나 사람을 대상으로 하는 외식산업에서는 이 정도로는 경쟁력을 가지지 못한다. 매뉴얼에 따라 실행하여 기초를 확립한 뒤, 보다 나은 기술을 습득하여 얻게 된 성과를 축적하도록 한다.

매뉴얼을 한번 만들어 그것을 몇 년 그대로 사용할 수 없다. 정기적으로 평가와 검토가 이루어져야 한다. 예를 들면, 기존 세 명이 담당했던 영업장관리를 주문 키오스크(kiosk) 설치를 계기로 두 명이 담당하게 되었을 때, 이는 단순히 근무자가 한 사람 줄어든 것이 아니라 그 업무수행구조 자체가 변화한 것이다. 그러므로 시간의 흐름에 따라 업무 그 자체의 재평가와 재검토가 필요하다.

토 의 문 제

01 생산운영시스템 모형에 따르면 생산운영관리는 투입물이 변환과정을 거쳐 산출물로 바뀌는 과정에 관련된 활동을 말한다. 시스템 관점에서 외식산업 생산운영관리의 개념에 대해 설명하시오.

02 생산성 향상은 모든 레스토랑들의 주요 목표이다. 최근에는 로봇 셰프, 로봇 바리스타, 서빙로봇 등 첨단과학기술을 활용하여 외식산업 모든 영역에서 생산성을 높이려는 노력이 계속되고 있다. 4차산업기술의 발전에 따라 변화된 생산운영시스템 사례들을 조사하고, 향후 전망에 대해 토의하시오.

03 식음료 생산시스템은 식재료의 가공 정도에 따라 전통적 생산시스템, 조리저장식 생산시스템, 중앙공급식 생산시스템, 조합식 생산시스템 등으로 분류된다. 각각의 생산시스템을 사용하고 있는 외식기업 또는 레스토랑을 조사하고, 각 생산시스템의 장점과 단점에 대해 토의하시오.

04 생산계획은 생산을 수요에 맞춤으로써 과잉생산을 최소한으로 줄여 비용을 절감하려는 데 목적이 있다. 보통 과거의 판매기록을 토대로 생산계획을 수립하는데, 가까운 단골 레스토랑의 협조를 얻어 지난 3개월 동안의 판매에 기초하여 다음 달의 생산계획을 수립하고, 토의하시오.

05 식음료 생산을 효과적으로 수행하기 위해서는 표준산출량, 표준레시피, 표준정량 등의 사전통제수단의 역할이 중요하다. 표준산출량과 표준레시피의 필요성에 대해 토의하시오

06 외식산업은 식재료를 중심으로 생산관리가 이루어지는 만큼 적합한 식재료의 결정과 올바른 관리는 레스토랑운영의 핵심이 된다. 구매에서부터 제공에 이르기까지 식재료에 관련된 관리자의 중요한 직무활동을 조사하고, 토의하시오.

07 고객은 새로운 경험을 즐길 수 있다는 기대로 레스토랑을 찾는다. 이때 직원이 제공하는 서비스의 좋고 나쁨은 음식의 품질마저 변화시킬 만큼 중요한 고객경험이 된다. 서비스가 왜 중요한지, 그리고 프로 서비스직원이 되기 위해서는 어떤 능력을 갖추어야 하는지에 대해 토의하시오.

08 위생은 사람의 건강을 유지해 주는 가장 중요한 조건이다. 위생적이고 안전한 음식제공은 레스토랑이 반드시 지켜야 할 중요하고도 기본적인 책임이자 의무이다. 국내 외식산업에서 발생하는 음식으로 인한 식중독 사고현황에 대해 조사하고, 위생사고를 예방하기 위한 방안에 대해 토의하시오.

참고문헌

- 박기용(2018), 외식산업경영학, 대왕사.
- 안영진 · 유영목 · 홍석기(2011), 생산관리, 박영사.
- 허양회 · 박기용(2019), 프랜차이징, 대왕사
- Carol A. King(1988), *Professional Dining Room Management*, VNR.
- Jim Meehan(2017), *Meehan's Bartender Manual*, Ten Speed Press.
- John Birchfield(2007), *Design and Layout of Foodservice Facilities*, John Wiley and Sons.
- June Payne−Palacio and Monica Theis(1994), *Introduction to Foodservice Management*, Pearson College Div.
- Kornelia Marshall(2016), *Design and Equipment for Restaurants and Foodservice: A Management View*, Wiley.
- Lea R. Dopson and David K. Hayes(2019), *Food and Beverage Cost Control*, Wiley.
- Marian C. Spears and Mary B. Gregoire(2006), *Foodservice Organizations: A Managerial and Systems Approach*, Pearson College Div.
- Marian C. Spears(1999), *Foodservice Procurement: Purchasing for Profit*, Pearson College Div.
- NRA(2002), *ServeSafe Essential*, National Restaurant Association.
- Paul R. Dittmer and J. Desmond Keefe III(2008), *Principles of Food, Beverage, and Labor Cost Controls*, Wiley.
- Robert B. Garlough(2010), *Modern Food Service Purchasing: Business Essentials to Procurement*, Delmar Cengage Learning.
- Ronald F. Cichy and Jeffery Elsworth(2007), *Purchasing for Food Service Operations*, AH & MA.
- Sondra J. Dahmer and Kurt W. Kahl(1996), *The Waiter and Waitress Training Manual*, John Wiley & Sons.
- Sylvia Meyer and Edy Schmid(1990), *Professional Table Service*, Wiley.
- The Culinary of Institute(2014), *Remarkable Service*, Wiley.

Chapter 11

서비스경영

도입사례

Domino's '배달서비스의 차별화'

"Domino's는 정보기술(IT)기업이다"

Domino's의 최고경영자(CEO) 리치 앨리슨이 입버릇처럼 했던 이야기이다. 외식업계에서 도미노는 IT기업으로도 통한다. '업계 최초'의 푸드테크기술은 대부분 Domino's가 먼저 시작했다. "소비자는 언제 어디서든 편하게 주문하고, 우리는 신속하게 배달하자"는 게 Domino's의 모토이다. Domino's는 1960년 미국 미시간주에서 탄생한 피자 브랜드이다. 창업자가 폭스바겐 뉴비틀 한 대로 대학가와 군부대에 30분 내 피자를 배달한 게 시작이다. 한국에는 1990년 오금동에 1호점을 내며 진출했다.

Domino's는 완벽한 주문과 배달서비스를 제공하기 위해 누구보다 앞선 정보기술(IT)을 도입해 푸드-테크 선도기업으로 도약하고 있다.

배달 앱보다 앞선 IT 혁신으로 홀로 성장

국내 외식업계는 배달 앱이 장악했다. 1위 앱 '배달의 민족'의 연간 거래액은 5조 원을 넘는다. 매월 3,000만 건 이상의 주문이 발생한다. "먹는 건 모두 배민으로 통한다"는 말도 생겼다. 하지만 이 배달 앱에서 Domino's는 찾을 수 없다. 30년 전 배달피자 전문 브랜드로 시작한

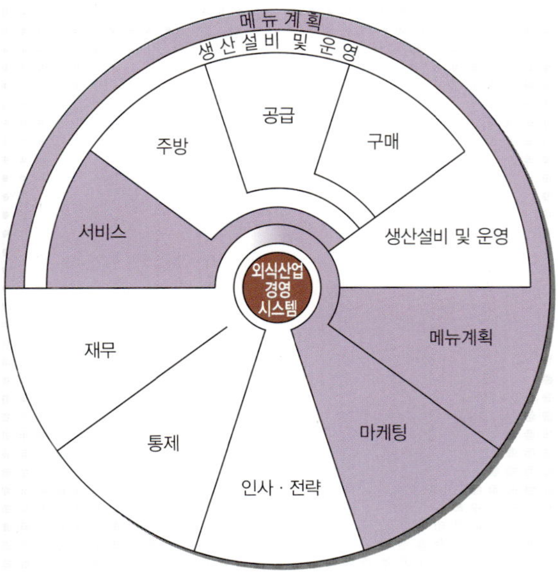

| 학습목표 |

1. 외식산업에서 서비스의 특성이 가지는 의미를 이해한다.
2. 서비스제공과정에서의 인적 · 물리적 서비스 접점관리의 중요성을 이해한다.
3. 서비스품질 향상과 효율적 서비스생산을 위한 서비스 프로세스를 이해한다.
4. 서비스능력을 최대로 활용하기 위한 서비스수요 및 공급관리를 이해한다.
5. 제한된 자원을 다양한 방법으로 활용하여 최대의 수익을 창출하는 수익관리를 이해한다.
6. 서비스실패에 따른 효과적인 회복전략을 이해한다.
7. 서비스품질문제의 확인 및 개선에 유용한 도구로 사용되는 갭(gap)모델을 이해한다.

Domino's는 독립적인 배달 네트워크로 성장을 이어가고 있다. 다른 외식업체들이 배달 대행업체와 손잡을 때 Domino's는 D2C(Digital to Customer, 소비자와 직접거래) 플랫폼을 구축하며 마이웨이를 택했다.

고객 애로사항 제거한 '마이너스전략'

2016년 Domino's는 주문의 번거로움을 최소화하고 피자를 기다리는 시간에 대한 불만을 해소하기 위해 'Domino's 애니웨어' 프로젝트를 실시했다. 이는 소비자가 모든 디지털수단에서 피자를 주문할 수 있도록 만드는 전략이다. 페이스북 메신저, 스마트 TV, 트위터, 문자 이모티콘, AI 스피커 등 15가지의 루트를 통해 피자를 주문할 수 있도록 했다. 특히 기존에 주문했던 내용이 있다면, '이지 오더(Easy Order)'를 통해 주문까지 10초도 안 걸리는 빠른 주문시스템을 구축했다.

피자 배송과정 보는 '고객경험' 살려 기존 고객 잡아

주문뿐 아니라 배달서비스에서 IT를 융합한 시도를 하고 있다. 2017년 AI 챗봇을 탑재해 모바일로 누구나 간편하게 말로 주문하는 '도미챗' 서비스를 도입했다. 전국 1,000여 곳의 'Domino's 스폿'을 지정해 피자를 배달받을 수 있도록 하는 서비스도 했다. 차량을 이용한 방문포장 시 고객의 차량까지 직원이 피자를 직접 전달하는 'Domino's 드라이빙 픽업서비스,' 고객 맞춤형 주문시스템인 '마이키친,' 배달을 기다리면서 그 과정을 피자 추적기(Pizza Tracker)를 통해 확인하며 배달과정을 실시간으로 알 수 있는 독특한 경험도 만들었다. 2020년 국내 최초로 드론 배달서비스 상용화를 세종시에서 실시하고 있다. 배달의 신선함까지 더하자, 현재 디지털 플랫폼을 이용한 D2C 주문량이 전체 주문량의 70%에 달하는 결과를 가져왔다.

차별화된 배달서비스 혁신에 노력

Domino's는 세계에 1만 6,500여 개 점포를 보유하고 있다. '배달의 원조' 브랜드로 불리는 만큼 각국에서 배송 혁신을 위한 아이디어 경쟁이 치열하다. 호주 Domino's는 자율배송 로봇을 도입하고, 뉴질랜드 Domino's는 드론을 활용한 배달에 나서는 등 차별화한 배달서비스를 내놓고 있다. 앨리슨 CEO는 "배달은 우리 업(業)에서 매우 중요하며 소비자 접촉을 최소화하는 언택트 배달이 외식업계의 큰 흐름이 될 것"이라고 강조했다. Domino's에 대한 월가 및 동종업계의 전망은 긍정적이다.

Domino's는 트위터, 문자 이모티콘, AI 스피커 등 모든 디지털수단에서 피자 주문이 가능하도록 한 '애니웨어 프로젝트'전략을 실행하고 있다.

자료: 한국경제, 2019.12.17./한국경제, 2020.02.13./한국경제, 2020.06.17/사례뉴스, 2021.04.30.

'제7장 제품개발'에서 외식산업 제품을 유형의 식음료와 무형의 서비스가 하나의 패키지화된 제공물로 설명하였다. 외식산업 고객은 식음료만을 구매하기 위해 레스토랑을 방문하지 않는다. 외식의 구매과정에서 경험하는 서비스도 중요하게 생각한다. 서비스는 식음료와 더불어 제품의 판매 여부를 결정짓는 데 중요한 역할을 한다. 서비스가 없는 제품은 존재하지 않는다는 말은 결코 지나치지 않다. 서비스를 제대로 전달하지 못하거나 관리하지 못하면 식음료 판매는 어려워진다. 고객서비스 없이는 고객만족도 이익도 없는 것이다.

본 장에서는 '제7장'에서 설명하지 않은 제품으로서의 서비스에 대해 살펴보고자 한다. 서비스의 특성과 중요성, 서비스 프로세스를 설계하고 관리하기 위한 서비스 생산시스템과 서비스 접점관리에 대해 살펴본다. 서비스운영과 전략으로서 대기관리, 서비스수요와 공급관리, 수익관리, 서비스회복, 그리고 서비스품질을 인식하고 평가하기 위한 갭모델에 대해서도 살펴본다.

11-1 서비스의 이해

1. 서비스란 무엇인가?

제품으로서의 서비스는 가치 있는 것으로 시장에서 거래가 가능한 무형적 제품제공물이다.

일반적으로 서비스라고 하면 제품을 구매했을 때 제공되는 A/S 정도의 개념으로 생각한다. 그러나 서비스는 보다 다양한 의미로 사용된다. 예를 들면, 봉사활동, 팝바에서 무상으로 제공되는 팝콘 안주, 고객을 대하는 자세나 태도 등과 같이 소비자의 효용과 만족을 충족시키기 위해 제공되는 모든 것을 서비스라고 한다. 미국 마케팅협회(AMA)에서는 서비스를 "판매를 목적으로 제공되거나 제품 판매와 관련되어 제공되는 모든 활동, 편익, 만족"으로 정의하고 있다.

서비스를 보다 넓게 이해하기 위해서는 무형성(intangibility)이라는 개념을 가지고 생각해 볼 필요가 있다. 서비스는 보여지는 어떤 것이라기보다는 느껴지는 부분이 더 많은, 즉 무형성이 중요한 특성이 된다. 그렇지만 사실 극소수의 제품만이 완전하게 무형적이거나 또는 유형적이다. 이러한 점에서 제품은 서비스에 비해 보다 유형적이고 서비스는 제품에 비해 보다 무형적인 경향이 있다. 다시 말해 서비스는 완전히 무형적인 것이 아니라 상대적으로 유형적 부분에 비해 무형적인 속성이 더 강할 뿐이다. [그림 11-1]은 패스트푸드 레스토랑은 햄버거 또는 피자라는 유형의 제품과 무형의 서비스가 혼합된 제품을 판매하는 사업임을 보여준다.

그림 11-1 | 유형성 스펙트럼도

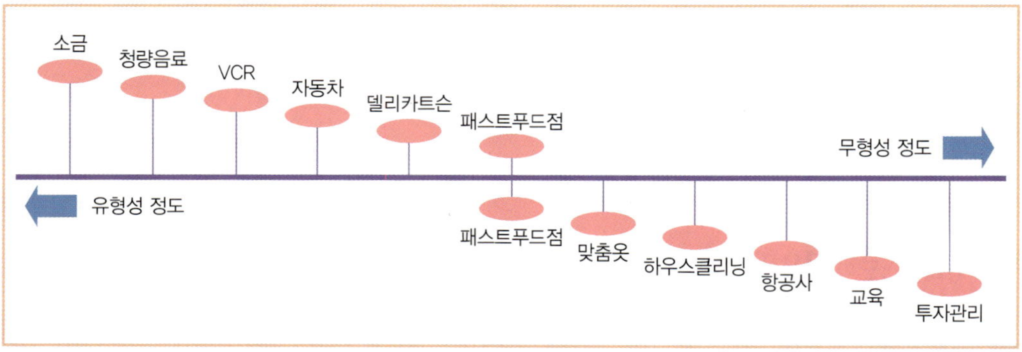

자료: Christopher Lovelock & Lauren Wright(2001), *Principles of Service Marketing and Management*, Pearson College Div.

2. 서비스의 특성

서비스는 재화와는 본질적으로 다른 특성을 가지고 있다. 그러므로 제품 마케팅과 서비스 마케팅은 다를 수밖에 없다. 그 차이를 알기 위해서는 서비스의 구별되는 특성을 이해할 필요가 있다.

- 서비스는 무형적이지만 제품은 유형적이다.
- 서비스는 생산과 소비가 동시에 발생한다.
- 서비스는 제공자에 따라 달라진다.
- 서비스는 재고로 저장할 수 없다.

1) 무형성

서비스는 실체를 보거나 느끼거나 만지거나 진열할 수 없고 쉽게 커뮤니케이션할 수 없는 무형성(intangibility)의 특성을 가진다. 유형의 제조품은 눈으로 보고 실제로 사용함으로써 품질을 평가할 수 있다. 반면에 서비스는 무형성이기 때문에 그것이 어떠한 것인지 알기 위해서는 직접 경험해 볼 수밖에 없다. 평가하고 시험해 볼 수 없기 때문에 다른 사람들의 경험에 의존하기도 한다.

서비스는 무형성이기 때문에 직접 경험해 보기 전에는 서비스에 대한 확신이 약할 수밖에 없다. 고객은 자신의 불확실성을 줄이기 위해 서비스에 대한 정보와 확신을 제공하는 단서들을 찾으려고 한다. 예를 들면, 레스토랑의 외관 및 간판, 장식, 음악, 냄새, 직원의 용모와 유니폼, 화장실의 청결상태 등이 모두 무형의 서비스를 파악하는 데 이용되는 주변단서들이다. 고객은 레스토랑이 연출하는 유형의 단서들을 가지고 간접적이나마 서비스의 내용과 품질을 추론한다. 따라서 고객이 옳은 결정을 할 수 있도록 유형의 단서들을 매력적으로 보이도록 설계하고 잘 관리해야 한다.

위생과 청결을 나타내는 유형적 단서의 제시는 서비스환경을 매력적으로 보이게 한다.

2) 비분리성

제품은 생산된 후 판매되고 소비되지만, 서비스는 생산과 동시에 소비가 이루어지는 비분리성(inseparability) 또는 동시성의 특성을 가진다. 서비스는 생산과 소비가 동시에 일어나기 때문에 거래가 성립되는 장소에 고객이 함께 있는 경우가 많다. 그 결과 고객은 서비스가 생산되는 모습을 볼 수 있고, 또 직접 생산활동에 참여하기도 한다. 다른 고객도 서비스 생산과정에 참여하기 때문에 특정 고객의 행동이 다른 고객의 서비스에 영향을 미칠 수 있다. 예를 들면, 소란스럽게 뛰어다니는 어린이를 직원이 제대로 통제하지 못하는 경우 조용한 분위기에서 식사를 즐기려는 다른 고객들의 식사경험에 부정적인 영향을 미친다.

서비스의 비분리성은 서비스품질의 통제를 어렵게 하기 때문에 직원과 고객 양쪽 모두를 관리하도록 요구한다. 특히 특정고객의 행동으로 다른 고객의 경험에 나쁜 영향이 미치지 않도록 고객을 적절하게 통제하고 관리하는 것이 중요하다. 적정한 규모의 직원을 채용하고 지속적인 교육훈련을 통해 서비스기술과 지식을 갖춘 역량 있는 직원을 확보하도록 한다.

3) 이질성

서비스는 누가, 언제, 어디서 서비스를 제공하느냐에 따라 차이가 있는 이질성(heterogeneity)의 특성을 가진다. 조리사에 따라 맛이 다르듯 직원의 능력과 경험, 서비스 제공 당시의 감정상태에 따라 서비스가 다를 수 있다. 대기하고 있는 고객의 존재 유무와 정도, 서비스에 대한 고객의 기대수준에 따라서도 서비스는 달라진다.

서비스의 이질성 또는 일관성 결여는 서비스의 품질보증과 유지를 어렵게 하고 불평·불만의 원인이 된다. 고객은 공정하게 대우받기를 원하고 다른 사람이 받는 것과 동일한 서비스를 기대하므로 서비스의 표준화가 중요하다. 지속적인 교육훈련과 인센티브 제공, 그리고 고객의 제안, 고객만족도조사 등을 통해 잘못된 서비스를 찾아내 수정하고, 그 내용을 매뉴얼화한다. 한편 서비스의 이질성은 고객과 직원의 직접적인 접촉으로 고객 각각의 욕구에 따른 차별적인 서비스를 제공할 수 있는 기회를 얻을 수 있는 이점도 있다. 즉 서비스의 개성화를 통해 세분화된 고객 욕구에 대응할 수 있는 기회를 가질 수 있다.

4) 소멸성

서비스는 저장할 수 없는 소멸성(perishability)의 특성을 가진다. 특정 시간에 소비되지 않으면 저장했다가 나중에 판매할 수 있는 것이 아니라 소멸되어 버린다. 예를 들면, 레스토랑 좌석은 저장될 수 없고 채워지지 않은 좌석은 영원히 사라져 버린다. 제조업의 제품은 생산 스케줄과 재고기법을 통해서 수요와 공급문제를 관리할 수 있다. 그러나 서비스는 재고로 보관할 수 없기 때문에 수요와 공급 간에 균형을 맞추기 어렵다.

서비스수요를 조정하기 위한 방법으로 시간 차이에 따른 가격차별화를 사용할 수 있다. 예를 들면, 식사가 집중되는 피크타임 이외의 시간 또는 주중에 가격을 할인해 주는 것이다. 그리고 서비스공급을 조정하기 위한 방법으로 피크타임 때 아르바이트직원을 고용하거나 셀프서비스를 통해 고객 스스로 서비스의 일부를 실행하도록 한다. 한편 서비스를 회수하거나 재판매할 수 없다는 것은 서비스가 잘못되었을 때 강력한 보상책이 마련되어야 한다는 것을 의미한다. 예를 들어, 고객이 불만을 토로했을 때 무료시식권을 제공하거나 할인 또는 식사비용을 받지 않음으로써 고객의 마음을 돌릴 수 있도록 한다.

McDonald's는 아침메뉴 에그 맥머핀(Egg McMuffin)으로 아침이라는 새로운 서비스수요를 조정하였다.

3. 서비스의 중요성

얼마 전만 해도 맛이나 양과 같이 제품과 직접적으로 관련된 요소들이 제품믹스의 핵심 요소였다. 그러나 외식산업이 생산자중심에서 소비자중심으로 바뀌면서 제품과 더불어 어떤 서비스를 생산하고 어떻게 제공할 것이며, 또 서비스수준을 어떻게 할 것인가하는 문제들이 중요해졌다.

외식산업에서 서비스의 중요성이 커지게 된 이유는 다음과 같다.

1) 시장의 변화

외식산업에서 서비스의 중요성은 고객의 변화에서부터 시작되었다. 외식산업이 성숙하지 않았던 때는 고객을 만족시키는 요인이 서비스보다는 맛이나 양과 같이 제품과 직접적으로 관련된 요인들이 중심이었다. 레스토랑은 단지 제품을 생산하기만 하면 고객이 방문할 것이라며, 서비스에는 큰 비중을 두지 않았다. 그러나 외식산업이 성장하면서 시장에 변화가 나타났다. 질적인 외식소비를 추구하려는 소비자의 인식변화가 서비스에 대한 욕구를 확대시켰다. 고객 욕구가 다양해지면서 제품의 품질중심에서 벗어나 서비스에 대한 중요성이 부각되기 시작하였다. 레스토랑은 단순히 제품만 판매하는 곳이 아니라 서비스도 동시에 판매하는 시대로 변하였다.

2) 경쟁우위요소

생산기술의 발전으로 유형적 제품의 품질 차이가 좁혀지게 되자 제품의 품질 향상에 역량을 집중했던 레스토랑들이 서비스에 주목하게 되었다. 시장에서의 치열한 경쟁은 물론 인건비, 식재료비 등의 원가상승, 생산성 향상이 한계에 이르자 서비스를 차별화와 경쟁우위요소로 내세웠다. 예를 들어, Domino's Pizza에서 판매하는 피자는 유형적 제품이지만 빠르게 집으로 배달하는 서비스 역시 보이지 않는 제품의 일부이다. Domino's Pizza는 맛있는 피자를 제공하는 것은 물론 빠른 시간 내에 배달하는 차별화된 서비스전략으로 성공하였다.

3) 판매도구

레스토랑에서 제품만큼 중요한 것이 판매이다. 판매 없는 레스토랑은 존재할 수 없다. 서비스는 제품을 판매하기 위한 대표적인 도구이다. 따라서 서비스 없는 레스토랑은 존재할 수 없다. 만일 서비스를 판매하지 못하고 그저 베푸는 것에서 끝난다면 기대하는 매출을 달성하기 어렵다. 외식산업에서 판매는 곧 서비스이고, 서비스는 곧 판매를 의미하는 만큼 서비스의 중요성을 강조하지 않을 수 없다. 국내진출 초기 TGIF는 광고활동을 거의 하지 않았음에도 불구하고 퍼피독(puppy dog)서비스라는 독특한 서비스를 경험한 고객들의 입소문을 통해 널리 알려졌다.

4) 무형적 제품으로서의 가치

판매 없는 레스토랑은 존재할 수 없다. 판매는 곧 서비스이고, 서비스는 곧 판매이다.

레스토랑과 식품점의 차이점은 음식과 서비스에 있다. 식품점은 유형적 제품의 질과 가치에 신경 쓰고 있으며, 서비스에는 다소 소홀한 편이다. 반면에 레스토랑은 맛도 중요하지만 서비스도 중요하다. 다시 말해 서비스도 하나의 가치 있는 제품이 된다. 고객은 자신이 원하는 서비스를 제공받을 때 비로소 자신의 문제를 해결하고, 레스토랑은 문제해결을 도와줌으로써 그 대가를 받는다. 결국 무형의 서비스제공이 제품의 가치창출로 나타나는 것이다.

그림 11-2 | 서비스품질의 영향력

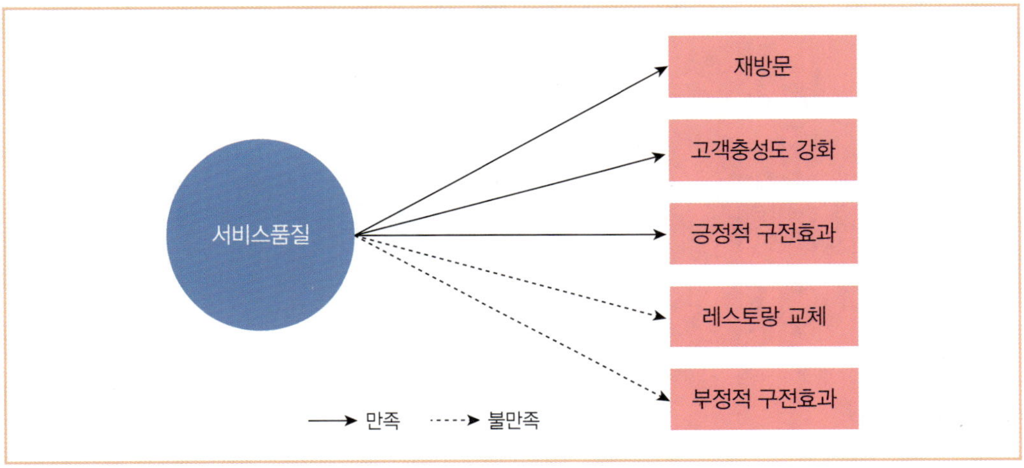

서비스품질의 영향력은 [그림 11-2]와 같다. 서비스품질이 좋으면 고객은 재방문하고 충성도가 높아지며, 새로운 고객을 유인하는 데 드는 비용과 서비스실패에 따른 비용이 절감된다. 긍정적인 구전효과로 인해 지속적인 고객유지와 창출도 가능해진다.

4. 서비스의 차원

외식산업 제품은 식음료와 서비스가 혼합되어 있다. 그러므로 레스토랑은 제품만 판매하는 곳이 아니라 서비스도 동시에 판매한다. 식음료와 더불어 서비스 또한 제품의 일부로서 가치창출에 중요한 역할을 하는 만큼 서비스영역을 잘 설계하고 체계적으로 관리해야 한다.

레스토랑에서 제공하는 제품으로서의 서비스는 [그림 11-3]과 같이 핵심서비스, 기능서비스, 보조서비스 등 세 개 차원으로 구성된다. 핵심서비스(core service)는 레스토랑이 시장에 존재하는 이유를 말한다. 고객에게 제공되는 편익으로 고객이 실제로 구매하고자 하는 서비스로서 즐겁고 추억될 만한 식사경험이다. 기능서비스(functional service)는 핵심서비스를 제공하는 데 직접적으로 도움을 주는 서비스이다. 예를 들면,

그림 11-3 | 서비스의 차원

식재료, 주방설비 및 기기, 서비스직원의 제품에 대한 지식 등이 여기에 해당한다. 보조서비스(support service)는 핵심서비스를 촉진시키거나 추가적인 가치를 더해주는 서비스이다. 예를 들면, 주차시설, 인테리어, 편의시설 등이 여기에 해당한다. 결국 핵심서비스의 달성은 기능서비스와 핵심서비스의 지원과 조화로 이루어진다.

11-2 서비스 접점관리

외식의 구매과정에서 고객은 직원, 간판, 건물, 메뉴, 장식, 가구 등의 물리적 증거들과 접촉하고 그때마다 서비스를 경험한다. 고객만족을 창출하고 서비스에 대한 인식과 평가를 좋게 하기 위해서는 서비스 프로세스에서 인적 · 물리적 서비스만남의 중요성을 이해하고 잘 관리해야 한다.

1. 서비스접점이란?

서비스접점(service encounter)은 서비스 프로세스에서 고객이 서비스제공자 또는 기타 물리적 시설과 접촉하는 순간을 말한다. 서비스접점은 고객과 직원, 고객과 고객, 고객과 서비스환경 등에서 나타나며, 경험결과에 따라 고객은 레스토랑의 이미지나 서비스품질을 인식한다. 그러므로 서비스접점은 고객에게 서비스품질을 보여줄 수 있는 좋은 기회가 된다. 직원이 고객에게 자기소개를 한 것만으로도 팁이 53%나 늘어났다는 연구결과도 있다.

여러 번의 서비스접점들은 [그림 11-4]와 같이 서비스 체인(service chain)을 만들어 낸다. 고객은 각각의 서비스접점에서 서비스품질을 인식하게 된다. 서비스품질에 대한 인식은 직원과 고객 간의 접촉은 물론 건물외관, 인테리어, 가구, 비품 등의 물리적 환경, 그리고 웹사이트, 전화, 광고 등으로부터도 형성된다. 서비스접점에서의 서비스 정도는 레스토랑 유형에 따라 달라진다. 예를 들어, 패스트푸드 레스토랑보다 파인 다이닝

그림 11-4 | 서비스 체인

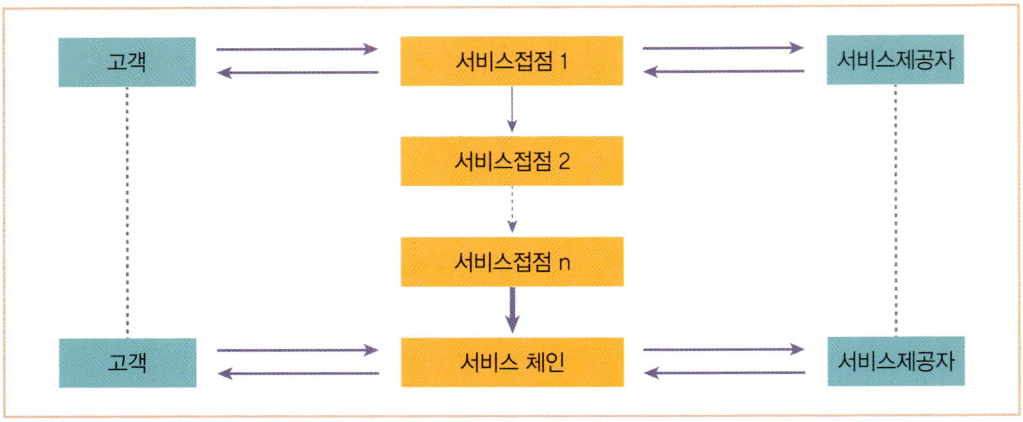

자료: William Lazer & Roger A. Layton(1999), *Contemporary Hospitality Marketing*, AH & MA, p.38.

에서 고객의 서비스에 대한 욕구가 높다.

2. 서비스 프로세스 설계와 관리

서비스 프로세스(service process)는 서비스가 전달되는 절차 또는 활동의 흐름(flow)을 말한다. 재화(goods)와 달리 서비스는 하나의 개체가 아니라 일련의 행위(activities) 또는 과정(process)으로 전달된다. 즉 서비스는 시작부터 종료 때까지의 모든 단계가 투입과 그로 인한 산출이라는 하나의 프로세스로 파악된다.

서비스는 생산과 소비의 비분리성이라는 특성 때문에 고객이 직접 생산에 참여하는 만큼 서비스 프로세스에서 얻게 되는 경험은 만족과 재방문에 영향을 미치게 된다. 잘못 설계된 서비스 프로세스는 낮은 품질의 서비스전달, 고객불만을 발생시키고, 직원들의 직무수행을 어렵게 만들어 낮은 생산성과 서비스실패를 초래한다. 서비스를 효율적으로 운영하고 고객가치를 창조할 수 있는 서비스를 제공하기 위해서는 서비스 프로세스를 잘 설계하고 관리해야 한다.

1) 서비스 생산시스템

서비스 프로세스를 설계하고 관리하기 위해서는 서비스가 운영되고 전달되는 시스템에 대한 이해가 필요하다. 서비스 생산시스템(service production system)은 [그림 11-5]와 같이 서비스 운영시스템, 서비스 전달시스템, 서비스 마케팅시스템으로 구분된다. 서비스 생산시스템을 전체적으로 살펴보면 어떤 부분은 고객에게 보여지고 또 어떤 부분은 고객이 그 존재조차 모르고 있기도 하다. 고객에게 보이는 부분을 일선부서(front office), 보이지 않는 부분을 후방부서(back office)라고 하는데, 연극과 비교하여 무대 위(front stage)와 무대 뒤(back stage)로 부르기도 한다.

그림 11-5 | 서비스 생산시스템

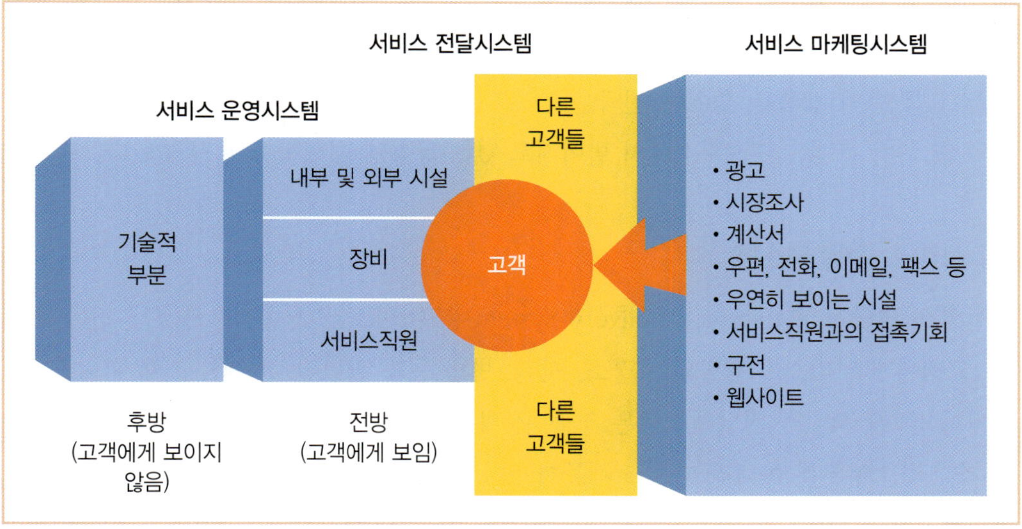

자료: Christopher H. Lovelock & Lauren Wright(2007), *Service Marketing*, Prentice Hall, p.53.

(1) 서비스 운영시스템

서비스 운영시스템(service operation system)은 서비스를 제공하기 위해 사람과 장비를 투입하고 서비스의 일부를 창출하는 시스템을 말한다. 연극에서처럼 관객에게 보이는 배우(서비스직원)와 보이지 않는 무대장치(물리적 시설, 장비, 기타 유형적 요소)로 구분된다. 보통 연극을 관람하는 사람들은 무대 뒤에서 무슨 일이 일어나고 있는지 잘 알지 못하고 관심도 없다. 연극 관객과 마찬가지로 레스토랑 고객도 자신이 주문한 음식이 어떤 과정으로 만들어지는지 볼 수 없고 알지도 못한다.

결국 연극 관객이나 레스토랑 고객은 자신이 실제로 경험한 것과 인식한 서비스결과만을 가지고 공연과 레스토랑을 평가할 뿐이다. 그러나 만일 후방부서직원과 시스템(주문, 계산청구, 회계)이 일선부서를 적절하게 지원하지 못하면 일선부서에서 실행하는 서비스 품질에 영향을 미치게 되고, 이러한 서비스를 고객은 곧 알아차린다. 예를 들어, 주문한 생선요리가 식재료 부족으로 인해 준비되지 못하거나 오븐을 잘못 작동시켜 너무 익히게 되는 경우 고객은 실망하게 된다.

서비스 운영시스템은 고객의 접촉수준에 따라 고객에게 보여지는 부분의 구성이 달라진다. 예를 들어, 이발이나 건강관리 등과 같은 높은 접촉(high contact)서비스에서는 고객과 신체적인 접촉의 기회가 많기 때문에 고객에게 보여지는 부분이 많다. 반면에 ATM, 은행 거래 등과 같은 낮은 접촉(low contact)서비스에서는 통상적으로 서비스제공자와 고객 간의 접촉을 줄이는 전략을 가지고 있다. 따라서 고객에게 보여지는 부분이 거의 없으며, 고객은 후방부서에서 벌어지고 있는 상황에 대해서도 알지 못한다.

(2) 서비스 전달시스템

서비스 전달시스템(service delivery system)은 서비스가 최종적으로 완성되는 곳이며, 고객에게 서비스가 전달되는 장소, 시간, 방법 등과 관련된 것이다. 전체 서비스시스템에서 볼 때 서비스 전달시스템은 건물, 장비, 사람 등과 같은 서비스 운영시스템에서의 가시적인 부분뿐 아니라 다른 고객들까지도 포함한다.

전통적으로 서비스제공자는 고객과 직접적으로 상호작용을 한다. 이때 고객과의 직접적 접촉을 줄이면 비용절감과 생산성 향상을 기대할 수 있고, 고객 역시 공간을 이동해야 하는 불편함도 덜고 시간도 절약할 수 있다. 최근에는 기계화와 정보통신기술의 발전으로 고객에게 보여지는 부분을 줄이거나 고객과의 접촉수준을 낮추는 서비스 전달시스템으로 재설계하고 있다. 대표적인 예가 셀프서비스이다. 셀프서비스로의 전달시스템은 대면(face to face)접촉보다 더 큰 편리성을 제공한다. 예를 들어, 식음료 자동판매기는 수많은 곳에 설치할 수 있고, 24시간 연중무휴 언제든지 접근할 수 있다.

그러나 고객과 직접 대면하는 높은 접촉서비스로부터 하이테크를 기반으로 하는 셀프서비스로의 변화는 때때로 고객에게 혼란을 야기할 수 있다는 단점도 있다. 따라서 직원을 기계로 대체하거나 셀프서비스를 도입할 때는 새로운 서비스에 대한 유용성을 교육과 캠페인을 통해 고객에게 알리는 노력이 필요하다.

(3) 서비스 마케팅시스템

서비스 마케팅시스템(service marketing system)은 고객과 접촉하기 위해 광고, 미디어, 시장조사, 전화, 구전, 인적판매, 웹사이트 등의 특정한 형태로서 서비스 전달시스템에 더해지는 요소들을 말한다. 이러한 요소들은 서비스에 대한 고객의 인식에 영향을 미친다. 사실 서비스 마케팅시스템은 단순히 레스토랑을 운영하기 위한 시스템이라기보다는 고객에게 레스토랑을 다른 방법으로 인식시킨다는 점에서 중요한 의미를 가진다. 다시 말해 서비스는 경험적이기 때문에 서비스 마케팅시스템요소들이 서비스품질과 본질을 전달하는 단서를 제공해 준다는 것이다. 따라서 서비스 마케팅시스템요소들이 모자이크처럼 제대로 조합되지 못하고 서로 다르게 흩어져 있게 되면, 레스토랑에 대한 이미지나 신뢰가 제대로 전달되지 못한다.

서비스 마케팅시스템의 규모와 구조는 조직에 따라 달라진다. 고객과의 접촉 정도에 따라 시스템의 구성요소가 달라지기 때문이다. 예를 들어, 높은 접촉을 필요로 하는 파인 다이닝에서는 내 · 외부 설비 및 장비는 물론 다양한 마케팅수단을 필요로 한다. 반면에 낮은 접촉을 필요로 하는 셀프레스토랑에서는 전화, 인터넷 등 상대적으로 제한된 마케팅수단이 동원된다.

2) 서비스청사진

적절한 물리적 증거의 연출은 서비스를 가시화하는 데 도움을 준다.

서비스 프로세스를 설계하는 데 서비스청사진이 많이 활용된다. 서비스청사진(service blueprint)은 서비스 프로세스의 모든 단계와 흐름을 시각적으로 묘사한 설계도이다. [그림 11-6]과 같이 서비스를 제공하는 모든 과정, 그 과정에서의 고

그림 11-6 | 레스토랑의 서비스청사진

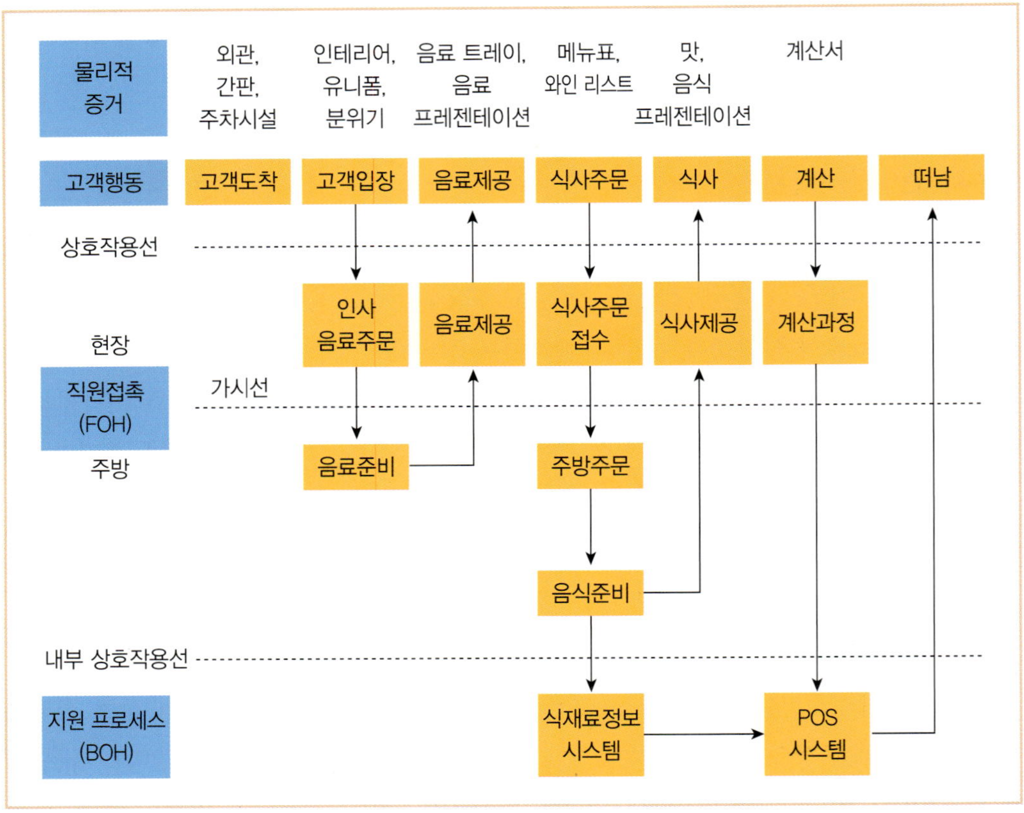

객과 직원의 역할, 고객과의 접점, 기타 서비스 프로세스요소들을 한꺼번에 볼 수 있도록 그림으로 나타낸 것이다.

[그림 11-6]에서 맨 위의 물리적 증거(physical evidence)는 레스토랑과 고객이 상호작용을 이루는 환경에서 무형의 서비스를 전달하거나 커뮤니케이션을 촉진시키는 유형의 단서들이다. 예를 들면, 건물외관, 간판, 주차장, 내부장식, 테이블, 의자, 조명, 음악, 냄새, 화장실, 린넨, 메뉴, 유니폼, 웹사이트 등이 이에 해당한다.

서비스는 무형성이기 때문에 경험하기 전에는 레스토랑에서 제공하는 서비스내용과 품질을 알기 어렵다. 이때 물리적 증거는 레스토랑의 서비스품질을 판단하는 데 있어 유형의 단서가 된다. 따라서 레스토랑은 각각의 서비스접점에서 물리적 증거가 매력적으로 보이도록 설계하고 관리해야 한다. Krispy Kreme Doughnuts은 주방 전체를 개방해 모든 사람들이 도넛 굽는 과정을 볼 수 있도록 하여 구매 욕구를 자극함으로써 성공신화를 썼다. 물리적 증거의 적절한 연출(presentation)은 고객을 유도하고 구매를 결정하도록 하며, 제품차별화에도 영향을 미친다.

서비스청사진은 상호작용선, 가시선, 내부 상호작용선으로 구성된다. 각각의 구분된 선에 따라 서비스 프로세스의 중요한 특징들을 시각적으로 볼 수 있다. 상호작용선(line of interaction)은 고객과 서비스직원 간 직접적인 접촉이 이루어지는 서비스접점에서의 활동을 나타낸다. 상호작용선 위는 고객이 수행하는 활동들로 서비스를 구매, 소비, 평가하는 과정을 나타낸다.

가시선(line of visibility)은 고객에게 보이는 행동과 보이지 않는 행동을 구분 짓는 선으로 직원의 현장활동(front of house)과 주방활동(back of house)을 나타낸다. 가시선을 중심으로 가시선 위는 고객이 볼 수 있는 현장에서의 활동, 가시선 아래는 고객이 볼 수 없는 활동을 나타낸다. 결국 가시선의 위치는 서비스 전달과정에서 고객의 참여 정도를 나타낸다. 예를 들어, 파인 다이닝의 가시선은 패스트푸드 레스토랑보다 더 높은 지점에 위치한다.

내부 상호작용선(line of internal interaction)은 고객에게 직접 서비스하는 접점에서의 활동과 이를 지원하는 여러 부서들의 활동을 구분한다. 예를 들면, 식재료 정보시스템과 POS시스템, 서비스 교육훈련을 위한 교육센터 등과 같은 지원부서의 활동들이다.

고객의 관점에서 서비스 프로세스를 파악하려면 서비스청사진의 왼쪽에서부터 오른쪽까지에 나타나 있는 서비스 전달과정을 따라 읽어 나가면 된다. 고객과 접촉하는 직원의 관점에서 서비스를 파악하려면 수평의 가시선 위와 아래를 읽으면 된다. 전체 서비스 프로세스에서 중요한 요소들을 파악하려면 서비스청사진을 수직적으로 분석하면 된다.

서비스청사진은 현재 제공하고 있는 서비스를 분석하고 개선하는 데 유용하며, 기존의 서비스를 재설계하는 데도 활용할 수 있다. 서비스 프로세스단계에서 어느 부분이 취약한지 확인하여 개선하는 데 도움이 된다. 그리고 접점직원들의 서비스 역량부족으로 인해 나타날 수 있는 서비스실패의 발생 가능점(fail-points) 또는 병목점(bottleneck)을 찾아내어 제거할 수 있다. 각 부서 간의 연결고리가 무엇인지 투명하게 볼 수 있다. 전체 서비스 프로세스 내에서 각자의 직무와 역할을 이해하는 데 도움이 된다. 그리고 내부 마케팅을 계획하고 수립하는 데 활용할 수 있다.

3) 진실의 순간

진실의 순간(MOT: Moment Of Truth)은 고객이 직원이나 물리적 증거들과 접촉할 때 서비스품질에 대한 고객의 인식에 영향을 미치는 상황을 뜻한다. 스칸디나비아항공사의 전 회장인 얀 칼슨(Jan Carlzon)은 고객을 만나는 15초라는 짧은 시간이 고객의 마음 속에 기업의 인상을 심어 놓는 중요한 시간이라고 강조하면서 MOT가 고객과의 접촉을 표현하는 대표적 용어가 되었다. MOT는 아주 짧은 순간이지만 서비스에 대한 고객의 인식에 결정적인 역할을 하기 때문에 흔히 결정적 순간이라고도 한다.

고객은 레스토랑에 대해 잘 모른다. 단지 진실의 순간에 레스토랑이 고객인 자신을 위해 보여주는 것만으로 이해할 뿐이다. 고객이 예약을 위해 전화를 할 때, 주차장에 차를 세울 때, 레스토랑에 들어설 때, 직원에게 메뉴주문을 할 때, 불만을 토로할 때 등 여러 상황에서 MOT는 발생한다. 이때 고객의 마음을 사로잡으면 재방문, 단골고객을 만들 수 있는 반면 고객의 눈 밖에 나면 판매기회를 놓치거나 경쟁자에게 빼앗긴다.

서비스는 어떤 의미에서 보면 찰나의 대응이다. 레스토랑을 방문하는 고객은 몇 초의 순간에 많은 것을 결정하게 된다. 레스토랑 입장에서는 고객과의 접점에서 발생하는 MOT는 짧은 순간이지만 서비스품질을 보여줄 수 있는 기회이기도 하다. 고객은 MOT로 서비스품질의 인식과 함께 만족, 재방문 여부까지 결정하므로 레스토랑은 고객과 만나는 짧은 순간의 접점을 잘 관리해야 한다.

4) 포카요케

서비스를 제공하는 과정에서 누구든지 실수를 할 수 있다. 그러나 가능하면 서비스실수가 서비스실패로까지 이어지지 않도록 잠재적인 문제점들을 검토하고 실수를 방지할 수 있는 방법을 고안해야 한다. 예를 들면, 매뉴얼, 점검표(checklist), 장비 등을 도입하는 것이다. 외식산업에서 유용하게 사용되는 방법 중 하나가 포카요케(poka-yoke)이다. 포카요케란 "반복적인 실수를 피한다"라는 뜻의 일본어로 서비스직원이 정확한 순서와 속도로 직무를 올바르게 수행할 수 있도록 도와주는 장비 또는 절차를 말한다.

예를 들어, 주방에서 실수 없이 정확한 양으로 조리할 수 있도록 계량컵이나 계량스푼을 사용하는 것이다. 소스병을 색깔로 구분하여 제공하면 고객은 케첩과 겨자를 혼동하지 않는다. 어느 커피전문점에서는 디카페인 커피를 주문한 고객에게는 둥근 접시를 제공하고 그 외의 고객에게는 네모난 접시를 제공하여 오류를 범하지 않도록 하고 있다. 이처럼 포카요케는 서비스 전달과정에서의 실수를 예방하고 정확한 서비스를 제공하는 데 활용된다.

McDonald's는 언제나 일정 양의 프렌치 프라이를 제공할 수 있도록 감자튀김주걱을 사용한다.

5) 공동생산자로서의 고객

제품과 다르게 서비스는 생산과 소비가 현장에서 동시에 일어난다. 그러므로 서비스가 생산되는 현장에 고객이 존재하고, 서비스가 생산되는 모습을 고객이 볼 수 있으며, 생산과정에도 참여한다. 이러한 서비스특성으로 인해 서비스제공 중에 고객과 고객이 상호작용하여 다른 고객의 경험에 영향을 미친다. 예를 들어, 레스토랑에서 조용하고 로맨틱한 분위기를 즐기려는 고객주변에 시끄럽게 떠드는 고객이 있다면 다른 고객에게는 불만의 원인이 된다. 이러한 상황은 고객이 서비스 프로세스에 참여하기 때문에 부분적으로는 서비스제공자의 역할을 수행하는 공동생산자(coproducer)가 되기 때문이다.

패스트푸드 레스토랑은 고객에게 서비스의 일부분을 수행하도록 함으로써 인건비를 줄이고 있다.

서비스의 공동생산자로서 고객에게 서비스의 일부분을 수행하도록 맡기면 생산성과 고객화 정도를 높일 수 있다. 고객의 대기시간을 단축시킬 수 있고, 고객을 서비스 프로세스에 참여시킴으로써 그 보상으로 가격인하도 가능해진다. 이러한 서비스전략은 인건비를 낮추려는 패스트푸드 레스토랑에서 흔히 볼 수 있다. 예를 들어, 소수의 제한된 메뉴로 빠른 주문을 유도하고 또한 식사 후 직접 음식을 치우도록 하고 있다.

서비스는 고객과 분리하여 생각할 수 없다. 레스토랑 입장에서 서비스 프로세스의 고객 참여는 어느 정도 고객화를 지향하면서 원가우위의 경쟁전략을 주도할 수 있는 기회를 제공한다. 그러나 고객을 서비스에 참여시키는 것은 직원과 고객 모두를 통제해야 하기 때문에 생산운영의 효율성을 높이기가 어렵다. 서비스의 일관성 있는 제공을 어렵게 하고, 고객과 시스템의 상호작용을 통제하는 데도 어려움이 따른다. 서비스 프로세스에서 고객참여의 폭을 적절하게 결정하는 것이 중요하다.

11-3 서비스운영과 전략

1. 대기관리

외식산업에서는 기다려야 하는 상황이 종종 발생한다. 대기상황은 한정된 식사공간과 시간, 그리고 서비스의 특성인 소멸성과 동시성으로 인해 발생하는 문제이다. 명성 있는 레스토랑이라고 해도 기다리는 과정은 부정적인 경험으로 생각될 수 있다. 그렇다고 대기상황이 모두 나쁜 영향을 주는 것만은 아니다. 기다리는 시간을 지루하지 않게 잘 관리하면 오히려 긍정적인 경험을 제공하는 기회도 된다.

1) 공정한 대기

대기하는 줄이 하나밖에 없는 경우 대기하는 시간의 공정성이 모든 고객들에게 보장은 되지만, 줄이 너무 길어지면 다른 레스토랑으로 갈 수 있다. 반면에 여러 줄을 만들면 고객은 어느 줄에 서야 할지 고민한다. 줄을 서지 않고 도착한 순서대로 번호를 부여받고 자유롭게 기다리도록 하면 고객은 공정한 방법이라고 안심한다.

2) 예약시스템

예약시스템은 단순히 기다리는 시간을 줄여주는 것은 물론 예약고객에게 원하는 위치의 테이블을 우선적으로 제공함으로써 레스토랑에 대한 긍정적인 경험도 전달해 준다. 또한 서비스수요를 다른 시간대로 분산시켜 서비스를 효과적으로 관리하는 데도 도움을 준다.

대기상황을 공정하게 관리하지 못하면 고객은 부정적인 경험을 가지게 된다.

3) 대기의 고객심리

고객에게 대기시간이 쓸모없는 시간낭비가 아니라는 생각을 가지도록 하기 위해서는 대기상황을 효과적으로 관리해야 한다. 예를 들어, 기다리는 동안 음료를 제공하거나 새로운 메뉴를 시식할 수 있도록 하면 기다리는 시간을 짧게 느낀다. 이는 대기관리에 효과적일 뿐만 아니라 이익을 창출할 수 있는 기회도 제공한다.

고객이 이유를 모른 채 무턱대고 기다리면 기다리는 시간이 길게 느껴진다. 이때 주문한 음식이 왜 늦게 나오는지 알려주면 고객은 기다리는 시간을 지루하게 생각하지 않는다. 그리고 어느 정도 기다려야 하는지 알려주면 대기시간을 짧게 느낀다. 예를 들어, 기다리는 고객을 위해 대기자 명단을 작성하면서 예상되는 대기시간을 함께 알려주면 기다리는 지루함을 덜 느끼게 할 수 있다. 사람은 본질적으로 설명 듣기를 원한다. 예를 들어, 단체고객 때문에 주문이 한꺼번에 밀려 평소보다 조금 늦게 서비스할 수밖에 없는 경우 이러한 상황을 고객에게 설명해 주면 고객은 더 많이 이해하면서 기다리는 시간을 짧게 느낀다.

대기하는 상황을 공정하게 관리하지 않으면 고객은 혼동을 경험하게 되고 대기시간을 길게 느낀다. 자기보다 나중에 도착한 고객이 다른 줄에서 더 빨리 서비스를 제공받는 모습을 보면 대기시간을 더 길게 느낀다. Burger King은 하나의 줄을 세우고 주문 카운터에서 순서대로 서비스를 제공함으로써 그런 일이 발생하지 않도록 하고 있다.

2. 서비스수요 및 공급관리전략

레스토랑은 내일의 판매를 위해서 서비스를 재고로 보관할 수 없다. 이 같은 서비스의 소멸성은 수요가 안정적이고 예측이 가능한 경우에는 문제가 없지만 수요의 변동이 심한 경우에는 어려워진다. 외식산업은 수요의 변동성이 매우 크다. 예를 들면, 주말에는 식사를 하기 위해 많은 사람이 레스토랑 앞에 줄을 서며 기다리지만, 평일에는 좌석점유율이 주말에 미치지 못한다. 또한 하루 중에도 점심과 저녁은 피크타임으로 많은 고객이 붐비지만 그 외의 시간은 그렇지 못하다. 서비스수요 및 공급관리는 고정된 서비스능력을 최대로 활용할 수 있도록 고객의 수요를 균일하게 만들고 한편으로는 수요에 따라 서비스능력을 조절하는 것에 초점을 맞추고 있다.

1) 수요관리전략

레스토랑은 고정된 서비스능력을 활용할 수 있도록 서비스수요를 증대 또는 감소시키면서 수요를 조절하는 방법을 생각할 수 있다. 첫째, 서비스를 다양화하여 수요를 조절한다. 예를 들어, 계절에 따른 특선 메뉴를 제공하거나 커피전문점에서 식사를 대체할 수 있는 간단한 스낵을 판매하는 것이다. 둘째, 서비스 제공시간대와 장소를 조절한다. 예를 들어, 새벽에 출근하는 사람들을 위해 아침 메뉴를 판매함으로써 고객의 수요를 충족시켜 주는 것이다. Ouback Steak House는 고객을 직접 찾아가 음식을 제공하는 케이터링서비스를 운영함으로써 서비스 제공장소를 조절하여 수요를 증대하고 있다. 셋째, 가격으로 수요를 조절한다. 예를 들어, 피크타임 때는 고가격정책으로 수익성을 향상시키고, 그 외의 시간 때는 가격할인으로 수요를 증가시키는 것이다. 넷째, 서비스는 재고라는 형태로 보관할 수 없지만 예약시스템이나 대기시스템을 이용해서 서비스수요를 재고관리할 수 있다. 레스토랑에서 예약은 서비스를 사전에 판매한다는 것을 의미한다. 서비스수요를 예측하게 하여 수요관리를 가능하게 하고, 서비스품질을 높여 준다. 한편 대기시스템은 고객이 서비스를 받기 위해 기다릴 수 있는 시간을 확인하고 고객이 기다리는 동안 즐겁고 빠르게 보낼 수 있게 한다. 예상되는 대기시간을 알려 주고 간단한 식음료를 제공함으로써 고객의 불평을 줄일 수 있다.

2) 공급관리전략

대다수 서비스의 경우 수요를 효과적으로 고르게 할 수 없다. 그러나 가능한 서비스수요에 부합할 수 있도록 서비스공급을 조절하는 통제능력이 요구된다. 서비스 공급능력은 서비스직원, 장비를 수용하는 시설, 주방기물 및 기기 등의 장비, 그리고 이것을 관리하는 인적자원으로 결정된다. 시설과 장비가 충분해도 서비스 제공인력이 부족하면 일정시간 동안에 많은 수의 고객을 수용할 수 없다. 따라서 시설, 장비, 인력의 가용능력이 서로 균형을 이루어야 한다.

수요의 변동에 적응하기 위해 몇 가지 전략을 사용할 수 있다. 첫째, 조절 가능한 서비스능력을 창출한다. 예를 들어, 테판야끼 체인 레스토랑 Benihana는 레스토랑 공간을 각각 8명이 앉을 수 있는 테이블로 구분하고, 각 테이블에 조리사 한 명씩을 배치하였다. 이는 조리사로 하여금 서비스도 직접 제공하게 함으로써 서비스능력을 조절한 것이다. 또 다른 방법으로 수요가 적을 때 보조적인 업무를 수행하던 직원을 수요가 많을 때는 서비스업무를 직접 수행하도록 한다. 예를 들어, 고객이 적을 때는 테이블 세팅이나 청소를 하도록 하다가 고객이 많을 때는 접객서비스를 하도록 하는 것이다. 물론 이러한 전략을 사용하기 위해서는 서비스업무에 배치할 수 있도록 교차훈련된 직원을 육성해야 한다. 둘째, 판매 메뉴를 축소시킨다. 예를 들어, 피크타임인 점심식사시간대에 기존 메뉴를 줄여 몇 가지 메뉴만을 제공하여 서비스시간을 단축하고 좌석회전율을 높일 수 있도록 한다. 셋째, 서비스에 고객참여를 증대시킨다. 서비스표준화를 시스템화하여 음식을 먹은 후 고객 스스로 테이블을 정리하거나 직접 음료수 보충을 하게 하는 등 고객참여를 유도하여 직원의 서비스행위를 줄이도록 한다. 넷째, 파트타임직원을 활용한다. 예를 들어, 주말, 명절, 크리스마스, 기타 성수기 등과 같이 피크활동이 지속적이고 예측 가능한 경우 파트타임직원들을 고용하면 일정시간 집중되는 수요를 충족시킬 수 있다.

3. 수익관리

엄격히 말해 레스토랑은 음식을 판매하는 곳이 아니라 좌석을 판매하는 곳이다. 그러나 아무리 붐비는 시간이라도 빈 좌석은 존재한다. 그리고 채우지 못한 좌석은 저장되지 못하고 영원히 사라져 버린다. 따라서 빈 좌석을 어떻게 채울까 하는 것은 모든 레스토랑의 과제이다.

수익관리(revenue management)는 제한된 자원을 다양한 방법으로 활용하여 최대의 수익을 창출하는 방법을 말한다. 일반적으로 호텔과 항공산업에서 많이 적용하고 있는데, 수익관리를 실행하는 기업들은 실시 전에 비해 2~5%의 수익증가를 나타내고 있는 것으로 보고되고 있다. 외식산업에서 수익관리는 적절한 가격으로 적절한 시간 동안 적절한 좌석을 적절한 고객에게 판매하는 것으로 정의된다. 공간과 시간이 한정되어 있고, 소멸되는 특성을 가진 외식산업에서 가용자원을 효율적으로 활용하여 수익을 극대화하는 노력은 필수적이다.

한정된 시간과 제한된 좌석을 최대로 활용하기 위해 예약제로 운영하는 레스토랑이 늘고 있다. 한식 오마카세 '뜻한바.'

1) 수용 가능한 좌석시간당 수익(RevPASH)

많은 레스토랑들이 객단가(check average)를 높이거나 일정한 비율의 인건비 및 식재료비를 유지하는 것으로 수익성과를 측정하고 있다. 이 같은 척도가 중요하기는 하지만 수익성과를 분명하게 반영하고 있지는 않다. 수용 가능한 좌석시간당 수익(RevPASH: Revenue per Available Seat Hour)을 활용하면 보다 효과적으로 수익을 측정하고 관리할 수 있다. RevPASH는 레스토랑이 가지고 있는 수용력(capacity)을 얼마나 효과적으로 사용하고 있는지를 나타내는 지표이다. RevPASH는 객단가, 좌석 사용 정도(seat use)

또는 점유율(occupancy)에 대한 정보를 동시에 보여주기 때문에 수익성과를 측정하고 관리하는 데 매우 유용하게 활용할 수 있다.

〈표 11-1〉은 A, B, C, D 레스토랑 모두 똑같은 RevPASH(7,200원)를 나타내고 있지만, RevPASH를 달성하는 방법은 서로 다름을 보여준다. A는 40%의 좌석 사용 정도와 18,000원의 객단가를 나타낸 반면, D는 90%의 좌석 사용 정도와 8,000원의 객단가를 나타내고 있다. B와 C 또한 7,200원으로 동일한 RevPASH를 나타내고 있지만, 좌석 사용 정도와 객단가는 서로 다르다. 이렇듯 객단가가 감소해도 좌석 사용 정도가 증가하면 동일한 RevPASH를 달성할 수 있다. 반대로 객단가를 높인다면 낮은 좌석 사용 정도로도 유사한 RevPASH를 유지할 수 있다. 결국 객단가가 감소해도 좌석 사용 정도가 증가하면 동일한 RevPASH를 달성할 수 있고, 반대로 객단가를 높이면 낮은 좌석 사용 정도로도 유사한 RevPASH를 유지할 수 있음을 알 수 있다.

표 11-1 수용력 사용 정도와 객단가의 관계

레스토랑	좌석 사용 정도(%)	객단가(원)	RevPASH(원)
A	40	18,000	7,200
B	60	12,000	7,200
C	80	9,000	7,200
D	90	8,000	7,200

RevPASH는 시간대, 요일, 월 등 원하는 시기에 발생한 수익을 그 시기 동안의 수용 가능한 좌석시간의 수로 나누어 계산한다. 예를 들어, 100개의 좌석을 가지고 있는 레스토랑이 금요일 오후 6시~7시에 150만 원의 수익을 올렸다고 할 때, RevPASH는 15,000원(150만 원÷100좌석×1시간)이 된다. 마찬가지로 4시간 식사시간 동안 400만 원의 수익을 올렸다면, RevPASH는 10,000원(400만 원÷100좌석×4시간)이 된다.

RevPASH는 회전수와 식사에 걸리는 시간(meal duration) 또는 서비스 사이클(service cycle)과 밀접한 관계가 있다. 회전수가 증가하고 식사시간이 감소하면 RevPASH는 증가한다. 성수기에는 식사시간이 1분만 감소해도 RevPASH가 1.5%에서 2.0%로 증가하는 결과를 낼 수 있다. 〈표 11-2〉와 같이 어느 레스토랑이 100개의 좌석, 60분의 평균식사시간, 15,000원의 객단가, 그리고 하룻밤에 400명의 고객에게 음식을 판매할 수 있다고 가정할 때, 최대수익은 6,000,000원, RevPASH는 15,000원이 된다. 만일 식사시간이 59분으로 줄어든다면 레스토랑은 6.8명의 고객을 추가적으로 서비스할 수 있다. 이때 객단가가 15,000원이라면, 최대수익은 6,105,000원으로 증가할 것이고, RevPASH는 15,255원(1.7% 증가)으로 증가할 것이다. 매출의 증가로 객단가가 하락할 수 있다고 해도 수익은 증가할 것이다.

| 표 11-2 | 식사시간과 RevPASH의 관계

식사시간(분)	회전수	수익(천 원)	RevPASH(원)
60	4.00	6,000	15,000
59	4.07	6,105	15,255
58	4.14	6,210	15,518
57	4.21	6,315	15,790
56	4.29	6,435	16,073
55	4.36	6,540	16,363
54	4.44	6,660	16,668
53	4.53	6,795	16,980
52	4.62	6,930	17,308
51	4.71	7,065	17,648
50	4.80	7,200	18,000

식사시간의 단축은 서비스 프로세스, 메뉴, 직무배치 등의 변경을 통해서 달성할 수 있다. 예를 들어, 접객, 착석, 결제 등의 속도를 높이면 초기에 몇 분을 단축하는 것은 그다지 어렵지 않고 비용도 들지 않는다. 그러나 식사시간의 단축은 주방장비가 추가되어야 하고 직원을 더 고용해야 하는 현실적인 투자가 요구된다. 계획을 세울 때는 고객의 선호와 기대가 최소한의 가능한 식사시간을 제약한다는 것을 명심하여 이론적으로 최소한 용인될 수 있는 RevPASH를 설정해야 한다.

〈표 11-2〉에서 예를 들었던 레스토랑의 POS시스템 자료를 바탕으로 한 달 동안의 RevPASH를 산출하였다고 가정하자. 자료를 분석한 결과, 금요일과 토요일 오후 6시~10시, 일요일 오후 6시~9시에 RevPASH가 가장 높다는 것을 확인하였다. 레스토랑은 RevPASH의 높고 낮음에 따라 적절한 전략을 수립할 수 있다. RevPASH가 낮은 때는 더 많은 고객을 유치하여 좌석 사용 정도를 높이거나 권유판매를 통해 객단가를 높일 수 있다. RevPASH가 높은 때는 메뉴가격을 인상하거나 디저트 또는 식후 음료에 대한 제안판

매를 생략함으로써 식사시간을 단축시켜 회전율을 높일 수 있다.

레스토랑은 자신에게 가장 부합하는 수익관리전략 수립에 도움을 줄 수 있는 시간별 또는 15분당 RevPASH 수치를 개발할 수도 있다. 그리고 직원과 관리자의 효율성을 측정하는 데도 RevPASH를 활용할 수 있다. 레스토랑은 고객이 언제 방문할지 모르고 얼마나 음식을 구매할지 모르며, 또 얼마나 머무를지 모른다. RevPASH를 적용하기 위해서는 우선적으로 일정기간의 정량적인 데이터를 확보해야 한다.

2) 최적의 테이블 믹스

최적의 테이블 믹스(optimal table mix)는 고객수요에 대응하는 공급의 개념으로 고정비 성격의 가용자원인 테이블의 사용 정도를 높여 수익을 증가시키는 방법이다. 최적의 테이블 믹스는 이상적인 RevPASH로 이어져 수익증가라는 성과를 얻을 수 있도록 도와준다. 예를 들어, 어느 레스토랑이 고객을 유형별로 분석한 결과, 두 명의 고객이 동반하여 방문할 때가 수익이 가장 높게 나타났다고 할 때, 형식적으로 네 명이 앉는 테이블을 배치하는 것은 잘못이다.

피크타임 때 고객의 동반자수와 일치되게 테이블을 배치하여 최대의 고객을 수용하여 수익을 높일 수 있다. 4인 테이블에 2인이 앉는 경우 두 개의 좌석은 활용하지 못하게 된다. 무작정 테이블을 배치할 것이 아니라 크기별로 최적의 테이블 개수를 산출하여 배치하면, 고객을 최대로 수용할 수 있어 수익증가에 효과적이다. 테이블 믹스는 식사시간대 이외의 시간에는 성과가 크지 않을 수 있다. 그러나 고객이 집중되는 식사시간대에는 수익을 극대화시킬 수 있는 좋은 방법이다. 체인 레스토랑 Chevys는 최적의 테이블 믹스를 활용하여 좌석 사용 정도를 향상시킴으로써 50% 이상의 고객을 더 수용하여 수익을 높이는 성과를 얻었다.

4. 서비스회복

서비스는 인적접촉이 많아 아무리 잘한다고 하더라도 실수를 완전히 피할 수는 없다. 고객이 서비스생산에 함께 참여하기 때문에 실수를 감추거나 변명하기가 어렵고, 잘못했

그림 11-7 | 효과적 서비스회복시스템의 구성요소

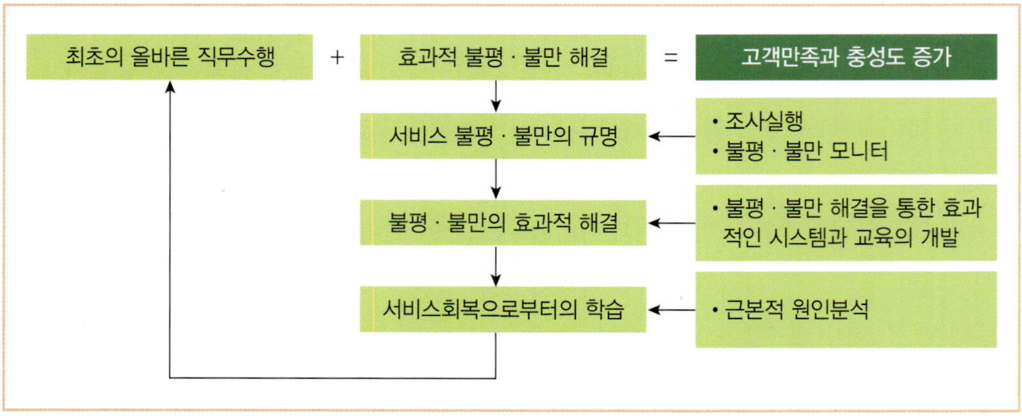

자료: Christopher Lovelock & Lauren Wright(2001), *Principle of Service Marketing and Management*, Pearson College Div.

더라도 음식과는 다르게 처음부터 다시 실행할 수도 없다. 그러나 실패한 서비스라도 회복(recovery)을 잘하면 오히려 더 만족하고 결과적으로 단골고객이 될 수 있는 출발점으로 전환시킬 수 있다. 서비스실패가 재구매와 부정적 구전에 미치는 영향을 고려할 때 효과적인 회복전략은 고객을 유지하는 것은 물론 고객과의 장기적 관계구축에도 필수적이다. [그림 11-7]은 효과적인 서비스회복시스템의 구성요소를 보여준다.

1) 회복기회의 예측

서비스실패를 고객유지와 관계구축의 기회로 보고, 이를 추적하고 파악하는 시스템이 필요하다. 고객이 불만을 토로한다는 것은 아직 그 레스토랑에 기대하는 것이 있다는 증거이다. 효과적인 회복전략은 먼저 실패의 원인이 무엇인지 고객으로부터 파악하는 데서 시작한다. 예를 들면, 설문조사, 웹사이트, SNS, 홈페이지 게시판, 영업장에 비치된 고객카드 등을 이용하여 서비스실패를 발견한다.

2) 현장에서의 문제해결

고객 입장에서 가장 효과적인 회복은 서비스가 발생한 현장에서 곧바로 문제를 해결해

주는 것이다. 고객은 문제가 발생한 현장에서 인정, 사과, 적절한 설명 등의 문제해결을 원한다. 문제가 발생했을 때 식사비를 받지 않거나, 다음에 사용할 수 있는 무료시식을 제공하는 대응방법을 사용할 수 있다.

3) 권한위임

고객은 서비스회복이 현장에서 즉시 이루어지기를 바란다. 신속한 서비스회복을 위해서는 일선직원에게 고객의 불평 · 불만에 즉시 대처할 수 있는 권한을 주어야 한다. 현장직원들은 모든 고객을 규칙에 따라 동일하게 상대하지만 필요한 상황에서는 자율적으로 처리할 수 있는 권한과 융통성을 가지고 있어야 한다.

4) 신속한 문제해결

실패가 발견되면 빠르고 신속하게 해결해야 한다. 즉각 해결되지 않으면 그 문제는 더 크게 확대된다. 어떤 기업에 대해 27명의 고객이 불만을 느낄 때 그 가운데 한 명이 기업에 불만을 토로한다고 한다. 그리고 27명의 고객 각자는 자신의 경험을 8~16명에게 전하며, 이 가운데 10%는 다른 잠재고객과 20명 이상에게 말한다고 한다. 만약 고객 3명이 불만을 느끼면, 1,000명 이상의 잠재고객이 기업의 형편없는 서비스를 알게 된다는 것이다. 결국 고객의 불평불만을 제대로 처리하지 않아도 되는 레스토랑은 단 한 곳도 없다.

5. 서비스품질의 관리

서비스품질을 관리하기 위해서는 고객이 서비스품질을 어떻게 인식하고 평가하는지 알아야 한다. 서비스품질은 서비스제공자가 단독으로 결정하는 것이 아니고 고객의 욕구에 근거한다. 즉 서비스품질은 고객이 인식하는 것이다. 서비스품질은 고객이 레스토랑으로부터 기대한 서비스와 실제로 자기가 경험한 서비스 간의 차이 정도를 말한다. 서비스품질로부터 얻는 편익은 [그림 11-8]과 같다. 서비스품질이 좋으면 고객은 재방문하고 충성도가 높아진다. 새로운 고객을 유인하는 데 드는 비용과 서비스실패에 따른 비용이 절감된다. 긍정적인 구전효과로 인해 지속적인 고객유지와 창출도 가능해진다.

그림 11-8 | 서비스품질의 편익

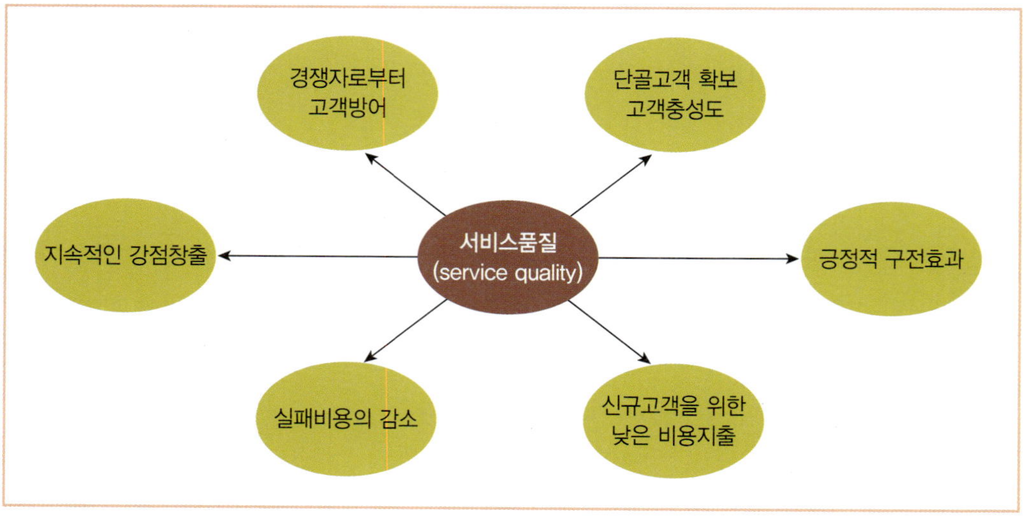

1) 서비스품질의 갭모델

파라슈라만(Parasuraman) 등은 서비스품질의 문제점과 그 원인을 파악하는 데 사용할 수 있는 서비스품질 갭(gap)모델을 개발하였다. 갭모델은 서비스품질을 개선하기 위해 고객기대와 고객지각 간의 차이인 갭의 원인들을 밝혀내고, 그 갭을 줄일 수 있는 전략을 개발하는 데 유용하게 사용할 수 있다.

[그림 11-9]에서와 같이 고객이 지각한 서비스품질에 대한 부족은 갭 5, 서비스제공자의 부족은 갭 1에서 갭 4까지로 규정하고 있다. 고객이 기대한 서비스와 지각된 서비스 간의 차이는 갭 1에서 갭 4까지의 갭들에 의해 만들어지는데, 그 차이가 적을수록 고객은 서비스에 만족하고 있음을 의미한다. 따라서 좋은 품질의 서비스를 제공하기 위해서는 고객이 기대한 서비스와 지각된 서비스 간의 차이를 만드는 네 가지 갭이 발생하는 원인들을 밝혀내고, 그 차이를 줄여야 한다는 것이 갭모델의 기본이다

(1) 갭 1(서비스지식 갭): 고객기대를 알지 못한다

갭 1은 서비스제공자가 인식하는 고객기대와 고객이 실제로 기대하는 것과의 차이를 말한다. 서비스제공자가 고객기대를 정확하게 파악하지 못하면 차이는 더욱 커지고 고객

그림 11-9 | 서비스품질의 갭모델

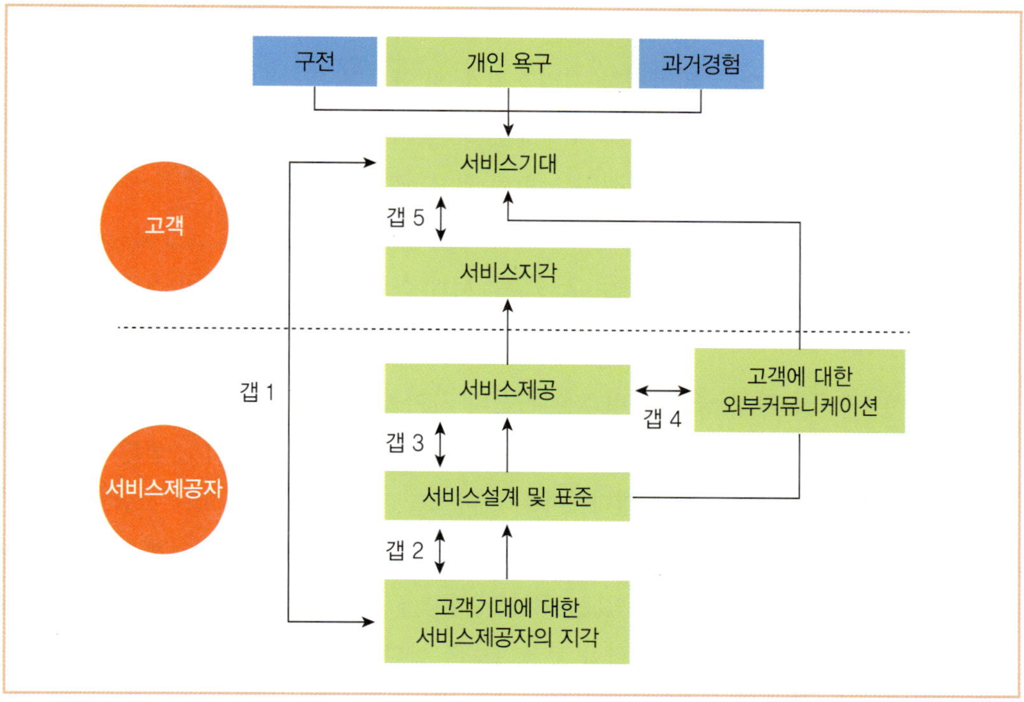

자료: A. Parasuraman, Valarie A. Zeithaml & Leonard L. Berry(1985), "A Conceptual Model of Service Quality and its Implications for Future Research," *Journal of Marketing*, Vol.49.

기대에 못 미치는 서비스성과가 나올 수밖에 없다. 예를 들어, 고객은 주차시설, 편리성, 속도 등에 관심이 많은데 레스토랑은 인테리어에 많은 투자를 한다면, 정확하게 고객기대를 이해하지 못하고 있는 것이다. 이러한 문제를 해결하기 위해서는 고객기대에 관련된 정보수집을 위한 고객서베이, 고객인터뷰, 불만처리시스템 등을 통해 고객의 욕구를 충족시킬 수 있는 서비스를 찾아야 한다. 고객과 경영자 간의 상호작용을 증대시키고, 접점직원과 경영자 간의 커뮤니케이션을 촉진하도록 한다.

(2) 갭 2(서비스설계 갭): 고객기대를 반영하지 못하는 서비스설계 및 표준을 만든다

갭 2는 고객기대에 대한 서비스제공자의 지각과 서비스설계 및 표준 간의 차이를 말한다. 우수한 서비스를 제공하기 위해서는 먼저 고객기대에 대한 정확한 지각을 반영할 수 있는 서비스표준이 필요하다. 서비스표준이 없거나 설령 있다고 해도 고객기대를 반영하지 못하면 고객이 지각하는 서비스품질은 낮아질 것이다. 이러한 문제를 해결하기 위해서는 고객의 욕구가 반영된 바람직한 서비스설계 및 표준을 만들어야 한다. 그러나 서비스는 표준화와 수요예측이 어려워 고객기대를 표준화된 서비스로 전환시키는 것이 쉽지 않기 때문에 경영자의 관심과 헌신적인 노력이 필요하다.

(3) 갭 3(서비스제공 갭): 실제로 제공된 서비스가 서비스표준과 일치하지 않는다

갭 3은 서비스표준과 제공된 서비스성과 간의 차이를 말한다. 서비스표준이 정확하게 고객기대를 반영했더라도 실제 제공된 서비스가 설계된 표준에 미치지 못한다면 고객이 기대하는 서비스를 제공해 줄 수 없다. 이는 서비스를 제공하는 데 필요한 사람, 시스템, 기술 등의 적절한 자원이 뒷받침되지 못한 까닭이다. 이러한 문제를 해결하기 위해서는 직원들이 서비스표준을 충족할 수 있는 동기와 역량을 갖추어야 한다. 또한 바람직한 기술, 설비, 지원 프로세스와 생산능력을 보유하도록 한다.

(4) 갭 4(커뮤니케이션 갭): 마케팅 커뮤니케이션에서 약속한 사실을 서비스성과가 따르지 못한다

갭 4는 약속한 서비스와 실제로 제공된 서비스 간의 차이를 말한다. 이러한 차이는 광고, 판매촉진 등을 통해 지키지 못할 약속을 하거나 영업부서와 마케팅부서 간의 의사소통이 잘못되었을 때 발생한다. 이러한 문제를 해결하기 위해서는 고객에 대한 커뮤니케이션과 실제 제공하는 서비스를 일치시키는 것이 중요하다. 지키지 못할 약속은 하지 않는다. 그리고 정확하고 적절한 커뮤니케이션을 통해 높은 수준의 서비스를 제공하고 있다는 것을 인식시킨다.

(5) 갭 5(서비스품질 갭): 고객의 기대된 서비스와 지각된 서비스가 일치하지 않는다

갭 5는 갭 1에서부터 갭 4까지의 종합적 갭을 말한다. 서비스에 대한 고객기대는 자신의 서비스경험을 비교하고 평가하는 기준이 되며, 고객이 발생할 것으로 믿는 것에 의해 형성된다. 또한 고객기대는 마케팅 커뮤니케이션에 의해 많은 영향을 받는다. 기대와 지각이 동일한 것이 이상적이기는 하지만 실제적으로 고객기대와 고객지각은 차이가 있기 마련이다. 서비스품질의 향상과 개선은 바로 이러한 갭을 없애기 위한 노력이다.

2) 서비스품질의 개선

잘못된 서비스의 원인을 확인하고 해결하는 것은 구매 전 활동보다 중요하다. 고객은 서비스를 전달받은 후 만족스럽지 못했을 때 큰 불만을 가지게 된다. 이는 서비스가 생산되는 과정에 고객이 참여하기 때문이기도 하다. 피쉬본 도표(fishbone diagram)는 [그림 11-10]에서 보듯 잘못된 결과를 발생시킨 원인들을 시각적으로 확인할 수 있도록 나타낸 도표이다. 문제를 발생시키는 원인을 제거하거나 향후에 원인이 될 가능성이 있는 사항들에 관한 정보를 수집하여 문제발생을 사전에 방지하는 데 사용된다.

[그림 11-10]에서 생선의 머리부분은 해결해야 할 문제를 기술하고 생선등뼈를 따라

그림 11-10 | 테이블이 신속하게 정리되지 않는 원인에 관한 피쉬본 도표

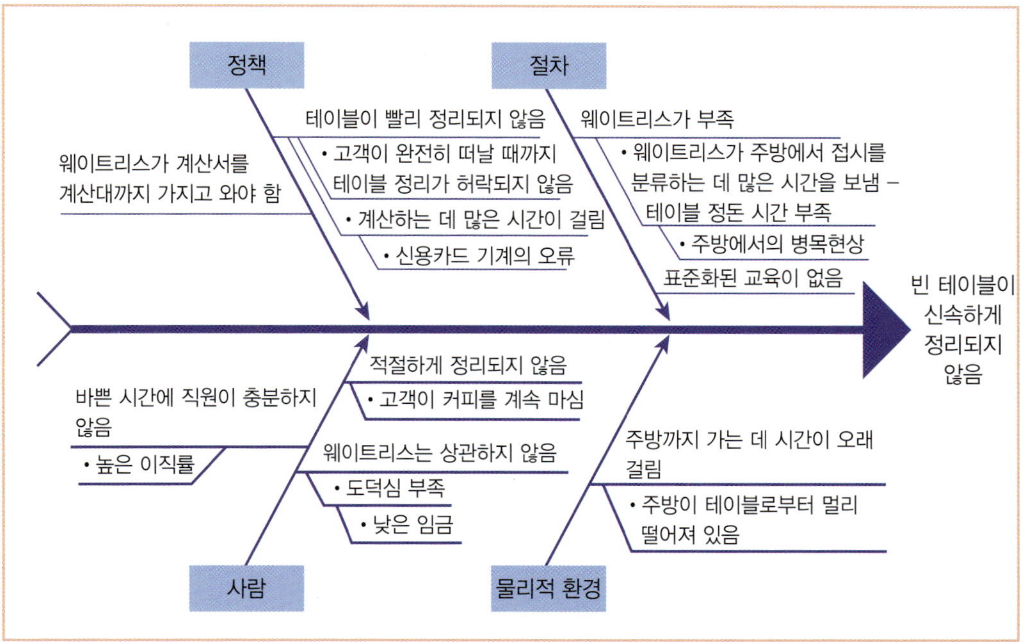

자료: Edmund Jerome McCarthy(2000), *Essential of Marketing*, Irwin.

서는 주요 요인들을 종류별로 기술한다. 그 다음은 고객조사와 브레인스토밍 토론을 통해 주요 요인들에 대한 자세한 이유들을 추가적으로 기술한다. [그림 11-10]의 예에서 보듯 피쉬본 도표는 토론과 의견을 통해 테이블이 신속하게 정리되지 않는 원인을 제거할 수 있는 해결방안을 제시하는 데 사용할 수 있다. 또한 여전히 원인이 될 가능성이 있는 사항들에 대해 추가적인 자료수집에도 사용할 수 있다.

3) 서비스이익 체인

서비스이익 체인(service profit chain)은 이익, 고객충성도, 서비스가치 등을 직원만족, 생산성과 연결하는 관계를 제시한다. [그림 11-11]에서 보는 바와 같이 매출과 이익은 충성도가 높은 고객으로부터 발생한다. 그리고 충성도가 높은 고객은 인식된 서비스가치에 의해 영향을 받는 고객만족으로부터 발생하고, 서비스가치는 직무에 만족하고 우수한 역량과 높은 생산성을 가진 직원에 의해 창출된다. 그리고 직무에 만족하고 충성스러운 직원은 인재확보, 교육훈련을 통해서 이루어지지만 권한위임, 동기부여 등 레스토

그림 11-11 | 서비스이익 체인

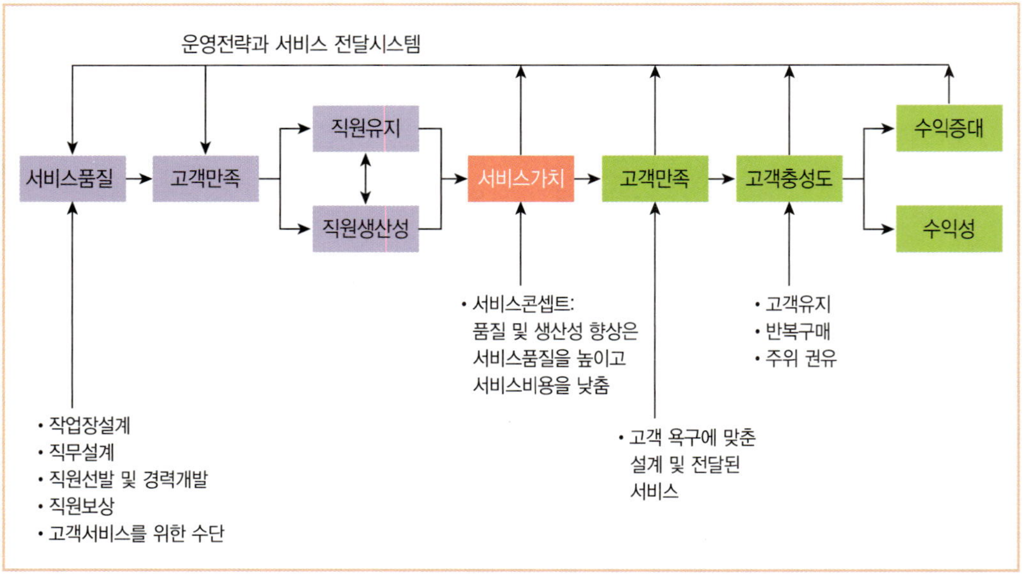

자료: James L. Heskett, W. Earl Sasser, Jr. and Leonard A. Schlesinger(1997), *The Service Profit Chain*, The Free Press.

랑의 적극적인 투자와 업무지원을 필요로 한다.

서비스품질을 개선하고 향상시키기 위해서는 일부 직원의 능력만으로는 어렵다. 고객과 접촉하는 직원뿐 아니라 모든 직원들이 하나의 팀으로 업무를 수행할 수 있도록 동기부여하는 것이 중요하다. Starbucks는 노동력의 질이 기업의 서비스품질과 경쟁력을 높이고 유지하게 만든다고 믿고, 자부심을 가지고 직무에 몰입할 수 있도록 직원들을 동기부여하는 데 노력하고 있다. 시간제 근로자를 포함한 모든 직원에게 의료보험, 건강진단, 주식 옵션, 가격할인 등의 복리후생을 제공하고 있다. 한편 외식산업은 노동집약적인 성격이 강하기 때문에 직원 간의 갈등이나 스트레스에 대한 적절한 관리가 필요하다. 서비스기술뿐 아니라 성격, 태도, 가치관, 봉사 등 호스피탈리티정신도 중요하다.

4) 서비스문화

서비스문화(service culture)는 고객뿐 아니라 직원들에게 좋은 서비스를 제공하는 것을 가치 있게 생각하고 믿는 문화를 말한다. 좋은 서비스는 서비스문화를 창출하는 것에서부터 시작한다. 화목한 가정에 가훈이 있듯이 성공한 레스토랑과 외식기업에는 서비스문화가 있다. 강력한 서비스문화를 구축하고 있다면 직원들을 직접 통제하지 않고도 고객지향적인 사고를 가지도록 하여 좋은 서비스를 제공할 수 있다. 또한 기업가치와 경쟁우위를 확보하는 데도 영향을 미친다. 체인 레스토랑 Hard Rock Cafe는 모든 직원과 주주들을 존경하고 동등하게 대우한다는 핵심가치를 기반으로 레스토랑의 핵심테마인 재미(fun)라는 강한 서비스문화를 형성하여 글로벌 충성고객을 확보하고 있다.

Hard Rock Cafe는 재미라는 서비스문화를 통해 세계적으로 충성고객을 확보하고 있다.

서비스문화를 구축하기 위해서는 많은 시간과 예산이 필요하다. 서비스와 관련하여 명확한 방침을 수립하고, 경영자와 관리자는 리더십과 솔선수범하는 행동을 보여주어야 한다. 그리고 우수한 서비스에 대해서는 보상을 하고 항상 고객의 목소리에 귀 기울여야 한다.

토 의 문 제

01 서비스는 무형성, 이질성, 비분리성, 소멸성 등의 특성을 가진다. 이러한 서비스의 특성을 외식산업에서는 어떻게 관리하는지, 예를 들어 설명하시오.

02 레스토랑은 서비스제공의 모든 단계, 서비스 생산과정에서의 현장직원과 고객의 역할, 각 단계에서 고객이 중요하게 생각하는 요소들을 정확하게 이해해야 한다. 서비스제공을 위한 프로세스를 설계하고 관리하는 데 유용하게 사용되는 것이 서비스청사진이다. 자신이 자주 이용하는 커피전문점을 예로 들어 서비스청사진을 설계하고, 토의하시오.

03 고객은 서비스를 구매할 때 유형적 단서 또는 증거에 많이 의존한다. 레스토랑 고객이 서비스 프로세스에서 이용 가능한 물리적 증거에는 어떤 것들이 있는지, 예를 들어 설명하시오.

04 고객의 대기상황은 외식산업에서 종종 발생하는 문제이다. 대기상황이 고객에게 부정적 경험으로 생각될 수 있지만 잘 관리하면 오히려 긍정적 경험을 제공하는 기회가 되기도 한다. 자신이 경험했던 대기상황의 예를 들고, 이를 효과적으로 관리하기 위한 방법에 대해 토의하시오.

05 레스토랑은 고객을 서비스의 공동생산자로 간주하고 서비스의 일부를 수행할 것을 요구한다. 서비스 전달과정에서 고객이 부분적으로 직원의 역할을 수행하는 사례를 조사하고, 토의하시오.

06 레스토랑은 내일의 판매를 위해 서비스를 재고로 보관할 수 없다. 이러한 서비스의 소멸성은 서비스수요와 공급의 관리를 어렵게 한다. 외식산업에서 서비스수요와 공급을 일치시키기 위한 서비스전략에 관련된 사례들을 조사하고, 토의하시오.

07 자신이 자주 방문하는 커피전문점을 대상으로 하룻동안 영업시간대별 RevPASH를 계산하고, 그 결과를 토대로 수익을 극대화할 수 있는 방안에 대해 토의하시오.

08 서비스회복은 서비스실패에 대응하는 레스토랑의 전략이다. 서비스실패는 여러 가지 이유로 발생한다. 레스토랑에서 실제 경험했던 서비스실패의 사례들을 제시하고, 문제를 해결하기 위한 효과적인 회복전략에 대해 토의하시오.

09 서비스품질문제를 파악하고 바로잡는 중요한 도구가 바로 서비스품질 갭모델이다. 최근 레스토랑을 이용했던 경험이 있는 고객으로서 당신의 기대와 서비스성과에 대한 지각 측면에서 가장 큰 갭을 경험했던 서비스품질 차원은 무엇인가? 레스토랑이 서비스품질을 향상시키기 위해 어떻게 해야 하는지 토의하시오.

10 서비스를 제공하는 직원이 곧 서비스라고 할만큼 서비스의 핵심은 직원이다. 레스토랑 조직에서 직원의 중요성과 역할에 대해 토의하시오.

참 고 문 헌

- 김광지 · 박기용(2014), "테이블 간격에 대한 고객의 감정과 반응 연구," 외식경영연구, Vol.17 (4), pp.189-207.
- 김수욱 외(2006), 서비스운영관리, 한경사.
- 박기용(2018), 외식산업경영학, 대왕사.
- 서비스경영연구회 역(2010), 서비스경영, 한경사.
- 이문규 · 안광호(2011), 서비스마케팅 & 매니지먼트, 집현재
- 이훈영 · 박기용(2018), 외식산업 마케팅, 도서출판 청람.
- 전인수 · 배일현 역(2013), 서비스마케팅, 도서출판 청람.
- A. Parasuraman, Valarie Zeithaml and Leonard Berry(1985), "A Conceptual Model of Service Quality and Its Implications for Future Research," *Journal of Marketing*, Vol.49, pp.41-50.
- Alastair M. Morrison(2002), *Hospitality and Travel Marketing*, Delmar.
- Christopher Lovelock and Lauren Wright(2001), *Principle of Service Marketing and Management*, Pearson College Div.
- Christopher Lovelock and Lauren Wright(2007), *Service Marketing*, Prentice Hall.
- David Bowie and Francis Buttle(2004), *Hospitality Marketing*, Elsevier.
- David Maister(1984), *The Psychology of Waiting in Lines*, Boston: Harvard Business School Note 9-684-064, Rev. May.
- Edmund Jerome McCarthy(2000), *Essential of Marketing*, Irwin.
- Sheryl E. Kimes(1999), "Implementing Restaurant Revenue Management: A five-step approach," *Cornell Hotel and Restaurant Administration Quarterly*, 40(3), pp.16-21.
- Sheryl E. Kimes and Gary M. Thompson(2004), "Restaurant Revenue Management at Chevys: Determining the Best Table Mix," *Decision Sciences*, 35(3), pp.371-392.
- Sheryl Kimes, Deborah Barrash, and John Alexander(1999), "Developing a Restaurant Revenue-management Strategy," *Cornell Hotel and Restaurant Administration Quarterly*, Vol.40(5), pp.18-29.
- Valarie Zeitham, Mary Bitner and Dwayne Gremler(2006), *Service Marketing*, McGraw-Hill.

Chapter 12

원가관리와 재무분석

도입사례

뜨거워지는 외식 M&A시장 누가 주인이 되었을까?

Outback Steakhouse 인수하며 종합외식기업으로 도약한 bhc

bhc치킨을 운영하고 있는 bhc그룹은 Outback Steakhouse를 인수했다. 이번 인수를 통해 bhc치킨을 포함해 프리미엄 한우전문점 '창고43,' 족발전문점 '족발상회' 등을 운영하고 있는 외식 브랜드 포트폴리오에 하나를 더 추가하게 됐다. 기존 브랜드의 육류 물류망을 바탕으로 Outback Steakhouse의 시너지를 기대할 수 있다는 전략이다. bhc그룹은 2014년부터 외식브랜드를 하나 둘 차례로 사들이며, 종합외식기업으로 성장하고 있는 중이다.

코로나19 팬데믹으로 경영이 악화되면서 M&A시장이 크게 흥행을 끌지 못했지만, 최근 외식기업들이 하나둘 주인을 찾아가고 있다.

TGIF는 롯데 품 떠나 Mad for Garlic 운영하는 사모펀드로

1세대 패밀리레스토랑 TGIF도 롯데GRS의 품을 떠나 사모펀드(PEF)가 소유한 엠에프지코리아에 매각되었다. 국내 TGIF 15개 점포는 Mad

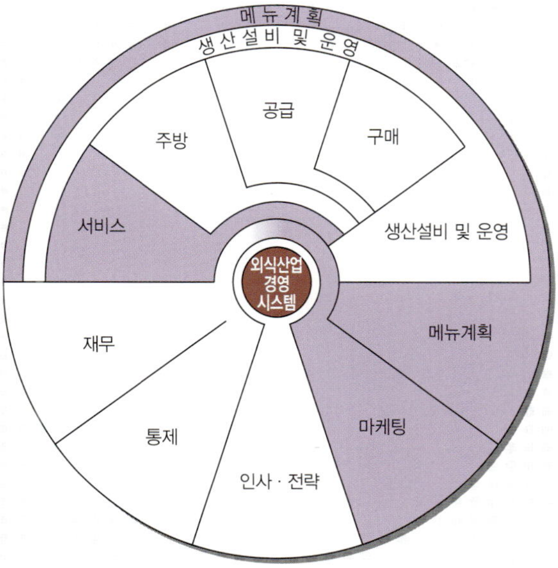

학습목표

1. 원가관리의 중요성을 이해한다.
2. 외식사업 원가의 구성을 이해한다.
3. 표준원가에 기초한 식재료 원가계산과정을 이해한다.
4. 레스토랑의 경영성과를 한눈에 알 수 있도록 작성한 손익계산서의 구성을 이해한다.
5. 원가와 이익의 상호관계를 알 수 있는 손익분기점분석과 수익의 안전성을 분석하는 손익분기점 비율을 이해한다.
6. 레스토랑의 재무상태와 경영성과를 파악하여 의사결정에 도움을 주는 재무분석을 이해한다.

for Garlic을 운영하고 있는 엠에프지코리아를 통해 운영될 예정이다. 롯데GRS는 2013년까지는 50개 이상의 TGIF 매장을 운영하며 국내 캐주얼 다이닝 레스토랑의 새로운 시대를 열었다. 하지만 패밀리 레스토랑 시장이 정체되면서 TGIF 매장수는 15개로 급감하는 등 운영에 어려움을 겪었고, 수년간 TGIF 매각을 시도했었다. 코로나19와 소비심리 침체라는 악재들까지 겹치면서 1세대 패밀리 레스토랑 TGIF의 매각 진행도 순조롭지 않았었다. 롯데GRS는 이번에 아픈 손가락이었던 TGIF 매각에 성공하면서 외식사업 구조조정에 박차를 가할 것으로 보인다.

1년 만에 몸값이 2배 올라 1조 원이 된 A Twosome Place

코로나19로 식품 · 외식업계 전반적으로 침체를 겪었음에도 1년 사이에 몸값이 2배로 뛰면서 주인이 바뀐 사례가 있다. CJ그룹이 운영하던 A Twosome Place이다. CJ푸드빌이 재무구조 개선을 위해 2018년부터 매각을 추진했었다. 2018년부터 2020년까지 순차적으로 홍콩계 사모펀드 앵커에퀴티파트너스에 총 4,535억 원에 매각되었다. 그러나 놀라운 것은 주인이 바뀐 지 1년 만에 또 다시 글로벌 사모펀드 칼라일그룹에 인수되면서 A Twosome Place의 몸값이 1조 원 수준에 달했다는 것이다. 코로나19라는 위기 속에서 국내 커피 프랜차이즈로는 유일하게 매출과 영업이익이 동반성장하면서 M&A시장에서 프리미엄까지 붙으며 높은 평가를 받은 것이다.

'Terarosa' 안고 공차 성공스토리를 다시 쓰겠다는 유니슨캐피탈PE

밀크티 프랜차이즈 '공차'로 국내 외식 프랜차이즈업계에서 가장 성공적인 투자 사례를 만들어낸 유니슨캐피탈PE는 최근 브루클린더버거조인트, 효도치킨, Terarosa 등 외식기업들을 인수하고 있다. 특히 스페셜티 커피 브랜드 'Terarosa' 지분을 인수하면서 공차에서 성공한 경험을 토대로 Terarosa의 가치도 끌어올릴 것으로 기대된다. 이번 유니슨캐피탈PE의 투자로 Terarosa 사업규모가 글로벌까지 확대될 것으로 예상되면서, Terarosa도 'Blue Bottle Coffee' 성공 스토리가 되지 않을까 관심을 모으고 있다.

투자업계에서 매력적인 매물로 떠오르는 프랜차이즈사업

외식업계 M&A는 앞으로 더욱 가속화될 전망이다. 특히 프랜차이즈업계는 코로나19 타격을 크게 입은 업종 중 하나이다. 코로나19로 외식업 M&A시장에도 한파가 불었지만 위드코로나 전환으로 투자업계에서 매력적 매물로 떠오르고 있다. 이미 M&A시장에는 버거킹, 놀부 등이 매물로 나와 있다. CJ푸드빌의 뚜레쥬르도 높아진 수익성을 바탕으로 매각을 재시도할 가능성이 높다는 전망도 나오고 있다.

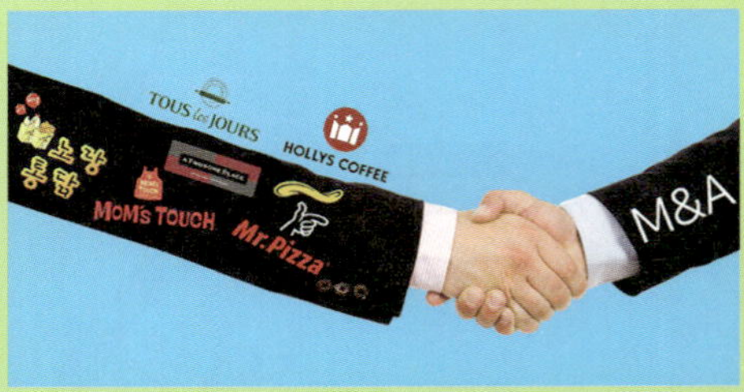

인건비 상승, HMR과 배달음식을 중심으로 시장이 재편되고 있는 상황도 외식기업들의 매각을 부추기는 요인이다.

업계에서는 2010년부터 사모펀드로 인수된 외식기업들이 앞으로 언제든 매물로 시장에 나올 여지가 많다는 관측이다. 뿐만 아니라 이렇게 시장에 나온 매물을 다시 사모펀드가 사들인 뒤 가치를 높여 되파는 엑시트전략이 반복될 것으로 예상된다. 프랜차이즈는 다른 업종 대비 소비자 인지도도 높고, 낮은 기술장벽과 마케팅을 통한 브랜드관리 등이 수월해 단기간에 실적 반등을 일궈서 되팔기에도 좋다. 따라서 사모펀드 입장에서는 매력적인 투자처로 분류되기 때문이다.

자료: wecook digging club. 2021.11.23./뉴스핌. 2021.10.28.

원가관리는 식재료 구매, 음식 생산 및 판매과정에서 발생하는 손실을 줄이려는 노력이다. 일정수준의 품질을 유지하는 데 있어서도 원가관리는 중요한 기능을 가진다. 이익은 저절로 생기는 것이 아니라 원가관리를 통해서 얻을 수 있다. 이익을 높이기 위해서는 원가절감은 당연하고도 절실한 노력이다.

레스토랑은 종종 불경기, 예기치 않은 경제적 상황, 자금부족, 현금흐름의 잘못된 관리, 부적절한 비용통제 등으로 재무적 곤경에 빠지곤 한다. 규모를 불문하고 모든 레스토랑에서 자금의 조달과 운용에 관련된 재무활동은 사업의 성공 여부에 중대한 영향을 미치는 만큼 면밀하게 계획하고 통제해야 한다.

본 장에서는 레스토랑이 비용을 절감하여 이익을 늘리기 위한 원가관리와 레스토랑의 재무상태와 경영성과를 알기 위한 재무분석에 대해 살펴보고자 한다. 원가관리의 중요성과 원가의 구성에 대해 살펴본다. 레스토랑이 달성한 경영상태를 알 수 있는 손익계산서의 구조와 어느 시점에서 이익이 발생하는가를 예측할 수 있는 손익분기점분석에 대해 살펴본다. 그리고 레스토랑의 재무상태를 판단하는 재무분석에 대해서도 살펴본다.

12-1 원가관리

레스토랑은 비용을 최대한 낮추면서 판매할 수 있는 방법을 끊임없이 모색한다. 처음 설정한 비용의 수준이 잘 유지되고 있다고 해서 원가관리가 필요 없다고 생각할지 모르지만 현실은 그렇지 않다. 어떤 레스토랑이든 식재료, 직원, 점포, 판매촉진, 주방기기 등에 관련하여 비용 변동은 계속해서 발생한다. 그러므로 원가관리는 레스토랑이 언제나 직면하고 있는 현실적이고도 절실한 문제이다.

1. 원가의 구성

식재료를 구매하고 조리하여 음식을 제공하기 위해서는 어떤 경제적인 희생이 치러져

그림 12-1 | 원가의 구성

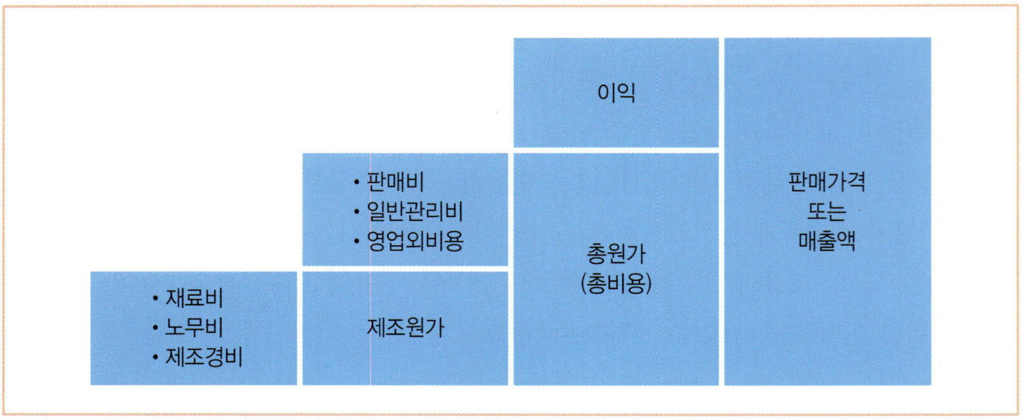

야 한다. 재화와 용역을 획득하기 위해 치른 경제적 희생을 원가(cost)라고 한다. 식재료, 노동력, 주방설비, 수도 · 광열비 등의 경제가치를 소비함으로써 제품의 원가가 결정된다. 원가의 구성은 [그림 12-1]과 같다.

1) 제조원가와 판매관리비

제조원가는 제품의 제조과정에서 발생한 원가이다. 제품이 판매되면 제조원가는 매출원가라는 비용이 된다. 제조원가는 재료비, 인건비, 경비로 구분된다. 재료비(material cost)는 제품의 제조에 소요되는 재료의 소비액으로 식재료비(food cost)가 여기에 해당한다. 인건비(labor cost)는 제품을 제조하는 데 소요되는 직원의 노동력에 대해 지급하는 임금, 급료, 상여금 등을 말한다. 경비(expense)는 제품의 제조에 소요되는 재료비와 인건비 이외의 비용들로서 전기료, 가스료, 감가상각비, 보험료 등이 여기에 해당한다.

음식을 판매해야 매출이 발생한다. 판매를 위해서는 직원을 고용하고, 테이블과 의자, 광고, 기타 판매관리활동을 해야 한다. 이를 위해 소요되는 돈이 판매비와 관리비이며, 판매관리활동을 위한 원가는 발생 즉시 판매관리비라는 비용항목으로 처리된다. 가격결정이나 수익성을 계산할 때 제조원가만 생각하고 판매관리비를 고려하지 않으면, 가격을 너무 낮게 책정하거나 수익성을 너무 높게 평가하는 잘못된 판단을 할 수 있다. 이러한 경우 제조원가에 판매관리비를 더한 총원가(full cost)를 사용해야 한다.

전체비용 중에서 원가관리대상이 되는 대표적인 비용에는 식재료비와 인건비가 있다. 식재료비와 인건비는 전체비용 중에서 가장 큰 비중을 차지하고 있으며, 두 비용을 합쳐 프라임 코스트(prime cost)라고 한다. 레스토랑에서는 프라임 코스트 비율에 따라 이익이 좌우되는 만큼 식재료비와 인건비는 경영자의 원가관리능력을 평가하는 기준이 된다. 레스토랑의 경영목표가 되는 이상적인 프라임 코스트 비율은 매출액의 60% 정도이고, 70%를 초과하면 어려움에 직면할 수 있다. 패스트푸드 레스토랑에서 식재료비율 45%, 인건비율 16~19%를 합치면 프라임 코스트는 60~65%가 된다.

2) 직접원가와 간접원가

원가는 제품과 관련하여 추적이 가능한가에 따라 직접비와 간접비로 구분할 수 있다. 직접비(direct cost)는 제품을 제조하기 위해 소비되어 그 제품의 원가로서 직접 부과할 수 있는 원가를 말한다. 간접비(indirect cost)는 여러 제품을 제조하는 데 공통적으로 소비되어 특정 제품에서 직접적으로 집계할 수 없는 원가를 말한다. 예를 들어, 소모품비, 가스료, 전기료 등은 제품을 생산하는 데 필요한 원가이지만, 얼마만큼 투입되었는지 정확하게 측정할 수 없으므로 간접비가 된다.

3) 고정원가와 변동원가

원가는 생산활동의 정도를 나타내는 조업도(rate of capacity), 즉 매출의 변화에 따라 이들 비용이 변하는 정도를 기준으로 고정비(fixed cost)와 변동비(variable cost)로 구분한다. 손익분기점분석을 위해서는 레스토랑의 주요 비용의 세부항목을 고정비와 변동비로 구분할 수 있어야 한다. 고정비는 생산비나 매출액의 증감에 관계없이 언제나 일정한 금액으로 지출되는 비용으로 인건비, 임대료, 보험료, 감가상각비, 지불이자, 사무용품비, 통신비 등이 있다. 제조·판매수량이 많으면 많을수록 제품 1개당 고정비부담액은 낮아져 그만큼 사업에 유리하다. 변동비는 생산비나 매출액의 증감에 비례하여 변하는 비용으로 식재료, 주류, 가스료, 수도·광열비, 광고비, 소모품비, 차량비 등이 있다. 비용의 발생액이 생산량과 동일한 비율로 증감하기 때문에 제품 1개당 변동비부담액은 균등하다.

2. 원가관리의 이해

1) 원가관리와 이익

"이익은 비용절감으로 창출된다"는 말이 있다. 원가관리(cost control)를 소홀히 하면 목표로 하는 이익을 얻을 수 없다는 것을 뜻한다. 사실 비용의 증가 없이 이익을 높인다는 것은 어려운 일이다. 그러나 이러한 비현실을 현실화할 수 있는 유일한 방법이 원가관리이다. 경쟁자와 동일한 매출을 얻었다고 할 때, 경쟁자보다 높은 이익을 얻을 수 있는 방법은 비용절감을 통해서만 가능하다.

이익을 높일 수 있는 방법은 크게 두 가지로 생각해 볼 수 있다. 먼저 매출을 늘리는 방법이 있다. 마케팅을 통해 판매량을 높여 이익을 얻는 것이다. 다른 하나는 원가관리이다. 지출되는 비용을 줄여 이익을 얻는 것이다. 예를 들어, 연간 매출이 20억 원 정도가 되는 어느 레스토랑에서 적자의 원인이 높은 식재료비에 있다는 사실을 알았다고 하자. 식재료비율을 45%에서 38%로 낮춰 7% 정도를 절감시키는 데 성공했다면 1,400만원의 이익을 얻는 것이 가능해진다.

경영자나 관리자의 최종적인 책임은 이익창출에 있다. 매출이 예상대로 달성되었더라도 비용이 많아 이익이 없으면 평가는 낮을 수밖에 없다. 체인 레스토랑 IHOP(International House of Pancake)는 식재료비율을 30%로 설정해 놓고 있다. 만일 식재료비율이 31%가 되면, 점장의 급여에서 1%를 삭감하기 때문에 정해진 식재료비율을 지키려고 원가관리를 철저히 하고 있다. 매출을 높이는 것도 중요하지만 비용의 효율적 관리와 절감노력을 우선적으로 요구하는 것이다.

체인 레스토랑에서는 점장의 책임에 Q · S · C는 물론, 원가관리능력을 의무화시키고 있다.

2) 원가관리와 품질

이익의 관점에서 비용은 낮으면 낮을수록 좋다. 그 이유는 비용의 효과를 극대화할 수 있기 때문이다. 그래서 가능한 비용을 줄이고 이익을 높이려 한다. 그러나 이익만 추구하거나 또는 이익을 높이기 위해 비용을 지나치게 낮추는 것은 바람직하지 않다. 비용의 상태가 메뉴 및 서비스의 품질을 보여주기 때문이다. 식재료비를 낮출수록 메뉴품질은 떨어지고, 인건비를 낮출수록 서비스품질이 떨어지는 것은 당연하다.

원가관리를 단순히 비용을 절감하는 것으로 잘못 해석하면 품질을 떨어뜨리고 가치를 손상시켜 레스토랑 이미지나 매출에 부정적인 결과를 초래할 수 있다. 한번 실망한 고객을 다시 찾게 하는 데는 많은 시간과 비용, 노력이 요구된다. 고객은 가격과 품질에 민감하고, 특히 전에 누렸던 권리에 대한 강한 집착을 가지고 있기 때문이다. 비용을 낮추는 노력을 하면서 메뉴 및 서비스 품질, 그리고 고객만족도까지 높일 수 있어야 한다.

3) 교육

McDonald's 매니저는 식재료 및 인건비 관리, 매출과 수익관리 등의 교육이수가 필수적이다.

경영자나 관리자는 기본적으로 원가에 대한 관리의식을 가지고 있기 마련이다. 이는 경영자나 관리자가 되면 항상 이익 유무에 관심이 쏠리기 때문이다. 반면 직원들은 아무래도 경영자나 관리자에 비해 원가의식이 낮을 수밖에 없다. 그래서 매뉴얼을 철저히 지키도록 교육하지만 손실의 발생을 완전히 막기는 어렵다. 이처럼 원가관리에서 가장 큰 문제는 직원들의 낮은 원가관리의식이다. 이를 방지하기 위해서는 원가관리시스템을 구축하고 지속적으로 직원들을 교육해야 한다.

3. 식재료비

1) 식재료 원가관리의 목적

식재료비(food cost)는 레스토랑의 원가구성에서 가장 높은 비율을 차지하고 있다. 업종과 업태에 따라 다르지만 일반적으로 식재료비는 매출액의 30~40% 정도이다. 패스트푸드 레스토랑은 소모품을 포함해서 37~38%, 패밀리 레스토랑과 커피전문점은 35%, 중화요리나 국수전문점은 30% 이하로 책정하고 있다. 그러나 사실 적정한 식재료비는 레스토랑이 아니라 고객의 평가에 의해 책정된다는 사실을 명심해야 한다.

식재료 원가관리는 식재료 손실을 줄이려는 노력이다. 구매하거나 조리하는 과정에서 식재료는 훼손 또는 손실이 발생한다. 레스토랑의 이익창출은 식재료비를 어떻게 관리하느냐에 달렸다 해도 과언이 아니다. 그러나 식재료는 여타 산업의 원재료들과 달리 모양, 품질, 특성이 다양하고, 환경조건에 따라 수요와 공급의 변동이 심해 관리하기 쉽지 않다.

식재료 원가관리는 다음과 같은 목적을 통해 고객만족과 이익증대를 통한 장기적인 발전을 도모하는 데 있다.

- 고객의 욕구에 부응하는 식재료의 정확한 예측
- 적합한 식재료의 최적수량 구매
- 표준레시피에 따른 규격과 분량의 조절
- 식재료의 구매, 조리, 판매과정에서의 낭비와 손실발생 제거

[그림 12-2]는 식재료 원가관리업무의 진행과정을 보여준다. 한편 식재료 원가관리와 관련하여 중요한 업무는 다음과 같다.

- 정확한 판매정보 기록과 비교
- 식재료 구매 및 출고의 통제
- 식재료 실제원가 계산
- 표준원가와 실제원가의 비교분석
- 예측매출액과 표준원가 설정 및 계산
- 표준레시피, 표준산출량, 표준정량의 분석과 표준화

그림 12-2 | 식재료 원가관리 업무과정

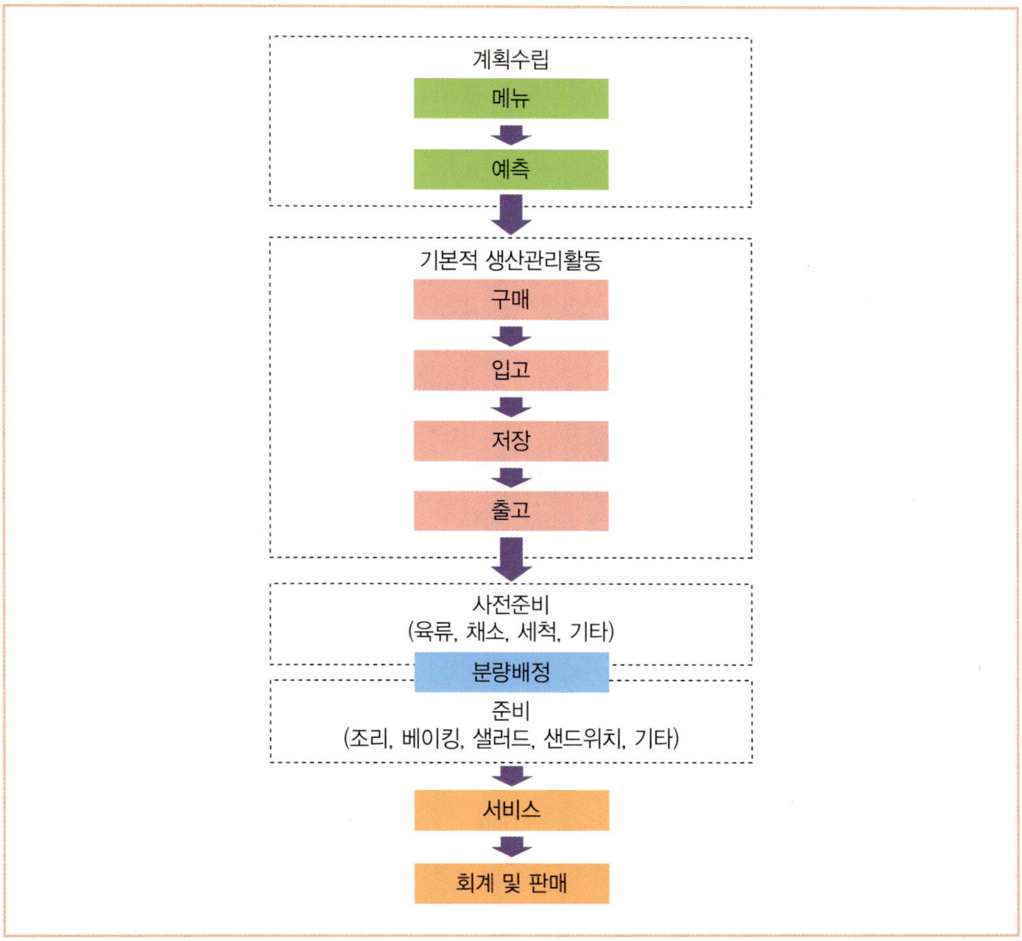

• 월말보고서로부터 종합된 정보 획득

2) 단계별 식재료 원가관리

식재료 원가관리의 주요 업무는 식재료를 통제하고 관리할 수 있는 시점과 관련하여 구매단계, 재고관리단계, 조리단계로 구분된다.

(1) 구매단계

음식생산을 위해 필요한 모든 식재료는 준비된 날짜에 맞추어 주문한다. 조리장 또는 구매담당자는 필요한 식재료구매를 위해 상호 협조한다. 구매단계에서 원가를 관리하기 위한 수단으로 표준구매명세서, 산출량 테스트, 시장보고서 등이 활용된다.

식재료를 어떻게 구매, 관리, 활용하는가에 따라 메뉴의 최종원가를 조절할 수 있다.

① 표준구매명세서

표준구매명세서(standard purchase specification)는 주요 품목에 대한 품질, 크기, 중량, 규격 등을 간략하게 서술해 놓은 설명서를 말한다. 구매의 견적기준 제시, 검수기준의 명확화, 식재료 원가 및 품질의 기준, 식재료 산출량 측정, 음식의 규격 및 가격 책정 등을 목적으로 사용된다. 구매담당자, 납품업자, 검수직원, 조리장 등이 표준구매명세서를 이용하며, 레스토랑의 필요성에 부합하는지를 확인하기 위해 정기적으로 재검토한다.

② 산출량 테스트

산출량 테스트(yield test)는 육류, 가금류, 과일류, 야채류 등의 식재료를 구매했을 때 실제로 사용할 수 있는 중량 또는 수량을 계산하는 것을 말한다. 예를 들면, 1리터짜리 병에 담긴 진(gin)은 45밀리리터 지거(jigger)를 기준으로 22잔의 마티니(martinis)를 만들 수 있다. 육류는 지방(fat), 피(blood), 갈은 고기(ground meat), 필레(fillet) 등으로 구분되고, 지방과 피는 폐기물이므로 계산하지 않는다. 예를 들어, 6.6kg의 안심(tenderloin)에서는 0.5kg의 갈은 쇠고기(ground beef)와 0.5kg의 안심끝살(tenderloin tips), 그리고 2.6kg의 안심 필레를 얻을 수 있다. 피와 지방으로 손실된 양은 3kg이다.

구매한 일정량의 식재료로부터 얼마만큼이 완제품으로 생산될 수 있는가를 파악하면 고객예측을 통한 식재료 소요량을 정확하게 계산할 수 있다. 산출량 테스트는 식재료 공급부족에 따른 생산부족을 제거해 주고, 식재료 낭비를 관리하는 데도 도움을 준다. 특히 쇠고기, 돼지고기 등 육류를 구매할 때 여러 공급업자들의 산출량을 비교하여 적합한 공급업자를 결정하는 데 있어 산출량 테스트가 사용된다.

③ 시장보고서

시장보고서(market report)는 소비되는 모든 식재료의 최고가격과 최저가격이 상세히 기록된 서식으로 육류, 가금류, 생선류, 청과물류 등을 조달하는 공급업자들이 제시하는 가격과 품질을 비교분석하는 데 유용한 도구로 사용된다. 시장보고서를 작성하기 위해 구매담당자는 최소한 세 명 이상의 공급업자들로부터 제공된 가격을 분석한다. 가격정보를 수집하기 위해 직원을 직접 시장에 파견하여 가격을 검사하고 기록하기도 한다.

(2) 재고관리단계

① 출고청구서

재고관리는 사용된 식재료를 추적하고 통제하는 것이다. 식재료 원가관리를 제대로 하기 위해서는 식재료가 창고에서 출고되고 조리되어 고객에게 판매될 때까지 식재료가 어디로 어떻게 사용되었는지 정확하게 파악해야 한다. 출고청구서(storeroom requisition)는 재고관리의 가장 기본적인 도구로서 식재료가 창고로부터 출고될 수 있도록 요청하는 서류이다. 이는 음식생산에 필요한 식재료 양을 예측하기 위한 것이다. 출고청구서에 조리장이 서명하여 주방 스튜어드(steward)나 창고담당자에게 전달되면 담당자는 청구서의 번호와 날짜, 책임자 서명, 식재료 인수자 이름 등을 포함해서 창고로부터 출고된 모든 품목 하나하나를 기록하는 창고장부(storeroom log)를 작성한다. 창고담당자는 출고된 품목 리스트를 식음료 원가관리자(food & beverage cost controller)에게 전달한다. 매일 영업이 종료된 후 식음료 원가관리자는 주방에서 소비된 식재료 총원가를 결산한다.

② 식음료 원가일치

어떤 식재료품목이 창고에서 출고되면 그 품목은 주방에서 '소비되었다'(consumed)라고 하고, 식사나 음료를 제공하기 위해 사용되면 음식이 '생산되었다'(produced)라고 한다. 소비된 원가는 반드시 생산되었다는 개념의 식사 또는 음료의 양으로 계산하는데, 총원가와 출고청구서를 대조하는 과정을 '일치'(reconciliation)라고 한다. 식음료 원가일치(food & beverage reconciliation)를 위해 많은 서류와 컴퓨터프로그램들이 사용되고 있지만 기본원리는 모두 똑같다. 당일 영업이 끝난 후, 그날 소비된 식재료 총비용은 각각의 주방으로 출고된 청구서 비용의 총합과 일치해야 한다.

(3) 조리단계

메뉴가 준비될 때마다 항상 똑같은 식재료와 분량이 사용되도록 철저히 관리하는 것도 원가관리의 한 부분이다. 예를 들면, 패스트리 셰프(pastry chef)가 애플파이를 구울 때는 항상 같은 양의 설탕, 밀가루, 사과를 사용해야 한다. 정확한 분량과 식재료의 사용은 조리장에 의해 작성된 표준레시피에 의한다. 표준레시피는 메뉴품목별 원가를 정확하게 예측할 수 있고, 실수나 낭비로 인한 손실을 최소화할 수 있는 도구역할을 한다.

3) 식재료 원가계산

식재료 원가계산은 [그림 12-3]에서와 같이 관리되어야 하는 표준원가를 먼저 설정한다. 그리고 실제원가의 실행 후 결과를 측정한 다음, 그 결과를 표준원가와 비교하여 수정하는 일련의 과정이 끊임없이 순환, 반복된다.

(1) 표준원가

표준원가(standard cost)는 목표원가(target cost)로서 목표달성이 가능한 작업조건하에서 마땅히 얻어져야 하는 원가이다. 식재료 원가관리는 원가에 관한 표준, 즉 표준원가를 계산하는 것으로부터 시작한다.

표준원가를 계산하는 목적은 다음과 같다.

- 제품의 표준화, 작업방법의 표준화 및 공정의 표준화를 도와준다.

그림 12-3 | 식재료 원가계산과정

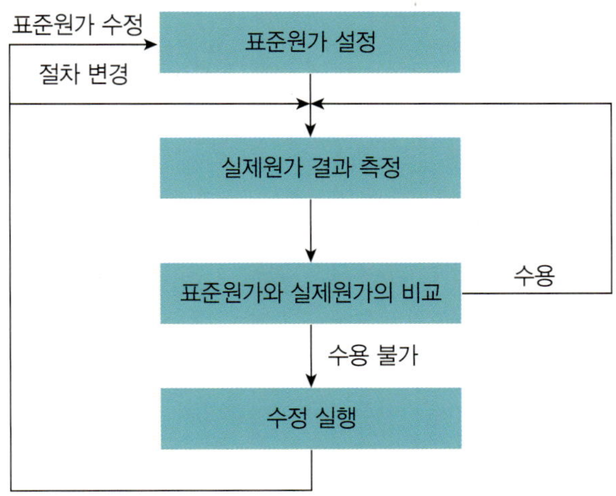

자료: Jack D. Ninemeier(1991), *Planning and Control for Food & Beverage Operations*, AH & MA.

- 표준원가와 실제원가의 차이를 분석하여 경영자의 주의를 집중하게 한다.
- 차이의 원인분석을 위한 하나의 수단을 제공한다.
- 원가계산절차를 간소화함으로써 원가계산에 관련된 운영비를 절감한다.

표준원가는 판매하는 모든 메뉴를 대상으로 표준산출량, 표준레시피, 표준정량 등에 기반하여 산출한다. 일정기간 동안 집계한 자료를 총합하여 표준원가율을 수립한다. 음료의 경우 구매가격 자체가 구매원가가 되기 때문에 어떻게 하면 가격을 낮추어서 구매하느냐에 따라 표준원가가 달라진다. 반면 음식의 경우 조리과정에서 단위당 원가가 크게 변하기 때문에 음료처럼 단순하지 않다. 산출된 표준원가는 실제원가(actual cost)와 비교하여 차이가 있는가를 분석하여 원가관리 자료로 이용한다.

(2) 실제원가

실제원가(actual cost)는 메뉴를 생산하는 데 실제적으로 사용된 원가를 말한다. 저장고에 보관되어 있는 물품의 출고기록과 검수보고서에 나타난 자료를 토대로 실제원가를 계산한다.

식재료 실제원가는 다음과 같은 방법으로 계산할 수 있다.

	전월 말 재고 식재료(beginning inventory)
+	당월 구매한 식재료(purchase)
+/−	추가 구매 또는 이동된(transfer) 식재료
−	당월 말 재고 식재료(ending inventory)
−	실제 사용된 총식재료 원가

나중에 실제원가를 표준원가와 비교하면 특정 기간의 경영성과를 평가할 수 있다.

(3) 원가 차이의 분석

일반적으로 원가 차이는 실제원가가 표준원가에 미달되는 유리한 차이(favorable variance)보다는 표준원가를 초과하는 불리한 차이(unfavorable variance)가 나타나는 경우가 대부분이다. 식재료 원가 차이를 발생시키는 원인은 크게 가격 차이와 수량 차이로 구분된다. 먼저 가격 차이는 시가의 변동, 잘못 책정된 가격, 불리한 구매 등으로 발생한다. 한편 수량 차이는 표준정량 초과, 과잉 재고로 인한 불량 식재료 사용, 부적합한 표준레시피에 따른 잘못된 표준소비량 계산, 비능률적인 구매 및 출고, 부적절한 육류손질과 조리방법, 과도한 변질과 부패발생, 작업방법의 변경, 작업능률의 저하, 부정한 판매, 도난, 절도행위 등으로 발생한다.

매월 원가의 변동폭이 엘리베이터처럼 크다면 원가관리에 문제가 있는 것이다. 목표로 하는 식재료비율을 유지하기 위해서는 표준원가를 지키는 것이 중요하다. 표준원가를 지키는 일은 관리자의 책임이다. 경험으로 식재료를 사용하는 습관을 버리고, 계량으로 정확한 분량의 식재료를 사용하도록 의무화시켜야 한다.

4. 인건비

1) 인건비율

인력관리와 관련된 인건비는 경영에 참가하는 모든 사람에게 지급되는 급여, 상여금, 복리후생비 등을 말한다. 인건비에 어느 정도 중점을 두는가는 제품의 품질과도 관련이 있다. 인건비를 낮추면 이익은 증가하지만, 제품과 서비스가 나빠질 수 있다.

업종과 업태에 따라 인건비율(인건비÷매출액)은 다르지만 시스템화되어 있다. 소매업 성격이 강한 패스트푸드 레스토랑의 인건비율은 매출액의 16~19% 정도이며, 그 외의 업종은 25% 정도이다. 그렇지만 단순히 매출에 대한 인건비만으로 경영상태를 측정할 수는 없다. 인건비는 식재료비와 매출액을 비교하는 것이 중요하다. 그 이유는 인건비는 식재료비와 함께 이익을 좌우하는 최대의 비용으로 식재료비 다음으로 크기 때문이다.

[그림 12-4]는 업태별 직원당 인건비와 생산성을 보여주는데, 인건비는 생산성과는 정반대의 결과를 나타내고 있음을 알 수 있다. 퀵서비스 레스토랑은 상대적으로 낮은 인건비로 운영된다. 레스토랑에 따라 직원들의 생산성은 다르다. 패스트푸드 레스토랑이

그림 12-4 | 레스토랑의 직원당 생산성 대 인건비

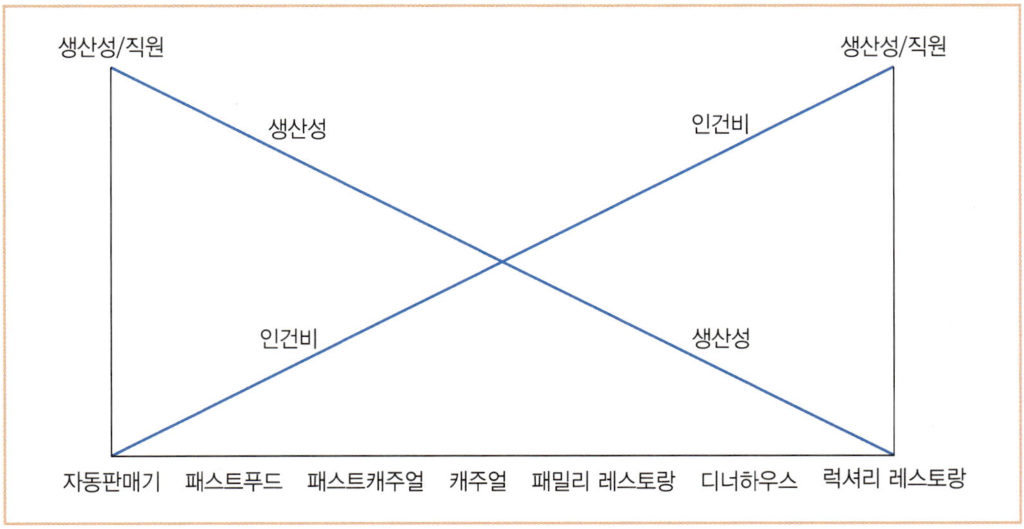

자료: John R. Walker(2014), *The Restaurant: From Concept to Operation*, John Wiley & Sons.

가장 높고, 럭셔리(luxury) 레스토랑이 가장 낮지만, 운영능력, 레스토랑 레이아웃, 메뉴 등에 따라 생산성은 달라질 수 있다.

2) 인원관리

레스토랑이 목표로 하는 매출을 달성하기 위해 어느 정도의 인원이 필요한가를 산출해야 한다. 그러나 이에 앞서 어떤 업무수행능력이 필요한가를 파악해야 한다. 예를 들어, 직무능력, 경험, 연령, 성별, 기술 등을 종합적으로 분석하여 이를 바탕으로 필요한 인원수를 확정 짓는 것이다.

인원관리에는 두 가지 의미가 포함되어 있다. 첫째는 현재의 인원관리, 둘째는 미래의 계획이다. 전자의 경우 비교적 판단하기가 쉽다. 그러나 후자의 경우 미래를 예측하여 과연 몇 명의 인원이 필요한가를 산출해야 하기 때문에 꽤 어려운 일이다. 기술의 진보와 혁신 등으로 인해 작업시간을 단축시킬 수 있기 때문이다.

요일이나 시간대에 따라 고객수의 차이가 크므로 이를 잘 예측하여 근무인원표를 작성한다. 업종과 업태에 따라 약간의 차이는 있지만, 근무인원의 할당은 사원 30%, 아르바이트 또는 파트타임직원 70%의 비율이 적당하다. 한편 직원의 평균연령도 되도록이면 낮추는 편이 좋다. 평균연령의 상승은 곧 인건비 상승으로 이어져, 결국에는 경영을 압박하는 요인이 될 수 있기 때문이다.

3) 시간제직원

인건비관리는 경영자와 관리자의 직무 중 하나로서 최소의 인건비로 레스토랑이 설정한 목표를 달성해 나가는 것이다. 인건비 상승과 인력부족 등을 겪고 있는 외식산업에서는 고정비로 되어 있는 인건비를 변동비로 바꾸는 노력이 중요하다. 예를 들면, 인건비를 일정수준으로 낮추기 위해 시간제직원을 포함한 정규직원을 고객수에 맞추어 편성하는 것이다. 다시 말해 정규직원의 총노동시간수를 가능한 줄이고, 파트타임 또는 아르바이트 등의 시간제직원의 노동시간을 늘리는 것이다. 매출액과 비교하여 시간대별 노동생산성(매출액÷직원수)을 바탕으로 적절하게 시간제직원을 편성하도록 한다.

고정비인 인건비를 줄이기 위해 시간제직원을 적절하게 근무시키도록 한다.

4) 교육훈련

같은 수의 직원을 배치할 경우에도 인력부족이나 급격한 물가상승 때문에 인건비가 상승할 수 있다. 인력부족은 쓸 만한 인재의 비용을 증가시키고 경영을 어렵게 만드는 원인이 된다. 따라서 시간제직원을 적절하게 활용하는데, 이때 직무성과를 높이기 위해서는 정기적인 교육훈련 프로그램이 필요하다. McDonald's에서 근무하는 직원들의 대부분은 임시고용직이다. 이 때문에 개인의 급작스런 사정 또는 다른 이유로 회사를 그만두는 경우가 많은데, McDonald's에서는 이러한 문제점을 임시고용직원에 대한 끊임없는 재교육실시로 해결하고 있다. 임시직원으로 채용되면 조별(crew) 교육을 받는다. 각각의 소규모 작업 라인에서의 기계작동방법과 작업방법, 라인에서 지켜야 할 수칙 등을 익히게 되며, 이러한 과정을 거친 다음에 작업장에 배치된다.

McDonald's 교육의 특징은 교육을 시행하는 사람이 바로 정규직원이라는 점이다. 즉 교육과정을 통해서 임시직원들은 매장에서 자기의 위치가 중요하다는 사실을 인지하고, 정규직원의 지시와 전달된 내용을 잘 숙지함으로써 어느 작업 라인에 가더라도 자기의 역할을 충분히 수행할 수 있게 된다. 동시에 이러한 과정을 통해 정규직원과 임시직원 간의 원활한 인간관계와 작업장에서의 적극적인 협력관계를 유지할 수 있게 된다. 이러한 교육과정은 갑작스런 수요의 폭증에 의해 고객이 몰릴 경우 정규직원과 임시직원 간의 원활한 협력을 통해 효율적인 서비스제공을 가능하게 한다.

5. 경비

경비(expense)는 제품을 제조하는 데 소비되는 원가 중에서 재료비와 노무비를 제외한 모든 원가요소를 말한다. 주방에서 발생하는 대부분의 비용은 제조경비로서 제품원가에 포함되지만, 주방 이외의 부문에서 발생하는 비용은 판매비와 일반관리비가 된다.

경비는 경영자나 관리자의 능력에 따라 증감시킬 수 있는 비용이다. 그러나 경영자와 직원들의 노력만으로 도저히 증감이 불가능한 것들도 있다. 예를 들어, 임대료, 조세공과금, 감가상각비 등은 관리가 불가능한 비용들이다. 반면 수도 · 광열비, 가스비, 통신비, 식기구입비, 판매촉진비 등은 관리가 가능한 비용들이다. 예를 들어, 가스, 전기, 수도 등의 요금이 상승하고 있을 때, 그 사용방법에 주의를 기울이는 경우와 그렇지 않은 경우와는 큰 차이가 있다. 경영자와 직원들이 공공요금에 대한 관심을 가지고 절약한다면 이익을 높일 수 있다.

임대료는 고정비이기 때문에 경영자가 마음대로 증감할 수 없는 비용이다. 임대료의 지불 가능 한도액은 매출과 비교해서 10% 이하가 적당하다. 미국의 쇼핑센터 내 임대료는 대부분 매출액의 7~8% 이내이다. 많은 레스토랑에서 목표대로 이익을 창출되지 못하는 이유 중 하나가 임대료비율이 너무 높기 때문이다. 물론 이러한 문제가 경영자의 직접적인 책임은 아니지만 임대료가 이익에 큰 영향을 미치기 때문에 유의해야 한다. 소모품비는 업태에 따라 다르지만 보통 5~6% 정도가 바람직하다.

6. 판매관리비

판매관리비 중에서 판매촉진비는 레스토랑 이미지와 인지도를 높이기 위해 필요할 뿐만 아니라 고객에 대한 이익환원이라는 점에서도 중요하다. 간접적인 효과로서 직원의 근로의욕도 높여 준다. 판매촉진은 비용지출을 낮추는 것보다 어떻게 지출하였는가 하는 것이 중요하다. 어떤 판매활동을 하고, 그것이 어떤 효과를 가져왔는지 기록하는 과정이 필요하다. 판매촉진비가 얼마이고, 그것이 판매비와 관리비 중 어느 정도를 차지하는가 하는 것은 단순한 결과일 뿐이다. 경영자나 관리자는 판매관리비를 낮추고, 이익의 폭을 넓힌다는 수비 자세가 아닌 적극적으로 판촉활동을 실시하고, 매출을 증대시켜 나가는 공격적인 자세를 가져야 한다.

12-2 손익계산서

손익계산서(profit and loss statement, income statement)는 일정기간 동안 레스토랑에서 발생한 모든 비용과 수익을 나타내는 보고서이다. 손익계산서만 보면 일정기간 동안 얼마를 벌고, 얼마나 손해를 봤는지 알 수 있다. 모든 비용이 계산되기 때문에 매출과 비교한 각 항목의 비용비율이 적정한지도 알 수 있다. 경영성과를 알고 난 이후의 경영방침과 경영계획을 세우기 위한 판단 자료로도 활용할 수 있다. 레스토랑의 결점을 알 수 있고, 개선 포인트도 파악할 수 있다.

1. 손익계산서의 구성

손익계산서는 〈표 12-1〉에서와 같이 수익과 비용, 이익으로 구성된다. 기본적인 구조는 수익에서 비용을 차감하여 이익을 나타내는 방식으로 표현된다. 수익과 비용을 그 발생원천에 따라서 분류하기 때문에 단계별로 손익을 계산한다. 이익항목을 매출총이익, 영업이익, 영업외수익, 법인세차감전순이익, 당기순이익으로 구분하여 표시하도록 하고 있다.

표 12-1 | 손익계산서

(단위: 천 원)

과목	1월	2월	3월
I. 매출액	200,000		
II. 매출원가	60,000		
III. 매출총이익	140,000		
IV. 판매비와 관리비 1. 급여 2. 퇴직급여 3. 복리후생비 4. 임차료 5. 접대비 6. 감가상각비 7. 광고선전비	20,000		
V. 영업이익	120,000		
VI. 영업외수익 1. 이자수익 2. 임대료	500		
VII. 영업외비용 1. 이자비용 2. 기부금	1,500		
VIII. 법인세차감전순이익	119,000		
IX. 법인세	43,800		
X. 당기순이익	75,200		

1) 수익

수익(revenue)은 재화를 판매하거나 용역을 제공하고 받은 대가이다. 수익의 대표적인 예는 메뉴를 판매하고 고객들로부터 받은 금액인 매출액이다. 수익이 매출액만 있는 것은 아니다. 다른 활동으로부터도 수익을 얻는다. 예를 들어, 다른 레스토랑에 자금을 대여하고 받은 이자수익, 임대료수입, 금융기관의 이자수입 등도 수익의 예이다. 수익과 매출을 혼동해서는 안 된다.

매출액에서 매출원가를 차감하면 매출총이익이 산출되는데, 레스토랑이 얼마나 벌었는가를 나타내 준다. 그러나 매출총이익만으로 경영성과를 평가할 수는 없다. 경영성과는 손익계산서상의 순이익 또는 순손실에 의해 평가된다. 영업이익(operating revenue)은 레스토랑 본래의 영업활동으로부터 나타난 것으로 메뉴의 판매활동에서 발생한 매출액이다. 영업외수익(other revenue)은 레스토랑 본래의 영업활동 이외의 활동으로부터 나타난 것으로 이자수익, 임대료수입 등이 있다.

2) 비용

비용(expense)은 수익을 획득하기 위해 소비 또는 지출된 영업상의 원가소모액을 말한다. 비용은 크게 매출원가, 판매비와 관리비, 영업외비용, 법인세 등으로 구분된다. 매출원가, 판매비, 관리비는 비용의 대표적인 형태이다. 비용 중에서 가장 중요한 항목은 매출원가이다. 매출원가는 주된 수익을 얻기 위해 투입되는 비용으로 판매된 메뉴의 식재료비를 나타낸다. 판매비와 관리비는 판매 및 일반관리업무와 관련하여 발생된 비용으로 급여, 감가상각비, 광고선전비, 운반비, 수도 · 광열비 등이 있다. 영업외비용은 본래의 영업활동 이외의 활동으로부터 나타나는 비용으로 지급이자 등의 금융비용이 여기에 해당한다.

2. 손익계산서분석의 예

레스토랑마다 일정기간 동안의 실적을 평가하면서 영업이익, 당기순이익 등 판단의 기준을 달리한다. 〈표 12-1〉 손익계산서의 예를 보자. A라는 피자전문점에서 한 달 동안 개당 3,000원의 식재료비를 들여 10,000원의 가격에 2만 개의 피자를 판매하였다면 매출액은 2억 원이 된다. 여기서 매출액이 전년보다 증가하였다면 이 피자전문점은 운영을 잘한 것이다.

A피자전문점이 순수하게 피자를 만들어 판매한 2억 원의 매출액에서 매출원가, 즉 식재료비 6,000만 원을 제외하고 1억 4,000만 원을 남겼는데, 이것을 매출총이익이라고 한다. 그러나 피자를 만들면서 식재료비만 쓴 것이 아니라 직원 월급도 주고 광고도 하였는데, 이런 것을 판매관리비라고 한다. A피자전문점이 판매관리비로 2,000만 원을 썼다면, 피자를 만들어 판매하는 데 드는 순수한 이익이 1억 2,000만 원이 되는데, 이것이

바로 영업이익이다.

영업이익은 A피자전문점이 사업에서 벌어들인 이익이지만 레스토랑은 영업만으로 운영되지 않는다. 예를 들어, 건물임대료로 50만 원의 수익이 있고, 은행에서 대출을 받았기 때문에 150만 원의 이자비용이 지출되었다면, 영업이익에서 100만원을 뺀 1억 1,900만 원이 법인세 차감전 당기순이익이 된다. 여기서 다시 법인세 4,380만 원을 뺀 최종액 7,520만 원이 당기순이익이 된다.

보통 레스토랑이 적자인지 흑자인지는 당기순이익을 놓고 판단한다. 하지만 레스토랑이 이자비용 같은 부담을 벗고 순수하게 영업만으로 승부한다면 어느 정도의 실적을 거둘 수 있을까 하는 게 궁금하면 영업이익을 살펴보면 된다.

12-3 손익분기점분석

1. 손익분기점분석

레스토랑을 운영하면서 어느 시점에서 이익이 발생하는지 알고 싶어 하는 것은 당연하다. 매출이 어느 정도 이상 되어야 손해를 보지 않는지 알고자 할 때, 가장 유용하게 사용하는 것이 손익분기점분석이다. 손익분기점(BEP: Break-Even Point)은 일정기간의 매출과 총비용이 같아지는 점, 즉 이익도 손해도 발생하지 않는 점을 말한다.

[그림 12-5]에서와 같이 손익분기점보다 많은 매출이 발생하면 이익이 생기지만 그보다 적으면 손해를 보게 된다. 손익분기점분석은 순이익을 얻기 위해 요구되는 판매량을 파악하고, 판매가격을 합리적으로 결정하는 데 이용된다. 또한 투자했던 자금을 언제쯤 회수할 수 있는지를 알아 볼 때도 유용하게 사용할 수 있다.

손익분기점분석은 경영활동에서 발생하는 비용(cost), 매출액(volume), 이익(profit) 간의 상호관계를 분석하기 때문에 CVP분석(Cost-Volume-Profit analysis)이라고도 한다. 손익분기점분석은 고정비, 변동비, 매출액, 이익 등 네 가지 기본개념을 이용한다. 손익분기점 이하의 매출일 때는 손실을 나타내고, 그 이상일 때는 이익을 나타낸다. 따

그림 12-5 | 손익분기점

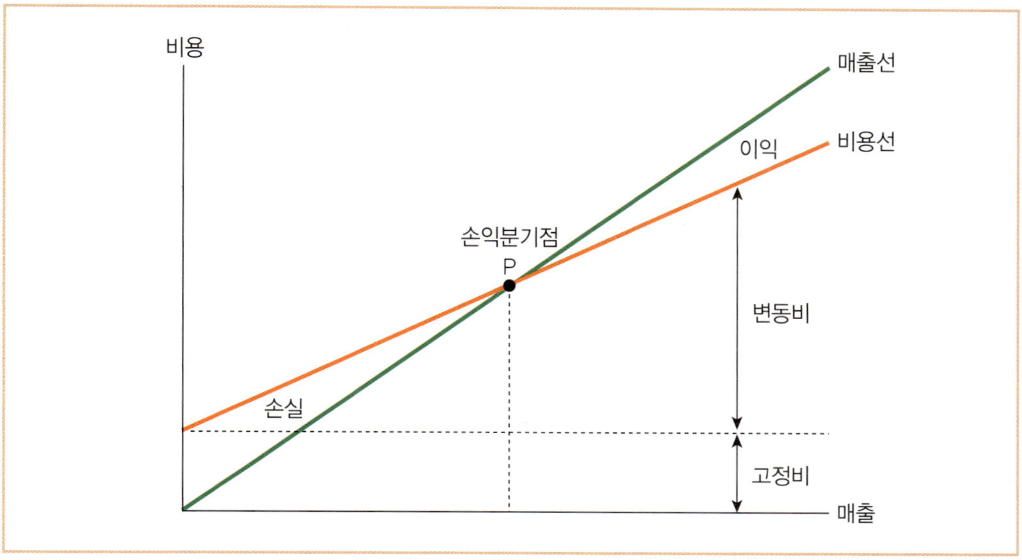

라서 손익분기점을 낮추는 것이 레스토랑 성공의 핵심이 된다. 손익분기점을 낮추기 위해서는 먼저 고정비를 줄이고, 가능한 범위 내에서 변동비를 줄여야 한다. 그러나 고정비를 움직이기는 어려우므로 변동비를 낮추는 노력을 계속해야 한다.

2. 손익분기점 매출액

손익분기점 매출액은 총매출과 총비용이 일치하여 이익도 손해도 발생하지 않는 시점의 매출을 말한다. 손익분기점 매출액을 구하기 위해서는 모든 비용을 고정비와 변동비로 분류할 수 있어야 한다. 고정비는 임대료, 보험료, 감가상각비 등과 같이 매출변화에 관계없이 고정적으로 지출되는 비용을 말한다. 변동비는 식재료비, 가스 · 수도료 등과 같이 판매량에 따라 변화하는 비용을 말한다.

매출액에서 변동비를 공제한 차액을 한계이익이라고 한다. 일반적으로 외식사업에서의 변동비율은 약 74%(식재료비율 35%+인건비율 25%+기타 경비율 14%) 정도로 산정한다. 예를 들어, 객단가가 15,000원일 때, 고객 한 사람이 방문하면 매출액은 15,000원이고, 그 원가에 해당되는 변동비는 11,100원이 된다. 즉 고객이 한 사람 증가할 때마다 3,900원(15,000원－11,100원)이 남는데, 이것이 한계이익이다. 한계이익을 매출액으로 나누면 한계이익률이 된다. 그리고 고정비를 한계이익률로 나누면 총매출과 총비용이 같아지는 손익분기점 매출액이 된다.

$$\text{한계이익} = \text{매출액} - \text{변동비}$$

$$\text{한계이익률} = \frac{\text{한계이익}}{\text{매출액}}$$

$$\text{손익분기점 매출액} = \frac{\text{고정비}}{\text{한계이익률}}$$

3. 손익분기점 비율

손익분기점 비율은 손익분기점 매출액을 매출액으로 나눈 것이다. 이 비율로 수익의 안전성을 파악할 수 있다. 수익의 안전성은 투자선택의 중요한 요인이 되며, 레스토랑 입장에서도 가치증진의 한 요인이 된다. 손익분기점 비율이 낮을수록 수익의 안전성이 높다고 할 수 있다. 고정비가 적정한 수준에서 억제되어 환경변화에 유연하게 대응할 수 있기 때문이다. 레스토랑의 손익분기점 비율의 평균은 90% 정도이지만, 가능한 80% 이하가 좋다. 손익분기점 비율을 낮추기 위해서는 고정비를 절감하고 매출원가를 낮추는 노력이 필요하다.

$$\text{손익분기점 비율(\%)} = \frac{\text{매출액}}{\text{손익분기점 매출액}}$$

12-4 재무분석

재무분석은 레스토랑의 재무상태와 경영성과를 파악해서 궁극적으로는 미래의 레스토랑가치를 평가하는 데 그 목적이 있다. 재무비율(financial ratio)을 이용한 분석은 레스토랑의 경영성과와 건전성을 평가하는 데 이용된다.

1. 자기자본비율로 체질을 파악한다

자기자본비율(stockholders'equity to total assets)은 총자본에서 자기자본이 차지하는 비중을 나타내는 비율이다. 자기자본비율로 레스토랑의 체질을 가늠할 수 있다. 자기자본비율이 높다는 것은 레스토랑의 안정성이 높다는 것이다. 기초가 튼튼하며, 불황에도 견디는 힘이 있다는 것이다.

$$\text{자기자본비율(\%)} = \frac{\text{자기자본}}{\text{총자본}} \times 100$$

자기자본비율은 규모에 따라 많은 차이가 있으며, 소규모점의 경우 평균 60% 정도이다. 점포를 확대하거나 성장정책을 취하는 경우 설비에 많은 자금이 필요하기 때문에 차입금에 의존하지 않으면 안 된다. 이 때문에 자기자본비율이 일시적으로 낮아지지만 수익성 향상과 이익의 내부축적을 통해 회복시키는 것이 중요하다.

2. 총자본순이익률로 전체 수익성을 파악한다

총자본은 커도 이익이 적은 레스토랑이 있고, 총자본은 작아도 이익이 많은 레스토랑도 있다. 수익성이 높은 것은 후자이다. 총자본순이익률(return on assets ratios)은 레스토랑 운영에 투자한 총자본에 대해서 어느 정도의 최종이익을 확보하고 있는지 알 수 있는 비율이다. 총자본수익률로 레스토랑 전체의 수익성을 파악할 수 있다. 총자본순이익률은 6~18% 정도이며, 규모에 따라 격차가 크다. 규모가 큰 레스토랑일수록 낮다. 이 비율을 좋게 하기 위해서는 각종 비용을 절감하는 노력이 필요하다.

총자본순이익률은 총자본회전율과 매출액순이익률로 성립되어 있다. 따라서 어느 쪽의 비율이 좋은지, 어느 쪽에 문제가 있는지를 파악할 수 있다. 총자본회전율은 새로운 점포를 시작할 때 설비투자가 과잉되면 낮아진다. 보통 기존의 점포는 2~3회전, 신규점포는 1~5회전 이상, 전체적으로 2회전 이상을 유지하도록 한다. 매출액영업이익률은 업태에 따라 다르지만 대략 3~13%, 평균적으로는 9% 정도이다. 그리고 매출액순이익률은 3~5%, 평균적으로는 4% 정도이다. 인건비, 임차료 등이 차지하는 비율이 높기 때문에 수익성을 높이기 위해서는 고정비를 절감하는 노력이 필요하다.

$$\text{총자본순이익률} = \text{총자본회전율} \times \text{매출액순이익률}$$
$$= \frac{\text{매출액}}{\text{총자본}} \times \frac{\text{순이익}}{\text{매출액}} \times 100$$

3. 유동비율로 자금융통을 파악한다

레스토랑의 자금융통은 좋은지, 지급능력이 있는지는 유동부채에 대해 유동자산이 어느 정도 있는지를 보는 것으로 판단할 수 있다. 유동비율(current ratio)은 유동자산을 유동부채로 나눈 비율로 레스토랑의 유동성을 측정하는 데 가장 많이 사용되며, 재무분석의 출발점으로 간주되고 있다.

유동자산은 현금, 예금, 판매외상금, 식재료 재고 등이 있다. 유동부채에는 영업거래에 있어서 발생하는 외상금, 미지불금, 단기 차입금 등이 있다.

$$\text{유동비율}(\%) = \frac{\text{유동자산}}{\text{유동부채}} \times 100$$

채권자 입장에서 유동비율이 높은 것은 단기부채의 지급능력이 높다는 것으로 바람직한 것이다. 그러나 레스토랑 입장에서 유동자산은 높은 수익을 가져오는 자산이 아니기 때문에 다른 레스토랑에 비해 유동자산이 많을 경우 낮은 수익성을 초래할 수도 있다. 이처럼 유동비율은 이용자의 입장에 따라 다르게 평가될 수 있다.

4. 고정장기적합률로 안정성을 살펴본다

일반적으로 레스토랑은 자신의 자금만으로 토지나 기계, 건물, 설비 등의 고정자산을 조달하기 어렵다. 그래서 부족한 자금을 비교적 안정성이 큰 장기부채로 조달하게 된다. 고정장기적합률(fixed assets to long-term capital ratio)은 자기자본에 장기차입금, 즉 고정부채를 추가한 것에 대한 고정자산비율이 어떤지로 재무적 안정성을 파악할 수 있다. 레스토랑의 경우 평균 85% 정도, 규모에 따라 80~120% 정도로 되어 있다.

$$\text{고정장기적합률}(\%) = \frac{\text{고정자산}}{\text{자기자본} + \text{장기차입금}} \times 100$$

토 의 문 제

01 원가관리를 단순히 원가절감에만 목적을 두어서는 안 된다. 원가를 낮추면서 전체적인 메뉴 품질, 고객만족도까지 높일 수 있어야 한다. 원가관리의 중요성에 대해 설명하고, 원가관리와 이익, 원가관리와 품질의 관계에 대해 토의하시오.

02 식재료비와 인건비는 레스토랑 전체비용 중에서 가장 높은 비율을 차지하고 있는 원가이다. 그래서 두 비용을 합쳐 프라임 코스트(prime cost)라고 한다. 외식산업의 기본적인 원가구성에 대해 살펴보고, 피자전문점과 커피전문점의 프라임 코스트를 비교하시오.

03 레스토랑은 높은 인건비와 인력부족을 극복하기 위해 고정비로 되어 있는 인건비를 변동비화하는 데 많은 노력을 기울이고 있다. 고정비인 인건비를 변동비화하는 방법에는 어떤 것들이 있는지 토의하시오.

04 레스토랑은 식재료 원가계산을 위해 표준원가(standard cost)를 먼저 설정하고 실제원가의 실행 후, 그 결과를 표준원가와 비교하여 수정하는 과정을 반복한다. 식재료 원가계산 시 주요한 쟁점이 되는 것이 무엇인지 토의하시오.

05 식재료비가 높아지는 이유 중 하나는 무분별한 식재료 손질 로스 때문이다. 원가절감에 대한 마인드가 없다면, 바쁜 주방에서 식재료를 세심하게 전처리하지 못해 버려지는 부분이 많을 수밖에 없다. 조리과정에서 최대한 버리는 부분 없이 식재료를 사용할 수 있는 방안에 대해 토의하시오.

06 손익분기점 비율은 수익의 안정성을 측정하는 데 간편하고도 유용한 도구로 활용된다. 현재 아르바이트 또는 근무하고 있는 레스토랑의 한 달 동안의 손익계산서 자료를 기초로 하여 손익분기점 비율을 계산하시오.

07 재무분석은 레스토랑의 재무상태와 경영성과를 파악하기 위한 것이다. 자기자본비율, 총자본순이익률, 유동비율, 장기고정적합률 등의 재무비율을 사용하여 McDonald's와 Lotteria의 수익성과 안정성을 분석하고, 토의하시오.

참 고 문 헌

- 박기용(2018), 외식산업경영학, 대왕사.
- Christopher Lovelock & Lauren Wright(2001), *Principles of Service Marketing and Management*, Pearson College Div.
- Jack D. Ninemeier(1991), *Planning and Control for Food & Beverage Operations*, AH & MA.
- John R. Walker(2014), *The Restaurant: From Concept to Operation*, John Wiley & Sons.

Chapter 13

인적자원관리

도입사례

'직원 행복이 곧 고객 행복' 업계 최고 대우: Chick-fil-A

미국 국민치킨 'Chick-fil-A'

미국에서 가장 인기 있는 치킨 프랜차이즈라고 하면 KFC를 떠올리기 쉽지만, 사실 진정한 미국 국민치킨은 Chick-fil-A이다. 치킨 프랜차이즈 시장점유율 1위, 패스트푸드 체인 고객만족지수(ACSI)에서는 Panera Bread, Chipotle, Papa John's 등 280여 개 브랜드를 제치고 87점을 받아 1위를 차지했다. Chick-fil-A는 1946년 사무엘 트루엣 캐시(Samuel Truett Cathy)가 조지아주 애틀랜타에 조그만 치킨 레스토랑 '드와프 그릴(Dwarf Grill)'을 20여 년 경영한 뒤, 1967년 Chick-fil-A를 창업했다.

경쟁업체의 평균이직률이 35%인 데 비해 Chick-fil-A는 5%일 정도로 직원들의 충성도가 매우 높다.

Chick-fil-A는 첫 매장을 오픈한 1946년부터 지난해까지 단 한 번도 매출이 꺾인 적이 없다. 연평균 매출 성장률은 프랜차이즈 평균(8%)을 넘는 10%대를 유지하고 있다. 2018년 기준 연매출은 102억 달러(약 12조 원)에 달한다. 2010년에는 점포당 270만 달러(약 31억 8,000만 원)의 매출을 기록하면서 글로벌 햄버거 체인점 McDonald's(240만 달러)보다 앞지르기도 했다. 현재는 미국 전역에 2,800개 매장을 보유 중으

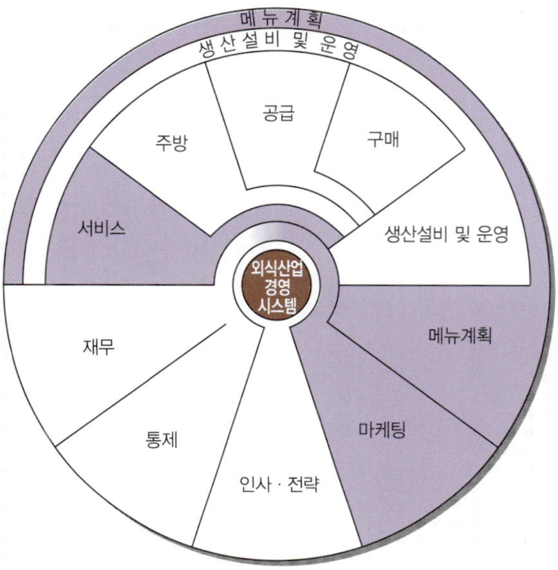

| 학습목표 |

1. 외식산업에서 경쟁우위의 원천이 되는 인적자원관리의 역할과 중요성을 이해한다.
2. 인적자원관리의 여러 기능들이 레스토랑 경쟁력에 어떤 도움을 주는지를 이해한다.
3. 인적자원관리에 유용한 정보를 제공하는 직무분석과 설계에 대해 살펴본다.
4. 인력과잉과 인력부족의 문제를 최소화하고 경쟁력을 확보하기 위한 인적자원계획을 이해한다.
5. 자격을 갖춘 직무후보자를 선발하기 위한 인적자원확보활동에 대해 살펴본다.
6. 조직과 직무에 대한 적응능력을 개발하기 위한 인적자원개발활동에 대해 살펴본다.
7. 우수한 인적자원을 유지하기 위한 인적자원유지활동에 대해 살펴본다.

로 규모는 크지 않지만, 시장점유율은 33%로 업계 1위이다. 미국 내 6,000여 개 매장을 보유한 KFC보다 매출은 3배 이상 높다.

Chick-fil-A 매장은 아무나 낼 수 없다

일반적으로 프랜차이즈는 100만 달러(약 11억 8,000만 원) 정도를 본사에 내면 차릴 수 있다. 하지만 Chick-fil-A는 1만 달러(약 1,180만 원)만 내면 열 수 있다. 금액은 적지만 사실 Chick-fil-A 매장을 여는 건 '하늘의 별 따기' 수준이다. 까다로운 조건들이 붙기 때문이다. 운영하려는 이유부터 자신의 가치관 등을 적은 보고서를 본사에 제출해야 한다. 오너의식이 있는 점주, 가능성이 있는 점주를 가려내기 위해서다. 심지어 겸업을 금지하고, 수개월 동안의 교육과정까지 이수해야 한다. 이런 이유로 매년 2만 명 이상이 Chick-fil-A 창업을 신청하지만 실제로 오픈하는 매장수는 100개 수준이다. CIA(미국 중앙정보국)에 들어가는 것보다 CFA(칙필레약자)에 들어가는 게 훨씬 어렵다는 농담이 나올 정도이다. 매장수가 타 프랜차이즈에 비해 적은 것도 이 때문이다. 이런 운영방침으로 2019년 초 캐나다 토론토에 해외점포를 처음 오픈했다.

업계 최고의 직원복지

Chick-fil-A는 일요일마다 문을 닫는다. 창업자가 독실한 기독교 신자라는 이유도 있지만 직원들이 쉴 수 있도록 배려하는 것이다. 한 주 동안 일요일에 발생하는 매출은 평균적으로 14% 수준인 점을 감안하면 2018년 한해 동안 14억 달러(약 1조 6,500억 원) 이상을 손해본 셈이다. 하지만 창업자 사무엘 트루엣 캐시는 "그 돈은 우리에게 필요 없다. 일요일에 쉰다는 운영방침은 우리가 선택한 가장 좋은 경영전략이다"고 말했다.

직원들을 위한 복지는 여기에 그치지 않는다. 지난해 기준 Chick-fil-A 신입직원들은 시간당 13달러의 임금을 받았다. 주마다 다르긴 하지만 평균 11달러인 최저임금을 훌쩍 넘는 임금을 받은 것이다. 게다가 최근 10년 동안 미국이 최저임금을 동결하고 있는 상황에서 2022년까지는 시간당 임금을 자발적으로 17달러까지 올리겠다는 계획도 밝혔다. 또 학력이나 경력 제한이 없는 직원들의 교육에도 힘쓴다. 고졸 지원자에게는 대학 장학금을 제공하는데, 지금까지 장학금 수혜를 받은 직원들은 3만 명이 넘고, 2019년 상반기에만 6,016명이 장학금을 받았다. 1인당 지급되는 장학금도 2만 5,000달러 수준이다.

Chick-fil-A가 직원을 대하는 이런 방식 덕에 고객들의 만족도와 성과까지 두 마리 토끼를 모두 잡았다. 직원들이 직원대우에 만족하면 직원들은 손님들에게 좋은 서비스를 제공하고, 이는 곧 기업의 성과로 이어진다. Chick-fil-A가 하락세 없이 꾸준히 고성장을 이룰 수 있었던 비결이기도 하다.

자료: 아시아경제, 2019.07.10.

Chick-fil-A의 성공은 도덕적 철학에 바탕을 둔 기업정신에 있다. Chick-fil-A는 일요일마다 문을 닫는다.

레스토랑이 이윤을 창출하는 데 있어 가장 중요한 자산은 사람이다. 건물, 기계, 자금 등은 대여할 수 있지만 인재의 차용은 불가능하다. 타산업에 비해 외식산업은 사람에 의존하는 활동이 많고, 사람과 사람의 접촉을 통해 제품의 완성도가 결정된다. 그러므로 인재를 채용하고 개발하고 유지하는 인적자원관리의 중요성은 두말할 필요가 없다. 경쟁력 있는 레스토랑이 되기 위해서는 기본적으로 조직구성원들의 능력이 뒷받침되어야 한다. 이를 위해서는 인적자원을 치밀한 계획과 장기적 안목을 가지고 전략적 차원에서 관리해야 한다. 그 이유는 인적자원관리가 사업 성공의 핵심적인 역할을 하기 때문이다.

본 장에서는 조직의 목표달성을 수행해 낼 수 있는 우수한 사람을 확보, 개발, 유지하는 인적자원관리에 대해 살펴보고자 한다. 인적자원관리의 역할과 중요성, 인적자원계획에 대해 살펴본다. 적임자를 찾는 인적자원확보, 직무에 부응할 수 있도록 능력을 향상시키는 인적자원개발, 그리고 인적자원을 유지하기 위한 활동에 대해서도 살펴본다.

13-1 인적자원관리의 의의

1. 인적자원관리란?

음식을 생산하고 판매하기 위해서는 품질, 서비스, 시설, 청결 및 위생, 교육훈련, 마케팅 등 관리해야 할 영역이 많다. 그러나 이를 실행하는 데 있어 대전제가 되는 것은 조직이다. 조직을 구성하고 있는 구성원은 사람이다. 인적자원관리(HRM: Human Resources Management)는 개인과 조직

효과적인 인적자원관리는 레스토랑의 전략을 지원하고 고객에게 가치 있는 서비스를 제공하는 데 도움을 준다.

의 목표를 성취하기 위한 인적자원의 계획과 확보, 활용과 유지, 그리고 보상, 개발 등의 관리활동을 말한다.

흔히 "기업은 사람이다"라고 말한다. 기업의 모든 것이 사람에 의해 이루어지고, 기업의 성패도 사람에 달려 있기 때문이다. 제조업의 경우 많은 영역이 자동화되어 기계가 힘든 일을 대신해 주지만, 외식산업은 사람의 손에 의해 대부분이 이루어진다. 만일 직원들에게 의욕이 없거나 기술이 부족하면 생산과 판매활동이 어려워지고 레스토랑은 결국 경쟁력을 가지지 못한다. 과거나 지금이나 레스토랑이 직면하고 있는 큰 과제 중 하나가 사람을 잘 관리하는 것이다. 인적자원의 전략적 관리는 레스토랑의 가장 중요한 자산인 인적자원을 통해 경쟁력을 제공할 수 있도록 하는 활동이다.

2. 인적자원관리활동

외식산업이 과학화 · 자동화되고는 있지만 아직도 많은 부분에서 사람에 의존하고 있다. 그래서 타산업에 비해 사람의 역할이 중요해질 수밖에 없다. 그러나 과거나 지금이나 가장 어려운 문제 중 하나는 만성적인 인력부족과 효과적이지 못한 사람관리이다. 레스토랑이 경쟁력을 가지기 위해서는 생산적인 인적자원관리가 강조된다. 인적자원관리활동을 효과적으로 수행하면 직원과 고객만족, 혁신, 생산성, 지역사회의 평판에 기여하여 레스토랑의 성과를 향상시킨다는 것이 많은 사례에서 밝혀졌다.

그림 13-1 | 인적자원관리활동

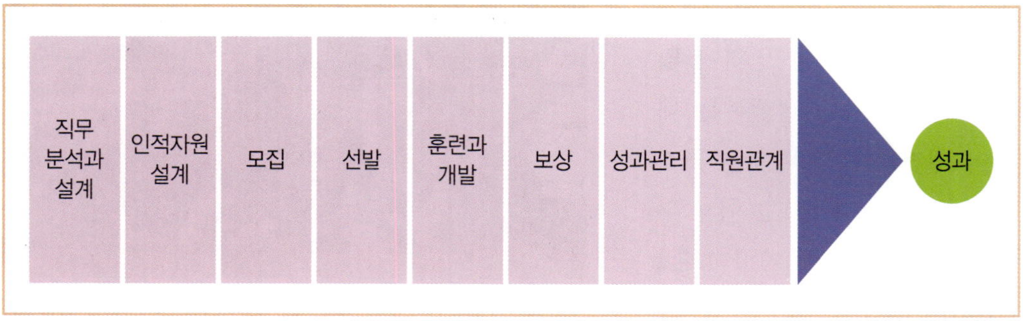

자료: 김용민 외 역(2020), 인적자원관리, 시대가치.

[그림 13-1]은 인적자원관리활동을 보여준다. 인적자원관리는 인적자원을 확보하고, 개발하고, 유지하는 등 일련의 활동으로 이루어진다. 인적자원확보는 직원의 모집, 면접, 선발 등의 채용활동을 말한다. 인적자원개발은 직원의 잠재적 능력을 실현할 수 있도록 교육훈련과 능력개발, 배치, 전직, 승진 등의 활동을 말한다. 그리고 인적자원유지는 직원의 보상, 실적평가, 복리후생이나 위생 및 안정, 원활한 의사소통 등과 같이 좋은 근무환경과 분위기를 유지하는 활동을 말한다.

13-2 직무분석과 설계

인적자원관리는 직무를 통해서 직원의 자기만족을 충족시켜 주고 만족으로부터 유발되는 사기가 생산성 증대에 영향을 미친다. 이 같은 인적자원관리는 직원의 채용으로부터 시작되는데, 채용이 제대로 이루어지기 위해서는 먼저 명확한 직무분석과 설계가 전제가 되어야 한다.

1. 직무분석

1) 직무분석의 중요성

높은 품질의 성과를 달성하기 위해 직무에서 요구하는 사항과 직원들을 일치시켜야 한다는 것을 이해하는 것은 조직에 있어서 중요한 일이다. 직무분석(job analysis)은 직무의 내용, 특징, 자격요건을 설정하고, 직무를 수행하는 데 요구되는 기술, 지식, 책임 등을 분명히 밝혀 주는 절차를 말한다. 다시 말해 직무의 세부적 정보를 얻는 프로세스를 말한다.

직무분석은 인적자원관리의 모든 영역에 영향을 미친다. 대부분의 인적자원관리 프로그램은 직문분석으로부터 얻어진 정보, 예를 들면, 채용기준의 설정, 교육훈련의 자료제공, 배치 및 전환의 자료제공, 효율적인 노동력 이용, 적정임금수준의 결정, 직무의 상대적 가치 등을 필요로 한다.

직무분석자료를 수집하는 방법에는 관찰, 실무자와 감독자의 면접, 직무분석 설문지 등이 있는데, 그중에서 직무분석 설문지법이 가장 널리 이용된다. 직무분석의 결과로 직무기술서와 직무명세서가 작성되고, 조직의 전반적인 직무설계와 직무평가의 기초자료가 된다.

2) 직무기술서와 직무명세서

(1) 직무기술서

직무기술서(job description)는 직무의 목적, 업무내용, 책임, 의무 등을 기술한 것으로 채용, 급여결정, 승진, 배치, 훈련 등의 인사관리를 실행하는 데 기초가 된다. [그림 13-2]는 직무기술서의 예이다. 직무기술서는 장황하거나 복잡하지 않은 것이 좋고, 기본적인 책임사항들만을 다루고, 이해가 가능하도록 명료하게 기술한다. 무엇보다 직원들

그림 13-2 | 직무기술서

직무기술서

- 근무장소: 주방
- 직책: 조리사
- 보고자: 조리장
- 직무내용: 조리장의 지시에 따라 안전하고 위생적인 조리작업을 수행한다.
  1. 식재료의 보관 및 수량관리를 책임진다. 특히 식재료의 질과 신선도를 점검할 수 있는 능력을 배양한다.
  2. 필요량의 식재료를 충분히 확보한다.
  3. 보조조리사를 관리 · 감독한다.
  4. 항상 주방 내 청소와 위생관리에 신경 쓴다.
  5. 조리장의 부재 시 조리장을 대신하여 조리작업을 한다.
  6. 항시 피크타임에 대한 사전준비를 한다.
  7. 육류 · 생선 · 야채 등의 식재료를 신선하게 준비한다.
  8. 조리장의 조리를 도와주고, 다른 조리사를 도와준다.
  9. 냉동 · 냉장고의 온도 및 상태를 점검한다.
  10. 주방기기 및 가스상태를 점검한다.

로 하여금 그들의 직무목적이 무엇인지 파악할 수 있도록 한다. 그러나 경우에 따라서는 자세한 직무설명을 원하기도 하는데, 예를 들어, 임무를 분명하게 명시하지 않으면 조리사에게 아주 가벼운 청소마저 시킬 수 없게 될 수도 있다. 직무기술서는 사업내용이 변함에 따라 조직 내의 많은 직무내용들도 바뀌기 때문에 때때로 다시 작성하여야 한다.

(2) 직무명세서

직무명세서(job specification)는 직무를 수행하는 데 필요한 교육수준, 기술, 경험 등의 인적특성, 즉 인적요건을 기술한 것으로 직무특성에 중점을 두어 기술된 직무기술서 기초로 하여, 직무에 요구되는 상세한 개인적 요건을 정리한 문서이다. [그림 13-3]은 직무명세서의 예이다.

직무명세서는 다음과 같은 용도로 사용된다.

- 신규인력 채용광고를 위한 정보출처
- 월등한 자질이 있는 사람과 그렇지 않은 사람을 심사하는 수단
- 직무를 수행하기 위해 요구되는 교육수준의 규정

그림 13-3 | 직무명세서

직무명세서

- 직명: 웨이터/웨이트리스
- 근무시간: 아침 7시~오후 2시 30분, 1주일에 5일 근무
- 일주일 총근무시간: 40시간
- 휴일: 1주일에 2회
- 휴가기간: 1년에 2주
- 교육수준: 고졸, 전문대졸, 대졸
- 성격: 고객들에게 친절히 대해야 함
- 보고자: 지배인
- 연령: 15~65세
- 경력요구사항: 2년
- 신체조건: 양호한 건강상태
- 특별기술 요구사항: 없음
- 직무에 대한 특기사항: 본 직무는 웨이터나 웨이트리스가 현금을 다루며, 알코올음료를 취급하는 것을 요구한다. 그리고 한 달 만에 지배인으로의 승진도 가능하다.

- 직무를 수행하기 위해 요구되는 경력이나 특별교육의 규정
- 직무에 특별히 필요한 육체적인 조건이나 규정

어떤 직무명세서의 요건은 가늠하기 쉬운 것도 있고, 어떤 자질요건은 중요하지만 판단하기 어려운 것도 있다. 예를 들어, 교육과 경력 그리고 나이는 쉽고 명백하게 측정이 가능한 기준이 된다. 그러나 사람들과 잘 어울리며 원만한 인간관계를 유지하는 것과 같은 개인적인 자질은 측정하기 어렵다. 결국 면접에서 판단할 수밖에 없다. 성격이 급하고 고객에게 불쾌감을 주는 것과 같은 낮은 수준으로 평가되는 자질은 채용과정에서 쉽게 판명된다. 자질이 중요하다고 판단되면 필요로 하는 개인의 자질을 직무명세서에 기입한다.

2. 직무설계

직무설계(job design)는 직무내용과 이에 수반되는 직무별 보상, 개별 직무수행에서 요구되는 자질 등을 계획하는 관리과정이다. 조직이 관리활동을 하기 이전에 계획되어야 하는 필수적 선행요건으로 조직관리의 기준과 표준을 제공하는 중요한 과정이다. 직무설계는 모든 계층의 조직구성원으로 하여금 직무 그 자체에서 만족과 의미를 부여받도록 하기 위한 것으로 동기부여 향상, 작업의 생산성 향상, 원가절감, 시간절약, 이직 및 훈련비용의 감소, 새로운 기술에 대한 신속한 대응 등에 그 목적이 있다.

3. 직무평가

직무평가(job evaluation)는 조직의 다른 직무와의 관계에서 한 직무의 가치를 결정하기 위한 작업이다. 다시 말해 각 직무 간의 상대적 가치를 객관적으로 측정하는 절차이다. 합리적인 임금구조를 결정하기 위한 것이 가장 큰 목적이지만 직무평가과정에서 수집된 자료를 인적자원관리에 다양하게 활용된다.

직무평가의 방법에는 서열법, 분류법, 점수법, 요소비교법 등이 있다.

1) 서열법

서열법(ranking method)은 평가자가 직무에 대한 포괄적인 지식을 가지고, 각 직무를 최상에서 최하에 이르기까지 그 중요성에 따라서 등급을 매기는 평가방법이다. 이때 직무는 그 구성요소로 분해되어서 고려되지 않고 전체로서 고려된다.

2) 분류법

분류법(classification method)은 서열법과 마찬가지로 직무의 가치를 포괄적으로 파악하려는 방법으로 각 직무를 그들의 구성요소로 분해하지 않고 전체로서 고려하고 있으며, 각각의 직무를 사전에 만들어 놓은 여러 가지 등급에 적당히 판정하여 삽입하는 방법이다. 예를 들어, 간단하게 숙련과 미숙련의 2등급 또는 보다 많은 등급으로 세밀하게 나누는 것이다.

3) 점수법

점수법(pointing rate method)은 서열법이나 분류법과 같이 직무 전체를 포괄적으로 파악해서 그 중요성을 결정하지 않고, 직무를 각 구성요소로 분해한 숫자를 사용함으로써 보다 구체적으로 직무의 가치를 결정하는 방법이다.

직무평가는 직무의 상대적 가치평가를 통해 공정한 임금체계, 인력확보 및 배치, 인력개발의 합리성을 높일 수 있다는 점에서 중요성이 크다.

4) 요소비교법

요소비교법(factor comparison method)은 먼저 조직 내의 가장 중심이 되는 직무를 선정하고, 기준직무가 선정되면 각 직무의 평가요소를 5개 또는 7개 요소에 결부시켜 이들을 상호 비교함으로써 판단하여 결정하는 방법이다. 일반적으로 지적 요건, 숙련, 신체적 요건, 책임, 작업조건 등 다섯 개의 평가요소가 널리 사용된다.

13-3 인적자원계획

인적자원계획(human resource planning)은 레스토랑이 추구하는 경영목표를 달성하기 위해 우수한 인력을 확보하고 그들이 보람 있는 직무활동을 할 수 있도록 하는 과정을 말한다. 경영계획의 일부분으로 인적자원의 효율적인 배분이라는 점에서 중요하다.

1. 예측

인적자원계획의 첫 번째 단계는 예측이다. 미래의 인력부족 및 인력과잉이 조직의 어느 곳에서 일어날 것인지를 예측하기 위해 인적자원에 대한 수요와 공급을 분석한다. 수요분석으로 레스토랑이 목표를 달성하는 데 필요한 직원의 수와 그 자질을 명확하게 한다. 그리고 공급분석으로 필요한 인적자원을 충족시키기 위해 직원을 기업의 외부에서 또는 내부에서 충당할 것인지를 결정한다. 인력의 수요와 공급분석이 끝나면 직원이 부족한지 또는 과잉인지에 대한 결정을 한다.

2. 목표설정 및 전략계획

인적자원계획의 두 번째 단계는 목표설정과 전략계획이다. 목표설정은 인력의 부족 또는 과잉문제에 관심을 기울이고, 어느 정도의 인력이 필요하고, 어느 직무 또는 기술분야에서 부족 또는 과잉인지를 파악하는 것이다. 그리고 언제까지 해결되어야 하는지에 대한 세부적인 일정도 세운다.

목표가 설정되면 인력부족 및 인력과잉을 조정하기 위한 다양한 전략을 선택한다. 예를 들면, 인력과잉을 해결하기 위해 인원축소, 임금삭감, 전환배치, 신규채용동결 등의 전략을 모색할 수 있다. 반면 인력부족을 해결하기 위해 초과근무, 비정규직 활용, 재교육, 신규채용 등의 대안을 모색할 수 있다.

이 단계에서의 중요성은 관리자가 충분한 시간을 두고 예측했다면, 신규채용을 억제하고 자연스러운 감축을 통해 직원 숫자를 조정할 수 있다는 것이다. 이것이 성공적으로 이루어지면 해고를 피하고, 결과적으로 아무도 직업을 잃지 않을 수 있게 된다.

3. 프로그램 실행 및 평가

전략단계에서 선택한 프로그램을 실행하고 평가하는 단계이다. 실행에서 중요한 것은 설정된 목표결과에 대한 책임과 권한, 자원을 보장하는 것이다. 모든 프로그램이 구체적인 결과가 나타날 때까지 진행되도록 하고, 만일 긍정적 효과가 발생한 경우 다시 재투입하도록 한다. 인적자원계획의 마지막 단계는 결과를 평가하는 것이다.

13-4 인적자원확보

'인사(人事)가 만사(萬事)'라는 말이 있다. 인사만 잘하면 모든 것이 잘 풀리고 성공할 수 있다는 말이다. 그 인사의 출발점이 인적자원을 확보하는 것이다. [그림 13-4]는 채

그림 13-4 | 채용과정

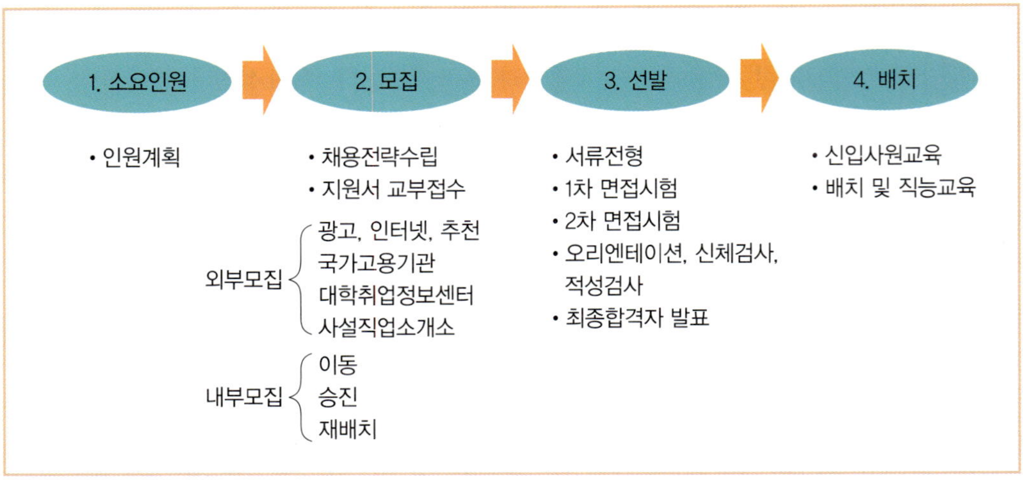

용과정을 보여준다. 경영자나 관리자에게 직원의 모집, 면접, 선발 등의 책임보다 중요한 것은 없다. 채용을 잘하지 못하면, 그 이후의 인적자원관리는 아무리 정성을 쏟아도 잘 되지 않는다. 인적자원관리의 성패는 채용에 달려 있다고 해도 과언이 아니다.

1. 모집

모집(recruiting)은 자격을 갖춘 직무후보자를 적시에 확보하기 위한 활동으로 조직의 욕구를 가장 잘 충족시켜 주는 사람을 채용하기 위한 것이다. 적합한 공급업자를 찾는 것과 마찬가지로 우수한 인재를 찾는 일은 중요하다. 레스토랑이 실패하거나 수익이 낮은 원인도 대부분은 인재를 확보하지 못해서 생긴 결과가 많다. 그렇지만 우수한 인재를 찾는 일은 항상 어려운 문제이다.

모집은 시간이 걸리지만 적절하게 이루어지면 보상을 받게 되는 중요한 과정이다. 외식산업에 적합한 자격을 갖춘 직원을 모집하기란 쉽지 않다. 레스토랑마다 내부인력이 충분하지 않고 경쟁력 있는 보상체계도 가지고 있지 못한 경우가 많기 때문에 인재확보가 쉽지 않은 것이 현실이다. 찾아오는 지원자들에 머물지 말고 다양한 인적자원의 원천을 적극적으로 모색해야 한다.

모집방법은 인적자원의 원천에 따라 내부와 외부로 구분된다.

1) 내부모집

내부모집은 이미 고용된 회사 내부의 인적자원을 승진 또는 배치전환을 통하여 필요로 하는 직원을 보충하는 방법이다. 이 방법은 비용절감과 직원의 사기를 향상시킬 수는 있으나 환경변화에 적합한 전문인력의 확보가 어렵다는 단점이 있다.

2) 외부모집

외부모집은 국가고용기관, 광고, 추천, 취업정보센터, 사설직업소개소, 자발적 지원자 등과 같이 레스토랑 외부로부터 자원을 보충하는 방법이다. 최근에는 대부분의 외식기업들이 대규모 공개채용 대신 소규모 수시채용으로 바뀌면서 자사 홈페이지를 통해 모집을 안내하고 있다.

2. 선발

선발(selection)은 지원자 중에서 필요로 하는 직무에 가장 적합한 자질을 갖춘 인력채용을 결정하는 과정을 말한다. 선발과정은 어렵고 시간이 많이 소요되는 일이지만, 올바른 선발이 이루어지면 조직의 생산성과 성과를 향상시켜 준다는 점에서 중요하다. 선발과정은 지원서작성, 면접, 채용시험, 개인적 배경조사, 신체검사, 수습기간 등의 단계로 이루어진다.

선발방법에는 지원자에 관한 조서(report)를 평가하여 판단하는 조서관찰법, 면접에 의해서 신상조사를 관찰하는 면접법, 테스트를 통해서 지원자의 정신적인 특징을 측정평가하는 테스트법, 부여되는 과제에 적응하는 지능 정도를 측정하는 학식검사, 지능검사 등이 있다. 어떤 방법이든 정확하게 선발하고 올바르게 이용하기 위해서는 각 방법의 타당성이나 그 외의 검사가 필요하다.

1) 적격심사

모집광고를 하면 부적격자들도 많이 오게 되는데, 시간을 절약하기 위해 먼저 전화, 서류로 경력을 심사한 뒤 통과된 사람들만 개별 면접한다. 또 다른 좋은 방법은 우편 또는 이메일로 이력서를 접수받아 먼저 심사한 후 개별 면담자를 선정하는 것이다.

2) 면접

모든 지원자는 자세한 지원양식을 작성하고 참고자료를 제출하며, 그중에서 적격자의 범위를 정하여 그들과 면담한다. 어떤 지원자에게 관심이 있다면 그의 참고자료를 세밀하게 검토하고, 면접하는 동안은 관찰자가 되도록 한다. 관찰의 일부는 들어 주는 것이다. 지원자가 하는 말과 하지 않은 말 모두에 주의를 기울여 듣는다. 예를 들어, 현재의 상급자에 대해 험담을 하거나 과거의 상급자에 대해 불평을 한다면 권위적인 조직에는 적합하지 않다. 지원자가 여기저기로 적절한 일자리를 찾으려고 배회하는 것이라면 금방 직무에 싫증을 낼 것이다. 특히 상대방의 질문에 '예,' '아니오'로 간결하고 명료한 대답만을 하는 사람은 외식산업에는 맞지 않다.

시간제 직급의 면접과 달리 경력직 채용에는 광범위한 면접과 시간이 필요하다. 다방면의 대화로 가능한 많은 것을 알아내고, 과거의 임금과 기대하는 보상을 물어본다. 무리가 가지 않으면 경쟁사와 같은 수준을 유지한다. 면담은 지원자를 평가할 수 있게 해 주는 기술이므로 면담 중이나 지원자가 돌아간 뒤 대화내용과 받은 인상을 자세히 기록해 둔다.

13-5 인적자원개발

흔히 "사람은 많은데 쓸 만한 사람이 없다"라고 말한다. 대부분의 레스토랑은 파트타임 또는 아르바이트직원을 고용하고 있고, 그들 대부분은 미숙련자들이다. 따라서 직원을 선발한 후에 곧바로 접객서비스를 하게 되는 경우 실수와 고객의 불평 · 불만이 발생할 수 있다. 그런 일이 지속되면 가장 중요한 고객을 영원히 잃어 버리게 될지도 모른다. 직원을 모집하고 선발한 다음 단계는 조직과 직무에 대한 적응능력을 개발하는 일이 중요하다.

인적자원개발을 위해서는 경력개발프로그램(CDP: Career Development Program)이 필요하다. 경력개발프로그램은 개인의 역량을 개발하고, 동시에 기업의 성과도 높일 수 있도록 하는 제도이다. 내부인재를 육성하고 유지하는 것은 물론 외식산업분야에 전문성을 가진 인재를 확보할 수 있는 효과도 기대할 수 있다.

1. 교육훈련

채용시점에서 직원의 직무능력은 완벽할 수 없기 때문에 교육훈련은 반드시 필요하다. 교육(education)은 잠재능력을 유인하는 정신적인 의미가 강조되는 반면, 훈련(training)은 육체적 · 기술적 연습으로 실용적 지식을 부여하는 것을 말한다. 교육과 훈련이 각기 다른 의미를 지니고 있지만 결국 직원의 교육훈련은 능력개발이라는 관점으로 집약된다.

교육훈련의 목적은 지식, 기능, 태도를 향상시켜 조직을 강화하고, 직원 각자 직무에 만족을 가지게 하는 데 있다. 직무수행능력을 향상시켜 보다 중요한 직무를 수행할 수 있도록 하여, 기업을 유지하고 발전시키는 데 그 목적이 있다. 체계적인 교육훈련은 생산성 향상, 원가절감, 조직의 안정성과 유연성 향상에 기여하기 때문에 필수적 활동이 된다. 일본 홋카이도의 유명한 회전초밥집 Toriton은 매일 아침 사장이 직원들을 모아 놓고 사장 마인드 교

교육훈련은 개인의 경력개발은 물론 성과도 높일 수 있는 중요한 인적자원개발활동이다.

육을 한다. 전날 매출과 영업상황 등을 설명해 주는가 하면, 메뉴를 얼마나 잘 파악하고 있는지 테스트도 한다. 이렇게 하여 주인의식을 가진 직원은 친절해질 수밖에 없다. 60평 정도의 Toriton은 만만찮은 가격이지만 매일 저녁 고객들이 긴 줄을 설 정도로 호황이다.

교육훈련에는 시간과 비용이 소요된다. 그 때문에 사람이 부족하면 선발 즉시 체계적인 교육훈련 없이 접객서비스를 하는 경우가 실제로 많은데, 이는 결국 서비스 질을 떨어뜨리는 결과를 초래한다. 경영자나 관리자는 교육훈련의 중요성을 인식하고 엄격하게 실행해야 한다.

1) 교육훈련계획

교육훈련을 실행하기 위해서는 먼저 대상자가 신입사원인지 또는 관리자인지 파악한다. 그 다음에는 교육훈련내용에 대한 계획을 수립하고 담당자를 선정한다. 마지막으로 교육훈련의 시기, 기간, 장소를 결정한다. 그리고 누가, 무엇을, 언제, 어디서, 누구에게, 어떻게 가르칠 것인가에 대해 치밀하게 예정표를 작성한다.

- 교육을 일반상식, 일반교양, 전문지식의 습득을 통해서 주로 정신적인 측면에서의 수준향상을 목표로 인식하고 있는가?
- 훈련을 조리서비스 등 주로 기능면에서의 수준향상을 목표로 인식하고 있는가?
- 교육훈련을 적절하게 병행하고 있는가?
- 교육훈련을 통해 호스피탈리티의 발휘에 관하여 충분히 인식시키고 있는가?
- 고객제일주의로 철저히 교육훈련을 실행하고 있는가?
- 교육훈련장소의 환경이 정비되어 있는가?
- 교육훈련에 있어서 개인의식으로서의 호스피탈리티와 마음가짐을 가지는 방법에 대해 충분히 인식하고 있는가?
- 교육훈련을 계획하고 있는가?
- 교육훈련의 매뉴얼, 기타 교재 등이 준비되어 있는가?
- 교육훈련전문가를 계획적으로 육성하고 있는가?

2) 교육훈련의 종류

교육훈련은 대상에 따라 신입직원교육훈련, 직원교육훈련, 경영자교육훈련, 그리고 장소에 의해서는 현장교육훈련, 직장외교육훈련, 온라인교육훈련 등으로 구분된다.

(1) 현장교육훈련(On the Job Training)

일을 하는 과정에서 직무에 관한 지식과 기술을 습득하는 것이다. 개인에게 가장 적절한 지도를 할 수 있고, 짧은 기간에 배울 수 있으며, 학습동기를 증진시킬 수 있다.

(2) 직장외교육훈련(Off the Job Training)

직원을 직무로부터 분리시켜 일정기간 오직 교육에만 전념하는 것이다. 다수의 직원에게 통일적이고 조직적인 교육이 가능하며, 훈련에만 전념시킬 수 있다. 타부서 사람들과 지식과 경험을 상호 교류할 수 있다. McDonald's는 햄버거대학을 설립하여 관리자와 가맹점들을 위해 6일 동안 36시간 강의를 듣고 수료증을 수여한다.

(3) 온라인교육훈련(On Line Training)

인터넷, 모바일폰 등을 통해서 강의가 이루어지는 것을 말한다. 시간과 공간을 초월하여 언제 어느 곳에서든 교육이 가능한 효율적인 교육훈련프로그램으로서 원격학습(distance learning)이라고도 불린다.

(4) 신입직원교육훈련(Orientation Training)

신입직원에게 기업의 소속감을 높이는 데 목적이 있다. 즉 기업의 역사, 경영방식, 조직체계 등의 소개는 물론, 업무에 관한 지식과 기능, 직업인으로서 인간적인 태도를 습득시킨다.

3) 교육훈련의 방법과 평가

교육훈련은 피교육자의 직위와 직종에 따라 다르다. 또한 직장교육과 직장외교육, 사내교육과 사외교육 등에 따라서도 다르다. 교육훈련방법에는 인터넷교육, 강의식교육, 문답법, 집단토의법, 사례연구법, 역할연기법, 시청각교육 훈련법, 비즈니스 게임, 감수성훈련 등이 있다.

교육훈련의 마지막 단계는 실행된 프로그램의 평가이다. 인적자원관리시스템과의 연계성은 물론 교육훈련의 모든 영역에 대해 평가한다. 평가과정에서의 핵심은 프로그램의 효과를 측정하는 것이며, 이를 위한 평가기준을 결정하는 것도 중요하다. 평가기준에는 장기적 경영계획과의 관련성, 교육훈련방법의 적합성, 좋은 효과를 얻기 위한 개선책, 교육훈련의 결과로서 업적향상의 유무, 인사고과 반영문제 등이 있다.

2. 배치

직무에 적합한 사람을 선발했다고 해서 채용의 모든 절차가 끝난 것은 아니다. 미래의 레스토랑을 이끌 사람과 직무를 합리적으로 연결시켜 주는 배치(deployment)의 과업을 수행해야 한다. 배치방법에는 적성배치와 적정배치가 있다. 적성배치는 적성에 맞는 일을 할 수 있도록 배치하는 것이고, 적정배치는 업무량의 예측에 기초를 둔 인원배치의 적정을 목적으로 한다. 전자가 직원의 질적인 관리에 주로 관계된 말인 데 비해, 후자는 합리성을 기하기 위한 직원의 배치로서 어떤 부문의 어떤 작업에 얼마만한 인원을 배치하는 것이 합리적인가 하는 문제를 다루는 것이다.

3. 전직

전직(transfer)은 직원이 동등의 직급으로 수평이동하는 것으로 직무에 대한 만족감을 주고, 기업에 최대로 공헌할 수 있는 지위로 배치시키는 방법이다. 그렇기 때문에 임금, 직책, 위신 등에서 기존의 직급과 별 차이가 나지 않는다. 전직은 작업요건의 변화에 대응하고 잘못된 배치를 교정하며, 작업의 단조로움에서 벗어나게 한다. 직원 상호 간의 불화를 막아 주고 창의적 활동에 대한 기회를 부여하며, 장래의 승진에 대비한 훈련을 가능하게 한다.

전직은 다음과 같이 몇 가지로 분류할 수 있다.

- 생산상황에 따른 전직(production transfer): 고용의 안정화를 위해서 노동의 수요가 감소한 부문의 직원을 수요가 증가된 부문으로 이동시키는 것
- 인원대체를 위한 전직(replacement transfer): 조업률이 하락되어 일정한 수의 인원정리가 불가피할 때, 장기간 근속한 직원을 보호하기 위해 그들을 고참사원이 적은 부문으로 이동시키는 것
- 다재다능자 양성을 위한 전직(versatility transfer): 다양한 직무에 융통성 있는 직원을 양성하기 위한 전직으로 미래의 경영간부를 양성하기 위한 것
- 근무시간 교체를 위한 전직(shift transfer): 직원의 정상적인 인간적 생활을 위해 1교대, 2교대, 또는 3교대 등으로 직무활동을 구분하는 것
- 구제적 전직(remedial transfer): 처음의 배치가 적당하지 않거나, 동료나 상급자와 뜻이 맞지 않거나, 또는 건강상의 이유로 직무를 수행하기 어려울 때 실행하는 것

4. 인사고과

인사고과(merit rating)는 직원을 그가 소속하고 있는 조직에 대해 가지는 잠재적 유용성에 관하여 조직적으로 평가하는 제도를 말한다. 직원의 가치를 객관적으로 정확히 측정하여 합리적인 인사관리의 기초를 부여함과 동시에 직원의 노동능률을 형성하는 데 목적이 있으며, 승진, 배치전환, 급여, 해직, 채용순위 및 복직순위 등에 사용된다.

인사고과방법은 단순히 평가내용을 자유롭게 서술하는 자유기록법에서부터 구체적인 항목에 따라 평가하는 개별척도법까지 다양하다. 이러한 인사고과방법은 인사고과의 목적과 불가분의 관계를 갖고 있으므로 고과요소의 선정, 평가자의 적정 여부, 객관적이고 비교 가능한 평가방법, 그리고 평가과정의 합리성 등을 갖춰야 한다.

5. 승진

승진(promotion)은 직원이 보다 유리한 직무로 이동하는 것을 말한다. 승진으로 권한과 책임의 영역이 커지고 임금상승도 따른다. 또한 승진은 조직에서 개인의 목표와 조직의 목표를 조화시켜 주고 직원에 대한 가장 유효한 커뮤니케이션수단이 되며, 인사정체 현상도 해결해 준다. 합리적인 승진은 직원의 능률과 사기를 증진시키고 잠재적 직원에게 조직에 참여하고자 하는 동기부여를 제공하므로, 적재적소, 업적, 인재의 육성, 동기부여의 기회제공 등의 기본원칙에 따라 실행한다.

승진의 기본방향에는 연공주의와 능력주의가 있다. 연공주의는 조직에서 재직한 근속년수에 비례하여 업무능력과 숙련도가 신장된다는 승진의 개념이다. 반면 능력주의는 개인의 업무수행능력을 근거로 하는 승진의 개념이다. 이 두 가지 요소를 각 조직의 역사와 조직문화를 충분히 감안하여, 그 조직의 실정에 알맞게 조화시키는 절충주의를 택하기도 한다.

13-6 인적자원유지

기업은 사람들의 집합체이기 때문에 직원의 도움 없이는 성공할 수 없으며, 또한 각 구성원들이 어떤 역할을 하는가에 따라 성패가 좌우된다. 따라서 조직의 구성원들에게 가장 큰 영향을 미치는 임금, 보상, 복리후생 등의 인적자원유지활동이 중요할 수밖에 없다. 특히 소규모 레스토랑에서 인적자원을 확보하고 유지하는 문제는 지역적으로 제한되어 있고, 심지어는 지역의 인재들이 크고 유명한 외식기업을 선호하기 때문에 보다 정교한 인적자원유지활동이 요구된다.

1. 임금관리

임금(wage)은 사용자가 근로자에게 임금, 급여, 수당, 상여 또는 그 밖의 명칭으로 근로의 대가로서 지급하는 것이다. 임금은 근로자생계의 근거가 되고, 그들의 사회적 지위를 결정하는 것으로 근로자의 생리적 · 사회적 욕구를 충족시켜 주는 수단이 된다. 따라서 임금과 관련된 문제는 직원의 첫 번째 욕구가 되므로 임금관리는 노동에 대한 가장 큰 유인수단이 된다. 치킨 패스트푸드 체인 Chick-fil-A는 점장의 평균연봉이 20만 달러에 달한다. McDonald's 등 경쟁사보다 4배 이상 높은 것이다. 전국에 2,800여 개의 체인점을 보유하고 있으며, 빠른 속도로 점포를 확장하고 있다.

임금관리(wage administration)는 조직 내의 모든 직원에게 여러 가지 방법으로 실시되고 있는 보수에 영향을 미치는 모든 요인을 분석하고 발전시키는 것이다. 효과적인 임금관리는 우수한 인재를 확보하고 육성하는 데 중요한 역할을 한다. 인적자원관리의 목적을 달성하기 위한 활동으로 기업이 지불하는 임금수준과 제도를 재무관리나 그 밖의 여러 경영관리와 관련시키면서 서로 균형을 유지하도록 하고 있다. 한편 임금수준은 레스토랑의 지급능력, 생계비의 보장, 사회적 균형, 생산성, 법령, 경제적 환경 등의 요인에 의해 결정된다.

2. 보상

보상(reward)은 조직 내 인적자원의 효과적인 활용과 관리를 용이하게 하여 직원의 능률과 생산성을 높이는 역할을 한다. 특히 재무적 보상제도(financial incentive plan)는 직원의 욕구를 충족시켜 주지 못하는 임금구조에 긍정적 역할을 한다. 보상프로그램은 과거의 성과를 보상하고 기업의 경쟁적 우위를 확보하는 데 도움을 주며, 우수한 인재를 모집하고 직원의 직무만족을 높이는 데 그 목적이 있다. Outback Steakhouse는 레스토랑에 관한 모든 일을 처리하는 지배인과 주방책임자인 조리장에게는 10% 정도의 지분투자를 의무화하도록 한 뒤, 이익의 일부를 나눠 주고 있다. 이 같은 지분참여정책은 레스토랑의 핵심인력인 매니저와 조리장에게 적지 않은 동기부여를 제공하며, 인적자원을 유

EDIYA는 이직을 막고 우수한 인재를 확보하기 위해 보상과 복리후생에 많은 노력을 기울이고 있다.

지하는 데도 효과적이다. 이러한 보상시스템 때문에 Outback Steakhouse는 빠른 속도로 성장하였고, 매장운영의 효율을 극대화시켰다.

보상제도가 추가적인 비용지출이기는 하지만 직원에게 동기적 가치와 의사소통의 원활화를 촉진시켜 주는 요소로 작용하여 비용을 절감시켜 주는 측면도 있다. 보상제도를 효율적으로 운영하기 위해서는 과업달성을 위한 합리적 기준설정, 예산과 운영계획의 수립, 그리고 보상제도를 직원들에게 전사적으로 인식시켜야 한다. 보상에 대한 관리가 공평하지 못하거나 불충분한 계획 아래 시행되는 경우 직원에게 불평요인으로 작용하여 능률과 사기를 저하시킬 수 있다.

3. 복리후생

복리후생(employee benefits)은 기본임금과 수당, 인센티브 이외에 직원의 경제적 안정과 생활의 질을 향상시키기 위한 간접적인 보상 또는 이와 관련된 시설, 활동, 제도, 프로그램 등을 총칭한다. 예를 들면, 직원과 그의 가족들의 복지증진을 위한 주택시설, 급식시설, 여가시설, 육아 돌봄서비스, 동아리활동지원, 건강검진프로그램, 가족원조, 공제제도 등이 있다. 이렇듯 복리후생은 직원의 생활안정과 건강유지, 좋은 직장환경, 원만한 인간관계를 관리하는 데 중점을 두고 있다.

우수한 인적자원을 유지하기 위해 레스토랑은 많은 유인책을 마련하는데, 다양한 복리후생은 직원들로 하여금 직장과 가정생활 간 균형을 유지하도록 도와준다. 생산성을 높일 수 있는 동시에 직원의 생활향상을 꾀할 수 있는 방안이 된다. Starbucks는 기업의 경쟁력이 사람에 달려 있기 때문에 종업원이란 말 대신 동업자(partner)라고 부르며, 비정규직에게도 의료보험을 제공하고 있다. 또한 모든 사원들에게 소유권을 주는 스톡옵션(stock option)을 부여하고 있다. Starbucks 직원들은 그들의 직업에서 자부심을 느끼기 때문에 이직률이 전체 업계 평균의 반도 안 되는데, 그것은 비용을 절감해 줄 뿐만 아니라 고객들과의 유대를 강화시켜 주는 결과로 나타나고 있다. 이렇듯 복리후생을 높이는 것은 경영자와 직원 모두에게 이득을 가져다준다.

복리후생은 국가나 기업에 따라 다양하게 전개되고 있으며, 기업의 근로조건, 노사관계, 노동법규, 사회시설 등에 영향을 받는다. 국가는 기업이 주체가 되는 복리후생 이외에 사회보장제도의 일부로써 의료보험, 산업재해보상보험 등과 같이 법률로 정해진 일정한 조건 아래 사람을 고용하는 기업에게 강제된 사회보험과 법정보상을 의무화하고 있다.

토 의 문 제

01 기업의 경쟁력 원천이 사람이라는 불변의 진리를 생각해 볼 때, 사람에 관한 문제는 모든 기업의 핵심과제가 된다. 외식산업에서 경쟁우위의 원천이 되는 인적자원관리의 역할과 중요성에 대해 토의하시오.

02 외식산업은 대표적인 노동집약적 산업으로 그 어떤 산업에 비해 사람의 역할이 강조된다. 그러나 만성적인 인력부족과 높지 않은 임금체계로 인재확보가 쉽지 않은 것이 현실이다. 외식산업의 인적자원관리가 타산업에 비해 어려운 점은 무엇인지 조사하고, 토의하시오.

03 효과적인 충원을 하기 위해서는 직무명세서에서 요구하는 능력과 기술을 가진 사람을 모집해야 한다. 프랜차이즈 커피전문점 한 곳을 선정하여 현장 바리스타의 직무명세서를 작성해 보시오.

04 외식산업에 적합한 자격을 갖춘 직원을 모집하기란 쉽지 않다. 따라서 찾아오는 지원자들에 머물지 말고 여러 경로를 통해 적극적으로 인적자원을 찾아야 한다. 인적자원 모집원천들 중에서 내부모집의 장점과 단점에 대해 토의하시오.

05 인적자원확보도 중요하지만 인재를 놓치지 않기 위해서는 적절한 임금과 보상, 복리후생 등의 인적자원유지활동도 중요하다. 최근 국내 외식산업에서 인적자원유지활동과 관련된 성공 및 실패사례를 조사하고, 토의하시오.

참 고 문 헌

- 김용민 외 역(2020), 인적자원관리, 시대가치.
- 박기용(2018), 외식산업경영학, 대왕사.
- 이훈영 · 박기용(2018), 외식산업 마케팅, 도서출판 청람.
- Howard Schultz and Dori Jones Yang(1999), *Pour Your Heart Into It: How Starbucks Built a Company One Cup at a Time*, Hachette Books.

Part 04

창업과 체인경영

Chapter 14

외식사업 창업개발

도입사례

50년 역사의 외식 상장기업 '페퍼푸드서비스'

매출액 2,500억 원의 외식 상장기업으로

라이프사이클이 짧아지고 있는 일본 외식산업시장에서 50여 년 장수하고 있는 외식기업이 있다. 20㎡(6평)의 작은 점포에서 출발, 외식 상장기업을 이룬 (주)페퍼푸드서비스가 바로 그 주인공이다. (주)페퍼푸드서비스의 철판스테이크전문점 'Pepper Lunch'는 281개(해외 176, 일본 105) 매장을 운영하고 있다. 그리고 숯불스테이크전문점 '쿠니'가 9개 점포, 서서 먹는 스테이크전문점 '이끼나리 스테이크' 4개 점포, 햄버거 종류 7개 브랜드 28개 점포를 운영하며, 2006년에 동경증권거래소에 상장을 했다. 2019년 기준 회사 전체 매출액은 7,583억 원에 이른다.

Pepper Lunch는 가열된 철판 위에 스테이크와 부재료가 올려지면 고객 스스로 조리를 해서 먹는 시스템이다.

역경을 헤쳐 나가는 강한 의지가 장수의 원천

성공한 기업에는 '포기하지 않는 열정'을 가진 경영자가 있다. 창업뿐 아니라 어떤 사업이든 수없이 많은 어려움을 만나게 된다. 어려움

| 학습목표 |

1. 창업의 개념을 살펴보고 창업이 성립하기 위한 세 가지 핵심요소를 이해한다.
2. 외식사업을 성공으로 이끄는 다섯 가지 요인을 이해한다.
3. 외식사업 창업의 형태를 살펴보고, 각각의 장점 및 단점을 이해한다.
4. 창업과정을 단계별로 살펴보고, 각 단계에서의 중요사항을 이해한다.

을 지혜롭게 잘 극복하는 기업이 결국 생존한다. 그 해결방법은 경영자가 가지고 있다. 이찌노세 회장은 가난한 집안에서 태어나 고등학교를 졸업하고 곧바로 요리사로 직업 전선에 뛰어들었다. 일반 레스토랑을 거쳐 지역의 유명한 호텔에 입사, 허드렛일부터 배우며 9년간 조리사로 근무했다.

1970년 28세에 모은 돈 전부를 투자해 6평, 12석 규모의 작은 스테이크전문점 '키친 쿠니'를 오픈하면서 본격적으로 사업을 시작했다. 자신있게 시작했지만 점포는 생각만큼 잘 운영되지 않았다. 변두리 지역에 맞는 메뉴를 고안해 고객에게 가장 친숙한 요리를 맛있게 제공하려고만 했기 때문이다. 고객을 얕잡아 보고 자신이 맛있다고 생각하는 스테이크만 판매했던 것이 실패의 원인이었다. 이 점을 교훈 삼아 그는 스스로 납득할 만한 상품을 만들기 시작했다. 식재료 연구와 상품개발을 하면서 장사를 했다. 그 결과 점포 매출이 순조롭게 성장해 36세에 자사 건물을 세웠다.

고급요리를 값싸고 배불리 제공하자

1985년 법인회사를 만들고 점포수를 늘렸다. 매출이 증가하고 직원수도 함께 늘면서, 교육부재로 품질관리에 균열이 생기고 고객만족도가 떨어지는 문제가 발생하였다. 어떻게 하면 적은 인원으로 상품을 균일화하고, 고객을 만족시킬 수 있는지 고민한 끝에 개발한 점포가 1994년 오픈한 Pepper Lunch이다.

Pepper Lunch는 스테이크를 특수 철판에 제공, 20분이 지나도 80℃ 정도로 열이 유지되는 차별화를 앞세웠다. 식사를 마칠 때까지 따끈따끈한 스테이크를 즐길 수 있다. 자체 개발한 전자 조리기기는 스테이크철판을 1분 만에 300℃까지 가열한다. 가열된 철판 위에 스테이크와 부재료가 올려지면 고객 스스로 조리를 해서 먹는 시스템이다. 2~3분이라는 빠른 시간에 제공하니 만족도가 상당히 높다. 고객만족과 함께 회전율도 좋아 점포 수익성도 높다. 전문조리사를 쓰지 않고 적은 인원으로 운영이 가능하다 보니 맛있는 스테이크가격을 70% 이상 인하할 수 있었다. 그야말로 "고급요리 스테이크를 보다 많은 사람에게 배불리 먹게 하자"는 이찌노세 회장의 꿈이 실현된 것이다.

2000년 'JR 동일본 푸드서비스'와 FC 가맹점 계약을 맺음으로써 인지도가 크게 증가하였다. 2003년 대기업 이토추상사와 제휴를 맺고, 2004년 100호점을 달성하기에 이르렀다. 100호점 출점 이후에는 숫자보다 번성시키는 데 초점을 두고 점포개설심사의 강화, 식재료 표준화 등을 실시했다. 그 결과 법인기업이 참여하는 가맹점수가 증가하기 시작하였다. 그리고 재무구조 안정 및 실적향상으로 2006년 동경증권거래소에 상장을 이루게 되었다.

고객만족 · 품질에 타협하지 않는 고집

Pepper Lunch 성공에는 이찌노세 회장의 어려움에 굴하지 않는 강한 열정이 있다. 어렵다고 쉽게 포기하거나 타협하는 일이 없다. 원하는 상품의 수준을 위해 쇠고기의 부위 · 규격 · 숙성기간, 그리고 절단방법까지 철저하게 품질관리를 실시한다. 먼 곳이지만 품질관리를 위해

Pepper Lunch는 스테이크를 특수철판에 제공한다.

미국 쇠고기 가공업체도 수시로 방문한다. 유통과정에서는 팔레트 적재 보관이 아니라 냉기가 통할 수 있는 상자를 사용한다. 그의 이런 노력으로 고객은 비록 저렴한 가격을 지불하지만 항상 균일하고 맛있는 요리를 먹을 수 있게 되었다. 그러나 2020년 페퍼푸드서비스는 주력 브랜드인 이끼나리 스테이크의 부진을 만회하고 재정비를 위한 자본마련을 위해 수익성이 높은 Pepper Lunch 매각절차를 밟고 있다.

자료: asiatoday.co.kr, 2015.01.29, RGM컨설팅 강태봉 대표/식품외식경제, 2020.07.24.

많은 사람들이 외식사업에 도전하고 있다. 외식사업을 창업하는 사람들의 동기는 다양하다. 어떤 사람은 스스로 주인이 되어 고객에게 독특하고 맛있는 식사를 제공하고 싶어 한다. 가족을 생각하며 음식을 만드는 어머니 같은 마음으로 고객의 식욕과 기분을 좋게 하는 일이 자신의 가치 있는 삶이라고 생각하기도 한다. 어떤 이유든 자신이 고안하고 창조한 환경에서 고객에게 기억되는 경험을 제공하는 것은 분명 매력적인 일이다.

그러나 사업을 처음 해보는 창업자는 물론 경험 있는 기업가에게도 창업은 인생을 좌우할 만큼 중요한 프로젝트이다. 새로운 사업을 시작한다는 것은 매일같이 반복되는 일상적인 영업과는 달리 창업자 개인의 의욕만으로는 순조롭게 진행되지 않는다. 철저하게 계획을 세워 실행해야 한다.

본 장에서는 외식사업을 성공적으로 창업하기 위한 계획과 실행과정에 대해 살펴보고자 한다. 창업의 구성요소와 외식사업 성공요인에 대해 살펴본다. 콘셉트개발에서부터 입지선정, 고객 만들기에 이르기까지 외식사업 창업과정에서 중요한 의사결정내용에 대해서도 살펴본다.

14-1 창업의 구성요소

창업은 기업가가 사업기회를 포착하고 경영자원을 투입하여 고객이 원하는 제품이나 서비스를 제공하는 것이다. 창업이 성립하기 위해서는 기본적으로 요구되는 요소들이 있는데, 창업자, 사업아이디어, 사업자본을 창업의 3대 구성요소라고 부른다.

1. 창업자

창업자는 사업을 새롭게 시작하거나 인수한 사람을 말한다. 외식사업은 많은 자본이나 특별한 노하우를 필요로 하지 않기 때문에 타사업에 비해 창업자가 될 수 있는 기회가 많다. 창업자는 사업을 소유하는 데 따르는 재무적 위험을 감수해야 하지만, 성공하면 직접적으로 이득을 얻을 수 있고 사회공헌도 할 수 있는 기회를 가진다.

창업자가 사업을 성공적으로 이끌기 위해서는 기업가정신(entrepreneurship)을 필요로 한다. 사업에 성공할 확률이 높은 사람이 가지는 기업가정신은 몇 가지 특성으로 설명할 수 있다. 첫째, 기업가는 과감하게 도전하고 위험을 감수한다. 사업에 실패하면 파산의 위기에 직면하고 가족을 위험한 환경에 이르게 할 수 있음에도 불구하고 좋은 직장을 떠나기도 한다. 즉 새로운 것을 창조하고 경영활동에 수반되는 위험을 기꺼이 감수한다. Shake Shack의 창업자이자 Union Square Hospitality Group을 이끌고 있는 대니 메이어(Danny Meyer)는 미국 외식산업에서 가장 영향력 있는 사람 중 한 명이다. 그의 가장 큰 업적 중 일부는 기존의 전통을 깨는 혁신성에 있다. 그는 오랫동안 전통적으로 내려오던 규칙에 의문을 제기하고 큰 위험을 감수하며, 새로운 사업에 도전하여 성공스토리를 만들었다.

둘째, 기업가는 안정적으로 사업을 운영하고 있을 때도 강한 성취 및 성공 욕구를 가지고 있다. 대니 메이어는 유니온 스퀘어 카페(Union Square Cafe)를 성공시킨 후 그래머시 태번(Gramercy Tavern), 쉐이크쉑(Shake Shack), 더모던(The Modern), 마이알리노(Maialino), 카페 마치오(Caffe Marchio) 등 뉴욕에서 가장 유명한 다수의 레스토랑을 계속해서 열었다.

Shake Shack 창업자 대니 메이어는 위험을 감수하면서 매번 새로운 사업에 도전하여 성공하였다.

셋째, 기업가는 자신의 능력에 상당한 자신감을 가지고 있다. 기업가는 기업이 직면한 문제들을 해결할 능력을 소유하고 있으며, 사업을 성공시키기 위해 기꺼이 많은 시간과 노력을 투자한다. 대니 메이어는 첫 번째 레스토랑을 개점한 이후 새로운 사업으로 확장할 용기를 가지기까지 거의 10년이라는 시간이 걸렸다. KFC의 창업자 할란 샌더스

(Harland David Sanders)는 자신이 개발한 독특한 치킨 레시피를 판매하기 위해 미국 전역을 돌아다녔다. 68세 때 1009번째 찾아간 레스토랑에서 첫 번째 계약을 성사시킬 수 있었고, 오늘날 KFC는 세계적인 패스트푸드 체인 외식기업으로 성장하였다.

성공한 기업가들 중에 한두 차례 실패를 겪지 않은 사람은 거의 없다. KFC 창업자 할란 샌더스의 성공 스토리는 아무리 절망적이어도 희망을 놓지 말라는 교훈을 준다.

2. 사업 아이디어

사업 아이디어는 창업을 하게 되는 결정적인 요소이다. 창업은 자신의 사업에 어떤 특색을 부여할지에 관한 생각, 즉 아이디어 창출에서부터 시작된다. 그리고 그 아이디어를 현실적으로 실현해 나가는 것이 창업의 과정이다. 사업 아이디어의 45%는 이전의 경험에서 비롯된다고 알려져 있다. 그 다음은 개인적인 취미나 흥미, 우연성이 11%를 차지한다.

그러나 언제나 좋은 아이디어가 좋은 투자의 기회가 되는 것은 아니다. 아이디어가 충분히 객관적으로 인정받기 이전부터 아이디어에 대해 강한 애착을 가지고 있을 수 있기 때문이다. Starbucks도 사실 이와 비슷한 계기로 탄생하였다. 하워드 슐츠(Howard Scultz)는 이탈리아 밀라노 출장 중에 우연히 들렀던 에스프레소(espresso) 카페의 분위기와 품격에 매료되었다. 미국에 에스프레소 카페를 차린다면 사람들이 모일 만한 좋은 장소가 될 것이라고 생각했다. 시애틀에 있는 Starbucks 커피점을 인수하여 자신의 아이디어를 적용하여 세계적인 외식기업으로 탈바꿈시켰다.

Starbucks와 같이 아이디어가 좋은 사업기회로 발전하기 위해서는 타이밍, 경쟁력, 재정적 지원, 기술력 등이 필요하다. 첫째, 타이밍(timing)은 창업에서 가장 중요한 변수이

하워드 슐츠는 이탈리아 사람들이 집과 직장이 아닌 제3의 장소에서 커피를 즐기던 분위기에서 아이디어를 창출하였다.

다. 아무리 아이디어가 좋은 제품과 서비스라고 해도 타이밍이 맞지 않으면 성공하기 어렵다. 둘째, 경쟁력이 있어야 한다. 경쟁자에 비해 품질이 우월하든지, 가격이 저렴하든지 등의 차별화된 경쟁력을 가지고 있지 못하면 생존하기 어렵다. 셋째, 재정적 지원이 있어야 한다. 일반적으로 투자자는 업계 평균이익을 넘지 못하는 사업에는 투자하지 않는다. 따라서 이익을 창출할 수 있는 비즈니스모델을 가지고 있어야 한다. 넷째, 기술력이 있어야 한다. 투자자는 사업이 예상치 못한 문제에 직면했을 때 위기를 성공의 기회로 만들 수 있는 기술력을 보여주기를 원한다. 좋은 아이디어를 가지고 있어도 기술력을 가지고 있지 못하면 사업은 어려워진다.

3. 사업자본

사업자본은 사업에 필요한 설비, 재료, 기술 등을 확보하기 위해 요구되는 가장 원천적인 자원이다. 사업에 실패하는 이유는 경영관리 부족, 환경변화에 따른 대응능력 부족 등 여러 가지가 있지만 창업자금 부족이 가장 큰 이유이다. 성공적인 창업이 되기 위해서는 충분한 자금 확보가 선행되어야 한다. 창업하여 정상적으로 운영할 때까지 예상하지 못한 많은 어려움과 실패의 위험이 존재하기 때문이다. 또한 처음 예상했던 것보다 많은 장애들로 인해 창업이 지연되기도 한다. 그러나 무리하게 자금을 빌리는 경우 개점 이후 사업이 잘 된다고 해도 경영을 어렵게 할 수 있다.

자신의 자본규모와 금융기관대출을 위한 담보, 신용 인맥 등 자금조달능력을 고려하여 창업자금계획을 세우도록 한다. 창업에 소요되는 자금은 사업의 규모와 업종에 따라 다르다. 창업에 필요한 자금은 기본적으로 자기자본에 의하거나 타인자본에 의해 조달된다. 창업자금은 토지, 건물, 기계 등 유·무형의 자산을 구입하게 되는 시설자금, 사업운영에 따른 재료비, 인건비, 경비 등으로 지출되는 운전자금, 그리고 예비자금으로 구분된다.

14-2 외식사업 성공요인

외식을 하면서 가지는 경험의 좋고 나쁨이 외식사업의 성공 여부를 결정짓는다. 여기서 경험은 외식을 하는 과정에서 보고 듣고 맛보는 유·무형의 모든 느낌들이다. 이를 상품력, 서비스력, 점포력, 입지력, 관리력으로 요약할 수 있다.

1. 상품력

상품력은 메뉴에 관련된 맛, 가격, 속도, 양, 일관성, 프레젠테이션 등을 통해 상품의 가치를 고객에게 전달하는 힘을 말한다. 〈표 14-1〉은 상품력을 나타내는 요소들을 나타낸다. 가장 중요한 상품력은 맛이지만 다른 곳에서 쉽게 볼 수 없는 독창성도 중요하다. 가격 역시 무시할 수 없다. 아무리 맛있고 독창적이더라도 가격이 비싸면 상품력이 우수

표 14-1 | 상품력 요소

다양성	선택할 수 있는 메뉴의 종류와 수
음식의 질	신선한 음식 또는 가공된 음식이 제공되는지, 고급 와인 또는 보통 와인이 제공되는지 등
음식의 양	1인분의 양이 얼마나 되는가
변치 않는 맛	단골고객은 주문한 음식이 전에 먹었을 때와 같은 맛을 기대
향기·색깔	음식의 평가는 맛과 함께 보고 느끼는 것
적정온도	적정한 온도와 시간에 의한 음식제공
부가서비스	주메뉴 외에 부가적으로 제공되는 식음료

버블티전문 프랜차이즈 아마스빈은 화학적 첨가물이 들어가지 않은 순수 우유 생크림을 사용하는 등 차별화된 메뉴품질로 상품력을 강조하고 있다.

하다고 볼 수 없다. 선택할 수 있는 메뉴의 수와 폭도 상품력의 하나로 자신이 지불할 수 있는 가격과 그에 따른 만족도의 객관성을 의미한다. 메뉴의 다양성은 메뉴의 수, 가격, 식사시간 등과 관련되어 있으며, 레스토랑에 따라서는 맛 이외에 가장 강력한 상품력이 될 수 있다.

2. 서비스력

고객은 좋은 음식뿐 아니라 좋은 서비스도 기대한다. 최근에는 생산기술의 발전으로 품질 차이가 줄어들면서 유형적 제품인 식음료만으로는 경쟁우위를 가지기가 어려워졌다. 그 결과 품질로 승부를 걸고 메뉴개발에 집중했던 레스토랑들도 품질은 기본이고 서비스가 부가가치 창출은 물론 고객 선택의 중요한 요소임을 인식하고 있다. 즉 이제는 차별화가 제품 자체가 아니라 제품과 연계된 서비스에 의해 판가름 난다는 것을 알게 되었다. 예를 들어, Domino's Pizza에서 판매하는 피자는 유형재이지만 빠르게 집으로 배달하는 서비스는 일종의 보이지 않는 제품이다. Domino's Pizza는 맛있는 피자를 제공하는 것은 물론 빠른 시간 내에 배달하는 차별화된 서비스로 성공하였다.

서비스는 봉사정신과 예절을 겸비한 서비스정신을 기본으로 한다. 제조업에서와 같이 우수한 제품을 생산하기 위한 표면적인 용역이나 노동으로 고객을 만족시키는 것이 아니라 내면적인 성실한 서비스정신을 가질 때 그 가치를 인정받는다. 또한 서비스는 서비스를 제공하는 측과 제공받는 측의 상호 감성적 교류가 서비스품질을 좌우한다. 서비스는 어느 정도 한계가 설정되어 있는 것이 아니고 또한 이 정도면 충분하다고 생각하는 것도 고객에 따라 다르기 때문에 서비스방법과 수준, 상황에 따른 서비스제공 등 전략적인 접근이 요구된다. 예를 들어, TGIF는 고객의 눈높이에 맞춰 무릎을 꿇은 채 주문을 받는 퍼피독(puppy dog)서비스라는 독특한 서비스로 업계에서 신선한 바람을 일으켰다.

3. 점포력

점포력은 레스토랑의 외형적인 부분으로 입지력과 함께 고객을 유인하는 힘을 말한다. 고객은 외식의 동기와 목적에 맞는 레스토랑을 선택하고 기대를 가진다. 이때 상품력이 가장 중요한 요인이지만 고객의 기대는 다양하다. 맛만 믿고 서비스에 소홀하거나 위생상태가 좋지 않거나 즐거움이 없으면 너그러운 고객일지라도 다시는 방문하지 않을 것이다.

건물외관과 간판은 점포 이미지를 가장 빠르게 전달하는 점포력의 한 요소이다. 종종 건물외관이나 간판을 보고 방문을 결정하기 때문이다. 그 외 인테리어, 테이블과 의자, 조명, 음향시설, 실내온도, 주차시설, 화장실, 주방설비, 조리 및 음식제공의 효율적인 작업동선 등도 점포력을 표현하는 요소들이다.

점포력을 나타내는 요소들이 조화롭게 설계되어 나타나는 것이 분위기이다. 분위기에 흡족해하면 자신의 선택에 크게 만족한다. 패밀리 레스토랑에서 패스트푸드 레스토랑을 연상시키는 분위기를 연출하는 것은 맞지 않는 콘셉트이다. 고급요리가 제공되고 비즈니스 대화에 적합한 분위기를 갖춘 점포는 가족과 함께 외식을 하기 위한 장소로는 어울리지 않는다.

Rainforest Cafe는 열대우림지역에서 살고 있는 동물, 식물 등을 인테리어로 재현한 테마 레스토랑으로 인기를 끌고 있다.

4. 입지력

입지(location)는 레스토랑이 위치하고 있는 장소를 말한다. 입지! 입지! 입지! 외식사업은 입지사업으로 불릴 만큼 입지의 중요성은 아무리 강조해도 지나치지 않다. 레스토랑이 독창적이고 매력적인 제품과 서비스를 가졌더라도 고객이 알고 있지 못하거나 접근하기 어려우면 소용 없다. 점포 또는 제품과 서비스에 대한 정보를 고객에게 제공하고 쉽게 이용할 수 있도록 하기 위해서는 최적의 입지에 위치해야 한다. 그러나 입지가 좋다고 해서 무조건 성공할 수 있는 것은 아니다. 우선적으로 고객을 유인하는 힘은 상품, 서비스, 분위기 등의 부가가치로 결정되기 때문이다.

입지는 사업의 출발점으로서 그 의미가 크고 레스토랑이 지속적인 경쟁우위를 가지는 데도 중요하게 사용된다. 그렇지만 간혹 일부 레스토랑은 전통적으로 요구되는 입지조건과 달리 독특하고 차별화된 콘셉트로 불리한 입지를 극복하기도 한다. 최근에는 인터넷, 스마트폰 등 정보통신의 발달로 배달 앱, 라이브 커머스(live commerce), 공유주방 등을 통한 비대면 판매가 활성화되면서 전통적인 입지조건이 크게 변하고 있다. 이제는 입지력에 의존하기보다는 표적시장 고객에게 레스토랑 이미지나 제품과 서비스의 정보를 효과적으로 전달하고 계속해서 구매를 유도하는 마케팅 커뮤니케이션활동이 더 중요해지고 있다.

5. 관리력

관리력은 생산과 판매의 원활한 흐름을 위해 수행하는 통제(control)를 말한다. 앞에서 설명한 상품력, 입지력, 서비스력, 점포력 등을 성공적으로 진행하기 위해 생산, 마케팅, 인사, 재무 등을 체계적으로 관리하는 능력이다. 고객이 상품을 경험하기 위해 자신의 모든 감각에 의존하는 사업은 그렇게 많지 않다. 외식사업은 고객이 직접 보고 냄새 맡고 만져 보고 맛을 보아야 하는 감각적인 사업이다. 또한 생산과 판매가 동시에 이루어지고 수요예측이 어렵다는 특성도 가지고 있다. 따라서 다른 사업들과 달리 체계적인 운영관리를 필요로 한다. 생산규모가 작고 조직의 숫자도 얼마 되지 않은 가족중심적 외식사업에서는 대부분의 업무가 개인의 능력에 따라 달라질 수 있기 때문에 관리력의 중요성이 상대적으로 낮다. 그러나 규모가 커지고 프랜차이즈 등으로 사업이 확대되는 경우 종합적인 관리역량이 요구된다.

14-3 외식사업 창업의 형태

창업은 향후 기업을 만드는 것이다. 당연히 높은 위험을 내포하고 있다. 우리나라 통계청에 따르면, 외식사업 평균 폐업률은 다른 산업 평균에 비해 두 배 가까이 높은 것으로 조사되었다. 인구당 외식업체수는 미국의 6배, 일본의 2배수준이며, 창업 5년 뒤 10곳 중에 1~2곳만 생존하였다. 미국의 경우 상공부 통계에 의하면 영업이 중단되거나 부도 또는 원래 소유주에게 넘기거나 하는 것 등을 모두 포함하여 겨우 10%의 레스토랑만이 5년 이상 영업을 지속하고 있으며, 매년 1/3이 실패를 경험하고 있는 것으로 나타났다. 파산한 후에도 다른 소유주에게 팔린 후 영업을 계속하고 있기 때문에 실제 실패율은 훨씬 높을 것으로 보고 있다.

외식사업을 시작할 때 다음과 같이 몇 가지 형태와 투자의 선택이 있다.

- 다른 사람 소유의 사업을 대신하여 관리한다.
- 프랜차이즈에 참여하여 가맹점을 운영한다.
- 기존의 사업을 인수하여 운영한다.
- 새로운 사업을 창업하여 운영한다.

〈표 14-2〉는 창업의 형태를 비교한 것이다. 새로운 사업의 시작, 즉 진정한 의미의 창업은 위험과 어려움은 있지만 성공하면 자신의 노력으로 얻어낸 이익을 모두 가질 수 있다. 기존의 사업을 인수하는 것 역시 위험이 적고 빠른 수익을 기대할 수 있다. 미국의 한 연구에서는 어느 레스토랑이 3년간 생존해 있다면 이후 생존할 확률이 높다는 결과를 발표하였다. 따라서 기존의 레스토랑을 매입하려고 한다면 3년 이상 운영되던 것을 인수하는 것이 좋고, 경제가 쇠퇴기 또는 침체기에는 기존의 레스토랑들도 실패할 확률이 높

| 표 14-2 | 창업의 형태

형태	창업비용	필요한 경험	잠재적 개인 스트레스	실패에 따른 심리적 비용	재무적 위험	잠재적 보상
관리	높음	중간-높음	중간	중간	없음	중간
프랜차이즈 (패스트푸드)	낮음-중간	낮음	중간	중간	중간	중간-높음
인수	중간	높음	높음	높음	높음	높음
창업	매우 높음	높음	높음	매우 높음	매우 높음	높음

자료: John R. Walker(2018), *Restaurant Concepts, Management, and Operations*, Wiley.

기 때문에 창업을 미루는 것이 좋다고 하였다. 프랜차이즈 가맹점을 통한 창업은 이미 검증된 사업아이템과 가맹본부의 지속적인 지원으로 재무적 위험이 낮기는 하지만 간혹 실패하기도 한다.

14-4 외식사업 창업과 경영

외식사업은 특별한 진입장벽이 없어 많은 사람이 창업에 도전한다. 그렇지만 모두가 성공을 거두는 것은 아니다. 사업을 시작할 때 가장 먼저 알아야 할 사실은 성공의 지름길은 없다는 것이다. 창업은 기업을 만드는 것이고 또한 시스템을 만드는 것이다. 사전에 철저하게 준비하지 않으면 어려움을 겪는다.

1. 사업계획서

1) 사업계획서란?

기업가는 종종 자신의 사업을 위험하게 구성하고 진행한다. 외식사업과 같이 복잡하고 힘든 사업을 실행하기 전에 사업계획을 세우는 것은 필수적이고 중요하다. 사업계획서(business plan)는 사업을 성공적으로 진행하기 위해 사업전반에 대한 내용을 문서화한 것이다. 얼마의 자금을 투자하고 어느 정도 이익이 창출될 것인지에 대한 예상을 구체적인 계획으로 정리한 것이다. 즉 창업자 자신이 앞으로 어떻게 사업을 경영하겠다는 청사진이다.

사업계획을 수립하는 과정을 문서화하면 사업 전체를 객관적이고 현실적으로 바라볼 수 있고 잠재적인 위험을 발견할 수 있다. 사업에 대한 중요한 부분을 구체적으로 파악하고 예측할 수 있으며, 한 걸음 떨어져 전력투구할 전략을 세우는 데도 도움이 된다. 사업을 지원해 줄 금융기관과 투자자의 관심을 유도하고 설득하며, 자금을 확보하는 수단으로도 활용된다.

잠재적 공급자들과 직원들도 사업계획서에 관심이 많다. 잠재적 공급자들의 경우 새롭게 사업을 하려는 기업가에게 자신의 제품과 서비스를 판매하기 위해 사업계획서를 면밀하게 검토하기를 원한다. 잠재적 직원들의 경우 새로운 사업에 참여하기 위해 현재의 직장을 떠날 가능성이 있기 때문에 그들 역시 사업계획서에 관심이 많다.

2) 사업계획서 작성

(1) 작성방법

훌륭한 사업계획서는 사업의 성공 가능성을 높여준다. 사업계획서는 그 내용과 진행에서 자신감을 바탕으로 독창성을 발휘하고 사업자 자신은 물론, 누구나 이해할 수 있도록 객관적이어야 한다. 객관적인 호응을 얻고 합리적인 진행이 되기 위해서는 논리적인 표현이 중요하다. 사업의 핵심내용을 강조하여 부각시키고 실현 가능하도록 작성한다. 제품과 기술에 대한 설명은 가급적 전문용어를 피하고 단순하고 보편적인 용어를 사용한다. 자금조달 및 운용계획은 정확하고 실현 가능성이 있도록 한다. 그리고 사업의 잠재된 문제점과 향후 발생 가능한 위험요소를 분석하여 창업이 지연되거나 불가능하지 않도록 여러 측면에서 점검한다. 사업계획서 작성 시 유의사항은 〈표 14-3〉과 같다.

| 표 14-3 | 사업계획서 작성 시 유의사항

투자자들이 관심 있어 하는 사업계획서	투자자들이 선호하지 않는 사업계획서
• 새로운 제품과 서비스가 판매될 수 있는 근거 • 새로운 기업을 경영할 수 있는 숙련되고 높은 자질을 지닌 경영팀 • 제한된 위험하에 실제 가능한 수익을 얻을 수 있는 투자자들의 요구와 이해 • 제한된 제품과 서비스에 대한 초기전략 • 새로운 회사들로부터 보호하기 위한 특허 · 상표 등의 존재	• 잠재적 시장기회에 대한 분석적인 평가보다는 제품과 서비스에 대한 개인적 선호 • 산업기준(industry norms)들과 일치하지 않는 재무계획 • 비합리적으로 낙관적인 성장계획 • 성장을 어렵게 지나치게 요구하는 고객

(2) 주요 내용

사업계획서는 〈표 14-4〉와 같이 일반현황, 사업개요, 시장현황과 분석, 판매계획, 조직 · 인원계획, 재무계획, 자금운용 및 조달계획, 사업추진 일정계획 등에 대해 상세하게 기술한다. 사업계획서는 일반현황으로 시작한다. 여기서는 업체명, 대표자, 설립일자, 업종 등 일반적인 회사의 개요를 기재한다. 대표 또는 임원은 사실적으로 소개하는 것이 좋다. 사업개요에서는 회사와 사업내용의 성장 가능성 및 기대효과 등에 관하여 관심을 유발시키도록 한다. 만약 그렇지 못하면 사업계획이 평범하다고 판단하여 나머지 부분에 흥미를 가지지 않는다. 사람들에게 이미 알려진 회사라면 무엇을 하고, 어떻게 성장을 했는지 서술할 필요는 없다. 그보다 구체적으로 어디에 위치하고 있는지, 타깃고객이 누구인지를 언급하는 것이 더 좋다.

시장현황과 분석에서는 잠재적 구매자, 시장규모, 경쟁시장, 도달 가능한 시장점유율 등의 정보를 제공한다. 시장분석에 근거한 시장전략도 명확하게 기술한다. 판매계획에서는 제품과 서비스를 충족시킬 시장 욕구를 파악하는 마케팅활동에 대해 기술한다. 제품에 대해 가능성 있는 수요가 있다는 것을 설명하고, 가격, 광고전략, 상권개요, 입지분석 등의 내용을 기술한다. 조직 · 인원계획에서는 조직도와 함께 대표자와 경영진, 직원현황 등을 기술한다. 재무계획에서는 5년 정도의 추정대차대조표, 추정손익계산서, 매출과 비용, 이익 등을 분석하여 기술한다. 자금운용 및 조달계획에서는 소요되는 자금과 조달계획, 자금조달의 문제점과 해결방안 등에 대해 기술한다 그리고 사업추진일정계획에서는 실행에 따른 일정과 내용, 중요사항 등을 간략하게 기재한다. 마지막 부속자료에는 평면

표 14-4 사업계획서의 주요 내용

1. 일반현황
   대표자, 회사의 일반현황
2. 사업개요
   사업목적과 내용, 콘셉트, 성장 가능성, 기대효과
3. 시장현황과 분석
   시장규모와 전망, 경쟁자분석, SWOT분석, 시장점유율
4. 판매계획
   가격 · 광고전략, 상권개요, 입지분석
5. 조직 및 인원계획
   조직도, 직무 · 직위별 소요인원
6. 재무계획
   추정대차대조표, 추정손익계산서, 비용 · 매출 · 이익분석
7. 자금운용 및 조달계획
   소요자금, 조달계획
8. 사업추진일정계획
   사업추진에 따른 일정 검토, 일자별 주요 사항 확인
9. 부속자료
   플로어플랜, 가구 · 설비 · 비품 견적서, 샘플메뉴, 임대계약, 특허권 내용, 법적 서류, 기타 관련된 모든 것

도, 각종 견적서 및 계약서, 법률문서, 기타 관련 사항을 첨부한다.

2. 창업자금계획

창업에서 무엇보다 중요한 것은 정확하고 안정적인 자금계획을 세우는 것이다. 〈표 14-5〉는 창업할 때 기본적으로 지출되는 비용들이다. 점포의 구매 또는 임대, 내 · 외장 공사, 주방설비 등에서 예상 외로 많은 비용이 지출되기도 하지만, 처음부터 자금이 부족하면 최악의 경우 사업 시작 자체가 불가능해질 수도 있다. 자금이 부족한 상황에 부딪히지 않기 위해서는 처음부터 치밀하고 정확하게 자금계획을 세워야 한다. 가능한 한 손익분기점(break-even point)을 낮게 설정하도록 한다.

표 14-5 | 창업자금내역

물건취득비	보증금(임차료 · 권리금), 중개료, 렌트선불
공사비	설계비, 내장 · 설비공사비, 외장 · 조경공사비, 주방설비공사비, 간판공사비
주방기기, 비품, 그 외	의자 · 테이블, 조명류, POS시스템, 장식품, 사무용품, 조리용구 · 주방기기류, 디자인 관련(메뉴표, 로고 등), 개점비(구인비 · 광고선전비 · 교육개발비 등), 식기류, 유니폼, 소모품
예비비	예정외 비용의 예비비, 운전자금

매출계획은 정확하고 객관성 있는 근거를 가지고 세운다. 그렇게 하지 않으면 투자를 유치해야 할 경우 투자자나 금융기관으로부터 자금을 지원받기가 어렵다. 매출은 단순히 희망적 관측의 숫자를 보여주는 것이 아니다. 만일 부족한 자금을 차입하여 조달하였다면 매출계획을 다시 세운다. 견적을 정확하게 계산하는 것이 중요하다. 대략 이 정도면 하는 적당주의식 견적은 계산착오를 초래하기 마련이다. 필요한 것은 모두 기록하고 각각의 항목에 대해 구체적인 가격을 확인한다.

점포의 구매 또는 임대에 관련된 비용은 필요한 규모를 결정한 뒤 입지를 찾도록 한다. 내 · 외장공사비도 큰 지출이므로 업체와 면밀히 의논한다. 주방기기, 공간설비 등 카탈로그가 있는 것은 모두 검토한다. 보통 창업자금총액의 20% 정도는 예비비로서 여유 있게 산정해 놓는 것이 좋으며, 3개월 정도의 운전자금도 확보해 둘 필요가 있다.

3. 업종 결정

시장에는 다양한 업종이 존재한다. 어떤 업종을 선택하든지 그것은 창업자의 자유이다. 보통은 카페를 창업할까, 돈까스 전문점을 창업할까 하는 식으로 자신이 하고 싶은 업종을 먼저 결정한 후 본격적으로 사업 준비를 한다. 초보자는 기술이나 경험 없이 운영할 수 있는 업종을 선택하는 것이 좋다. 고정관념이나 유행에 현혹되지 말고 창업자 자신이 확신하는 업종, 즉 오랜 수명을 가질 수 있는 업종을 선택하는 것이 좋다. 간혹 상권에 맞는 업종을 선택할 수도 있다.

경쟁이 심하면 가격경쟁으로 성공의 확률은 낮아진다. 이때는 그 지역에서 보기 힘든 업종을 선택하는 것이 유리하다. 업종을 변경할 수 없는 상황이라면 경쟁이 심하지 않은 상권을 선택하는 것이 좋다. 한편 자신의 자금규모에 맞는 업종을 선택하는 것도 중요하다. 사업이 안정될 때가지 버틸 자금여력이 없어 어려움에 직면할 수 있기 때문이다.

4. 콘셉트 개발

업종을 선택했다고 해도 구체적인 점포 만들기는 되지 못한다. 창업에 실패하거나 어려움에 부딪히는 대부분의 이유는 단지 업종의 발상만으로 시작하기 때문이다. 업종의 발상은 창업자가 일방적으로 무엇인가를 팔고 싶다는 희망에 지나지 않는다. 고객이 무엇을 원하는지 알지 못하면 고객의 호응을 받을 수 없다. 확실하게 고객에게 호응받을 수 있는 점포를 만드는 것이 업태, 즉 콘셉트 개발이다. 콘셉트(concept) 개발은 목표시장의 욕구와 기대수준에 부합하는 여러 가지 가지 아이디어를 조직화하는 것이다.

[그림 14-1]은 외식사업 콘셉트 개발요소들을 나타낸다. 그 외 건물외관, 간판, 심벌, 로고, 유니폼, 경영자의 개성 등도 콘셉트의 일부가 된다. 이러한 구성요소들을 타깃마켓(target market)으로 불리는 고객집단의 욕구와 일치하도록 구성하고 조직화한다. 그렇지 못하면 고객은 그 콘셉트에 대해 소비하고자 하는 욕구가 일어나지 않는다. 결국

Hard Rock Cafe는 로큰롤 명예의 전당이라는 콘셉트로 성공한 세계적인 레스토랑 체인이다.

그림 14-1 | 콘셉트의 구성요소

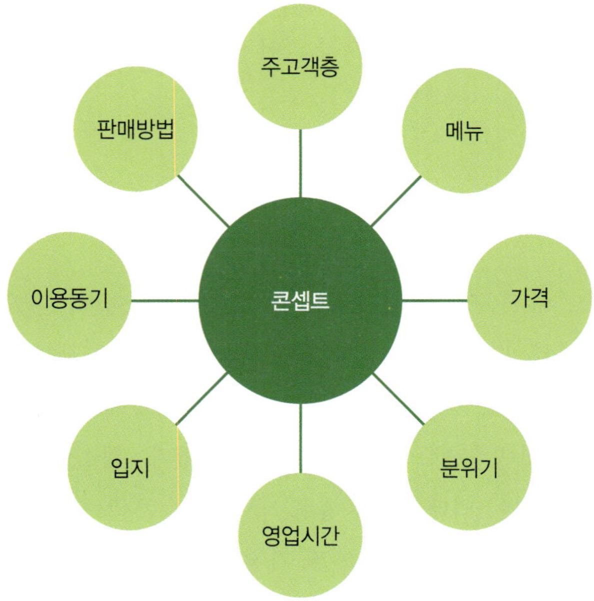

콘셉트는 외식사업의 본질이자 자신만의 특성이며, 이는 곧 차별화된 전략이 된다. TGIF는 음식의 품질과 서비스를 즐거움과 결합시켰으며, Hard Rock Cafe는 락음악을 테마로 한 성공적인 콘셉트로 알려져 있다. 경쟁이 치열하고 좋은 콘셉트가 끊임없이 출현하는 외식산업시장에서 경쟁력 없는 콘셉트는 생존하기 어렵다.

콘셉트 개발은 작은 김밥집에서부터 카페, 파인 다이닝에 이르기까지 모든 외식사업에 적용된다. 미국, 유럽의 경우 콘셉트를 개발하고 개점하기까지 평균 2~3년, 우리나라는 평균 6개월이 걸리는 것으로 조사되었다. [그림 14-2]는 시장조사 후 콘셉트를 결정하는 것에서부터 상권 및 입지선정, 개점 등에 이르기까지 창업을 준비하는 과정을 보여준다.

그림 14-2 | 외식사업 개발절차

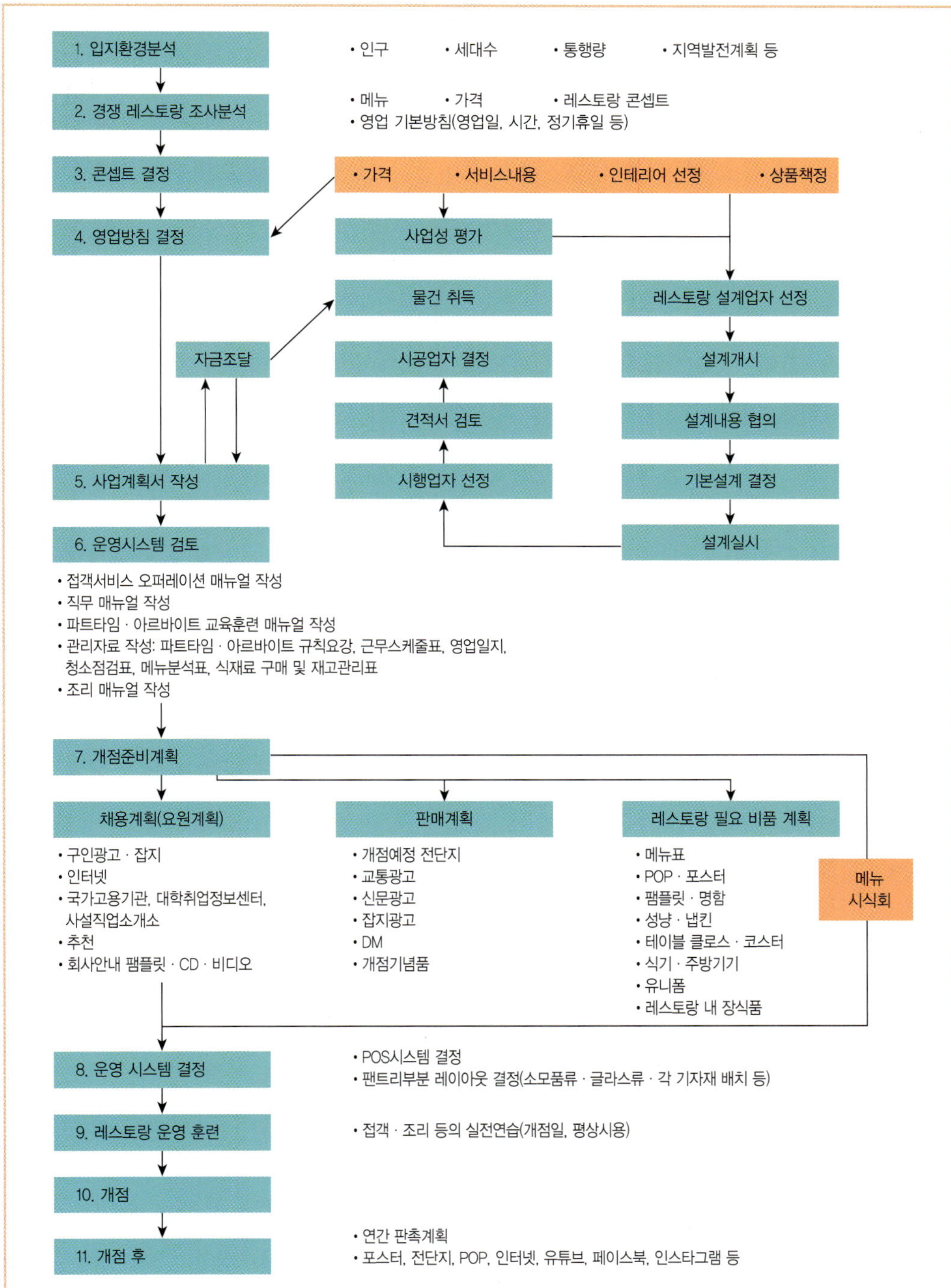

자료: Yoshiyuki Ui(2003), Eat and Drink Business Hand Book for Beginners, Kou Business.

5. 입지선정

입지(location)는 고객이 레스토랑을 선택할 때 최우선적으로 고려하는 요소들 중 하나이다. 입지가 좋지 않으면 뛰어난 컨셉트와 전략을 가졌더라도 그만큼 불리해진다. 입지는 비용이 많이 들고 한번 결정되면 변경이 어렵고 그 장소에서 오랫동안 영업을 해야 하므로 신중하게 선정해야 한다. 주변환경의 변화에 따라 바뀔 수도 있고 간혹 좋은 장소를 이미 다른 레스토랑이 차지하고 있기도 하다. 따라서 입지를 선정하는 것은 전략적인 결정이 된다.

입지선정은 지역, 상권, 입지를 순차적으로 검토하며 진행한다. 먼저 지역(region)을 결정한다. 지역은 지방이나 특정 도시를 가리킨다. 예를 들어, 버블티전문점 아마스빈이 사업을 확장해 가고 있다고 할 때 대구와 부산이 경쟁이 강하지 않은 지역으로 분석되었다면, 이 두 곳은 아마스빈이 진출하기 좋은 매력적인 지역이 된다. 그 다음은 지역 내의 적정한 상권을 확인하고, 최종적으로 레스토랑이 위치할 장소, 즉 입지를 검토하여 결정한다.

1) 상권조사

상권(trade area)은 레스토랑을 방문하는 고객의 대다수가 거주하고 있는 지역을 말한다. 레스토랑의 영향력이 미치는 범위, 고객을 끌어들일 수 있는 범위, 제품을 판매하고 배달할 수 있는 지리적 범위이다. 상권은 고객의 규모를 예상할 수 있는 중요한 정보를 제공해 준다. 점포까지 소요되는 시간과 인구에 따라 1차 상권, 2차 상권, 3차 상권으로 분류한다. 예를

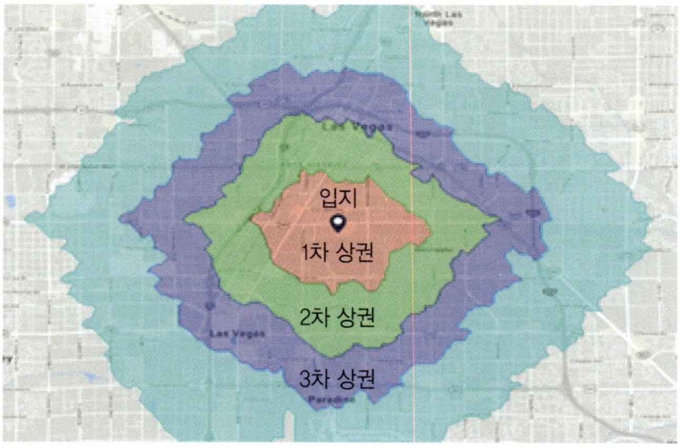

상권의 범위는 1차 상권, 2차 상권, 3차 상권으로 구분되고 업종 및 업태에 따라 그 범위가 달라진다.

들어, 햄버거점의 경우 내점까지 소요되는 시간이 평균 10분이라고 할 때, 평균의 반인 5분 정도 걸리는 범위가 1차 상권이다. 2차 상권은 평균 소요시간, 즉 10분 정도 걸리는 범위가 된다. 그 외 주변으로 15분 정도 걸리는 범위가 3차 상권이 된다.

설정된 상권을 거시적 관점에서 조사한다. 인구, 연령구조, 남녀성비, 세대수, 주거형태, 소득수준, 직업 구성, 교통, 사무실의 수와 규모, 학교, 백화점, 은행, 관공서 등에 대한 정보를 수집하고 분석한다. 레스토랑의 수와 영업상황, 소비자특성, 라이프스타일 등을 조사하고 재개발계획이나 대규모 상업시설 개발계획 등을 확인한다. 현재는 물론 미래에 변화할 입지환경에 대해 계속해서 관찰하고 예측해야 한다. 예를 들면, 매출의 대부분을 주변에 위치한 회사 직원들로부터 얻고 있는 경우 이 회사가 얼마나 더 그 지역에 존속하여 영향을 미칠 것인가 하는 것도 조사한다. 〈표 14-6〉은 상권에 영향을 미치는 요인들을 나타낸다.

표 14-6 | 상권의 영향요인

외부적 요인		내부적 요인	
정성적 요인	정량적 요인	환경적 요인	경영적 요인
• 산업구성 • 지역개발계획 • 지역문화와 가치관 • 도시의 성격과 위치 • 관공서, 그 외의 시설 • 라이프스타일과 소비행태	• 지리적 조건 • 인구, 세대수, 인구밀도 • 지역별 상업통계 • 소득과 소비수준 • 교통조건	• 상업집적 규모, 성격, 성장성 • 레스토랑의 수 • 주차시설 등의 부대시설 • 고객흡인시설 • 업종 및 업태의 구성 • 레스토랑 구조와 규모 • 외관과 인테리어	• 제품 · 서비스의 특성 • 고객충성도 • 판매방법과 판매촉진활동 • 매출액 • 고객층 • 경쟁상황

상권은 업종과 업태에 따라 범위가 달라진다. 스테이크전문점의 경우 가볍게 이용할 수 있는 레스토랑이 아니기 때문에 고객의 방문빈도가 낮아 상권을 넓게 설정한다. 반면 분식점은 고객의 방문빈도가 높기 때문에 좁은 상권도 충분히 가능하다. 한편 가격이 높은 업태는 고객의 방문빈도가 낮기 때문에 상권을 넓게 설정하고, 가격이 낮은 업태는 고객의 방문빈도가 높기 때문에 좁은 상권도 가능하다.

2) 입지조사

상권을 확인한 다음에는 레스토랑이 위치할 장소, 즉 입지를 조사한다. 고정된 입지에서 매출을 기대하기 위해서는 고객이 걷거나 차를 타고 지나갈 때 점포가 충분한 시간 동안 보여지는 가시성(visibility)이 있어야 한다. 물론 패스트푸드 레스토랑에서는 가시성이 매우 중요하지만 파인 다이닝에서는 그보다 덜하다. 가시성과 더불어 잠재고객이 레스토랑에 쉽게 올 수 있도록 도보 또는 차로, 주차 등으로부터의 접근성(accessibility)도 중요하다.

예정되는 입지의 통행량도 중요하다. 단지 하루 통행량만 조사하는 것이 아니다. 고객이 될 만한 사람의 통행이 없다면 아무리 통행량이 많아도 의미가 없다. 통행량은 업종 및 업태에 따라 다르고 고객의 이용시간 차이에 따라서도 다르다. 사람들의 이동방향이 어떠한지도 면밀하게 조사한다. 점포를 임차해야 할 경우 임차조건도 중요하다. 어떤 경우에는 입지선정에 임차조건이 결정적 요인이 되기도 하는데, 다른 조건이 아무리 이상적이라도 임차조건이 적합하지 않을 수 있다. 임차료가 지불 가능한 한도 내에서라면 통행량이 많은 장소가 이상적이다.

입지선정에서 중요한 부분 중 하나는 주변의 경쟁자를 파악하는 것이다. 경쟁의 정도가 수요와 판매에 영향을 미치기 때문이다. 경쟁이 심하면 경쟁자들 간 가격경쟁이 치열해져 성공의 확률은 낮아진다. 이때 경쟁자라고 해서 반드시 동일업종의 점포들만을 의미하는 것은 아니다. 상권 내 동일한 업태의 점포들 모두가 경쟁자가 된다. 경쟁자의 명성, 이용빈도, 가격, 분위기, 서비스 등을 종합하여 경쟁자가 어느 정도 시장에 침투해 있는지, 어느 정도의 힘이 있는지 조사한다. 경쟁이 치열하면 그 지역에서 보기 힘든 업종 및 업태를 선택하는 것이 유리하다. 그리고 업종 및 업태를 변경할 수 없는 상황이라면 경쟁이 심하지 않은 상권을 선택하는 것이 좋다. 〈표 14-7〉은 입지를 선정할 때 고려할 사항들이다.

〈표 14-8〉과 같이 입지형태는 주거지역, 역세권지역, 오피스지역 등 여러 가지가 있다. 간혹 큰 규모의 레스토랑들은 독립입지를 선택하기도 한다. 독립입지는 큰 가시성, 낮은 임대료, 넓은 주차공간, 직접적 경쟁자의 부재, 고객을 위한 보다 큰 편의성, 간판, 영업시간, 확장의 용이성 등의 장점이 있다. 반면 다른 점포들과의 시너지가 없다는 단점이 있다. 독립입지의 경우 고객은 오직 그곳만을 생각하고 방문한다. 따라서 독립입지

에 위치한 레스토랑은 고객을 유인하기 위해 상품, 가격, 판촉 또는 서비스에서 특별한 것을 제공해야 한다.

| 표 14-7 | 입지선정 시 고려사항

- 접근 용이성
- 통행차량과 유동인구
- 주차시설
- 임대료 지불능력
- 지형과 지세
- 규모 · 외관 · 간판 등의 가시성
- 경쟁자와의 거리
- 제한 법률 및 법령
- 임차조건
- 선정된 장소의 역사

| 표 14-8 | 입지형태

입지형태	특징
주거지역	주거목적으로 형성된 지역으로 최근에는 대단위 아파트단지를 중심으로 패밀리 레스토랑, 배달전문점 등의 레스토랑들이 입지함
역세권	철도 · 전철역을 중심으로 형성된 입지로 유동인구가 많아 패스트푸드 레스토랑들이 입지함
도심지역	도시의 중심으로서 유행에 민감하고 집객력이 시설형태에 따라 이동하는 경향이 높은 지역으로 커피전문점, 패스트푸드점 등이 입지함
오피스지역	사무실 밀집지역으로 도심공동화현상이 심하여 점심시간에는 고객이 집중되지만, 저녁시간대의 고객이 문제이며, 직장인 대상의 레스토랑들이 입지함
교외지역	주말의 가족고객이나 드라이브를 즐기는 사람을 타깃으로 지역의 자연적 특성을 살린 레스토랑들이 입지함
학교지역	학교나 학원가 주변지역으로 10대 후반 또는 20대 초반 신세대들의 이동이 많은 지역으로 피자 · 햄버거 등의 패스트푸드점과 스파게티, 커피전문점 등이 입지함
유흥지역	유흥가가 밀집된 지역으로 심야고객 또는 술해독을 위한 레스토랑들이 입지함
백화점지역	백화점 내 또는 주변의 지역으로서 쇼핑을 하러 온 가족 또는 주부들을 대상으로 패밀리 레스토랑과 커피숍 등이 많이 입지함

6. 시설계획

고객을 디자인만으로 불러들일 수는 없다. 시설계획에서 잊지 말아야 할 것은 레스토랑은 비즈니스 장소라는 사실이다. 이러한 개념이 없으면 과다투자를 하거나 업종 및 업태에 맞지 않는 점포가 만들어지기 쉽다.

1) 설계와 시공

(1) 시공업자 선택

시공업자는 신중하게 선택해야 한다. 간혹 설계 및 시공업자와 연계가 없어 제대로 검토도 하지 못하고 잘못 의뢰하여 실패하기도 한다. 시공업자를 선택할 때 중요한 것은 레스토랑 전문시공업자인지의 여부이다. 비슷해 보이는 시공업자라도 전문분야는 각기 다르다. 내 · 외장 디자인뿐이라면 전문시공업자가 아니라도 가능하지만 업종 및 업태에 어울리는 점포를 만들기는 쉽지 않다. 예를 들면, 테이블이나 의자의 폭이나 높이에 따라 고객이 느끼는 안락함에도 많은 차이가 있기 때문이다.

주방기기는 가격이 비싼 만큼 최소한으로 최대의 기능을 발휘할 수 있는 주방을 만들어야 하기 때문에 시공업자의 선택은 중요하다. 시공업자의 전문성을 알기 위해서는 지금까지 공사를 했던 점포들을 자신의 눈으로 직접 확인하는 것이다. 가능하면 몇 군데 업자들로부터 견적서를 받아서 내용을 비교 · 검토하는 것도 좋다. 수량, 종류, 가격 등이 명시되지 않거나 필요한 항목이 빠져 있는 견적서는 안심하고 맡길 수 없다. 설계업자와 시공업자와의 협의에서는 레스토랑의 콘셉트와 이미지를 정확하게 전달하는 것이 중요하므로 반드시 배치도를 받아 이미지를 확인하도록 한다.

(2) 공사계약

점포의 내장공사에서 예기치 못한 문제가 종종 발생한다. 그중에서도 가장 많이 발생하는 문제는 추가공사 등에 따른 별도 청구와 완공일 지연이다. 별도 청구도 문제이지만 완공일이 지연되는 경우 개점계획 그 자체가 무산되어 버리기 때문에 큰 장해가 된다. 냉 · 난방 또는 배기가 되지 않아서 발생하는 문제도 적지 않다. 이러한 문제들은 대부분

계약서를 세심하게 작성해 두면 어느 정도 방지할 수 있다. 창업을 처음 해보기 때문에 시공업자에게 모두 맡기는 경우가 많은데, 자칫 중요한 출발점에서 철저하지 못하면 사업이 어려워질 수 있다.

공사계약서는 일반적으로 시공업자가 준비하지만 그 서식대로 작성하면 된다는 것은 아니다. 계약서에서 중요한 것은 공사와 관련하여 발생할지 모르는 문제의 근원이 되는 사항에 관한 특기사항이다. 예를 들면, 계약금액을 초과하지 않을 것, 공사 중에 선반이 모자라는 등의 합리적인 문제가 발생하는 경우 무한으로 설계를 변경할 것, 인도일보다 늦어졌을 경우 그 늦어진 일수만큼 영업보상을 해줄 것 등이 공사계약서에 명시해야 할 최소한의 특기사항이다. 이러한 문제들이 발생하지 않도록 하기 위해서는 견적서와 도면을 신중하게 검토해야 한다. 계약할 때 구두로 계약한 내용은 믿을 것이 못되기 때문에 계약서에는 공사가 늦어지거나 보수공사의 필요성이 발생한 경우의 대처방법도 명시해 놓도록 한다.

2) 점포 레이아웃

(1) 전방부서와 후방부서

점포는 크게 전방부서와 후방부서로 구분하여 계획한다. 점포 레이아웃(layout)은 크게 전방부서(FOH: Front Of the House)와 후방부서(BOH: Back Of the House)로 구분하며, 각각의 공간 배분 및 타당성을 따져 계획한다. 전방부서는 고객이 식사를 하고 인테리어, 소품 등을 경험하는 구역으로 점포의 얼굴로 불리는 영업장(dining area)이 핵심공간이다. 후방부서는 주방, 저장고 등이 있는 구역으로 주방(kitchen)이 핵심공간이다.

전방부서의 영업장은 주로 음식을 제공하기 위한 공간이므로 타깃고객에 부합하는 시설로 계획한다. 보통 전방부서를 우선하여 설계하는 일이 많고 남은 공간에 후방부서인 주방을 계획하는 것이 일반화되어 있다. 하지만 좁은 공간에 주방이 위치하면 통로가 좁고 업무가 복잡해져, 결국에는 음식을 제공하는 시간이 늘어나 직원은 물론 고객으로부터 불평불만이 생길 수 있다. 최근 음식을 조리하는 과정을 보면서 식사를 즐기는 것이 중요한 식사경험으로 인식되면서 개방형 주방(open kitchen)이 확대되고 있는 추세이다.

(2) 영업장

영업장은 고객에게 음식을 서비스하는 공간이다. 무엇보다 타깃고객에 부합하는 시설로 계획한다. 기본적으로 편안한 분위기가 가장 중요하다. 그렇다고 특별히 고급스럽게 하라는 의미는 아니다. 업종 및 업태에 어울리는 의자와 테이블의 넓이, 높이, 재질 등을 배려하는 것으로 충분하다. 중요한 것은 그곳에 앉아 편안한 시간을 보낼 수 있도록 하는 것이다. 분위기에 따라서는 계절감을 연출하기 위해 창이나 벽을 꽃으로 장식할 수 있는 공간도 필요하다.

고객수를 증가시키기 위해서는 한 좌석이라도 더 확보하는 것이 도움이 된다. 그러나 좌석수를 많이 확보했다고 해서 무조건 좋은 것은 아니다. 좌석은 채워져야 의미가 있다. 고객이 이용하지 않는 좌석은 쓸모 없는 좌석이 되고 만다. 영업장을 레이아웃할 때 필요한 좌석수를 확보하도록 한다. 필요한 좌석이란 목표로 하는 매출액을 달성하기 위해 필요한 좌석수를 말한다. 예를 들어, 40석을 확보했다고 하더라도 10석이 쓸모 없는 좌석이라면 실질적으로는 30석이 된다. 이런 경우 처음부터 30석을 레이아웃하는 것에 비해 효율성이 떨어지는 의미 없는 좌석수가 되어 버린다.

〈표 14-9〉는 업태별 좌석공간 및 회전율을 나타낸다. 좌석수는 업태에 따라 다르지만, 보통 좌석당 1~1.5m^2를 계획한다. 레스토랑은 보통 4인용 테이블을 기본으로 운영하고 있다. 소규모 레스토랑에서는 개방형 주방 주변으로 카운터 좌석을 배치하면 몇 개의 좌석을 더 확보할 수 있다.

표 14-9 | 영업장 좌석공간과 회전율

레스토랑	영업장 좌석당 점유공간(m^2)	시간당 좌석회전율
상업적 카페테리아	1.2~1.7	1.5~2.5
카운터서비스와 테이블서비스의 커피숍	1.4~1.6	2~3
최고급 레스토랑	1.4~1.9	0.5~1.25
캐주얼 다이닝, 패밀리 레스토랑	1.0~1.3	1~2.5
패스트 캐주얼	0.9~1.1	1.75~3.0
디너 하우스	1.4~1.6	1.23~1.75

자료: John R. Walker(2018), *Restaurant Concepts, Management, and Operations*, Wiley.

(3) 주방

점포를 설계할 때 주방을 첫 번째로 생각하는 것은 기본이다. 영업장도 중요하지만 레스토랑의 심장은 주방이다. 주방의 기능이 효율적이지 못하면 음식제공에 지장을 초래하고 결국 고객의 지지를 얻지 못한다. 주방 레이아웃은 일단 공사가 종료되고 주방설비와 주방기기를 설치하고 나면 현실적으로 변경하기가 어렵다. 따라서 설계단계에서부터 신중하게 검토해야 한다.

① 주방면적과 위치

주방설계는 고객을 맞이하는 것에서부터 음식을 제공할 때까지 일련의 작업흐름을 검토하여 결정한다. 그러나 일정한 규격과 형태가 공식화되어 있지 않고 업종 및 업태, 규모, 메뉴, 조리법, 서비스방법, 가격, 음식제공에 필요한 시간 등에 따라 모두 다르다. 이것은 마치 패션 디자이너가 옷감으로 자신 또는 고객이 원하는 완성품을 만드는 과정과 똑같다. 주방은 보통 전체 면적의 30~40%가 적당하지만 메뉴의 수나 조리방법, 식재료의 배송 사이클, 냉장 · 냉동의 보존상황, 또는 업종 및 업태에 따라 달라진다. 주방위치는 식재료 출입이 쉽고 환기, 배연 등의 설비가 가능하고 영업장에 근접해 있는 곳으로 법규를 만족시키는 곳이어야 한다.

② 작업동선

음식을 생산하는 공간에서 조리직원의 효율적인 작업동선(work flow)의 확보는 중요하다. 주방은 혼자가 아니라 여러 직원이 동시에 작업하는 장소이기 때문이다. 조리는 여러 작업공정으로 구성되어 있고 순차적으로 진행되어야 하기 때문에, 서로의 동작이 방해되지 않아야 하고 작업효율을 높일 수 있도록 설계한다.

작업동선은 가능한 한 짧은 것이 이상적이다. 동선이 짧으면 인건비 절감은 물론 작업효율이 높아지고 육체적 피로가 줄어든다. 장비를 설치할 곳, 때로는 독립성이 보장되어야 할 곳, 저장시설의 높이와 넓이, 조리작업대의 형태와 크기, 높이, 그리고 조명의 적절한 배치는 안전한 작업공간 확보는 물론, 생산흐름을 유연하게 유도한다.

③ 기계화

주방의 기계화(mechanization)는 공간을 절약할 수 있고 효율적 생산을 가능하게 한다. 또한 아르바이트나 파트타임직원으로도 생산을 가능하게 하여 인건비를 절감하는 경제적 효과를 얻을 수 있다. 외식산업이 노동집약적 산업에서 점차 기술집약적 산업으로 변화하고 있는 상황에서 주방의 기계화는 점진적으로 고려해야 할 사항이다.

로봇으로 주방의 단순노동인력을 대체하면 인건비를 줄여 메뉴원가를 낮출 수 있다.

3) 간판

한 사람이라도 더 레스토랑의 존재를 알리는 것은 당연한 노력이다. 간판(signboard)은 레스토랑과 고객을 접촉시키고 레스토랑의 존재를 알리는 중요한 역할을 한다. 통행자는 간판을 보고 비로소 레스토랑의 존재를 알게 된다. 간판이 눈에 띄지 않으면 레스토랑은 없는 것이나 마찬가지이다. 간판은 고객이 그 레스토랑에서 무엇을 판매하는지 알 수 있도록 충분하게 정보를 전달할 수 있어야 한다.

어떻게 하든 사람 눈에 띄어야 하기 때문에 간판에 대한 투자를 아껴서는 안 된다. 간판에서 중요한 것은 위치이다. 멀리서도 여러 사람의 눈에 잘 띄어야 하고, 여러 시각에서도 잘 보여야 방문할 마음이 생기기 때문이다. 레스토랑이 1층 노면에 위치해 있더라도 작을 경우 건물 사이의 공간이 좁기 때문에 간판의 위치가 나쁘면 고객이 지나칠 가능성이 크다. 물론 2층이나 지하인 경우는 더욱 불리해진다.

4) 외관

간판으로 레스토랑의 존재를 알았다 해도 반드시 고객으로 연결되는 것은 아니다. 처음 레스토랑을 방문하면 누구나 심리적으로 불안하기 마련이다. 다른 레스토랑과 어떻게 다른지 느낌은 좋은지 등 판단이 쉽지 않다. 이러한 상황에서 통행자의 마음을 유혹하는 것이 레스토랑의 외관(exterior)이다. 외관의 기능은 [그림 14-3]과 같다. 외관은 간판으로는 전할 수 없는 레스토랑의 이미지, 메뉴, 서비스 등 업태를 알기 쉽게 표현해 주고 레스토랑에 대한 신뢰와 구매심리를 자극하여 방문율을 높이는 데 기여한다.

그림 14-3 | 레스토랑 외관의 기능

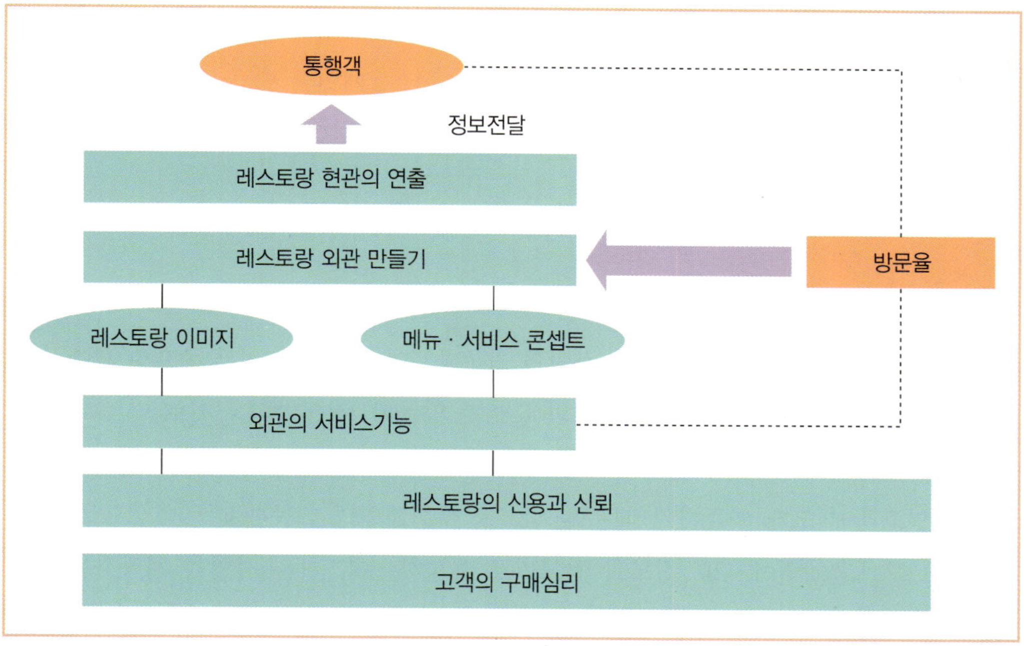

7. 판매촉진활동

촉진(promotion)활동에 관련해서는 '제9장'에서 설명한 바 있다. 촉진활동은 신규고객을 개척하고 다시 방문하도록 유도하여 고정고객화하려는 노력이다. 고객의 외식동기와 목적은 각기 다르기 때문에 그에 상응하는 촉진활동이 필요하다. 점포 내 촉진활동과 점포외 촉진활동으로 구분되는데, 어떤 방법이든 고객이 계속 레스토랑을 찾을 수 있도록 목표시장에 맞는 방법을 선택한다.

1) 점포 내 촉진활동

방문한 고객에 대해 적극적으로 상품을 추천하여 매출을 높이는 것과 동시에 고객정보를 수집하고 이벤트 등을 알려 고객수를 증가시키기 위한 활동이다. 보통 1년 동안 촉진활동을 전혀 하지 않으면, 고객은 3% 정도 오지 않게 되고 감소한다고 한다. 그 상태에서 신규고객이 늘어나면 현상유지가 되겠지만, 다시 고객을 늘리려면 많은 노력이 필요하다. 특히 고정고객에게 의존하고 있는 점포의 경우 신규고객의 개척을 소홀히 할 수 없다. 가격할인, 쿠폰, 회원제 카드, 무료시식, 샘플, 테이블 텐트 카드, 메뉴POP 등의 판매촉진수단과 서비스기술을 통한 인적판매, 점포의 청결 및 위생도 적절하게 활용된다.

2) 점포 외 촉진활동

레스토랑을 고객에게 알리는 것은 창업의 최종단계인 판매를 늘리는 중요한 활동이다. 레스토랑을 널리 알리는 방법에는 광고와 홍보가 있는데, 접근방식은 서로 다르다. 광고는 대중매체를 돈으로 사서 원하는 내용을 고객에게 알리는 활동이다. 대부분의 레스토랑은 지역고객에 크게 의존하기 때문에 광고는 주변지역의 대중매체를 대상으로 한다. 일반적으로 매출액의 1~2% 정도를 광고비로 예상하는데, 처음 사업을 시작하는 경우 신규고객을 확보할 목적으로 5% 정도를 예상한다.

광고효과를 측정하는 것은 어렵지만 촉진활동에서는 빠질 수 없는 활동이다. 반면 홍보는 점포, 제품과 서비스, 직원 등에 관련된 긍정적인 사실을 비용을 들이지 않고 대중매체나 소비자들의 입소문을 통해 알리는 활동이다. 예를 들어, 유명한 조리사를 채용한다는 사실을 미디어 기사를 통해 알리는 것이다. 홍보는 광고와 그 외의 촉진활동을 지원하여 점포에 대한 우호적인 이미지를 창출하는 데 도움을 준다.

8. 매출과 손익분기점분석

1) 매출

매출은 '고객수×객단가'로 결정된다. 매출이 증가했더라도 그 결과가 단순히 객단가만의 상승으로 인한 결과여서는 안 된다. 매출을 높이는 기본적인 노력은 꾸준히 고객수를 늘리면서 객단가를 더하는 것이 이상적이다.

그림 14-4 | 매출을 결정하는 요소

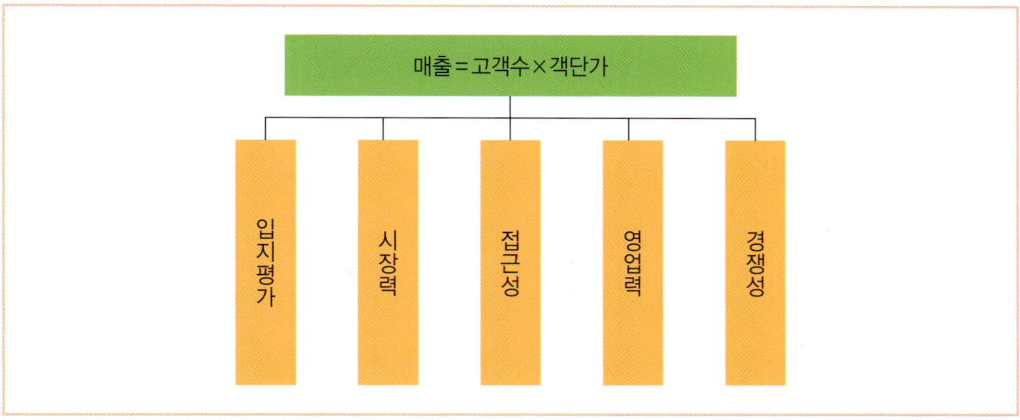

(1) 고객수

고객수는 좌석수와 좌석회전율(seat turnover rate)로 결정된다. 즉 '고객수=좌석수×좌석회전율'이다. 일반적으로 좌석수는 점포 레이아웃에 따라 결정되기 때문에 시간대가 바뀐다고 해서 변하지 않는다. 따라서 고객수 관리의 핵심은 좌석회전율에 달려 있다.

좌석회전율은 운영의 효율성과 높은 상관관계가 있다. 줄 서는 레스토랑은 가능한 한 빠른 좌석회전율에 관심을 가진다.

좌석회전율은 하루의 영업 중 좌석 1개에 대한 고객의 이용횟수를 말한다. '죄석회전율=1일 총고객수÷좌석수'로 나타낸다. 좌석회전율은 레스토랑의 인기를 나타내 주는 척도로 회전율이 높으면 판매가 잘 되고 있음을 의미한다. 좌석 1개에 대한 고객의 이용횟수를 높임으로써 매출이 증가하게 된다.

좌석회전율은 고객이 대기 중일 때와 그렇지 않을 때에 따라 전략이 달라진다. 대기 중일 때는 좌석으로 안내하는 서비스스킬, 메뉴의 단순화, 빠른 음식제공, 고객의 체류시간 개선 등이 중요한 과제가 된다. 그렇지 않을 때는 외부에서의 판매촉진, 한가한 시간대의 가격인하 등이 중요한 과제가 된다.

(2) 객단가

객단가(average check)는 고객 1인당 소비하는 금액을 말한다. 객단가의 높고 낮음에 따라 매출은 달라지지만 객단가는 고객에게 합리적으로 받아들여질 수 있는 가격정책에 따를 수밖에 없다. 객단가를 높이기 위해서는 식사 전에 애피타이저나 음료, 와인 등을, 식사 후에는 디저트를 고객에게 권유하는 방법이 있다. 단품메뉴를 세트메뉴로 구성하는 메뉴믹스전략도 좋은 방법이다. 객단가는 합리성이 약하기 때문에 매출을 높이기 위해서는 고객을 늘리고 좌석회전율을 높이는 것이 원칙이다.

2) 손익분기점분석

손익분기점분석에 대해서는 '제12장 원가관리와 재무분석'에서 설명한 바 있다. 창업을 계획하는 데 있어 어느 시점에서 이익이 발생하는가를 예측하는 것은 중요하다. 가끔 이익이 나오는 것이 아니라 어떻게 하여 이익을 확보할까 하는 차원에서 매출계획을 세워야 하며, 그 기본이 되는 것이 손익분기점분석이다.

손익분기점은 매출액과 총비용이 같아지는 점, 즉 순이익이 0이 되는 점을 말한다. 순이익을 올리기 위해 요구되는 예상판매량을 파악하는 데 이용된다. 즉 메뉴판매에 따른 이익과 손실규모를 명확히 분석함으로써 목표로 하는 판매량과 판매가격을 합리적으로 결정할 수 있도록 하고, 또한 신메뉴를 판매하기에 앞서 그에 따른 영업이익을 예측할 수 있게 한다.

손익분기점 매출액과 손익분기점 고객수를 다음과 같은 식으로 나타낼 수 있다.

$$\text{손익분기점 매출액} = \frac{\text{고정비}}{1 - \frac{\text{변동비}}{\text{매출액}}}$$

$$\text{손익분기점 고객수} = \frac{\text{고정비}}{\text{고객 1명당 한계이익}}$$

예를 들어, 매출액이 1억 원, 변동비가 6,000만 원, 고정비가 3,000만 원일 때 손익분기점 매출액은 30,000,000/(1−60,000,000/100,000,000)=75,000,000원이 된다.

9. 고객 만들기

레스토랑의 경영목표는 판매하는 제품과 서비스에 만족하는 고객을 많이 확보하는 것이다. 그리고 사업의 안정적인 성장을 유지하기 위해서는 지속적으로 고정고객을 만들어 나가야 한다.

1) 고객의 유형

고객은 제품이나 서비스를 구매, 사용, 소비하는 주체를 말한다. 영업활동의 결과에 따라 고정고객, 로스트고객, 슬립고객, 미방문고객으로 구분된다.

(1) 고정고객

월 1회든 2회든 정기적으로 방문하는 사람이다.

(2) 로스트(lost)고객

과거에 1~2회 방문했지만 그 후 전혀 방문하지 않는 사람이다. 로스트고객에는 회사의 이직 등으로 떠난 사람도 있을 것이고, 서비스 실수에 의해 오지 않는 사람도 있을 것이다.

(3) 슬립(sleep)고객

로스트고객과 마찬가지로 과거에 방문한 적은 있으나, 잊고 있든지 아니면 레스토랑의 적극적인 유인이 없어서 왠지 발걸음이 멀어진 사람이다.

(4) 미방문고객

레스토랑이 목표로 하는 고객이지만 한번도 방문한 적이 없는 다른 레스토랑의 이용고객이다. 미방문고객은 레스토랑에 대해 전혀 모르고 있거나 또는 완전히 상권 외의 고객이지만 이들도 잠재고객으로서 고객관리대상이 된다.

2) 고객 만들기단계

과거에는 고객을 확보하고 만족시키기 위해 제품과 서비스에 중심을 두고 많은 노력을 기울였다. 그러나 인터넷과 정보기술이 발전함에 따라 고객 만들기가 효율적 운영방식으로 바뀌고 있다. 고객 만들기는 고객을 발견하고 육성하는 단계로 진행된다.

(1) 고객발견

고객발견은 판촉활동에 의해 레스토랑을 경험한 고객을 만들어내는 것, 즉 신규고객을 개발하는 것이다. 그러나 사실 고객 만들기는 고객을 발견하기 이전에 레스토랑의 존재를 인식하고 있는 사람들로부터 시작된다. 따라서 레스토랑의 존재를 인식하고 있는 사람의 층을 두텁게 만드는 것이 중요하다. 모호한 판촉활동으로 신규고객을 개발하려고 해서는 안 된다. 레스토랑의 존재를 인지하고 있는 타깃고객의 라이프스타일에 맞춰 대응전략을 수립하고 판촉활동을 하는 것이 효과적이다.

(2) 고객육성

고객육성은 발견한 고객들 중에서 계속적으로 방문하는 고객을 육성하는 것, 즉 고정고객을 많이 확보하는 것이다. 한번 시험 삼아 방문했던 고객이 몇 번 방문하는가에 따라 고정고객이 된다. 고정고객이 되기 위해서는 시간이 필요하다. 한 사람 한 사람에 대해 충분히 만족을 주는 반복적인 활동에 의해서 고정고객이 늘어난다. 어제의 고정고객이 오늘도 고정고객이 될 것이라는 보장이 없으므로 고정고객의 이탈과 노령화에 주의를 기울이고 고객의 욕구에 부응하고 있는지 확인해야 한다.

신규고객과 고정고객에 의해 매출이 창출된다. 그러나 사실 신규고객을 끌어들이기 위한 비용이 고정고객을 확보하고 유지하기 위한 비용보다 훨씬 더 많이 소요된다. 따라서 경험했던 고객을 계속해서 방문하도록 하고 유지하는 것이 효과적이다. 고객정보를 효율적으로 관리하고 판촉활동에 연결하는 노하우를 개발해야 안정적인 성장을 위한 고정고객이 만들어진다. 각자 나름의 고객관계관리시스템을 구축하여 운영하고 있지만 중요한 것은 고객변화에 맞춰 끊임없이 변화하며 성장한다는 인식을 가지는 것이다.

토 의 문 제

01 외식사업을 하려는 가장 큰 이유는 재정적 보상 때문일 것이다. 그러나 과거와 달리 최근에는 자신만의 독립적인 세계를 구축하고 싶다는 등 창업 및 투자 동기가 다양해지고 있다. 만일 당신이 외식사업을 창업한다고 하면 어떤 동기 때문인지 설명하시오.

02 사업에 성공할 확률이 높은 사람의 특성을 이해하는 것은 중요하다. 기업가로서 성공하기 위해서는 기업가정신을 필요로 한다. 외식사업에 성공한 기업가들의 개인적 특성에 대해 조사하고 토의하시오.

03 프랜차이즈, 기존 사업 인수, 새로운 사업 시작 등 외식사업을 시작할 때 선택할 수 있는 사업형태는 여러 가지가 있다. 프랜차이즈를 통한 창업의 장점 및 단점에 대해 토의하시오.

04 많은 사람이 외식사업 창업에 도전하고 있지만 성공하는 사람보다 실패하는 사람이 더 많은 것이 현실이다. 몇몇 국내 · 외적으로 성공한 외식기업의 성공요인을 조사하고 토의하시오.

05 고객을 유혹하는 것은 업종, 즉 상품이 아니라 콘셉트이다. 콘셉트를 명확하게 하는 것에 의해 타깃마켓, 가격설정, 주력메뉴, 서비스방법 등의 판매방침이 결정된다. 커피전문점을 창업한다고 가정할 때 자신만의 차별화된 콘셉트를 개발하고, 토의하시오.

06 인터넷과 정보통신의 발달로 외식사업에서의 전통적인 입지조건이 크게 변하고 있다. 또한 최근의 코로나19 팬데믹으로 비대면 판매가 활성화되면서 외식사업의 입지조건에 대한 시각이 크게 바뀌었다. 향후 변화가 예측되는 외식사업 입지조건에 대해 토의하시오.

07 사업계획서는 앞으로 어떻게 사업을 경영하겠다는 청사진으로 잠재적인 위험을 포착하는데 도움을 준다. 커피전문점을 창업한다고 가정하고 사업계획서를 작성해 보시오.

08 고객 만들기의 시작은 레스토랑의 존재를 인식하고 있는 사람으로부터 시작된다. 이후 고객을 발견하고 육성하는 단계로 진행되며, 고정고객을 확보하고 유지하는 것을 목표로 한다. 고객 만들기에서 고려해야 할 사항에 대해 토의하시오.

참고문헌

- 박기용(2009), "외식산업의 기업가 정신이 성과에 미치는 영향," 한국조리학회지, Vol.15(3), pp.153-165.
- 박기용(2011), "외식산업의 기업가 정신과 환경요인 및 성과 간의 관련성에 관한 연구," 관광레저연구, Vol.23(1), pp.279-298.
- 박기용(2018), 외식산업경영학, 대왕사.
- 오세조 외 역(2011), 소매경영, 한올.
- 이훈영 · 박기용(2018), 외식산업 마케팅, 도서출판 청람.
- Howard Schultz and Dori Jones Yang(1999), *Pour Your Heart Into It: How Starbucks Built a Company One Cup at a Time*, Hachette Books.
- John R. Walker(2018), *Restaurant Concepts, Management, and Operations*, Wiley.

Chapter 15

프랜차이징

도입사례

"작게 시작하여 크게 성공하라" Subway

학자금 마련 위해 레스토랑 시작

Subway 창업자 프레드 델루카(Fred Deluca)는 고등학교를 졸업한 후 시간당 1달러 25센트

Subway는 세계에서 가장 성공한 레스토랑 프랜차이즈로 평가받고 있다.

를 받는 철물점 점원으로 취직했다. 그러나 이곳에서 일해서는 의대에 진학할 학자금 마련이 어렵다고 생각했다. 델루카는 이웃집 아저씨 피트 벅(Pete Buck) 박사에게 돈 버는 방법을 물어보았고, 그로부터 샌드위치 가게를 해보라는 의외의 제안을 받았다. 피트는 델루카에게 1,000달러 수표를 빌려주었고, 그렇게 Subway 왕국이 시작되었다.

1965년 코넷티컷주 브리지포트(Bridgeport)에 '피트의 슈퍼 잠수함 샌드위치(Pete's Super Submarines Sandwich)'라는 이름의 점포를 열었다. 첫날 321개의 샌드위치를 팔았다. 화려한 성공이었지만 오래가지는 못했다. 매출은 올라가는데 돈이 모이지 않았다. 석 달 만에 돈을 다 날리고 두 번의 실패를 했지만 다시 도전하기로 했다. 길고 복잡한 상호를 Subway로 단순화했다. 간판도 별로 눈에 띄지 않는 초록색에서 강

| 학습목표 |

1. 프랜차이즈시스템의 구조와 성립요건을 통해 프랜차이즈사업을 이해한다.
2. 프랜차이즈의 성격을 이해하고, 프랜차이즈의 장점과 단점을 가맹본부와 가맹점 각각의 관점에서 이해한다.
3. 프랜차이즈사업의 공정한 질서확립을 위해 제정된 가맹사업법의 구성과 주요 내용을 이해한다.
4. 프랜차이즈 개발과정을 살펴보고, 프랜차이즈의 성공요인과 가격정책을 이해한다.
5. 가맹본부 수익창출에 중요한 자산이 되는 가맹점 개발에 관련된 중요한 내용을 이해한다.
6. 프랜차이즈기업의 글로벌화 의미를 살펴보고, 해외진출과정과 진입방식을 이해한다.
7. 국내시장과는 다른 해외시장에서의 프랜차이즈 운영과 전략을 이해한다.

렬한 노란색으로 바꿨다. 잠수함 모양의 빵에 햄이나 칠면조 고기 외에 각종 채소와 양념 등을 고루 넣고 주문형태도 변경하였다. 그 당시 업계 선두였던 McDonald's는 맛과 편리함을 앞세웠지만 Subway는 재료의 신선함과 건강함을 모토로 삼았다. 아이디어가 적중해 그 해에 당시로는 거액인 7,000달러를 벌었다.

프랜차이즈의 도입

창업한 지 8년째 되는 해, 직영 점포수가 16개로 늘었지만 10년 안에 32개의 점포를 내겠다고 했던 목표의 절반에 그치고 있었다. 사업확대를 위해 McDonald's가 도입해 발전시킨 프랜차이즈를 이용하였다. 코네티컷주에 프랜차이즈 광고를 했다. Subway라는 이름을 사용할 권리와 교육비용만을 포함해 초기 투자비용을 1,000달러로 정했다. 나머지 재료비, 간판 등 내·외부 장식은 가맹점주가 부담하고, 매출의 8% 로열티를 본사에 내면 끝이었다. 입소문이 났고 뉴욕주, 메인주 등에서 가맹점 신청이 밀려들었다. 광고 2년 만인 1978년에 100개 점포, 미국 서부지역을 포함해 1984년 중동 바레인에 해외 첫 매장을 비롯해 캐나다, 하와이에도 진출하였으며, 1987년 1,000호 점포를 달성했다.

끊임없는 개선

1990년대 초반 McDonald's, Burger King, Pizza Hut 등과의 경쟁이 치열해지자 새로운 전략이 필요했다. 이전 입지들과 다른 대학, 편의점, 병원, 버스터미널, 기차역, 컨벤션센터 등의 장소에 주목했다. 주고객층인 젊은 독신 남성에게서 벗어나 어린이에게도 주목했다. 어린이 메뉴를 만들어 학교 매장에도 진출했다. 무슬림, 힌두교도, 유대인 등을 위해 소, 돼지고기 등을 사용하지 않는 매장도 열었다. 이런 전략으로 1992년 일본, 사우디아라비아에 매장을 열었고,

1996년 콜롬비아, 덴마크, 과테말라, 쿠웨이트, 남아공, 터키까지 진출했다. 2004년 대형할인점 Walmart에 매장을 열자 McDonald's 점포 수를 웃돌기 시작했다. 전 세계 111개국에 4만 4,000여 개의 점포를 열었다. 이는 경쟁상대인 McDonald's 3만 6,000점, KFC 1만 8,000점을 크게 웃도는 숫자이다.

빠른 성장의 이유

Subway가 McDonald's나 KFC보다 늦은 1974년에 프랜차이즈를 시작했지만 가장 많은 점포를 가질 수 있었던 비결은 무엇일까? 우선 창업비용이 다른 경쟁업체보다 싸다. 10평 정도의 매장과 1억 원 정도의 초기비용만으로 가능하다. 점포를 낼 때 전통적으로 명당인 곳은 물론이고, 남이 쳐다보지 않지만 독특한 자리에는 꼭 입점하였다.

경쟁업체에 비해 입지선정에 대한 제약이 적고, 개점 및 운영비용이 적게 들어 가맹점 모집도 수월했다. 주문은 아무리 바쁜 시간이라도 직원 두 사람이 감당할 수 있도록 훈련했다. 모든 재료를 기름에 튀기지 않기 때문에 주방에 복잡한 설비가 필요하지 않았다. 그래서 음식을 만들 때 노동력이 적게 든다.

자료: M이코노미뉴스, 2021.11.12.

복잡성을 체계화하는 힘

Subway는 "세상에서 가장 건강한 패스트푸드를 만들자"는 슬로건으로 '건강과 선택'을 마케팅의 주요 요소로 하고 있다. 빵과 속 재료를 투명한 진열장 안에 들여놓고, 고객들이 신선도를 직접 확인할 수 있게 했다. 빵과 소스는 어떤 것으로 할지, 양상추, 할라피뇨 등 15가지 종류의 채소는 어떻게 할 것인지, 하나하나 모두 고객이 결정하는 방식을 택하고 있다. 자신의 기호나 니즈에 따라 구체적으로 주문하면 대략 200만 종류의 메뉴 조합이 이론적으로 계산된다. 관리하기가 무척 어렵지만, 복잡성을 체계화하는 힘이 Subway를 건강 패스트푸드 글로벌 프랜차이즈로 성장시킨 요인이다. 프레드 델루카는 샌드위치를 만들어 본 일도 없이 샌드위치 레스토랑을 시작했지만 실패에서 배우며 세계적인 기업인이 되었다.

Subway는 웰빙 건강식이라고 할 수 있는 새로운 형태의 건강 샌드위치를 표방한다.

오늘날 글로벌 외식기업으로 성장한 McDonald's, Subway, EDIYA 등도 처음에는 동네의 작은 레스토랑이나 커피전문점에서 시작하였다. 그러다 고객이 늘고 입소문이 나자 프랜차이즈를 통해 사업을 확대하는 데 성공하였다. 그러나 오랫동안 레스토랑을 운영했더라도 프랜차이즈를 전개하기 위해서는 많은 준비와 시간이 필요하다. 그럼에도 간혹 외관상 보이는 성공적인 매력에만 관심을 가지고 뛰어들어 실패하기도 한다. 프랜차이즈를 성공적으로 운영하기 위해서는 프랜차이즈의 원리와 특성, 그리고 그 시스템에서 작용하는 여러 기능들에 대해 잘 알고 있어야 한다.

본 장에서는 사업을 확장하는 데 있어 최적의 비즈니스모델로 인정받고 있는 프랜차이즈에 대해 살펴보고자 한다. 프랜차이즈의 개념과 성립요건, 프랜차이즈의 특성, 장점과 단점에 대해 살펴본다. 가맹사업법의 구성과 내용에 대해 살펴보고, 프랜차이즈의 성공요인과 가격정책, 가맹점 개발에 대해 살펴본다. 그리고 프랜차이즈의 해외시장 진입방식과 운영에 대해서도 살펴본다.

15-1 프랜차이즈의 개념

1. 프랜차이즈란?

프랜차이즈(franchise)라는 말은 자유, 면제, 특권이라는 뜻의 라틴어에서 유래되었다. 현대적 의미의 프랜차이즈 개념을 최초로 도입한 기업은 1851년 재봉틀을 제조한 미국의 Singer회사이다. Singer회사는 특정 지역의 대리점에게 자신의 상호가 붙은 간판을 걸고 재봉틀을 독점적으로 판매할 수 있도록 하였다. 부품을 판매하고 수선과 수리를 할 수 있는 권리도 함께 부여하였으며, 그 대가로 수수료(fee)를 받아 사업을 빠르게 확장할 수 있었다. 이러한 사업방식은 현재의 프랜차이즈시스템에 상당히 근접한 것이었다. 오늘날은 세계적으로 프랜차이즈로 사업을 하지 않는 업종이 없을 정도로 거의 모든 산업 분야에 걸쳐 프랜차이즈시스템이 적용되고 있다.

그림 15-1 | 프랜차이즈시스템의 구조

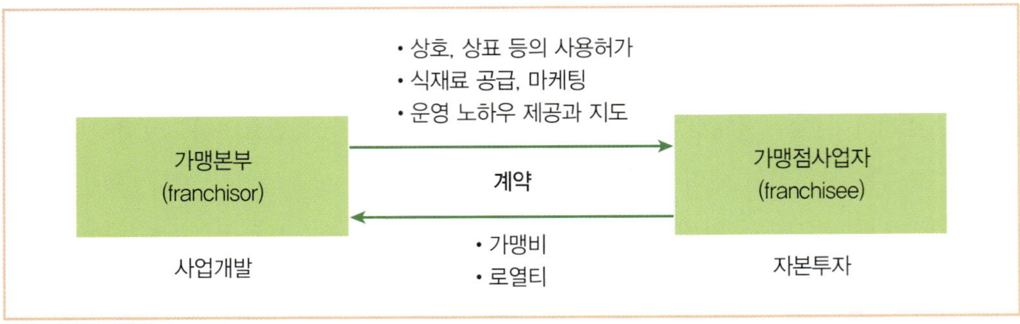

프랜차이즈란 상호, 상표, 특허, 노하우를 가진 가맹본부(franchisor)가 계약을 통해 가맹점사업자(franchisee)에게 상표 사용권과 제품 판매권, 운영 노하우, 기술 등을 제공 및 지원하고, 그 대가로 가맹비와 로열티(royalty)를 받는 계속적인 거래관계로 정의된다. [그림 15-1]은 프랜차이즈시스템의 구조를 보여준다.

가맹사업법에서는 가맹사업을 가맹본부가 가맹점사업자로 하여금 자기의 상표, 서비스표, 상호, 간판, 그 밖의 영업표지를 사용하여 일정한 품질기준이나 영업방식에 따라 상품 또는 용역을 판매하도록 함과 아울러 이에 따른 경영 및 영업활동 등에 대한 지원, 교육과 통제를 하며, 가맹점사업자는 영업표지의 사용과 경영 및 영업활동 등에 대한 지원, 교육의 대가로 가맹금을 지급하는 계속적인 거래관계로 정의하고 있다. 한편 프랜차이징(franchising)은 프랜차이즈, 즉 가맹본부가 가맹점에게 특권을 부여하는 계약관계로 이루어진 사업을 일컫는다. 일반적으로 프랜차이즈와 프랜차이징을 엄격하게 구분하지 않고 혼용해서 사용하고 있다.

프랜차이즈는 외식산업에서 사업확장을 위해 가장 많이 사용하는 경영방식이다.

2. 프랜차이즈의 성립요건

프랜차이즈사업은 프랜차이즈에 대한 올바른 이해로부터 시작한다. 프랜차이즈인지 아닌지는 자세히 살펴보지 않으면 구분하기 어렵다. 프랜차이즈가 아님에도 간혹 프랜차이즈로 잘못 이해하고 있기도 하다. 프랜차이즈가 하나의 사업방식으로 성립하기 위해서는 나름 조건을 갖추어야 한다. 가맹사업법상 가맹사업의 정의에서 도출되는 가맹사업의 성립요건은 〈표 15-1〉과 같다. 성립요건 5가지를 모두 충족해야 가맹사업에 해당된다.

| 표 15-1 | 가맹사업의 성립요건

요건	내용
1. 가맹본부가 가맹점사업자에게 영업표지 사용을 허락	영업표지의 상표 등록 여부와 관계없이 제3자가 독립적으로 인식할 수 있을 정도면 가능
2. 가맹점사업자는 일정한 품질기준이나 영업방식에 따라 상품 또는 용역을 판매	가맹본부가 가맹점사업자의 주된 사업과 무관한 상품 등만 공급하는 경우에는 가맹사업이 아님
3. 가맹본부는 경영 및 영업활동 등에 대한 지원, 교육, 통제를 수행	가맹본부의 영업방침을 따르지 않는 경우 아무런 불이익이 없다면 가맹사업이 아님
4. 영업표지 사용 및 경영·영업활동 등에 대한 지원·교육에 대가로 가맹금 지급	가맹본부가 가맹점사업자에게 도매가격 이상으로 물품을 공급하는 경우도 가맹금 지급에 해당
5. 계속적인 거래관계	일시적 지원만 하는 경우는 가맹사업이 아님

자료: 공정거래위원회, http://franchise.ftc.go.kr.

3. 프랜차이즈의 유형

1) 사업형태에 따른 분류

(1) 제품유통형 프랜차이즈(product distribution franchise)

제조업자 또는 도매업자가 가맹점에게 상호와 함께 자신의 제품을 판매할 수 있는 권리를 부여하는 사업방식이다. 제품을 위주로 판매하는 프랜차이즈형태로 청량음료, 자동차 대리점, 주유소 등에서 찾아볼 수 있다. 예를 들어, Goodyear, CocaCola 등이 대표적이다.

가맹점은 제품에 대한 판매권만을 가진다. 제품을 판매하는 방법이나 내부운영은 가맹점 스스로 알아서 하고, 가맹본부는 단지 본부의 제품 또는 제품이 다른 형태로 바뀌는가에 대한 관리만 한다. 예를 들면, 모델의 전환, 색깔의 변형, 구조물의 변형 등에 대한 관리만 하는 것이다. 기타 광고나 점포운영에 관한 사항은 가맹점이 독자적으로 그 지역과 시장에 맞추어 결정한다.

(2) 사업형 프랜차이즈(business format franchise)

가맹본부가 제품판매와 상호 이용은 물론, 경영에 대한 모든 기법과 지식을 알려주는 사업방식이다. 미국 프랜차이즈산업의 80%가 사업형 프랜차이즈로 운영되고 있을 정도로 가장 대표적인 프랜차이즈형태이다. 호텔, 패스트푸드, 커피전문점, 편의점, 비즈니스서비스 등 거의 모든 산업에 걸쳐 사업형 프랜차이즈가 적용되고 있다.

Costa는 Starbucks에 이어 세계 2위 커피 프랜차이즈로서 사업형 프랜차이즈로 사업을 확대하였다.

가맹본부는 제품판매와 더불어 경영에 대한 전반적인 지침이나 도움을 가맹점에게 제공한다. 반면 가맹점은 상호 이용에 대한 로열티 지불은 물론, 경영 노하우를 제공받는데 따르는 교육훈련, 재료 구매, 가맹본부가 개발한 제품과 기술적인 자문, 광고 및 홍보 등에 관련된 비용을 가맹본부에게 지불한다.

(3) 전환형 프랜차이즈(conversion franchise)

특정한 가맹본부가 기존에 독립적으로 운영하고 있는 동일 업종의 점포들을 자신의 상표 및 상호, 시스템 아래에 두는 사업방식이다. 즉 독자적으로 운영하고 있는 독립사업자들이 특정한 프랜차이즈조직에 참여하여 가맹본부의 브랜드 명성, 운영 노하우, 마케팅 등의 도움을 받아 사업을 영위하는 프랜차이즈형태이다. 부동산 브로커, 꽃집, 집 수선, 배관, 전기 등의 업종에서 독자적으로 운영하고 있는 사업자들이 전환 프랜차이즈를 많이 선택하고 있다. 예를 들면, 미국의 Century 21 부동산이 대표적인 전환형 프랜차이즈이다.

전환형 프랜차이즈에 참여하면 가맹점은 가맹본부의 우수한 운영시스템, 높은 브랜드 인지도, 마케팅 능력 등의 도움을 받아 매출증가를 기대할 수 있다. 간혹 상표 및 상호, 광고 프로그램, 구매, 교육훈련 등 때문에 전환형 프랜차이즈를 선택하기도 한다. 그러나 전환하는 과정에서 가맹본부가 요구하는 표준화와 충돌을 일으키고 성과가 낮아질 가능성도 있다.

2) 권한범위에 따른 분류

(1) 단일점포 프랜차이즈(singleunit franchise)

일정기간, 일정지역 내에서 한 명의 사업자에게 하나의 점포만을 허용하는 사업방식이다. 가맹본부가 각 지역마다 개별적으로 사업자를 선택해야 하기 때문에 많은 비용과 시간이 소요된다. 프랜차이즈의 장점에 해당하는 사업의 빠른 성장이라는 성과를 얻기는 어렵다.

(2) 복수점포 프랜차이즈(multiunit franchise)

기존에 가맹점을 운영하고 있는 사업자에게 두 개 또는 그 이상의 가맹점을 운영하도록 허용하는 프랜차이즈형태이다. 운영을 잘하고 있는 기존 가맹점이 가맹본부를 대신해 여러 개의 가맹점을 운영해 준다면 빠르고 효과적으로 점포를 확대할 수 있다. 유망상권과 좋은 입지에 두 개 또는 그 이상의 점포를 소유하고 운영하게 되면 브랜드 인지도를 높일 수 있다. 소비자의 이용빈도가 높아져서 가맹본부는 매출증가에 따른 로열티 증가 효과를 얻을 수 있다. 그러나 여러 점포를 가지고 있는 가맹점의 기회주의적 행동(opportunistic behavior) 또는 단체행동에 따른 복수점포에 대한 거래비용(transaction cost)이 발생할 수 있다.

(3) 마스터 프랜차이즈(master franchise)

가맹본부가 특정 지역 내에서 가맹본부를 대신하여 하위 가맹점(sub franchisee)을 모집하고 교육훈련을 지원하는 권리를 부여하는 방식의 프랜차이즈형태이다. 권리를 부여받은 사업자로 불리는 마스터 프랜차이지(master franchisee)는 가맹본부의 대리인으로서 가맹본부에 준하는 역할을 하며, 하위 가맹점으로부터 받은 가맹비와 로열티의 일정부분을 가맹본부와 공유한다.

여러 지역으로 네트워크를 확산하거나 해외로 진출하기 위해서는 많은 자본이 필요하다. 이때 가맹본부를 대신하는 마스터 프랜차이즈를 이용하면 성장을 가속화시킬 수 있고, 적은 인력으로 점포관리도 가능해진다. 점포가 늘어나면서 발생할 수 있는 가맹본부와 가맹점 간의 갈등을 줄일 수 있다. 반면 품질관리가 어려워지고 마스터 프랜차이지를 잘못 선택하면 어려움을 겪을 수 있다.

(4) 지역개발 프랜차이즈(area development agreement)

계약에 의해 일정지역 내에서 일정기간 동안 합의된 수만큼의 점포를 개설할 수 있는 권리와 책임을 부여하는 프랜차이즈형태이다. 예를 들어, 어느 지역에 10개의 커피전문점을 운영하고 싶은 사업자가 있다고 할 때, 가맹본부가 한 번에 10개의 가맹점을 허락해 주는 것이다. 지역개발 프랜차이즈를 이용하면 다른 방식보다 빠르게 사업을 확대할 수 있다. 가맹본부가 관리해야 할 점포수를 줄일 수 있어 효율적인 관리가 가능하다. 그러나 많은 점포를 소유하고 있는 가맹점이 가맹본부보다 강력한 힘을 가지게 되어 협상을 할 때 불리해지는 단점이 있다.

15-2 프랜차이즈시스템의 특성

프랜차이즈의 정의에서 살펴보았듯이 프랜차이즈는 여타 비즈니스와는 다른 특성을 가지고 있다. 그럼에도 간혹 프랜차이즈의 특성과 원리를 제대로 이해하지 못하고 사업에 뛰어들어 실패하기도 한다. 프랜차이즈의 성격, 그리고 가맹본부와 가맹점 각각의 입장에서 가지는 장점과 단점에 대해 잘 알고 있어야 한다.

1. 프랜차이즈의 성격

1) 계약 및 면허관계

가맹본부와 가맹점은 서로 고용관계에 있는 것도 아니고 대리관계에 있는 것도 아니다. 양자의 상업적 관계는 법적 구속력을 가지는 프랜차이즈계약(franchise agreement)에 기반을 두고 있다. 계약이 해지되면 가맹점은 사업을 계속할 권리를 보장받지 못한다. 프랜차이즈계약은 가맹본부에 의해 일방적으로 작성된 조항에 가맹점이 동의함으로써 계약이 성사되는 약관(約款)의 성격을 띠고 있다. 따라서 사실상 가맹본부가 가맹점에 비해 유리한 입장을 보유하게 된다.

프랜차이즈는 가맹본부가 가맹점에게 상표, 운영 노하우 등의 사용을 허락하는 면허관계(licensing relationship)이다. 가맹점은 특정 지역에서 상호, 상표, 서비스표, 간판 등 점포의 동일성을 상징하는 영업표지를 사용하여 제품과 서비스를 판매할 수 있는 권리를 가맹본부에게 허락받는다.

2) 투자와 위험의 분담

가맹본부와 가맹점 각자는 소유권을 달리하는 독립된 사업자로서 투자와 위험을 분담한다. 가맹본부는 자신의 노하우를 가맹점에게 제공하고 교육훈련을 위해 자기자본을 투자한다. 반면 가맹점은 입지, 인테리어, 시설 및 장비, 재고 등에 자기자본을 투자한다. 가맹본부와 가맹점은 각자의 투자와 위험이 분담되는 만큼 자율성이 인정되고 독자적으로 의사결정을 하며, 경영성과 역시 각자에게 귀속된다. 이처럼 독립된 사업자로서 투자와 위험을 분담하는 가맹본부와 가맹점 간의 관계는 상황에 따라 언제든지 갈등을 발생시킬 수 있는 원인을 제공하기도 한다.

가맹점이 재무적 부담을 가지는 반면 가맹본부는 성공한 브랜드를 가맹점이 잘 유지하는지에 대한 부담을 가진다.

3) 공유된 정체성

모든 가맹점은 상표, 로고, 캐릭터 등이 통일되어 있다. 예를 들어, McDonald's의 골든아치 또는 Pizza Hut의 빨간 지붕은 시각적 형태로써 공유된 정체성을 나타낸다. 공유된 정체성은 단순한 시각적 표시뿐 아니라 메뉴, 생산과정, 서비스, 마케팅 등 점포운영에서의 정체성도 포함한다. 공유된 정체성은 프랜차이즈 고유의 일체감으로 표현되는 제품과 서비스를 어떻게 운영해야 하는지에 대한 사업방식을 알려주는 등 경영의 일체감을 의미한다. 새로운 가맹점 역시 이미 상표를 통해 인식된 기존의 정체성을 가지기 때문에 자동적으로 명성을 얻는 것과 같은 프랜차이즈의 혜택을 받는다.

4) 계속적 관계

프랜차이즈는 가맹본부가 가맹점에게 상표의 사용과 제품을 판매할 수 있는 권리를 부여하는 것은 물론, 계속해서 운영 및 기술에 대한 전반적인 지침이나 지원을 제공하는 계속적 관계(continuing relationship)이다. 일시적으로 지원하는 것은 프랜차이즈시스템이 아니다. 프랜차이즈는 일시적 거래가 아닌 계속적인 성격을 가진 거래계약으로 성립된다. 프랜차이즈계약에는 계약기간의 설정 및 해지, 계약의 갱신 및 종료 등의 규정이 담겨 있으며, 당사자가 합의에 따라 설정한 기간이 만료하면 그 시점에서 계약은 종료된다.

5) 지원과 통제

가맹본부는 가맹점이 사업을 성공적으로 수행할 수 있도록 기술 및 운영에 대한 조언, 교육프로그램, 광고 및 판매촉진, 입지선정, 운영 매뉴얼 등에 대해 가맹점을 지원한다. 또한 프랜차이즈시스템이 일정한 품질을 유지하도록 하기 위해 가맹점을 적절하게 통제한다. 가맹점이 가맹본부로부터 판매할 수 있는 권리를 부여받았다고 해도 가맹본부의 통제에 따르지 않고 독자적으로 운영한다면 프랜차이즈시스템이라고 할 수 없다.

6) 상호 협력

프랜차이즈는 독립된 사업자인 가맹본부와 가맹점이 하나의 조직을 형성하여 기능을 발휘하고 운영되기 때문에 본질적으로 양자 간의 관계에 초점이 맞춰져 있다. 가맹본부와 가맹점 간의 관계 결속을 위해 프랜차이즈계약에서는 두 당사자의 의무 및 준수사항에 대한 역할과 구속력을 명확하게 구분하고 있다. 가맹본부와 가맹점은 파트너로서 각자가 맡은 역할과 의무를 성실히 수행하여야 한다. 예를 들어, EDIYA는 업계 최저 로열티, 마케팅비용의 가맹본부 전액 부담 등 가맹점과의 상생정책을 통해 1%대 낮은 폐점률을 지속적으로 유지하고 있다. 이러한 상호 협력관계는 가맹본부 또는 가맹점 어느 한쪽 뜻으로만 행동할 수 없음을 의미한다.

2. 프랜차이즈시스템의 장점과 단점

프랜차이즈는 가맹본부와 가맹점 모두에게 흥미로운 사업기회를 부여하지만 다른 사업들과 마찬가지로 장점과 단점을 가지고 있다.

1) 가맹본부 입장에서의 장점

(1) 판매 네트워크 확보

가맹본부는 적은 자본으로 제3자인 가맹점이 참여하는 자본을 가지고 자사의 판매 네트워크를 확대할 수 있다. 오히려 상표 사용에 따른 가맹비, 로열티 등의 경제적 이익을 얻을 수 있다. 새로운 시장 또는 지역에 진출하기 위해서는 시장조사와 정보수집활동이 필수적이다. 이때 직영점보다 그 지역 출신의 가맹점을 확보하면 조사비용을 줄일 수 있고, 정보의 정확성과 신뢰성으로 위험부담을 낮출 수 있다. 그 지역에 맞는 전략수립도 가능해진다.

(2) 구매 및 광고효과

가맹본부는 가맹점을 위해 식재료, 주방기기 및 장비, 비품 등을 일괄적으로 대량구매하여 공급하는 구매력과 규모의 경제실현으로 이익을 얻을 수 있다. 그리고 가맹점 각자가 제한된 예산으로 광고하는 것보다 가맹점이 매월 지불하는 광고 및 마케팅비용을 가맹본부가 한꺼번에 모아 사용하면 큰 힘을 발휘할 수 있다. 좁은 지역을 벗어나 전국적으로 알릴 수 있는 효과를 얻을 수 있다.

(3) 편리한 운영

가맹본부는 가맹점에서 발생하는 매일매일의 문제와 임금, 후생복지, 직원이직 등과 같은 복잡한 문제에 직접 개입하지 않는다. 점포를 운영하는 사람은 가맹점이기 때문이다. 가맹점 운영에 깊숙이 관여하지 않기 때문에 가맹본부는 전체 가맹점을 관리하고, 전반적인 제품관리, 품질향상, 광고 및 홍보, 기술개발, 구매 등 프랜차이즈 운영에 집중할 수 있다.

McDonald's의 간판메뉴 빅맥(Big Mac)은 미국 피츠버그주의 한 가맹점주가 제공한 아이디어로 개발되었다.

(4) 가맹점의 기여

가맹본부는 가맹점을 통해 자사제품에 대한 최종소비자들의 정보를 간접적으로 획득할 수 있다. 가맹본부 입장에서 가맹점은 제품과 서비스를 제공하는 점포 현장에서 소비자로부터 제안이나 불평불만을 접할 수 있는 창구역할을 맡고 있는 것과 같다. 지역 현장에 있는 가맹점으로부터 수집한 정보는 종종 가맹본부의 어려운 문제를 해결해 주고 훌륭한 아이디어로 사업성과에 많은 도움을 주기도 한다. 한때 전 세계 모든 McDonald's 점포에서 판매되었던 필레-오-피쉬(Filet-O-Fish) 샌드위치는 자신의 지역에서 육식을 피해 다른 레스토랑을 찾아가는 고객을 붙잡기 위해 미국 신시내티주의 한 가맹점이 개발한 메뉴이다.

2) 가맹본부 입장에서의 단점

(1) 통제의 어려움

가맹점은 자신이 소유하고 운영하는 점포에 대해 가능한 구속받지 않으려고 한다. 규칙이나 정책 또는 계약내용에 벗어나는 행동을 하기도 한다. 예를 들면, 가맹본부가 기준으로 정한 식재료 이외의 재료를 사용하거나 조리법에 명시되지 않은 방법으로 조리하는 행위, 영업시간 위반 등이다. 어느 한 가맹점이 방침을 따르지 않으면 프랜차이즈 전체의 신뢰도를 떨어뜨리고 다른 가맹점에도 나쁜 영향이 미친다. 가맹본부가 정책이나 운영방침을 변경할 때 가맹점의 의견도 들어야 하기 때문에 직영점보다 통제하기가 어렵다.

(2) 커뮤니케이션의 결여

사업 초기에 가맹점은 가맹본부의 지침이나 조언 등에 적극적으로 참여한다. 그러다가 사업이 일정 궤도에 이르고, 3~5년 정도가 되면 가맹본부와의 커뮤니케이션 빈도가 줄어든다. 그리고 가맹본부보다 더 많은 경영 노하우를 가지고 있다고 생각하고, 가맹본부 의도와는 조금씩 다른 방향으로 행동하려고 한다. 프랜차이즈는 가맹본부와 가맹점 간 원활한 커뮤니케이션과 상호 협조를 기반으로 한다. 커뮤니케이션이 정상적으로 이루어지지 않으면 불신과 불만이 쌓여 결국은 계약을 파기하는 극한상황에 이르기도 한다.

(3) 가맹점 선별의 어려움

프랜차이즈는 가맹본부와 가맹점 상호 간 오랜 협력관계를 기반으로 한다. 적합한 가맹점을 선별하고 유지하는 일은 유능한 인재를 찾아내고 채용하는 것만큼이나 중요하다. 성공하겠다는 의욕이 부족하거나 가맹본부가 요구하는 시간, 노력, 위험부담 등에 따르지 못하는 사람이 가맹점으로 참여하면 부담이 될 수밖에 없다.

3) 가맹점 입장에서의 장점

(1) 검증된 사업

프랜차이즈에 참여하는 것은 성공한 사업 아이템과 검증된 콘셉트를 구매하는 것과 같다. 다시 말해 검증된 사업을 바로 시작하는 것과 같다. 가맹본부가 오랫동안 사업을 해왔다면 고객은 그 브랜드에 대해 잘 알고 있고, 제품과 서비스가 일정수준 확립되었기 때문에 사업의 불확실성이 줄어든다. 미국 어린이의 96%가 McDonald's의 상징적 캐릭터인 Ronald McDonald를 알고 있고, 골든아치는 십자가보다도 더 널리 알려져 있을 정도이다. 이처럼 잘 알려진 브랜드는 위험과 실패를 낮춰준다.

(2) 성공의 수단제공

독립사업의 창업과 운영이 힘든 이유는 창업자가 복잡하고 어려운 문제들을 혼자 다 소화해야 하기 때문이다. 가맹점은 가맹본부로부터 입지선정, 건축, 장비선택, 구매, 교육훈련, 광고 등 개인이 갖추기 힘든 운영에 관한 모든 수단들을 효과적으로 제공받는다. 이런 수단들이 제공됨에 따라 가맹점은 창업에 따르는 노력과 시간을 개인적으로 실행하는 것보다 크게 절감할 수 있다.

가맹점 입장에서 프랜차이즈의 가장 큰 장점은 이미 검증된 사업을 한다는 것이다.

(3) 지속적 지원

가맹점은 가맹본부로부터 일상적인 운영에 대한 도움은 물론, 비상상황에 따른 경영자문도 지원받는다. 그래서 경험이 없는 사업이라도 성공적으로 해낼 수 있다. 연구에 따르면, 프랜차이즈 레스토랑이 프랜차이즈를 하지 않은 레스토랑에 비해 평균매출이 82%나 높은 것으로 나타났다. 이러한 결과는 가맹본부의 기술 및 경영에 대한 지속적인 지원이 매출을 증대하는 데 영향을 주었음을 보여주는 것이다.

(4) 사업위험의 최소화

위험이 없는 사업은 존재하지 않는다. 프랜차이즈는 이미 검증된 아이템과 확립된 콘셉트, 지속적인 경영지원을 제공하기 때문에 개인사업에 비해 위험부담이 낮다. 그렇다고 프랜차이즈가 완전한 성공을 보장하지는 않는다. 다시 말해 사업위험이 아주 없는 것이 아니라 줄여 줄 뿐이다. 위험 존재 여부는 가맹점이 얼마나 효과적으로 사업을 잘 운영하느냐에 달려 있다.

(5) 광고 및 판촉효과

가맹점 각자의 자금을 하나로 모아 광고와 판매촉진에 사용하면 큰 마케팅효과를 얻을 수 있다. 가맹본부에 의해 계획된 전국규모의 상업광고는 가맹점의 자산이 되고, 고객의 욕구를 조사 · 분석한 다양한 판촉활동은 매출에 많은 도움이 된다.

4) 가맹점 입장에서의 단점

(1) 지나친 기대와 자율성 제약

가맹본부가 비현실적인 비전을 제시하면서 가맹점이 잘못된 기대감을 가지게 되어 불만족스러운 관계가 만들어지기도 한다. 그리고 계약내용을 정확하게 이해하지 못해 가맹본부의 계약상 우월적 지위를 파악하는 데 실패하기도 한다. 이런 갈등들이 법정 싸움으로까지 이어지는 경우 가맹본부에 비해 자본력이 약한 가맹점이 떠안아야 하는 부담은 클 수밖에 없다.

프랜차이즈는 많은 장점이 있음에도 불구하고 몇 가지 제약이 따른다. 가맹본부는 구역확장이나 잠재적 수요층의 수용을 허락하지 않는다. 창의적인 사업계획을 자유롭게 펼칠 기회도 주지 않는다. 예를 들면, 지역의 특수성을 고려하지 않고 모든 지역의 가맹점들에게 오전 7시에 식사를 제공하라고 하거나 지역에 맞는 새로운 메뉴의 추가나 배달서비스 등을 제한하는 경우가 그렇다.

(2) 광고 및 판촉효과의 결여

가맹점 입장에서 프랜차이즈의 광고 및 판촉의 효과는 장점이기도 하지만 상황에 따라서는 단점이 된다. 가맹점은 일괄적으로 가맹본부에게 광고비용을 지불하지만 지역에 따라서는 광고효과를 보지 못하는 경우도 있다. 그렇게 되면 다른 가맹점을 위해 광고비용을 지불하는 셈이 된다. 마찬가지로 가맹본부의 정책이 어느 가맹점에게는 적합하지 않을 수 있다. 또한 가맹본부의 마케팅전략도 광고와 비슷한 상황이 될 수 있다. 예를 들어, 쿠폰을 발행하거나 특정 제품의 가격할인이 어느 가맹점에게는 도움이 되지 않는 것이다.

(3) 도전정신 부족과 지나친 의존

가맹점은 자신이 영업을 하고 있는 지역에 대해 가맹본부보다 더 잘 알고 있기 마련이다. 그렇기 때문에 가맹점의 전략이 더 적합하게 수행될 수 있고, 더 좋은 결정을 내릴 수도 있다. 그럼에도 가맹본부의 운영, 마케팅, 기타 노하우에 대해 지나치게 의존하기 때문에 경영능력이 떨어질 수 있다. 한편 시간이 흐르다 보면 가맹점은 자신의 일이 계속해서 반복되는 업무이고, 도전적 창의적 기회가 잘 주어지지 않기 때문에 프랜차이즈시스템에 싫증을 느끼거나 실망할 수 있다. 그렇게 되면 가맹점은 사기저하, 책임감 결여, 의사결정능력 부족 등과 같은 현상이 나타난다.

(4) 계약해지 위험과 재계약 부담

가맹점 입장에서 계약에 관련된 사항은 민감한 이슈 중 하나이다. 계약내용에 따른 계약해지, 재계약 거부, 점포 처분, 양도 금지 등의 권리를 가지는 가맹본부는 가맹점과의 관계에 있어 잠재적 갈등요인으로 존재한다. 가맹본부는 자신의 권리를 프랜차이즈시스템을 잘 유지할 수 있는 핵심적 사항으로 인식하고 있기 때문에 가맹점의 권리를 보호할 새로운 근거가 마련되지 않는 한 계약해지나 재계약사항이 계속해서 불리하게 작용할 수 밖에 없다.

(5) 다른 가맹점들에 의한 피해

가맹점의 성공은 다른 가맹점과 가맹본부의 성과에 따라 좌우되는 경우가 많다. 가맹본부의 정책이나 서비스 내용 또는 품질이 수준 이하라면 그 결과는 전체 가맹점에게 부정적 효과로 나타나기 마련이다. 특정 가맹점의 실수가 전체 프랜차이즈에 대한 비난으로 이어져 다른 가맹점들이 피해를 입게 된다.

15-3 프랜차이즈 법률과 계약

프랜차이즈는 계약에 기반하여 사업이 시작되고 종료되는 만큼 분쟁을 최소화하고, 사업을 성공적으로 운영하기 위해서는 프랜차이즈 관련법과 계약에 대한 이해가 필요하다.

1. 가맹사업법

프랜차이즈산업이 성장하고 발전하는 과정에서 분쟁이 끊이질 않고 피해사례가 많아지자 프랜차이즈사업의 공정한 거래질서를 확립하고 가맹본부와 가맹점사업자가 대등한 지위에서 상호 보완적으로 균형 있게 발전할 수 있도록 하기 위한 제도적 장치로서 가맹사업거래의 공정화에 관한 법률(2021.12.30. 법률 제17799호)을 제정하였다.

가맹사업법의 구성은 다음과 같다.

제1장: 총칙

제2장: 가맹사업거래의 기본원칙

제3장: 가맹사업거래의 공정화

제4장: 분쟁의 조정 등
제5장: 공정거래위원회의 사건처리절차 등
제6장: 벌칙

〈표 15-2〉는 가맹사업 당사자 간 대등한 지위 형성을 위해 가맹사업법이 규정하고 있는 주요 내용이다. 프랜차이즈사업의 본질적 문제점은 가맹본부와 가맹점사업자 간 거래상 지위의 차이가 심한 것에 있다. 가맹계약체결 전에는 정보의 차이가 있고, 계약체결 후에는 힘의 차이가 있다. 가맹사업 당사자 간 정보의 차이를 해소하고, 힘의 차이를 보완하기 위해 만들어진 법률이 가맹사업법이다. 가맹사업법이 제정됨으로써 계약체결단계에서 당사자가 지켜야 할 의무 등이 마련되기는 하였지만, 분쟁발생 시 직접적으로 적용할 마땅한 법률이 없어 가맹계약의 해석에 의존하고 있다.

표 15-2 가맹사업법의 주요 내용

가맹본부와 가맹점사업자 간 정보의 차이 해소	가맹본부와 가맹점사업자 간 힘의 차이 해소
• 정보공개서 제공의무 • 인근 가맹점 현황문서 제공의무 • 예상매출액 관련자료의 서면 제공 • 예상매출액 산정서 제공의무 • 가맹금 예치제도 • 가맹계약서 제공의무 • 허위과장정보 제공 금지의무	• 가맹계약의 갱신요구권(10년 보장) • 불공정거래행위 금지

2. 정보공개서

정보공개서는 가맹본부의 일반현황, 가맹점사업자의 매출에 관한 사항을 포함한 가맹본부의 가맹사업현황, 가맹본부와 그 임원의 법 위반 사실, 가맹점사업자의 부담, 영업활동의 조건 및 제한, 가맹사업의 영업개시에 관한 상세한 절차와 소요기간, 가맹본부의 경영 및 영업활동 등에 대한 지원과 교육훈련 등 70여 가지의 기재사항이 수록된 문서를 말한다.

가맹사업법에서는 가맹본부와 가맹점 간 정보의 비대칭성으로 인한 불공정한 거래와 허위적인 행위를 제거하고 가맹희망자의 투자를 보호하기 위해 정보공개서를 공정거래위원회에 등록하고 가맹계약체결 14일 전까지 반드시 가맹희망자에게 제공하도록 규정하고 있다.

정보공개서의 기재사항에 대한 주요 내용은 〈표 15-3〉과 같다.

표 15-3 | 정보공개서의 기재사항

항목	주요 내용
1. 가맹본부의 일반현황	• 가맹본부의 매출액, 인수 · 합병내역 • 임원명단 및 사업경력 등
2. 가맹사업현황	• 3년간 가맹점현황 • 가맹본부가 운영하는 브랜드 정보 • 전년도 가맹점사업자 평균매출액(추정치)
3. 법위반 사실	• 최근 3년간 공정거래법 및 가맹사업법 위반 • 가맹사업과 관련된 민사, 형사상 법 위반내역
4. 가맹점사업자의 부담	• 영업개시 이전: 가맹금, 보증금, 기타 비용 • 영업 중: 가맹금, 평균 차액 가맹금 규모, 가맹본부의 감독내역 • 계약종료 후: 재계약, 영업권 양도 시 부담비용
5. 영업조건 및 제한	• 품목별 차액가맹금 수취 여부, 주요 품목에 대한 직전년도 공급가격 상 · 하한, 특수관계인이 수취하는 경제적 이익 • 상품판매, 거래 상대방, 가격결정에 따르는 제한 • 영업지역 설정, 변경 등에 관한 내용, 다른 유통채널을 통한 공급현황 • 계약기간, 계약연장 · 종료 · 해지 등에 관한 내용
6. 영업개시절차	• 영업개시까지 필요한 절차, 기간, 비용
7. 교육훈련	• 교육훈련의 내용, 이수시간 • 부담하는 비용, 불참 시 불이익

3. 가맹계약

가맹계약은 일반적인 계약과는 다르게 가맹본부가 미리 작성해 둔 계약내용에 대해 가맹점사업자가 승낙 여부만을 결정하는 약관에 의하여 성립한다. 가맹본부가 사전에 작성한 계약내용을 가맹희망자가 승낙하여 체결됨으로써 발생하는 피해를 제도적으로 예방하는 차원에서 가맹사업법에서는 가맹계약서를 반드시 사전에 제공하여 충분하게 검토한 후 계약을 체결할 수 있는 기회를 제공하도록 규정하고 있다. 또한 가맹사업법에서는 가맹계약서에 〈표 15-4〉와 같은 내용을 필수적으로 기재하도록 규정하고 있다.

| 표 15-4 | 가맹계약서 필수기재사항

구분	필수기재사항
가맹사업법	• 영업표지의 사용권 부여에 관한 사항 • 가맹점사업자의 영업활동조건에 관한 사항 • 가맹점사업자에 대한 교육훈련, 경영지도에 관한 사항 • 가맹금 등의 지급에 관한 사항 • 영업지역의 설정에 관한 사항 • 계약기간에 관한 사항 • 영업의 양도에 관한 사항 • 계약해지의 사유에 관한 사항 • 가맹금예치에 관한 사항 • 정보공개서 숙고기간 단축에 관한 사항 • 가맹점사업자에게 발생한 손해에 대한 배상의무에 관한 사항
가맹사업법 시행령	• 가맹금 등 금전의 반환조건에 관한 사항 • 가맹점사업자의 영업설비 집기 등의 설치와 유지 보수 및 그 비용의 부담에 관한 사항 • 가맹계약의 종료 및 해지에 따른 조치사항 • 가맹본부가 가맹계약의 갱신을 거절할 수 있는 정당한 사유에 관한 사항 • 가맹본부의 영업비밀에 관한 사항 • 가맹계약 위반으로 인한 손해배상에 관한 사항 • 가맹본부와 가맹점사업자 사이의 분쟁해결절차에 관한 사항 • 가맹본부가 다른 사업자에게 가맹사업을 양도하는 경우에는 종전 가맹점사업자와의 계약에 관한 사항 • 가맹본부의 지식재산권 유효기간 만료 시 조치에 관한 사항

15-4 프랜차이즈의 개발과 운영

1. 프랜차이즈 개발과정

오랫동안 사업을 해오면서 많은 경험과 노하우를 축적하고 나름대로 운영체계를 잘 갖추었다고 해도, 모델점포를 만들고 프랜차이즈시스템을 구축하여 제품을 판매하기까지는 많은 준비와 시간이 필요하다. 프랜차이즈는 다른 사업과 달리 해외진출 가능성이 높고, 산업을 규제하는 법률을 준수하기 위해 많은 법적 서류들이 요구되는 만큼 철저한 준비가 요구된다.

직영점의 성공적인 운영을 바탕으로 프랜차이즈사업이 결정되면, [그림 15-2]와 같은 과정으로 프랜차이즈 창업을 시작한다. 사업의 노하우를 바탕으로 진출하고자 하는 프랜

그림 15-2 | 프랜차이즈 개발과정

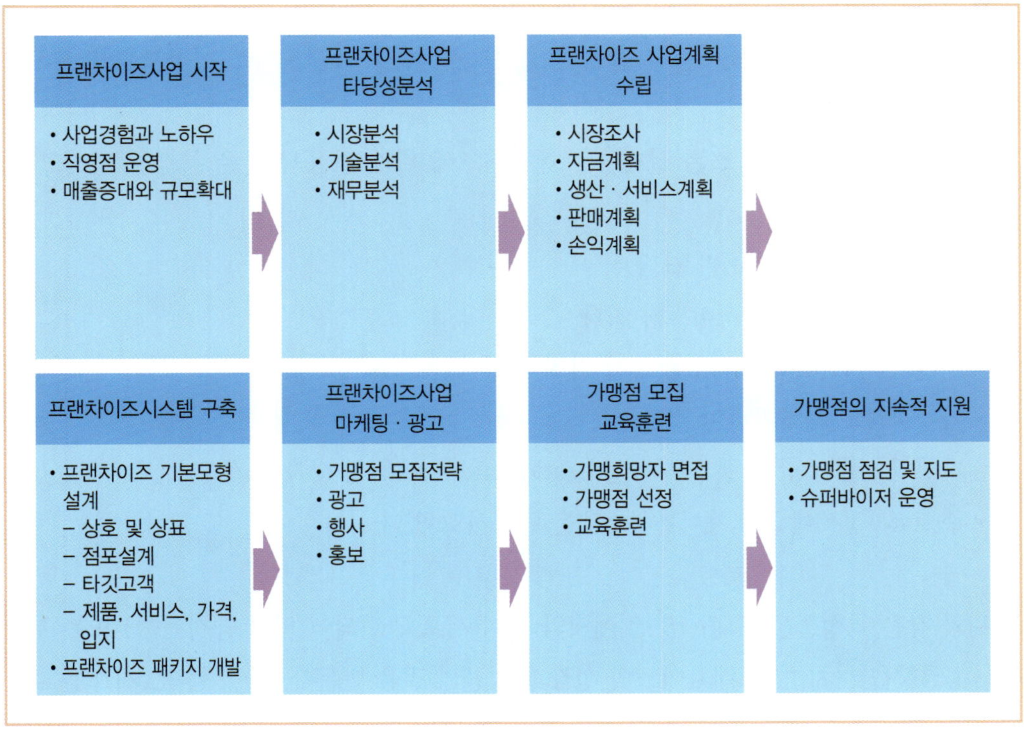

차이즈시장에 대해 타당성분석을 하고, 프랜차이즈 사업계획을 수립한다. 다음에는 프랜차이즈 사업모델을 설계하고, 프랜차이즈 패키지를 개발하는 등 프랜차이즈시스템을 구축한다. 이렇게 프랜차이즈시스템 구축이 완성되면 광고 또는 기타 행사를 통해서 가맹점을 모집하고, 선정된 가맹점을 교육훈련시킨다. 개점 후에는 가맹본부가 지속적으로 지원한다.

2. 프랜차이즈의 성공요인

신규 프랜차이즈의 1/4만이 살아남아 McDonald's나 Subway같이 성공하는 프랜차이즈로 성장한다. 그렇다면 성공한 프랜차이즈는 어떻게 다른가? 성공한 프랜차이즈는 단순히 운 때문이 아니라 실패한 프랜차이즈와는 다른 성공방식을 가지고 있다. Shane & Spell은 미국 내 27개 업종, 157개 프랜차이즈기업을 대상으로 12년 동안의 실적을 연구하였다. 연구결과 생존한 프랜차이즈와 실패한 프랜차이즈로부터 53가지 차원의 신규 프랜차이즈에 대한 정보를 얻었다. 그리고 이를 통해 업종과 프랜차이즈가 위치한 지역에 관계없이 [그림 15-3]에서와 같이 적용 가능한 신규 프랜차이즈 성공모형을 제시하였다.

성공한 신규 프랜차이즈는 실패한 프랜차이즈에 비해 다음과 같은 특성을 가지고 있다.

- 점포규모(outlet size)가 크다.
- 가맹점에 대한 지원서비스가 적다.
- 브랜드 이름(brand name)이 잘 알려져 있다.
- 가맹점과의 계약기간이 길다.
- 가맹점(outlet)당 가맹본부 직원(headquarters staff)의 숫자가 적다.
- 주(state)정부에 프랜차이즈시스템을 등록하고 있다.

위와 같은 특성들은 [그림 15-3]에서와 같이 서로 관련되어 있고 긍정적(+) 또는 부정적(−) 영향을 미치며, 프랜차이즈의 성장과 성공의 길을 만든다. 예를 들면, 시스템 효율

그림 15-3 | 신규 프랜차이즈 성공모형

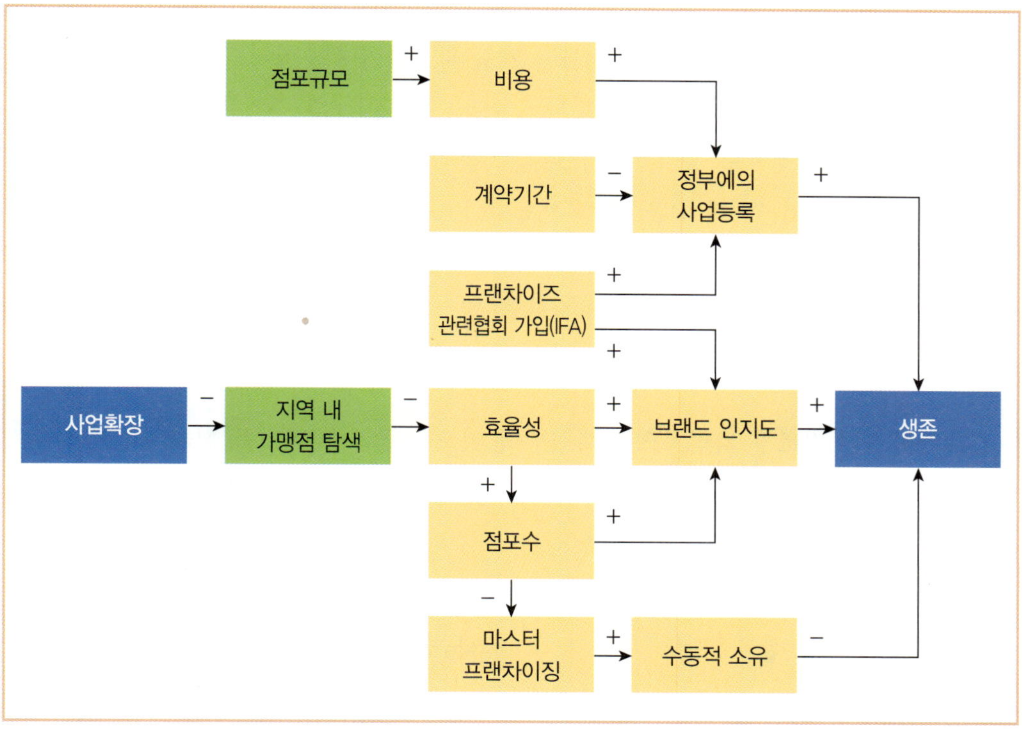

자료: Scott Shane & Chester Spell(1998), "Factors for New Franchise Success," *Sloan Management Review*, 39(3), pp.43-49.

성이 높으면 점포수가 증가하고 브랜드가 알려질 가능성이 크다. 그리고 브랜드가 잘 알려질수록 생존 가능성은 높아진다.

3. 프랜차이즈조직의 운영목표

가맹본부는 점포 성장, 동일성, 지역 대응성, 시스템 적응이라는 프랜차이즈 운영목표를 달성하도록 노력해야 한다.

1) 점포 성장

프랜차이즈가 성장하기 위해서는 점포가 계속해서 늘어나야 한다. 독립 레스토랑의 경우 한 장소에서 아무리 운영을 잘 하더라도 어느 수준 이상의 수익은 기대하기 어렵다. 반면 프랜차이즈는 점포를 늘려 시장점유율을 높이고 가맹비와 로열티를 획득하면서 성장해 나가는 것이 기본원리이다. 결국 점포 성장(growth by adding units)은 가맹본부가 직면하고 있는 가장 핵심적인 경영목표가 된다.

2) 동일성

프랜차이즈는 점포가 지역적으로 분산되어 있고 제품과 서비스를 현지에서 생산하기 때문에 동일성(uniformity)을 유지하는 것이 중요하다. 소비자는 각각의 점포들을 하나의 조직 및 브랜드로 인식하므로 어느 점포에서든 제품과 서비스가 동일할 것으로 생각하고 구매한다. 예를 들어, 레스토랑을 방문했을 때 맛있는 음식과 즐거운 분위기에서 추억될 만한 식사를 경험했다면, 다음에 그 레스토랑을 생각할 때 좋은 기억이 떠올라 다시 방문할 가능성이 높아진다. 이처럼 프랜차이즈에서 동일성 유지로 얻게 되는 마케팅 효과는 다른 사업에 비해 훨씬 높고 모니터링비용(monitoring cost)을 절감시켜 준다는 점에서도 중요한 운영목표가 된다.

3) 지역 대응성

가맹점이 위치한 모든 지역에 대한 정보를 수집하고 그에 따라 적절한 결정을 내리려면 많은 비용이 소요된다. 때로는 지역에 대해 전문적인 정보를 가지고 있는 지역 가맹점에게 지역 대응(local responsiveness)에 관련된 여러 가지 결정을 내릴 수 있는 권한을 주는 것이 효과적이다. 지역특성에 적절하게 대응할 수 있는 시스템은 종종 모든 점포에 적용할 수 있는 아이디어로 선택되어 프랜차이즈 전체 성과에 크게 기여하는 경우도 있다.

4) 시스템 적응

프랜차이즈는 시장변화에 따른 위기와 기회에 적절하게 행동하고 적응할 수 있어야 한다. 소비자 욕구의 변화, 경쟁자의 출현 등과 같이 어려운 시장환경에서 가맹점을 늘려가며 프랜차이즈를 성장시키는 것은 쉽지 않다. 시스템 적응(systemwide adaptation)에 대한 조직의 행동능력은 프랜차이즈의 성패를 좌우할 만큼 중요한 경영목표가 된다. 특히 패스트푸드시장과 같이 경쟁이 치열한 시장에서는 다른 경쟁자들에게 조직적으로 기회와 위협으로부터 빠르게 적응하도록 만든다.

4. 프랜차이즈조직의 구성

〈표 15-5〉와 같이 프랜차이즈조직은 기본적으로 직영점과 가맹점으로 구성되어 있다. 직영점(company-owned unit)은 가맹본부가 직접 자본을 투자하여 점포를 소유하고 가맹본부에서 파견된 직원이 운영을 전담하는 점포를 말한다. 가맹본부가 직접 점포를 만들고 직원을 만든다는 뜻에서 'Make'로 설명된다. 가맹점(franchised unit)은 건물의 소유권은 가맹점이 가지고 있고 상호, 상품 및 원재료 구입, 지침 및 지도, 운영방법은 가맹본부로부터 제공받는 점포를 말한다. 가맹점은 권리사용에 따른 비용을 가맹본부에 지급하고 남은 이익을 가진다. 가맹본부가 외부와의 거래를 통해 자사의 상품을 판매하는 것이기 때문에 직영점의 'Make'와 달리 'Buy'라고 설명된다.

모든 프랜차이즈가 직영점과 가맹점을 함께 운영하고 있지는 않다. 직영점과 가맹점을 같이 운영하거나 또는 직영점과 가맹점 중에서 한 가지 형태만을 운영하고 있다. 예를 들어, McDonald's, Lotteria 등 대부분의 프랜차이즈는 직영점과 가맹점을 함께 운영하고 있다. 반면 국내 Starbucks, Outback Steakhouse, VIPS, ASHLEY 등은 직영점만 운영하고, Subway는 가맹점만 운영하고 있다.

| 표 15-5 | 직영점과 가맹점의 비교

구분	직영점	가맹점
점포 소유권	가맹본부	가맹점사업자
운영권	가맹본부	가맹점사업자
상호 및 상표	가맹본부	가맹본부
시설물 및 기기	가맹본부	구매 시: 가맹점사업자 임대 시: 가맹본부

성공한 대부분의 프랜차이즈들은 사업 초기 직영점으로 시작하였다. 그러다가 어느 시점에서 직영점과 더불어 가맹점도 함께 운영할 계획을 세운다. 즉 직영점을 운영하다가 아이템이 검증되고 운영 노하우가 쌓이면, 그때서야 가맹점을 모집하면서 사업을 확대하였다. 결국 가맹본부가 직영점만 운영할 것인지, 가맹점을 함께 운영할 것인지, 또한 언제 직영점과 가맹점을 함께 운영할 것인지 등에 대한 결정은 프랜차이즈조직에 있어 중요한 전략적 과제이다. 왜냐하면 가맹점은 프랜차이즈가 성장하는 데 있어 매우 중요한 역할을 하기 때문이다.

5. 프랜차이즈조직의 라이프사이클

프랜차이즈조직의 라이프사이클은 초기단계, 성장단계, 성숙단계, 쇠퇴단계, 해외진출단계 등 5단계로 나눌 수 있다.

1) 초기단계

시장에 제품을 처음 소개하고 직영점을 시범적으로 운영하면서 신뢰도를 쌓는 단계이다. 상호를 처음 접하는 고객을 위해 판촉 및 홍보활동을 활발하게 전개한다. 제품에 대한 우수성은 확신하고 있지만 아직 판매 네트워크 확보가 어려워 중심지역에 직영점을 운영함으로써 브랜드와 제품에 대한 인지도를 높인다. 생산 및 운영, 기타 내부 및 외부 디자인 등에 관련하여 시행착오를 겪고 이를 개선하면서 반영한 직영점을 운영한다. 특히 고객반응에 빠르게 대처하며 서비스교육을 강화한다. 초기단계 후반에는 가맹점을 모집하기 위한 광고를 시작한다.

프랜차이즈는 먼저 직영점을 통해 사업경험을 축적한 후에 시작한다. 본죽은 2002년 대학로에서 시작되었다.

2) 성장단계

직영점과 가맹점을 동시에 운영하는 단계로 가맹점을 본격적으로 운영하는 시기이다. 가맹본부와 가까운 곳에 일정한 숫자의 직영점을 위치시키고, 이를 모델점포로 활용하면서 지속적으로 메뉴개발, 서비스, 교육을 통한 개선에 노력한다. 성장 초기 대다수 성공적인 프랜차이즈는 가맹점수는 제한하고 직영점을 안정되게 유지한 이후, 시스템을 구축하면서 직영점비율을 점차 줄여나갔다. 전국적인 유통 네트워크를 구성하기 위해서는 많은 자본이 필요한 만큼 가맹점을 활발하게 모집한다.

3) 성숙단계

브랜드와 제품의 인지도가 높아지고, 서비스 또한 프랜차이즈 표준에 맞게 운영되는 등 프랜차이즈가 안정권에 접어드는 단계이다. 가맹본부는 직영점 숫자를 늘리고, 이에 따르는 이익창출에 노력하면서 가맹점 숫자를 조절한다. 프랜차이즈가 어느 정도 성숙과정에 도달하면 가맹점 확대가 줄어드는 반면, 가맹본부는 성장으로 인해 어느 정도 자본금을 확보하게 되면서 직영점 숫자를 늘린다. 로열티로 얻는 수익보다 직영점을 통해서 얻는 수익이 더 높기 때문에 기존 가맹점을 직영점으로 전환하기도 한다. 따라서 가맹본부는 이런저런 이유로 계약을 파기하고 직영점으로 전환하려고 한다. 운영에 따르는 계약위반사항을 파악하여 가맹점을 직영점으로 전환하는 노력으로 직영점이 크게 증가한다.

4) 쇠퇴단계

프랜차이즈가 성장단계 또는 성숙단계에서 오랫동안 지속되는 것이 바람직하지만, 경기불황, 고객 욕구의 변화, 신제품개발 미흡, 경쟁자의 시장진입, 규제, 법률, 무역제도, 환율, 시장의 협소 등 경영환경의 변화로 인해 매출과 이익이 감소하면서 쇠퇴기를 맞이하는 단계이다. 쇠퇴단계에서는 직영점 숫자보다 가맹점 숫자가 많아지기도 한다.

5) 해외진출단계

국내시장에서의 사업성공, 높은 브랜드 인지도, 국내시장 포화, 해외시장 선점 등의 이유로 해외진출에 관심을 가지는 단계이다. 국내시장에서 확보한 브랜드 및 제품의 인지도를 기반으로 더 많은 시장을 확보하기 위해 해외로 진출한다. 해외시장으로의 진출방식과 조직구성은 진출하려는 국가의 규제 및 법령에 따라 다르기 때문에 일정하지 않다.

6. 프랜차이즈 가격정책

1) 가맹비

가맹본부의 수익은 가맹비, 교육비, 개점시설비, 로열티, 광고비 등 가맹점이 지불하는 각종 비용으로부터 창출된다. 가맹비(franchise fee)는 상호 사용에 대한 정당한 권한 부여, 가맹본부가 보유한 경영방법과 기술, 영업지도, 인력지원, 판촉 및 홍보, 정보 등을 제공하는 대가로 가맹점이 가맹본부에게 지불하

유명한 프랜차이즈는 신규 프랜차이즈에 비해 상대적으로 높은 가맹비를 요구한다.

는 비용이다. 가맹본부 입장에서 가맹비는 입지선정, 가맹점 선별 및 선정에 따른 제반 비용, 새로운 가맹점에 대한 교육비용 등 가맹본부가 가맹점을 모집하는 데 들어가는 비용을 충당하기 위한 프랜차이즈비용이다.

가맹비는 가입신청 후에 최종적으로 계약서에 사인할 때 가맹본부에 한 번 지불한다. 가맹비의 크기는 가맹본부가 가맹점에게 제공하는 서비스비용, 규모, 형태 등에 따라 다르다. 너무 높거나 또는 너무 낮은 가맹비를 요구하는 것보다 프랜차이즈시스템에 적절한 가격을 요구할 때 성공 가능성은 높아진다. 오랫동안 운영해 왔고 경험도 많은 매장을 많이 보유하고 있으면, 프랜차이즈 가치가 높기 때문에 가맹비를 높게 책정할 수 있다. 즉 프랜차이즈시스템이 성숙해지면 그만큼 가맹비를 올리는 경우가 많다.

2) 로열티

로열티(royalty fees)는 가맹점에 대한 적절한 서비스제공, 매출증가를 위한 운영 노하우제공, 가맹본부 상호를 사용함으로써 얻게 되는 이익 등에 따른 대가로서 가맹점이 가맹본부에 지불하는 비용이다. 가맹점으로부터 계속해서 지급받는 비용으로 가맹본부의 주요 수입원이다. 로열티는 산업에 따라 다르지만 로열티 비율은 총매출의 3~5% 정도이다.

성공적인 프랜차이즈로서 가맹본부의 기여도가 높고 브랜드가 강력하며, 가맹점에 대한 지원이 많은 경우 로열티 비율이 높다. 가맹본부가 오랫동안 사업을 운영하고 있고, 재료공급이나 기계 등 다른 수단을 통해 이득을 취하지 않는 경우 로열티 비율이 높다. 가맹점 입장에서는 가맹비는 낮고 로열티는 높은 프랜차이즈를 선택함으로써 위험을 줄이려고 한다. 따라서 신규 가맹본부는 가맹비를 낮춤으로써 가맹점을 쉽게 모집하여 지속적인 성장을 꾀한다. 이후 사업이 성장하게 되면 로열티에 비해 가맹비를 조금 더 빠르게 올리는 경향이 있다.

우리나라는 프랜차이즈산업 초기부터 치열한 경쟁으로 인해 가맹본부가 가맹점으로부터 로열티를 받지 않는 구조가 오랫동안 이어져 왔다. 공정거래조정원과 통계청에 따르면 로열티를 받는 가맹본부는 36%에 불과하며 대다수가 해외브랜드 프랜차이즈이다. 선진국처럼 로열티문화가 정착되지 않고 대부분이 가맹본부가 임의로 정한 물류유통 마진이 종종 가맹점과의 분쟁의 원인이 되고 있다. 미국의 경우 McDonald's, KFC 등 70~

80%의 프랜차이즈가 물류마진은 최소화하고 로열티를 근간으로 운영하고 있다. 신규 프랜차이즈일수록 가맹비를 통해서 투자금을 회수하기보다는 로열티를 통해서 투자비를 회수하고자 할 때 성공 가능성이 높아진다.

3) 광고비

신규 프랜차이즈는 브랜드 구축을 위해 광고가 중요한 만큼 광고비 결정은 중요하다. 가맹본부는 전국을 대상으로 브랜드에 대한 좋은 인식을 심어주기 위해 모든 가맹점에게 전국광고비를 분담시켜 지출하도록 한다. 전국광고비가 없으면 가맹점은 프랜차이즈에 적게 투자하고 많은 이익을 가져가는 무임승차의 문제가 발생할 수 있다.

전국광고를 위해 총매출의 일정비율로 2~5% 또는 정액제로 광고비를 책정하고 있다. 비율제로 적용하면 규모가 큰 가맹점은 작은 가맹점에 비해 더 많은 광고비를 지출하게 된다. 이때 만일 광고효과가 작으면 규모가 큰 가맹점은 광고비 투자 대비 낮은 이득으로 불평이 발생할 수 있다. 반대로 정액제를 적용하면 규모가 큰 가맹점이 규모가 작은 가맹점보다 더 많은 이익을 가지게 되어 규모가 작은 가맹점이 불만을 가지게 된다.

가맹본부는 가맹점에게 수익의 일부비율을 지역광고에 투자하도록 요구한다. 가맹점에게 반드시 광고를 하도록 하지만 전국광고를 요구하지는 않는 것이다. 어떤 가맹본부는 지역광고비에 대해 가맹점에게 선택권을 부여하기도 한다. 가맹본부 입장에서 지역광고비의 증가는 어쨌든 프랜차이즈에 도움이 된다. 많은 가맹본부가 지역광고를 위해서 가맹본부와 가맹점 사이에 광고비를 분담하겠다는 합의에 의해 협력광고를 하기도 한다.

15-5 가맹점 개발

1. 가맹점의 중요성

프랜차이즈시스템은 가맹점에 의해 운영되고 발전한다. 사업모델, 브랜드, 시스템의 품질과 가치도 적격한 가맹점이 없다면 아무런 가치 없는 프랜차이즈에 지나지 않는다. 가맹본부 입장에서 가맹점은 프랜차이즈의 성장과 미래창출을 함께 주도하는 파트너이자 수익창출에 있어 핵심역할을 하는 가장 중요한 자산이다.

만일 기존의 가맹점이 프랜차이즈 운영에 만족하고 있다면, 재계약으로 이어지고 프랜차이즈에 관심 있는 가맹희망자들에게 자신의 가맹본부를 추천하는 홍보요원 역할을 한다. 또한 가맹점으로부터 프랜차이즈에 도움이 되는 여러 가지아이디어를 제안받아 시스템을 발전시킬 수 있는 기회도 얻을 수 있다. 버블티전문점 아마스빈의 가맹점 개설절차는 [그림 15-4]와 같다.

그림 15-4 | 아마스빈 가맹점 개설절차

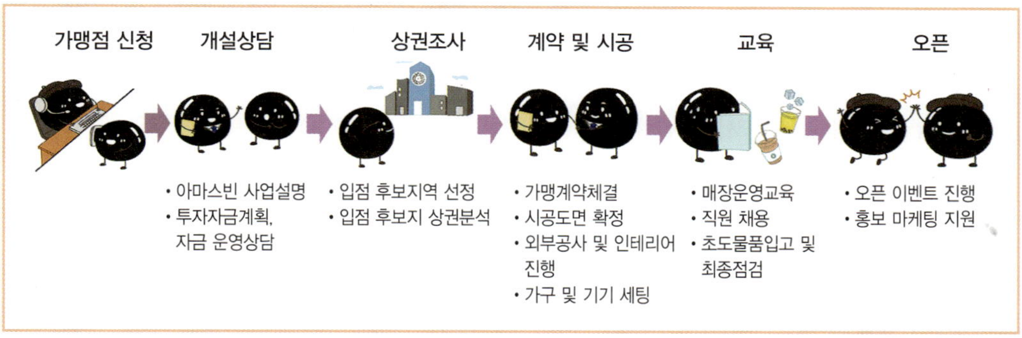

2. 가맹점 선정기준

신규 프랜차이즈 또는 인지도가 낮은 프랜차이즈는 간혹 숫자 늘리기에 급급한 나머지 특별한 자격조건을 두지 않고 가맹점을 모집하기도 한다. 프랜차이즈 운영에 적합하지 않은 사람에게 프랜차이즈를 판매하면 실패할 가능성이 높다. 프랜차이즈는 가맹점에 의해 운영되고 발전하는 만큼 적합한 자격을 갖춘 가맹점을 선정하고 지속적으로 관리하는 것은 성공적인 프랜차이즈 운영에 있어 중요한 활동이다.

가맹본부들은 대부분 재정적 능력만을 우선적으로 요구하고 있는 것이 현실이다. 그러나 프랜차이즈에 적격한 가맹점을 선정하기 위해서는 재정적 기준 이외에 다양한 측면에 따른 추가적 기준이 요구되어야만 한다. 올바른 가맹점을 선정하기 위해서는 어떤 기준을 필요로 하는가? 프랜차이즈 년수, 업종, 규모, 문화, 성장 비전, 라이프사이클단계 등에 따라 가맹점을 선정하는 기준은 다르다. 예를 들면, 전문직 서비스 프랜차이즈와 단순하게 잔디 깎는 프랜차이즈에 적합한 가맹점의 기준은 크게 다르다. 이제 막 시작하는 신규 프랜차이즈는 오래되고 성숙된 프랜차이즈보다 가맹점을 선택하는 데 있어 보다 공격적이기 때문에 훨씬 더 위험을 감수해야 할 확률이 높다.

세계에서 가장 큰 프랜차이즈 중 하나인 Domino's Pizza는 가맹점에 대한 공격적인 접근방식을 통해 다음과 같은 기준을 갖춘 가맹점을 찾고 있다.

- 기업가정신
- 열정과 헌신, 성공을 위한 열정
- 강력한 리더십
- 진정한 팀 플레이어
- 훌륭한 관리기술
- 젊고 활기찬 조직에서 즐겁게 일할 수 있는 능력
- 적정한 현금보유능력과 금융신용도

3. 슈퍼바이징

가맹본부가 가맹점을 모집하기 전에 제조, 물류, 인테리어 등에 관련된 사전시스템을 구축하는 것도 중요하지만, 가맹점에게 운영 노하우를 제대로 전달하고 사업을 성장시키기 위한 교육, 광고 및 홍보, 판매촉진 등 사후시스템을 구축하는 것도 중요하다. 가맹본부의 사후시스템 중에서 핵심이 되는 것이 슈퍼바이징이다. 슈퍼바이징(supervising)은 가맹본부와 가맹점 간의 원활한 소통을 돕고 가맹점의 경쟁력 강화를 위해 가맹점을 체계적으로 관리하는 일련의 활동을 말한다.

우수한 슈퍼바이징시스템을 구축하기 위해서는 무엇보다 가맹본부가 체계적인 교육프로그램을 통해 전문성을 갖춘 슈퍼바이저를 육성하는 것이 중요하다. 슈퍼바이저(supervisor)는 가맹본부에 소속된 직원으로 가맹점을 계속해서 순회하고 점포운영과 관리에 대한 지도, 조언, 상담, 감독하는 사람을 말한다. 가맹본부와의 원활한 소통을 위한

슈퍼바이저는 정기적으로 가맹점을 방문하여 가맹본부의 경영방침, 마케팅전략 등을 관리 · 지도 및 지원하는 업무를 수행한다.

중요한 연결고리 역할을 하는 등 슈퍼바이징에서 핵심업무를 수행하고 있기 때문에 프랜차이즈의 꽃으로 불린다.

슈퍼바이저의 활동은 가맹본부와 가맹점 간의 계약체결과 동시에 시작된다. 슈퍼바이저는 가맹본부와 가맹점 간 커뮤니케이션 통로로서 가맹본부의 정보를 전달하고 가맹점의 요망사항을 가맹본부에 전달하는 매개체 역할을 한다. 가맹점이 판매와 이익을 최적화하고 점포를 체계적으로 운영할 수 있도록 지원한다. 새로운 가맹점이 개업할 때 그에 따른 모든 상황을 점검하고 지원하며, 가맹점의 판매를 성공시키기 위해 노하우를 제공하고 업무개선에 도움을 준다. 그리고 가맹점이 기회주의적 행동을 하는지 감시 및 감독하고 발견 시 그에 따른 적절한 조치를 한다.

15-6 국제 프랜차이즈

프랜차이즈의 해외진출은 국내시장과는 전혀 다른 차원의 기업활동이다. 단순한 사업확장이 아니라 새로운 투자로서 현지시장에 맞춘 하나의 차별화된 비즈니스모델을 구축하는 것과 같다. 해외시장은 국내시장과는 다른 추가적인 능력이 요구되는 만큼 충분한 운영경험과 진출계획, 신중한 전략적 의사결정을 필요로 한다. 프랜차이즈의 해외진출과정은 [그림 15-5]와 같다.

그림 15-5 | 프랜차이즈의 해외진출과정

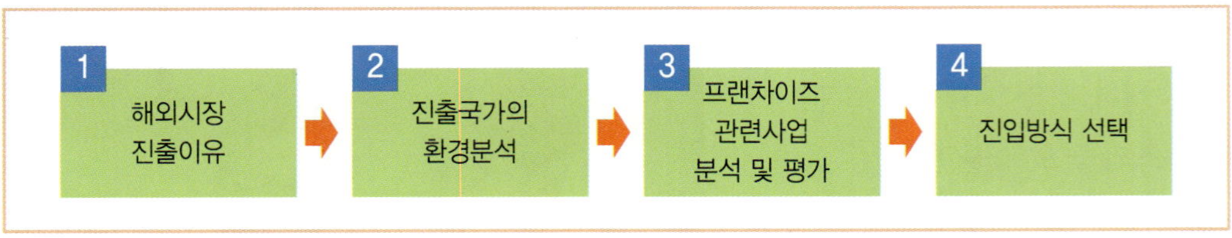

1. 해외시장 진출과정

1) 해외시장 진출이유

국내에서 성공적으로 운영하고 있고 시장의 포화로 점포확장이 한계에 이르거나 해외시장이 국내보다 더 높은 수익의 기회가 있다고 판단되면 해외진출을 모색한다. 이는 프랜차이즈 운영의 본질이 점포를 늘려가는 것이고, 프랜차이즈의 성패가 얼마나 빠르게 효과적으로 점포를 확장하느냐에 달려 있기 때문이다. 따라서 국내에서 프랜차이즈를 성공적으로 운영하고 있다면 국내를 벗어나 해외시장으로 눈을 돌리는 것은 자연스러운 일이다.

기업은 다양한 이유로 해외에 진출한다. 자국시장이 포화되어 성장이 한계에 이르렀거나 매출과 이익을 증가시키고, 불안정성을 줄이는 기회를 얻기 위해 해외로 진출한다. 시장에 대한 반응, 자연스럽거나 전략적 차원 또는 해외에 무역장벽을 쌓고, 새로운 시장에서 경쟁우위를 차지하기 위해 또는 새로운 제품과 서비스에 대한 아이디어를 얻기 위해 해외진출을 계획한다. 그리고 글로벌시장의 좋은 기회를 적절하게 이용하거나 새로운 규모 및 범위의 경제를 찾고 생산비용을 낮추며, 우수한 생산요소를 획득하기 위해 해외진출을 추진한다. 그렇다고 모든 프랜차이즈가 해외시장에 진출하는 것은 아니다. 해외로 진출하기 위해서는 국내에서 프랜차이즈를 운영한 경험이 있고 적정한 규모가 되어야 하고, 해외시장의 요구가 있어야 한다.

2) 진출국가의 환경분석

해외시장에 진출하는 동기와 시기가 명확해지면 해외시장에 진출할 것인가를 확인한다. 진출을 목표로 하는 국가들을 대상으로 정치, 경제, 문화, 법률 등의 거시환경을 분석하고 위기와 위협을 평가하여 최적의 진입국가를 확인한다. 2000년대 중반 본죽이 처음 일본에 진출할 때 현지법인을 설립하고 공격적으로 3호점까지 출점하였지만, 결국 철수하고 말았다. 이는 일본 내 부동산시스템을 잘 몰랐던 사전조사 미흡에서부터 한국과 일본의 식문화 차이 등 다양한 요인들을 제대로 분석하지 못한 데 있다. 이후 중국에 진출할 때는 일본에서의 실패를 교훈 삼아 철저한 시장분석 후 중국시장에 진출하였다.

처음부터 동시에 여러 국가로 진출하기보다는 지리적으로 가깝거나 경제, 문화, 언어 등의 환경이 비슷한 국가로부터 점진적으로 멀리 있는 국가의 순서로 점차 확장하는 것이 일반적이다. 예를 들면, 미국의 프랜차이즈기업들은 캐나다와 멕시코에 진출하였고, 한국의 프랜차이즈기업들은 일본, 중국, 베트남 등에 우선적으로 진출하였다.

3) 프랜차이즈 관련산업 분석 및 평가

진출하기 적합한 것으로 확인된 국가들을 대상으로 프랜차이즈 관련산업을 분석하고 평가하여 잠재적 가치창출의 크기에 따라 시장의 우선순위를 매긴다. 만일 현지국에서 구매하기 어렵고 채워주지 못한 소비자 욕구를 충족시킬 수 있는 제품을 공급한다면, 현지 기업들이나 다른 진출기업들에 비해 훨씬 더 큰 가치를 창출할 수 있다. 시장매력도와 미래의 잠재수익을 기준으로 진출국가들의 우선순위를 매기고, 가장 높은 순위를 차지한 국가에 우선적으로 진출하는 것을 검토한다.

4) 진입방식 선택

선택된 국가에 가장 적합한 진입방식을 확인하기 위해 여러 진입방식을 대상으로 전략적 · 재무적 평가를 하는 단계이다. 어떠한 진입방식이 최적인가는 기업이 직면한 경영환경과 상황에 따라 달라진다. 어느 기업에게는 합작투자가 최적인 반면 다른 기업에게는 직접 프랜차이징이 최적일 수 있다. 현지국의 사업환경, 진입장벽, 시장성장률, 지리적 · 문화적 거리, 해외진출경험, 자원투입량, 위험관리능력, 기술력, 목표로 하는 시장점유율과 이익, 브랜드 명성 등 기업의 외부 및 내부환경요인들을 고려하여 진입방식을 결정한다.

2. 해외시장 진입방식

일반적으로 프랜차이즈기업이 해외시장에 진입할 때는 점진적 과정을 거친다. 즉 처음에는 라이센싱과 같이 위험수준이 낮은 진입방식(entry mode)으로 시작하다가 해외시장에 대한 지식이 늘고 자본 및 경영능력이 축적되면 위험수준이 높은 직접 프랜차이징도 가능해진다. 그 외 마스터 프랜차이즈, 합작투자, 지역개발자 등이 있다. 만일 자국과 현지국이 지리적으로 가깝거나 언어, 문화, 관습 등이 비슷하면 어떠한 진입방식도 가능하다.

그림 15-6 | 해외시장 진입방식

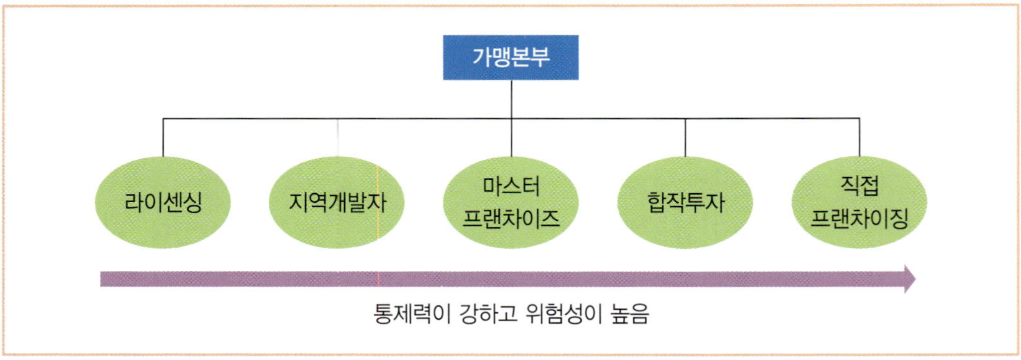

1) 라이센싱

라이센싱(licensing)은 라이센서(licensor)가 거래 상대방인 라이센시(licensee)에게 노하우, 상표, 저작권과 같은 지식재산권을 활용하여 제품을 생산하고 판매할 수 있는 자격을 부여하는 방식이다. 예를 들면, 미국 CocaCola 본사가 현지국의 사업 파트너와 라이센싱계약을 맺고 CocaCola를 생산할 수 있도록 하는 것이다. 직접투자와 달리 생산시설에 드는 비용이 적고, 현지국 사업 파트너를 활용함으로써 해외에서 판매하는 것과 관련된 위험들을 줄일 수 있다. 그러나 사업 파트너의 잘못된 선택, 생산 및 품질문제 발생, 기술보호의 어려움, 마케팅에 대한 통제력 상실 등의 단점이 있다. Starbucks가 일본과 태국시장에 처음 진출할 때 라이센스계약을 맺었다. 그러나 성공적인 통제와 확장전략을 엄격하게 하기 위해 이후 합작투자 또는 완전소유 자회사형태로 전환하였다.

2) 직접 프랜차이징

직접 프랜차이징(direct unit franchising)은 국내에서와 같이 제3자의 개입 없이 현지국에 독자적으로 자기자본을 투자하여 직영점을 운영하거나 또는 현지국에 자회사를 설립해서 가맹점을 모집하고 관리하는 방식이다. 직접 프랜차이징은 보통 본국과 가깝게 위치해 있어 유통비용이 많이 들지 않고, 운영하려는 가맹점이 많지 않을 때 유용한 방식이다.

현지국에 소수의 직영점을 운영하면서 기업의 명성을 축적하고 현지 시장환경을 파악한 후 본격적으로 프랜차이즈를 전개하기 위한 예비과정으로 사용하기도 한다. 현지국의 법적 규제나 정치적 문제로 인해 다른 프랜차이즈방식이 어렵거나 해외시장에 본격적으로 진출하기에 앞서 현지시장을 탐색하고 정보를 수집하기 위해 사용하기도 한다. 가맹본부가 모든 것을 직접 운영하고 통제하기 때문에 가맹비와 로열티의 수익이 높다. 가맹점에 대한 엄격한 통제에 유리하지만 빠른 행동을 요구하는 문제에 대한 의사결정이 어려울 수 있다. 특히 문화적 · 정치적 문제가 포함되었을 때 더욱 복잡해진다.

3) 마스터 프랜차이즈

마스터 프랜차이즈(master franchise)는 기업이 현지국의 개인이나 기업, 즉 마스터 프랜차이지(master franchisee)에게 국내에서와 같은 가맹본부의 권한을 부여하는 방식이다. 지역개발 프랜차이즈와 달리 현지국에서 가맹본부를 대신하여 가맹점을 모집하고 교육 및 지원활동을 하며, 그 대가로 가맹비와 로열티를 받는다.

마스터 프랜차이즈는 해외시장에서 짧은 시간에 기업의 빠른 성장을 가능하게 한다. 잘 모르는 해외시장에 진출하거나 시스템을 현지국에 적절하게 적응시키는 데 효과적이다. 마스터 프랜차이지와의 갈등이 적고 해외진출에 따르는 많은 비용과 법적인 위험을 피할 수 있다. 그러나 사업 파트너를 잘못 선택하면 큰 손실을 입을 수 있고, 사업에 실패하면 기업의 명성에 나쁜 영향을 미칠 수 있다. 가맹본부가 현지국을 잘 알지 못하는 경우 가맹점을 통제하는 데 어려움이 따르고, 마스터 프랜차이지가 협상력을 가지게 되면 상대하기 어려워진다.

Starbucks는 해외진출 시 직접 프랜차이징 또는 합작투자를 통한 해외진출을 강하게 선호한다.

4) 합작투자

합작투자(joint ventures)는 진출하고자 하는 국가의 사업 파트너와 합작하는 방식이다. 해외로 진출할 때 선호하는 방식 중 하나이다. 해외시장에 신속하게 접근할 수 있고, 사업에 직접 참여함으로써 운영에 대한 강한 통제력을 확보할 수 있다. 예를 들면, McDonald's가 우리나라 시장에 진출할 때 McDonald's 51%와 한국 49%로 합작투자하였고, Lotteria가 중국시장에 진출할 때 Lotteria가 80%를 출자하고, 중국 측에서 20%를 투자하는 합작투자로 시작하였다.

합작투자는 사업 파트너로부터 경제적 상황이나 규제 등 현지국에 대한 정보를 습득할 수 있다. 투자자금과 위험을 분담하며 현지의 정치적 · 법률적 위험도 줄일 수 있다. 특히 현지 네트워크 형성에 유리하고 합작 파트너를 가짐으로써 지역사회에 기여한다는 평가를 받을 수 있다. 그러나 많은 연구들에서 합작투자가 복수의 파트너에 의하여 공유되기 때문에 갈등이 자주 발생한다는 결과가 나타나고 있다. 한편 합작투자는 사업 파트너에게 자신의 기술이 이전되어 향후 경쟁기업을 만들게 되는 위험도 존재한다.

5) 지역개발자

지역개발자(area developer)는 가맹본부가 현지국의 개발자와 직접적으로 계약을 맺고, 국가 전체 또는 일부 지역의 가맹점을 개발하고 소유하는 방식이다. 지역개발자는 마스터 프랜차이즈를 통해 운영하는 것이 아니라 지역개발자 자신이 직접 가맹점을 소유하고 운영한다. 가맹본부와 직접 접촉을 하기 때문에 일종의 직접 프랜차이지(direct franchisee)로 간주되고, 하나 또는 수백 개의 가맹점을 소유하고 있기도 하다. 자신이 직접 점포를 개설하고 운영하는 것을 가맹본부로부터 위임받았기 때문에 마스터 프랜차이즈보다 많은 자본을 필요로 한다.

3. 해외진출 시 영향을 미치는 요인들

해외시장에 진출하는 기업은 국내시장과는 다른 경제, 정치, 문화, 법률, 지리 등을 만나게 된다. 그리고 이러한 차이들은 해외 프랜차이즈 운영의 모든 측면에 영향을 미친다.

1) 경제적 환경

경제적 환경은 시장기회를 의미한다. 프랜차이즈 기업이 해외시장으로 확장할 수밖에 없는 가장 큰 이유는 해외에 커다란 잠재고객이 있다는 것이다. 예를 들어, 중국과 인도는 경제수준은 높지 않지만 인구가 많고 빠른 경제성장을 하고 있기 때문에 매

프랜차이즈기업은 높은 국민소득, 많은 인구, 그리고 큰 구매력을 가지고 있는 국가를 선호한다. 미국 뉴욕 맨해튼에 진출한 파리바게뜨.

력적인 시장이다. 이처럼 국내시장보다 훨씬 큰 해외시장은 규모의 경제를 허락하고 많은 이익을 얻을 수 있는 기회와 투자에 대한 동기를 제공한다.

2) 문화적 환경

해외로 진출할 때 프랜차이즈기업은 익숙하지 않은 언어, 가치, 생각, 신념과 행동 등으로 특징지어지는 서로 다른 문화적 환경에 직면한다. McDonald's가 인도에서 성공하기 위해서는 인도의 문화를 따라야 하듯이, 프랜차이즈운영에 성공하기 위해서는 현지국 문화를 잘 이해하고 적응해야 한다. 프랜차이즈시스템의 힘은 표준화에서 나오기 때문에 문화적 차이가 크게 존재하면 해외시장에서 시스템을 성공적으로 복제하기 어려워진다. 이러한 이유로 자국의 문화와 유사한 지역에 우선적으로 투자하는 경향이 있다.

3) 정치적 환경

경제적 환경이 시장기회인 반면 정치적 환경은 시장위험(market risks)을 의미한다. 전통적으로 시장위험에 대한 평가는 국가의 경제적 요소에 맞춰져 있지만, 해외시장에서는 경제적 환경과 더불어 정치적 환경도 중요하다. 만일 현지국의 정치적 시스템이 비우호적이라면 비즈니스활동을 위협하는 또 하나의 조건이 된다. 정치적 시스템의 급작스러운 변화는 큰 위험을 안겨준다. 한때 베이루트, 니카라과 등에서 테러가 발생하여 외국 프랜차이즈 점포가 폐점하기도 하였다. 현지국의 규제 여부도 정치적 환경과 관계가 있다. 해외로 자금유출이 어렵거나 변동환율과 같은 금융제도, 세금제도, 수입관세 등은 해외시장에 투자할 때 이윤 또는 손실에 영향을 준다.

4) 법률적 환경

기업은 이윤에 영향을 미치는 현지국의 법률 또는 법률이 시행되는 방식, 국가 간에 체결된 협정 등에 주의를 기울여야 한다. 간혹 현지국의 법률내용이 자국과 비슷할 것으로 잘못 생각하기도 한다. 예를 들면, 유럽에서 최저임금, 장기간 법정 출산휴가 또는 육아휴가는 영향을 줄 수 있다. 해외시장진출은 브랜드, 로고 등에 위험을 초래할 수 있기 때문에 지적재산권과 관련하여 시스템의 특허, 상표 저작권을 보호하는지 여부를 잘 파악해야 한다. 현지국의 법률과 규제의 수준도 중요하다. 예를 들어, 고용인의 해고를 제한하는 관련법이 있다면 상당한 비용이 추가될 수 있다. 수입과 관련된 법규는 프랜차이즈 운영에 중요한 역할을 하는데, 많은 국가들이 자국을 보호하기 위해 제품 또는 원재료 수입을 규제하고 있다.

5) 지리적 환경

지리적 환경은 자원의 위치, 양과 질, 이용 가능성을 이해하는 데 도움을 준다. 불균등한 자원의 분포로 국가마다 필요로 하는 제품과 서비스가 다르다. 고산지대, 사막, 정글과 같은 지리적 장애는 해외진출에 중요한 유통과 통신의 흐름을 방해한다. 허리케인, 홍수, 폭설 등과 같은 자연재해, 악천후는 제품의 공급량과 가격에 영향을 미치기 때문에 해외투자에 위험적 요소가 된다. 본국과 현지국 간 지리적 거리는 사업의 복잡성과 확장에 따르는 위험에 크게 영향을 미친다. 기본적으로 프랜차이즈기업은 자국과 지리적으로 가까운 지역에 우선적으로 진출하는 경향이 있다. 국내 프랜차이즈기업들도 초기에는 중국, 일본, 베트남 등 인접국가에 치중했으나 최근에는 미국, 유럽 등을 대상으로 시장을 확대하고 있다

4. 국제 프랜차이즈 운영관리

프랜차이즈기업이 국내시장에서 성공했더라도 해외시장에서도 똑같이 성공한다는 보장은 없다. 해외시장은 국내시장보다 위험이 더 많고 실패와 손실의 잠재 가능성도 더 크다. 시장에서는 전혀 문제되지 않던 것이 해외시장에서는 문제가 될 수 있고, 때로는 간혹 국제적인 사건들로 인해 어려움을 겪고 실패하기도 한다. 이처럼 해외진출은 국내에서의 기업활동과 달리 또 다른 차원의 활동인 만큼 그에 따른 운영전략이 필요하다.

1) 국제 프랜차이즈능력

국제 프랜차이즈를 운영하는 데 필요한 능력으로 관리상 효율성(administrative efficiency)과 위험관리(risk management)가 요구된다.

(1) 관리상 효율성

관리상 효율성은 프랜차이즈계약과 문화적 환경을 어떻게 관리하느냐에 관련된 것이다. 국내에서는 프랜차이즈계약이 대부분 표준화되어 있어 비교적 관리가 간단하다. 그러나 국제 프랜차이즈계약은 가맹비, 로열티, 광고비, 계약기간 등 계약 세부사항이 국가마다 다르다. 따라서 국제 프랜차이즈운영에서는 계약변경 및 수정을 협상하고 계약이행을 관리하는 능력이 중요하다. 국제 프랜차이즈계약에서는 프랜차이즈규모, 현지국의 제한, 지역 비즈니스 관습, 기회주의적 행동 등 여러 가지 이유들로 인해 프랜차이즈계약의 초기조건, 가맹비, 로열티, 협력광고, 점포지원 등 특정 조항에 대해 수정이 필요할 때가 있다.

문화적 환경은 해외에서의 프랜차이즈운영을 복잡하게 만든다. 프랜차이즈 콘셉트와 이에 대한 관리시스템은 본국 프랜차이즈의 문화적 뿌리를 확장하는 것이나 마찬가지이다. 따라서 본국과 현지국 간 문화적 거리가 멀수록 시스템 이전을 어렵게 만든다. 문화적응에 필요한 기술은 시장정보를 파악하고 찾아내는 능력이다. McDonald's는 세계적으로 통일성을 유지하기 위해 노력하지만 현지국 문화에 적절한 제품과 서비스를 제공하는 전략을 구사한다. 문화적응을 위해 레시피 및 메뉴선택뿐만 아니라 운영에서도 수정을 한다. 일본에서는 계란 프라이를 버거에 추가하고 태국에서는 달콤한 바비큐 소스를 첨가한 버거를 제공하였다. 이슬람 국가에서는 남성과 여성 간 교류를 규제하는 문화적 규범을 적용하기 위해서 가족공간과 남성만 이용하는 독신공간을 분리하여 제공하였다.

(2) 위험관리

현지국의 불확실상황에 대한 위험관리능력은 국제경영에서 매우 중요한 고려사항이다. 정부정책의 규제, 거시경제의 변화 등으로 국내보다 해외의 경영환경은 훨씬 복잡하고 불확실하다. 경영환경의 불확실성은 국제 프랜차이즈의 경우에도 마찬가지이다. 국제 프랜차이즈에 대한 연구에 따르면, 국제 프랜차이즈는 포맷을 변경해야 하는 복잡함보다는 현지국에서의 서비스 수행과 금융의 불확실성에 영향을 미치는 현지국 정부 규제에 주된 관심을 가지는 것으로 조사되었다. 따라서 현지국 정책평가와 외환관리는 국제 프랜차이즈의 성공적 운영에 있어 중요한 능력이 된다.

2) 사업 파트너 선택

국내에서와 마찬가지로 해외시장에서 프랜차이즈를 성공적으로 운영하기 위해서는 현지국 파트너의 선택이 무엇보다 중요하다. 성공한 프랜차이즈들은 공통적으로 사전에 철저한 시장조사를 통해 현지국의 적합한 파트너를 선택하였다. 해외진출 초기에 빠른 확장을 위해서는 파트너의 자본력이 중요하다. 그러나 파트너의 자본력이 충분하다고 해서 반드시 성공하는 것은 아니다. 초기투자부터 투자 회수기간 동안 인내심을 갖고 비전을 공유할 수 있어야 한다.

파트너가 사업경험이 풍부하고 특허, 기술지식, 마케팅과 유통시스템 등에서 운영능력이 뛰어나면 시장에 안정적으로 정착하는 데 유리하다. 가맹본부와 가맹점 간의 긴밀한 협력관계를 유지하는 것이 중요한 만큼 사업 파트너의 기업문화, 조직구조 및 규모, 과거 파트너와의 관계 등도 고려할 사항이다.

3) 글로벌 관리전략

국제 프랜차이즈에서는 동일한 메뉴라 해도 본국과 똑같이 부르거나 아니면 현지국에 따라 다른 이름을 사용한다. 똑같은 메뉴를 자국과 해외시장에서 각기 다른 이름으로 사용하는 이유는 표준화와 현지화의 적절한 균형을 이루기 위한 전략에 따른 것이다.

(1) 표준화

표준화전략(standardization strategy)은 프로세스를 통제하기 쉽게 만들어 품질의 일관성과 비용절감에 도움이 된다. 프랜차이즈는 이 같은 표준화의 이점을 활용하여 전국적인 조직을 형성하고 이를 통해 특정 지역에 국한된 수요의 제약성을 극복하게 된다. 국제 프랜차이즈운영 역시 표준화의 이점과 필요성 때문에 핵심이 되는 운영요소들을 표준화시킨다. 예를 들면, 메뉴, 유니폼, 상표와 로고, 운영 매뉴얼 등은 기본적으로 표준화가 필요하다.

표준화는 규모의 경제와 학습효과에 기반하여 비용을 절감할 수 있다는 것이 가장 큰 장점이다. 그리고 통일된 이미지 전달, 시너지효과, 예측 가능한 생산, 효율적 마케팅활동과 품질관리, 연구개발의 경제성 등 운영 및 관리적 측면에서 많은 이점을 갖는다. 그러나 표준화전략은 기업의 모든 경영활동을 본국에서 조정하고 통제하기 때문에 국가별, 지역별로 변화하는 경영환경에 대응하는 속도가 느리다.

두끼는 한국 떡볶이 맛 그대로 살린 표준화전략으로 태국, 대만, 인도네시아, 베트남, 싱가포르 등 동남아 국가에서 큰 인기를 얻고 있다.

(2) 현지화

국내시장과 달리 해외시장은 경제상황, 경쟁자, 문화, 언어, 생활수준, 규제 등에서 복잡성이 더해진다. 따라서 현지국 소비자의 기호와 선호도에 맞도록 차별화하는 노력, 즉 현지화전략(localization strategy)이 요구된다. 사실 국내 프랜차이즈기업의 해외점포들은 국내점포의 복제판이 될 수 없다. 반드시 현지시장에 맞도록 적응해야 한다. 현지시장과 수요에 맞게 제품을 고객화함으로써 현지시장에서 제품의 가치를 증가시킬 수 있다.

McDonald's는 원칙주의 운영을 고수하는 것으로 유명하지만 어떤 국가에서는 현지 소비자들의 욕구와 입맛에 대응하기 위해 메뉴이름뿐만 아니라 식재료까지 바꾸는 현지화전략을 취하고 있다. 인도시장에 진입할 때 샌드위치를 야채로만 만드는 등 식재료 대부분을 변경해야 하는 힘든 결정을 내린 후 시장진입 초기에 성공적인 매출을 기록하였다. 굽네치킨은 홍콩, 중국, 마카오, 일본, 인도네시아, 말레이시아, 베트남, 호주 등에 진출하고 있으며, 현지 식문화를 반영한 메뉴를 구성하고 있다. 베트남시장에서는 굽네치킨 순살 메뉴와 야채쌈, 쌈장을 함께 제공하는 치쌈세트가 인기를 끌고 있다.

제품 이외에 입지조건, 실내장식, 영업시간 등과 같은 주변요소들도 상황에 따라 대응하는 현지화전략이 필요하다. KFC가 일본에 진출할 때 미국과 달리 점포 임대료가 매우 높아 현지에 맞도록 점포규모를 작게 하였다. 이러한 전략이 일본에서 성공을 거두자 미국 본사는 자국과 다른 나라에도 이를 적용하였다. 그러나 제품을 효과적으로 현지화하기 위해서는 지역의 문화, 언어, 정부규제, 유통시스템 등의 요소들을 파악하는데 투자해야 한다. 현지화전략은 국가에 따라 다양한 전략과 제품공급을 조정하기 때문에 복잡성이 크고 기업의 비용구조를 증가시킨다. 따라서 현지화전략을 추구하더라도 가능한 한 규모의 경제를 실현하여 효율성을 높일 수 있어야 한다.

McDonald's는 "생각은 글로벌하게 행동은 지역에 맞게"라는 슬로건을 내세우면서 지역에 맞는 메뉴를 개발한다.

토 의 문 제

01 사업형태에 따라 구분되고 있는 제품유통형 프랜차이즈, 사업형 프랜차이즈, 전환형 프랜차이즈의 차이가 무엇인지 설명하시오.

02 프랜차이즈는 가맹본부와 가맹점 모두에게 사업의 기회를 제공한다. 가맹점 입장에서 프랜차이즈의 가장 큰 매력은 이미 검증된 아이디어를 산다는 것이다. 과연 그러한가? 가맹점 입장에서 프랜차이즈에 참여하여 사업을 하는 경우 어떤 장점들이 있는지에 대해 토의하시오.

03 가맹사업법에서 규정하고 있는 정보공개서는 가맹본부와 가맹점사업자 간 정보의 비대칭성으로 인한 불공정한 거래행위를 예방하고 가맹희망자의 투자를 보호하기 위해 정보공개와 정보등록을 포함하는 개념이다. 가맹본부가 프랜차이즈사업을 운영하는 데 있어 정보공개서를 전략적으로 활용할 수 있는 방법에 대해 토의하시오.

04 오랜 사업경험을 가지고 있더라도 판매할 수 있는 프랜차이즈시스템을 구축하기까지는 많은 준비와 시간이 필요하다. 프랜차이즈 창업과정에서 각 단계에 따라 결정해야 할 사항에 대해 토의하시오.

05 프랜차이즈시스템의 가격전략은 가맹비와 로열티에 관련된 문제이다. 가맹비는 프랜차이즈시스템 구축에 소요된 비용을 충당하기 위한 자금이고, 로열티는 가맹본부의 프랜차이즈시스템 개발노력에 대한 대가이다. 가맹본부의 주요 수익원이 되는 가맹비와 로열티 가격결정에 대해 토의하시오.

06 프랜차이즈기업이 해외시장에 성공적으로 진출하기 위해서는 시장의 기회를 평가하고 진입방식을 선택하는 등 여러 가지 측면에서 전략적 의사결정이 요구된다. 프랜차이즈기업의 글로벌화의 의미를 살펴보고, 해외진출 시 선택할 수 있는 진입방식들의 장점과 단점을 비교하고, 토의하시오.

07 국제 프랜차이즈운영의 실질적인 출발은 운영방법의 표준화 또는 현지화의 선택에서부터 시작된다. 국제 프랜차이즈기업의 표준화전략과 현지화전략의 장점과 단점에 대해 토의하시오.

참 고 문 헌

- 공정거래위원회 가맹사업거래, http://franchise.ftc.go.kr
- 박기용(2018), 외식산업경영학, 대왕사.
- 박기용 · 이훈영(2013), "프랜차이즈시스템의 서비스품질이 가맹본부와의 결속, 갈등, 지각된 가치, 재계약 의도에 미치는 영향," 외식경영연구, Vol.16(6), pp.133–156.
- 최순규 · 신형덕(2011), 국제경영, HS MEDIA.
- 허양회 · 박기용(2019), 프랜차이징, 대왕사.
- Adam J. Koch(2001), "Factors Influencing Market and Entry Mode Selection: Developing the MEMS Model," *Marketing Intelligence & Planning*, Vol.19(5), pp.351–361.
- Jeffrey L. Bradach(1998), *Franchise Organizations*, Harvard Business School Press.
- Johanson J. & J. Vahlne(1977), "The Internationalization Process of the Firm: A Model of Knowledge Development and Increasing Foreign Market Commitments," *Journal of International Business*, Vol.8(1), pp.23–32.
- Karin Fladmo–Lindquist(1996), "International Franchising: Capability and Development," *Journal of Business Venturing*, Vol.11, pp.419–438.
- Mahmood A. Khan(1999), *Restaurant Franchising*, Wiley.
- Michael Seid & Dave Thomas(2006), *Franchising For Dummies*, Wiley.
- Scott A. Shane(2005), *From Ice Cream to the Internet: Using Franchising to Drive the Growth and Profits of Your Company*, Prentice Hall.
- Scott A. Shane & Chester Spell(1998), "Factors for New Franchise Success," *Sloan Management Review*, Vol.39(3), pp.43–44.
- Stephen Spinelli, Robert M. Rosenberg & Sue Birley(2004), *Franchising: Pathway to Wealth Creation*, Prentice Hall.

| 찾아보기 |

저자약력

박기용 교수는 현재 동의대학교 상경대학 외식경영학과에 재직 중이며, 플로리다주립대(FIU)에서 호텔 & 외식경영학(Hotel & Foodservice Management) 석사학위, 경희대학교에서 경영학 박사학위(마케팅전공)를 취득하였다. 미국 Friendly Cafe(Miami), AKASAKA(Seattle), Young's Cafe(Seattle)에 근무하였고, 한국외식산업연구소 선임연구원과 한국호텔 · 외식경영연구소 부소장, 그리고 스페인 알리칸테대학(Univ. of Alicante) 연구교수를 역임하였다. 미국 레스토랑협회(NRA) 인증 외식경영전문가(FMP: Foodservice Management Professional) 자격을 취득하였으며, 미국 코넬대학(Cornell Univ.) 외식산업 PDP과정, 조리대학 CIA와 플로리다주립대(FIU)의 외식산업 경영자과정을 수료하였다.
한국외식경영학회, 한국호텔외식경영학회, 한국외식산업학회, 한국조리학회, 월간 외식경영 등의 편집위원을 역임하였고, 한국관광학회 호텔외식분과 이사, 한국와인소믈리에학회 이사, 한국와인교육협회 회장, 그리고 (사)한국식음료교육협회 회장을 역임하였다. 현재 외식비즈니스연구회 고문, (사)외식서비스경영학회 회장으로 활동하고 있다.
주요 연구 및 관심분야는 외식산업 마케팅전략과 유통관리, 프랜차이즈경영 등으로 저명학술지에 50여 편의 논문을 발표하였다. 저서로는 외식산업 마케팅, 프랜차이징, 외식산업경영학, 외식사업실무론, 호텔 · 레스토랑 식음료서비스관리론 등이 있다.

외식산업경영

2022년 6월 10일 1판 1쇄 인쇄
2022년 6월 15일 1판 1쇄 발행

저　　자 | 박기용
발 행 인 | 이수영
발 행 처 | 도서출판 청람
서울시 마포구 독막로 288(대흥동, 세양상가 109호)
전　　화 | 02)3272-2601~2
팩　　스 | 02)3272-2603
이 메 일 | crbooks@daum.net
홈페이지 | www.crbooks.co.kr
등　　록 | 2000년 8월 26일 제6-0509호

ISBN 978-89-5972-878-7 93320 [정가 38,000원]